매산집

이 책은 2014 · 2016 · 2017 · 2018년도 정부(교육부)의 재원으로 한국고전번역원의 지원을 받아 수행된 '권역별거점연구소협동번역사업'의 결과물임.

This work was supported by Institute for the Translation of Korean Classics-Grant funded by the Korean Government.

한국고전번역원 한국문집번역총서/성신여자대학교 고전연구소·(사)해동경사연구소

매산집 18

梅山集

홍직필 지음
洪直弼

김성은
이정은 옮김

일러두기

1. 이 책의 번역 대본은 한국고전번역원에서 간행한 한국문집총간 295·296집에 실린 《매산집(梅山集)》으로 하였다. 번역 대본의 원문 텍스트와 원문 이미지는 한국고전종합DB(http://db.itkc.or.kr)에서 확인할 수 있다.
2. 내용이 간단한 역주는 간주(間註)로, 긴 역주는 각주(脚註)로 처리하였다.
3. 한자는 필요한 경우 이해를 돕기 위하여 넣었으며, 운문(韻文)은 원문을 병기하였다.
4. 맞춤법과 띄어쓰기는 한글 맞춤법과 표준어 규정을 따랐다.
5. 이 책에서 사용한 부호는 다음과 같다.
   ( ) : 번역문과 음이 같은 한자를 묶는다.
   〔 〕: 번역문과 뜻은 같으나 음이 다른 한자를 묶는다.
   " " : 대화 등의 인용문을 묶는다.
   ' ' : " " 안의 재인용 또는 강조 문구를 묶는다.
   「 」: ' ' 안의 재인용을 묶는다.
   『 』: 「 」 안의 재인용을 묶는다.
   《 》: 책명 및 각주의 전거(典據)를 묶는다.
   〈 〉: 책의 편명 및 운문·산문의 제목을 묶는다.

차례

매산집 제52권

매산집 제53권

매산집

제51권

유사 遺事

전 傳

유사遺事

저암 유공[1] 한준 유사
著菴兪公 漢雋 遺事

공은 이마가 맑고 시원하며 두 눈동자가 형형하여 정채가 사람을 쏘았다. 일찍 고아가 되고 형제도 없어서[2] 혹 사위[3]로 선택하기를 꺼렸는데, 공의 악옹(岳翁)인 안공(安公)[4]이 아끼고 칭찬하여 말하기를 "어

1 저암(著菴) 유공(兪公) : 유한준(兪漢雋, 1732~1811)으로, 자는 만청(曼倩) 또는 여성(汝成), 호는 저암 또는 창애(蒼厓), 본관은 기계(杞溪)이다. 1768년(영조44) 진사시에 합격하고 벼슬이 형조 참의에 이르렀다. 당대에 뛰어난 문장가로 손꼽혔으며 문집에 《저암집》이 있다.

2 형제도 없어서 : 원문의 '종선(終鮮)'은 《시경》 〈왕풍(王風) 양지수(揚之水)〉의 "끝내 형제가 적은지라 나와 너 뿐이네.〔終鮮兄弟, 維予與女.〕"라는 구절을 원용한 것이다.

3 사위 : 원문의 '동상(東床)'은 사위의 별칭이다. 진(晉)나라의 태위(太尉) 치감(郗鑒)이 사윗감을 구하기 위해 왕 승상(王丞相)의 집에 문객(門客)을 보내자, 왕씨 집안의 모든 자제들이 사위로 선택되기를 바라서 의복을 정제하고 손님을 맞이하였는데, 왕희지(王羲之)만은 배를 드러내 놓고 동상에 누워서 태연자약하였다. 문객이 치감에게 이 일을 고하자, 치감은 왕희지의 그릇을 알아보고 그를 사위로 택하였는데, 이로부터 사위를 '동상'이라고 칭하게 되었다. 《晉書 王羲之傳》

4 공의 악옹(岳翁)인 안공(安公) : 유한준(兪漢雋)의 장인인 안취범(安取範, 1704~

찌 면모가 이와 같으면서, 심원한 뜻을 달성하는 데에 있어서 하늘이 인색하게 하는 경우가 있겠는가."라고 하고, 자신의 딸을 처로 삼게 하였으니, 모두 그 감식안을 탄복하였다고 한다.

공은 성품이 청결함을 좋아하여서 항상 집을 깨끗이 청소하여 작은 먼지도 남겨두지 않았고, 안석과 서책이 정연하게 차서가 있었다.

공은 늙어서도 더욱 수신하고 정돈하여서 위의(威儀)로써 검속하여 비록 심한 더위일지라도 관대(冠帶)를 벗지 않았으며, 만년에 항상 정자관(程子冠)을 쓰고서 책상을 대하여 꼿꼿하게 앉아 종일 게으른 모습이 없었으니, 사람들이 바라보고서 경외하였다.

공은 장방(長房)으로서 조주(祧主)를 봉안함에[5] 능히 먼 조상을 추모하는[6] 정성을 다하여서 예(禮)로써 제사를 올렸고, 또 시제(時祭)를 처음 행하였다.

1756)으로, 자는 근숙(近叔), 본관은 순흥(順興)이다. 진사시에 합격한 뒤 정릉 참봉(靖陵參奉), 의금부 도사(義禁府都事), 금천 현감(衿川縣監) 등을 지냈다. 《自著 自著準本2 縣監安公墓誌銘》

5 장방(長房)으로서 조주(祧主)를 봉안함에 : 장방은 종손 다음으로 항렬이 높은 집을 이르고, 조주(祧主)는 종손의 입장에서 대수(代數)가 다하여 매안할 신주를 이른다. 종손에게는 조주가 되더라도 장방이나 차방에 5대가 되지 않은 후손이 있으면 차례로 체천하여 제사를 모시다가 모든 후손이 5대가 되면 매안한다.

6 먼 조상을 추모하는 : 원문의 '추원(追遠)'은 《논어》 〈학이(學而)〉에 증자(曾子)가 "초상(初喪)을 신중히 행하고 먼 조상들을 추모하면 백성들의 덕(德)이 돈후한 데로 돌아갈 것이다.〔愼終追遠, 民德歸厚矣.〕"라고 한 데서 온 말이다.

공은 내행(內行)에 독실하여서 큰형수를 섬기기를 어머니를 섬기는 것과 같이 하여 아침저녁마다 식사를 하셨는지를 묻고, 만약 음식을 올리지 않았으면 자신도 먹지 않았다. 그런 까닭에 자주 먹을 것이 떨어졌으나 반드시 먼저 형수의 밥을 갖추고 그런 뒤에야 비로소 공에게 식사를 올렸다고 한다.

공은 문장을 일찍 성취하여 약관의 나이가 되기도 전에 이미 성대한 명성이 있었는데, 중년에 더욱 성취하였다. 영서(潁西) 임로(任魯)[7] 공이 일찍이 나에게 말하기를 "저옹(著翁)의 문장으로 말하면 향후 백 년 동안 이러한 글은 없을 것이다."라고 하였다. 한 시대가 추중하여 문단의 거장으로 삼았으나, 공은 스스로 대단하다고 여긴 적이 없어서 부족하게 마치 없는 것처럼 여겼다. 항상 나를 대하여 말하기를 "나의 문명(文名)은 부화(浮華)하여 실제와 어긋나니, 이것이 재앙을 불러들인 까닭이다."라고 하였다.

공은 늙어서도 호학하여서, 《중용》과 《대학》을 수천 번 읽고 《장구(章句)》를 아울러서 마치 자기 말을 외듯이 하였다. 칠순 이후에 고질병이 심해져 위태로워져서 수개월이 지나고서야 소생하였으나 입으로 두 부(部)의 책을 읊음에 또한 한 글자도 어긋나지 않았으니, 스스로

7 영서(潁西) 임로(任魯) : 1755~1828. 자는 득여(得汝), 호는 영서 거사(潁西居士)이며, 본관은 풍천(豐川)이다. 아버지인 임종주(任宗周)가 홍국영(洪國榮)에 의해 단천(端川)에 유배되었다가 별세하자, 과거를 포기하고 학문에만 전력하였다. 학문이 높아지자 조정의 부름을 받아 1809년(순조9) 제용감 부봉사(濟用監副奉事)로 출사하고 외직으로 충원 현감(忠原縣監) 등을 지냈다.

"증자(曾子)와 자사(子思) 두 성인(聖人)이 나를 버리지 않으셨다."라고 하였다.

공은 우암(尤菴)[8] 선생을 아끼고 사모하였으니, 이는 진실한 정성에서 나온 것이었다. 항상 "노선생(老先生)께서는 우리 당(黨)에 있어서 부조(父祖)와도 같다."라고 하였다. 청주(淸州)에 부임한 날에 글을 지어서 청천(靑川)의 묘소[9]에 제사를 올려 뜻을 말하였다. 우리 집안에서 노선생(老先生)의 영정(影幀)을 봉안하였다는 말을 듣고, 몸소 임하여 절하였다. 항상 《송자대전(宋子大全)》을 자리의 오른쪽에 높이 모셔두고 손수 어루만져서 임종 때에도 간곡히 생각해 마지않았다.

공은 악을 미워하는 굳은 심지를 지녀서, 항상 소인배들이 올바름을 해친 일에 말이 미치면 흉중이 끓어올라 마치 스스로 견딜 수 없는 듯하였다. 기사년에 윤광안(尹光顔)과 조석륜(曹錫倫)이 운곡사(雲谷祠)를 훼손하고 철거한 때에 이르러서는[10] 성내고 한탄하는 마음을

8 우암(尤菴) : 송시열(宋時烈, 1607~1689)로 자는 영보(英甫), 호는 우암, 시호는 문정(文正), 본관은 은진(恩津)이다. 현종 때 좌의정으로 치사(致仕)하고, 숙종 기사년에 화를 당했다가 갑술년에 설원되었으며, 시호는 문정(文正)으로 문묘(文廟)에 종사(從祀)되었다. 이이(李珥)·김장생(金長生)의 문인으로 기호학파의 대표이자 노론(老論)의 영수(領袖)였다. 저서에 《송자대전(宋子大全)》 1백 2권이 있다.

9 청천(靑川)의 묘소 : 충청북도 괴산군 청천면에 있는 우암(尤庵) 송시열(宋時烈)의 묘소를 가리킨다.

10 기사년에……이르러서는 : 기사년은 1809년(순조9)이다. 경상도 영양(英陽)에 주희(朱熹)와 송시열(宋時烈)을 배향한 운곡영당(雲谷影堂)이 있었는데, 경상도 관찰사 윤광안(尹光顔)과 영양 현감 조석륜(曺錫倫) 등이 사당을 헐고 영정을 철거하였다

스스로 가누지 못하여 얼굴색과 말에 드러내었다.

김백순(金伯淳)[11]은 공의 맏누이의 손자[12]이다. 공은 김백순이 서양의 삿된 학술에 물들었다는 소식을 듣고 그를 불러 가르치고 꾸짖은 것이 두세 번에 이르렀으나 그가 끝내 고치지 않자, 장을 치고서 교유를 끊었다. 그가 복주(伏誅)된 때에 이르러서는, 시신을 거둘 밑천을 마련해주어 도왔다.

공은 늘 김백순(金伯淳)의 일을 말할 때에, "밀옹(密翁)[13]은 산사(山寺)에 머무르지 않았고 매월당(梅月堂) 두타(頭陀)의 형상[14]에 절하지

하여 1808년(순조8) 상소문이 올라와 탄핵을 하는 등의 사건이 있었다.《純祖實錄 8年 3月 2日》

11 김백순(金伯淳) : ?~1801. 본관은 안동(安東)으로, 김상용(金尙容)의 후손이자 김건순(金建淳, 1776~1801)의 족형이다. 1801년(순조1) 순조 즉위 후에 천주교도라 하여 천주교 탄압에 몰려 김건순과 함께 처형되었다.

12 공의 맏누이의 손자 : 유한준(兪漢雋)의 누이는 안동 김씨인 김여행(金礪行, 1717~1748)에게 시집가서 두 아들을 두었는데, 그 중 맏아들 김이중(金履中)이 다시 두 아들을 두었는바, 그 중 맏이가 김백순(金伯淳)이다.《自著 卷25 屯庵金公墓誌銘》

13 밀옹(密翁) : 김지행(金砥行, 1716~1774)으로, 자는 유도(幼道), 호는 밀옹, 본관은 안동(安東)이다. 김백순(金伯淳)의 조부인 김여행(金礪行)의 형으로, 평생 벼슬에 나아가지 않고 공주(公州) 계실곡(溪室谷)에서 은둔하면서 학문을 닦았다.

14 매월당(梅月堂) 두타(頭陀)의 형상 : 매월당은 김시습(金時習, 1435~1493)으로, 자는 열경(悅卿), 호는 매월당·동봉(東峯)·청한자(淸寒子)·벽산청은(碧山淸隱)·췌세옹(贅世翁), 본관은 강릉(江陵)이다. 생육신(生六臣)의 한 사람으로, 세조가 왕위를 찬탈한 소식을 듣고는 스스로 머리를 깎고 승려가 되어 방랑 생활을 하였다. 두타란 범어(梵語)의 음역(音譯)으로, 돌아다니면서 고행을 닦는 승려를 일컫는다.

않았으니, 사설(邪說)을 물리치는 데에 엄하였던 것이 이와 같았다. 형제의 손자는 손자와 같거늘, 김백순이 기꺼이 사설(邪說)에 빠지고서도 뉘우칠 줄을 몰랐으니, 이것이 내가 더욱 심하게 미워하여 통렬히 끊으려는 까닭이다."라고 하였다.

공은 여러 번 군읍(郡邑)을 맡음에 다스림에 있어 패도(覇道)를 섞어 쓰지 않았으니, 비록 혁혁한 명예는 없었으나 항상 떠난 뒤 그리워하는 이들이 많았다. 내가 한번은 묻기를 "어르신께서는 관직에 계실 때에 은결(隱結)[15]을 어떻게 처리하십니까?"라고 하자, 공이 말하기를 "단지 나는 쓰지 않을 따름이다. 끝내 빠져나간 것은 간여해 알 바가 아니다."라고 하였다.

상와(常窩) 이공(李公 이민보(李敏輔))이 항상 공의 문장을 칭찬하여, "이사천(李槎川)[16]은 단지 시(詩)만으로 세상에 이름이 알려졌는데도 시정(寺正)에 제수되었으니, 하물며 문(文)과 시(詩)가 모두 빼어난 경우에 있어서겠는가."라고 하였다. 상와(常窩)의 맏아들 시원(始源)이 총재(冢宰)로서 공을 시정(寺正)에 의망하고서[17] 번번이 "유공(兪

15 은결(隱結) : 탈세를 목적으로 조세(租稅)의 부과 대상에서 제외시키기 위해서 부정으로 양안(量案)에서 누락시킨 토지 및 거기서 거둔 조세를 말한다.

16 이사천(李槎川) : 이병연(李秉淵. 1671~1751)으로, 자는 일원(一源). 호는 사천 또는 백악하(白嶽下), 본관은 한산(韓山)이다. 김창흡(金昌翕)의 문인이며, 시에 뛰어나 영조 시대 최고의 시인으로 일컬어졌다. 음직으로 벼슬하여 삼척 부사(三陟府使)·군자감 정(軍資監正)·장악원 정(掌樂院正)·한성부 우윤(漢城府右尹) 등을 지냈다. 저서로는 시집 《사천시초(槎川詩抄)》가 있다.

公)의 문장은 한 시대에 독보적이다."라고 하였으니, 선친의 뜻을 따른 것이었다.

공은 여든의 나이에도 신알(晨謁)[18]을 폐하지 않았다. 항상 "만약 내침(內寢)을 경유한다면 예(禮)를 폐하는 것이다."라고 하였으니, 신알에는 재계(齋戒)함이 없는데도 공이 스스로 수신(修身)한 실제를 또한 여기에서 볼 수 있다.

공은 기억력이 남보다 빼어나서 고금의 시문을 비록 명성이 없는 것일지라도 대부분 외워서, 왕왕 한 글자도 틀리지 않았다. 문장을 품평함에 밤낮으로 피로함을 잊어서, 그칠 줄 모르고 하는 이야기가 들을 만하였다. 한번은 지암(止菴 김양행(金亮行))을 뵈었는데, 지암이 묻기를 "삼연(三淵 김창흡(金昌翕))의 시 중에 어느 편이 가장 빼어난가?"라고 하자, 공이 풍악(楓岳) 시의 "뭇 산들 높이 솟아 울릴 듯하니, 종이 정양루(正陽樓)에 울리네.〔衆山悄欲響 鍾動正陽樓〕"라는 시구[19]를 읊

17 상와(常窩)의……의망하고서 : 총재(冢宰)는 이조판서의 별칭으로, 1807년(순조 7) 이시원(李始源)이 이조판서로 있을 당시에 이비(吏批)가 정사를 하여 유한준(兪漢雋)을 군자감 정(軍資監正)으로 삼은 바 있다.《承政院日記 純祖 7年 11月 21日》

18 신알(晨謁) : 새벽에 사당에 배알(拜謁)하는 일을 말한다.《朱子家禮 卷1 通禮》

19 풍악(楓岳) 시의……시구 : 이 시구는 김창흡(金昌翕, 1653~1722)의 문집인《삼연집(三淵集)》권9에 실린 〈유기부지(有期不至)〉라는 시에 보이는데, 여기에는 "천 개 봉우리 높이 솟아 울릴 듯하니, 종이 정양루를 울리네.〔千峰悄欲響, 鐘動正陽樓.〕"라고 되어있다. 풍악은 금강산의 이칭이며, 정양루는 금강산 정양사(正陽寺)의 헐성루(歇惺樓)의 이칭이다.

었는데, 지암이 칭찬하고 찬탄하며 말하기를 "나 또한 그렇게 생각한다."라고 하였다.

공과 근재(近齋) 박 선생(朴先生)은 친척 형제로[20] 북리(北里)에서 함께 성장하였다. 총각일 때부터 문장으로 서로 계합하여 교분의 정(情)이 더욱 돈독해져서 백발에 이르기까지 변치 않았다. 한번은 "뒤에 죽는 사람이 반드시 제문을 지어서 마치 서로 약속한 것처럼 하자."라고 하였는데, 근재가 별세하자 공이 제문을 지어 제사를 올렸으니, 덕(德)을 깊이 알았기 때문에 서사(敍事)가 갖추어져서 유명(幽明) 간에 유감이 없게 되었는바, 사람들이 이를 '사실을 기록한 글〔實錄〕'이라고 하였다.

공이 한번은 근재(近齋 박윤원(朴胤源))를 방문하였다가 책상 위의 거울을 가져다 스스로를 비추었는데, 거울이 오랫동안 닦이지 않은 상태였다. 공이 웃으며 말하기를 "어쩌면 그리도 밝지 못한가. 씻는 것이 좋겠네. 주인이 마음에 보배롭게 여겨 간직하고 있는 것은 정녕코 이와 같지 않을 것이다."라고 하였다. 그러자 근재가 늘 탄식하기를 "이 말에 이치가 있으니, 이 사람으로 하여금 성찰하게 하는구나."라고 하였다.

20 공과……형제로 : 근재(近齋) 박 선생(朴先生)은 박윤원(朴胤源, 1734~1799)으로, 자는 영숙(永叔), 호는 근재, 본관은 반남(潘南)이다. 박윤원의 모친 기계 유씨(杞溪兪氏)는 유수기(兪受基)의 딸이자 유명홍(兪命弘)의 손녀로, 이 때문에 유한준(兪漢雋)과 먼 친척 형제가 된다.

근재(近齋 박윤원(朴胤源))가 늘 칭찬하기를 “여성(汝成 유한준(兪漢雋)의 자(字))은 준걸하고 문리(文理) 또한 일찍 성취하였다. 13세에 경서(經書)를 모두 읽었으며, 문장 외에도 실제 행실이 따라 미치기가 어려우니, 후생들의 법이 될 만한 점이 많다.”라고 하였다.

공은 평소에 충역(忠逆)의 분변에 있어 엄격하여서, 늘 신임(辛壬) 연간에 흉도들이 나라에 화를 미치고 성왕을 무함한 죄[21]를 논하여 말하기를, “을사년에 영조께서 막 등극하셨을 때에 만약 천토(天討)를 크게 행하여 이광좌(李光佐)와 유봉휘(劉鳳輝) 등의 적들을 주벌하였다면,[22] 무신년과 을해년의 변고[23]는 애초에 나올 수 없었을 것이다.

21 신임(辛壬)……죄 : 신축년(1721, 경종1)과 임인년(1722) 두 해에 걸쳐 노론(老論)과 소론(小論) 간에 뒷날 영조(英祖)가 되는 연잉군(延礽君)의 세제(世弟) 책봉과 대리청정(代理聽政)을 두고 대대적인 인명 살상을 초래한 신임사화(辛壬士禍)가 일어났다. 남인(南人) 역관의 딸인 장희빈(張禧嬪) 소생인 경종은 남인에 동정적이던 소론의 보호를 받아왔는데, 경종이 즉위하자 과거 그의 세자 책봉을 반대했던 노론은 위기를 느껴 그의 병약함과 후사(後嗣)가 없음을 빌미로 연잉군의 세제 책봉을 추진, 이를 관철시키고 나아가 대리청정까지 추진하다가, 소론의 김일경(金一鏡) 등이 목호룡(睦虎龍)을 사주하여 노론의 사대신(四大臣)인 김창집(金昌集), 이이명(李頤命), 이건명(李健命), 조태채(趙泰采)를 역모로 무고케 함으로써 사대신 이하 노론 일파를 극형에 처하게 하였다. 이 참상을 본 영조는 왕위에 오른 뒤에 당쟁(黨爭)의 타파를 천명하였고, 소론인 이광좌(李光佐)와 조태억(趙泰億)을 각각 영의정, 좌의정으로 삼고, 세제 책봉에 반대했던 유봉휘(劉鳳輝)를 우의정으로 발탁하기도 하였다.

22 을사년에……주벌하였다면 : 을사년은 1725년(영조1)로, 영조가 왕위에 올라 신임옥사(辛壬獄事)를 무옥(誣獄)으로 규정하여 당시 사화를 주도하였던 소론(少論) 대신인 조태억(趙泰億), 유봉휘(柳鳳輝), 이광좌(李光佐) 등을 유배하거나 내쫓고 민진원(閔鎭遠) 등의 노론(老論) 인사들로 정국을 구성하여 노론 사대신 등 신임옥사에서 죽거나 처벌된 사람들을 모두 사면하고 그들의 충절을 포상하는 처분을 내린 일이 있었다.

영묘(英廟 영조)께서 일이 성궁(聖躬)에 연관되어 있다 하여 전적으로 포용하기를 힘써서, 역얼(逆孼)을 난육(卵育)하여 흉악한 무함이 망극한 지경에 이르렀으니 어찌 애통하고 한스럽지 않겠는가."라고 하였다.

공은 예전에 직하(稷下)에 거처하였을 때에 심익운(沈翊雲) 형제[24]와 가까이 이웃하여서 왕왕 문회(文會)를 만들었는데, 공은 그 사람됨을 천박하게 여겼으나 그의 재예(才藝)를 취하였었다. 심익운이 해도(海島)에 귀양 가서 죽음에, 그 아들이 도성에서 다니며 구걸하다가 공의 집을 들렀는데, 공이 옛 교분을 생각하여 후하게 주어서 전송하였으니, 성패를 가지고서 다르게 여기지 않는 것이 이와 같았다.

공은 세세한 행실들을 능히 삼갔다. 일찍이 우리 선친(先親)과 궐내의 곡반(哭班)[25]에서 만났는데, 선친께서 당시에 안성(安城)의 읍재로 계

23 무신년과 을해년의 변고 : 무신년(1728, 영조4)에는 소론(少論)의 이인좌(李麟佐) 등이 경종의 죽음에 영조와 노론(老論)이 관계되었다고 주장하면서 밀풍군(密豐君) 이탄(李坦)을 왕으로 추대하고자 청주(淸州)와 영남(嶺南) 지역 등에서 거병한 일이 있었고, 을해년(1755, 영조31)에는 김일경(金一鏡)의 옥사(獄事)에 연좌되어 나주로 귀양을 가 있던 소론의 윤지(尹志)가 노론을 제거할 목적으로 당시 나주 목사 이하징(李夏徵) 등과 모의하여 나주 객사에 비방하는 괘서(掛書)를 붙여 옥사가 일어났는바, 이 일들을 가리킨다.

24 심익운(沈翊雲) 형제 : 심익운(1734~?)과 그 형인 심상운(沈翔雲, 1732~1776)을 말한다. 심익운은 자는 붕여(鵬如), 호는 지산(芝山), 본관은 청송(靑松)이며, 심상운은 자가 봉여(鳳汝)이다. 심상운과 심익운 모두 과거에 급제하여 벼슬을 하였으나, 심상운은 훗날 정조가 된 세손을 해치려 했다는 탄핵을 받고, 심익운은 패륜(悖倫)한 죄로 탄핵을 받아 함께 서인으로 폐출되고 제주도로 유배되었다. 심상운은 정조가 즉위한 후에 친국을 받고 사사되었다.

셨다.[26] 공은 먼 조상의 묘가 안성에 있다고 하여 사양하고 함께 앉지 않았는데, 선친께서 누차 자리에 오르기를 청하였으나 끝내 듣지 않았다. 선친께서 늘 그 일을 말씀하기를 "내 일부러 피하여서 노인을 편안하게 하였다."라고 하였다.

공은 만년에 《외암집(巍巖集)》과 《남당집(南塘集)》[27] 두 문집을 참고하여 읽고 말하기를, "외암(巍巖)과 남당(南塘) 두 현인은 마치 대립한 보루와도 같다. 나는 어려서부터 삼연(三淵 김창흡(金昌翕))의 서론(緖論)을 들었는데, 외암의 논리가 삼연과 같으니, 나는 외암을 따르

25 곡반(哭班) : 국상(國喪) 때 백관이 모여 곡하는 반열을 말한다.

26 선친께서……계셨다 : 매산의 부친 홍이간(洪履簡)은 1804년(순조4)에 안성 군수(安城郡守)에 제수되었고, 1807년에 전주부 판관(全州府判官)으로 옮겼다.

27 외암집(巍巖集)과 남당집(南塘集) : 외암집은 외암(巍巖) 이간(李柬, 1677~1727)의 문집이며, 남당집은 남당(南塘) 한원진(韓元震, 1682~1751)의 문집이다. 이간은 호는 외암·추월헌(秋月軒), 본관은 예안(禮安)으로, 호락논쟁(湖洛論爭)에서 낙론인 인물성동론(人物性同論)을 주장한 대표적 인물이다. 한원진은 자는 덕소(德昭), 호는 남당, 본관은 청주(淸州)로, 권상하(權尙夏)의 문인으로 강문팔학사(江門八學士) 중 한 사람이며, 호락논쟁에서 호론인 인물성이론(人物性異論)을 주장한 대표적 인물이다. 조선 후기, 노론 계열의 성리학자들이 대립하여 심과 성에 대한 해석의 문제로 논쟁하였는데, 주로 서울·경기 지역에 거주한 농암(農巖) 김창협(金昌協), 삼연(三淵) 김창흡(金昌翕), 외암 이간 등이 한 파를 이루어 이를 낙론 또는 낙파라 하였으며 충청 지역에 사는 남당 한원진 등이 또 한 파를 이루어 이를 호론(湖論) 또는 호파라 하였다. 낙론은 본연지성(本然之性)은 이(理)와 같으므로, 사람과 물(物)의 성은 같다는 인물성동론과 미발(未發)의 본체에는 선악이 없다는 주장을 폈으며, 호론은 이에 반대하여 현실에 드러나는 본연지성은 기질의 맥락 속에 있을 수밖에 없으므로 사람과 물의 성은 다르다는 인물성이론과 미발의 본체에도 기질의 선악이 존재한다는 주장을 폈다.

고자 한다."라고 하였다.

매년 상원(上元)에 임로(任魯) 공을 불러 근재(近齋 박윤원(朴胤源))가 있는 곳으로 함께 가서, 경(經)을 담론하고 예(禮)를 말하여서 새벽에 이른 뒤에야 파하였다. 근재가 별세하자 공의 집에서 만나서, 강론하기를 그치지 않아 해마다 늘 있는 일로 삼았으니, 사림 간에 훌륭한 일로 전해져 일컬어진다.

공은 임로(任魯) 공의 빼어남을 아껴서 항상 마주하고서 《증전(曾傳)》[28]을 토론하여 뜻을 확정하고 말하기를, "지금 《대학(大學)》을 깊이 이해하는 사람으로는 마땅히 득여(得汝)만한 사람이 없을 것이다." 라고 하였다. 득여는 임공(任公)의 자(字)이다.

공은 평소 성품이 개결하였으나, 또한 선(善)을 받아들이기를 잘하였다. 칠순 이후에 장작감 부정(將作監副正)에 제수되었는데, 내가 나아가지 않을 것을 권면하자, 공은 "국상에 정(情)을 펼 수 있는 것으로는 오직 삭망제(朔望祭)가 있을 뿐이다. 그러므로 우선 나아가 응하는 것일 따름이다."라고 하고서, 수개월이 지나지 않아서 사면하였다. 남공철(南公轍) 공이 공이 벼슬하지 않고 집에서 지내는 형편이 몹시 어렵다는 소식을 듣고는 공에게 강화 경력(江華經歷)을 주자, 공이 배명(拜命)하였다. 공이 나에게 거취를 물었는데, 내가 한 번 뜻을

28 증전(曾傳) : 《대학(大學)》을 가리키는바, 《대학》을 증자(曾子)의 전술(傳述)로 보기 때문에 이렇게 일컫는 것이다.

펼쳐서 마악(摩岳 마니산)의 정상에서 옷깃의 먼지를 털기를[29] 권하였다. 그러자 공이 말하기를, "공이 나를 아끼는 것이 어찌 임득여(任得汝 임로(任魯))만 못하겠는가마는, 임공(任公)은 출사하지 말 것을 권하였다." 하고는 오래지 않아 벼슬을 그만두고 돌아왔다. 또 형조참의에 제수됨에, 형조의 아전이 송안(訟案)을 고하면 혹 청단(聽斷)하기도 하였는데, 내가 "팔순의 고령으로 송사를 듣는 것은 때에 맞는 일이 아닙니다."라고 하자, 공은 즉시 사직하고 물러났으니, 마음을 비우고서 받아들이는 것이 이와 같았다.

공은 어려서부터 학식을 기르고 문재(文才)를 쌓아서 문명(文名)이 성대하여 예원(藝苑)의 여러 공들에게서 지음(知音)을 얻었다. 뇌연(雷淵) 남공(南公 남유용(南有容))이 몹시 중하게 기대하고 허여하여서 유자정(劉子政 유향(劉向))의 《설원(說苑)》을 읽기를 권하였는데, 공은 매번 "뇌연(雷淵)에게서 보고 느껴서 공을 거둔 것이 몹시 크다."라고 하고 종신토록 존모하기를 마치 이소(二蘇)가 육일(六一)에 있어서 그러했던 것[30]과 같이 하였다.

29 옷깃의 먼지를 털기를 : 벼슬길에 나아가기 위하여 준비함을 뜻한다. 원문의 '진의(振衣)'는 《후한서(後漢書)》 권63 〈이고열전(李固列傳)〉에 "이런 까닭에 암혈(巖穴)에 있는 은자(隱者)와 지혜와 경륜을 갖춘 선비가 갓과 옷깃의 먼지를 털고〔彈冠振衣〕 관직에 나아가 쓰이고 싶어 하는 것이다."라고 한 데서 온 말이다.

30 이소(二蘇)가……것 : 이소는 송나라의 문인인 소식(蘇軾, 1037~1101)과 소철(蘇轍, 1039~1112) 형제를 가리킨다. 육일(六一)은 송나라 문인 구양수(歐陽脩, 1007~1072)로, 자호가 육일거사(六一居士)이므로 이렇게 칭한 것이다. 이 세 사람은 모두 당송팔대가(唐宋八大家)로서, 소식과 소철 형제는 구양수를 스승으로 섬겼으며, 구양수는 지예부공거(知禮部貢擧)로 있을 때에 이들 형제를 발탁하기도 하였다.

수재 송공[31] 후연 유사 병신년(1836, 헌종2)

修齋宋公 厚淵 遺事 丙申

공은 얼굴이 관옥(冠玉)과 같아 풍채가 장중하였다. 성품은 또 툭 트여 명랑하고 화락하여서, 상서롭고 조화로운 기운이 장차 다른 사람에게 스밀 듯하였으며, 흉금은 깊고 넓어서 막히는 바가 없었으니, 취향이 다른 사람일지라도 열복하지 않는 이가 없었다.

공은 다른 사람을 대할 때에 웃는 얼굴빛[32]이 온화하고 윤택하였으며 화락하고 평온하여 이해심이 많아서, 친한 사람과 소원한 사람, 어진 사람과 어리석은 사람을 막론하고 모두에게서 환심을 얻었다. 서간수(徐簡修) 공이 한번은 농담으로 공이 청탁(淸濁) 간에 잃는 바가 없다고 하였는데,[33] 공은 훌륭한 권계라고 감사해하며 널리 받아들여[34] 더

31 수재(修齋) 송공(宋公) : 송후연(宋厚淵, 1754~1802)으로, 자는 중고(仲高), 호는 율수재(聿修齋), 본관은 은진(恩津)이다. 송준길(宋浚吉)의 후손으로, 조부는 송요필(宋堯弼), 부친은 통덕랑(通德郞) 송숙흠(宋肅欽)이며, 일찍 부모를 여의고서 숙부인 현감 송약흠(宋約欽)의 밑에서 성장하였다. 김양행(金亮行)과 송명흠(宋明欽)의 문하에서 수학하였고, 임성주(任聖周)와 김정묵(金正默)과 교유하였다. 1783년(정조7)에 도호부사(都護府使)가 되었고, 이후 내외의 관직을 두루 거쳤다.

32 웃는 얼굴빛 : 원문의 '색소(色笑)'는 화락한 얼굴빛으로, 《시경》 〈노송(魯頌) 반수(泮水)〉에 "얼굴빛을 화락하게 하고 웃으시니, 노한 것이 아니라 가르치는 것이로다.〔載色載笑, 匪怒伊敎.〕"라고 한 데서 온 말이다.

33 청탁(淸濁)……하였는데 : 상대가 청류(淸流)이건 탁류(濁流)이건 간에 상관없이 두루두루 잘 지냈다는 말이다. 《소학》 〈가언(嘉言)〉에 "두계량이 호협하고 의를

욱 힘썼다고 한다.

공은 일찍 부모님[35]을 여의고 숙부인 진안공(鎭安公)[36]에게 길러졌으므로, 숙모인 이 숙인(李淑人)을 어머니처럼 섬겼다. 이 숙인의 오라비는 바로 노초(老樵) 이송(李淞)[37] 공이었다. 공은 이공(李公)을 외숙처럼 대하였는데, 이공(李公)은 공에게 몹시 중하게 기대하여서 항상 '돈후하면서도 굳세고 담대하여서, 비근하고 작은 규정에 구애되지

좋아하여 남의 근심을 걱정하고 남의 즐거움을 즐거워하여 청류(清流)에나 탁류(濁流)에나 잃는 바가 없었다.〔杜季良豪俠好義, 憂人之憂, 樂人之樂, 清濁無所失.〕"라고 하였는데, 《소학집설(小學集說)》에서 이에 대해 "청류와 탁류를 구별하지 않고 그들을 대하여 모두 잘못하는 바가 없는 것이다.〔不辨清濁待之, 皆無所失.〕"라고 하였다.

34 널리 받아들여 : 원문의 '흡수(翕受)'는 모아서 모두 널리 받아들인다는 뜻으로, 《서경(書經)》〈우서(虞書) 고요모(皐陶謨)〉에 "합하여 받아들여 펼쳐서 쓰면 구덕의 인재가 모두 일을 하여 준걸들이 지위에 있다.〔翕受敷施, 九德咸事, 俊乂在位.〕"라고 한 데서 온 말이다.

35 부모님 : 원문의 '호시(怙恃)'는 믿고 의지할 대상으로 부모님을 가리키는바, 《시경》〈소아(小雅) 육아(蓼莪)〉에 "아버지가 없으면 누구를 믿으며 어머니가 없으면 누구를 믿을꼬. 나가면 슬픔을 머금고 들어오면 이를 곳이 없네.〔無父何怙? 無母何恃? 出則銜恤, 入則靡至.〕"라고 한 데서 온 말이다.

36 진안공(鎭安公) : 송약흠(宋約欽 ?~1778)으로, 그가 1778년(정조2)에 진안 현감(鎭安縣監)에 제수되었기에 이렇게 일컬은 것이다. 《日省錄 正祖 2年 1月 24日》

37 노초(老樵) 이송(李淞) : 1725~? 자는 무백(茂伯)·고청(孤靑), 호는 노초·서림(西林), 본관은 전주(全州)이다. 이민곤(李敏坤)의 아들로, 박필주(朴弼周)의 문하에서 수학하였으며 1753년(영조29) 사마시에 합격하였다. 1756년(영조32) 부친이 북도(北道)에 유배 중 금성(金城)의 역사(驛舍)에서 불에 타 죽는 참상을 보고는 벼슬할 뜻을 단념하고 서산(西山)에 은거하여 학문에 전념하였으며, 홍대용(洪大容), 박지원(朴趾源), 박제가(朴齊家), 이덕무(李德懋), 유득공(柳得恭) 등과 폭넓게 교유하였다.

말라'고 면려하였다. 공은 이 가르침을 마음에 간직하여 종신토록 변치 않았다.

공은 젊은 나이에 명성이 자자하여서 30세가 되기도 전에 '학문이 경술에 통달하였다'고 하여 도섬(道剡)[38]에 올라 후릉 참봉(厚陵參奉)에 제수되었는데, 공은 천목(薦目)[39]을 무릅쓰고 맡고자 하지 않아서 병으로 사직하고서 나아가지 않았다. 일이 알려지자 도신(道臣 관찰사)에게 명하여 출사하기를 독촉하게 하니, 공은 어쩔 수 없이 길에 올랐다가 중도에 사직할 뜻을 아뢰고 곧장 고향집으로 돌아와서, 상하가 서로 버틴 지 반년 만에 체직되었다.

공이 계방(桂坊)에 제수하는 명에 나아가 응하였던 것[40]은 경사를 만나[41] 손뼉을 치며 즐거워하는 정성을 펼치고자 함이었다. 한성부 주부

38 도섬(道剡) : 관찰사가 관할 도내에 있는 사람 중에 학식이 높은 이를 임금에게 추천하는 것을 말한다. 흔히 '도천(道薦)'이라고도 한다. 이때 도(道)는 '도백(道伯)'의 준말로서 관찰사를 가리키며, 섬(剡)은 중국의 섬계(剡溪) 지방을 이르는 말로 공문서를 쓸 때 이 지방에서 나오는 종이를 많이 사용하는 데에서 유래하여 공문서를 섬독이라고 한다. '剡'을 추천한다는 뜻의 염으로 읽어 도염으로 발음해야 한다는 주장도 있다.

39 천목(薦目) : 사람을 천거하는 데 필요한 명목으로, 여기서는 앞서 말한 '학문이 경술에 통달하였다'는 명목을 가리킨다.

40 공이……것 : 계방(桂坊)은 세자익위사(世子翊衛司)의 별칭으로, 송후연(宋厚淵)은 1784년(정조8) 7월에 세자익위사 부솔(世子翊衛司副率)에 제수되었다. 《日省錄 正祖 8年 7月 2日》

41 경사를 만나 : 정조의 장남인 문효세자(文孝世子, 1782~1786)가 1784년(정조8) 7월에 왕세자에 책봉된 일을 가리킨다. 《正祖實錄 8年 7月 2日》

(漢城府主簿)에 제수됨에 이르러서는 명에 응하지 않았고, 거듭 감찰(監察)에 제수되자 영원히 출사하지 않기를 맹세하고자 하였다. 그러자 숙모 이 숙인(李淑人)이 울면서 타이르기를, "공론이 서로 권한다면 의리에 있어서 문제될 것이 없는데, 너는 어찌하여 자신의 뜻을 굳게 지키면서 나의 여생을 돌보지 않느냐?" 하니, 공은 오열하며 명을 받들었으나, 항상 거취가 크게 의리에 어긋나서 초심을 저버린 것을 한으로 여겼다.

공은 항상 벼슬을 하는 것과 학문을 하는 것이 서로 여유가 있을 것[42]을 간절히 생각하여, 직무가 바쁠지라도 독서를 폐한 적이 없었다. 현륭원(顯隆園)에 나아가 숙직할 때에[43] 《논어》를 집주(集註)와 함께 50번 읽어서 만년에 공을 거두었다고 하였다.

공은 어린 나이부터 뜻이 있어서, 가학을 계술하는 것을 자신의 책임으로 삼았다. 17세에 지암(止菴) 김 선생(金先生 김양행(金亮行))을 황강(黃江)에서 뵙고 《중용》을 전수받아 읽으니, 지암이 몹시 중하게 기대하고 허여하여서 '침잠한 사람은 강건함으로 다스려야 한다.'[44]라

42 벼슬을……것 : 자하(子夏)가 "벼슬을 하면서 여유가 있으면 학문을 하고 학문을 하고서 여유가 있으면 벼슬을 한다.〔仕而優則學, 學而優則仕.〕"라고 한 것을 이른다. 《論語 子張》

43 현륭원(顯隆園)에……때에 : 정조(正祖)의 생부 사도세자(思悼世子)의 묘(墓)이다. 본래 명칭은 영우원(永祐園)이었는데, 1789년(정조13)에 수원(水原)으로 천장(遷葬)하면서 이름을 바꾸었다. 송후연은 1797년(정조21) 10월에 전생서 판관(典牲署判官)에서 현륭원 영(顯隆園令)으로 교체되었다. 《承政院日記 正祖 21年 10月 4日》

는 말로써 면려하였고, "율수(聿修)" 두 글자로 서실에 제(題)하여 주었다. 공은 뒤늦게 선생에게 나아가서 미처 학업을 마치지 못하였다는 것을 종신토록의 한으로 여겼다.

공은 항상 "미호(渼湖)와 역천(櫟泉)[45]은 기상과 규모가 출사하여 훌륭한 일을 하여서 공적을 세울 수 있었을 것인데, 당세에 쓰이지 못하였던 것이 애석하도다."라고 하였다.

두 송 선생(宋先生)[46]의 후손들이 격조하여 서로 왕래하지 않았었는데, 공이 아들의 관례를 올릴 때에 비로소 성담(性潭) 송공(宋公)[47]에

44 침잠한……한다 : 《서경(書經)》 〈주서(周書) 홍범(洪範)〉에 "침잠한 사람은 강건함으로 다스리고, 고명한 사람은 부드러움으로 다스린다.〔沈潛剛克, 高明柔克.〕"라고 한 말을 원용한 것이다. 이에 대한 집주에, "침잠은 침착하고 물러나서 중(中)에 미치지 못하는 자이다.……침잠한 사람은 강건함으로 다스린다는 것은 강건함으로 부드러움을 다스리는 것이다.〔沈潛者, 沈深潛退, 不及中者也.……沈潛剛克, 以剛克柔也.〕"라고 하였다.

45 미호(渼湖)와 역천(櫟泉) : 미호는 김원행(金元行, 1702~1772)으로, 자는 백춘(伯春), 호는 미호, 본관은 안동, 시호는 문경(文敬)이며, 이재(李縡)의 문인으로 종조부 김창협(金昌協)의 손자로 입양되었다. 낙론(洛論)을 대표하는 학자로 산림(山林)으로 명망이 높았다. 역천은 송명흠(宋明欽, 1705~1768)으로, 자는 회가(晦可), 호는 역천, 본관은 은진(恩津), 시호는 문원(文元)이며, 송준길(宋浚吉)의 후손이자 이재(李縡)의 문인이다. 학행으로 천거되었으나 벼슬에 나아가지 않고 학문에 전념하다가 말년에 찬선(贊善)으로 경연관이 되었다.

46 두 송 선생(宋先生) : 우암(尤菴) 송시열(宋時烈, 1607~1689)과 동춘(同春) 송준길(宋浚吉, 1606~1672)을 가리킨다. 송후연(宋厚淵)은 송준길의 5대손이었다.

47 성담(性潭) 송공(宋公) : 송환기 (宋煥箕, 1728~1807)로, 자는 자동(子東), 호

게 빈객이 되어줄 것을 청하여 두 집안의 우의가 변치 않았으니, 사림에서 이를 칭송해 마지않았다.

공이 벼슬살이를 하며 서울에 있을 때에, 서울의 사우(士友)들이 관례를 행할 때면 번번이 공을 빈(賓)으로 맞이하였다.[48] 노주(老洲) 오공(吳公 오희상(吳熙常))이 장자(長子)의 관례를 행할 때에 공에게 빈(賓)이 되어주기를 청하였으며, 일찍이 공이 지취가 맑고 또 예의(禮儀)를 익숙하게 익혔다고 칭송하였다.

공은 주량이 몹시 크지는 않았지만, 술자리를 만나면 혹 통쾌하게 술을 마셨고, 취한 후에는 소리 높여 말하고 기운을 펴서 화락하고 흡족하여, 동춘(同春 송준길(宋浚吉)) 선생의 만년의 호방한 기상이 있었다. 그렇지만 혹 음주를 수개월 끊기도 하였으며, 읍재가 되었을 때에도 만취를 핑계로 업무에 해를 끼친 적이 없었다.

공은 뜻을 굽혀 녹사(祿仕)[49]하였으나 낮은 관직을 하찮게 여기지 않

는 심재(心齋) 또는 성담, 본관은 은진(恩津), 시호는 문경(文敬)이며, 송시열(宋時烈)의 5대손이다.

48 빈(賓)으로 맞이하였다 : 원문의 '숙빈(宿賓)'은 본래 관례를 행하기 하루 전에 빈(賓)으로 청한 사람에게 다시 나아가 참석해 주기를 거듭 확인하는 절차이다. 빈은 의식을 주관하는 주례자(主禮者)를 말한다. 《儀禮 士冠禮》

49 녹사(祿仕) : 녹봉을 받기 위해 하는 벼슬을 이른다. 《맹자(孟子)》 〈만장 하(萬章下)〉에 "벼슬함은 가난 때문이 아니지만, 때로는 가난 때문에 벼슬하는 경우가 있다.〔仕非爲貧也, 而有時乎爲貧.〕" 하였는데, 주자는 집주(集註)에서 "벼슬함은 본디 도를 행

아서 일에 따라 직임을 다하였으며, 상관에게 예(禮)를 다하고 동료에게 정성을 바쳤다. 세 읍(邑)을 차례대로 맡음에 아전과 백성들이 모두 오래 지나도 아끼고 사모하였다. 얼음과 소태나무의 지조[50]를 스스로 지켜서 전원(田園)이 조금도 늘지 않았다. 집 앞에 다른 사람에게 논을 빌려서 벼를 심었었는데, 혜국(惠局 선혜청)의 낭관이 된 때에 이르러서 비로소 봉급을 내어 사고는, 스스로 말하기를 벼슬살이의 업적이라고 하였다.

공은 15세에 《성학집요(聖學輯要)》의 〈궁리(窮理)〉장[51]을 읽고 부연하여 《독서요결(讀書要訣)》을 지어서 부단히 개수하고 윤색하여 완성된 책을 이루었다. 이 책은 차제와 본말이 갖추어지지 않은 것이 없어서 궁리격물(窮理格物)의 장척(丈尺)으로 갖출 만하니, 또한 여기에서 공의 식견이 일찍 성취된 것을 확인할 수 있다.

하기 위해서이나, 또한 집이 가난하고 부모가 늙었거나 혹은 도가 때와 맞지 않아서 단지 녹봉을 받기 위해 벼슬하는 경우가 있다.〔仕本爲行道, 而亦有家貧親老, 或道與時違, 而但爲祿仕者.〕"라고 하였다.

50 얼음과 소태나무의 지조 : 맑은 얼음물을 마시고 쓰디쓴 소태나무를 씹으면서 굳게 지키는 절조를 말한다. 당(唐)나라 백거이(白居易)의 시에 "3년 동안 자사로 있으면서, 맑은 얼음물을 마시고 쓰디쓴 소태를 씹었노라.〔三年爲刺史, 飮氷復食蘗.〕"라고 한 데서 온 말이다. 《白樂天詩集 卷1 三年爲刺史》

51 성학집요(聖學輯要)의 궁리(窮理)장 : 《성학집요》는 율곡(栗谷) 이이(李珥, 1536~1584)가 편찬한 책으로, 제왕(帝王)의 학문을 주제로 경전(經典)과 사서(史書)에서 학문과 정치에 관련된 격언을 모아서 분류하고 편찬한 책인바, 〈수기편(修己篇)〉 아래에 궁리(窮理)장이 있다.

항상 기질에 강과(剛果)함이 조금 부족한 것을 꺼려서, '강의정직(剛毅正直)' 네 글자를 벽에 적고서 스스로 경계하고 살폈다.

공은 주천군(酒泉郡)에 부임하여[52] 병이 위독해지자 두 아들에게 유언을 남기기를, "젊었을 때에 총명함이 있어서 스스로 원대한 일을 이루기를 기약하였었는데, 평생 병에 걸리고 중년에 벼슬길에서 실의하여 미관말직에서 바삐 고생하였으니, 지금 거의 끝났구나. 다만 임금을 높이 받들고 백성을 보호하는 정성이 밤낮으로 마음속에 맺혀있고, 공평하고 정대한 의리가 밤낮으로 마음속에 있거늘, 돌아보건대 이 혈성(血誠)을 남길 수 있는 곳이 없기에, 병이 깊어 괴로워하는 중에 너희들에게 물려주노라."라고 하였으니, 또한 여기에서 수양한 바의 참됨을 볼 수 있다.

항상 절의를 높이고 장려하는 일에 마음을 썼다. 주천군(酒泉郡 예천군(醴泉郡))을 다스리게 되었을 때에 주천군 사람인 장현명(張顯明)이 무신년[53]에 의병을 창도하였다는 사실을 듣고는 유사(遺事)를 적어서

52 주천군(酒泉郡)에 부임하여 : 주천은 경상도 예천(醴泉)의 옛 이름으로, 송후연(宋厚淵)은 1798년(정조22) 12월에 예천 군수(醴泉郡守)에 제수되었다. 《承政院日記 正祖 22年 12月 6日》

53 무신년 : 1728년(영조4)을 가리키는바, 이 해에 '무신란(戊申亂)', 혹은 '이인좌(李麟佐)의 난'이 일어났다. 이는 소론(少論)과 남인(南人)의 일부 세력이 영조와 노론(老論)을 제거하고 밀풍군(密豊君) 이탄(李坦)을 추대하고자 일으켰던 반란으로, 1724년(영조 즉위년)에 경종의 승하로 영조가 즉위하여 김일경(金一鏡) 등이 제거되고 노론 정권이 들어서자, 일부 소론들이 남인들을 포섭하여 반정을 도모하기 위해 비밀 조직을 결성하였는데, 영조가 1727년(영조3)에 정미환국(丁未換局)으로 탕평책을 실시함에

감추어져 있던 것을 드러내었으니, 이는 바로 쇠퇴한 세상을 근심하는 뜻[54]에서 나온 것이었다.

공은 나를 몹시 아껴서 진실하고 돈독하게 가르치셨다. 항상 가르치기를 "총명함이 아직 쇠하지 않았을 때에, 서둘러 《의례경전통해(儀禮經傳通解)》[55]를 읽어야 한다."라고 하였으니, 《의례경전통해》는 문정(文正 송시열(宋時烈)) 선생이 몹시 좋아하셨던 것으로 공이 힘써서 연찬한 것이었기 때문이다.

공은 일찍이 나에게는 현달할 상이 없으니 몸을 지키고 준회(遵晦)[56]

따라 서울의 많은 소론이 이탈하였다. 이에 초조해진 지방의 세력들이 이인좌를 대원수로 삼고 거병하였는데, 한때 청주성을 점령하는 등 기세를 떨치고 도성을 향해 진격하였으나 안성(安城)과 죽산(竹山)에서 관군에게 대파당하고 이인좌 등 수뇌부가 체포되어 평정되었다.

54 쇠퇴한……뜻 : 원문의 '쇠세지의(衰世之意)'는 나쁜 세상을 근심하는 마음을 이르는바, 《주역》 〈계사전 하(繫辭傳下)〉에 "그 이름을 칭함이 잡란하면서도 어그러지지 않으나 그 선악과 길흉의 유를 상고함은 쇠퇴한 세상을 근심하는 뜻일 것이다.〔其稱名也, 雜而不越, 於稽其類, 其衰世之意耶.〕"라고 한 말에서 원용한 것이다.

55 의례경전통해(儀禮經傳通解) : 송나라 때 주희(朱熹)가 편찬한 것으로, 《의례》를 경문(經文)으로 삼고 《예기》, 사서(史書), 잡서(雜書) 등에서 예(禮)에 관한 내용을 뽑아 편집한 책이다. 주희가 이를 완성하지 못하고 죽자, 후에 제자인 황간(黃榦)과 양복(楊復)이 누락된 부분을 보충하여 《의례경전통해속》을 편찬하였다.

56 준회(遵晦) : 준양시회(遵養時晦)를 줄여 쓴 것으로 현재의 상황에 순응하며 역량을 축적하여 때를 기다림을 말한다. 《시경》 〈주송(周頌) 작(酌)〉에 "아, 성대한 왕사로서 도를 따라 힘을 길러 때로 감추어 크게 밝아진 뒤에야 이에 큰 갑옷을 쓰셨도다.〔於鑠王師, 遵養時晦, 時純熙矣, 是用大介!〕"라고 한 데서 유래한 말이다.

하는 것이 바로 분수의 마땅함이라고 하여, 항상 나의 왕고(王考)께 벼슬에 나아가 진취할 것을 요구하지 말고 뜻을 전일하게 하여 거업(居業)[57]할 수 있게 하라고 권하였다. 내 백발이 되도록 이룬 것이 없으니, 공이 지극하게 돌보아주신 것을 돌이켜 생각함에 더욱 궁려(窮廬)의 비탄[58]을 가눌 수가 없다.

57 거업(居業) : 학업을 보유한다는 뜻으로, 《주역(周易)》〈건괘(乾卦) 문언(文言)〉에 이르기를, "군자는 덕을 향상시키고 학업을 닦나니, 충신은 덕을 향상시키는 방법이고 말을 함에 성실함을 세움은 학업을 보유하는 방법이다.〔君子進德修業. 忠信, 所以進德也; 修辭立其誠, 所以居業也.〕"라고 하였다.

58 궁려(窮廬)의 비탄 : 노년이 되어 젊었을 때에 부지런히 학문에 힘쓰지 않은 것을 후회하며 슬피 탄식하는 것이다. 촉한(蜀漢)의 승상 제갈량(諸葛亮)이 자식들을 경계하여 지은 글에 "나이가 시절과 함께 더해지고 의지가 세월과 함께 사라져 버려서 마침내 쇠락하고 시들어지게 되면 궁벽한 오두막에서 슬피 탄식한들 장차 무슨 소용이 있겠는가.〔年與時馳, 意與歲去, 遂成枯落, 悲歎窮廬, 將復何及?〕"라고 하였다. 《小學 嘉言》

황고 동지돈녕부사 부군[59] 유사

皇考同敦寧府君遺事

소싯적에 성격이 조급한 것을 늘 걱정하시어 손수 '동심인성(動心忍性)'[60] 네 글자를 자리 곁에 적어두고서 스스로 기억하고 경계하셨다.

항상 절제하고 삼가는 데에 있어서 경계하는 마음을 지녀서, "병은 입으로부터 들어오니 능히 음식을 절제한다면 병이 어디로부터 생겨날 것이며, 화는 입으로부터 나가니 능히 말을 삼간다면 화가 어디로부터 들어오겠는가.〔病從口入 能節飮食 病何從生 禍從口出 能愼言語

59 황고(皇考) 동지돈녕부사(同知敦寧府事) 부군(府君) : 매산의 부친인 홍이간(洪履簡, 1753~1827)으로 자는 원례(元禮), 호는 남헌(南軒), 본관은 남양(南陽)이다. 1777년(정조1) 진사시에 합격하고, 음직으로 벼슬을 하여 1789년 휘릉참봉(徽陵參奉)이 된 이래 제용감 부봉사(濟用監副奉事)·상서원 부직장(尙瑞院副直長)·통례원 인의(通禮院引儀)·의금부 도사로 승진하였다가 일시 파직되었고, 곧 복직되어 조지서 별제·남부 영(南部令)·형조좌랑을 거쳐, 임실 현감·대구부 판관이 되었다. 1801년(순조1) 공조좌랑·안성 군수·전주부 판관·밀양 부사·경주부윤 등을 역임하고 동지돈녕부사에 이르렀다. 시문에 능하였으며, 저서로 《남헌고》가 있다.

60 동심인성(動心忍性) : '마음을 분발하고 성질을 참다'라는 뜻으로, 《맹자》 〈고자 하(告子下)〉에 "하늘이 장차 큰 임무를 어떤 사람에게 내리려 할 적에는 반드시 먼저 그의 마음을 괴롭게 하고 그의 근골(筋骨)을 수고롭게 하며, 그의 몸을 굶주리게 하고 그의 몸을 궁핍하게 하여, 어떤 일을 행함에 그가 하는 일이 뜻대로 되지 않게 하니, 이는 그렇게 함으로써 마음을 분발시키고 성질을 참게 하여, 그가 할 수 없는 일을 해낼 수 있게 해주려는 것이다.〔天將降大任於是人也, 必先苦其心志, 勞其筋骨, 餓其體膚, 空乏其身, 行拂亂其所爲, 所以動心忍性, 曾益其所不能.〕"라고 한 데서 온 말이다.

禍何從入〕"라는 24글자를 벽 위에 써두고서 수시로 읊으셨다.

항상 아무 일 없이 등불을 태우는 것을 경계하셔서, 집에 계실 때에 반드시 저녁 봉화를 기다려서 등불을 켜셨다. 만약 어두운 가운데 다른 사람이 보낸 편지에 답하시는 경우가 있으면, 등을 밝혔다가 곧 끄고서 봉화를 기다려서 다시 불을 태우시어, 혹 조금이라도 이를 폐하신 적이 없었다.

항상 예방(禮防)에 삼가셨다. 불초가 최복을 입고서 운수(雲水)의 관아로 모시고 가고 있을 적에[61] 도중에 《심경(心經)》을 펼쳐보자, 부군께서는 "비록 의리에 관련된 문자라고 할지라도 상중에 있는 사람이 어찌 말 위에서 책을 펼쳐볼 수 있단 말이냐."라고 하셨다. 혼정신성을 하는 외에는 동각(東閣)[62]을 나가는 것을 허락하지 않으셨으며, 또한 관아의 뜰을 거니는 것을 허락하지 않으셨다.

61 불초가……적에 : 1793년(정조17)에 매산은 모친상을 당하였는데, 이해에 부친 홍이간(洪履簡)이 임실 현감(任實縣監)에 제수되었다. 운수(雲水)는 임실의 옛 이름이다.

62 동각(東閣) : 지방 고을의 관아를 뜻한다. 남조(南朝) 양(梁)나라 하손(何遜)이 건안왕(建安王)의 수조관(水曹官)으로 양주(楊州)에 있을 적에 관청 뜰에 매화 한 그루가 있으므로 매일 그 나무 아래에서 시를 읊곤 하였는데, 뒤에 낙양(洛陽)에 돌아갔다가 그 매화가 그리워서 다시 양주로 발령해주길 청하여 양주에 당도하니, 매화가 한창 피었기에 매화나무 아래서 종일토록 서성거렸다. 두보(杜甫)는 이 고사를 인용하여 "동각의 관매가 시흥을 돋우니 또한 하손이 양주에 있을 때와 같구나.〔東閣官梅動詩興, 還如何遜在楊州.〕"라는 시를 지었다. 《杜少陵詩集 卷9 和裴迪登蜀州東亭 送客逢早梅相憶見寄詩》

관직에 계실 때에 독서를 폐하신 적이 없어서, 비록 사무가 번다한 고을에 처하셨을지라도 장부와 문서를 처리하시는 여가에 번번이 쉬지 않고 글을 읽으셨다.[63] 혹은 옛 사람의 글을 읊으시고, 혹은 운자를 뽑아 시를 지으셔서, 항상 세상일에서 벗어나 초연하셨다.

부군께서는 소싯적에 정동준(鄭東浚)[64]과 서로 아셨는데, 담을 사이에 두고 지낸 지가 십 수 년이었으나 절대 왕래하지 않으셨다. 정동준이 성이 나서 정묘(正廟 정조)께 허구로 날조하여 참소하였는데, 상께서는 늘 웃으면서 대답하지 않으셨다. 부군께서 그 후 비로소 정동준의 일을 들으시고는, 조금도 근심하거나 두려워하지 않으셨다. 을묘년(1795, 정조19)에 정동준이 패퇴하자 상께서 더욱 그 무함한 사실을 깨달으시고는 한창 부군께 뜻을 두어서 자목(字牧 지방관)의 직임을 주셨는데, 하늘이 무너지는 애통함[65]을 만나 미처 끝까지 중임되지

63 글을 읽으셨다 : 원문의 '점필(佔畢)'은 본래 스승이 경의(經義)를 풀어 가르치지 않고 단지 책만을 읊는 것을 가리켰는데, 뒤에는 독서 또는 송독(誦讀)을 두루 가리키게 되었다. 《예기》〈학기(學記)〉에 "지금 가르치는 자들은 그 보는 간독(簡牘)만을 읊을 뿐이다.〔今之教者, 呻其佔畢.〕" 하였는데, 이에 대해 진호(陳澔)는 《예기집설(禮記集說)》에서 "신(呻)은 읊는 소리이고 점(佔)은 봄이고 필(畢)은 간독이다.〔呻, 吟諷之聲也, 佔, 視也, 畢, 簡也.〕"라고 하였다.

64 정동준(鄭東浚) : 1753~1795. 사관(史官)으로서 정조의 신임을 받아 재신(宰臣)에까지 이르렀으나, 정조가 그를 보호해 주려고 권요직(權要職)을 피하게 하자, 원망하는 마음을 품고 성상(聖上)을 모함(謀陷)하는 말을 하였다가 탄핵을 받아 스스로 목숨을 끊었다. 《正祖實錄 19年 1月 11日, 18日》

65 하늘이 무너지는 애통함 : 국상을 당하여 애통해 한다는 뜻으로, 1800년(정조24) 6월 28일에 정조(正祖)가 승하한 것을 말한다.

못하시고 말았으니, 아아 슬프도다.

항상 유자(儒者)를 애호하셔서, 성담(性潭) 송공(宋公)[66]이 소명(召命)을 받고 나아간 날에, 그 진퇴가 법도에 맞았음을 들으시고는 기뻐하시면서 "만일 평소 마음에 기른 바가 없었다면 어떻게 능히 이와 같을 수 있겠는가."라고 하시며 찬탄해 마지않으셨다. 중주(中洲) 이공(李公)[67]이 고성(高城)의 군수가 되어 궐에 들어가서 사은하였는데, 마침 나라의 경사를 만나 궁궐의 뜰에서 음식을 베푸니,[68] 부군께서 이공(李公)과 함께 어울려 교제하시고는 산택(山澤)에 사는 듯한 맑고 파리한 기상[69]이 동류들보다 훨씬 빼어남을 찬탄하셨다.

66 성담(性潭) 송공(宋公) : 송환기(宋煥箕, 1728~1807)로 본관은 은진(恩津), 자는 자동(子東), 호는 심재(心齋)·성담이다. 송시열의 5대손이며, 당시 심성(心性)의 변(辨)으로 성리학계에서 논쟁을 벌일 때 호론(湖論)인 한원진(韓元震)의 주장을 지지하였다.

67 중주(中洲) 이공(李公) : 이직보(李直輔, 1738~1811)로, 자는 유종(維宗), 호는 중주, 본관은 연안(延安), 시호는 문경(文敬)이다. 1784년(정조8) 유일(遺逸)로 천거되고 벼슬이 이조판서에 이르렀다. 경사(經史)에 두루 밝아 사림의 중망을 받았다.

68 고성(高城)의……베푸니 : 이직보(李直輔)는 1795년(정조19) 6월 2일에 고성 군수(高城郡守)에 제수되어 같은 달 16일에 궐에 들어가 정조를 뵈었는데, 이틀 뒤인 6월 18일이 혜경궁(惠慶宮) 홍씨(洪氏)의 회갑 탄신일이어서 축하하는 잔치가 열렸다. 《正祖實錄 19年 6月 2日, 16日, 18日》 한편 궁궐의 뜰을 지칭하는 원문의 '동정(彤廷)'은 본래 반고(班固)의 〈서도부(西都賦)〉에서 붉은색을 칠한 한(漢)나라 궁궐의 뜰을 이와 같이 지칭한 것에서 유래한 것이다.

69 산택(山澤)에……기상 : 형용이 파리하면서도 청수한 은자(隱者)의 기상으로, 한(漢)나라 사마상여(司馬相如)가 천자(天子)에게, "서로 전해가면서 산택 사이에 거주한 역대 신선들은 형용이 몹시 파리하나니, 이것은 제왕이 하고자 하는 신선이 아닙니

항상 노주(老洲) 오공(吳公)[70]을 찬탄하시면서 "청명하고 화락함이 동시대에 짝할 이가 드물다." 하시고, 함께 강변의 누각에 오름에 풍류가 질탕하였다. 영월(寧越)의 부사가 되셨을 때[71]에, 함께 영월의 산수를 감상하시고 자규루(子規樓)와 청령포(淸泠浦)[72]에 이르러서 함께 슬퍼하시니, 곁에서 보는 이들이 이 때문에 감탄하였다.

영서(穎西) 임공(任公)[73]과 교분이 몹시 돈독하여서, 항상 고아한 희

다.〔列仙之傳居山澤間, 形容甚臞, 此非帝王之仙意也.〕"라고 아뢴 데서 온 말이다.《史記 卷117 司馬相如列傳》

70 노주(老洲) 오공(吳公) : 오희상(吳熙常, 1763~1833)으로 자는 사경(士敬), 호는 노주, 본관은 해주(海州), 시호는 문원(文元)이다. 1800년(정조24) 천거로 세자익위사 세마(世子翊衛司洗馬)에 제수되고, 황해도 도사 등을 지낸 뒤, 벼슬에서 물러나 광주(廣州)의 징악산(徵嶽山)에 은거하고 이후 찬선(贊善) 등 여러 관직에 제수되었으나 모두 사양하고 나아가지 않았다. 성리학에 조예가 깊어 이황(李滉)과 이이(李珥)의 설을 절충하였다.

71 영월(寧越)의 부사가 되셨을 때 : 매산의 부친 홍이간(洪履簡, 1753~1827)은 1819년(순조19) 영월 부사(寧越府使)로 부임하여 2년간 다스렸다.《梅山集 卷50 先考同敦寧府君家狀》

72 자규루(子規樓)와 청령포(淸泠浦) : 강원도 영월(寧越)에 있는 단종(端宗)과 관련된 유적이다. 1456년(세조2)에 왕위를 빼앗긴 단종이 노산군(魯山君)으로 강등되어 영월로 유배되면서 청령포에 머물렀으며, 그해 여름 홍수로 관풍헌(觀風軒)으로 옮기게 되자 동쪽의 매죽루(梅竹樓)에 올라 소쩍새의 슬픈 울음소리를 자신의 심정에 빗대어 자규사(子規詞) 및 자규시(子規詩)로 읊었는데, 이로 인해 매죽루를 자규루라고 부르게 되었다.

73 영서(穎西) 임공(任公) : 임로(任魯, 1755~1828)로, 자는 득여(得汝), 호는 영서거사(穎西居士), 본관은 풍천(豊川)이다. 1777년(정조1)에 아버지인 종주(宗周)가 홍국영(洪國榮)에 의해 단천(端川)에 유배되었다가 별세하자 과거를 포기하고 학문에

학을 가하셨고 임장(任丈) 또한 이를 허심탄회하게 받아주셨다. 부군께서는 항상 그 준결하고 탁월함이 세속의 유자(儒者)들의 구속된 자태가 없음을 찬탄하셨다.

항상 김성보(金城甫)[74]의 사람됨을 아끼셔서, "찌꺼기가 깨끗하게 모두 없어서, 적자(赤子)의 마음[75]을 잃지 않았다."라고 하셨고, 이자강(李子岡)[76]을 나이가 적은 벗으로 대하여서 "상서롭고 온화한 기운이 사람에게 스며드니, 진실로 길한 선비이다."라고 하여, 고령의 연세에도 가서 방문하고 찬미하기를 그치지 않으셨다.

젊었을 때에 《주서(朱書)》를 읽기 좋아하시어, 손수 우옹(尤翁)의 《차

만 전념하였다. 학문이 높아지자 나라의 부름이 이어져서 1809년(순조9)에 제용감 부봉사(濟用監副奉事)로 출사하였고, 외직으로 충원 현감(忠原縣監) 등을 지냈다.

74 김성보(金城甫) : 김종선(金宗善, 1766~1810)으로, 자는 성보, 호는 송재(松齋), 본관은 청풍(淸風)이며, 잠곡(潛谷) 김육(金堉)의 후손이다. 청원부원군(淸原府院君) 시묵(時默)의 손자로, 척신(戚臣)으로 등용되어 한성부 우윤(漢城府右尹)을 지냈다.

75 적자(赤子)의 마음 : 적자는 지각이 없는 어린아이로, 적자의 마음이란 티 없이 순수하여 천진난만한 마음을 가리킨다. 《맹자》 〈이루 하(離婁下)〉에 "대인이란 어린아이의 마음을 잃지 않는 자이다.〔大人者, 不失其赤子之心者也.〕"라고 하였는데, 주자는 집주(集註)에서 "대인의 마음은 온갖 변화를 통달하고, 적자의 마음은 순일(純一)하여 거짓이 없을 뿐이다. 그러나 대인이 대인이 된 까닭은 바로 외물에 유인되지 않아서 순일하여 거짓이 없는 본연의 마음을 온전히 함이 있기 때문이다."라고 하였다.

76 이자강(李子岡) : 이봉수(李鳳秀, 1778~1852)로, 자는 자강, 호는 대은(大隱), 본관은 연안(延安)이며, 노주(老洲) 오희상(吳熙常)에게 수학하였다. 1805년(순조5) 증광 생원시에 합격하고, 1812년 세마(洗馬)가 되었으며, 의령 현감 등의 벼슬을 지냈다.

의(箚疑)》[77]를 종이 윗부분에 적어두셨다. 항상 〈갑인과궁봉사(甲寅過宮封事)〉[78]를 세 번 반복하시고는 이어서 불초에게 가르치시기를, "아버지와 자식이 된 사람은 이 의리를 몰라서는 안 된다."라고 하셨다.

동경(東京 경주)에 부임하셨을 때에, 사적(邪賊)의 잔당들이 서로를 불러 청송(青松)에 모이니,[79] 도백(道伯 관찰사)이 죄수들을 동경(東京)으로 이송하여 조사하였다. 부군께서는 처음에는 천리와 인욕을 가지고서 깨우치시고, 또 이로움과 해로움을 가지고서 분석해보이시고, 마지막으로는 형륙(刑戮)으로써 위엄을 보이고 두렵게 하셨으니, 이와 같이 하신 것이 십 수 일이었다. 그 동안 비유하여서 의혹을 풀어주신 것이 불쌍히 여기고 간절한 마음에서 나온 것이었으나, 죄수들은 끝내 수복하지 않았다. 부군께서는 도백에게 말씀하시기를, '형정(刑

77 우옹(尤翁)의 차의(箚疑) : 우옹은 우암(尤庵) 송시열(宋時烈)을 가리킨다. 우옹의 차의는 《주자대전차의(朱子大全箚疑)》로, 《주자대전》의 난해한 구절을 뽑아 주석을 붙인 책인바, 《주자대전》의 편차에 따라 차례대로 어려운 단어나 구절을 뽑아 대서(大書)하고, 그 아래에 소자(小字)로 분주(分註)하는 형식을 취하였다.

78 갑인과궁봉사(甲寅過宮封事) : 《주자대전(朱子大全)》 권12에 있는 〈갑인의상봉사(甲寅擬上封事)〉를 가리킨다. 주희가 갑인년(1194) 5월에 담주군 주사(潭州軍州事)로서 광종(光宗)에게 올린 봉사인데, 광종이 태상황으로 과궁(過宮)에 머물고 있는 효종(孝宗)을 문안하지 않자, 자식의 도리를 다하여야 천하의 화란(禍亂)의 조짐을 미리 방지할 수 있음을 진술한 것이다. 그러나 효종이 붕어하여 올리지 못하였다.

79 사적(邪賊)의……모이니 : 1815년(순조15)에 청송(青松) 노래산(老萊山)에 서학(西學)을 믿는 무리들이 있다하여 체포하였는바, 정약종(丁若鍾)을 따라 서학을 배우고서 산골로 들어갔던 최봉한(崔奉漢)을 비롯하여 수십 명이 잡혀가서 이로 인해 처벌을 받았다. 《純祖實錄 15年 6月 18日》《承政院日記 純祖 15年 5월 7일, 7월 7일》

政)을 베풀 곳이 없으니 다만 모조리 죽여서 후손도 남기지 않게 함이 합당하나, 또한 전부 죽여서는 안 되며 오직 해도(海島)에 던져서 물들이고 더럽히지 못하게 해야 한다'고 하시자, 도백이 부군의 말씀을 따랐다.

예전에 객점(客店)에서 모시고 있었을 때에 도벽(塗壁)의 글을 보고자 하였더니, 부군께서 이를 저지하시면서 말씀하기를, "너는 갈원(葛院) 양재역(良才驛)의 벽서의 변고[80]를 듣지 못하였느냐?"라고 하셨다.

성품이 남을 평론하는 것을 좋아하지 않으셔서, 사람들 중에 면대하고서 다른 사람을 평하여서 그 우열을 단정 짓는 자가 있으면 부군께서는 그를 꾸짖으면서 말씀하기를, "어찌하여 이런 박덕한 말을 하는가?" 하시고는, 이어서 옛 사람이 소〔牛〕를 대하여서도 좋고 나쁨을 말하지 않은 일을 들어서 깨우치셨다.

80 갈원(葛院)……변고 : 을사사화(乙巳士禍)가 일어난 지 2년 뒤인 1547년(명종2)에 일어난 사건으로, 당시 외척으로서 정권을 잡고 있던 윤원형(尹元衡) 세력이 윤임(尹任) 일파의 잔당 및 반대파 인물들을 숙청한 사건이며, 정미사화(丁未士禍)라고도 불린다. 1547년(명종2) 9월에 부제학 정언각(鄭彦慤)과 선전관 이로(李櫓)가 경기도 과천(果川)의 양재역에서 "위로는 여주(女主)가 정권을 잡고 아래로는 간신 이기가 권력을 농간하고 있으니 나라가 장차 망할 것을 서서 기다릴 수 있겠다. 어찌 한심하지 않은가.〔女主執政于上, 奸臣李芑等弄權於下, 國之將亡, 可立而待, 豈不寒心哉?〕"라는 내용으로 된 익명의 벽서를 발견해 임금에게 바치자, 소윤(小尹) 일파가 이를 빌미삼아 윤임의 잔당과 사림파 인물들을 제거하였다. 벽서의 '여주'는 당시 수렴청정을 하던 문정왕후(文定王后)를 가리킨 말이다.《明宗實錄 2年 9月 18日》

평소 성품이 검약을 추구하셔서, 혹한이 아니면 털옷을 덧입으신 적이 없었다. 서종자(庶從子)인 석필(奭弼)이 초구(貂裘)를 입은 적이 있었는데, 부군께서는 "의복이 분수에 맞지 않는 것은 몸의 재앙이다."[81] 라는 한 구절을 들어서 가르치셨다.

여러 번 태학(太學 성균관)의 장의(掌議)가 되셨는데, 그 때 마침 공자(孔子)의 상(像)을 훔쳐서 시장에 팔아버린 자가 있었다. 이를 산 사람이 두려워하여서 태학에 고하였는데, 부군께서 제생들을 이끌고서 명륜당(明倫堂)에서 취하여 받들고서, 정배(庭拜)하기를 대성전(大成殿)[82]의 예(禮)와 같이 하였으며, 반수(泮水)[83]의 남쪽에 사당을 건립하여 태뢰(太牢)[84]로써 춘추의 제사를 올리기로 건의하였는데, 상(上)의 명으로 인하여 니성(尼城)의 궐리사(闕里祠)[85]로 옮겨서 봉안하였다.

81 의복이……재앙이다 : 《춘추좌씨전》 희공(僖公) 24년조에 보이는 말로, 정(鄭)나라 자장(子臧)이 송(宋)나라로 도망가서 물총새 깃털로 만든 관(冠)을 모으기를 좋아하자, 정백(鄭伯)이 이를 듣고 미워하여 자객을 보내 죽였는데, 이 일을 두고 군자가 이 말로써 논평하였다.

82 대성전(大成殿) : 문묘의 정전(正殿)으로, 공자를 비롯하여 사성(四聖)·십철(十哲), 송조(宋朝)의 육현(六賢) 등 유학 발전에 공이 있는 중국과 우리나라 선현들의 위패를 모신 사당이다.

83 반수(泮水) : 반궁(泮宮), 즉 성균관에 흐르는 물로, 《시경》 〈노송(魯頌) 반수(泮水)〉에 "반수(泮水)에서 즐김이여, 잠깐 미나리를 캐노라.〔思樂泮水, 薄采其芹.〕"라고 한 데서 온 말이다. 옛날 제후(諸侯)의 학궁(學宮)을 반궁(泮宮)이라 하였다.

84 태뢰(太牢) : 제사 때에 소〔牛〕, 양〔羊〕, 돼지〔豕〕 세 가지 희생을 모두 갖춘 것을 이른다.

85 니성(尼城)의 궐리사(闕里祠) : 충청도 니성 니구산(尼丘山)에 있는 사당으로, 공자의 영정을 봉안하였다. 1687년(숙종13)에 송시열이 건립을 추진하고, 권상하(權尙

부군께서는 항상 우리 동국의 사노비의 폐단을 병통으로 여겨 말씀하시기를, "어머니의 역(役)을 따르는 자[86]가 끊임없이 생육하면 자자손손이 영원히 다른 사람의 노비가 될 것이니, 하늘이 물건을 낸 뜻이 어찌 이와 같을 수 있겠느냐. 내가 정사(政事)를 한다면, 마땅히 자기 자신에만 한정하는 것으로 정할 것이다."라고 하였다.

방계(傍系)의 존속(尊屬)을 존경함에 있어서 예(禮)를 다하여서, 나이가 적다하더라도 절을 하셨다.

동료 중에 자신의 후처의 아버지를 업신여기고 조롱하는 사람이 있었는데, 부군께서 절실히 꾸짖으며 말씀하기를, "외구(外舅)는 존속(尊屬)이니, 어찌 재취하였다고 하여 불손하게 할 수 있겠는가."라고 하시니, 그 사람이 부끄러워하며 탄복해 마지않았다.

항상 책을 구입하고 약을 사거나 가옥을 사고파실 때에, 오직 거간꾼의 말을 믿으시어 혹시라도 많고 적음을 비교하여 따지시지 않으셨는데, 불초가 값이 너무 지나치다고 말하면 부군께서는 자질구레하게 구는 것을 꾸짖으셨다. 양남(兩南 영남과 호남)을 맡아 다스리셨을 때에 여러 책들을 인쇄하여 출판하셨는데, 불초가 경사에서 구입하는 것이

夏) 등 송시열의 제자들이 1716년(숙종42년)에 사당을 세웠다. 궐리는 본래 공자가 산동성(山東省) 곡부(曲阜)에 있는 궐리라는 마을에서 태어났기에 붙여진 이름이다.

86 어머니의 역(役)을 따르는 자 : 노비종모법(奴婢從母法)으로, 예컨대 양인(良人)과 천인(賤人) 사이에 태어난 자식은 어머니의 역(役)을 따르는 것을 말한다.

비용이 줄면서도 편리하여 더 낫다고 말씀드리자, 부군께서는 "서책을 인쇄하는 사람이 있으므로 파는 사람이 있는 것이니, 사고팖은 있는데 새로 인쇄하는 것이 없다면 어찌 소진되어 버리지 않겠느냐. 그렇게 된다면 세상에 장서하는 사람이 없게 될 것이니, 이것이 옳겠느냐. 비용의 많고 적음에 어찌 구애될 것이 있겠느냐."라고 하셨다.

관직에 계실 때에 항상 관노비가 대대로 역(役)을 면하지 못하는 것을 불쌍히 여기셔서, 한 번도 관기(官妓)를 천시하거나 미워하시지 않고서 그 사람을 일반인으로 만드는[87] 방법을 모색하셨으며, 혹 장성한 나이가 되고서도 아직 가체(加髢)를 하지 못한 사람이 있으면, 그때마다 관가에서 지급하여 도와주어서 성인이 되도록 하셨다.

관속(官屬)이 어버이의 병을 핑계로 말미를 청함에 혹자가 그것이 거짓말임을 말하자, 부군께서는 "이미 어버이가 병에 걸렸다고 칭했으니, 어찌 그것이 진실이 아님을 미리 억측하여 어버이를 뵙는 것을 허락하지 않을 수 있겠는가."라고 하셨다.

평소에 항상 장엄하고 공경하는 태도를 지니셔서, 심한 병이 아니면 상의를 벗으신 적이 없으셨으며 잠자리에 들 때에야 비로소 행전과

87 그 사람을……만드는 : 이는 본래 한유(韓愈)의 〈원도(原道)〉에, "이단에 속한 사람들을 일반인으로 만들고 그들의 책을 불태우며 그들이 거처하는 곳을 집으로 만들어야 한다.〔人其人, 火其書, 廬其居.〕"라고 한 데서 온 말인데, 여기서는 일반의 사람을 만든다는 범범한 뜻으로 쓰였다.

버선을 벗으셨다. 역책(易簀)[88]하시기 이틀 전에도 세수하고 빗질하는 것을 폐하지 않으셨다.

고을에 부임하신 날에 공장(工匠)에게 일을 시켰는데 불초가 가죽신을 만들고자 하였더니, 부군께서는 "발에 신을 것이 없더냐?"라고 하셨다. "여벌을 갖추고자 함입니다."라고 하니, 말씀하기를 "자신에게 이로운 것은 반드시 다른 사람에게 해로운 법이니, 해지기를 기다리는 것이 옳다."라고 하셨다.

임소에 계실 때에 맛있는 음식이 있으면 반드시 먼저 경사의 집으로 보내어 부모님께 드리게 하였다. 달성(達城)에서 진귀한 과일을 얻어 인편을 기다리고 있었는데, 마침 현귀한 사신(使臣)이 관아에 들어왔다. 불초가 먼저 손님에게 드릴 것을 청하니, 부군께서는 꾸짖으면서 말씀하기를, "어찌 어버이에게 봉양하려던 것을 손님에게 대접할 수 있겠느냐." 하시고, 이어서 경중과 선후의 구별을 잃은 것을 꾸짖으셨다.

달성부(達成府)에 부임하셨을 때에,[89] 달성부 아전 중에 수임(首任)을 차지하려는 자가 부군을 음해(陰害)하여 무당과 점쟁이에게까지 일을

88 역책(易簀) : 학식과 덕망이 높은 사람의 죽음이나 임종을 이르는 말로, 증자(曾子)가 임종 시에 자신이 깔고 누운 대자리가 신분에 맞지 않음을 깨닫고 즉시 자리를 바꾸었던 일에서 온 말이다. 《禮記 檀弓上》

89 달성부(達成府)에 부임하셨을 때에 : 달성은 대구(大丘)로, 홍이간(洪履簡)은 1795년(정조19)에 대구부 판관(大丘府判官)에 제수되었다.

도모하였는데, 부군께서는 이를 듣고 웃으시면서 조금도 개의치 않으시고는 예전과 같이 대하셨다. 그러자 체직되시고서 수년이 지나고서도 그 사람이 안부를 여쭙기를 그치지 않았으니, 이는 진심으로 복종하였기 때문이다. 완주부(完州府)의 통판(通判)이 되셨을 때에, 완주부 아전 중에 교활하고 간악한 자가 암행어사를 자신의 집에 들여서 "습조(習操) 때에 민심을 동요시킨 일이 있습니다."라고 하자, 무고하는 계(啓)가 올라가 추후에 탓하여서, 고신(告身)을 삭탈하는 데에 이르렀다.[90] 온 부내(府內)가 그 사람에게 죄를 돌리니, 그 사람이 스스로 몸 둘 바를 알지 못하여 몸소 와서 죄를 청하였는데, 부군께서는 온화하게 타일러서 돌려보내시고는, 완주부 사람들에게 경계하여 허물을 책망하지 말게 하셨다.

처음 출사하여 침랑(寢郎)이 되셨을 때에,[91] 조정에서 장차 영우원(永祐園)의 면례(緬禮)[92]를 행하고자 하였다. 시임(時任) 침랑(寢郎)은

90 완주부(完州府)의……이르렀다 : 완주부는 전주부(全州府)를 가리킨다. 홍이간(洪履簡)은 1807년(순조7)에 전주부 판관(全州府判官)이 되었는데, 이 해에 습조(習操)가 폐해진 지 30년 만에 다시 이루어지게 되자, 홍이간이 빠진 군액을 임시방편으로 조처하여 충원하였다. 이듬해인 1808년 봄에 홍이간은 벼슬을 그만두고 돌아갔는데, 어사 서유망(徐有望)이 습조 때에 민심을 동요시킨 것을 추후에 탓하여 고신(告身)을 2등 삭탈하는 처분이 내려졌다. 참고로 습조란 군사와 지휘관을 포함한 모든 인원이 모여서 진법(陣法)이나 총포발사 등을 조련하는 일을 말한다.《梅山集 卷50 先考同敦寧府君家狀》

91 처음……때에 : 홍이간(洪履簡)은 1789년(정조13)에 처음 음직으로 벼슬하여 휘릉 참봉(徽陵參奉)이 되었다.《梅山集 卷50 先考同敦寧府君家狀》

92 영우원(永祐園)의 면례(緬禮) : 영우원은 사도세자(思悼世子)의 묘이며, 면례는

으레 돈장(敦匠)에 처할 수 없으므로, 모두 부군께 벼슬을 그만두기를 권하였는데, 부군께서는 벼슬살이에 있어 교묘하게 술수를 부리는 것을 싫어하시어 웃으시고는 응하지 않으셨다.

불초가 유원(儒院 서원)에 사액(賜額)을 청하는 상소를 지어주시기를 청한 적이 있었는데, 부군께서는 말씀하기를, "유원(儒院)에 관한 글은 사체(事體)가 비록 다르기는 하나, 대신 지어서 공거(公車)[93]에 들이는 것은 끝내 사인(士人)의 질박함을 지키는 법도가 아니니, 만일 그만둘 수 있다면 그만두는 것이 옳다."라고 하셨다.

누차 군읍(郡邑)을 맡으셨을 때에 도백(道伯 관찰사)이 번번이 형옥(刑獄)의 논정을 맡겼었는데, 항상 흠휼(欽恤)[94]하는 것에 삼가셔서, 엄준하고 가혹하게 하는 것을 상세하고 명석한 것이라 여기지 않으셨고, 죄명을 얽어내는 것을 주밀하고 자세한 것이라 여기지 않으셨다. 항상 속된 아전이 지모와 기교를 자랑하여 이를 총명함으로 여기거나 고식

묘소를 옮겨 다시 장사를 지내는 일을 말한다. 1762년(영조38)에 사도세자가 죽어 배봉산(拜峯山) 아래 예장되고 수은묘(垂恩墓)라 하였다가, 1776년 정조가 즉위한 후에 이를 영우원이라 개칭하였다. 그 후 1789년(정조13) 7월에 영우원을 수원(水原)으로 천장(遷葬)할 것을 결정하였고, 그 후 능호도 현륭원(顯隆園)으로 바뀌었으며, 10월에 천장을 실행하였다.

93 공거(公車) : 한(漢)나라 때에 상주(上奏)하는 문서(文書)를 수납하던 관청으로, 조선조에서는 승정원 또는 승정원의 상소를 수리하는 곳을 가리킨다.

94 흠휼(欽恤) : 옥사(獄事)를 다스림에 신중을 기하고 불쌍히 여긴다는 뜻이다. 《서경》〈순전(舜典)〉의 "공경하고 또 공경하는 마음으로 불쌍히 여기며 신중하게 형벌을 행한다.〔欽哉欽哉, 惟刑之恤哉.〕"라는 말에서 나온 것이다.

지계에 힘써서 간특함을 용납하는 것을 미워하셔서, 순리대로 응하여 반드시 그 살리려는 뜻〔生意〕을 추구하셨으며, 그렇게 하지 못하면 '불쌍히 여기고 기뻐하지 말라'[95]는 뜻을 깊이 간직하셨다. 항상 아침에는 형장(刑杖)을 시행하지 않고 반드시 음식을 먹기를 기다리셨으므로, 치사(致死)에 이르는 상황을 맞닥뜨린 적이 없으셨다. 설날과 동지(冬至)에 반드시 사형수에게 때에 맞는 음식을 먹여서 악(惡)을 징토하는 중에 선(善)을 권하는 뜻을 부치셔서 스스로 새롭게 할 길을 열도록 하셨으니, 그 어진 마음과 어질다는 명성이 사람으로 하여금 감통하게 하는 바가 있었다.

항상 불초가 여러 책들을 섭렵하느라 전심치지하는 공력을 들이지 않는 것을 경계하셨다. 《정암집(貞菴集)》의 〈독서자경(讀書自警)〉[96]을 보심에 "늘 한 책을 끝마치지 못하고 번번이 다른 책을 취하였으니, 정신과 기운이 피곤해져서 책을 덮으면 망연하였다."라는 말이 있자, 세 번 반복해 마지않으시고는 이를 인용해 불초를 가르쳐 말씀하시기를, "이는 너를 위해 준비된 말이니, 천 번 만 번 유념하여 경계하여라."

95 불쌍히……말라 : 이 말은 《논어(論語)》 〈자장(子張)〉에 보이는데, 맹씨(孟氏)의 사사(士師)로 임명된 양부(陽膚)가 증자(曾子)에게 옥사(獄事) 처리에 대해 묻자 증자가 "윗사람이 도리를 잃어 민심이 떠난 지 오래되었다. 만일 범법한 실정을 파악했으면 불쌍히 여기고 기뻐하지 말아야 한다.〔上失其道, 民散久矣. 如得其情, 則哀矜而勿喜.〕"라고 하였다.

96 정암집(貞菴集)의 독서자경(讀書自警) ; 《정암집》은 민우수(閔遇洙, 1694~1756)의 문집으로, 민우수의 자는 사원(士元), 호는 정암, 본관은 여흥(驪興), 시호는 문원(文元)이다. 해당 글은 현재 《정암집》 권15 〈잡지(雜識)〉에 보인다.

하셨다.

불초가 어렸을 때에 유자(儒者)로 명성이 있는 사람에 대해 들으면 혹 찾아가 방문하기도 하고 혹 편지를 통하여 강론하기도 하였는데, 부군께서 준엄하게 꾸짖으면서 말씀하기를, "그 사람의 허와 실을 알지 못하고서 단지 명성만을 취하여 먼저 베푸는[97] 사람치고 업신여김을 당하지 않는 경우를 보지 못하였고, 또한 이는 자중하는 방도가 아니니, 너는 마땅히 기억하고 경계해야 할 것이다." 하셨다.

항상 서모(庶母)에게 남자는 부인 곁에서 숨을 거두지 않는 의리를 가지고서 깨우쳐 말씀하기를, "무릇 사람은 임종할 때에 정신과 식견이 매우 미혹되어서 부인의 손에서 숨을 거두면서도 이를 알지 못하는 법이니, 항상 이 의리를 체인하여 혹시라도 예(禮)를 어기지 말라." 하셨다. 임종에 이르러, 끝내 부인이 들어와 이별하는 것을 허락하지 않으셔서 정종(正終)[98]의 예(禮)를 다하셨다.

불초가 예전에 장흥고 봉사(長興庫奉事)가 되어 아직 나아가지 않았을 때에[99] 부군께서 한창 요와 대자리를 수선하고 계시기에 본서(本署)의

97 먼저 베푸는 : 《중용장구》에 "군자의 도에는 네 가지가 있다.……붕우에게 바라는 것으로 자기가 먼저 베푸는 것이 그것이다.〔君子之道四.……所求乎朋友先施之.〕"라고 하였다. 후에 이 말은 먼저 남을 찾아가거나 예물을 주는 것을 가리키게 되었다.

98 정종(正終) : 임종 때까지 바른 도리를 지키다가 생을 마감하는 군자의 죽음을 뜻한다. 증자(曾子)가 죽을 때 "내가 바름을 얻어서 죽는다면 이것으로 그만이다.〔吾得正而斃焉, 斯已矣.〕"라고 한 데서 연유한 말이다. 《禮記 檀弓上》

석장(席匠)을 부르고자 하였는데, 곧 만류하시면서 말씀하기를, "네가 벼슬에 나아가지 않았으니, 어찌 그 장인(匠人)을 부릴 수 있겠느냐." 하셨으니, 작은 행실도 능히 삼가심이 이와 같으셨다.

부군께서는 훌륭한 자태가 환하고 수려하며 희고 밝았으며 수염이 아름다워서 옥 같은 풍채가 사람을 감동시켰으니, 소싯적에 성균관[100]에서 유학하실 때에 주시하여 공경하지 않는 이가 없었다. 만년에 더욱 다스리고 정돈하시어 위의(威儀)로써 검속하시니, 가인(家人)들이 흐트러진 모습을 본 적이 없었다. 성품은 또 깨끗하시어 뜻을 가다듬고 곧음을 지키심이 마치 일자(一字)를 그은 것과도 같아서, 방의 책상과 안석에 작은 티끌도 남겨두지 않으셨다.

99 불초가……때에 : 홍직필은 47세가 되던 해인 1822년(순조22) 윤3월에 장흥고 봉사에 제수되었으나 나아가지 않았다. 《梅山集 卷53 年譜》

100 성균관 : 원문의 '교상(膠庠)'은 본래 주(周)나라 때 학교의 이름으로, 교(膠)는 태학(太學), 상(庠)은 소학(小學)이었는데, 후세에 와서 통틀어 학교를 지칭하게 되었다. 《예기》〈왕제(王制)〉에 "나라의 원로는 동교(東膠)에서 봉양하고 서민의 원로는 우상(虞庠)에서 봉양한다."라고 하였다.

전傳

증 통제사 제공[101]전
贈統制使諸公傳

내가 예전에 지난날의 역사를 기록한 글을 읽으니, 난에 임하여 충의를 분발하여서 인(仁)을 이루고 의(義)를 취한[102] 선비를 보면 명문세족으로서 지위가 높고 돈이 많은 사람들에게서 나온 것이 아니라, 대부분이 모두 한준 고족(寒畯孤族)으로 영락하고 불우하여서 임금이 어떻게 생겼는지도 알지 못하는 부류의 사람들이었다. 부귀에 심취한 이들은 미혹되고 고루하면서도 혹여 잘못될까 두려워하므로, 얼굴빛을 바꾸고 더러운 행실을 하는 것을 꺼리지 않는다. 한편 그와 반대로

101 증 통제사(贈統制使) 제공(諸公) : 제경욱(諸景彧, 1760~1812)으로, 자는 경식(敬植), 본관은 칠원(漆原), 시호는 충양(忠襄)이다. 홍경래(洪景來) 난에 순절하여 삼군통제사에 추증되었다.

102 인(仁)을……취한 : '인(仁)을 이룬다'는 것은 《논어》 〈위령공〉에 공자가 "지사와 인인은 삶을 구해서 인을 해치는 일이 없고, 몸을 죽여서 인을 이루는 일이 있다.〔志士仁人, 無求生以害仁, 有殺身以成仁.〕"라고 한 데서, '의(義)를 취한다'는 것은 《맹자》 〈고자 상〉에 맹자가 "삶도 내 하고 싶고 의도 내 하고 싶다. 두 가지를 겸할 수 없으면, 삶을 버리고 의를 취할 것이다.〔生亦我所欲也, 義亦我所欲也. 二者不可得兼, 舍生而取義者也.〕"라고 한 데서 온 말이다.

소원(疏遠)한 사람의 경우에는 세상맛에 있어서 담박하여 자신이 좋아하는 바를 따라서, 왕왕 세속을 따라 부침(浮沈)하거나 시속과 함께 부앙(俯仰)하지 않고서 평소에 지키는 것을 온전하게 하는바, 환란을 당하여 목숨을 내어놓아 백번 죽더라도 후회함이 없으니, 고(故) 열사(烈士) 제경욱(諸景彧)은 이와 같은 사람들과 짝하는 분일 것이다.

청북(淸北)의 전란[103]을 당함에, 이장겸(李章謙)은 공족(公族)이었고 김익순(金益淳)은 명벌(名閥)이었거늘, 국경을 지키는 신하로서 서로 이끌어 투항하여 적을 위해 수고롭게 일하고서도[104] 뻔뻔하게 부끄러운 줄을 알지 못하였다. 이들은 평소에 공(公)을 무시하였으나, 지금 그 비린내 나는 피와 고기가 사람이 기르는 돼지나 개처럼 포식할 수조차도 없다. 그 나머지는 혹은 성(城)을 버리고서 도망가고, 혹은 일신의 안위를 도모하여 교묘하게 화를 면하였으며, 혹은 군대의 율법을 범하여서 군대를 따라 출정하는 것을 힘껏 피하였다. 이와 같은 자들은

103 청북(淸北)의 전란 : 1811년(순조11) 12월 18일 평안도 일대인 관서 지방에서 발발한 홍경래(洪景來)의 난을 이른다. 홍경래와 우군칙(禹君則) 등이 중심이 되어 일으킨 대규모 농민반란으로, 이 해 12월 29일 박천(博川)에서 관군에게 패하자 정주성(定州城)으로 퇴각해 농성하였는데, 이듬해 4월 19일이 되어서야 진압되었다. 청북은 평안도의 청천강 이북에 있는 지방을 이른다.

104 이장겸(李章謙)은……일하고서도 : 홍경래(洪景來)의 난이 일어났을 때에 이장겸은 철산 부사(鐵山府使)로 있었는데, 적에게 미리 투항하고서 인장과 병부를 적에게 보내고 술을 대접한 뒤 적들의 돈과 쌀을 관리해 준 죄로 복주되었다. 김익순(金益淳)은 당시에 선천 부사(宣川府使)로 있었는데 적이 침입하기도 전에 투항하고서 인장과 병부를 보내고 적과 술잔을 주고받은 뒤 돈과 쌀을 받고서 적을 따르는 일을 서슴없이 하였으며, 후에는 적의 수급(首級)을 사서 죽음을 면하기를 도모한 죄로 복주되었다. 《純祖實錄 12年 3月 9日, 4月 20日》

타고난 떳떳한 본성을 잃은 것이니, 공(公)과 비교해봄에 어떠한가.

옛날에 안고경(顏杲卿)[105]은 당(唐)나라 황제가 알아주지 않았지만, 이는 관리로서 직임이 있었던 사람의 경우이니 직임을 위하여 죽었을 뿐이다. 공(公)과 같은 이는 관리의 직임이 있었던가, 임금의 명이 있었던가? 단지 얼굴을 알지 못하는 정도일 뿐만이 아니었다. 한갓 병기와 갑옷을 깔고 지내는 강함[106]을 가지고서 스스로 전투를 감독하기를 원하여서, 끝내 목숨을 바쳐 자신의 뜻에 원하던 바를 이루었으니, 안고경과 비교하면 더욱더 어려운 일이었다. 옛사람이 말하기를, "임금의 난에 달려가는 것은 충(忠)이고, 임금의 일에 죽는 것은 의(義)이다."라고 하였으니, 제공(諸公)을 두고 한 말이 아니겠는가.

그 전(傳)은 다음과 같다.

제경욱은 칠원(漆原) 사람으로 자가 경식(敬植)이니, 고(故) 명장(名將) 충장공(忠壯公) 말(沫)[107]의 6세손이다. 충장공은 만력(萬曆) 연

105 안고경(顏杲卿) : 692~756. 당(唐)나라 현종(玄宗) 때의 인물로 명필 안진경(顏眞卿)의 종형(從兄)이며 시호는 충절(忠節)이다. 천보(天寶) 14년 을미년(755) 안녹산(安祿山) 밑에서 영전 판관(營田判官)으로 있다가 상산 태수(常山太守)로 발탁되었는데, 안녹산이 반란을 일으키자 평원태수(平原太守)로 있던 종제 안진경과 호응하여 의병을 일으켜 반란군의 배후를 위협하며 하북(河北) 일대의 고을들을 안정시켰다. 다음 해에 사사명(史思明)에 의해 체포되어 안녹산에게 끌려가 심문을 받았으나 끝까지 굴하지 않고 반역을 꾸짖다가 처형되었다. 《新唐書 卷192 顏杲卿列傳》

106 병기와……강함 : 《중용장구》 제10장에 공자가 "병기와 갑옷을 깔고 지내면서 죽어도 싫어하지 않음은 북방의 강함이다.〔衽金革, 死而不厭, 北方之强也.〕"라고 한 데서 온 말이다.

107 말(沫) : 제말(諸沫, 1552~1593)로, 자는 이원(而源), 본관은 칠원(漆原), 시

간에 왜구(倭寇)를 만나 초야에서 일어나 의리를 주장하여 왜적을 토벌하여서 여러 번 전공을 세워 곧장 성주 목사(星州牧使)에 제수되었는데, 끝내 전사하여 호남과 영남을 막아내어서 나라가 난을 바로 잡고 회복하는 기반이 되었다.

공은 용력이 다른 사람보다 뛰어나고 지기(志氣)가 밝고 과단성이 있어서, 격앙하여 감격해 분발하여서 나라를 위하여 한 번 죽기를 원함에, 선조의 유풍(遺風)을 지니고 있었다. 늘 선조의 업적이 인멸되어 일컬어지지 않는 것을 안타까워하였는데, 정종(正宗 정조) 임자년(1792)에 충장공을 포상하고 장려하여 관작을 하사하고 시호를 추증하였고, 인하여 후손을 찾아 은혜가 미쳤다. 공은 명에 응하여 금려(禁旅 금군(禁軍))에 소속되어서, 상림(上林)에서 활쏘기를 시험하였을 때에 활과 화살을 하사받았다. 병과(丙科)로 급제하자 이어서 비단옷 한 벌을 하사받았으며, 이윽고 선전관(宣傳官)에 제수되었다. 충장공을 위하여 그가 위용을 세운 곳에 비석을 세우고 충렬사(忠烈祠)에 위판(位版)을 봉안하였는데, 모두 공으로 하여금 명을 받들어서 행하게 하였다.[108]

호는 본래 충장(忠壯)이었다가 후에 충의(忠毅)로 바뀌었다. 1583년(선조16)에 무과에 급제하고 총부수문장(摠府守門長)이 되었으며, 임진왜란에 의병을 일으켜서 웅천(熊川), 김해(金海), 정암(鼎巖) 등지에서 대승하였다. 곽재우(郭再祐)와 함께 조정에 알려져 성주 목사(星州牧使)에 임명되어 왜군을 격파했고, 이후 성주 전투에서 전사하였다. 1792년(정조16)에 병조판서에 추증되었고, 충장이라는 시호를 받았으며, 조카 홍록(弘祿)과 함께 제씨 쌍충지(諸氏雙忠趾)를 하사받았다.

108 충장공을……하였다 : 1795년(정조19) 5월에 왕명으로 전투가 일어났던 곳에 충장공(忠壯公) 제말(諸沫)의 사적비를 세웠으며, 1798년(정조22)에 또 왕명으로 성주(星州) 충렬사(忠烈祠)에 충장공의 위판(位板)을 봉안하였다.《剛齋集 卷12 贈統制使

외직으로 나가서 운룡 만호(雲龍萬戶)가 됨에 봉급을 털어 창고를 마련하고 관아를 수리하였으며, 또 군기(軍器)를 수선하여 급한 일에 대비하였다. 문회당(文會堂)을 창설하여 서적을 두고 훈장을 세워서 몽매한 이들을 가르치니, 변방의 풍속이 이로 인하여 크게 변하였다. 또 해서(海西)의 우후(虞侯)가 됨에[109] 산천의 요해처(要害處)를 두루 보고서 봉수대와 성첩, 창고와 군기를 옛 것을 수리하고 망가진 것을 일으켰으되 군민(軍民)들을 번거롭게 하지 않았다. 두 진영 사이에 해구(海溝)가 있어서 사람들이 건너기를 몹시 괴롭게 여겼는데, 공이 홀로 구상하고 설계함에 수개월이 되지 않아 다리가 완성되었으니, 왕래하는 이들이 이를 편하게 여겼으며 '제공교(諸公橋)'라고 불렀다.

신미년(1811, 순조11)에 관서(關西 평안도)의 토적(土賊) 홍경래(洪景來) 등이 거듭된 흉년을 틈타서 반란을 꾀하여 가산(嘉山)을 습격하니, 군수(郡守) 정시(鄭蓍)[110]가 이에 목숨을 잃었다. 이 때에 나라가 태평한 지가 오래되어서 백성들이 전쟁을 알지 못하다가, 멀리서 기세를 보고는 도망가고 흩어져서 여러 고을이 지켜내지 못하니, 급한 경보가 분분하게 이어져 팔도가 소란하였다. 공은 개탄하며 눈물을 흘리면

諸公行狀》

109 해서(海西)의 우후(虞侯)가 됨에 : 제경욱(諸景彧)은 1806년(순조6)에 황해 수우후(黃海水虞候)에 제수되었다. 《承政院日記 純祖 6年 12月 20日》

110 정시(鄭蓍) : 1768~1811. 자는 백우(伯友), 호는 덕원(德園), 본관은 청주, 시호는 충렬(忠烈)이다. 1799년 무과에 급제하고, 1811년에 가산 군수(嘉山郡守)가 되었는데 이 해 홍경래(洪景來)의 난이 일어나 관아에 폭도들이 들이닥쳐 재물과 관인(官印)을 내놓으라고 협박하자, 그들의 대역무함을 꾸짖다가 부친과 함께 살해당하였다. 매산이 지은 그의 묘지명이 본집에 실려 있다. 《梅山集 卷38 贈吏曹參判蒼坡鄭公墓誌銘》

서 말하기를, "나는 충장공(忠壯公)의 손자이다. 대대로 나라의 두터운 은혜를 입었으니, 이는 내가 위용을 세울 시기이다." 하고는 그 날로 검을 앞세워 서쪽으로 내려가니, 관서 관찰사(關西觀察使 평안도 관찰사) 이만수(李晩秀)가 공을 불러 청북 소모사(淸北召募使)로 삼았다.

안주(安州)에 이르자 절도사 이해우(李海愚)가 공의 충의에 감복하여 휘하의 병사 2백 명을 공에게 배속시켰다. 공은 마침내 장사(壯士) 김윤기(金允起), 정택권(鄭宅權)을 자신을 따르게 하고서 행군하여 청천강(淸川江)을 건너가 노를 두드리면서 맹세하여 말하기를, "흰 강물이 있으니[111] 가서는 돌아오지 않음이여. 장사가 진노하니, 뜻이 평온하지 않음이여.〔有如白水 去不還兮 壯士奮怒 志不平兮〕"라고 하였다. 행군하며 병사를 모집하였는데, 귀의한 이들이 몹시 많았다.

이때에 적이 연이어 일곱 개의 읍을 함락하였는데, 가산(嘉山)과 박천(博川)의 적들은 관군에게 패배하여서 무리를 합하여 정주성(定州城)에 들어간 것이 4일이었다. 공은 정주성으로 진격하면서 제군들과 약조하기를, "적들이 격퇴된 나머지 고립된 성에 들어가 의거하고 있는지라 군사들의 사기는 굳건하지 못하고 수비는 완전하지 못하니, 마땅히 급히 쳐야만 한다. 조금이라도 안정된다면, 쉽사리 공격하여 뿌리 뽑기가 어려울 것이다."라고 하고, 의병장 현인복(玄仁福)으로 하여금 성을 공격할 도구들을 지니고서 먼저 동문(東門)에 이르러서 대기하게 하였다. 동틀 무렵에 숙천 부사(肅川府使) 이유수(李儒秀)와 순천 군

111 흰 강물이 있으니 : 이는《춘추좌씨전(春秋左氏傳)》희공(僖公) 24년 조에 "외삼촌과 마음을 같이하지 않는다면, 흰 강물이 있을 것입니다.〔所不與舅氏同心者, 有如白水, 投其璧于河.〕"라고 한 데서 온 말로, 인하여 굳게 맹세하는 표현에 쓰이게 되었다.

수(順川郡守) 오치수(吳致壽)와 함께 진군하였는데, 공은 자원하여 선봉이 되어서 성 아래에 들이닥쳤다. 적이 성문을 닫고서 나오지 않자, 공은 큰 도끼를 가지고서 곧장 들어가 관문을 베니, 문지도리가 거의 끊어질 지경이었다. 적이 크게 놀라 성루의 판목을 없애고 대포를 쏘았고, 또 성 위에서부터 화살과 돌이 번갈아 내려오니, 제군들이 물러나 흩어졌다. 공이 단신으로 적들을 감당하였으나 형세상 당할 수가 없었다. 마침내 진영으로 돌아와서 분개하며 말하기를, "전쟁터는 본래 사지(死地)이거늘, 한 사람이 죽임을 당하였다고 해서 온 군대가 와해되었으니, 기율(紀律)이 이와 같은데 장차 어떻게 일을 이룰 수 있겠는가." 하였다.

당시에 조정에서 순무 중군(巡撫中軍) 박기풍(朴基豐)을 보내어 그가 천명의 병사를 거느리고 이르렀는데, 공이 성을 공격할 계책을 진술함에 말투가 격앙되어 사람들이 모두 감탄하고 두려워하였다. 또 선봉이 되기를 원하여서, 남문(南門)을 진격하여 대포로 성가퀴를 무너뜨렸으나 성이 견고하여 토벌할 수가 없었다. 이 날 조정에서 특별히 공을 신도 첨사 겸 방어장(薪島僉使兼防禦將)에 제수하였다.

공은 다시 여러 진영의 병사들을 모아서 한꺼번에 성을 공격하였다. 공이 또 선봉으로서 남문(南門)을 공격함에 함성이 하늘에 진동하였고, 돌격하여 성가퀴에 올랐는데, 성 안이 고요하여 응하는 이가 없었다. 공이 몸소 솔선하여서 깃발을 휘두르며 병사들을 진격시키니, 적들이 성가퀴에 매복하고 있다가 총과 화살을 일제히 쏘는데 빠르기가 마치 비바람이 몰아치는 것과 같았다. 공이 돌아보니 후군(後軍)이 이어지지 않고 충차(衝車)와 운제(雲梯)가 아직 이르지 않았기에, 홀로 채찍질하여 나와 병사와 충차를 재촉하고 몸을 돌려 빠르게 달려서 성문을 향하여 힘을 다하였다. 이때에 눈과 비로 진창이 되어서 충차가 무거워 굴대가 꺾였다. 그러자 공은 충차를 버리고 군사들을 지휘하면서 말하기를, "오늘의 일은 내가 마음으로 이미 정해두었다. 다른 진영은 그만두고, 내 휘하에서 후퇴하는 자가 있으면 목을 벨 것이다."라고 하였다.

마침내 곧장 나아가 빗장을 끊어내자 빗장이 거의 부서졌는데, 갑자기 날아든 탄환을 이마에 맞고 말에서 떨어졌다. 머리카락을 곤두세우고 긴 창을 쥐고서 더욱 몸을 일으켜서 나아가고자 하여 입에서는 적을 질타하는 소리가 끊이지 않았으며, 소리가 이미 끊기고 나서도 주먹을 불끈 쥐고 눈을 부릅뜬 것이 마치 적을 치는 모양새와 같았다. 화살로서 초혼(招魂)을 하였고,[112] 관을 바꾸어 염할 때에 수일이 지났는데도 안색이 변하지 않아서 늠름하게 생기가 있었다.

패하였다는 소식이 알려지자, 상께서 비통해하고 애도하시면서 특별히 삼도통제사(三道統制使)를 추증하시고, 마을에 정려문(旌閭門)을 세울 것을 명하였다. 상(喪)을 치르고 하관할 때에 모든 필요한 것을 관아에서 돕게 하였으며, 또 탁지(度支 호조)에 명하여 제수를 지급하여 공의 장례를 지내기 전에 충장공(忠壯公)의 시호를 맞이하도록 하고,[113] 이어서 전투지에서 제사를 지내도록 명하였다. 또 적을

112 화살로서 초혼(招魂)을 하였고 : 원문의 '복이시(復以矢)'에서 '복(復)'은 초혼을 가리키는데, 사람이 죽으면 사람이 죽으면 그가 입던 옷을 가지고 지붕 위에 올라가 죽은 사람의 이름을 세 번 부르며 넋이 돌아오라고 하는 의식을 말한다. 그런데 전쟁 중에 군사가 죽을 경우에는 옷을 대신하여 화살을 가지고 초혼하였다. 《예기》〈단궁상(檀弓上)〉에 "주루 사람들이 화살로 복하는 것은 승형의 전투에서 시작되었다.〔邾婁復之以矢, 蓋自戰於升陘始也.〕"라는 말이 보인다.

패퇴시킨 날에 맞춰서 단을 쌓아 공과 더불어 당시에 순절한 5명의 의사(義士)를 제사지내고 묘비를 세워서 공적을 기록하였다. 후에 정주(定州) 사람들이 오봉산(五峯山) 아래에 사당을 세우니, 특별히 편액을 하사하여 '표절(表節)'이라고 하였다.[114]

찬(贊)은 다음과 같다.

제공(諸公)은 스스로 충의(忠義)의 세가(世家)라 하여, 분발하여 자기 몸을 돌아보지 않고서 나라의 위급한 일에 순절할 것을 항상 생각하여서, 한 목숨을 돌아보지 않고 반드시 죽을 뜻을 내어 위난(危難)에 나아가서 자신의 말을 실천하였으니, 어찌 참으로 충장공(忠壯公 제말(諸沫))을 닮은 자손이 아니겠는가. 혹 "공이 적의 강하고 약함을 헤아리지 않고서 경솔히 적을 시험하였으니 비유하자면 맨손으로 범을 잡으려하고 맨몸으로 하수를 건너려한 것[115]과 같다."라고 하는 이가 있으니, 이 말을 한 사람은 진실로 자신의 몸을 온전히 하고 처자를 보전한 신하로서 이를 매개로 삼아 죄를 엮어내는 자[116]일

113 충장공(忠壯公)의……하고 : 조상에게 내려진 시호를 후손이 받는 것을 말하는데, 선시관(宣諡官)이 시호를 받들고 그 본가(本家)에 나가게 되면, 본래는 그 후손이 시호를 받는 자의 신주(神主)를 모시고 나와 시호를 맞이하는 의식을 치르는 바, 제경욱의 장례가 이루어지기 전에 이 의식을 치르도록 하였음을 말한 것이다.

114 후에……하였다 : 1815년(순조15)에 오봉산 아래에 사당이 세워졌고, 박영현(朴榮顯)이 상소를 올려 편액을 하사하였다. 《剛齋集 卷12 贈統制使諸公行狀》

115 맨손으로……것 : 무모한 용맹을 가리킨다. 《논어》〈술이(述而)〉에 공자(孔子)가 자로(子路)에게 "맨손으로 범을 잡으려 하고 맨몸으로 하수를 건너려다가 죽어도 후회함이 없는 자를 나는 함께 하지 않을 것이다.〔暴虎馮河, 死而無悔者, 吾不與也.〕"라고 한 말이 보인다.

것이다.

이때를 당하여서 여러 진영에서 적을 소극적으로 방어하면서 성패를 관망하며 감히 정주성(定州城)을 향하여 화살 하나조차 쏘지 못하였다. 오직 공만은 오합지중을 거느림에 그 수가 수백도 넘지 못하였는데 여러 둔영을 일으켜서, 전투할 때마다 선봉이 되어 의기를 고취시켜 빗장을 부수고 성을 흔들었지만, 구원병이 이르지 않아서 그 공업을 마치지 못하였다. 그러나 이미 스스로 한 번 죽기를 작정함에 죽을지언정 물러서지 않아서, 공의 순국으로 인하여 관서(關西) 지방의 사람들이 비로소 윗사람을 친히 여기고 어른을 위해 목숨을 바치는 의리[117]가 있음을 알게 되었다. 이에 백경한(白慶翰),[118] 한호운(韓

116 자신의……자 : 이 내용은 사마천(司馬遷)이 임안(任安)에 보낸 편지에서 "지금 하나라도 부당한 일을 행하면, 자신의 몸을 온전히 하고 처자를 보전한 신하들이 따라서 이를 매개로 삼아 그의 죄를 엮어낸다.〔今擧事一不當, 而全軀保妻子之臣, 隨而媒孽其短.〕"라는 구절을 원용한 것인데, 이 구절은 사마천이 흉노(匈奴)와 싸우다가 패하여 항복한 이릉(李陵)을 두둔하며 당시 출전도 하지 않고 집에서 몸을 온건히 하고 처자를 보전한 신하들을 비판하여 쓴 것이다. 《文選 卷41 報任少卿書》

117 윗사람을……의리 : 《맹자(孟子)》 〈양혜왕 하(梁惠王下)〉에 "임금께서 어진 정치를 행하기만 한다면 이 백성들이 그 윗사람을 친근하게 여기고 어른을 위해서 자신의 목숨을 기꺼이 바칠 것이다.〔君行仁政, 斯民親其上, 死其長矣.〕"라고 한 데서 온 말이다.

118 백경한(白慶翰) : ?~1812. 본관은 수원(水原), 자는 자점(子漸), 호는 부호(鳧湖)이다. 1811년(순조11) 12월 홍경래(洪景來)의 난이 일어나 정주(定州)가 난군의 수중에 들어가자 동지를 규합하여 정주성 내의 적을 제거하고자 하였다. 창의격문(倡義檄文)을 사방에 보내고 의병을 불러 모으는 한편, 적정(賊情)을 안주병사영(安州兵使營)에 밀보하여 내응을 약속하였으나 관군이 약속을 어기고 오지 않아 계획은 수포로 돌아갔다. 이에 홍경래가 입성하면서 그를 맨 먼저 체포하고 투항할 것을 협박하였으나 끝까지 굴하지 않다가 거짓으로 항복하고 다시 관군과 밀통하다가 탄로되어 1812년

浩運),[119] 허항(許沆)[120] 등의 의사(義士)들이 분발하여 목숨을 바쳐서 흰 칼날을 마치 즐거운 곳인 것처럼 밟자, 풍성(風聲)이 하늘을 진동하여 한 달이 되기도 전에 요사스러운 기운을 숙청하였으니, 이것이 어찌 공이 한 번 죽은 공(功)이 앞서서 창도하였기 때문이 아니겠는가. 이와 같은 것을 어찌 "꾀하지 않으면 이룰 수 없고, 두려워하지 않으면 반드시 패한다."[121]라고 할 수 있겠는가.

1월 마침내 피살되었다. 난이 평정된 이듬해 정주성 남쪽에 단을 세워 그를 포함한 7명의 의사를 제사지내게 하고, 아울러 순절을 기리는 비를 세웠다. 호조 참판에 추증되고 정주의 표절사(表節祠)에 배향되었다. 본집 권32에 그의 신도비명인 〈증 호조 참판 부호 백공 신도비명(贈戶曹參判鳧湖白公神道碑銘)〉이 실려 있다.

119 한호운(韓浩運) : 1761~1812. 자는 문익(文翼). 본관은 청주(淸州)다. 1811년(순조11) 12월 홍경래(洪景來)의 난이 일어나자 홀로 적진에 나아가 반란군에게 항복할 것을 권유하다가 살해되었다. 예조 참판에 추증되고 정려되었으며 정주(定州)의 표절사(表節祠)에 배향되었다. 시호는 충의(忠毅)이다. 본집 권42에 그의 묘지명인 〈증 예조 참판 한공 묘지명(贈禮曹參判韓公墓誌銘)〉이 실려 있다.

120 허항(許沆) : ?~1812. 자는 원숙(元淑), 본관은 양천(陽川)이다. 1811년(순조11) 12월 홍경래(洪景來)의 난이 일어나자 병환 중임에도 불구하고 분연히 일어나서 반란군 토벌에 앞장섰다. 이 공으로 가의대부(嘉義大夫)에 오르고 우림장(羽林將)에 임명되었으나 전사하였다. 전공으로 통제사에 추증되고 정려되었으며 정주(定州)의 표절사(表節祠)에 배향되었다.

121 꾀하지……패한다 : 무모한 용감함을 비판하는 말이다. 《논어》 〈술이(述而)〉에 공자(孔子)가 자로(子路)의 무모한 용감함을 경계하여 "맨손으로 범을 잡으려 하고 맨몸으로 하수를 건너려다가 죽어도 후회함이 없는 자를 나는 함께 하지 않을 것이다. 일을 앞에 두었을 때 두려워할 줄 알고 계획을 잘 세워서 일을 잘 마무리하는 사람과 함께 할 것이다.〔暴虎馮河, 死而無悔者, 吾不與也. 必也臨事而懼, 好謀而成者也.〕"라고 하였는데, 이에 대한 집주(集註)에서 사양좌(謝良佐)의 말을 인용하여 "꾀하지 않으면 이룰 수가 없고, 두려워하지 않으면 반드시 패하는 것은, 작은 일도 오히려 그러한데, 하물며 삼군(三軍)을 출동함에 있어서이겠는가.〔夫不謀無成, 不懼必敗, 小事尙然, 而

공은 평소에 충무후(忠武侯)의 두 〈출사표(出師表)〉[122]를 읊는 것을 좋아하여서 오래도록 탄식하였으니, 사람들이 그 뜻을 헤아릴 수 없었다. 출사(出師)하여 이기지 못하고 몸이 먼저 죽게 된 것이 세대를 초월하여 행적이 일치하니, 어쩌면 기미를 알아서 서로 감응한 것이 아니겠는가. 또 충의(忠義)는 국가의 원기(元氣)이니, 충의의 기운이 번창하면 나라의 원기가 저절로 굳건해지게 된다. 성조(聖朝)에서 표창하여 정려해서 성대하게 보답한 것은 국가 만세를 위한 계책이니, 어찌 아름답지 않겠는가.

況於行三軍乎?〕"라고 한 내용이 보인다.

122 충무후(忠武侯)의 두 출사표(出師表) : 충무후는 삼국 시대 촉(蜀)나라의 재상인 제갈량(諸葛亮)의 시호이다. 그는 북방을 수복하라고 한 선제(先帝) 유비(劉備)의 유언을 받들어, 군사를 끌고 위(魏)나라를 토벌하러 떠났는데, 이때 2대 황제인 유선(劉禪)에게 〈출사표〉를 지어서 바쳤는바, 전후 두 편으로, 《삼국지(三國志)》의 〈제갈량전(諸葛亮傳)〉, 《문선(文選)》 등에 수록되어 있다. 그러나 끝내 뜻을 이루지 못하고 전쟁터에서 세상을 떠났다.

송 장군전 병오년(1846, 헌종12)

宋將軍傳 丙午

송 장군(宋將軍)은 광주(廣州) 사람으로, 이름은 일실되었다. 영릉(寧陵)께서 복수하여 치욕을 씻어내는 일에 뜻을 굳히고서[123] 나라 안의 역사(力士)들을 구하시어, 능히 천근을 들 수 있는 사람이 있으면 도신(道臣 관찰사)에게 명하여 역마로 보내게 하였는데, 오래 지나도 상응하는 이가 없어서 여러 도(道)에서 근심으로 여겼다. 장군은 광주의 공조(功曹)[124]에게 품팔이를 하였는데, 공조가 관청에서 나와서 이를 이야기하자, 장군이 이에 뜰 모퉁이의 돌을 가리키면서 "저것도 천근만큼 무겁습니까?" 하였다. "그렇다." 하자, 장군이 들어서 땅에 던지기를 마치 아무 것도 없는 것처럼 쉽게 하였다. 공조가 크게 놀라서 들어가 관아에 고하였는데, 불러서 시험해보니 진실로 그러하였다. 이에 부(府)로 올려 보내니, 부(府)에서 목욕시키고 좋은 옷을 갖추게 하고서 역마를 관에서 제공하여 마치 사신(使臣)처럼 대우하여서 경사로 전송하였다.

상께서 한창 금원(禁苑)에서 활쏘기를 시험하고 계시던 중에 급히 불러 들어오게 하시니, 봉두난발과 검은 얼굴이 그저 한 농부의 모습일

123 영릉(寧陵)께서……굳히고서 : 영릉은 효종(孝宗)의 능호이다. 효종이 인조(仁祖)가 삼전도에서 항복한 치욕을 설욕하기 위해 북벌(北伐)의 원대한 계획을 세웠음을 말한 것이다.

124 공조(功曹) : 지방 군현(郡縣)의 하급 관리인 녹사(錄事)를 가리킨다.

뿐이었다. 그러나 그 힘을 시험해보니 도신(道臣)이 장계에 올린 말과 같았다. 상께서 몹시 풍족하게 음식을 하사하시어 여러 사람이 손수레를 가지고 이르렀는데, 장군이 선 채로 다 먹어버리니, 상께서 더욱 기이하게 여기셔서 어전(御前)에서 관을 씌워주시고 금호문(金虎門) 밖에 집을 하사하시고는 궁비(宮婢)를 출궁케 하여 그와 혼인하게 하셨으며, 읍(邑)을 맡기기를 서둘러 명하셨다. 전조(銓曹 이조)에서 그가 백성을 다스리는 일을 아직 익히지 못하였다 하여 우선 변경의 성보(城堡)에서 시험해볼 것을 청하니, 상께서 이를 허락하여 북방의 진영장(鎭營將)에 제수하셨는데, 경사와 수천 리가 떨어진 곳이었다.

상께서 항상 유념하시어 하사품이 이어졌고 장차 그를 부르려고 하셨는데, 기해년(1659, 효종10)에 상께서 갑자기 승하하셨다. 장군은 부음을 듣고는 울부짖고 가슴을 치면서 인장과 부신을 버리고 밤낮으로 홀로 말을 달려 궐문에 이르러 엎드려서 곡함에, 눈물이 다하여 피가 흘렀다. 그 처 역시 효묘(孝廟 효종)의 은혜에 감복하여 예척(禮陟 승하)하신 날에 스스로 목을 매어 자결하였다. 북병사(北兵使)가 진영을 버리고 도망간 정상을 들어서 효시할 것을 청하였고, 조정의 의론 또한 법률에 의거할 것을 청하였으나, 현묘(顯廟 현종)께서 그의 충심을 살펴서 석방하였다.

장군은 마침내 돌아갈 곳이 없어서 이곳저곳을 전전하다가 용인(龍仁)에서 부쳐 살면서, 깨진 삿갓과 해진 옷으로 걸식하여 연명하였다. 매번 영릉(寧陵 효종)의 휘일(諱日)을 만나면 홀로 깊은 산 속에 들어가서 종일토록 통곡하였으며, 말하다가 선왕에게 미치면 항상 목소리가 나오지 않을 때까지 오열하였다. 마을 사람들이 골격이 다른 사람들보다 훨씬 장대한 것을 보고서, 여전히 '송 장군(宋將軍)'이라고 칭하면서 만나면 추렴하여 음식을 모아서 주었고, 그가 마치 이리나 범처럼 음식을 먹는 모습을 보면서 즐거움으로 삼았다. 장군은 홀아비로 지내면서 눈물을 흘려서 마치 살고 싶지 않은 것처럼 하였고, 다시 장가들지 않았으며, 후에 어떻게 되었는지는 알려지지 않았다.

매산거사(梅山居士)는 다음과 같이 말한다.

효묘(孝廟 효종)께서 하늘과 땅이 뒤바뀌는 것을 보시고 지극한 애통함이 마음에 있어 와신상담(臥薪嘗膽)[125]할 뜻을 분발하여 자나 깨나 영웅호걸을 구할 것을 생각하시어 암혈지사를 망라하여 모아서 온 나라를 맡기고자 하셨다. 또 북소리를 듣고 생각을 일으키시어[126] 선비를 선발하고 병사를 양성하여 그 원대한 계책을 장대히 펼치셨다. 그리하여 재주가 장수로서의 책략을 맡을 만하면 외적의 침입을 막는 직책을 제수하시고, 기력이 날래고 굳세면 용사(勇士)의 직책[127]을 맡기셨으니, 이는 이른바 "천지 귀신의 마음을 지니고 고굉

125 와신상담(臥薪嘗膽) : 땔나무를 깔고 눕고 쓸개를 맛본다는 뜻으로 원한을 잊지 않고서 복수할 것을 생각한다는 의미이다. 춘추시대 오(吳)나라의 왕 부차(夫差)가 섶나무 위에서 자면서 월(越)나라에 복수할 것을 잊지 않았고, 월나라 왕 구천(句踐)은 오나라에 쓸개를 핥으면서 복수할 것을 잊지 않았다는 데서 나온 고사이다.

126 북소리를……일으키시어 : 《예기(禮記)》 〈악기(樂記)〉에 "북소리는 떠들썩하니 떠들썩하게 해서 움직임을 세우고 움직이게 해서 군대를 전진하게 한다. 군자가 북소리를 들으면 장수의 신하를 생각한다.〔鼓鼙之聲讙, 讙以立動, 動以進衆. 君子聽鼓鼙之聲, 則思將帥之臣.〕"라고 한 데서 온 말이다. 여기에서는 효종(孝宗)이 북소리를 듣고서 국가를 지킬 장수(將帥)를 생각하였다는 뜻이다.

127 용사(勇士)의 직책 : 원문의 '조아(爪牙)'는 짐승의 발톱과 어금니로, 용사나 위사(衛士)를 비유한 것으로서, 《시경》 〈소아(小雅) 기보(祈父)〉의 "기보야, 나는 왕의

(股肱)과 우익(羽翼)[128]의 쓰임을 다한다."라는 것이다. 송 장군(宋將軍)과 같은 이는, 또한 지우를 입어서 장차 시위를 당기고 쇠뇌를 당겨서 훌륭한 공적을 이루고자 하였다. 그런데 활과 검이 갑자기 남겨져서[129] 대업이 마쳐지지 못하여, 미천한 여인으로 하여금 애통함을 머금고 자살하게 하고 어리석은 남자로 하여금 한을 머금고서 스스로를 폐하게 하였으니, 여기에서 성대한 덕이 사람에게 깊이 들어간 것을 징험할 수 있다. 만일 장군으로 하여금 요동(遼東)과 계주(薊州)의 풍상(風霜)[130]에서 힘을 다하게 하였다면 죽는 영광이 있고 살아남는 치욕이 없었을 것이 분명하다. 그러니 어찌 단지 돌을

발톱과 어금니이다.〔祈父, 予王之爪牙.〕"라는 시구에서 온 말이다.

128 고굉(股肱)과 우익(羽翼) : 임금을 보좌하는 신하를 뜻한다. 고굉은 《서경(書經)》〈우서(虞書) 익직(益稷)〉에 "순임금이 말씀하였다. '신하는 짐의 팔다리와 눈과 귀가 되어야 한다.'〔帝曰: 臣作股肱耳目.〕"라고 한 데에 보이는데, 이에 대한 공영달(孔穎達)의 소(疏)에 "군주는 원수가 되고 신하는 팔다리와 눈과 귀가 되니, 대체가 한 몸과 같다.〔君爲元首, 臣爲股肱耳目, 大體如一身也.〕"라고 하였다.

129 활과……남겨져서 : 효종(孝宗)이 승하한 일을 말한다. 전설상의 제왕인 황제(黃帝)가 용을 타고 승천할 때에 신하와 후궁 70여 명이 용을 타고 함께 하늘로 올라갔는데, 나머지 사람들도 용의 수염을 부여잡고 함께 올라가고자 하였으나 수염이 뽑혀 떨어지면서 황제의 활과 검과 함께 떨어지고 말았으므로, 그 백성들이 그 활과 검, 수염을 안고 통곡하였다는 고사에서 온 말이다. 《史記 卷28 封禪書》

130 요동(遼東)과 계주(薊州)의 풍상(風霜) : 요동과 계주는 모두 연경으로 가는 길에 있는 지역으로, 1658년(효종9) 12월에 효종이 청나라를 치기 위한 북벌을 추진하면서 송시열(宋時烈)에게 옷을 하사하였는데 송시열이 이를 사양하자 효종이 "경은 나의 뜻을 알지 못하겠는가. 요동과 계주의 풍상 속으로 장차 함께 몰고 달려 나가려는 것이다.〔卿未諭予意耶? 遼薊風霜, 將與同其驅馳也.〕"라고 하였다. 《宋子大全 附錄 卷3 年譜》

던지고 높이 뛰어오르는 재주가 무리 중에서 뛰어난[131] 것을 용맹으로 여겼을 뿐이었겠는가.

131 돌을……뛰어난 : 이 말은 《한서(漢書)》 권70 〈감연수전(甘延壽傳)〉에, 원제(元帝) 때의 이름난 무신 감연수가 "돌을 던지고 높이 뛰어오르는 재주가 무리 중에 뛰어났다.〔投石拔距, 絶於等倫.〕"라고 한 기록에서 유래한 것이다.

상동민전 경진년(1820, 순조20)

上東民傳 庚辰

상동민(上東民)은 어디 사람인지 알려져 있지 않으며, 또한 성씨도 자세하지 않다. 영월부(寧越府)의 상동면(上東面)에 거처하였으므로 상동민-혹은 권농(勸農)이라 칭한다.-이라는 이름으로 불렀다고 한다. 단묘(端廟 단종)께서 영월에서 양위하심에, 세찬 화염이 하늘을 불태워 사람들이 모두 두려워하면서 마치 화에 미칠 것처럼 여겨, 혹은 상왕을 위하여 마음으로 측은하게 여겼으나 소매만 흔들면서 감히 가까이 하지 못하였다. 그런데 오직 상동민이란 한 사람만이 청령포(淸泠浦)에서 영접하여서, 항상 각종 채소며 제철 과일을 갖추어서 올렸다. 청령포에서 빈관(賓館)으로 거처를 옮기시자 그 사람은 번번이 매죽루(梅竹樓) 아래에 달려와 배알하였는바, 매죽루는 빈관의 동쪽에 있었으니, 바로 지금의 자규루(子規樓)[132]이다.

매번 장날마다 와서 혹시라도 빠뜨리는 일이 없었다. 하루는 또 읍(邑)을 향하다가 탄부곡(炭釜谷)-혹자는 "상왕을 금강(錦江)가에서 조우하였으므로 그 곳을 이름 하여서 '성조포(聖遭浦)'라고 한다."라고 한다.-에 도착하였는

132 자규루(子規樓) : 지금의 강원도 영월군(寧越郡) 영흥리(永興里)에 있는 누각으로 원래 1428년(세종10)에 영월 군수 신권근(申權近)이 창건하여 매죽루(梅竹樓)라고 부르던 건물이다. 청령포로 유배된 단종이 그 해 여름 홍수로 강물이 범람하자 당시 관아 건물이던 관풍헌(觀風軒)으로 거처를 옮겼는데, 단종은 관풍헌 바로 동쪽에 있는 매죽루에 자주 올라 자규시(子規詩)를 읊어 자신의 서글픈 심정을 토로하였으므로 후인들이 자규루로 개칭하였다고 한다.

데, 단종께서 백마를 타고서 날아올라 임하셨다. 그 사람이 놀라 괴이해하면서 길가에서 엎드려 배알하고는 "관가에서 장차 어디로 향하시기에 이곳으로 길을 취하셨습니까?"라고 묻자, 상께서 돌아보고 말씀하기를, "나는 태백산(太白山)을 향해 가노라." 하였다. 그 사람이 보따리를 풀어서 산과일을 바치니, 상께서 말씀하기를, "지금은 먹을 수가 없다."라고 하였다. 그 사람은 절하여 하직하고는, 덕포(德浦)에 이르러 비로소 상께서 승하하셨다는 소식을 듣고 목소리가 변하도록 울부짖고 통곡하면서 마치 살고자 하지 않는 것처럼 하였으며 수십 리를 지나되 입에서 곡소리가 끊이지 않더니, 소리와 기운이 모두 고갈되어 죽게 되었는바, 바로 정축년(1457, 세조3) 10월 24일이었다.

아아, 이 사람의 충성심이 아니었다면 어떻게 대낮에 신령이 나타나는 데에 이를 수 있었겠는가. 충성이라는 것은 마음이 전일하여 다른 것이 없는 것이므로, 이에 능히 이와 같이 감통하게 할 수 있었던 것이다. 또 국사를 위해 죽기를 기약하지 않았는데도 죽었고, 나라를 위해 순절하기를 바라지 않았는데도 순절하여서, 신하와 군주가 같은 날에 나란히 운명하였으니, 또한 기이할 만한 일이다. 옛날에 이른바 "난리가 이르면 절개가 드러난다."라는 것이 어찌 이와 같은 사람을 두고 한 말이 아니겠는가.

천덕산인(天德山人)[133]은 말한다.

133 천덕산인(天德山人) : 홍직필의 호(號)로, 1807년(순조7) 8월에 선비(先妣) 박부인(朴夫人)의 묘를 양성(陽城) 천덕산(天德山)으로 이장하고 난 후 천덕산인이라 자호를 붙였다. 《梅山集 卷53 年譜》

군신간의 의리는 천성이니, 친소와 귀천을 가지고서 더하거나 덜함이 있는 것이 아니다. 이 때문에 어떤 시골 사람이 등에 햇볕을 쬐는 것을 고맙게 여기고 미나리를 맛있다고 여겨서 이것을 그의 군주께 바쳤던 것[134]이다. 그러므로 "비록 시골에 있더라도 군주를 잊지 않는 것은 간절히 그리워하는 의리이다."[135]라고 하였다. 예로부터 순절한 선비들은 명문세족에서 나오지 않고, 반드시 멀리 떨어진 초야에 있어서 군주가 어떻게 생겼는지도 알지 못하는 사람에게서 나왔으니, 사람의 본성의 선함이 어찌 출신에 관계된 것이겠는가. 황조(皇朝)의 임오년의 일[136]에 초부(樵夫)와 농부(農夫)[137], 갈옷 입은

134 어떤 시골……것 : 하찮은 것이라도 임금을 생각하여 바치고자 하는 아랫사람의 정성을 가리킨다. 옛날 미나리 맛이 좋다고 하여 윗사람에게 바쳤다가 조소를 당한 헌근(獻芹)의 고사가 《열자(列子)》 〈양주(楊朱)〉에 나오는데, 진(晉)나라 혜강(嵇康)이 '절교서(絶交書)'를 지으면서 이 고사를 인용하여서 "어떤 시골 사람이 등에 쬐는 햇볕을 고맙게 생각하고 미나리 맛을 좋게 여기고는, 이것을 임금님에게 바치려고 하였다.〔野人有快炙背而美芹子者, 欲獻之至尊.〕"라고 하였다. 《嵇中散集 卷2 與山巨源絶交書》

135 비록……의리이다 : 이 말은 한(漢)나라의 유향(劉向)이 원제(元帝)에게 글을 올려 충신을 논하는 대목에서 나온 말로, 《한서(漢書)》 권36 〈유향전(劉向傳)〉에 보인다.

136 황조(皇朝)의 임오년의 일 : 황조는 명(明)나라를, 임오년은 1402년을 말한다. 명나라 제2대 황제인 건문제는 명나라 태조의 손자로 혜제(惠帝)인데, 1402년에 당시 연왕(燕王)이었던 성조(成祖) 영락제(永樂帝)가 남경(南京)의 혜제를 공격하여 패사(敗死)시키고 제위에 올라 북경에 도읍을 정하였는바, 이 일을 가리킨다.

137 초부(樵夫)와 농부(農夫) : 신분이 미천한 사람들을 가리킨 것으로, 예컨대 명나라 영락제(永樂帝)가 황위를 찬탈할 때 건문제(建文帝)를 위해 순절한 초부의 이야기가 보인다. 《명사기사본말(明史紀事本末)》 권18 〈임오순난(壬午殉難)〉에 "동호의 초부는 어떠한 사람인지 알지 못한다. 절동(浙東) 임해(臨海) 동쪽 호숫가에서 나무하여

늙은이와 냄비 땜장이[138] 등의 무리가 혹 죽기도 하고 혹 살기도 하면서 각자 충성을 바쳐서[139] 방손지(方遜志),[140] 철현(鐵鉉),[141] 경청(景

날마다 섶나무를 시장 입구로 지고 와서 항상 같은 가격으로 팔았다. 건문제 임오년 가을에 조칙이 임해에 이르렀는데, 호숫가 사람들이 서로 이끌어 현의 뜰에 가서 조칙을 들었다. 어떤 사람이 돌아와 초부에게 이르기를 '새로운 황제가 등극하였다.'라고 하니, 초부가 놀라 '황제는 어디 계십니까?'라고 물었다. '황궁을 불사르고 스스로 불타 죽었다.'라고 대답하자, 초부가 대성통곡하더니, 마침내 호수에 몸을 던져 죽었다.〔東湖樵夫, 不知何許人. 樵浙東臨海東湖上, 日負柴, 入市口, 不二價. 建文壬午秋, 詔至臨海, 湖上人相率縣庭聽詔, 或歸語樵夫曰: "新皇帝登極." 樵夫愕然曰: "皇帝安在?" 答曰: "燒宮自焚." 樵夫大哭, 遂投湖中死.〕"라고 보인다.

138 갈옷……땜장이 : 모두 명나라 영락제(永樂帝)가 황위를 찬탈하여 건문제(建文帝)가 쫓겨나자 건문제를 도와준 이들로, 《명사기사본말(明史紀事本末)》 권17 〈건문손국(建文遜國)〉에, "도로를 왕래하면서 옷과 음식을 공급해준 이가 6명이었다.……조천태는 당시 갈옷을 입고 있어서, 의갈옹이라 칭하였고, 때로 천소라고 칭하였다. 왕지신은 대대로 냄비 땜장일을 하여서 이로써 생계를 삼고자 하였으므로 노보과라고 불렀다.〔往來道路, 給運衣食者六人.……趙天泰適衣葛, 卽稱衣葛翁, 時稱天肖. 王之臣家世補鍋, 欲以作生計, 號老補鍋.〕"라는 내용이 보인다.

139 각자 충성을 바쳐서 : 원문은 '각자정헌(各自靖獻)'으로, 《서경(書經)》 〈상서(商書) 미자(微子)〉에 "스스로 마음을 편안히 가져 사람마다 스스로 선왕에게 충정을 바쳐야 한다.〔自靖, 人自獻于先王.〕"라고 한 데서 온 말이다.

140 방손지(方遜志) : 방효유(方孝孺, 1357～1402)로, 명(明)나라 초기의 학자이자 문신이며, 자는 희직(希直), 호는 손지이다. 서실(書室) 이름이 '정학(正學)'이었기 때문에 흔히 방정학으로 불린다. 송렴(宋濂)에게 수학하고, 건문제(建文帝)를 섬겨 시강학사(侍講學士)로서 당대 제일의 학자라는 중망을 누렸으나, 1402년에 연왕(燕王), 곧 영락제(永樂帝)가 무력으로 황위를 찬탈한 뒤 등극 조서를 작성할 것을 명하자, 이를 거부하다가 집안 전체가 죽임을 당하였다.

141 철현(鐵鉉) : 1366～1402. 명(明)나라 초기의 명장으로, 자는 정석(鼎席)이다. 건문제(建文帝) 초기에 산동 참정(山東參政)을 지냈다. 연왕(燕王), 곧 영락제(永樂帝)가 반란을 일으키자 제남(濟南)을 수비하면서 누차 반란군을 무찌르고 병부 상서(兵

淸)[142] 등의 공들과 같은 귀결로 돌아갔으니, 이는 또 앞의 공들에 비해 더욱 하기 어려운 일이었다.

지금 이 상동민(上東民)이란 사람은 바로 깊은 산골짜기의 한 어리석인 백성일 뿐이었다. 궐문이 만 리로 떨어져있어서 군주의 얼굴도 알지 못하고 있었는데, 임금의 수레가 동쪽으로 옴에 비로소 우리 임금이신 줄을 알고서 유연(油然)히 경애하고 떠받드는 마음이 생겨나 매일 물건을 바쳐서 스스로 순전한 정성을 다하였으니, 이것이 이미 기특한 일이거늘, 변고를 듣고서 애통해하면서 울부짖어서 목숨을 바친 뒤에야 그만두었다. 가을 서리와 같은 장렬한 충의(忠義)의 정기가 하늘을 관통하여서 맑은 기풍을 일으키고 경박한 풍속을 격려할 수 있었으니, 아아, 아름답도다.

웅장(熊掌)과 물고기의 취사(取捨)[143]를 분명히 아는 사람은 몸은 죽더라도 이름이 드러나서 천겁 동안 불후하게 전해진다. 그러므로

部尙書)에 올랐는데, 뒤에 반란군에게 붙잡혀 굴복하지 않다가 처형되었다.

142 경청(景淸) : 명(明)나라 초기의 진녕(眞寧) 사람으로, 1402년에 연왕(燕王), 곧 영락제(永樂帝)가 무력으로 황위를 찬탈하자 복수하려는 마음을 지니고서 칼을 품고 조회에 참석하였다가 붙잡혀 죽임을 당하였다.

143 웅장(熊掌)과 물고기의 취사(取捨) : 웅장과 물고기는 팔진미의 하나인 곰 발바닥과 어물 요리로, 이를 취사한다는 것은 생명과 의리를 둘 다 취할 수 없는 경우에 생명을 버리고 의리를 취함을 말한다. 《맹자》 〈고자 상(告子上)〉에 "어물도 내가 원하는 바요 웅장도 내가 원하는 바이지만, 이 두 가지를 겸하여 얻을 수 없다면 어물을 버리고 웅장을 취하겠다. 삶도 내가 원하는 바요 의(義)도 내가 원하는 바이지만, 이 두 가지를 겸하여 얻을 수 없다면 삶을 버리고 의를 취하겠다.〔魚我所欲也, 熊掌亦我所欲也, 二者不可得兼, 舍魚而取熊掌者也; 生亦我所欲也, 義亦我所欲也, 二者不可得兼, 舍生而取義者也.〕"라고 한 데서 온 말이다.

열사(烈士)는 명의(名義)를 위해 순절하면서도 후회하지 않는 것이다. 그런데 이 사람은 이름도 성도 전해지지 않아서 마멸되어 기록되지 못하고 말았으니, 애석하도다. 그러나 그가 죽은 것은 바로 천리상 저절로 그렇게 된 것으로, 의도한 바가 있어서 행한 것이 아니니, 어찌 목숨을 버리고 천명을 세워서 후세에 이름을 전하고자 하였겠는가. 내 일을 스스로 마쳤으니, 다른 사람이 알아주고 알아주지 못하는 것과 무슨 관계가 있겠는가. 저 이름이 인멸되어 일컬어지지 않음을 슬퍼하는 자들은 어찌 얕게 헤아린 것이 아니겠는가. 명(明)나라의 초부, 농부와 시대가 멀리 떨어져 있어도 같은 귀결로 돌아갔으니, 자취가 없어지는 데로 함께 귀결된 데에서 더욱 진정한 충의임을 알 수 있다.

내가 장릉(莊陵)을 유람할 적에,[144] 나이가 아흔이 넘은 어떤 노숙(老宿)이 당일의 일을 이야기하되, 탄식하고 괴로운 마음을 스스로를 가눌 수 없는 듯하였고, 단종을 칭할 때마다 "우리 주상"이라고 하였다. 이 사람은 관풍헌(觀風軒)[145]에 한 번도 절을 올렸던 적이 없는 사람인데도 이와 같으니, 비로소 단종의 지극한 덕이 인심에 스며들어간 것이 이처럼 깊고도 멀다는 것을 알 수 있으니, 이것이 누가 하고자 하여서 한 것이겠는가. 저 나라를 팔아 이익을 구하여

144 장릉(莊陵)을 유람할 적에 : 장릉은 단종(端宗)의 능으로, 강원도 영월에 있다. 본집 〈연보(年譜)〉에 따르면, 매산은 이 글을 지은 해인 1820년(순조20) 오희상(吳熙常)·임로(任魯)와 함께 단양과 청풍, 영월의 여러 명승지를 유람하였다.

145 관풍헌(觀風軒) : 단종은 1457년(세조3) 유폐되어 청령포(淸泠浦)에 살았는데, 그해 여름 서강이 범람하여 이 일대가 침수되자, 객사인 관풍헌에 옮겨 지내다가 몇 달 만에 승하하였다.

자신의 임금을 큰 화에 빠뜨린 뒤에야 시원하게 여기는 자들은 이 두 사람과 비교해보건대 어떠한가.

강원전 계사년(1833, 순조33)

姜瑗傳 癸巳

지난 현인께서 말하기를, "충신의 집안에서는 절의를 지닌 이가 대대로 나오니, 이는 근본을 둔 바가 있는 것으로, 하루아침에 갑자기 취할 수 있는 것이 아니다."[146]라고 하였다. 그러나 심충(沈充)은 반역한 신하였는데 그 아들 경(勁)은 사절(死節)로서 드러났고,[147] 허경종(許敬宗)과 이의보(李義甫)는 간신이었는데 허경종의 손자 원(遠)과 이의보의 아들 담(湛)은 충의로써 알려졌으며,[148] 진회(秦檜)의 두 손자

146 충신의……아니다 : 이는 매산의 스승인 박윤원(朴胤源, 1734~1799)이 한 말로, 박윤원은 자는 영숙(永叔), 호는 근재(近齋), 본관은 반남(潘南)이다. 이 말은 그의 문집인 《근재집(近齋集)》 권22 〈충신이홍무전(忠臣李弘茂傳)〉에 보인다.

147 심충(沈充)은……드러났고 : 심충은 진(晉)나라 무강(武康) 사람으로 자는 사거(士居)이며, 원제(元帝) 때의 공신인 왕돈(王敦)이 무창(武昌)에서 반란을 일으켰는데, 이에 가담했던 역신(逆臣)이다. 그의 아들 심경(沈勁)은 아버지가 의리가 아닌 일에 죽었음을 슬퍼하여 공훈을 세우기로 마음을 먹었다. 이에 애제(哀帝) 때 관군 장군(冠軍將軍) 진우(陳祐)의 보좌관으로서 모용각(慕容恪)이 이끈 대군의 침입에 맞서 싸우다가, 성이 함락되면서 절의를 지키고 죽었다. 《晉書 卷89 沈勁列傳, 卷98 沈充列傳》

148 허경종(許敬宗)과……알려졌으며 : 이의보(李義甫)는 이의부(李義府)로, 허경종과 더불어 당(唐)나라 고종(高宗) 때의 간신(奸臣)으로 알려져 있다. 고종이 황후인 왕씨(王氏)를 폐하고 훗날 측천무후(則天武后)가 된 무소의(武昭儀)를 황후에 세우려고 할 때에 허경종이 이에 영합하여 도왔으며, 장손무기(長孫無忌), 저수량(褚遂良) 등이 모두 직언을 하자, 허경종이 이의부와 이들을 몰래 무함하여 모두 유배 보내 죽였다. 그런데 허경종의 아들 허원(許遠)과 이의부의 아들 이담(李湛)은 충신(忠臣)으로 알려졌는바, 측천무후가 중종(中宗)을 폐하고 스스로 황제가 되려 하였을 때에 이담은 장간지(張柬之) 등과 군사를 일으켜 중종의 지위를 회복하고 역신(逆臣)들을 처단하고

또한 송나라 말에 위용을 드러냈으니,[149] 이것이 이른바 "세류에 관계되지 않는다."[150]라는 것일 것이다.

천계(天啓) 기미년에 강홍립(姜弘立)이 천조(天朝)의 징병에 응하여서 원수(元帥)로서 심하(深河)에 들어가서는 오랑캐에게 항복하였고, 정묘년에 오랑캐를 이끌어 인도하여 왔는데 화친이 이루어지자 오랑캐가 강홍립을 버리고 가버렸다.[151] 처음에 강홍립이 출정할 때에

측천무후를 상양궁(上陽宮)에 옮겨 숙위하였으며, 허원은 안녹산(安祿山)의 난이 일어나 반란군이 수양성(睢陽城)을 공격할 때에 수양 태수로서 장순(張巡)과 함께 성을 지키며 끝까지 반란군에 맞서 싸우다가 전사하였다.《新唐書 卷191 忠義列傳 李湛, 卷192 忠義列傳 許遠, 卷223上 姦臣列傳 許敬宗・李義府》

149 진회(秦檜)의……드러냈으니 : 진회는 자가 회지(會之)로 중국의 대표적인 간신으로 꼽히는데, 정강(靖康)의 변 이후 건국된 남송(南宋)에서 재상으로 19년 동안 집정하면서 금(金)나라와의 화친을 주장하고 북벌을 주장하던 악비(岳飛) 등을 제거하고서 권력을 누렸다. 죽은 뒤 신왕(申王)에 추증되고, 충헌(忠獻)이란 시호를 받았으나, 영종(寧宗) 때 왕작(王爵)을 추탈당하고, 시호도 유추(謬醜)로 고쳐졌다. 진회의 손자 중에 충의를 지켰던 인물로는 증손(曾孫)인 진거(秦鉅)가 있는데, 기주 통판(蘄州通判)으로 있을 때 금인(金人)이 그의 경내(境內)를 침범하자, 군수(郡守)였던 이성지(李誠之)와 협력하여 방어하다가 성이 함락되자 모든 창고에 불을 지르고 자신도 불에 타 죽었다.《宋史 卷449 忠義列傳 秦鉅, 卷473 奸臣列傳 秦檜》

150 세류(世類)에 관계되지 않는다 : 사람의 현우(賢愚)는 그 가문과 무관하다는 뜻이다.《한서(漢書)》 권41 〈번력등관부근주전찬(樊酈滕灌傅靳周傳贊)〉에 "중니(仲尼)는 '얼룩소 새끼가 색깔이 붉고 또 뿔이 제대로 났다면 비록 쓰지 않고자 하나 산천의 신이 어찌 그것을 버리겠는가.'라고 하셨으니, 이것은 선비가 그 출신에 관계되지 않음을 말한 것이다.〔仲尼稱, 犁牛之子騂且角, 雖欲勿用, 山川其舍諸, 言士不系於世類也.〕"라고 한 데서 나온 말이다. 중니는 공자의 자(字)로 인용문에 보이는 공자의 이 말은《논어》〈옹야(雍也)〉에 보인다.

151 천계(天啓)……가버렸다 : 명(明)나라가 후금(後金)을 치기 위해 조선에 원병을 요청하자, 기미년인 1619년(광해군11) 광해군은 어쩔 수 없이 강홍립(姜弘立, 1560~

어머니 정씨(鄭氏)가 여든이 넘은 나이로 눈물을 흘리며 팔을 깨물어 결심을 보이며 말하기를, "네 집안은 대대로 나라의 은혜를 받았으니, 부디 가문의 명성을 실추시키지 말지어다. 연로한 어머니가 있다 하여 다른 마음을 두어서는 안 된다."라고 하였다. 그가 돌아옴에 숙부 강인(姜絪)이 꾸짖어 말하기를, "너는 형수께서 이별에 임하여 하셨던 말씀을 생각지 않느냐. 무슨 면목으로 부모님의 무덤에 오를 것이냐."라고 하자, 강홍립은 부끄러워 얼굴을 붉히며 죽고자 하였다. 충을 지키지 못하고 효를 지키지도 못하여서, 나라에 재앙을 끼치고 집안에 화를 끼쳤으니, 진실로 개나 돼지도 그가 남긴 음식을 먹지 않을 경우인 것이다. 그러나 아들 원(瑗)을 두었으니, 기이하게 여길 만하다.

강원(姜瑗)은 강홍립(姜弘立)의 서자이다. 문장을 잘 짓고 말 타기와 활쏘기를 잘하였는데, 13세가 되었을 때에 심하(深河)의 변고를 만남에, 아버지가 의리를 잃은 것을 애통해하며 밤낮으로 울부짖고 졸도하여 마치 살고 싶어 하지 않는 듯하였다. 서른 살이 되어서도 장가들지 않고서, 항상 격앙하여 스스로 맹세하기를, "오랑캐는 나의 원수이니, 마땅히 그 머리를 술그릇으로 삼고 귀를 베어서 내 아버지의 수치를 설욕해야할 것이다."라고 하였다. 정축년의 싸움[152]에 평안도 병영의

1627)을 오도원수(五道元帥)로 삼아 1만 천여 군사를 출병시키면서 형세를 보아 향배를 정하라고 밀명을 내렸다. 그러다가 조·명 연합군의 협공에 차질이 생기자, 심하(深河)의 전투에서 강홍립은 바로 남은 군사를 이끌고 후금군에 투항하였다. 이후 강홍립은 김경서(金景瑞) 등 10여 명과 계속 억류당하다가 정묘년인 1627년(인조5) 정묘호란 때에 후금군의 선도로서 들어왔다. 강홍립은 조선에 들어와서 강화를 주선하였지만 후금에 투항한 역신으로 몰려 사망하였다가 죽은 뒤 복관되었다.

좌막(佐幕)이 되어서 절도사 유림(柳琳)을 따라 김화(金化)의 백전산(栢田山)에서 오랑캐를 막음에, 투지를 일으켜 선봉에 서서 물러서지 않고서 죽었으니, 사람들 가운데 슬퍼하지 않는 이가 없었다.

찬(贊)은 다음과 같다.

군자는 효(孝)를 행할 때에 반드시 충(忠)을 먼저 행한다. 그러므로 "전쟁이 벌어지는 군진에서 용맹이 없는 것은 효가 아니다."[153]라고 한 것이다. 강원(姜瑗)이 아버지의 악행을 부끄럽게 여겨서 항상 목숨을 바쳐 이를 씻어낼 것을 생각하여, 마침내 몸을 버려서 국가의 난리에 순절하여 선인의 덕을 따르고 아버지의 행실을 고쳐서[154] 자신의 뜻을 이루었으니, 진실로 집안의 효자이자 나라의 충신이다. 《서경(書經)》에 이르기를, "네가 앞사람의 잘못을 거의 덮을 수 있는 것은 충(忠)과 효(孝)에 있을 뿐이다."[155]라고 하였으니, 이 사람을 두고 한 말이 아니겠는가.

152 정축년의 싸움 : 정축년은 1637년(인조15)으로, 병자년(1636, 인조14)에 시작하여 정축년에 끝난 병자호란을 말한다.

153 전쟁이……아니다 : 이 말은 증자(曾子)의 말로, 《예기(禮記)》〈제의(祭義)〉에 보인다.

154 선인의……고쳐서 : 원문은 '솔덕개행(率德改行)'으로, 이는 《서경(書經)》〈주서(周書) 채중지명(蔡仲之命)〉에 채중(蔡仲)이 할아버지인 문왕(文王)의 덕(德)을 따르고 아버지인 채숙(蔡叔)의 행실을 고쳐서 능히 그 도(道)를 삼갔음을 말하는 부분에서 나온 말이다.

155 네가……뿐이다 : 이 말은 《서경(書經)》〈주서(周書) 채중지명(蔡仲之命)〉에 보이는바, 채중(蔡仲)이 아버지인 채숙(蔡叔)의 불충과 불효를 자신의 충과 효로서 덮어야 한다고 타이른 것이다.

박엽[156]전 갑오년(1834, 순조34)

朴燁傳 甲午

박엽(朴燁)은 자(字)가 숙야(叔夜)이고 반남(潘南) 사람이니, 문강공(文康公) 소(紹)[157]의 증손이고 참봉(參奉) 동호(東豪)의 아들이다. 박엽은 태어나면서부터 총명함이 몹시 빼어나서 말을 하면 번번이 다른 사람들을 놀라게 하였다. 조부 응천(應川)[158]이 한번은 밤에 등불을 켜게 하고 박엽에게 시를 짓도록 명하였는데, 말이 떨어지자마자 응대하여 말하기를, "등불이 방으로 들어오자 밤은 밖으로 나가네.〔燈入房中夜出外〕"라고 하였다. 또 이웃 아이를 따라 최유원(崔有源)[159] 공의

156 박엽(朴燁) : 1570~1623. 자는 숙야(叔夜), 호는 약창(葯窓), 본관은 반남(潘南)이다. 1597년(선조30) 별시 문과에 병과로 급제하여 벼슬이 평안도 관찰사에 이르렀으나, 1623년 인조반정 뒤에, 광해군 때에 심하(深河)의 역(役)에 협력하고 학정을 하였다 하여, 평양 임지에서 처형되었다.

157 문강공(文康公) 소(紹) : 박소(朴紹, 1493~1534)로, 자는 언주(彦胄), 호는 야천(冶川), 본관은 반남(潘南), 시호는 문강이다. 김굉필(金宏弼)의 문하에서 수학하였으며, 1519년(중종14) 식년 문과에 장원하여 1522년 부수찬(副修撰)이 되었고, 그 뒤 정언·지평 등을 역임하고 평안도 암행어사로 파견되었다가 사간에 임용되었는데, 훈구파를 탄핵하다가 미움을 사서 결국 파직되어 고향 합천에 내려가 학문에 힘썼다. 뒤에 영의정에 추증되었다.

158 응천(應川) : 박응천(朴應川 ?~1581)으로, 자는 혼중(渾仲), 본관은 반남(潘南)이다. 1543년(중종38) 성균시에 합격하여 왕자사부(王子師傅)가 되고, 이어서 태인 현감(泰仁縣監)·호조정랑을 거쳐 봉산 군수(鳳山郡守)가 되었다. 대구·이천·수원 등지의 부사(府使)와 광주(廣州)·양주(楊州)의 목사를 거쳐 한성부 서윤(漢城府庶尹)·사재감 정(司宰監正)을 역임하였다.

집에 놀러갔었는데, 마침 공이 외출했을 때라 벽에 크게 쓰기를 "주인은 산 위의 산이고, 객은 입 속의 입이네.〔主人山上山 客子口中口〕"[160] 라고 하였다. 최공(崔公)이 돌아와서 묻자, 아이들이 모두 두려워서 감히 대답하지 못하였는데, 박엽이 말하기를 "제가 한 것입니다."라고 하였다. 최공은 시를 보고서 마음속으로 허여하고 있었는데, 사실대로 대답하는 것을 듣고는 더욱 기특하게 여겼다.

조금 자라서는 성격이 호방하여 얽매이지 않아서, 소년들 중에 자신보다 나은 사람을 교만하게 업신여기니, 소년들이 두려워하여 복종하여서 감히 대항하는 이가 없었다. 어머니의 병이 위독하자, 박엽은 손가락을 베어 피를 올려서 어머니를 소생케 하였다. 임진년(1592, 선조25)에 왜구가 이르자 사람들이 모두 새와 짐승처럼 도망갔는데, 박엽은 조모를 업고서 병란을 피하여서 위험과 재난을 갖가지로 겪었으며, 두루 친척들을 구해주어서 난을 면할 수 있게 하였다. 당시에 천조(天朝 명나라)의 장졸들이 오래도록 우리나라의 경내에 주둔하였는데, 박엽이 화어(華語)를 익숙하게 하고 또 글을 잘 짓는 것을 보고서 매번 수창할 때마다 찬탄하면서 칭찬하였으며, 심지어 타던 말을 내어주어서 시장(試場)에 나아가게까지 하였다.

정유년(1597, 선조30)에 문과에 합격하여 내외의 관직을 맡음에 나라를 보전하고 백성들 다스리는 공로가 모두 수립되었다. 통제영(統制

159 최유원(崔有源) : 1561～1614. 자는 백진(伯進), 호는 추봉(秋峰) 또는 화암(花巖), 본관은 해주(海州)다. 벼슬이 대사헌에 이르렀다.

160 주인은……입이네 : '산 위의 산'이란 '산(山)'을 위아래로 놓은 글자로 '나가다'라는 뜻의 '출(出)'자를 가리키며, '입 속의 입'이란 '구(口)'를 안팎에 놓은 글자로 '돌아오다'라는 뜻의 '회(回)'자를 가리킨다.

營)에 종사관(從事官)이 되었는데 처음 통제사(統制使)가 연무(鍊武)를 사열할 적에 혹 수십 일이 지나도록 일을 마치지 못하자 당시 아전이 또 구체적인 기한을 알려주기를 청하였다. 그러자 박엽이 말하기를, "오늘은 반드시 일찍 사열하고 모여서 술을 마실 것입니다."라고 하였는데, 통제사가 웃으면서, "이는 대사(大事)이니, 열흘 만에 마쳤다는 소리를 들어본 적이 없는데, 어찌 그리 쉽게 말하는가?"라고 하였다. 박엽이 "청컨대 공을 위해서 한나절 만에 마치고, 장차 공을 따라 노닐겠습니다."라고 하자, 통제사가 이를 허락하였다.

박엽은 제군들로 하여금 전함을 바다에 진열하고 전함 위에서부터 각각 병기의 날을 드러내어 바깥을 향하게 하고는, 비선(飛船)에서부터 화포를 쏘면서 나가서 차례대로 병기가 예리한지 둔한지를 사열한 뒤에 활과 쇠뇌를 꺼내고서 대기하게 하여서, 화포를 몇 번 쏘지도 않고서 일이 이미 끝남에, 과연 한나절 만에 돌아와서 빠르기가 귀신과 같았으니, 온 통제영이 크게 놀랐다. 이로부터 마침내 서로 이어져서 고사가 되었다.

기억력이 다른 사람보다 빼어나서, 한번 보면 종신토록 능히 잊지 않았다. 양전사(量田使)로 호남(湖南)에 부임하였는데,[161] 주현(州縣) 내에 있는 전지(田地)의 많고 적음과 주인의 이름, 전지 등급의 높고 낮음에 대해 물으면 그때마다 메아리처럼 신속하게 응대하였고, 급기야 양안(量案)을 뒤섞어 취하여서 묻더라도 한 글자도 어긋나지 않았으니, 사람들이 모두 놀라 탄복하였다.

161 양전사(量田使)로 호남(湖南)에 부임하였는데 : 박엽(朴燁)은 1612년(광해군4) 11월에 전라도 균전사(全羅道均田使)로 차출되었다. 《光海君日記 4年 11月 9日》

함경남도 병마절도사(咸鏡南道兵馬節度使)가 되어서[162] 성지(城池)가 작고 보잘 것 없는 것을 보고는 넓혀서 크게 만들되 한 달이 지나지 않아 완성을 고하여서, 형세가 웅건하여 우뚝하게 관새의 보장(保障)이 되었다. 평산(平山)을 다스리게 되었을 때[163]에도 지리적으로 이로운 곳을 의논하여서 성(城)을 쌓았다. 특명으로 품계가 올랐고, 또 평양(平壤), 성천(成川), 의주(義州) 세 읍(邑)을 다스렸다. 황해도 병마절도사(黃海道兵馬節度使)에서 평안도 관찰사(平安道觀察使)로 승진하였다.[164] 박엽은 서도(西道)에 가장 오랫동안 부임하여 그가 명령하면 행해지고 금하면 그쳐져서, 멀고 가까운 곳의 사람들이 그 위엄에 복종하였다.

방백(方伯 관찰사)이 되어서 보니 관서 지방이 조천(朝天)[165]할 때에 지나가는 큰 길목이 되어 민물(民物)이 풍부하고, 또 여진(女眞)과 땅을 접하고 있어서 풍속이 사납고 드세어 건주위(建州衛)의 오랑캐[166]와 제멋대로 출입하면서 중간에서 정탐하는 자가 있었으며, 게다가 나라가 이제 막 난리를 벗어났다 하여 상하의 사람들이 구차히 요행으

162 함경남도 병마절도사(咸鏡南道兵馬節度使)가 되어서 : 박엽(朴燁)은 1611년(광해군3) 4월에 함경남도 병마절도사에 제수되었다. 《光海君日記 3年 4月 20日》

163 평산(平山)을……때 : 박엽(朴燁)은 1607년(선조40) 12월에 평산 부사(平山府使)에 제수되었다. 《宣祖實錄 40年 12月 9日》

164 황해도 병마절도사(黃海道兵馬節度使)에서……승진하였다 : 박엽(朴燁)은 1618년(광해군10) 9월에 평안도 관찰사에 제수되었다. 《光海君日記 10年 9月 28日》

165 조천(朝天) : 명(明)나라에 사행을 가는 것을 말한다.

166 건주위(建州衛)의 오랑캐 : 후금과 청나라를 건국한 만주족을 낮잡아 부르는 말이다. 건주위는 지금의 길림(吉林) 부근으로 명나라 성조(成祖)가 만주 남쪽의 여진족(女眞族)을 통치하기 위하여 처음 설치하였다.

로 고식지계를 꾀하고 있었으므로, 변방의 고을이 아무 대비가 없어 더욱 어찌할 수가 없었다. 이에 더욱 쇄신할 것을 생각함에 모든 규획이 착착 들어맞아 아전들이 간사함을 펼치지 못하였으며, 매번 호령이 엄준하여서 일을 만나면 바람이 일듯이 처리하여 한 도(道)의 사람들이 두려워하였다. 황조(皇朝)의 사람들도 그 치적을 듣고는 늘 우리나라 사람을 볼 때마다 말하기를, "박엽으로 하여금 여기에 오래 머무르게 한다면, 너희 나라에는 서쪽 국경에 대한 우환이 없게 될 것이다."라고 하였다. 박엽이 평안도의 관찰사가 된 지 6년 동안에 다스림이 마치 하루처럼 한결같았다. 이에 명성이 더욱 드러나서 오랑캐들이 서로 경계하며 감히 변경에 가까이하지 못하였다.

이때에 광해군이 난정(亂政)을 벌여 금용(金墉)의 변고[167]가 생기는 지경에 이르자, 박엽은 애통해하고 탄식하면서 번번이 이를 얼굴빛에 드러내어 말하기를, "이이첨(李爾瞻)[168]이 하는 짓을 보건대 끝내 기필

167 금용(金墉)의 변고 : 인목대비(仁穆大妃)의 유폐(幽廢)를 말한다. 인목대비는 1618년(광해군10) 폐위되어 서궁(西宮), 즉 경운궁(慶運宮)에 유폐되었다. 금용은 본래 중국 하남성(河南省) 낙양현(洛陽縣)의 성(城)으로 위(魏)나라 명제(明帝)가 만든 것인데, 그 후에 사마사(司馬師)가 위주(魏主)인 방(芳)을 폐위시켜 이곳으로 옮기게 하고, 진(晉)의 양후(楊后), 민회태자(愍懷太子), 가후(賈侯)를 폐하여 모두 이곳에 유폐시키는 등 왕족을 이 성에 유폐시킨 사례가 많았다.

168 이이첨(李爾瞻) : 1560~1623. 자는 득여(得輿), 호는 관송(觀松) 또는 쌍리(雙里), 본관은 광주(廣州)이다. 1594년(선조27) 별시 문과에 을과로 급제하여 출사하고 사가독서(賜暇讀書)를 하였으며, 1608년(광해군 즉위년) 문과 중시에 장원으로 급제하였다. 광해군의 옹립을 주장한 대북파의 영수로, 광해군 즉위 후 예조판서와 대제학을 겸임하고 광창부원군(廣昌府院君)에 봉해졌다. 권세를 장악한 후 정인홍(鄭仁弘)과 함께 소북파를 숙청하고 영창대군(永昌大君)의 살해를 주도하였으며 인목대비(仁穆大妃)를 서궁(西宮)에 유폐하는 등 많은 악행을 저질러, 1623년(인조1) 인조반정(仁祖反

코 찬탈하고 난 뒤에야 그칠 것이니, 내 앉아서 보고만 있을 수가 없다." 하고는, 사람을 모집하여 가서 찔러 죽이려고까지 하였다. 이이첨이 빈사(儐使)로서 이르렀을 때[169]에 박엽이 이이첨의 처소에 갔는데, 마침 어머니로서 자식이 불효하다고 고한 사람이 있었다. 박엽은 마침내 그 자식을 뜰에 데리고 오게 하여서 말하기를, "어머니와 자식은 천성(天性)으로 이루어진 것이다. 사람으로서 어버이를 사랑할 줄을 모른다면, 이는 곧 왕법이 용납하지 않는 바이다. 천지가 있은 이래로 어머니를 알지 못하고서 목숨을 보전할 수 있었던 자는 오직 이이첨 한 사람 뿐이니, 천하에 어찌 두 명의 이이첨이 있겠는가." 하고는 즉시 법으로 처형하니, 좌우의 사람들 가운데 놀라서 두려워하지 않는 이가 없었다. 이이첨도 머리를 숙이고 놀라서 쳐다보았지만, 끝내 감히 해를 끼치지는 못하였다.

임술년(1622, 광해군14)에 건주위(建州衛)의 오랑캐[170]가 장차 동쪽으로 침략할 일을 모의하여서 강북(江北)에 병사들을 주둔시키니, 박엽도 병사들을 이끌고 나아갔다. 오랑캐가 묻고서 박엽임을 알고는, "우리는 유렵(遊獵)하기 위해서 왔을 뿐이다." 하고서 마침내 병사들을 이끌고서 떠났다. 염탐하는 데에 신이한 재주가 있어서 오랑캐의 동정과 허실에 있어서 모두 환히 알고 있어서 항상 마치 눈으로 직접 본

正) 때 참형되고 족멸되었다.

169 이이첨이……때 : 빈사(儐使)는 중국 사신을 맞이하고 전송하며 연회를 베풀어 위로하는 관원으로, 원접사(遠接使)라고도 한다. 이이첨(李爾瞻)은 1620년(광해군12) 12월에 원접사로 차출되었다. 《光海君日記 12年 8月 16日》

170 건주위(建州衛)의 오랑캐 : 후금을 낮추어 말한 것이다.

듯하였다. 혹 오랑캐 우두머리의 붉은 쓰개〔紅兜〕를 몰래 취하여서 금으로 장식하여 돌려보내니, 오랑캐들이 귀신같다고 여겨서 박엽이 별세할 때까지 다시는 맘껏 뜻을 펼치지 못하였다.

계해년(1623, 인조1)에 인조가 반정하니, 당시 내란은 겨우 다스려졌지만 뭇 사람들이 의심하면서 두려워하였다. 여러 훈신(勳臣)들이 '박엽의 부인이 폐주(廢主)와 인척이니,[171] 폐주에게 사사로운 뜻이 없을 수 없다'고 여기고, 또 명성이 너무 성대한 것을 염려하고는, 이에 "박엽이 법을 적용하기를 잔혹하게 하여 위엄으로 서도(西道)를 제압하였으니, 지금 처형하지 않으면 다른 염려가 있게 되어, 마치 변고가 팔꿈치나 겨드랑이처럼 가까운 곳에서 생기는 것과 같을까 두렵습니다."라고 하여서, 지나치게 사람을 죽인 것을 죄로 삼아 마침내 사사(賜死)하였다.[172]

이때에 도원수(都元帥) 한준겸(韓浚謙)이 중화(中和)에서 부(府)를 개설하고 있었으므로,[173] 원수(元帥)에게 명하여 갑옷 입은 병사들을 출동하여 박엽을 잡도록 하였다. 한공(韓公)이 말하기를, "숙야(叔夜)가 어찌 갑옷 입은 기병을 기다려서 죽는 자이겠는가." 하였다. 박엽은

171 박엽의……인척이니 : 광해군의 장인이었던 유자신(柳自新)이 박엽(朴燁)의 장인인 유덕신(柳德新)의 형이었으므로 이와 같이 말한 것이다.

172 지나치게……사사(賜死)하였다 : 1623년(인조1) 3월 13일에 도원수(都元帥) 한준겸(韓浚謙)에게 명하여 평안 감사로 있던 박엽을 소재지에서 처형하도록 하였는데, 그 명목은 박엽이 6년 동안 평안도 관찰사로 있으면서 탐학한 짓을 하여 혹독하게 징세를 하고 사람을 지나치게 죽였다는 것이었다. 《光海君日記 15年 3月 13日》《仁祖實錄 1年 3月 13日》

173 부(府)를 개설하고 있었으므로 : 부서를 만들고 요속을 선발하는 일을 가리킨다.

변란을 듣고 동요하지 않고 있었는데, 원수(元帥)가 명령을 전달하는 것을 보고 비로소 뜰을 내려와서 명을 받았으나 여전히 시사(時事)가 이미 바뀌었음을 알지 못하고서, 금오랑(金吾郎 의금부 도사)에게 말하기를, "죄명을 듣고 죽고 싶습니다." 하였다. 금오랑이 개옥(改玉)[174]되었음을 말해주자, 박엽이 탄식하며 말하기를, "여러 공신들이 차마 나를 이 지경에 이르게 하였단 말인가." 하였다. 형벌에 임하여 사람을 보내어 아내에게 이르기를, "내 본디 죄가 없으니, 지금 이 지경에 이르게 된 것은 거의 부인 때문이오." 하였다. 또 관향 전곡(管餉錢穀)[175]의 장부를 가져다가 원수(元帥)의 군영에 보내게 하였으니, 죽고 나서 다른 사람들이 요행으로 이익을 꾀하는 일이 있을까 염려했기 때문이었다. 마침내 재촉하여 목을 매게 하여서 줄을 당김에 목숨이 끊어졌다.

김신국(金藎國)이 대신 관찰사가 되어 백성들에게 원수를 갚을 것을 허락하니, 이에 원한을 지닌 집안들이 떼로 일어나 변란을 만들어 이르지 못하는 바가 없었다. 한공(韓公)이 전곡(錢穀)의 장부를 보고서 눈물을 흘리며 말하기를, "나라를 위해 직임을 맡기를 숙야(叔夜)처럼 하고서도 또한 화를 면치 못하였단 말인가." 하고 마침내 변란을 앞장서서 일으킨 자를 처벌하니, 조정에서 이 소식을 듣고 또한 김신국에게 죄를 주고 박엽을 고향에 돌아가서 장례지내 주도록 허락하였다.

당초에 박엽이 승평부원군(昇平府院君) 김류(金瑬)[176]를 만나서 붉

174 개옥(改玉) : 인조반정(仁祖反正)으로 왕이 바뀌었음을 말한다. 개옥은 개보개옥(改步改玉)의 준말로, 임금을 바꾸고서 패옥(佩玉), 곧 예(禮)를 고친다는 뜻이다. 《春秋左氏傳 定公 5年》

175 관향 전곡(管餉錢穀) : 군량(軍糧)으로서 보관하고 관리하는 돈과 곡식을 말한다.

은 모전과 기름을 먹인 박을 몹시 많이 주었다. 승평부원군은 그 뜻을 이해하지 못하였었는데, 거의(擧義)한 날에 이르러서 붉은 모전을 잘라 표신(標信)으로 삼고, 기름 먹인 박을 사용하여 사졸들의 목마름을 막도록 대비하였다. 박엽은 이미 사직을 안정시킬 거사가 있을 것임을 알고 있었던 것이니, 기이한 일이다. 화를 입기 전날 밤에 관영 아래의 법수교(法首橋)에서 노닐면서 시를 짓기를, "한 도(道)를 맡은 관서백(關西伯)으로 천년의 법수교에 있노라. 응당 오늘 밤 달빛이 길이 가련한 밤이 되리로다.〔一路關西伯 千年法首橋 知應今夜月 長作可憐宵〕"라고 하였으니, 시참(詩讖)이었던 것이다.

외사씨(外史氏)는 말한다.

혼조(昏朝 광해군)가 윤상을 무너뜨림에 온 세상이 쏠리듯이 응하여 귀부(歸附)하였고, 폐주(廢主)와 인척이었던 이들은 더욱더 뜻보다 앞서서 악을 미리 맞아주면서[177] 오직 혹시라도 늦어질까 염려하였

176 승평부원군(昇平府院君) 김류(金瑬) : 1571~1648. 자는 관옥(冠玉), 호는 북저(北渚), 본관은 순천(順天), 시호는 문충(文忠)이다. 인조반정(仁祖反正)을 주도한 공신으로, 1620년(광해군12) 이귀(李貴) 등과 반정을 꾀했으나 미수에 그치자, 다시 1623년 거의대장(擧義大將)에 추대되어 이귀·신경진(申景禛)·이괄(李适) 등과 인조반정을 일으켰다. 이 반정의 공로로 정사공신(靖社功臣) 1등에 책록되었으며, 병조참판에 제수되고 곧 병조판서로 승진되어 대제학을 겸하는 동시에 승평부원군에 봉해졌다.

177 뜻보다……맞아주면서 : 《맹자》〈고자 하(告子下)〉에 "군주의 악을 조장하는 것은 그 죄가 그래도 작고, 군주의 악을 미리 맞아주는 것은 그 죄가 크다.〔長君之惡, 其罪小; 逢君之惡, 其罪大.〕" 하였는데, 이에 대해 집주(集註)에서 "군주의 과실이 아직 싹트지도 않았는데 뜻보다 앞서서 인도함은 군주의 악을 미리 맞아주는 것이다.〔君之過未萌, 而先意導之者, 逢君之惡也.〕"라고 하였다.

다. 그러나 박엽은 시론에 투합하지 않았을 뿐 아니라 또 이렇게 하는 이들을 마치 원수처럼 미워하여서, 이이첨(李爾瞻)을 면전에서 배척한 일에 이르러서는 극에 달하였다. 그런데 그 실정을 따져보지 않고서 단지 형적이 유사하다고 하여 사형을 당하게 하였으니, 이것이 어찌 성조(聖祖)의 본의이겠는가. 김 승평(金昇平 김류(金瑬)) 등의 사람들은 아마도 책임을 면할 수 없을 듯하다.

엄혹하여 살인을 좋아하는 것은 진실로 화를 초래하는 바이지만, 엄혹한 것이 어찌 모두 사형에 처해야 할 죄이겠는가. 공로가 족히 잘못을 덮을 만하였으나 그 쓰임을 다하지 못하였으니, 애석하도다. 박엽이 죽은 후 5년이 지나 정묘년의 전란[178]이 있었고, 또 11년이 지나 정축년의 전란[179]이 있어서 오랑캐 기병들이 몰아쳐 옴에 백성들 가운데 감히 막아내는 이가 없었으니, 사람들이 모두 말하기를 "만일 박(朴) 관찰사가 있었다면 어찌 이런 일이 있었겠는가."라고 하였다. 2백년이 지나도록 온 나라 사람들의 말이 같으니, 어찌 사사로운 감정이 있어서 그런 것이겠는가. 당시 장 동자(蔣童子)라는 이가 저잣거리에서 은둔하고 있었는데, 박엽이 죽임을 당했다는 소식을 듣고는 탄식하여 말하기를, "이는 도적을 불러들이는 것이다."라고 하며 수일동안 강개하여 탄식하였다고 하니, 이것이 이른바 "너희가 너희의 만리장성을 무너뜨린다."[180]라는 경우일 것이다. 원

178 정묘년의 전란 : 정묘년은 1627년(인조5)으로, 이때에 일어난 정묘호란을 가리킨다.

179 정축년의 전란 : 정축년은 1637년(인조15)을, 병자호란(丙子胡亂)이 이해 1월에 끝나면서 청(淸)나라와 화의를 맺었는데, 이를 가리킨다.

훈(元勳)을 세운 공신들이 나라를 도모함이 도리어 저자거리의 동자만 못하였을 줄을 어찌 알았겠는가.

180 너희가……무너뜨린다 : 이는 장차 나라를 지킬 장수를 처형한다는 뜻으로, 남조(南朝) 송(宋)나라의 명장 단도제(檀道濟)가 한 말에서 온 것이다. 단도제는 누차 전공(戰功)을 세웠으나 조정에서 시기를 받아 죄 없이 형을 받게 되었는데, 형을 받게 되었을 때에 분노하여 "너희가 너희의 만리장성을 무너뜨리는구나.〔乃復壞汝萬里之長城.〕" 라고 했다는 고사가 전한다.《宋書 卷43 檀道濟列傳》

병마절도사 양공[181]전 병오년(1846, 헌종12)

兵使楊公傳 丙午

양치(楊治)는 청주(淸州) 사람이니, 그 선조는 관서부자(關西夫子) 진(震)[182]에게서 나왔다. 증조인 기(起)[183]는 노국공주(魯國公主)[184]를 따라서 동국(東國)으로 와 상당백(上黨伯)에 봉해졌으며, 조부인 지수(之壽)[185]는 찬성(贊成)이고, 아버지 천진(天震)[186]은 호조 판서이

181 병마절도사(兵馬節度使) 양공(楊公) : 양치(楊治, 1400~1485)로, 본관은 청주(淸州)이다. 1453년(단종1)에 계유정난(癸酉靖難)이 일어나는 것을 보고는 벼슬을 버리고 은거하면서 평생 절의를 지켰다.

182 관서부자(關西夫子) 진(震) : 한(漢)나라 사람 양진(楊震)으로 자는 백기(伯起)이다. 어려서부터 배우기를 좋아하여 태상(太常) 환욱(桓郁)에게 《구양상서(歐陽尚書)》를 전수받고 경에 두루 밝아 궁구하지 않은 것이 없었는데, 사람들이 그를 '관서공자(關西孔子) 양백기(楊伯起)'라고 칭하였다. '관서'는 지금의 섬서(陝西)와 감숙(甘肅) 일대를 가리킨다. 《後漢書 卷54 楊震傳》

183 기(起) : 양기(楊起)로, 청주 양씨(淸州楊氏)의 시조이며, 호는 암곡(巖谷), 시호는 충헌(忠憲)이다. 본래 중국인으로 원나라에서 대광보국숭록대부(大匡輔國崇祿大夫)에 올라 도첨의 정승(都僉議政丞)과 중서성 정승(中書省政丞)을 지냈으며, 1351년(충정왕3) 공민왕(恭愍王)이 연경에 머무르다 왕위에 오르기 위하여 고려로 돌아갈 때에 노국공주(魯國公主)를 배종하며 와서 고려에 정착하였다. 그 후 원나라에 가서 공물을 삭감하게 한 공으로 상당백(上黨伯)에 봉해지고 청주를 관적(貫籍)으로 하사받았다.

184 노국공주(魯國公主) : 원나라의 공주로, 위왕(魏王)의 딸이라 알려져 있으며, 고려 공민왕(恭愍王)과 혼인하여 정비(正妃)가 되었다. 이름은 보탑실리(寶塔失里)이고, 흔히 노국대장공주(魯國大長公主)라고도 하는바, 이는 시호(諡號)이다

185 지수(之壽) : 양지수(楊之壽)로, 본관은 청주(淸州)이다. 고려조에 벼슬하여

니, 3대가 모두 청백리로 선발되었다. 공은 무예를 익혀서[187] 벼슬이 병마절도사에 이르렀다. 단묘(端廟 단종)께서 처음 정사를 펼쳤을 때에, 황보(皇甫)·김(金)·정(鄭) 세 상신(相臣)이 화를 입는 것[188]을 보고서는 즉시 관직을 버리고서 포천(抱川)의 산중에서 은둔하였다. 단묘(端廟)께서 손위하시자, 매월 초하루 아침에 공복(公服)을 입고 동쪽으로 영월(寧越)을 향하고서 눈물을 비 오듯이 흘렸다. 단묘께서 승하하시자, 탄식하면서 몹시 원통해하여 마치 살고 싶지 않은 듯하였으며, 산문(山門)을 나가지 않고서 일생을 마쳤다.

시를 지어 말하기를, "세상일 아득하여 이미 백발이 되었는데, 천년의 남은 한은 자규루(子規樓)[189]에 있도다. 명성과 무용을 지금 어디에

광정대부도첨의 찬성사(匡靖大夫都僉議贊成事)를 지냈으며, 서평군(西平君)에 봉해졌다.

186 천진(天震) : 양천진(楊天震)으로, 본관은 청주(淸州)이다. 벼슬이 호조 전서(戶曹典書)에 이르렀고, 주청사(奏請使)로 중국에 가서 옥적(玉籍)의 공물을 영구히 없앤 공으로 안악군(安岳君)에 봉해졌다.

187 무예를 익혀서 : 원문의 '매위(韎韋)'는 적색의 가죽으로 만든 군복으로, 무관(武官)을 뜻한다.

188 황보(皇甫)……것 : 세조는 아직 수양대군이었던 단종 즉위년인 계유년(1453, 단종1)에 반대파를 숙청하고 권력을 잡은 계유정난(癸酉靖難)을 일으켰는데, 이때에 영의정 황보인(黃甫仁), 좌의정 김종서(金宗瑞), 우의정 정분(鄭苯)이 죽임을 당했다.

189 자규루(子規樓) : 지금의 강원도 영월군(寧越郡) 영흥리(永興里)에 있는 누각으로 원래 1428년(세종10)에 영월 군수 신권근(申權近)이 창건하여 매죽루(梅竹樓)라고 부르던 건물이다. 청령포로 유배된 단종이 그 해 여름 홍수로 강물이 범람하자 당시 관아 건물이던 관풍헌(觀風軒)으로 거처를 옮겼는데, 단종은 관풍헌 바로 동쪽에 있는 매죽루에 자주 올라 자규시(子規詩)를 읊어 자신의 서글픈 심정을 토로하였으므로 후인들이 자규루로 개칭하였다고 한다.

쓰리오. 다만 돌아가서 여섯 귀신[190]의 울음소리를 따르길 원하네.〔世事茫然已白頭 千年遺恨子規樓 榮名武勇今何用 但願歸從六鬼啾〕"라고 하였다. 또 시를 짓기를, "서리 내린 날에 국화 시들고 추워진 때에 솔잎은 지네. 물색에도 변화가 많으니, 내 마음은 결단코 바뀌지 않으리.〔菊委霜降日 松落歲寒時 物色猶多變 吾心斷不移〕"라고 하였다. 인하여 '퇴은(退隱)'이라고 호(號)를 지었으니, 이것이 호를 지어 표명한 까닭이다. 충목공(忠穆公) 유응부(兪應孚)[191]가 일찍이 포천현(抱川縣) 남쪽의 막동(漠洞)에서 살았었는데, 한 고을의 선비들이 남겨진 터에 제단을 마련해 제사를 지내다가, 양공(楊公)을 추후에 배향하고서 축문에 이르기를 "국화 지고 소나무 시들어도, 일편단심은 바뀌지 않았네. 동풍에 눈물을 흘리며, 저 미인을 생각하였네.〔菊委松凋 丹心未移 東風灑淚 彼美之思〕"라고 하였으니, 이는 사실을 적은 것이다.

매산거사(梅山居士)는 말한다.

장광(莊光)[192]의 시대에 절의를 지키고 자정(自靖)[193]하여서 세상을

190 여섯 귀신 : 단종(端宗)의 복위를 꾀하다가 죽임을 당한 사육신(死六臣)으로, 성삼문(成三問)·박팽년(朴彭年)·하위지(河緯地)·이개(李塏)·유성원(柳誠源)·유응부(兪應孚)를 말한다. 이들은 세조가 1455년 단종을 상왕(上王)으로 내몰고 왕위를 찬탈하자, 1456년(세조2) 세조를 제거하고 단종을 복위시킬 것을 모의하다가 사전에 탄로되어 처형되었다.

191 충목공(忠穆公) 유응부(兪應孚) : ?~1456. 자는 신지(信之), 호는 벽량(碧梁), 본관은 기계(杞溪), 시호는 충목(忠穆)이며, 포천 출신이다. 사육신(死六臣)의 한 사람으로, 세조(世祖)가 단종(端宗)을 내쫓고 왕위에 오르자 1456년(세조2)에 단종의 복위(復位)를 모의하였으나, 모의에 가담했던 자의 밀고로 성사되지 못하고 극형을 당하였다.

피해 영영 떠나 종신토록 근심이 없었던 자는, 도(道)를 독실하게 믿고 의(義)를 깊이 취하였던 호걸지사이니, 그렇지 않다면 또한 어찌 여기에 참여할 수 있었겠는가. 성(成)・박(朴) 등 여섯 신하[194]는 웅장(熊掌)과 물고기의 취사(取捨)를 판가름함[195]에 죽음이 그만둘 수 있는 바가 아니었고, 김(金)・남(南) 등 여섯 신하[196]는 사슴과 멧돼지와 더불어 무리를 이룸에[197] 삶이 바라는 바가 아니었다. 강개

192 장광(莊光) : 단종과 세조를 말한다. 단종의 능호인 장릉(莊陵)과 세조의 능호인 광릉(光陵)을 합하여 말한 것이다.

193 자정(自靖) : 스스로 분의(分義)에 맞게 처신하여 지조를 지킨다는 뜻으로, 《서경(書經)》 〈미자(微子)〉편에 "스스로 의리에 편안하여 사람마다 스스로 자신의 지조를 선왕에게 바친다.〔自靖, 人自獻于先王.〕"라고 보인다.

194 성(成)・박(朴) 등 여섯 신하 : 단종(端宗)의 복위를 꾀하다가 죽임을 당한 사육신(死六臣)으로, 성삼문(成三問)・박팽년(朴彭年)・하위지(河緯地)・이개(李塏)・유성원(柳誠源)・유응부(兪應孚) 등의 여섯 신하를 말한다. 이들은 세조(世祖)가 1455년 단종을 상왕(上王)으로 내몰고 왕위를 찬탈하자, 1456년(세조2) 세조를 제거하고 단종을 복위시킬 것을 모의하다가 사전에 탄로되어 처형되었다.

195 웅장(熊掌)과……판가름함 : 웅장과 물고기는 팔진미의 하나인 곰 발바닥과 어물 요리로, 이를 취사한다는 것은 생명과 의리를 둘 다 취할 수 없는 경우에 생명을 버리고 의리를 취함을 말한다. 《맹자》 〈고자 상(告子上)〉에 "어물도 내가 원하는 바요 웅장도 내가 원하는 바이지만, 이 두 가지를 겸하여 얻을 수 없다면 어물을 버리고 웅장을 취하겠다. 삶도 내가 원하는 바요 의(義)도 내가 원하는 바이지만, 이 두 가지를 겸하여 얻을 수 없다면 삶을 버리고 의를 취하겠다.〔魚我所欲也, 熊掌亦我所欲也, 二者不可得兼, 舍魚而取熊掌者也. 生亦我所欲也, 義亦我所欲也, 二者不可得兼, 舍生而取義者也.〕"라고 한 데서 온 말이다.

196 김(金)・남(南) 등 여섯 신하 : 죽임을 당하지는 않았으나 살아있는 동안 단종(端宗)에 대한 절의를 지켜 관직에 나가지 않은 생육신(生六臣)으로, 김시습(金時習)・남효온(南孝溫)・원호(元昊)・이맹전(李孟專)・조려(趙旅)・성담수(成聃壽) 등의 여섯 신하를 말한다.

하거나 종용하는 사이에 행한 바는 같지 않았지만, 모두 지극히 정성스럽고 슬퍼하는 뜻에서 나온 것이었다. 양공(楊公)과 같은 사람은 바로 생육신의 무리로 양빈(楊嬪)의 종숙[198]이 됨에 부끄러울 것이 없고, 또 유 충목공(兪忠穆公)의 고향에 거처하여서 충목공에게 배향되었으니, 이는 바로 은(殷)나라의 세 사람이 각각 그 본심을 얻어서 함께 인(仁)으로 돌아간 경우[199]일 것이다.

197 사슴과……이룸에 : 깊은 산속에 묻혀 야인으로 살아가는 것을 말한다. 《맹자》 〈진심 상(盡心上)〉에 "순 임금이 깊은 산속에 사실 적에 나무, 돌과 거처하고 사슴, 멧돼지와 노셨으니, 깊은 산속의 야인과 다를 바가 별로 없었다.〔舜之居深山之中, 與木石居, 與鹿豕遊, 其所以異於深山之野人者幾希.〕"라고 한 데서 온 말이다.

198 양빈(楊嬪)의 종숙 : 양빈은 세종의 후궁이었던 혜빈 양씨(惠嬪楊氏)로, 양빈의 아버지 양경(楊景)이 양치(養治)와 서로 사촌 간이므로 이렇게 말한 것이다. 혜빈 양씨는 어린 단종(端宗)을 보육하였으며 단종이 즉위한 뒤 다시 궁 안으로 들어와 단종을 보필하였다. 세조가 왕위에 오른 뒤에, 이를 막으려 했다는 죄로 셋째 아들 영풍군(永豐君) 이천(李瑔)과 함께 청풍(淸風)으로 유배되었다가, 1455년(세조 원년)에 교수형을 당했다. 본집 본권에 혜빈 양씨에 대한 전인 〈민정빈양씨전(愍貞嬪楊氏傳)〉이 실려 있다.

199 은(殷)나라의…… 경우 : 은나라의 세 사람은 미자(微子), 기자(箕子), 비간(比干)으로, 주왕(紂王)이 무도(無道)한 것을 보고 주왕의 서형(庶兄)인 미자는 떠나가서 종사를 보존하였으며, 숙부인 기자와 비간은 간(諫)하였는데, 비간은 죽임을 당하고 기자는 거짓으로 미친 체하고 종이 되었다. 《논어》 〈미자(微子)〉에 공자가 이 세 사람을 들어서 "은나라에 세 인자(仁者)가 있었다.〔殷有三仁焉.〕"라고 하였는데, 이에 대한 집주(集註)에 "이 세 사람은 각각 그 본심을 얻었으므로, 똑같이 인자(仁者)라고 이르신 것이다.〔此三人者, 各得其本心, 故同謂之仁.〕"라고 하였다. 예컨대 유응부(兪應孚)는 절의를 위해 죽고, 양치(楊治)는 절의를 지키면서 은둔하였으나, 절의를 지킴에 있어서는 똑같았음을 비유한 것이다.

효자 오공 재능 전 임진년(1832, 순조32)

孝子吳公 載能 傳 壬辰

효자 오재능(吳載能) 공은 자는 백분(伯奮)이고 해주(海州) 사람으로, 통제사 혁(琫)[200]의 아들이다. 효성을 타고나서 부모의 의향을 반드시 그보다 앞서서 신속하게 받들되 조금이라도 어긋남이 없었다. 어린 아우가 밤마다 울어서 어머니의 잠을 깨웠는데, 공이 항상 어린 아우를 바지 사이에 두고서 울음을 그치게 하였으니, 어머니께서 이로 인해 편안히 주무실 수 있었다.

아버지께서 눈병을 앓으시자,[201] 공은 과거 시험에 응시하는 것을 그만두고서 전심으로 치료하여서 십 년을 하루같이 보냈다. 방이 어둡

200 혁(琫) : 오혁(吳琫, 1709~1769)으로, 자는 대이(大而), 본관은 해주(海州)이다. 1734년(영조10) 무과에 급제하여 이듬해 선전관이 되었고, 이후 여주 목사(驪州牧使)·충청도 수군절도사·경상도 병마절도사·전라도 병마절도사 등을 거쳐 1755년(영조31)에는 금군별장(禁軍別將)과 도총부 부총관(都摠府 副摠管)을 겸하였고, 그 후 함경북도 병마절도사·포도대장·제영 중군(諸營中軍)·총융사(摠戎使) 등을 지냈다. 부인은 함안 윤씨(咸安尹氏)로 통덕랑 윤상정(尹象鼎)의 딸이며, 3남 2녀를 두었는데 오재능(吳載能)이 장남이다.

201 눈병을 앓으시자 : 원문에서 '아도(阿睹)'는 눈을 가리킨다. 소동파(蘇東坡)의 〈전신(傳神)〉에 "고호두(顧虎頭)가 이르기를 '사람의 초상을 그리는 것은 모두 아도 가운데에 있다.' 하였다〔顧虎頭云: 傳形寫影, 都在阿睹中.〕"라고 보이는데, 호두는 동진(東晉)의 유명한 화가인 고개지(顧愷之)의 호이다. 고개지의 이 말은 그림에 있어 눈동자의 중요성을 강조한 것으로 '도재아도중(都在阿堵中)'으로 되어 있다. '아도(阿堵)'는 본래 육조 시대(六朝時代)의 구어(口語)로 '이' 또는 '이것'의 뜻인데, 이 또한 눈을 가리킨 것이다.

더라도 등불을 켜게 한 적이 없었는데, 켜게 하는 사람이 있으면 울면서 말하기를, "우리들은 아침부터 저물녘까지 밝게 보이지 않는 때가 없는데, 단지 잠시 어두운 것을 견디지 못하고서 등불을 켜기를 재촉하여 밝아지기를 구한단 말인가." 하였다. 아버지께서 또 이질을 앓으시면서 수박과 참외를 그리워하였지만 병에 해로울까 염려하여 올리지 않았는데, 후에 마침내 종신토록 수박과 참외를 먹지 않았다.

아버지께서 별세하시자 슬픔으로 몸을 훼손하여 수척해져서 거의 목숨을 보전하지 못할 지경이었고, 장례를 치를 때에 예(禮)를 다하였으며, 제사를 올릴 때에 반드시 7일 동안 재계하였다. 기일(忌日)[202]에는 목욕하고 관복을 갖추고서 종일 무릎을 꿇고 있었으며, 음식을 갖추는 것을 몸소 살펴서 반드시 지극히 정결하게 하였고, 애통해하면서 울부짖다 기절하여 마치 처음 상(喪)을 당하였을 때와 같이 하였다.

어머니의 성품이 매우 엄하였는데, 공은 스스로 어린아이처럼 재롱을 부려 어머니에게 기쁨을 바쳐서 웃음을 보이실 때까지 하였다. 어머니께서 병을 많이 앓으시니, 공은 인사(人事)를 끊고서 잠시라도 곁에서 떨어지지 않았다. 의복은 추위와 더위에 때에 알맞도록 하였고, 음식은 신맛과 짠맛을 적절하게 하여서, 하루에도 여러 번 옷을 바꿔드리고 반찬을 바꿔드리면서도 부지런히 힘써서 어긋남이 없었으며, 밤

202 기일(忌日) : 원문의 '부일(夫日)'은 그날이라는 뜻으로 부모의 기일을 이른다. 《예기》 〈제의(祭義)〉에 "군자에게는 종신의 상(喪)이 있으니, 바로 기일을 이른다. 기일에는 일상적인 업무를 보지 않으니, 이것은 불길한 날이어서 그러는 것이 아니다. 이날〔夫日〕에는 내 마음이 제사를 지내는 곳으로만 쏠리기 때문에 다른 사사로운 일에 신경을 쓰지 못해서임을 말한 것이다.〔君子有終身之喪, 忌日之謂也. 忌日不用, 非不祥也, 言夫日, 志有所至, 而不敢盡其私也.〕"라고 하였다.

에도 허리띠를 풀지 않은 것이 수십 년이었는데 또한 피곤함을 고하지 않았다.

어머니께서 한번 기침하시면 일어나서 타호(唾壺)를 올렸고, 어머니께서 한번 거동하시면 급히 나가서 신발을 정리하였으며, 밤에는 반드시 직접 불을 때었으니, 제때가 아닌데 일어나면 여종이 어버이에게 원망을 돌릴까 염려하였기 때문이었다. 모든 어머니를 받들어 모시는 데에 관계된 일들은 심한 병에 걸렸더라도 자제들에게 맡기지 않았고, 자질구레한 일일지라도 종들에게 맡기지 않았다. 항상 어머니를 모시고 식사하여서, 어머니께서 나물을 섞으시면 공 역시 나물을 섞었고, 어머니께서 물을 부으시면 공 역시 물을 부었다. 자신이 좋아하는 것일지라도 어머니께서 드시지 않으면 공 또한 먹지 않았고, 좋아하지 않는 것일지라도 어머니께서 드시면 공 또한 먹었다.

항상 의서(醫書)를 읽고서 도규(刀圭)[203]를 시험하였으며, 병을 간호하느라 한 달이 넘도록 눈을 붙이지 못하자, 어머니께서 걱정하여서 물러가게 하였는데, 물러나서도 마루에 앉아 새벽까지 밤을 새웠다. 측간의 변기를 잡고서 대변의 색을 분별하고 맛을 시험하되 급급하여 마치 미치지 못할 것처럼 하였다. 얻는 것이 있으면 그때마다 부모님에게 바쳐서 쓰고자 하시는 대로 마음껏 하시게 하였으며, 자손과 시종들 중에서 부모님이 아끼는 사람에게 후하게 대하여서, 항상 다만 부모님이 계신 줄만 알 뿐이지 자기 몸이 있는 줄을 알지 못하였다. 그러므로 40세에 머리가 모두 하얗게 세었는데, 60세가 되어서도 더욱 게을리

203 도규(刀圭) : 본래 약(藥)의 양(量)을 헤아리는 기구로, 모양이 규(圭)와 비슷하여 이러한 이름이 붙여졌는데, 약물이나 의술(醫術)을 일컫는 말로도 쓰인다.

하지 않았다. 어머니께서 말씀하기를, "효자로구나, 우리 아이여. 사람에게 열 명의 자식이 있다한들 그 누가 우리 아이가 효도하는 것만 같겠는가."라고 하였다.

조정에서 그 행실을 높이 여겨 침랑(寢郞)에 제수하니,[204] 사람들이 출사하기를 권하였는데, "두 아우가 있어서 모두 고을의 수령이 되어 족히 어버이를 봉양할 만하니,[205] 내 어찌 차마 우리 어머니의 곁을 비워두겠는가." 하고, 한번 사은하고는 체직되었다. 어머니께서 천수를 다하고서 별세하시자, 백발로 어린 아이처럼 울어서 무수히 피를 토하였고, 장례를 지낼 때에 이르러서 날씨가 몹시 추웠으나, 널 곁에서 모시고서 밤을 새워서 곡소리가 끊이지 않았다. 병이 더욱 심해져서 장차 목숨이 끊어지려 할 때에도 말하기를, "상식(上食)[206]이 어찌 늦어지는가?"라고 하였고, 새벽에 이르러 목소리가 잘 나오지 않는 상태에서 말하기를 "조곡(朝哭)[207]이 어찌 지체되는가?"라고 하였다. 마침내 졸하니, 어머니의 상복을 입은 지 기년이 되지 못한 때였다.

204 침랑(寢郞)에 제수하니 : 오재능(吳載能)은 1791년(정조15)에 효릉 참봉(孝陵參奉)에 제수되었다.《日省錄 正祖 15年 3月 5日》

205 두 아우가……만하니 : 오재능(吳載能)의 두 아우는 오재광(吳載光)과 오재중(吳載重)으로, 오재광은 벼슬하여 철산 부사(鐵山府使)・보성 군수(寶城郡守)・풍덕 부사(豐德府使)・삼도 수군통제사(三道水軍統制使) 등을 역임하였으며, 오재중은 장연 현감(長淵縣監)・파주 목사(坡州牧使)・용천 부사(龍川府使)・수군절도사(水軍節度使) 등을 역임하였다.

206 상식(上食) : 상가에서 3년 동안 아침저녁으로 영좌(靈座)에 음식을 차려 놓는 것을 이른다.

207 조곡(朝哭) : 거상 중에 있는 사람이 소상(小祥) 때까지 이른 아침마다 궤연(几筵) 앞에서 곡(哭)하는 일을 이른다.

어머니께서 며느리를 박절하게 대하였는데, 아내가 어머니의 마음에 차지 않으면 아내와 말하지 않아서 어머니가 기뻐하시는 데에 이른 뒤에야 그만두었으며, 어머니께서 며느리와 식사하지 않으시면 공은 떡을 품고 와서 던져주어서 어머니에게 나쁜 명성을 끼치지 않았다. 아내가 근심이 쌓여 죽자, 맏아들이 괴로워하고 원통해하면서 울부짖었는데, 공이 경계하여 말하기를, "너는 내가 없었다면 태어나지 못했을 터인데, 네 어찌 차마 나를 근심하게 한단 말이냐." 하니, 아들이 감히 곡하지 못하였다 한다. 이는 이른바 "따로 법칙을 세우지 않고, 억지로 행하지 않더라도, 몸이 효와 하나이다."[208]라는 경우일 것이다.

공은 정암(貞菴) 민 문강공(閔文簡公)[209]을 사사하여 경전의 가르침에 침잠하여서 성리학을 깊이 연구하였다. 만년에 광암(廣巖) 박성원(朴聖源)[210] 공이 저술한 《돈효록(敦孝錄)》과 《예의유집(禮疑類輯

208 따로……하나이다 : 이 말은 유한준(兪漢雋)의 문집인 《자저(自著)》 권17 〈효자김군열녀신씨정려서(孝子金君烈女申氏旌閭序)〉에 보인다.

209 정암(貞菴) 민 문강공(閔文簡公) : 민우수(閔遇洙, 1694~1756)로, 자는 사원(士元), 호는 정암, 본관은 여흥(驪興), 시호는 문강이다. 1714년(숙종40)에 생원시에 합격하였다. 1721년(경종1)에 신축환국(辛丑換局)으로 처남 윤지술(尹志述)이 죽고 중부(仲父) 민진원(閔鎭遠) 등이 유배되어 일가에 화가 미치자 여강(驪江)으로 돌아가 학문에 전념하였다. 영조 즉위 후에 다시 조정의 부름을 받아 공조 참판, 대사헌 등에 제수되었다.

210 광암(廣巖) 박성원(朴聖源) : 1697~1767. 자는 사수(士洙), 호는 광암 또는 겸재(謙齋), 본관은 밀양(密陽), 시호는 문헌(文獻)이다. 이재(李縡)의 문인으로, 사헌부 감찰(司憲府監察)・사헌부 지평(司憲府持平)・세손강서원유선(世孫講書院諭善) 등을 역임하였다. 저술에 힘써서, 《돈효록(敦孝錄)》과 《예의유집(禮疑類輯)》 이외에도 《보민록(保民錄)》・《돈녕록(敦寧錄)》・《겸재집(謙齋集)》 등이 전해진다.

)》[211]을 좋아하여서 마침내 종신토록 외워 법으로 삼았고, 또 속집을 만들어서[212] 간행되어 세상에 전해진다. 공은 비록 지극한 행실이 하늘에 근본을 둔 것이기는 하였지만, 도(道)가 있는 이에게 직접 가르침을 받고 소양이 있는 이에게 감화되었으니, 학문의 공력을 또한 속일 수 없다. 일상에서 인륜을 실천하는 가운데 위로 거슬러 올라가 조상에게 보답하고 옆으로 통달하여 형제와 우애 있게 지낸 것으로 말하면 이루 다 쓸 수 없으나, 효(孝)가 큰 절목이기에 사림에서 공의 효행을 조정에 천거하니, 정려하여 '효자지문(孝子之門)'이라고 하였다.

찬(贊)은 다음과 같다.

내 남산(南山)의 아래에 살면서 공의 옛날 은거하였던 집을 찾아감에, 바위들이 켜켜이 우뚝하고 푸른 소나무가 그 위에 줄지어 섰으니, 이것이 공이 스스로의 호를 '우송(友松)'이라 지은 까닭이다. 공의 정령이 혁혁하게 소나무와 바위 사이에 있으니, 그 사람됨을 상상해보건대 멀리 떨어진 시대에 있더라도 그러하거늘, 하물며 서로 떨어진 거리가 멀지 않은 경우에 있어서겠는가. 오래도록 배회하며 떠나지 못하다가, 돌아와서 전(傳)을 지어서 애모하는 마음을 서술하노라.

211 돈효록(敦孝錄)과 예의유집(禮疑類輯) : 박성원(朴聖源)의 저서로, 《돈효록》은 《효경(孝經)》과 《서명(西銘)》 등 여러 문헌 가운데 효에 관한 교훈과 고사를 가려내어 편집한 책이며, 《예의유집》은 우리나라 제현(諸賢)의 예설(禮說)을 종류별로 모아 편집한 책이다.

212 속집을 만들어서 : 《예의유집(禮疑類輯)》의 속집으로, 오재능(吳載能)이 편찬한 《예의유집속편(禮疑類輯續編)》을 말한다.

김유언전 기유년(1849, 헌종15)
金庾彦傳 己酉

김유언(金庾彦)은 자(字)가 군실(君實)로 강릉(江陵) 사람이니, 덕원(德源)의 충곡(忠谷)으로 이거하였다. 조부 익빈(益濱)은 효행으로 정려되었고,[213] 아버지 치기(致基) 역시 순후하고 삼간다고 칭송되었다. 김유언은 시야가 어둡고 말을 더듬어서 외형은 준걸하지 못하였지만, 나면서부터 지극한 성품을 품부 받아서, 부모에게 깊이 사랑을 지니고 있었다. 조금 자라서는 배우기를 좋아하여 경전(經傳)을 마치 신명(神明)처럼 존경하고 신뢰하였으며, 과거 공부를 하였다가 곧 그만두고서 말하기를, "부귀는 사람들이 바라는 바이니, 부귀를 귀하게 여기는 까닭은 이로써 널리 사람들을 구제하기 때문이다. 그런데 위항의 선비로서 휘장을 내리고 경전을 궁구하는 이는 오직 자기 몸만을 선하게 하고 말뿐이다."라고 하고는, 개연히 도주(陶朱)의 업(業)[214]에

213 조부……정려되었고 : 김익빈(金益濱)은 10세에 아버지의 상(喪)을 당하고 제사를 정성으로 올려 한번은 생선을 제수로 구할 수 없자, 물고기가 갑자기 튀어나와 구할 수 있었으며, 아버지 묘소에 불이나자 피하지 않고 울부짖었는데 갑자기 소나기가 내려 무사하였다 하여서 효행으로 정려되었다.《日省錄 正祖 20年 12月 29日》

214 도주(陶朱)의 업(業) : 경영하여 치산(治産)하는 것을 말한다. 도주는 춘추 시대 월(越)나라 범려(范蠡)의 별칭으로, 월왕 구천(句踐)을 섬겨 마침내 오(吳)나라를 멸망시키고 나서 오호(五湖)에서 배를 타고 제나라로 가서 치이자피(鴟夷子皮)로 성명을 바꾸고 그곳에서 산업을 크게 일으켰다. 제나라 사람들이 그를 재상으로 삼으려 하였는데, 다시 재산을 버리고 떠나 도(陶)에 이르러 도주공(陶朱公)으로 생을 마쳤다.《史記 卷41 越王句踐世家》《史記 卷129 貨殖列傳》

뜻을 두어 힘써 농사를 짓고 가축을 번식시켜서 수년 만에 재산을 모으고는, 탄식하며 말하기를, "부유한 이를 저버릴지언정 가난한 이를 저버려서는 안 되고, 산 사람을 저버릴지언정 죽은 사람을 저버려서는 안 된다."라고 하였다.

포복(匍匐)[215]하는 데에 급급해하여서, 먼 친척을 보기를 마치 지친(至親)처럼 여겼다. 전염병이 몹시 치성하자 친척과 마을의 이웃들이 모두 문을 닫고 길을 막았으나, 홀로 비바람과 어둠을 무릅쓰고 가서 병문안을 하고 죽은 이를 곡하기를 마치 목마른 이가 우물에 가듯이 하였지만 몸이 끝내 무탈하였으니, 사람들이 신명의 힘이라고 하였다. 평생 묻어준 강시와 들판에 뒹굴던 해골들을 거의 이루 헤아릴 수가 없을 지경이었다. 이를 미루어 미물에까지 미쳐서, 매를 잡거나 양봉하는 사람들을 꺼리고 그물과 덫으로 새와 짐승을 잡는 일을 미워하여서, 사냥꾼에게 잡히거나 그물에 걸린 새나 짐승, 마른 웅덩이에 놓인 물고기[216]나 곤경에 처한 조개들을 보면 반드시 방생하였으니, 인애의 마음을 보존함이 이와 같았다.

215 포복(匍匐) : 힘을 다한다는 뜻으로, 남의 상사(喪事)에 힘을 다하여 달려가 도와주는 것을 말한다. 《시경》〈패풍(邶風) 곡풍(谷風)〉에 "모든 사람이 상사가 있을 적에는 포복하여 달려가 구원하였노라.〔凡民有喪, 匍匐救之.〕"라고 하였고, 《예기》〈공자한거(孔子閒居)〉에는 "모든 사람이 상사가 있을 적에는 포복하여 달려가 구원한다는 것은 복(服)이 없는 상(喪)이다.〔凡民有喪, 匍匐救之, 無服之喪也.〕"라고 한 내용이 보인다.

216 마른……물고기 : 원문의 '학린(涸鱗)'은 마른 웅덩이의 붕어란 뜻으로, 어려움에 처한 물고기를 말한다. 《장자(莊子)》〈외물(外物)〉에 수레바퀴 자국에 고인 얕은 물속에서 헐떡이는 붕어가 약간의 물이라도 얻어 살고자 한다는 학철부어(涸轍鮒魚)의 고사가 전하는데, 여기에서 온 말이다.

거처하는 곳이 햇빛과 바람을 가리지 못하였으며 옷은 화려한 옷을 입지 않고 음식은 맛있는 음식을 먹지 않았으나, 은혜를 베풀기를 좋아하여서 다른 사람의 어려움을 급히 구제하기를 자기 자신의 일보다 심하게 하였다. 악(惡)을 미워하기를 원수를 미워하듯이 하였고, 선(善)을 보기를 마치 자기에게서 나온 것과 같이 여겨서, 비웃으며 지적하는 사람들이 많았지만 아랑곳하지 않았다. 근력이 있어 능히 반천근을 들 수 있었으나 조금도 드러내지 않았다. 신의를 중시하여서, 처자식을 맡기고 멀리 떠났다가 객사한 벗이 있었는데, 그 처가 집을 떠나자 일찍이 근심하고 슬퍼하여서 거의 병이 될 뻔하였다.

경주(慶州)의 최일심(崔一心)을 사사하여서 지성으로 섬기고, 스승 사후의 일을 책임질 것을 자임하였는데, 스승께서 별세하시자 이전의 말을 능히 실천하여서, 향기로운 제수를 올리고 초부나 목동이 묘에 가까이하는 것을 금하는 일에 물심양면으로 정성을 다하였다. "내가 죽고 난 뒤에는 필시 생전에 미치지 못할 것이다."라고 하여서, 장차 묘전(墓田)을 경영하여 영원하게 하기를 도모하려 하였다.

스승의 무덤 곁에 투장(偸葬)한 자가 말을 잘 꾸며내 회유하고자 하여서 그 스승을 위해서 묘전을 마련하기를 원하니, 거절하여 말하기를 "우리 스승의 집을 훼손하여 우리 스승에게 바치는 일을 어찌 차마 할 수 있겠는가." 하였다. 오래도록 다투어 결말을 보지 못하자, 이에 사사로이 몰래 매장하였던 것을 파내고는 자수하여 구금되었다. 어떤 사람이 화해하는 방도를 말하자, 이에 말하기를 "법을 어기면 죄를 받는 것은 당연한 이치이다. 어찌 요행히 피할 수 있겠는가." 하였다. 옥에 수금되어 괴로움을 갖가지로 겪었지만 여기에 처하기를 편안하게 여겼다. 유배지인 부령(富寧)으로 감에 풍토가 황량하고도 추워서 사람들은 고생을 견디지 못하였으나, 마치 즐거운 곳처럼 여겼다. 살아가게 해 준 것을 죽음으로 보답하여[217] 죽으나 사나 바꾸지 않은 고심이 아니었다면, 또한 어찌 여기에 참여할 수 있었겠는가.

처 이씨(李氏)는 전주(全州) 사람이니, 나면서부터 현숙한 덕을 지녔는데, 시집옴에 시부모를 잘 섬겨서 정성과 힘을 다하니, 마을 이웃들이 모두 "효자의 집안에 효부가 나왔다."라고 칭송하였다. 김유언이 북쪽으로 귀양 가자, 지아비의 스승의 묘를 지키고 보호하며 제사를 올리기를 김유언이 있을 때와 같이 하였다.

예전에 투장(偸葬)하였던 자가 김유언이 멀리 유배를 간 것을 엿보고서 다시 몰래 매장하였는데, 이씨가 두 아들에게 말하기를 "너희 아버지께서 작년에 법을 어기고서 매장한 것을 파낸 일로 먼 변방에 유배를 가게 된 것이 일 년도 되지 않았는데 저 사람이 다시 흉악을 부리니, 어찌 편안히 여기고 말 수 있겠느냐. 너희 아버지께서 이미 스승을 위해 죄를 지어 처벌을 당하셨으니, 너희들은 마땅히 아버지가 마땅히 하신 바를 행해야 할 것이다. 아버지를 위하는 것과 스승을 위하는 것이 그 의리가 똑같은 것이다."라고 하였다. 두 아들을 데리고 가서

217 살아가게……보답하여 : 스승의 은혜에 보답함을 뜻한다. 《소학(小學)》〈명륜(明倫)〉에 난공자(欒共子)가, "사람은 세 분의 은혜로 살아가기에 섬기기를 똑같이 하여야 한다. 아버지는 나를 낳아 주시고, 스승은 나를 가르쳐 주시고, 임금은 나를 먹여 주셨으니, 아버지가 아니면 태어나지 못하고 임금이 먹여 주지 않으면 자라지 못하고 스승이 가르쳐 주지 않으면 알지 못하니, 낳아 주신 것과 똑같다. 그러므로 똑같이 섬기되 오직 있는 바에 목숨을 바쳐야 한다. 살아가게 해주신 은혜를 죽음으로 보답하고, 물건을 내려준 은혜를 힘써 갚는 것이 사람의 도이다.〔民生於三, 事之如一. 父生之, 師敎之, 君食之, 非父不生, 非食不長, 非敎不知, 生之族也. 故一事之, 唯其所在, 則致死焉. 報生以死, 服賜以力, 人之道也.〕"라고 한 데서 온 말이다.

곧장 그 무덤을 범하니, 그 사람이 돌이킬 수 없음을 알고는 결국 스스로 이장(移葬)하였다.

이보다 앞서서 김유언에게 처자식을 맡기고 멀리 갔다가 돌아오지 않은 벗이 있었는데, 이씨가 말하기를, "첩이 들으니 붕우는 오륜 중 하나에 처한다고 하였습니다. 지아비께서 이미 사우(師友)에게 본분을 다하셨으니, 첩이 어찌 뜻에 순종하기를 생각하지 않겠습니까."라고 하고, 옷과 음식을 건네주어 그 식솔들을 봉양하면서 벗이 돌아오기를 기다렸다.

매산거사는 말한다.

스승과 제자간의 윤리는 임금이나 부모님에 대한 윤리와 동등하거늘, 학문이 끊어지고 가르침이 어그러짐에 이를 알아서 기르는 사람이 드물게 되었다. 그러므로 방몽(逢蒙)은 화살을 거꾸로 쏘았고[218] 형서(邢恕)는 스승의 가죽을 깔아 베고자 하였으니,[219] 세교(世敎)

218 방몽(逢蒙)은……쏘았고 : 방몽은 하(夏)나라 사람으로, 활쏘기의 명수인 예(羿)에게서 활 쏘는 법을 배웠는데 천하에서, 예의 기법을 다 터득하자 세상에 자기보다 뛰어난 자는 오직 예라 생각하고 마침내 스승인 예를 쏘아 죽였다. 《孟子 離婁下》

219 형서(邢恕)는……하였으니 : 형서는 송(宋)나라 신종(神宗)·철종(哲宗) 때의 간신(姦臣)으로, 본디 명도(明道) 정호(程顥)에게 배웠으나, 뒤에 스승을 배반하고 왕안석(王安石)·채경(蔡京) 등에게 붙어서 스승을 원수로 여겼다. 원문의 '침피(寢皮)'는 짐승을 잡아 그 가죽을 깔고 자고 그 고기를 먹는다는 뜻의 침피식육(寢皮食肉)을 줄인 말로《춘추좌씨전(春秋左氏傳)》양공(襄公) 21년 조에 보인다. 원래 용맹을 자랑하는 말인데 후대에는 인신하여 원수에게 원한이 깊음을 비유하는 말로 쓰였다. 이는 형서가 스승들을 배반하고 원수처럼 대한 것을 말한 것이다.《宋史 卷471 邢恕列傳》《春秋左氏傳 襄公21年》

를 해치는 것이 거의 천지가 뒤바뀌는 지경에 이르렀다. 아아, 차마 말할 수 있겠는가.

김유언(金庾彦)은 최일심(崔一心)에 있어서, 반드시 도(道)를 전수받고 학업을 전수받기를 옛날 당(堂)에 오르고 실(室)에 들어가는 것[220]처럼 하지는 못하였을 것이지만, 그가 스승을 위해서 인륜을 다하였던 것은 지나간 현인들에게 있어서 부끄러운 점이 없다. 예전에도 스승의 무덤을 경영하여 흙을 짊어지고 가서 참최복을 입고서 여막에 거처하였던 자가 있었지만, 목숨을 돌보지 않고서 무덤을 보전하기를 김유언처럼 하였던 이는 있지 않다. 또 그 처 이씨가 지아비를 위해 지아비의 사우(師友)에게 정성을 다하여서, 심지어 몰래 매장하였던 자로 하여금 스스로 무덤을 파내어 옮기도록 하였으니, 이 어찌 공연히 그러한 것이었겠는가.

무릇 효제(孝悌)는 인(仁)을 행하는 근본인데,[221] 김유언은 대대

220 당(堂)에……것 : 배워서 높은 경지에 도달하게 된 경우를 말한다. 《논어》 〈선진(先進)〉에 공자가 자로(子路)의 학문을 평하며 "자로는 당에는 올랐고 아직 실에는 들어가지 못하였다.〔由也升堂矣, 未入室也.〕"라고 한 말이 보이는데, 이는 자로의 학문이 정대하고 고명한 경지에 이르렀으되, 다만 정미한 깊은 곳에 들어가지 못했을 뿐임을 말한 것이다.

221 효제(孝悌)는……근본인데 : 《논어(論語)》 〈학이(學而)〉에 다음과 같이 보인다. "유자(有子)가 말하였다. '그 사람됨이 효도하고 공경하면서 윗사람을 범하기를 좋아하는 자는 드무니, 윗사람을 범하기를 좋아하지 않고서 난(亂)을 일으키기를 좋아하는 자는 있지 않다. 군자(君子)는 근본(根本)을 힘쓰니, 근본이 확립되면 도(道)가 발생(發生)하는 것이다. 효(孝)와 제(弟)라는 것은 인(仁)을 행하는 근본일 것이다.'〔有子曰: 其爲人也孝弟, 而好犯上者鮮矣, 不好犯上, 而好作亂者未之有也. 君子務本, 本立而道生, 孝弟也者, 其爲仁之本與.〕" '제(弟)'는 '제(悌)'와 통용된다.

로 지극한 행실을 돈독하게 하여 품행이 가정에 충만하였으므로, 처자식을 감통하게 한 것이 이와 같았던 것이다. 정자(程子)가 말씀하기를, "신(信)이란 거짓이 없는 것일 따름이니, 천성에 있어서 더하거나 덜어내는 바가 있으면 거짓이 된다. 《주역》에 이르기를, '하늘 아래에 우레가 행하여 물건마다 무망을 준다.'라고 하였으니, 천리로써 동하기 때문인 것이다."라고 하였으니,[222] 김유언이 이 의리에 있어서 들은 것이 있었던 것인가?

내가 평소에 다른 사람의 선한 점을 말하기를 좋아하여서, 항상 초야에 혹 하나의 선한 점이라도 남겨진 것이 있을까 염려하였는데, 김유언의 품행과 치적을 듣고 아끼고 사모하는 마음을 가눌 수 없어 병을 무릅쓰고 전(傳)을 지어서 세상에서 스승을 존경함에 있어서 본분을 다하지 않는 사람들을 경계하는 바이다.

222 정자(程子)가……하였으니 : 이 말은 《이정유서(二程遺書)》 권24에 보이며, 정자가 인용한 《주역(周易)》의 내용은 〈무망괘(无妄卦) 상전(象傳)〉에 보이는바, 이에 대해 정전(程傳)에서 "우레가 하늘 아래에 행해서 음양(陰陽)이 서로 화하여 서로 부딪쳐 소리를 이루니, 이에 숨고 감춰져 있는 것들을 놀라게 하고 싹을 진동시켜 만물을 발생시켜서, 부여하는 바가 크고 작은 것과 높고 낮은 것이 각기 성명(性命)을 바르게 얻어 어그러지고 망령됨이 없으니, 이는 물건마다 무망(无妄)을 준 것이다.〔雷行於天下, 陰陽交和, 相薄而成聲, 於是驚蟄藏, 振萌芽, 發生萬物, 其所賦與洪纖高下, 各正其性命, 无有差妄, 物與无妄也.〕"라고 해석하였다.

청계 주공[223] 소전 기유년(1849, 헌종15)

清溪朱公小傳 己酉

주잠(朱潛)은 자는 경도(景陶), 호는 청계(淸溪)이니, 주 문공(朱文公 주희(朱熹))의 증손이다. 문공(文公) 선생의 중자(仲子)인 야(埜)가 네 아들을 낳았으니, 거(鉅)와 전(銓)과 탁(鐸)과 질(銍)이다. 거(鉅)가 또 네 아들을 두었으니, 연(淵)과 흡(洽)과 잠(潛)과 제(濟)인데, 잠(潛)이 전해온 가업(家業)을 능히 이어서 두문불출하고서 의리를 행하여 훌륭한 선비들의 모범이 되었다. 권신(權臣)들이 정권을 장악하여 화친을 주장해 나라를 그르치고는 다시 내수외양(內修外攘)할 뜻이 없는 것을 보고 평소에 늘 근심하면서 애통함을 참고 있었는데, 어느 날《논어(論語)》의 "욕거구이(欲居九夷)"장[224]을 읽고는 개연히 감회

223 청계(淸溪) 주공(朱公) : 주잠(朱潛, 1194~1260)으로, 호는 청계, 본관은 신안(新安)이며, 신안 주씨(新安朱氏)의 시조이다. 본래 남송(南宋) 안휘성(安徽省) 휘주부(徽州府) 신안(新安) 출신으로, 주희(朱熹)의 증손이다. 과거에 급제하여 벼슬이 비서각 직학사(祕書閣直學士)에 이르렀으나, 남송이 원의 침략으로 멸망하자 1212년(강종1) 가족 및 그의 문인 7명을 데리고 뱃길을 통하여 고려로 건너와 전라도 나주에 정착하여 살았다. 그 뒤 원 세조(元世祖)가 고려로 피신해온 송나라 신하들을 압송해가려고 하자 이름을 적덕(積德)으로 바꾸고 전라도 화순에서 은둔하였다.

224 논어(論語)의 욕거구이(欲居九夷)장 : 구이는 동쪽의 오랑캐 지역으로 아홉 종류의 이족이 있어 명명한 것인데 조선도 이 중에 하나라고 한다. 이 장은《논어》〈자한(子罕)〉에 실려 있는데, 그 내용은 다음과 같다. "공자께서 구이에 살려고 하시니, 혹자가 말하기를 '그곳은 누추하니, 어떻게 하시렵니까?' 하였다. 공자께서 대답하시기를 '군자가 거처한다면 무슨 누추함이 있겠는가.' 하셨다.〔子欲居九夷, 或曰: 陋, 如之何? 子曰: 君子居之, 何陋之有?〕"

를 일으켜서 문하의 제자들을 불러서 말하기를, "해외의 청구(靑邱)는 기성(箕聖)이 봉해진 곳으로 평소 예의가 있는 땅이라 칭송되었으니,[225] 우리들이 거처할 만하다."라고 하고, 섭공제(葉公濟) · 조창(趙昶) · 진조순(陳祖舜) · 주세현(周世顯) · 유응규(劉應奎) · 도성하(陶成河) 등 7명을 데리고 바다를 건너 동쪽으로 향하였다. 전송하는 이들이 슬퍼하고 탄식하여 노래하기를 "서산(西山)의 고사리[226]를 캐고 동해(東海)의 물[227]을 떠서, 감은 있되 돌아옴은 없을 행차에 전별하노라." 하였다. 배를 금성(錦城 나주(羅州))에 정박시키고서 인하여 거처로 삼았다.

원(元)나라 사람들이 송조(宋朝)의 유민들 가운데 동국으로 출국한

225 해외의……칭송되었으니 : 기성(箕聖)은 기자(箕子)로, 은(殷)나라 주왕(紂王) 때의 현인이다. 주 무왕(周武王)이 은나라를 멸망시킨 뒤에 기자를 조선에 봉하여 예의와 문물을 가르치고 팔조(八條)의 가르침을 베풀게 되었다는 설이 있다. 《通志 卷194 四夷傳 東夷》《後漢書 卷85 東夷列傳》

226 서산(西山)의 고사리 : 지조와 절개를 굳게 지키는 것을 빗대어 표현한 말이다. 은(殷)나라가 주 무왕(周武王)에게 멸망당하자 백이(伯夷)와 숙제(叔齊) 형제가 주나라 곡식을 먹지 않겠다면서 서산 즉 수양산(首陽山)으로 들어가 〈채미가(采薇歌)〉를 부르며 고사리만 뜯어 먹다가 굶어 죽은 고사가 전한다. 《史記 卷61 伯夷列傳》

227 동해(東海)의 물 : 지조와 절개를 굳게 지키는 것을 빗대어 표현한 말이다. 전국시대 제(齊)나라의 고사(高士)인 노중련(魯仲連)이 조(趙)나라에 가 있을 때 진(秦)나라 군대가 조나라의 수도인 한단(邯鄲)을 포위하였는데, 이때 위나라가 장군 신원연을 보내 진나라 임금을 황제로 섬기면 포위를 풀 것이라고 하였다. 이에 노중련이 "저 진(秦)나라가 방자하게 황제를 자칭하고 죄악으로 천하에 정사를 한다면, 나는 동해에 뛰어들어 죽을 뿐이요, 내 차마 그 백성은 될 수가 없다.〔彼卽肆然而爲帝, 過而爲政於天下, 則連有蹈東海而死耳, 吾不忍爲之民也.〕"라고 하자, 진나라 장군이 이 말을 듣고 군사를 50리 뒤로 물렸다고 한다. 《史記 卷83 魯仲連列傳》

이가 많다는 소식을 듣고, 고려로 하여금 원나라의 경도로 압송하게 하였다. 이에 여러 도(道)를 크게 수색하니, 공은 이름을 적덕(積德)이라 바꾸고, 나주(羅州)로부터 도피하여 능성(綾城)의 고정리(考亭里)에 은둔하였다. 또 삼별초(三別抄) 의 난[228]을 만나자, 마침내 능성과 나주 사이에 있는 용담(龍潭)의 인부리(仁夫里)에 이거하니, 고로(故老)들이 그 남겨진 터를 가리켜서 "화인(華人) 주 학사(朱學士)가 거처한 곳이다."라고 한다.

원나라 사람들이 일본을 정벌하려 할 적에, 고려를 독촉하여 전선(戰船)을 만들게 하고 또 금을 채굴하게 하여 백성들이 명을 감당하지 못하니, 왕이 공의 손자 열(悅)을 보내 원나라에 가게 하여서 글을 써서 이해를 진달하게 하였다. 이때에 공의 아우 제(濟)가 송 공제(宋恭帝)를 따라 원나라에 있었는데, 열(悅)이 조복을 입고 예(禮)를 행하는 것을 보고는 탄식하며 말하기를, "내 파천(播遷)한 이래로 좌임(左衽)[229]하는 무리에 섞여 있었는데, 오늘날 다시 옛 위의를 보게 될 줄은 생각지도 못하였다."라고 하였다. 물어보고서 청계(淸溪)의 손자임을 알고는, 더욱 크게 경탄하고 기이하게 여기면서 마주하여 눈물을 흘리며 형을 따라 동국으로 나가지 못한 것을 안타깝게 여겼다.

228 삼별초(三別抄) 의 난 : 삼별초는 좌별초(左別抄) · 우별초(右別抄) · 신의군(神義軍)으로, 최씨(崔氏) 집권 때에 생긴 군대조직이었는데, 몽고와의 항쟁 중 강화도에서 개성으로 환도하라는 명을 받고 1270년(원종11) 반란을 일으켰으나, 3년을 항쟁한 끝에 관군과 몽고의 연합군에 의해 패하였다.

229 좌임(左衽) : 옷깃을 왼쪽으로 여미는 것으로, 오랑캐의 풍속을 가리킨다. 《논어》 〈헌문(憲問)〉에, "관중(管仲)이 아니었으면 우리는 머리를 풀고 옷깃을 왼쪽으로 여미는 오랑캐가 되었을 것이다.〔微管仲, 吾其被髮左衽矣.〕"라고 한 공자의 말이 보인다.

또 주지남(朱指南)이라는 사람이 있었는데, 정종(正宗 정조(正祖)) 신해년(1791, 정조15)에 사행(使行)을 따라서 연경에 갔다. 당시 보모각(寶謨閣)에서 시예(試藝)하던 학사들 중에 주학년(朱學年)이란 이가 있었으니, 문공(文公)의 25세손이었는데, 자리를 옮겨서 손을 잡고 말하기를, "그대의 재기가 이미 이와 같고, 성 또한 나와 같으니, 우리 집안 세보(世譜)에 이른바 '동국으로 나간 청계공(淸溪公)'이란 분이 그대의 선조가 아닌가." 하자, 주지남이 "그렇다."라고 하였다. 그러자 주학년이 또 말하기를, "세보에, 선조 휘 제(濟)께서 송 공제(宋恭帝)를 따라 원(元)에 있을 때에 주열(朱悅)을 보고서 청계공(淸溪公)의 손자임을 알았다고 하였다."라고 하였다.

매산거사는 말한다.

청계공(淸溪公)이 피란하여 동국(東國)으로 왔는데, 얼마 지나지 않아 천지가 뒤바뀌어서 송(宋)나라의 국운이 다하여 나라가 패망하였다.[230] 강남(江南)의 백성 및 물자가 대부분 피비린내 나는 전쟁 중에 잔멸되었고, 요행으로 면한 이들도 변발(辮髮)[231]하고 좌임(左

230 나라가 패망하였다 : 원문의 '옥사(屋社)'는 망한 나라의 사직(社稷)에 지붕을 설치함을 말하는데, 《예기(禮記)》〈교특생(郊特牲)〉에 "천자의 대사(大社)에 지붕을 덮지 않아 서리·이슬·바람·비를 직접 맞게 하는 것은 천지의 기운이 서로 통달하게 하기 위한 것이다. 이 때문에 망한 나라의 사직에는 지붕을 만들어 하늘의 양기를 받지 못하게 한다.〔天子大社, 必受霜露風雨, 以達天地之氣也. 是故喪國之社屋之, 不受天陽也.〕"라고 한 데서 온 말이다.

231 변발(辮髮) : 원문의 '퇴계(椎髻)'는 상투가 길어 망치 모양인 것으로 오랑캐 풍속의 하나인바, 여기서는 변발을 가리킨다. 변발은 머리 앞부분을 깎아내고 나머지 부분을 땋아 뒤로 길게 늘어뜨린 머리 모양으로 만주족의 풍속이다.

袵)[232]하여서 오욕을 입고 구차히 목숨을 보전하였다. 그런데 공의 자손은 능히 의관을 갖추고서 선조에게 제사를 지내어, 중화(中華)의 예의의 풍모를 잃지 않았으니, 문공(文公) 집안의 예법이 여기에 있는바, 공이 이치와 기미를 밝게 알았음을 징험할 수 있다. 그 일이 몹시 기이하여, 확실한 것을 의심스럽다고 전하고 의심스러운 것을 확실하다고 전한 것이[233] 오래되었으니, 이미 《동사보유(東史補遺)》와 《송비서각일기(宋秘書閣日記)》에 실려 있다.

죽천(竹泉) 김 문청공(金文淸公)[234]의 문집에 또 이런 말이 있는데, "공이 중국본〔唐本〕의 기록에 의거하여 문공(文公 주희(朱熹))의 행장을 기술하였는데, 청계공(淸溪公) 잠(潛)이 송(宋)나라 말기를 당하여 일곱 명의 학사(學士)와 동국으로 나갔으니, 바로 송(宋)나라 영종(寧宗) 가정(嘉定) 연간이었다. 후학 여리(呂履)가 추록(追錄)하였다."라고 하였으니, 중국본의 기록이란 바로 황명(皇明)의 익번(益藩)에서 간행한 《군신도감(君臣圖鑑)》이니, 여기에서 상고

232 좌임(左袵) : 108쪽 주229 참조.

233 확실한……것이 : 이는 《춘추》 환공(桓公) 5년에 "봄 정월 갑술·기축에 진후 포가 죽었다.〔春正月, 甲戌、己丑, 陳侯鮑卒.〕"라고 하였는데, 《춘추곡량전(春秋穀梁傳)》에 "어찌하여 죽은 날짜를 두 개나 기록하여 죽었다고 하였는가? 《춘추》의 의리는 사건이 확실한 것은 확실한 것 그대로 전하고 의심스러운 것은 의심스러운 것 그대로 전하기 때문이다.〔卒何爲以二日卒之? 春秋之義, 信以傳信, 疑以傳疑.〕"라고 한 표현에서 온 말이다.

234 죽천(竹泉) 김 문청공(金文淸公) : 김진규(金鎭圭, 1658~1716)로, 자는 달보(達甫), 호는 죽천, 본관은 광주(光州)이며, 시호는 문청이다. 1682년(숙종8) 진사시에 수석으로 합격하고 대제학·예조 판서 등의 벼슬을 역임하였다. 저서로는 《죽천집(竹泉集)》, 《여문집성(儷文集成)》이 있다.

할 수 있다. 정묘(正廟 정조(正祖))께서 하교하신 말에 이르기를, "귀하도다! 주씨(朱氏)라는 성(姓)이여. 운곡(雲谷)과 무이(武夷)는 지명이 주자(朱子)와 가깝다고 하여 존숭하는데,[235] 하물며 주씨(朱氏)처럼 천지와 만고에 무궁한 경우이겠는가. 모든 혈기가 있는 자라면 누군들 아끼고 존경하지 않겠는가." 하시고는, 인하여 그 후손들에게 역을 견감해주도록 명하였다. 옛말에 이르기를, "여러 사람들의 말이 분분하면 성인에게서 절충해야 한다."라고 하였다. 정묘(正廟)께서는 성인이시니, 마땅히 백세를 기다리더라도 의혹되지 않을 바[236]인 것이다. 그렇다면 어찌 동쪽으로 온 공씨(孔氏)[237]와 다르게 여길 수 있겠는가.

235 운곡(雲谷)과……존숭하는데 : 운곡(雲谷)과 무이(武夷)가 주자(朱子)와 관련된 지명이기에 이를 높인다는 뜻이다. 운곡은 복건성(福建省) 건양현(建陽縣)에 위치한 노봉(蘆峯)으로, 주자가 그곳에 회암초당(晦庵草堂)을 짓고 글을 읽으면서 산의 이름을 운곡이라 고치고 〈운곡이십육영(雲谷二十六詠)〉을 지었으며, 무이는 복건성 무이산시(武夷山市) 서남쪽에 있는 산으로, 주자가 이곳에서 자양서실(紫陽書室)을 짓고 제자들을 가르치면서 〈무이도가(武夷櫂歌)〉를 지은 바 있다.

236 백세를……바 : 《중용장구》에 "군자의 도는 자기 몸에 근본하여 여러 백성들에게 징험하며, 삼왕(三王)에게 상고해도 틀리지 않으며, 천지에 세워도 어그러지지 않으며, 귀신에게 질정하여도 의심이 없으며, 백세에 성인을 기다려도 의혹되지 않는 것이다.〔君子之道, 本諸身, 徵諸庶民, 考諸三王而不謬, 建諸天地而不悖, 質諸鬼神而無疑, 百世以俟聖人而不惑.〕"라고 한 말에서 온 표현이다.

237 동쪽으로 온 공씨(孔氏) : 우리나라에 온 공자(孔子)의 후손을 말한다. 원나라 때 공자의 54세손 공소(孔紹)가 고려에 와서 우리나라 공씨의 시조가 되었는데, 정조(正祖) 때에 그 후손인 고(故) 대사헌 공서린(孔瑞麟)의 후손과 공덕일(孔德一)의 후손을 정사(政事)에서 수용하고, 두 파의 자손들을 대대로 녹사(祿仕)시키도록 한 일이 있었다. 《正祖實錄 16年 9月 3日》

진사 서석린전 정유년(1837, 헌종3)
進士徐錫麟傳 丁酉

서석린(徐錫麟)은 달성(達城) 사람이니, 과거 공부를 하여서 일찍 진사가 되었고, 행의(行義)로써 한 도(道)에 알려졌다. 승려 희유(希有)와 친하였는데, 희유 역시 계율(戒律)로써 명성이 있었다. 한 번은 그와 함께 가다가 날이 저물어 길을 잃어서 깊은 골짜기 속으로 들어갔는데, 바로 도적의 소굴이었다. 도적들이 서석린의 옷을 빼앗으려고 하자, 희유가 말하기를, "하지 마라. 언양(彦陽)의 서 진사(徐進士)를 듣지 못하였느냐?" 하자, 도적들이 늘어서서 절하고 말하기를, "그러한가? 서 진사라면 우리가 감히 어찌할 수 없지만, 선사(禪師)의 옷은 빼앗을 수 있다." 하였다. 그러자 서석린이 말하기를, "그만 두어라. 이 분은 바로 희유 대사(希有大師)이시다."라고 하니, 도적들이 또 감탄하면서 말하기를, "대사의 이름을 들은 지 오래되었습니다. 우리들이 또 어찌 감히 빼앗을 수 있겠습니까?" 하고 마침내 호위하여 골짜기 밖으로 나가도록 하였다.

어느 날 서석린이 집안의 아이종에게 오이를 사오게 하였다. 아이종이 시장을 향할 때에 길가에 전대가 놓여 있는데 주인이 없기에, 살펴보니 바로 돈 수십 꿰미였다. 결국 전대를 지키면서 떠나지 못하고 있었는데, 날이 또 어두워졌는데 전대의 주인은 보이지 않았다. 아이종이 울고 있으니, 지나가던 이가 말하기를, "어찌하여 울고 있느냐?" 하자, 아이종이 말하기를, "제가 이 전대를 지키고 있는데 전대의 주인은 나오지 않으니, 전대를 버릴 수가 없어서 오이를 살 수가 없습니다.

이 때문에 울 따름입니다." 하였다. 지나가던 이가 그 말에 감탄하여 전대의 주인을 널리 수소문하니, 주인이 이를 얻고서 크게 기뻐하여 아이종에게 후사하고 그 돈 꿰미의 절반을 남겨주었는데, 아이종은 받지 않고서 마침내 오이를 사서 떠났다. 그 청백한 행실이 남을 감통하게 한 것이 이와 같았으니, 어찌 참으로 고사(高士)가 아니겠는가.

최천익(崔天翼)[238]은 흥해(興海)의 아전 집안 출신으로, 글을 잘 지었으며 서석린과 친하였는데, 서석린이 죽자 만시(挽詩)를 짓기를, "아이종도 선생의 의리에 감화되었고, 산도적도 처사의 이름을 알았다네.〔里僮亦化先生義 山盜猶知處士名〕"라고 하였으니, 바로 사실을 기록한 것이다. 내가 일찍이 저암(著菴) 유공(兪公 유한준(兪漢雋))을 종유하면서 그 일을 매우 자세하게 들었기에, 뒤미처 전(傳)을 지어서 언행이 모순된 이들을 경계하는 바이다.

238 최천익(崔天翼) : 1710~1779. 자는 진숙(晋叔), 호는 농수(農叟)로, 집안이 대대로 흥해(興海)의 군리(群吏)였다. 진사시에 급제하였고, 10여 년 동안 아전 생활을 하였으며, 이후에 후진을 양성하는 데 힘썼다. 시문에 능하여 성대중(成大中)·신유한(申維翰) 등의 문사와 교유한 것으로 알려져 있다. 저서로는 《농수집(農叟集)》이 전한다.

정희태전 임인년(1842, 헌종8)

丁希泰傳 壬寅

정희태(丁希泰)는 예산(禮山) 사람이니, 효성을 타고나서 어버이께서 병을 앓으시자 손가락을 베어서 피를 올림에 출혈이 과다하여 몸을 훼손하여 수척해져서 일생을 마쳤으며, 또 예교(禮敎)를 좋아하였다. 의술을 배워서 사람의 기혈(氣血)의 경락(經絡)과 골수(骨髓), 음양과 표리를 따져서 온갖 병의 근본과 사생의 나뉨에 통달하였으며, 맥리(脈理)에 더욱 신묘하게 계합하여서 온갖 약을 시행하여 조제함에 왕왕 놀랍도록 적중하였다. 지기가 높고 강직하여 권세 있고 지위가 높은 이들에게 초대를 받더라도 강직하게 아첨하지 않았으며, 병을 논하는 외에는 한 마디도 주고받지 않았다.

내의(內醫)로 선발되었을 때에, 수의(首醫) 강명길(康命吉)의 사람됨을 비루하게 여겨서 예우하지 않았는데, 강명길이 내국(內局)의 관례를 끌어와서 그를 꾸짖자, 정희태가 말하기를, "관례가 어찌 모두 옳겠습니까?" 하였다. 이 때문에 성상의 체후를 진찰하여 약을 의논함에 있어서 주효한 바가 많아 정묘(正廟 정조(正祖))께서 그가 의술에 정밀하다는 것을 익히 아시어 누차 상을 주려고 하셨으나, 강명길이 번번이 그 단점을 만들어내어 무함하여서 그 쓰임을 다하지 못하였다. 그러나 또한 조금도 뜻을 굽히지 않았고 원망은 더욱 말에 드러내지 않아서, 하료(下僚)들이 모두 높은 자급에 오르고 군수의 부절을 차게 되었으나 이를 보기를 마치 자신을 더럽힐 듯이 여겼다.

당대의 어진 사대부들이 그를 벗처럼 대하였으나 또한 교만하고 자긍하는 기색이 없었다. 이술원(李述源) 공이 한번은 역병에 걸려서 목숨이 위태로웠는데, 정희태가 당시에 내원에서 숙직을 하고 있다가 동료에게 말미를 청하니 동료가 수긍하지 않았다. 이에 정희태가 관직을 버리고 가서 치료할 것을 청하니, 제거(提擧)가 그 의리에 감복하여, 임직을 버릴 것을 불허하고 그가 하고 싶은 대로 하도록 하였다. 정희태가 즉시 이공(李公)의 처소로 가서 정성을 다하여 치료하니, 이에 힘입어 다시 소생하게 되었다.

동시대의 순암(醇菴) 오공(吳公)[239] 및 그 아들인 영재(寗齋)[240]와 노주(老洲)[241] 두 현자와 같은 이들이 모두 그를 애호해 마지않았다. 군은 인물을 잘 감별하였는데, 한번은 영재(寗齋)를 당대의 제일류라

239 순암(醇菴) 오공(吳公) : 오재순(吳載純, 1727~1792)으로, 자는 문경(文卿), 호는 순암, 본관은 해주(海州)이다. 1772년(영조48)에 탕평정시(蕩平庭試)에 급제하고, 정조의 총애를 받으면서 오랫동안 문형(文衡)을 지내고 전조(銓曹)를 맡았다. 저술에 《주역회지(周易會旨)》, 《완역수언(玩易隨言)》, 《성학도(聖學圖)》, 《순암집(醇庵集)》 등이 있다.

240 영재(寗齋) : 오윤상(吳允常, 1746~1783)으로 자는 사집(士執), 호는 영재, 본관은 해주(海州)이다. 대제학(大提學)을 지낸 순암(醇菴) 오재순(吳載純)의 아들이자, 노주(老洲) 오희상(吳熙常)의 형으로, 미호(渼湖) 김원행(金元行)의 문하에서 배웠다. 행실이 효성스러웠고 경전(經傳)을 깊이 연구하여 학식이 높았는데, 37세에 요절하였다.

241 노주(老洲) : 오희상(吳熙常, 1763~1833)으로 자는 사경(士敬), 호는 노주, 본관은 해주(海州)이며, 시호는 문원(文元)이다. 대제학(大提學)을 지낸 순암(醇菴) 오재순(吳載純)의 아들로, 1800년(정조24) 천거로 세자익위사 세마(世子翊衛司洗馬)에 제수되고, 황해도 도사 등을 지낸 뒤, 벼슬에서 물러나 광주(廣州)의 징악산(徵嶽山)에 은거하고 이후 찬선(贊善) 등 여러 관직에 제수되었으나 모두 사양하고 나아가지 않았다. 성리학에 조예가 깊어 명성이 높았다.

고 칭찬하였다. 독서를 좋아하였는데, 더욱 《주역》에 뛰어나서 무너진 지붕 몇 칸이 비와 바람을 가리지 못하였는데도 우뚝하게 앉아서 한 권의 책을 손에 들고서 읽음에 글소리가 마치 금석(金石)에서 나오는 듯하였다. 《역설(易說)》을 저술하였는데, 마음을 스승으로 삼아 자득하여 정전(程傳)과 본의(本義)를 구차히 따르지 않았다. 노주(老洲) 오공(吳公)이 먼저 사서(四書)를 읽은 뒤에 《주역》을 연구할 것을 권하자, 군은 그 말을 독실하게 믿었으되, 연로하여서 사서(四書)의 명리(名理)를 미처 궁구하지 못하는 것을 한으로 여겼다.

평소에 항상 거친 밥도 이어가지 못하였는데, 공회(公會)가 있을 때마다 동료들이 음식을 날아다주어 진귀한 음식을 권하였으나, 젓가락을 대지 않았다. 최생(崔生)이라는 사람이 지부(地部 호조(戶曹))에서 공역(供役)하다가 공원(貢員)과 쟁송하였는데, 탁지장(度支長 호조판서)이 먼저 부추김을 입고서 선입견이 생겨 끝내 돌이킬 수가 없었다. 그 사람이 군에게 근심을 고하자, 군은 즉시 탁지소(度支所)로 가서 말하기를, "명공(明公)의 지혜가 자산(子産)과 비교하여 누가 낫기에 능히 이치에 맞게 속임을 당하는 것을 면한단 말입니까?"[242] 하니, 탁지

242 명공(明公)의……말입니까 : 명공은 상대방을 가리킨다. 춘추 시대 정(鄭)나라 대부 자산(子産)에게 어떤 이가 산 물고기 두 마리를 선물로 보내자, 자산이 그것을 차마 죽일 수 없어 교인(校人)을 시켜 고기를 못에 놓아주게 했는데, 교인이 물고기를 삶아 먹어버리고는 자산에게 복명하기를 "처음 막 놓아주었을 때는 고기가 어릿어릿하더니, 조금 뒤에는 활발해져서 깊은 곳으로 유유히 들어가더이다." 하였다. 그러자 자산이 말하기를 "제 살 곳을 얻었구나, 제 살 곳을 얻었구나."라고 감탄한 일이 있는데, 이에 대해 맹자가 "군자는 방도(方道)로써 속일 수는 있지만 방도가 아닌 것으로 터무니없이 속이기는 어려운 것이다.〔君子, 可欺以其方, 難罔以非其道.〕"라고 한 말이 《맹자》 〈만장 상(萬章上)〉에 보인다. 이에 대해 주자의 《집주(集註)》에 "방도로써 속인다는

장(度支長)이 놀라서 사례하면서 그 자리에서 잘못을 고쳤다. 최생이 가서 천금을 주자, 정희태가 웃으면서 물리쳐서 말하기를, "내가 너를 위하여 도모한 것은 정직함이 굽혀졌기 때문이었을 뿐이다. 네가 윗사람을 대하는 것은 마땅히 이와 같아서는 안 되니, 다시는 나를 보러오지 마라." 하니, 최생이 감히 다시 말하지 못하였다. 당시에 온 집안사람들이 굶주려 누워 있었는데도 그 절개를 바꾸지 않음이 이와 같았으니, 이것이 이른바 "지사(志士)는 시신이 도랑에 버려질 것을 잊지 않는다."[243]라는 경우일 것이다.

내가 김종선(金宗善)[244] 공과 군의 사람됨을 평가하여 말하기를, "의원의 부류 중에 유자(儒者)입니다."라고 하니, 김공이 말하기를, "어떤 유자가 능히 이 사람에게 미칠 수 있단 말입니까?" 하였다. 내가 일찍이 군에게 말하기를, "그대가 별세한 뒤에 응당 전(傳)을 지을 것이다." 라고 하니, 군이 웃으면서 말하기를, "돌아보건대 전할 만한 실질이 없고, 또한 후세에 전해지는 것을 원하지도 않습니다." 하였다. 군이 등의 종기를 앓았을 때에, 약을 물리치고 먹지 않았다. 내가 가서 병문

것은 이치에 있는 바로써 속임을 이르고, 방도가 아닌 것으로써 터무니없이 속인다는 것은 이치에 없는 바로써 속임을 이른다."라고 하였다.

243 지사(志士)는……않는다 : 이 말은 공자의 말로 《맹자(孟子)》〈등문공 하(滕文公下)〉에 보인다. 원문의 '구학(溝壑)'이란 봇도랑이란 뜻으로, 아주 곤궁한 처지를 비유한다. 이 구절에 대해 주자의 《집주(集註)》에 "지사는 곤궁함을 굳게 지켜 죽었을 적에 관곽(棺槨)이 없어 시신이 도랑에 버려지더라도 한하지 않을 것을 항상 생각한다." 라고 하였다.

244 김종선(金宗善) : 1766~1810. 자는 성보(城甫), 호는 송재(松齋), 본관은 청풍(淸風)이다. 박윤원(朴胤源)·오윤상(吳允常)의 문인으로, 척신(戚臣)으로 기용되어 벼슬을 하여 한성부 우윤에 이르렀다.

안을 하니, 군은 손을 잡으면서 말하기를, "사람의 일이 여기에 이르렀습니다."라고 하면서, 전혀 죽음을 슬퍼하는 뜻이 없었다.[245] 약으로 치료하기를 권면하였으나 끝내 듣지 않고 죽으니, 이 때에 향년이 70여 세였다. 사대부 가운데 애도하고 애석해하지 않는 이가 없어서, 다투어 부의(賻儀)를 보내어 상(喪)을 도왔다.

매산거사(梅山居士)는 말한다.

여항인으로서 행실을 닦아서 명성을 수립하고자 하는 자들은 왕왕 목적한 바를 두고서 행하여[246] 천리에 있어서 순일하지 못하다. 정희태는 독서함에 홀로 군자의 의리를 행하려는 뜻을 품고서 당세와 구차히 영합하지 않아서, 종신토록 거친 갈옷을 입고 거친 밥을 먹으면서도 싫어하지 않고서 죽었을 따름이니, 이는 진실로 계차(季次)와 원헌(原憲)[247]에게 부끄럽지 않은 것이다. 그러나 두 사람은 모두

245 죽음을……없었다 : 원문의 '무달화의(無怛化意)'에서 화(化)는 자연의 변화라는 의미로 죽음을 이른다. 《장자(莊子)》 〈대종사(大宗師)〉에 "자래(子來)가 병이 나서 숨을 몰아쉬며 죽으려고 하니, 그의 처자식들이 그를 둘러싸고 울고 있었다. 자려(子犁)가 위문하러 가서 말하기를, '저리 비키시오. 변화를 슬퍼할 것은 없소.〔叱, 避, 無怛化.〕' 하였다."라고 보인다.

246 목적한 바를 두고서 행하여 : 이는 송(宋)나라 때의 학자 장식(張栻)의 말에 보이는데, "목적한 바가 없이 행하는 것은 의(義)이고, 목적한 바가 있어 행하는 것은 이(利)이다.〔無所爲而爲之者, 義也; 有所爲而爲之者, 利也.〕"라고 하였다. 《近思錄集註 卷7》

247 계차(季次)와 원헌(原憲) : 모두 공자의 제자로, 계차는 춘추 시대 제(齊)나라 사람 공석애(公皙哀)의 자이며, 원헌은 춘추 시대 송(宋)나라 사람으로 자는 자사(子思) 또는 원사(原思)라 하기도 한다. 《사기》 권124 〈유협열전(遊俠列傳)〉 서(序)에 "계차와 원헌과 같은 이는 여항의 사람이다. 독서를 하고 홀로 군자의 덕을 행할 뜻을

성사(聖師)를 친자(親炙)하였으니, 오래도록 빈천하여도 그 지조를 바꾸지 않은 것이 당연하다. 정희태는 타고난 자질이 몹시 고아하여 연마하지 않고서도 저절로 법도에 맞아 명성이 한 시대에 전해짐에 어짊을 칭송하지 않는 이가 없었는데도 명예에 뜻을 두지 않았으니, 이것이 어려운 것이다. 만약 군자의 대도(大道)를 들었다면 훌륭한 의사가 되는 데에서 그치지 않았을 것이니, 애석하도다.

그러나 옛사람이 말하기를, "의술을 행하는 자는 인애로운 사람이 아니라면 맡길 수 없고, 총명하여 이치에 통달한 사람이 아니라면 맡길 수 없으며, 청렴하고 순량한 사람이 아니라면 신용할 수 없다. 은미한 것을 꿰뚫고 그윽한 것을 통달하여서 작은 것도 놓치지 않아야 하니, 그래야 비로소 훌륭한 의원이라 할 수 있다." 하였으니, 정희태가 이러한 점을 지니고 있었다.

품어 당세에 구차하게 영합하지 않는 것을 의로 삼으니 당세에서 또한 비웃었다. 그러므로 계차와 원헌은 종신토록 가난한 집에서 살고 거친 옷을 입고 거친 밥을 먹어도 싫어하지 않았다.〔及若季次、原憲, 閭巷人也. 讀書懷獨行君子之德, 義不苟合當世, 當世亦笑之。故季次、原憲終身空室蓬戶, 褐衣疏食不厭.〕"라고 하였다.

민정빈 양씨[248]전 병오년(1846, 헌종12)

愍貞嬪楊氏傳 丙午

양씨(楊氏)는 청주(淸州) 사람이니, 현감 경(景)의 따님이고 찬성사 지수(之壽)는 증조부이시다. 세종 조에 후궁으로 뽑혀 입궐하여서 혜빈(惠嬪)에 봉해지고 세 아들을 낳았으니, 한남군(漢南君) 어(玹)와 수춘군(壽春君) 현(玹)과 영풍군(永豐君) 전(瑔)이다. 신유년(1441, 세종23)에 현덕왕후(顯德王后)께서 동궁(東宮)에서 단종(端宗)을 낳으시고 9일 뒤에 홍서하자, 세종께서 빈어(嬪御) 중 어진 사람을 가려서 양씨(楊氏)에게 명하여 원손(元孫)을 보양(保養)하도록 하였다. 양씨는 힘을 다하여 보호하고 길러서 음식과 기거를 극진히 삼갔으니, 원손이 태어나면서부터 성덕(聖德)을 지녔기는 하나 양씨가 올바르게 기른 공이 컸다. 당시에 세종과 문종이 연이어 승하하시고 종영(宗英)[249]들이 줄지어 있어서 국세가 위태로웠으나, 혜빈(惠嬪)은 상황에 따라 적절하게 대처하여서 성궁(聖躬)을 보호하고 안무하기를 극진히 하였다.

을해년(1455, 세조1)에 세조가 양위를 받아 국새를 거두었는데, 혜빈(惠嬪)이 이치를 근거로 하여 이르기를, "옥새는 나라의 중요한 보물

248 민정빈(愍貞嬪) 양씨(楊氏) : 세종의 후궁으로 혜빈(惠嬪)에 봉해졌으며, 본관은 청주(淸州)이다. 어린 단종을 보살피고 절의를 지켜서 세조가 등극한 뒤에 죽임을 당하였다. 정조 때에 민정(愍貞)이란 시호를 받았다.

249 종영(宗英) : 종친(宗親) 중에 재능이 걸출한 사람을 이른다.

입니다. 선왕께서 가르침을 남겨 세자와 세손이 아니면 전하지 말게 하였으니, 내 죽을지언정 내어줄 수 없습니다." 하니, 그날로 후명(後命)[250]을 입었다. 영풍군(永豐君)은 운검(雲劍)으로 입시하였다가 동시에 죽음을 당하였으며, 한남군(漢南君)은 함양(咸陽)으로 귀양을 갔었는데, 정축년(1457, 세조3)에 금성군(錦城君)과 상왕(上王)을 복위할 것을 모의하였으나 일이 누설되어 화를 입었다.[251]

숙종 계사년(1713, 숙종39)에 혜빈(惠嬪)의 묘를 봉분하도록 명하였으나 그 장소가 일실되어 찾지 못하였다. 정조 신해년(1791, 정조15)에 혜빈에게 시호를 내려서 '민정(愍貞)'이라 하고, 어제 유문(御製侑文)을 지었는데 다음과 같다.

아 양씨여	嗟惟楊氏
옛 아보[252]로다	昔年阿保
명예는 주나라 비빈[253]처럼 드러나고	譽著周嬪

250 후명(後命) : 죄인에게 사약을 내려 사사(賜死)하는 명령을 이른다.

251 영풍군(永豐君)은……입었다 : 이 부분은 《홍재전서(弘齋全書)》의 기록에 따르면, 양씨(楊氏)는 세조가 등극한 뒤에 처음에는 궁에서 내쫓겼다가 한남군(漢南君)과 금성군(錦城君)이 반란을 모의했다 하여 청풍(淸風)으로 유배되었고, 한남군과 영풍군(永豐君)도 각각 유배되었는데, 1457년(세조3)에 금성군이 순흥(順興)에 유배되어 있으면서 순흥 부사(順興府使) 이보흠(李甫欽)과 거사를 도모하다가 발각되어 이 일로 양씨 및 세 아들이 모두 사사되었다고 하여 매산의 기록과는 조금 다르다. 《弘齋全書 卷60 雜著 正壇三十二人》

252 아보(阿保) : 본래 귀족 자녀를 양육하는 부녀(婦女)를 이르는 말로, 《후한서(後漢書)》에 보이는데, 보모(保母)를 뜻한다.

253 주나라 비빈 : 덕행이 훌륭하여 명성이 후대에까지 널리 전해지는 주(周)나라의 비들을 가리킨다. 예컨대 태임(太任)은 주(周)나라 왕계(王季)의 비(妃)로서 문왕(文

공로는 한나라 유모[254]를 능가하네	功邁漢姆
정축년과 병자년에[255]	歲丁柔兆
화가 왕실 규중[256]에까지 미쳤네	禍延椒闈
두 아들이 함께 별세하여	二子并逝
사육신과 함께 돌아갔으니	六臣同歸
시대를 달리한 범방(范滂)의 어머니[257]이자	異代滂母
여인 중 굳세고 어진 이였네	女中毅仁
두견새 옛 누대에서 우니[258]	鵑啼古樓

王)의 어머니이고, 태사(太姒)는 문왕의 비로 무왕의 어머니인데, 모두 덕행이 훌륭한 후비(后妃)로 널리 칭송되고 있다.

254 한나라 유모 : 원문의 '한모(漢姆)'는 한나라의 유모이자 스승이었던 사람을 가리킨다. 《의례》 〈사혼례(士昏禮)〉에 "유모가 머리싸개로 머리를 싸고 비녀를 꽂고 초의를 입고 신부의 오른쪽에 있다.〔姆纚笄宵衣在其右.〕"라고 하였는데, 이에 대한 가공언(賈公彦)의 소(疏)에 "한나라 때의 유모는 덕행이 있고 젖이 나오는 사람을 선발하여 유모로 삼아 아울러 자식을 가르치게 하였다.〔漢時乳母則選德行有乳者爲之, 并使教子.〕"라고 한 내용이 보인다.

255 정축년과 병자년에 : 정축년은 1457년(세조3), 병자년은 1456년(세조2)을 가리킨다.

256 왕실 규중 : 원문은 '초위(椒闈)'로, 산초 가루를 진흙과 섞어서 벽에 바르는 궁궐의 방을 뜻하는바, 왕후의 거처를 말한다.

257 범방(范滂)의 어머니 : 범방은 후한(後漢) 때 절의를 지킨 사람이다. 그가 당고(黨錮)의 화에 휘말려 죽게 되자 어머니에게 영결을 고하였는데, 어머니가 "너는 이제 이응(李膺)이나 두밀(杜密)과 이름을 나란히 할 수 있게 되었으니, 죽은들 무슨 여한이 있겠느냐? 훌륭한 명성을 얻고서 다시 오래 살기를 구한다면, 이 두 가지를 겸하여 얻을 수 있겠느냐.〔汝今得與李杜齊名, 死亦何恨? 旣有令名, 復求壽考, 可兼得乎?〕"라고 하며 오히려 그 아들을 위로하였다. 《後漢書 卷97 范滂列傳》

258 두견새……우니 : 두견새는 자규를 가리키는바, 옛 누대는 자규루(子規樓)를 지

봄이 새로 만든 단에 돌아왔네	春返新壇
의기가 천추에 일어나	義起千秋
예로써 여러 현인에게 제사를 올리니	禮腏諸賢
이 육궁[259]을 존숭함에	尊惟六宮
어찌 한 몸에만 제사하리오	祀豈一體
지나간 일 어찌 감히 말하리오	往事敢言
서글픈 마음 더욱 지극하네	愴懷罙摯
시호를 내리는 예를 거행하니	禮擧易名
민과 정이네	惟愍及貞
마음으로 내린 것이지	錫以中心
태상[260]을 말미암은 것이 아니라네	匪由太常

칭한 것이다. 자규루는 지금의 강원도 영월군(寧越郡) 영흥리(永興里)에 있는 누각으로 원래 1428년(세종10)에 영월 군수 신권근(申權近)이 창건하여 매죽루(梅竹樓)라고 부르던 건물인데, 청령포로 유배된 단종이 그 해 여름 홍수로 강물이 범람하자 당시 관아 건물이던 관풍헌(觀風軒)으로 거처를 옮겼고 관풍헌 바로 동쪽에 있는 매죽루에 자주 올라 자규시(子規詩)를 읊어 자신의 서글픈 심정을 토로하였으므로 후인들이 자규루로 개칭하였다고 한다.

259 육궁(六宮) : 왕후(王后)를 일컫는 말로, 여기서는 민정빈(愍貞嬪) 양씨(楊氏)를 가리킨다. 《주례(周禮)》〈천관(天官) 내재(內宰)〉에 "음례로 육궁을 가르친다.〔以陰禮敎六宮.〕"라고 하였는데, 이에 대해 정현(鄭玄)이 " 육궁은 후(后)를 이르니, 부인은 침(寢)을 일컬어 궁(宮)이라 한다. 후(后)는 왕을 본떠서 궁을 세우고 거처하였으니, 또한 정침(正寢)이 하나이고 연침(燕寢)이 다섯이다. 가르친다는 것을 감히 후부인을 지척하여 말할 수가 없어서 육궁이라 하였으니, 지금 황후(皇后)를 칭하여 중궁(中宮)이라 하는 것과 같다.〔六宮, 謂后也, 婦人稱寢曰宮. 后象王立宮而居之, 亦正寢一, 燕寢五. 敎者, 不敢斥言之, 謂之六宮, 若今稱皇后爲中宮矣.〕"라고 하였다.

260 태상 : 나라 제사(祭祀)와 시호(諡號)의 일을 맡던 관아(官衙)로 봉상시(奉常

이에 위판을 만들기를 명하여 爰命造版

제사를 이어가게 하였네 俾延其祀

일이 마치 오늘을 기다린 듯하니 事若待今

은혜가 실로 고금에 드문 것이었네 恩實曠古

관원을 보내어 제사를 올리니 伻官致祭

부디 이 권해 올리는 제수를 흠향하소서 庶歆斯侑

또 한남군에게 '정도(貞悼)'라는 시호를 내리고, 영풍군에게 '정민(貞愍)'[261]이라는 시호를 내려서 장릉(莊陵) 충신단(忠臣壇)에 배향하였다.

매산거사(梅山居士)는 말한다.

빈(嬪)은 영릉(英陵 세종)의 관어(貫魚)의 반열[262]에 있으면서 구어(九御)를 가르쳐서 내재(內宰)의 직분을 다하였고,[263] 아보(阿保)[264]

寺)를 말한다.

261 정민(貞愍) : 《홍재전서(弘齋全書)》의 기록에 따르면, 금성군(錦城君)의 시호가 정민이고, 영풍군(永豐君)의 시호는 '정렬(貞烈)'로, 매산의 기록과 다르다. 《弘齋全書 卷60 雜著 正壇三十二人》

262 관어(貫魚)의 반열 : 비빈(妃嬪)의 반열을 뜻하는 것으로, 관어는 물고기를 꿰듯이 늘어선 차례로, 왕이 차례대로 궁인을 거느리는 것을 의미한다. 《주역》 〈박괘(剝卦) 육오(六五)〉에 "물고기를 꿰는 것처럼 하여 궁인이 총애를 받듯이 하면 이롭지 않음이 없으리라.〔貫魚, 以宮人寵, 无不利.〕"라고 한 데서 온 말이다.

263 구어(九御)를……다하였고 : 여기에서의 내재內宰)는 궁중의 여관(女官)들을 뜻하는바, 왕후 이하 부인들에게 부덕을 가르치는 역할을 하였던 사람을 말한다. 《주례(周禮)》 〈천관(天官) 내재(內宰)〉에 "음례(陰禮)로써 구빈(九嬪)을 가르치고, 부직(婦職)의 법으로써 구어(九御)를 가르친다.〔以陰禮敎九嬪, 以婦職之法敎九御.〕"라고 하였는데, 이때 구어(九御)란 여어(九御), 즉 왕을 모시는 여인으로, 이에 대한 정현(鄭玄)의 주에 "구어는 여어이다. 9명씩 9조를 이루어서 왕을 모시므로, 인하여 호칭으로

의 직임을 받아서 원손(元孫)을 보익하고 기름에 몸과 정신이 모두 소진되었지만, 노고를 게을리 하지 않아서 상전벽해의 큰 변화가 일어나는 시기에 끝내 의리를 잡고 떳떳한 도리를 지켰으니, 아아 열렬하도다.

부인은 천성이 유약하여, 화복(禍福)에 있어서 우려하고 두려워하여 자식에게 이끌려 스스로 주장을 내세우지 못하는 이들이 많다. 빈(嬪)과 같은 분은 광묘(光廟 세조)를 조우함에 또한 편안하고 부유하며 존귀하고 영달할 수 있었으나, 단지 단묘(端廟 단종)가 계신 줄만을 알고 자기 자식이 있는 줄을 알지 못하여서, 모자가 같은 날 목숨을 잃었으면서도 후회하지 않았으니, 이것이 이른바 "천지가 변화하여도 나는 정도(正道)를 얻는다."[265]라는 경우일 것이다. 외로운 충정이 밝게 빛나 해나 달과 함께 빛을 다투니, 돌아가서 영릉(英陵 세종)을 뵈어도 부끄러움이 없을 만하다. 영릉(英陵)의 집안을 다스린 성대함과 사람을 알아보는[266] 명석함을 여기에서 볼 수 있다.

건릉(健陵 정조)의 시대에 이르러서 충성스러운 이를 드러내고 어진 이를 이루어 주시어[267] 침잠하고 숨었던 것을 드러내 밝혀서, 시호

삼았다.〔九御, 女御也. 九九而御於王, 因以號焉.〕"라고 하였다.

264 아보(阿保) : 121쪽 주252 참조.

265 천지가……얻는다 : 이 말은 유종원(柳宗元)의 〈기자비(箕子碑)〉에 보인다. 《唐宋八家文 卷7》

266 사람을 알아보는 : 원문의 '즉철(則哲)'은 인재를 알아보는 밝은 안목으로, 《서경》 〈고요모(皐陶謨)〉의 "사람을 알면 명철하여 훌륭한 사람을 벼슬시킨다.〔知人則哲, 能官人.〕"라는 구절에서 연유하였다.

267 충성스러운……주시어 : 원문은 '현충수량(顯忠遂良)'으로, 《서경》 〈상서(商書)

를 내리고 제사를 올렸으며, 또 빈(嬪)의 두 아들을 장릉(莊陵)에 배향함에, 신원되어 억울함이 밝혀지는 것이 저절로 때가 있게 되었으니, 여기에서 천도가 선인(善人)에게 보답한다는 것을 징험할 수 있다. 그러나 빈(嬪)과 같이 가슴 가득한 열혈이 벽옥이 되도록 불후했던 경우[268]가 아니었다면, 또한 어찌 이에 이를 수 있었겠는가.

중훼지고(仲虺之誥)〉에 보인다.

268 가슴……경우 : 충성을 다하여 목숨을 바침에 그 충심이 민멸되지 않음을 말한다. 《장자》〈외물(外物)〉에 "장홍(萇弘)이 촉(蜀)에서 죽었는데 촉나라 사람들이 그가 흘린 피를 보관하였더니 3년 후에 벽옥(碧玉)이 되었다.〔萇弘死于蜀, 藏其血, 三年而化爲碧.〕"라고 한 데서 온 말이다. 참고로 장홍은 주 경왕(周敬王)의 대부로, 참소를 당하여 촉으로 돌아가게 되었는데 마침내 한스럽게 여겨 마침내 배를 갈라 죽었다.

이 열녀전 경술년(1850, 철종1)

李烈女傳 庚戌

열부(烈婦) 이씨(李氏)는 양갓집 자식으로, 탄은(灘隱) 김 충간공(金忠簡公)[269]의 부실(副室)이 되었다. 혼조(昏朝 광해군)의 금용(金墉)의 변고[270]에 여러 관료들에게 의견을 수렴하였는데, 당시에 충간공은 정청(庭請)에 참여하지 않고서 병을 칭탁하여 집에 있으면서 장차 헌의하고자 하였다. 이씨가 곁에 있으면서 말하기를, "이 일은 삼강(三綱)에 관계된 것이니, 엉성하게 하여서는 안 됩니다."라고 하고, 급히 잠

269 탄은(灘隱) 김 충간공(金忠簡公) : 김권(金權, 1549~1622)으로, 자는 이중(而中), 호는 졸탄(拙灘), 본관은 청풍(淸風), 시호는 충간이다. 1580년(선조13) 문과에 급제하여 예문관 검열·성균관 전적·사간원 정언·홍문관 수찬·예조 좌랑 등을 역임하였다. 1585년 사간원 헌납으로 재임 중에 이이(李珥)를 비난하는 정여립(鄭汝立)을 논박하다가 파직되었으며, 1590년 지평(持平)으로 복직되었으나 그 이듬해 정철(鄭澈) 등이 축출당할 때 다시 파면되었다. 이후 다시 벼슬하여 호조 참판에 이르렀고, 1612년(광해군4) 임진왜란 때 전주로 광해군을 호종한 공으로 청풍군(淸風君)에 봉해졌다. 1615년 사은사(謝恩使)가 되어 명나라에 다녀온 뒤 사직하였고, 1618년 인목대비 폐모론에 반대하다가 강계로 유배되었다가 무안으로 이배되어 5년 뒤 그 곳에서 죽었다. 인조 때에 영의정에 추증되었다.

270 금용(金墉)의 변고 : 인목대비(仁穆大妃)의 유폐(幽廢)를 말한다. 인목대비는 1618년(광해군10) 폐위되어 서궁(西宮), 즉 경운궁(慶運宮)에 유폐되었다. 금용은 본래 중국 하남성(河南省) 낙양현(洛陽縣)의 성(城)으로 위(魏)나라 명제(明帝)가 만든 것인데, 그 후에 사마사(司馬師)가 위주(魏主)인 방(芳)을 폐위시켜 이곳으로 옮기게 하고, 진(晉)의 양후(楊后), 민회태자(愍懷太子), 가후(賈侯)를 폐하여 모두 이곳에 유폐시키는 등 왕족을 이 성에 유폐시킨 사례가 많았다.

곡(潛谷)[271]으로 사람을 보내어 문정공(文貞公)[272]을 맞이하니, 문정공은 바로 충간공의 재종손이었다. 이씨는 몸소 문정공에게 붓과 벼루를 올리면서, "이는 신하로서 죽음을 바쳐야하는 날이니, 공께서는 반드시 생각을 정밀하게 하고 뜻을 다하여서 대의를 밝히셔야 합니다."라고 하니, 충간공이 문정공과 함께 토론하여 글을 완성하였다. 글을 올리고나자 강계(江界)로 유배되었고, 후에 무안(務安)으로 이배되었는데, 이씨는 적소를 따라가서 수 천리 험한 길을 감에 온갖 심란한 일들을 겪었으나 마치 운명인 것처럼 편안히 여겼다.

서궁(西宮)의 나례(儺禮)의 변고에 와설이 전파되어 대비께서 이미 별세하였다고 하자,[273] 공은 종일 통곡하면서 인하여 침식(寢食)을 폐하였다. 무안 현감(務安縣監) 신홍립(辛弘立)이 자주 문안하였는데, 이씨가 침실에 있다가 간곡하게 식사를 권하는 소리를 듣고는 신홍립에게 말하기를, "우리 공께서 이미 죽기를 결심하셨으니, 의리상 마땅히 그러한 것인바, 공께서는 강권하지 마십시오." 하니, 신홍립이 탄식

271 잠곡(潛谷) : 경기도 가평에 있는 지명으로, 당시 김육(金堉, 1580~1658)이 은거하고 있었던 곳이다.

272 문정공(文貞公) : 김육(金堉, 1580~1658)으로 자는 백후(伯厚), 호는 잠곡(潛谷), 시호는 문정(文貞)이다. 벼슬이 영의정에 이르렀는데 대동법(大同法)을 시행하기 위해 평생 진력하였다.

273 서궁(西宮)의……하자 : 서궁은 인목대비(仁穆大妃)가 유폐되어 있었던 경운궁(慶運宮)으로, 지금의 덕수궁이다. 인목대비는 1618년(광해군10) 폐위되어 서궁에 유폐되었는데, 몇 년 뒤인 1622년(광해군14)에 도성에서 '서궁의 나례(儺禮)에 백대형(白大珩) 등이 이미 시역(弑逆)의 일을 행하였다'는 유언비어가 생겨나 사방으로 유포되었다고 한다.《潛谷遺稿 卷11 贈大匡輔國崇祿大夫議政府領議政兼領經筵弘文館藝文館春秋館觀象監事世子師行嘉善大夫戶曹參判金公諡狀》

하며 떠났다. 충간공이 끝내 적소에서 졸하니, 이씨는 예(禮)를 다하여 상(喪)을 치르고, 운구를 따라 평구(平丘)에 돌아와서 친척들에게 말하기를, "우리 공께서 이러한 시국으로 인해 돌아가셨으니, 죽음이 올바른 도리를 얻은 것입니다. 어찌 위로할 것이 있겠습니까." 하고, 마침내 스스로 목숨을 끊었다. 충간공의 무덤 곁에 장례를 지냈으니, 유언을 따른 것이었다.

매산거사(梅山居士)는 말한다.

여스승의 술과 밥의 의논[274]과, 여인의 일로서 직물을 성대하게 짜는 것과, 빈조(蘋藻)를 풍족하게 하라는[275] 고아한 가르침과, 소지(沼沚)에서 두루 구하는[276] 훌륭한 덕은, 바로 옛 현숙한 여인의 행실이지만, 지아비에게 인(仁)을 이루고 의(義)를 취하라고 권하였다는

274 여스승의……의논 : 《시경》 〈소아(小雅) 사간(斯干)〉에 "딸을 낳아서 땅에 재우며, 포대기를 입히며 기왓장을 희롱하게 하니, 잘못함도 없고 잘함도 없는지라, 오직 술과 밥만을 의논하여, 부모에게 근심을 끼침이 없으리로다.〔乃生女子, 載寢之地, 載衣之裼, 載弄之瓦, 無非無儀, 唯酒食是議, 無父母詒罹.〕"라고 한 말을 가리킨다.

275 빈조(蘋藻)를 풍족하게 하라는 : 제수를 풍족하게 하라는 뜻으로, 빈조는 개구리밥과 마름인바, 제수(祭需)를 뜻한다. 《시경》 〈소남(召南) 채빈(采蘋)〉에 "이에 개구리밥을 남쪽 시냇가에서 채취하도다. 이에 마름을 저 흐르는 물에서 채취하도다.〔于以采蘋, 南澗之濱. 于以采藻, 于彼行潦.〕"라고 하였는데, 이는 제후의 부인이 사당에 제사 지내면서 제수를 장만하기 위해 수초(水草)를 채취함을 읊은 것이다.

276 소지(沼沚)에서 두루 구하는 : 공경히 제사를 받들라는 뜻으로, 소지는 《시경》 〈소남(召南) 채번(采蘩)〉에 "이 새발쑥을 뜯기를 못가에서 하고 물가에서 하도다. 이것을 쓰기를 공후의 사당에서 하도다.〔于以采蘩, 于沼于沚. 于以用之, 公侯之事.〕"라고 한 데에 보이는데, 이 시는 남국(南國) 제후의 부인이 정성과 공경을 다하여 제사를 받들자 가인(家人)들이 그 일을 읊어 찬미한 것이다.

것은 들어보지 못하였다. 적처(嫡妻)에 있어서도 그러한데, 하물며 천한 첩의 경우에 있어서겠는가. "무수리는 어량(魚梁)에 있는데 학은 숲속에 있으니, 실로 내 마음을 괴롭게 하도다."라고 시인(詩人) 또한 말한 적이 있으나,[277] 능히 절개를 지켜서 따라서 순절한 자는 또 드물다. 이씨(李氏)와 같은 이는 반드시 시(詩)와 예(禮)를 돈독하게 익히지는 못하였으나, 지아비의 가르침에 복종하여 실로 시비를 알아서 수립한 바가 이와 같았으니, 어찌 진실로 천고의 훌륭한 녹의(綠衣)[278] 중 한 사람이 아니겠는가.

군신의 큰 분수를 밝게 이해하고 천하의 큰 도리를 알아서 죽음으로 지켜서 변치 않는다면, 이는 의(義)라고 할 수 있다.[279] 그러므로 말하기를, "사물에 맞게 대처함이 의(義)이다."[280]라고 한 것이니,

277 무수리는……있으나 : 인용한 말은 소인이 득세한 현실을 보고 괴로워하는 심경을 드러낸 것으로, 《시경》 〈소아(小雅) 백화(白華)〉에 "무수리는 어량에 있는데, 학은 숲속에 있도다. 저 석인이여, 실로 내 마음을 괴롭게 하도다.〔有鶖在梁, 有鶴在林. 維彼碩人, 實勞我心.〕"라고 한 데에 보인다. 이에 대해 주자(朱子)는 《집전》에서 "무수리와 학은 모두 물고기를 먹이로 하나, 학은 무수리에 비하면 청탁(淸濁)의 구별이 있다. 지금 무수리는 어량에 있고 학은 숲속에 있으니, 무수리는 배부르고 학은 굶주린 것이다."라고 하였다.

278 녹의(綠衣) : 첩(妾)을 뜻한다. 녹의는 본래 《시경(詩經)》 〈패풍(邶風) 녹의(綠衣)〉에, "녹색 옷이여, 녹색이 윗옷이요 황색이 속옷이로다.〔綠兮衣兮, 綠衣黃裏.〕"라고 한 데에서 온 말로, 그 주에, "녹색은 간색(間色)이고 황색은 정색(正色)인데, 천박한 간색으로 윗옷을 만들고 귀중한 정색으로 속옷을 만들었으니, 둘 다 제 자리를 잃었음을 말한다." 하였는바, 녹색은 첩들에 비유하고 황색은 왕후에 비유한 것이다.

279 군신의……있다 : 이 말은 송(宋)나라 사마광(司馬光, 1019~1086)의 말로, 《성리대전서(性理大全書)》 권63에도 보인다.

280 사물에……의(義)이다 : 《맹자》 〈고자 상(告子上)〉의 집주(集註)에 이(理)와

이는 내 마음이 마땅하게 여기는 것이다. 얻어도 기뻐하지 않으며 잃어도 슬퍼하지 않고, 사는 것을 탐하지 않으며 요절함에 성내지 않아서, 이해(利害)와 화복(禍福)을 보기를 마치 파도가 거대한 바위에 치는 것과 같이 하여 또한 오직 나의 의(義)를 따를 따름이다. 충간공이 이러한 점을 지니고 있어서 침식을 폐하고 죽는 지경에 이르렀으니, 충(忠)에 있어서 지나쳤다고 할 수 없는 것이다. 이씨가 지아비를 면려하여 목숨을 바쳐 뜻을 이루도록 것은, 충간공이 한 바에 비하여 또 더욱 어려운 것이었다. 이를 말미암아 목숨을 결단하여서 저승으로 따라가 뜻과 소원을 완수하였으니, 어찌 "마칠 데를 알아 마치는지라 의리를 보존할 수 있다."라는 경우[281]가 아니겠는가.

의(義)에 대해서, "정자(程子)가 말하기를 '사물에 있는 것이 이(理)이고 사물에 대처하는 것이 의(義)이니, 체와 용을 이른다.〔在物爲理, 處物爲義, 體用之謂也.〕' 하였다." 라고 한 내용이 보인다.

281 마칠…… 경우 : 《주역》 〈건괘(乾卦) 문언전(文言傳)〉에서 도(道)를 아는 군자(君子)를 말하면서 "이를 데를 알아 이르는지라 기미를 알 수 있고, 마칠 데를 알아 마치는지라 의리를 보존할 수 있다. 이런 까닭에 윗자리에 있어도 교만하지 않고 아랫자리에 있어도 근심하지 않는다.〔知至至之, 可與幾也; 知終終之, 可與存義也. 是故居上位而不驕, 在下位而不憂.〕"라고 하였다.

조 열녀전 계축년(1793, 정조17)

趙烈女傳 癸丑

조 열녀(趙烈女)는 임실현(任實縣) 옥전(玉田) 사람으로, 사노비인 김각(金覺)의 처이다. 훌륭한 행실이 있어서 이웃사람들이 부러워 칭찬하였는데, 그 남편이 감나무에 올라가서 감을 따다가 발을 잘못 디뎌 땅에 떨어져서 피를 토하다가 죽었다. 열녀는 아이를 가진 지 넉 달이 되었었는데, 남편이 삽시간에 목숨이 끊어진 것을 보고는 피를 핥으며 하늘에 부르짖어서 그날 밤에 스스로 목숨을 끊어 같은 날에 안장하였다. 당시에 우리 가군(家君)께서 현감으로 계시면서[282] 장례에 필요한 비용을 후하게 도와주고 이어서 이 일을 도백(道伯 관찰사)에게 보고하여 정표(旌表)해 줄 것을 청하였다.

찬(贊)은 다음과 같다.

부녀자가 지아비를 따라 죽는 것은 마치 하늘이 무너지면 땅도 무너지는 것과 같아서 그 이치가 본디 그러한 것이지만, 따라서 죽는 이가 드물다. 혹 있기는 하지만 가까우면 1년이 되어 따라 죽고 멀면 3년이 되어 따라 죽으니, 조 열녀(趙烈女)처럼 당일에 목숨을 함께 하였다는 것은 들어보지 못하였다. 조 열녀는 하읍(下邑) 노비의

282 당시에……계시면서 : 매산의 부친 홍이간(洪履簡, 1753~1827)이 1793년(정조17) 임실 현감(任實縣監)으로 부임하여 2년간 다스렸다.《梅山集 卷50 先考同敦寧府君家狀》

아내이다. 눈으로는 시(詩)와 예(禮)를 보지 못하였고 귀로는 의리(義理)를 듣지 못하여서 종신토록 개가하지 않는 것이 올바른 도리라는 것도 알지 못하였는데, 하물며 남편이 죽음에 따라서 죽는 경우에 있어서겠는가. 의로운 기운이 감동하여 조차간에 성명(性命)을 결단한 것이니, 이것이 이른바 "강개하여 자기 몸을 희생한〔慷慨殺身〕" 경우일 것이다. 열녀이고 열녀이도다.

기녀 경춘전 경진년(1820, 순조20)

妓瓊春傳 庚辰

내가《예기(禮記)》〈유행(儒行)〉을 읽어보니, "재화로써 맡겨주고 좋아하는 것으로써 젖어들게 하더라도, 이익을 보고서 의리를 훼손하지 않으며, 많은 사람으로 위협하고 병기로써 저지하더라도, 죽음을 보고서 지키던 것을 바꾸지 않으니, 그 우뚝 선 것이 이와 같다."라고 하였다. 이와 같은 것은 유자(儒者)의 행실에서 요구하더라도 오히려 어렵다고 할 것인데, 하물며 여자에게 있어서이겠는가. 또 하물며 천한 창기에게 있어서이겠는가. 천한 창기의 몸으로서 이와 같은 행실을 두었다면 지극히 얻기 어려운 것이자 지극히 귀중히 여길만한 것이다. 평소 거처함에 구차히 영합함이 없고 움직일 때에 법도에 어긋나지 않으며, 지조가 특출하여 굽힘이 없고 난을 만나 더럽혀지지 않는다면 진실로 열녀인 것이니, 어찌 시(詩)와 예(禮)를 읊고 본받은 여사(女士)보다 어질지 않겠는가.

내가 월중(粤中 영월(寧越))에서 유람할 때에 금장강(錦障江)에 이르러 경춘(瓊春)에 대한 비문(碑文)을 읽고서 인하여 그 일을 몹시 자세하게 알게 되었는데, 몹시 기이한 일이었다. 그 전(傳)에 다음과 같이 적혀 있었다.

> 경춘(瓊春)은 영월의 기생으로, 미색을 지녀서 지부(知府) 이만회(李萬恢)의 총애를 받았다. 이만회가 돌아갈 때가 되자 경춘은 처음으로 몸을 허여하였다 하여 절개를 지키고서 다른 마음을 두지 않았다. 후에 지부(知府)의 객이 경춘을 보고서 기뻐하여 위엄으로 두렵

게 하고 이익으로 괴롭혀서 지조를 빼앗은 뒤에야 그만두고자 하였다. 경춘은 끝내 듣지 않아서, 누차 회초리를 맞아 다리에 피가 흘렀으니, 끝내 면치 못할 것임을 알았다. 어느 날 옷을 성대히 입고 들어가서 태연하게 말하고 웃으면서 "만일 며칠 동안 휴가를 주신다면 마땅히 천식을 조리하여서, 오직 명을 따를 것입니다."라고 하니, 그 사람이 놀라 기뻐하면서 이를 허락하였다. 다음 날 아침에 아버지의 묘소에 가서 작별 인사를 하고, 돌아와서는 여러 아우들을 위해 머리를 빗어주고는 함께 금강(錦江)가의 석벽으로 갔다. 석벽이 험준하여 아래로 깊은 못에 임해 있었는데, 노래를 몇 곡 부름에 눈물이 떨어져 치마를 적셔 슬픔과 한탄을 스스로 가누지 못하였다. 아우들을 속여서 가게하고는, 즉시 몸을 던져 물에 투신하여 죽었으니, 임진년 10월로, 당시 경춘의 나이는 16세였다. 가인(家人)이 달려가서 건져냈는데, 옷깃에 은은하게 비치는 물건이 있어서 뜯어서 보니, 바로 이 지부(李知府)의 글씨였다. 아아, 열녀로다. 이것이 이른바 여인은 자신을 좋아하는 사람을 위해 죽는다는 것이며, 이른바 죽음을 보고서도 그 지키던 바를 바꾸지 않는다는 것이 아니겠는가.

천덕산인(天德山人)[283]은 말한다.

예전에 단묘(端廟 단종)께서 영월에서 승하[284]하시자, 궁인들이 모두

283 천덕산인(天德山人) : 홍직필의 호(號)로, 1807년(순조7) 8월에 선비(先妣) 박부인(朴夫人)의 묘를 양성(陽城) 천덕산(天德山)으로 이장하고 난 후 천덕산인이라 자호를 붙였다. 《梅山集 卷53 年譜》

284 승하 : 원문의 '척방(陟方)'은 임금의 죽음을 뜻한다. 《서경》 〈순전(舜典)〉에 "순 임금이 30세에 등용되었고 등용된 지 30년에 즉위하였으며, 즉위한 지 50년 만에 승하

금강(錦江)에 빠져 순절하여 목숨을 바쳐 뜻을 이루어서 늠름하게 생생한 기운이 있으니, 그 곳을 이름 붙여서 창열암(彰烈巖)이라고 하고, 그 곁에 사당을 만들어 민충사(愍忠祠)라고 하였다. 경춘 또한 그 곁에서 죽었으니, 그 풍도를 듣고서 진작된 것인가? 아니면 의로운 기운이 서로 부합하여 먼 후대에도 같은 귀결로 돌아간 것인가?

세상에서 모두 창기를 메추라기나 까치처럼 보잘 것 없게 여겨[285] 다시는 사람의 도리로써 대하지 않으니, 이는 지위에 있는 이들의 책임일 뿐 어찌 창기의 본성이 그러한 것이겠는가. 음란함을 가르치고서 그 부정함을 나무라는 것은 마치 술을 강권하고서 취한 것을 싫어하는 것과 같으니, 이 어찌 사람을 올바른 사람으로 만드는[286] 도리이겠는가. 경춘은 지아비를 둘로 바꾸지 않는 것이 열(烈)이 된다는 것을 스스로 알아서 능히 큰 절도를 분별하기를 이와 같이 하였으니, 어찌 더욱 어려운 것이 아니겠는가. 이것이 바로 진흙탕에서 나왔어도 물들지 않는 경우[287]인 것인가.

하였다.〔舜生三十, 徵庸, 三十, 在位, 五十載, 陟方乃死.〕"라고 한 데에서 온 말이다.

285 메추라기나……여겨 : 《시경(詩經)》 〈용풍(鄘風) 순분(鶉奔)〉에, "메추리는 서로 짝을 지어 다정하게 날고 까치도 서로 짝을 지어 다정하게 나는구나.〔鶉之奔奔, 鵲之彊彊.〕"라고 하였는바, 위(衛)나라 사람들이 선강(宣姜)의 음란함을 풍자하면서 메추리나 까치에 빗대어 그보다도 못하다고 말한 것이다.

286 사람을……만드는 : 한유(韓愈)가 〈원도(原道)〉에서 "그 사람을 올바른 사람으로 만들고, 그 책은 불태운다.〔人其人, 火其書.〕"라고 하였는바, 그 의미는 본래 이단을 믿는 사람을 유교를 믿게 만들고 불경을 불태운다는 뜻이었는데, 여기서는 이 한유의 말을 빌려온 것이다.

287 진흙탕에서……경우 : 염계(濂溪) 주돈이(周敦頤)의 〈애련설(愛蓮說)〉에 "나는 유독 연꽃이 진흙탕 속에서 나왔어도 거기에 물들지 않고, 맑은 잔물결에 씻기면서도

천도(天道)는 신(信)을 귀하게 여기고 지도(地道)는 정(貞)을 귀하게 여기니, 신의가 없고 부정(不貞)하다면 만물이 생겨나지 못한다. 경춘은 하읍(下邑)의 기생의 장부에 속하였고 그 나이가 겨우 계례를 올릴 시기를 지났을 뿐이어서, 염치를 기르고 예교(禮敎)를 닦은 적이 없었으나, 신의가 있고 정조를 지켜서 능히 스스로 수립하였으니, 사람이 천지의 중(中)을 받아 태어남에 고금과 존비의 차이가 없다는 것을 여기에서 더욱 알 수 있다.

영월의 기생들이 그 풍속을 전하고 익혀 음란한 데에 이르지 않아서, 지금까지도 수절하여 다른 마음을 품지 않는 이들이 많다. 봉래월(蓬萊月)이라는 기생은 시관(試官) 이응규(李應奎)로부터 한 번 돌아봄을 입고서 10년 동안 절개를 지켜 죽음을 맹세하고 다른 마음을 두지 않아서, 지부(知府)가 혹독한 형벌로 위협하였으나 그 지조를 바꾸지 않았으니, 바로 죽지 않은 경춘인 것이다. 아아, 이것이 누가 시킨 것이겠는가? 정축년의 자수(紫袖)의 열(烈)[288]이 계도한 것이 있어서일 것이다.

요염하지 않은 것을 사랑한다.〔予獨愛蓮之出於淤泥而不染, 濯淸漣而不夭.〕"라는 표현을 원용한 것이다.

288 정축년의 자수(紫袖)의 열(烈) : 정축년은 1457년(세조3)으로, 이해에 단종(端宗)이 승하하자, 모시던 궁인들이 금강(錦江)에 투신한 것을 가리킨다. 자수(紫袖)는 궁인의 별칭이다.

매산집

제52권

잡록 雜錄

《시경(詩經)》과 《서경(書經)》에서는 '이(理)' 자를 말하지 않았다. 오직 《주역(周易)》 〈계사전(繫辭傳)〉에 "쉽고 간략함에 천하의 이치가 얻어진다.〔易簡而天下之理得〕"[1]라는 말과 또 "지리를 살핀다.〔察乎地理〕"[2]라는 말이 보이는데, 모두 한 글자의 훈고(訓詁)도 달려 있지 않다. 〈설괘전(說卦傳)〉에 이르러 "도덕에 화순하고 의(義)에 맞게 하며, 이치를 궁구하고 성(性)을 다하여 명(命)에 이르게 한다.〔和順於道德而理於義 窮理盡性以至於命〕"라고 하였는데, 《주역본의(周易本義)》에서 처음으로 '이(理)' 자를 풀이하여 말하기를, "'이(理)'는 일에 따라 그 조리(條理)에 맞음을 이르니 나누어 말한 것이다."라고 하였다.[3] '이(理)'라는 이름은 '조리'를 이르니, 일에 따라 그 조리를 분석하는 것이 바로 '이치를 궁구함〔窮理〕'인 것이다. 《맹자(孟子)》에서 처

1 쉽고……얻어진다 : 이는 《주역(周易)》 〈계사전 상(繫辭傳上)〉에 보이는 말로, "건(乾)은 쉬움으로써 주장하고 곤(坤)은 간략함으로써 능히 한다.……쉽고 간략함에 천하의 이치가 얻어지니, 천하의 이치가 얻어짐에 그 가운데에 자리를 이루는 것이다.〔乾以易知, 坤以簡能.……易簡而天下之理得矣, 天下之理得而成位乎其中矣.〕"라고 하였다.

2 지리를 살핀다 : 이는 《주역(周易)》 〈계사전 상(繫辭傳上)〉에 보이는 말로, '역(易)'을 두고 말하기를, "위로 천문을 관찰하고 아래로 지리를 살핀다. 그러므로 유명의 원인을 안다.〔仰以觀於天文, 俯以察於地理. 是故知幽明之故.〕"라고 하였다.

3 설괘전(說卦傳)에……하였다 : 《주역(周易)》 〈설괘전〉에 "도덕에 화순하고 의(義)에 맞게 하며, 이치를 궁구하고 성(性)을 다하여 명(命)에 이르게 한다.〔和順於道德而理於義, 窮理盡性以至於命.〕"라고 하여 《주역》의 공효(功效)에 대해 말하였는데, 주희(朱熹)의 《주역본의(周易本義)》에서 이를 풀이하여 말하기를, "'화순(和順)'은 종용하여 어그러지고 거스르는 바가 없는 것이니 통틀어 말한 것이고, '이(理)'는 일에 따라 그 조리에 맞음을 이르니 나누어 말한 것이다.〔和順, 從容无所乖逆, 統言之也. 理謂隨事得其條理, 析言之也.〕"라고 하였다.

음으로 "이(理)와 의(義)가 우리의 마음을 즐겁게 한다.〔理義之悅我心〕"[4]라고 말하였으니, 이는 이(理)를 선(善)으로 인식한 것이다. 순황(荀況)의 〈불구편(不苟篇)〉에도 "성심으로 의(義)를 행하면 이(理)가 갖추어지고 이(理)가 갖추어지면 분명해진다.〔誠心行義則理 理則明〕"라고 하였다.[5] 순황은 이(理)가 선(善)이 된다는 것은 알았으면서 성(性)이 순선(純善)하다는 것은 알지 못하였으니 성(性)과 이(理)를 나누어 둘로 만들려고 한 것인가. 안타까울 따름이다.

양(陽)의 정기의 으뜸이 되는 것이 쌓여서 까마귀가 되고 음(陰)의 정기의 으뜸이 되는 것이 쌓여서 토끼와 두꺼비의 형상이 되며, 공작

4 이(理)와……한다 : 이는 《맹자(孟子)》 〈고자 상(告子上)〉에 보이는 말로, "마음에 똑같이 옳다고 여기는 것은 무엇인가. 바로 이(理)와 의(義)라는 것이다. 성인은 우리 마음에 똑같이 옳다고 여기는 바를 먼저 아신 분들이다. 그러므로 이(理)와 의(義)가 우리의 마음을 즐겁게 하는 것은 마치 고기가 우리의 입을 즐겁게 하는 것과 같은 것이다.〔心之所同然者, 何也? 謂理也義也. 聖人先得我心之所同然耳. 故理義之悅我心, 猶芻豢之悅我口.〕"라고 하였다.

5 순황(荀況)의……하였다 : 순황은 전국(戰國) 시대 조(趙)나라의 유학자 순자(荀子)로, 순경(荀卿)·손경(孫卿)이라고도 하며, 성악설(性惡說)을 주창한 것으로 유명하다. 〈불구편(不苟篇)〉은 순황의 저서인 《순자(荀子)》의 편명이다. 〈불구편〉에 이르기를, "군자가 마음을 기르는 데에는 성(誠)보다 좋은 것이 없으니, 성(誠)을 지극히 하는 것은 다른 일이 아니라 오직 인(仁)을 지키고 오직 의(義)를 행하는 것이다. 성심으로 인(仁)을 지키면 겉으로 드러나고 겉으로 드러나면 신령스러워지고 신령스러워지면 교화시킬 수 있다. 또 성심으로 의(義)를 행하면 이(理)가 갖추어지고 이(理)가 갖추어지면 분명해지고 분명해지면 변화시킬 수 있다. 이러한 교화와 변화가 연이어 일어나는 것을 일러 천덕이라고 한다.〔君子養心, 莫善於誠, 致誠則無他事矣, 唯仁之爲守, 唯義之爲行. 誠心守仁則形, 形則神, 神則能化矣. 誠心行義則理, 理則明, 明則能變矣. 變化代興, 謂之天德.〕"라고 하였다.

은 우레 소리를 듣고서 잉태하며, 코끼리는 우레 소리를 듣고서 상아에 꽃무늬가 생기고 무소는 달을 보고서 뿔에 무늬가 생기니, 모두 감응하여 그렇게 되는 것이다. 비단 동물만 그러할 뿐 아니라 사람도 또한 그러하다. 기화(氣化)라는 것은 오로지 천지의 기운만을 품부받는 것이고, 형화(形化)라는 것은 남녀가 교합할 적에 천지의 기운이 또한 그 가운데 감응하여 사람을 이루는 것이다.[6] 천지의 정기(正氣)를 품부받은 것이 많고 부모의 기운을 물려받은 것이 적은 경우로는 순(舜)과 우(禹)가 있으니, 각각 고수(瞽瞍)와 곤(鯀)을 아버지로 두었으면서도 성인(聖人)이 되었다. 천지의 유기(游氣)를 품부받은 것이 많고 부모의 기운을 물려받은 것이 적은 경우로는 단주(丹朱)와 상균(商均)이 있으니 각각 요(堯)와 순(舜)을 아버지로 두었으면서도 전혀 닮지 못하였다.

성인(聖人)은 이(理)를 주장하고 석씨(釋氏)는 기(氣)를 주장하였으니, 비단 석씨뿐만 아니라 모든 이단(異端)과 백가(百家)의 부류가 모두 기(氣)를 주장하여 기(氣)를 이(理)로 인식하였다. 그러므로 그 유폐가 혹세무민하여 인의(仁義)를 가로막는 데에까지 이른 것이다. 기(氣)의 근본이 어찌 악하겠는가. 다만 뒤섞이고 가지런하지 못한

6 기화(氣化)라는……것이다 : 《주역(周易)》 〈계사전 하(繫辭傳下)〉에 "천지의 기운이 얽히고설켜 만물이 화(化)하여 응결되고, 남녀가 정기를 합하여 만물이 화생한다.〔天地絪縕, 萬物化醇; 男女構精, 萬物化生.〕"라고 하였는데, 이에 대한 《주역본의(周易本義)》의 주(註)에 "인온(絪縕)은 친밀하게 융합하는 모양이다. 순(醇)은 후(厚)하여 응결됨을 이르니 기화(氣化)를 말한 것이고, 화생(化生)은 형화(形化)하는 것이다.〔絪縕, 交密之狀. 醇, 謂厚而凝也, 言氣化者也. 化生, 形化者也.〕"라고 하였다.

대로 내버려 두어서 기준으로 삼는 바가 없기 때문에 갈수록 악하게 되는 것이다.

기절(氣節)을 숭상하는 자는 거칠어지기가 쉽고 문장(文章)을 잘하는 자는 대체로 부과(浮誇)한 데로 귀결된다. 이 두 가지는 모두 도(道)로 나아가는 데에 방해가 되니 고금의 공통된 병통이다. 섭쌍강(聶雙江)[7]의 《곤변록(困辨錄)》에 이르기를, "기절과 문장 두 가지는 학자의 두 가지 요마(妖魔)이다. 성현의 세대가 멀어짐에 도학(道學)이 밝지 못하여 사대부들이 내면에 마음을 써서 그 근본을 세울 줄을 알지 못하고 한갓 왕성한 의기를 가지고 세상에서 큰일을 행하려고만 한다."라고 하였다. 이 말이 통절하니 이름만 좇고 실제는 잊는 자들에게 경계가 될 만하다.

덕(德)은 재(才)의 체(體)이고 재(才)는 덕(德)의 용(用)이다. 덕(德)이 없이 재(才)만 있는 것은 바로 체(體)가 없는 용(用)이니, 어디에 행한들 두루 행해지며, 어디에 베푼들 이롭게 되겠는가. 심한 경우에는 나라에 재앙을 끼치고 집안에 화를 입히니 아, 참으로 두려워할 만하다.

7 섭쌍강(聶雙江) : 명(明)나라 때의 학자 섭표(聶豹, 1486~1563)로, 자는 문울(文蔚), 호는 쌍강이다. 병부상서(兵部尙書), 태자태보(太子太保) 등을 지냈으며, 왕수인(王守仁)의 심학(心學)의 정통을 전수받았다. 저서로는 《곤변록(困辨錄)》, 《쌍강집(雙江集)》 등이 있다.

문(文)은 질(質)에서 나오니 질(質)이 없으면 문(文)이 아니고, 재(才)는 덕(德)에서 나오니 덕(德)이 없으면 재(才)가 아니다.

체(體)와 용(用)은 하나이니 체(體)가 있으면 용(用)이 있고 용(用)이 있으면 체(體)가 있는 법이다. 그런데 소 강절(邵康節 소옹(邵雍))이 말하기를, "노자(老子)는 《주역(周易)》의 체(體)를 얻었고 맹자(孟子)는 《주역》의 용(用)을 얻었다."라고 하였으니 이는 체(體)와 용(用)을 나누어 둘로 만든 것이다. 노담(老聃 노자)은 용(用)이 없으니 이는 체(體)가 없는 것이고, 맹자는 용(用)이 있으니 이는 체(體)가 있는 것이다. 체(體)와 용(用)이 모두 완전함은 성인(聖人)이 되는 까닭인데 소 강절은 그 용(用)만 인정하였으니, 맹자를 제대로 알지 못한 것이 아니겠는가.

진실로 도(道)에 뜻을 둔다면 베끼거나 빌릴 겨를이 없으니 베끼거나 빌리는 것은 모두 거짓이다. 양웅(揚雄)은 《태현경(太玄經)》과 《법언(法言)》을 저술하여 이로써 《주역(周易)》과 《논어(論語)》를 모방하였으니[8] 구산(龜山 양시(楊時))이 이른바 "후학을 속였다."라는 평가가 이것이다. 왕중엄(王仲淹)은 평생 참람하게 공자(孔子)에 견주었는바 《중설(中說)》과 속경(續經) 역시 《논어》와 《시경(詩經)》·《서경(書

8 양웅(揚雄)은……모방하였으니 : 양웅은 한(漢)나라 말기의 학자로, 자는 자운(子雲)이다. 말은 어눌하였으나 박학다식하여 문장으로 이름을 드날렸다. 일찍이 《주역(周易)》의 체제를 그대로 모방하여 《태현경(太玄經)》을 짓고 《논어(論語)》를 모방하여 《법언(法言)》을 지었다.

經)》을 모방한 것이니[9] 회옹(晦翁 주희(朱熹))이 이른바 "어린 아이가 집을 세운 것이다."라는 평가를 고칠 수 없을 것이다. 양웅과 왕중엄은 모두 도(道)를 듣지 못하여 견식이 매우 낮아서, 공성(孔聖 공자)의 지위는 갑자기 얻을 수가 없고 육경(六經)의 문장은 다시 지어질 수가 없음을 알지 못하였으니 다만 어리석고 망령됨만 볼 뿐이다. 허목(許穆)의 경우에는 자신의 문집의 이름을 《기언(記言)》이라고 지었는데, 이는 또한 《논어》를 모방한 데에서 나온 것이니 어리석다고 하겠다.

자양(紫陽 주희(朱熹))의 학문은 첫 번째로는 황 문숙(黃文肅)[10]에게 전수되었고 두 번째로는 하북산(何北山)[11]에게 전수되었고 세 번째로

9 왕중엄(王仲淹)은……것이니 : 왕중엄은 수(隋)나라 때의 학자 왕통(王通, 584~617)으로, 자는 중엄이고 사시(私諡)는 문중자(文中子)이다. 조정에 태평십이책(太平十二策)을 올렸으나 채택되지 않자 물러나 하수(河水)와 분수(汾水) 사이에 은거하며 제자들과 강학하는 데에 힘썼다. 방현령(房玄齡), 두여회(杜如晦), 위징(魏徵), 이정(李靖) 등 당(唐)나라 초기의 쟁쟁한 학자들이 모두 그의 문하에서 나왔다. 일찍이 《논어(論語)》를 모방하여 《중설(中說)》을 지었으며, 또 육경(六經)을 모방하여 《예론(禮論)》, 《악론(樂論)》, 《속서(續書)》, 《속시(續詩)》, 《원경(元經)》, 《찬역(贊易)》 등 이른바 왕씨육경(王氏六經)을 지었으나 전하지는 않는다.

10 황 문숙(黃文肅) : 남송(南宋)의 학자 황간(黃榦, 1152~1221)으로, 자는 직경(直卿), 호는 면재(勉齋)이다. 주희(朱熹)의 제자이자 사위로, 주희가 위독했을 때 자신의 저서를 모두 그에게 남겨 학문을 잇도록 하였다. 저서로는 《의례경전통해속(儀禮經傳通解續)》, 《면재집(勉齋集)》 등이 있다.

11 하북산(何北山) : 남송(南宋)의 학자 하기(何基, 1188~1269)로, 자는 자공(子恭), 호는 북산이다. 주희(朱熹)의 제자인 황간(黃榦)에게 수학하였으며, 금화산(金華山) 북쪽에 은거하여 강학과 저술에 전념하였으므로 왕백(王柏)·김이상(金履祥)·허겸(許謙)과 함께 '금화 사선생(金華四先生)'이라고 불렸다. 시호는 문정(文定)이며,

는 왕 문헌(王文憲)[12]에게 전수되었고 네 번째로는 김 문안(金文安)[13]에게 전수되었고 다섯 번째로는 허 문의(許文懿)[14]에게 전수되었다. 김 문안과 허 문의 두 현인은 송(宋)나라의 유민(遺民)으로서 철목(鐵木)[15]의 시대에 평생토록 지조를 지켰다. 여섯 번째로는 송 문헌(宋文憲)[16]에게 전수되었는데 명(明)나라의 성세(盛世)를 만나 초기의 체제를 갖추는 데에 이바지하였으니 그 공이 또한 훌륭하다. 일곱 번째로

저서로는 《대학발휘(大學發揮)》, 《중용발휘(中庸發揮)》, 《태극도설발휘(太極圖說發揮)》 등이 있다.

12 왕 문헌(王文憲) : 남송(南宋)의 학자 왕백(王柏, 1197~1274)으로, 자는 회지(會之), 호는 노재(魯齋)이며, 시호는 문헌(文憲)이다. 면재(勉齋) 황간(黃榦)과 북산(北山) 하기(何基)로 이어지는 주희(朱熹)의 학통을 전수받아서 주희가 주해한 사서에 대해 정밀히 연구하였으며, 뒤에는 유가의 경서 전반에 걸쳐 독특한 견해를 제시하였다.

13 김 문안(金文安) : 송말원초(宋末元初)의 학자 김이상(金履祥, 1232~1303)으로, 자는 길보(吉父), 호는 차농(次農)이다. 하기(何基)와 왕백(王柏)에게 정주학(程朱學)을 배워 주자의 학통을 이었다. 송(宋)나라가 망하고 원(元)나라가 들어서자 벼슬하지 않고 인산(仁山)에 은거하여 인산선생(仁山先生)이라고 불렸다. 시호는 문안(文安)이다.

14 허 문의(許文懿) : 송말원초(宋末元初)의 학자 허겸(許謙, 1270~1337)으로, 자는 익지(益之), 호는 백운산인(白雲山人)이다. 김이상(金履祥)의 문하에서 수업하여 정주학(程朱學)의 맥을 이었다. 과거에 응시하지 않고 팔화산(八華山)에 은거하여 강학했는데, 문인이 1천여 명에 달하였다. 시호는 문의(文懿)이다.

15 철목(鐵木) : 원(元)나라의 태조(太祖) 테무진(鐵木眞)을 말한다.

16 송 문헌(宋文憲) : 명(明)나라 초기의 문신이자 학자인 송렴(宋濂, 1310~1381)으로, 자는 경렴(景濂), 호는 잠계(潛溪)이다. 유학에 정통하여 명나라 건국 이전에 주원장(朱元璋)에게 불려가 세자의 스승이 되었고, 건국 후에는 한림학사가 되어 《원사(元史)》 편찬의 책임을 맡았으며, 명(明)나라 시대의 예악(禮樂)을 제정하였다. 시호는 문헌(文憲)이다.

는 방정학(方正學)[17]에게 전수되었는데 한 몸으로 만세 강상의 중임을 짊어졌으니 이는 주자(朱子) 정학(正學)의 궁극이 된다.

옛날에 이른바 "시(詩)와 예(禮)를 가탁하여 무덤을 도굴한다."[18]라는 것은 바로 경술(經術)을 가탁하여 흉악한 짓을 저지르기를 마치 도굴꾼이 하는 짓처럼 하는 것이다. 양웅(揚雄)과 유흠(劉歆)이 절조를 잃고 몸을 버린 것과 마융(馬融)과 왕안석(王安石)이 현인을 핍박하고 정도(正道)를 해친 것은 '시(詩)와 예(禮)를 가탁하여 무덤을 도굴함'이 되지 않는 것이 거의 드무니, 뜻대로 행하게 되면 해악을 끼치고 여파를 남김이 끝이 없게 된다. 독서하는 자들은 경계할 바를 알아야

17 방정학(方正學) : 명(明)나라 초기의 문신이자 학자인 방효유(方孝孺, 1357~1402)로, 자는 희직(希直), 호는 손지(遜志)이다. 서실(書室) 이름이 '정학(正學)'이었기 때문에 흔히 방정학으로 불린다. 송렴(宋濂)에게 수학하고, 건문제(建文帝)를 섬겨 시강학사(侍講學士)로서 당대 제일의 학자라는 중망을 누렸으나, 1402년에 연왕(燕王), 곧 영락제(永樂帝)가 무력으로 황위를 찬탈한 뒤 등극 조서를 작성할 것을 명하자, 이를 거부하다가 집안 전체가 죽임을 당하였다.

18 시(詩)와……도굴한다 : 이는 《장자(莊子)》 〈외물편(外物篇)〉에 보이는 말로, 유자(儒者)를 표방하면서 음흉한 짓을 하는 것을 말한다. 그 전문(全文)에 다음과 같이 말하였다. "유자들이 시(詩)와 예(禮)를 가탁하여 무덤을 도굴하였다. 대유가 위에서 아래의 소유들에게 묻기를, '동녘이 밝아 오는데 일이 어떻게 되어 가는가?'라고 하니 소유가 대답하기를, '아직 송장의 옷을 다 벗기지 못하였고 입안에는 구슬이 있습니다.'라고 하였다. 그러자 대유가 말하기를, '시(詩)에 「푸른 보리가 무덤가에 자라네. 살아서 은혜를 베풀지도 못하고서 죽어서 어찌 구슬을 물겠는가.」라고 했네. 머리를 잡고 턱수염을 누른 다음 쇠망치로 턱을 쳐서 천천히 볼까지 벌리고 입 속의 구슬이 다치지 않도록 조심해서 잘 꺼내게.'라고 하였다.〔儒以詩禮發冢. 大儒臚傳曰: 東方作矣, 事之何若? 小儒曰: 未解裙襦, 口中有珠. 詩固有之曰: 青青之麥, 生於陵陂. 生不布施, 死何含珠爲? 接其鬢, 壓其顪, 儒以金椎控其頤, 徐別其頰, 無傷口中珠.〕"

할 것이다.

학술(學術)의 치우침과 바름은 세교(世敎)의 성함과 쇠함에 관계된다. 명(明)나라 중엽 이후로 왕수인(王守仁)[19], 담약수(湛若水)[20]의 무리가 부정한 학설의 효시가 되어 시끄럽게 쟁변하고 미친 듯이 방자하게 날뛰어 오랑캐의 난리를 초래하였으니 이것이 이른바 나라에 재앙을 끼치고 집안에 화를 입힌다는 것이다. 청(淸)나라 사람이 중원(中原)에 들어와 주인이 되었을 적에 주자(朱子)를 존신하는 것을 치법(治法)의 제일의제(第一義諦)로 여겼다. 그리고 이로써 웅걸한 선비들을 포섭하는 방법으로 삼아서, 모기령(毛奇齡)[21]이 주자를 교묘하게

19 왕수인(王守仁) : 1472~1528. 자는 백안(伯安), 호는 양명(陽明), 시호는 문성(文成)이다. 홍치(弘治) 12년(1499) 진사시에 급제하고 벼슬이 남경 병부 상서(南京兵部尙書)에 이르렀다. 당대의 주류 학문인 주자학을 비판하고 육구연(陸九淵)의 심성론(心性論)을 계승하여 심즉리(心卽理), 지행합일(知行合一), 치량지(致良知)의 논리를 제창하여 양명학이란 새로운 유학을 창도하였는바, 이후 양명학은 동아시아 지성사에 심대한 영향을 끼쳤다.

20 담약수(湛若水) : 1466~1560. 명(明)나라 때의 학자로, 자는 원명(元明), 호는 감천(甘泉)이다. 어려서 백사(白沙) 진헌장(陳獻章)에게 수업하였다. 처음에는 왕수인(王守仁)과 함께 강학했으나 뒷날 각기 종지(宗旨)를 세워 왕수인은 '치양지(致良知)'를 종지로 삼고, 담약수는 '수처체험천리(隨處體驗天理)'를 종지로 삼아 두 개의 학파로 분리되었다. 저서로는 《이례경전측(二禮經傳測)》, 《춘추정전(春秋正傳)》, 《격물통(格物通)》, 《감천집(甘泉集)》 등이 있다.

21 모기령(毛奇齡) : 1623~1716. 명(明)나라 말기와 청(淸)나라 초기의 학자이자 관료로, 자는 대가(大可), 호는 추청(秋晴)이며, 소산(蕭山) 사람이다. 고증학에 조예가 깊어서 다른 해설을 보게 되면 반드시 말의 근원을 찾고 글자 하나하나를 질정하여 자기만의 독특한 견해를 많이 주장하였다. 저서로 《사서개착(四書改錯)》, 《시전시설

헐뜯었다고 하여 그 사람을 죄주고 그 책을 훼손하였다. 이들이 국가를 수백 년 동안 유지할 수 있었던 것은 바로 정학(正學)을 높이고 장려한 공이다.

그런데 근래에 이른바 완원(阮元)[22]이라는 자는 송(宋)나라 유자(儒者)들의 결점을 찾는 것을 종지로 삼는데, 그 저술한 바가 전혀 조리가 없다. 또 왕중(汪中)[23]이라는 자는 이른바 《술학(述學)》이라는 것을 지어서 공성(孔聖 공자(孔子))을 비난하고 배척하여 이르지 못하는 바가 없으니 이것이 어찌 하늘을 꾸짖고 해를 욕하는 것과 다르겠는가. 사람이 생겨난 이후로 공자보다 훌륭한 분은 있지 않아서[24] 하늘이 덮어주는 곳과 땅이 실어주는 곳의 모든 사람이 존경하고 친애하지 않음이 없다.[25] 옛날부터 지금까지 편벽된 말〔詖辭〕과 방탕한 말〔淫辭〕과 부정

박의(詩傳詩說駁議)》, 《하도낙서원천편(河圖洛書原舛編)》 등이 있다.

22 완원(阮元) : 1764~1849. 청(淸)나라의 학자로, 자는 백원(伯元), 호는 운대(芸臺)이며, 시호는 문달(文達)이다. 저서로는 《경적찬고(經籍纂詁)》, 《국사유림전(國史儒林傳)》, 《적고재종정이기관지(積古齋鐘鼎彝器款識)》, 《황청경해(皇淸經解)》 등이 있다.

23 왕중(汪中) : 1744~1794. 청(淸)나라 때의 학자로, 자는 용보(容甫)이다. 양주학파(揚州學派)의 대표적 인물로, 고염무(顧炎武)를 사숙했고 왕념손(王念孫), 유태공(劉台拱)과 교유했다. 학문은 전대의 학설을 묵수하지 않고 실사구시(實事求是)를 추구했으며, 공자(孔子)의 계승자를 순자(荀子)로 보는 등 전통 학술에 반기를 들었다. 저서로는 《술학(述學)》, 《광릉통전(廣陵通典)》, 《용보유시(容甫遺詩)》 등이 있다.

24 사람이……않아서 : 이는 본래 맹자(孟子)가 재아(宰我), 자공(子貢), 유약(有若)의 말을 인용하여 공자(孔子)를 칭탄한 말로, 《맹자》 〈공손추 상(公孫丑上)〉에 보인다.

25 하늘이……없다 : 이는 《중용장구(中庸章句)》 제31장에서 성인(聖人)에 대하여 설명한 말로, "성명(聲名)이 중국에서 넘치고 만맥(蠻貊)에 미쳐서, 배와 수레가 이르

한 말〔邪辭〕과 도피하는 말〔遁辭〕[26]이 또한 어찌 한정이 있었겠냐마는 그래도 감히 공자를 비난하거나 폄훼하지는 못하였는데, 왕중에 이르러서는 거리끼는 바가 없어졌다. 세상이 막 기나긴 밤으로 접어들려고 함에 하늘과 땅의 자리가 바뀌어서 요망하고 괴상한 짓을 날조하는 것이 이런 지경에 이르렀으니 어찌 인류가 멸망하지 않겠는가. 오랑캐의 명운이 장차 다하려 하므로 요얼(妖孽)이 먼저 나타나게 된 것인가?

옛사람이 이르기를, "신선(神仙)은 조화(造化)를 해치는 것이고 패술(霸術)은 왕도(王道)를 해치는 것이고 당론(黨論)은 국가를 해치는 것이고 문폐(文弊)는 정교(政教)를 해치는 것이다."[27]라고 하였는데, 당론에는 음양(陰陽), 숙특(淑慝), 충역(忠逆), 사정(邪正)의 구분이 있다. 소인의 당(黨)은 있어서는 안 되니, 현인을 해치고 정도(正道)

는 곳과 인력이 통하는 곳과 하늘이 덮어주는 곳과 땅이 실어주는 곳과 일월이 비추는 곳과 서리와 이슬이 내리는 곳의 모든 혈기를 가지고 있는 자들이 존경하고 친애하지 않음이 없다.〔洋溢中國, 施及蠻貊, 舟車所至、人力所通、天之所覆、地之所載、日月所照、霜露所隊凡有血氣者, 莫不尊親.〕"라고 하였다.

26 편벽된 말〔詖辭〕과……도피하는 말〔遁辭〕: 이는《맹자(孟子)》〈공손추 상(公孫丑上)〉에 보이는 내용으로, '말을 아는 것〔知言〕'에 대한 공손추(公孫丑)의 질문에 맹자가 다음과 같이 대답하였다. "편벽된 말에서 그 가려진 바를 알며, 방탕한 말에서 빠져 있는 바를 알며, 부정한 말에서 괴리된 바를 알며, 도피하는 말에서 논리가 궁함을 알 수 있다. 마음에서 생겨나 정사에 해를 끼치며, 정사에 발로되어 일에 해를 끼치나니, 성인이 다시 나오셔도 반드시 내 말을 따르실 것이다.〔詖辭, 知其所蔽; 淫辭, 知其所陷; 邪辭, 知其所離; 遁辭, 知其所窮. 生於其心, 害於其政; 發於其政, 害於其事. 聖人復起, 必從吾言矣.〕"

27 신선(神仙)은……것이다 : 이 말은 성대중(成大中)의《청성잡기(青城雜記)》권2〈질언(質言)〉에 보인다.

를 훼손하여 점점 나라에 재앙을 끼치고 집안에 화를 입히게 만든다. 반면 군자의 당(黨)은 없어서는 안 되니, 모범을 보이고 기준이 되어 점점 군주를 높이고 백성을 보호하게 만든다. 어찌 당론이 국가를 해친다고 싸잡아 말할 수 있겠는가.

복의(濮議)[28]가 일어난 초기에 구양공(歐陽公)이 《의례(儀禮)》〈상복(喪服)〉의 "남의 후사가 된 자가 그 부모에게 보답하기 위하여 입는다.〔爲人後者爲其父母〕"라고 한 조문을 인용하여, 자고로 생부를 황백(皇伯)으로 바꿔 칭하는 경우가 없었음을 말하였다.[29] 이는 '근본을 둘로 하지 않는다'는 의리를 분변하지 못하여 이렇게 말한 것이지,

28 복의(濮議) : 송(宋)나라 영종(英宗)의 생부인 복안의왕(濮安懿王)의 추숭 문제를 두고 일어난 송(宋)나라 조정의 논의를 말한다. 송(宋)나라 인종(仁宗)이 후사가 없이 죽자 복안의왕 조윤양(趙允讓)의 아들 조서(趙曙)가 뒤를 잇게 되었는데 그가 바로 영종이다. 영종은 즉위한 이듬해에 조칙을 내려 생부인 복안의왕을 추숭하는 문제를 논의하게 하였다. 이때 사마광(司馬光)·범순인(范純仁)·여회(呂誨)·여대방(呂大防) 등은 인종을 황고(皇考)라고 칭하고 복안의왕을 황백(皇伯)이라고 칭해야 한다고 주장하였고, 한기(韓琦)·구양수(歐陽脩) 등은 복안의왕을 황고라고 칭해야 한다고 주장하였는데, 결국 한기 등의 주장이 채택되었다.

29 구양공(歐陽公)이……말하였다 : 구양공은 송(宋)나라 학자 구양수(歐陽脩)를 이른다. 복안의왕(濮安懿王)의 추숭을 논의할 적에 그 호칭을 '황백(皇伯)'으로 해야 한다는 주장이 있었는데, 구양수는 《의례(儀禮)》〈상복(喪服)〉의 이 조문을 들며 "'남의 후사가 된 자는 그 부모를 위하여 삼년복을 낮춰 기년복을 입는다.'라고 하여 본생부모에 대해 '부모'라는 명칭을 없애지 않았으니, 이는 복(服)은 낮출 수 있어도 그 '부모'라는 명칭은 없앨 수 없음을 보여주는 것이다. 본생부모를 '황백'으로 바꿔 칭하는 것은 전대 역사를 차례로 살펴 보건대 모두 전거가 없다."라고 하고 '황고(皇考)'라고 칭할 것을 주장하였다. 《宋史 卷319 歐陽脩列傳》

사친(私親)을 추숭하게 하여 군주의 마음에 영합하려고 그러한 것이 아니다. 한 위공(韓魏公 한기(韓琦))은 일찍이 구양공을 천하의 문장가로 떠받들었다. 그러므로 이 예(禮)에 있어서 오직 구양공의 주장을 믿어서 복안의왕(濮安懿王)을 황고(皇考)로 높이려고까지 한 것이니 이는 견식이 부족했던 것일 뿐이다. 그 마음이 어찌 장총(張璁)과 계악(桂萼)[30]의 무리와 똑같은 부류가 되려고 한 것이겠는가. 그러나 사마공(司馬公 사마광(司馬光))과 범공(范公 범순인(范純仁)) 두 현인에게 비난을 받은 것은 마땅하다고 하겠다. 사마공의 논의 가운데에 이르기를, "정부(政府)가 말한 《의례》 〈상복〉의 '남의 후사가 된 자가 그 부모에게 보답하기 위하여 입는다.'라는 것은 '부모'라고 하지 않으면 어떻게 글을 써야 할지 모르겠으니, 이는 정부가 천하의 사람들을 기망하여 모두 문리를 알지 못한다고 여기는 것이다."라고 하였으니,[31]

30 장총(張璁)과 계악(桂萼) : 명(明)나라 세종(世宗) 때의 신하들이다. 세종은 헌종(憲宗)의 손자인 흥헌왕(興獻王)의 장자(長子)인데, 무종(武宗)이 후사가 없이 죽자 양정화(楊廷和) 등이 태후의 명을 받들어서 세종을 맞아들여 무종의 종제(從弟)라는 신분으로 황제의 자리에 오르게 했다. 세종은 황제가 된 뒤 친부인 흥헌왕의 전례(典禮)를 의논하도록 명하였는데, 양정화 등이 한(漢)나라 정도왕(定陶王) 및 송(宋)나라 복왕(濮王)의 고사를 인용하여 무종을 '고(考)'라고 칭하고 흥헌왕을 '숙부(叔父)'라고 칭해야 한다는 의논을 올렸다. 그러자 세종은 "부모를 어떻게 서로 바꿀 수가 있는가." 하면서 다시 의논하게 하였다. 이때 마침 진사(進士) 장총(張璁)이 세종의 뜻에 영합하는 상소를 올리자, 세종이 기뻐하여 그 상소대로 흥헌왕을 '고(考)'라고 칭하니, 계악(桂萼) 등의 무리가 세종의 뜻에 영합하였다. 이에 하맹춘(何孟春) 등이 대궐 뜰에서 통곡하며 반대하니, 세종이 대로하여 하맹춘 등 220명을 죄주었는데, 곤장을 맞고 죽은 자가 18명이나 되었다. 그러자 장총과 계악 등의 기세가 더욱 거세져서 드디어 흥헌왕을 황고(皇考)라고 칭하고, 흥헌왕의 비를 장성태후(章聖太后)라고 칭하였다. 《史略 卷9 世宗肅皇帝》

이 말이 통절하여 바꿀 수가 없다. 그러나 사마공이 한 위공 사당의 기문(記文)을 지을 적에는, 사직에 큰 공로가 있어서 천지신명의 보우를 받는다고 칭송하였다. 이는 한 위공의 마음이 단단무타(斷斷無他)[32]함을 알았기 때문에 예(禮)를 그르친 것에 대하여 혐의하지 않은 것이다.

한공(韓公 한유(韓愈))과 구양공(歐陽公 구양수(歐陽脩))과 소공(蘇公 소

31 사마공의……하였으니 : 사마광(司馬光)이 복안의왕(濮安懿王)을 추숭(追崇)하는 전례에 대해 논하여 영종(英宗)에게 올린 글에 다음과 같이 말하였다. "정부가 '《의례》 본문 중 오복의 연수와 월수에 대한 조문에 모두 「남의 후사가 된 자가 그 부모에게 보답하기 위하여 입는다.」라고 하였으니, 이는 출계한 자식이 양부모와 본생부모에 모두 부모라고 하는 것이다.'라고 하였습니다. 신이 살펴보건대, 예법은 모름지기 일을 가리켜 글을 써서 사람들로 하여금 분명하게 이해하도록 해야 합니다. 지금 '남의 후사가 된 자가 그 부모에게 보답하기 위하여 입는다'는 것을 말하고자 하면서, '부모'라고 말하지 않는다면 어떻게 글을 써야 할지 모르겠습니다. 이는 바로 정부가 천하의 사람들을 기망하여 모두 문리를 알지 못한다고 여기는 것입니다.〔政府言儀禮本文五服年月勅, 皆云爲人後者爲其父母, 卽出繼之子於所繼所生皆稱父母. 臣按禮法須指事立文, 使人曉解. 今欲言爲人後者爲其父母之報, 若不謂之父母, 不知如何立文. 此乃政府欺罔天下之人, 謂其皆不識文理也.〕"《宋名臣奏議 卷89 上英宗乞行禮官所奏典故》

32 단단무타(斷斷無他) : 다른 볼만한 재능은 없어도 오직 마음만은 성실하다는 뜻이다. 이는 본래 《서경(書經)》 〈주서(周書) 진서(秦誓)〉에 보이는 말로, 그 전문(全文)은 다음과 같다. "곰곰이 내 생각해 보니, 만일 한 신하가 정성스럽고 한결같으면서 다른 재주는 없으나 그 마음이 곱고 고와 용납함이 있는 듯하여, 남이 가지고 있는 재주를 자신이 소유한 것처럼 여기며, 남이 낸 훌륭하고 성스러운 계책을 마음속으로 좋아하되, 자기 입에서 나온 것보다도 더 좋아한다면, 이는 남을 포용하는 덕이 있는 사람이라, 나의 자손과 백성들을 보호할 것이니, 또한 이로움이 있을 것이다.〔昧昧我思之, 如有一介臣, 斷斷猗無他技, 其心休休焉, 其如有容, 人之有技, 若己有之, 人之彥聖, 其心好之, 不啻如自其口出, 是能容之, 以保我子孫黎民, 亦職有利哉!〕"

식(蘇軾)) 세 공은 모두 공자(孔子)와 맹자(孟子)를 참으로 알지 못하였다. 그러므로 한퇴지(韓退之 한유)는 맹자와 순자(荀子)를 병칭하여서 "이 두 유자(儒者)는 넉넉히 성인의 경지에 들어갈 수 있었다."[33]라고 하였고, 순자의 글을 읽고서는 "그 귀결을 요약하자면 공자와 다른 점이 드물고 오히려 맹가(孟軻)와 양웅(揚雄)의 사이에 있다고 할 것이다."[34]라고 하였으며, 또 공자와 묵자(墨子)를 병칭하여 "서로 쓰지 않으면 공자와 묵자가 될 수 없을 것이다."[35]라고 하였고, 또 "나의 도(道)는 바로 공자·맹자·양웅이 전한 도(道)이다."[36]라고 하였다.

33 이……있었다 : 이 말은 《한창려집(韓昌黎集)》 권12 〈진학해(進學解)〉에, "옛날에 맹가는 변론을 좋아하여 공자의 도(道)가 이 때문에 밝아졌으나 수레바퀴 자국이 온 천하를 돌다가 끝내 길에서 늙었고, 순경은 정도를 지켜 큰 의논을 넓혔으나 참소를 초(楚)나라에서 피하다가 폐출되어 난릉에서 죽었다. 이 두 유자는 말을 토하면 경(經)이 되고 발을 들면 법(法)이 되어, 보통사람보다 뛰어나고 무리에서 벗어나 넉넉히 성인의 경지에 들어갈 수 있었으나, 세상을 만남이 어떠하였는가.〔昔者孟軻好辯, 孔道以明, 轍環天下, 卒老于行. 荀卿守正, 大論是弘, 逃讒于楚, 廢死蘭陵. 是二儒者, 吐辭爲經, 擧足爲法, 絶類離倫, 優入聖域, 其遇於世何如也?〕"라고 한 데에 보인다.

34 그……있다 : 이 말은 《한창려집(韓昌黎集)》 권11 〈독순(讀荀)〉에, "순씨의 책을 얻음에 이르러서 이에 또 순씨라는 자가 있음을 알게 되었다. 그 말을 살펴보면 때로 순수하지 못한 듯하나, 그 귀결을 요약하자면 공자와 다른 점이 드물고 오히려 맹가와 양웅의 사이에 있다고 할 것이다.〔及得荀氏書, 於是又知有荀氏者也. 考其辭, 時若不粹, 要其歸, 與孔子異者鮮矣, 抑猶在軻、雄之間乎.〕"라고 한 데에 보인다.

35 서로……것이다 : 이 말은 《한창려집(韓昌黎集)》 권11 〈독묵자(讀墨子)〉에, "내가 생각건대, 쟁변이 말학에서 생겨나서 각각 그 스승의 설을 팔아먹는 데에 힘을 쓴 것이니, 공자와 묵자의 도가 본래 그러한 것은 아니다. 공자는 반드시 묵자를 썼을 것이고 묵자는 반드시 공자를 썼을 것이니, 서로 쓰지 않으면 공자와 묵자가 될 수 없을 것이다.〔余以爲辨生於末學, 各務售其師之說, 非二師之道本然也. 孔子必用墨子, 墨子必用孔子, 不相用, 不足爲孔、墨.〕"라고 한 데에 보인다.

이밖에 각양각종의 비루한 말들을 이루 다 말할 수 없다. 구양공으로 말하면, 《주역(周易)》 〈계사전(繫辭傳)〉을 경사(經師)가 지은 것이라 하고[37] 성(性)을 두고 '먼저 한 바가 아니다.'라고 하였다.[38] 그리고 동파(東坡 소식)는 "5백여 년이 지난 뒤에 한유를 얻어서 맹자에게 짝

36 나의……도(道)이다 : 이 말은 《한창려집(韓昌黎集)》 권14 〈중답장적서(重答張籍書)〉에, "그대의 지난번 편지에, 내가 남과 토론할 때 심기를 가라앉히지 못하는 것이 마치 이기기를 좋아하는 사람 같다고 하였는데, 진실로 그런 점이 있소만 내가 이기기를 좋아하는 것이 아니라 나의 도(道)가 이기기를 좋아하는 것이오. 나의 도(道)는 바로 공자·맹자·양웅이 전한 도(道)요. 만약 이기지 못한다면 도(道)가 될 수 없으니, 내 어찌 감히 이기기를 좋아한다는 이름을 피하겠소.〔前書謂吾與人商論不能下氣, 若好勝者然, 雖誠有之, 抑非好己勝也, 好己之道勝也. 己之道, 乃夫子、孟軻、揚雄所傳之道也. 若不勝, 則無以爲道, 吾豈敢避是名哉?〕"라고 한 데에 보인다.

37 주역……하고 : 이 내용은 《문충집(文忠集)》 권60 〈경지(經旨) 역혹문(易或問)〉에, "혹자가 묻기를 '지금의 이른바 계사라는 것은 과연 성인의 글이 아닌가?'라고 하자, 다음과 같이 대답하였다. '이는 강사(講師)가 전한 것이니 이를 대전(大傳)이라고 한다. 그 근원은 대체로 공자에게서 나왔는데 역사(易師)들이 전수하여, 내려옴이 멀수록 전해진 것이 많으니, 그 사이에 유실되고 첨가된 것이 괴이할 것이 없다. 그러므로 성인의 말씀인 것이 있고, 성인의 말씀이 아닌 것이 있는 것이다.'〔或問曰: 今之所謂繫辭者, 果非聖人之書乎? 曰: 是講師之傳, 謂之大傳. 其源蓋出於孔子, 而相傳於易師也, 其來也遠, 其傳也多, 其間轉失而增加者, 不足怪也. 故有聖人之言焉, 有非聖人之言焉.〕"라고 한 데에 보이며, 권78 〈역동자문(易童子問)〉에도 이와 비슷한 내용이 보인다.

38 성(性)을……하였다 : 이 내용은 《맹자집주(孟子集註)》 〈맹자서설(孟子序說)〉에, "마음이 그 바름을 얻은 뒤에야 성(性)의 선함을 알기 때문에 맹자께서 사람을 만나면 곧 성선을 말씀하셨다. 그런데 구양영숙은 도리어 성인이 사람을 가르칠 적에 성(性)은 먼저 한 바가 아니라고 말하였으니, 이는 잘못이라고 이를 만하다.〔心得其正, 然後知性之善, 故孟子遇人, 便道性善. 歐陽永叔却言: 聖人之敎人, 性非所先. 可謂誤矣.〕"라고 한 양시(楊時)의 말에 보인다. 구양영숙은 구양수(歐陽脩)로, 영숙은 그의 자이다.

하였다. 3백여 년 뒤에 구양자(歐陽子)를 얻으니, 그 학문은 한유와 맹자를 미루어 공자에 도달하였다."[39]라고 하였으니, 짝한 바가 무슨 도(道)이며, 도달한 바가 무슨 일인지 알지 못하겠다.

한공은 비록 '문장을 말미암아서 도(道)에 들어갔다.'라고 하지만 '도(道)를 바라보고도 제대로 보지 못하였다.'[40]라고 이를 만하니, 하물며 도(道)를 체행함에 있어서는 어떠하였겠는가. 구양공은 그 본령(本領)이 오히려 한공에 미치지 못하는데 소공이 그를 찬미함이 거의 성인에 가깝게 하였으니, "대도(大道)를 논함은 한유와 같다."[41]라고 한 것

39 5백여……도달하였다 : 이 말은 《동파전집(東坡全集)》 권34 〈육일거사집서(六一居士集敍)〉에, "진(晉)나라는 노장학(老莊學)으로 망하였고, 양(梁)나라는 불교로 망하였으나 이것을 혹시라도 바로잡는 이가 없었는데, 5백여 년이 지난 뒤에 한유를 얻으니, 배우는 자들은 한유를 맹자에게 짝하는바, 혹 거의 옳을 것이다. 한유 이후 3백여 년 뒤에 구양자를 얻으니, 그 학문은 한유와 맹자를 미루어 공자에 도달하였으며, 인의와 예악의 실제를 드러내어 대도에 합하였다.〔晉以老莊亡, 梁以佛亡, 莫或正之, 五百餘年而後得韓愈, 學者以愈配孟子, 蓋庶幾焉. 愈之後, 三百有餘年而後得歐陽子, 其學推韓愈、孟子以達於孔氏, 著禮樂仁義之實, 以合於大道.〕"라고 한 데에 보인다.

40 도(道)를……못하였다 : 이 말은 원래 《맹자(孟子)》 〈이루 하(離婁下)〉에, "문왕께서는 백성 보기를 상처처럼 보아 가엾게 여기셨으며, 도(道)를 바라보시면 도를 본 적이 없는 사람처럼 간절히 구하셨다.〔文王視民如傷, 望道而未之見.〕"라고 한 데에 보이는데, 여기에서 홍직필은 '도를 제대로 보지 못하였다'는 의미로 사용하였다.

41 대도(大道)를……같다 : 이 말은 《동파전집(東坡全集)》 권34 〈육일거사집서(六一居士集敍)〉에, "내 그 시문 766편을 그의 아들 비(棐)에게 얻어 마침내 차례로 엮고 논하기를 '구양자가 대도를 논함은 한유와 같고, 정사를 논함은 육지와 같고, 일을 기록함은 사마천과 같고, 시부(詩賦)는 이백과 같다'고 말하노니, 이는 내 말이 아니라 천하의 말인 것이다.〔予得其詩文七百六十六篇於其子棐, 乃次而論之, 曰: 歐陽子論大道似韓愈, 論事似陸贄, 記事似司馬遷, 詩賦似李白. 此非余言也, 天下之言也.〕"라고 한 데에 보인다.

역시 지나친 것이다. 이는 공자와 맹자의 지위를 알지 못하였을 뿐만 아니라 또한 한공과 구양공의 분수도 알지 못한 것이다. 그 견식의 잘못됨이 무왕(武王)을 성인이 아니라고 알고 순욱(荀彧)을 성인의 무리라고 아는 데[42]에 이르렀다. 진실로 도(道)를 듣지 못한다면 비록 훌륭한 문장 재주를 지닌 세 사람이라 하더라도 그 견식이 없는 것이 이와 같은데, 하물며 그보다 아래인 자는 어떠하겠는가.

사마속수(司馬涑水 사마광(司馬光))는 추성(鄒聖 맹자(孟子))을 믿지 않아서 《의맹(疑孟)》을 짓기까지 하였는데, 속수의 아들 공휴(公休)는 철종(哲宗)에게 "《맹자》라는 책은 가장 순정하고 왕도(王道)를 진술하고 있으니, 더욱 마땅히 열람해야 합니다."라고 하고 《맹자절해(孟子節解)》를 지어서 올리기까지 하였다.[43] 유기지(劉器之)는 평소 《맹자》 읽기를 좋아하여, 강하고 커서 굽히지 않는 기운을 이 책에서 얻었

42 무왕(武王)을……데 : 이 내용은 《동파전집(東坡全集)》 권105 〈지림(志林) 논고(論古)〉에 보인다.

43 속수의……하였다 : 공휴(公休)는 사마광(司馬光)의 아들 사마강(司馬康)으로, 공휴는 그의 자이다. 이 내용은 범조우(范祖禹)가 지은 사마강의 묘지명에 보이는데, "4월에 조령을 내려 강독관으로 하여금 이영각에서 주대하게 하였는데, 사마군이 처음 입대하였을 적에 성상께 스스로 학문에 힘써 효덕으로 치도의 우선을 삼도록 권하였고, 두 번째 입대하였을 적에 또 '《맹자》라는 책이 가장 순정하고 왕도를 진술함이 더욱 명백하니, 마땅히 읽어보셔야 할 바입니다.'라고 하였다. 그러자 성상이 '한창 《맹자》를 읽고 있다.'라고 하고, 이윽고 강연관에게 조령을 내려 《맹자절해》를 편수하여 14권으로 만들어서 올리도록 하였다.〔四月, 詔講讀官奏對邇英閣, 君初對勸上自强於學, 以孝德爲治道之先. 再對又言: 孟子爲書, 最醇正, 陳王道, 尤明白, 所宜觀覽. 上曰: 方讀孟子. 尋詔講筵官編修孟子節解爲十四卷以進.〕"라고 하였다. 《范太史集 卷41 直集賢院提擧西京嵩山崇福宮司馬君墓誌銘》

다.[44] 진실로 그 바름을 얻었으면 구차하게 아버지와 스승을 따르지 않는 것이 바로 이와 같았으니, 이와 같은 자여야 비로소 영세(永世)의 법이 될 수 있다. 오늘날의 사람들은 아버지와 스승에게서 나왔다고 하여, 그 시비(是非)와 득실(得失)을 헤아리지 않고 오직 계승하는 것에만 힘을 써서 왕왕 전인의 허물을 드러내고 후세의 비방을 더하니, 어찌 사마공과 유공 두 공을 법도로 삼지 않겠는가.

강절(康節)[45]이 《황극경세서(皇極經世書)》[46]를 짓고서 "요부(堯夫)가 요부에게 드린다."[47]라고 적었고, 〈무명공전(無名公傳)〉[48]을 짓고는

44 유기지(劉器之)는……얻었다 : 유기지는 송(宋)나라의 명신 유안세(劉安世)로, 기지는 그의 자이며, 사마광(司馬光)의 문인이다. 송(宋)나라 소백온(邵伯溫)이 지은 《문견록(聞見錄)》 권13에서 유안세에 대해 기술하기를, "아아, 사마온공의 문하에 선비가 많은데 기지와 같은 자는 지킨 바가 늠연하여 사생과 화복에 변하지 않았으니, 진짜 원우 연간의 사람이다. 기지는 평소 《맹자》 읽기를 좋아하였다. 그러므로 그 강하고 커서 굽히지 않는 기운이 이와 같은 것이다.〔嗚呼! 溫公門下士多矣, 如器之者, 所守凜然, 死生禍福不變, 眞元祐人也. 器之平生喜讀孟子, 故其剛大不枉之氣似之.〕"라고 하였다.

45 강절(康節) : 송(宋)나라 학자 소옹(邵雍, 1011~1077)으로, 자는 요부(堯夫), 호는 안락와(安樂窩), 시호는 강절이다. 하남(河南) 사람으로, 《주역(周易)》의 상수학(象數學)에 능통하였다. 벼슬에 나아가지 않고 소문산(蘇門山) 백천(百泉)에서 독서하며 사는 집을 안락와라고 하고 자호를 안락 선생(安樂先生)이라 하였다. 또한 낙양(洛陽)에 살 때에는 공중누각(空中樓閣)을 지어 자호를 무명공(無名公)이라고 하기도 하였다. 저서에는 《격양집(擊壤集)》, 《황극경세서(皇極經世書)》 등이 있다.

46 황극경세서(皇極經世書) : 《주역(周易)》의 원리를 응용하여 수리(數理)로써 천지만물의 생성과 변화를 관찰하고 설명한 소옹(邵雍)의 저서로, 12권으로 이루어져 있다.

47 요부(堯夫)가 요부에게 드린다 : '요부'는 소옹(邵雍)의 자이다. 이 말은 소옹이

"천지(天地)에 물어도 천지가 대답하지 못하였다."라고 하였으니, 이는 바로 상천(上天)을 손에 쥐고 희롱하여 하늘로 자처한 것이다. 정자(程子)가 "무례하고 공손하지 못하다."라고 비판한 것은 바로 이 때문이다. 화담(花潭)[49]이 자신이 지은 글에 찬(贊)하기를 "천성(千聖)께서 다 전하지 못하신 부분을 보았으니, 이를 중간에 유실되게 하지 말아서 후학에게 전하여 중화와 오랑캐에 두루 알려 우리 동국(東國)에 학자가 나왔음을 알게 해야 할 것이다."[50]라고 하였으니, 자신함이

자신의 저술에 대해 자부하여서 당시의 사람들이 몰라주더라도 후세에 자기와 같은 사람이 나오게 되면 반드시 알아줄 것이라고 여긴 것이다.

48 무명공전(無名公傳) : 여조겸(呂祖謙)이 지은 《황조문감(皇朝文鑑)》 권149에는 '무명군전(無名君傳)'으로 되어 있는데, 〈무명공전〉과는 원문의 내용에 다소 출입이 있다. '무명(無名)'은 곧 태극(太極)을 의미하는바, 이는 소옹이 '무명공'이라는 제3인칭을 가지고 자신을 타자화하여 지은 전기(傳記)이다. 《성리군서구해(性理群書句解)》 권6 〈무명공전서(無名公傳序)〉의 주(註)에 "이 편은 강절이, 천명을 즐기고 운명을 알아서 허명(虛名)에 흔들리지 않음을 스스로 서술한 것이다.〔此篇, 康節自序其樂天知命, 不爲虛名所撓.〕"라고 설명하였다.

49 화담(花潭) : 서경덕(徐敬德, 1489~1546)으로, 자는 가구(可久), 호는 화담, 본관은 당성(唐城)이다. 14세 때 《서경(書經)》을 배우다가 태음력의 수학적 계산인 일(日)·월(月) 운행의 도수(度數)에 의문이 생기자, 보름 동안 궁리하여 스스로 해득하였다 한다. 개성(開城) 화담에 서재를 세우고 연구와 교육에 힘썼으며, 성리학의 연구에 힘써 송대(宋代)의 주돈이(周敦頤)와 소옹(邵雍) 및 장재(張載)의 철학사상을 조화시켜 기일원론(氣一元論)의 학설을 제창하였다. 그의 학문과 사상은 이황(李滉)과 이이(李珥)에 의해 그 독창성이 높이 평가되었으며, 조선 기철학의 학맥을 형성하게 되었다. 1575년(선조8)에 우의정에 추증되었고 개성의 숭양서원(崧陽書院) 등에 제향되었다. 저서로는 《화담집(花潭集)》이 있으며, 시호는 문강(文康)이다.

50 천성(千聖)께서……것이다 : 이는 《화담집(花潭集)》 권2 〈귀신사생론(鬼神死生論)〉의 뒤에 실려 있는 내용으로, "대략 나만의 독특한 견해를 서술하여 박공 이정,

너무 지나쳐 그 말이 겸손하지 않은 것이 강절과 똑같다. 두 현인이 모두 상수(象數)를 말미암아서 도(道)에 들어갔기 때문에 그 병증이 똑같은 것인가.

대체로 이(理)를 주장하는 자는 이치를 따라서 편안히 행하기 때문에 그 말이 겸손하고, 상수를 주장하는 자는 기(氣)에 내맡겨 자기 의견을 따르기 때문에 그 말이 과장스럽다. 육상산(陸象山)[51]은 타고난 자질이 순수하고 아름다워서 기욕(嗜慾)을 행하지 않았으니, 같은 시대의 인물들을 낱낱이 꼽아 보건대, 비견할 만한 자가 드물다. 그러나 학문에 소홀하여 견식이 많이 부족해서 위로 올라가 인물들을 논함에 전혀 준칙이 없어서 "이백(李白), 두보(杜甫), 도연명(陶淵明)이 모두 우리의 도(道)에 뜻을 두었다."[52]라고 말하였다. 도연명과 두보를 일러 도에 가깝다고 하는 것은 괜찮지만 도에 뜻을 두었다고 하는 것은 옳지 않다. 이백으로 말하면, 영왕(永王) 인(璘)의 반역을 찬미하였으니[53]

허군 태휘 및 나의 문하에 와서 노니는 자들에게 주었다. 이 의론은 비록 그 말이 졸렬하나 천성(千聖)께서 다 전하지 못하신 부분을 보았을 뿐이니, 이를 중간에 유실되게 하지 말아서 후학에게 전하여 중화와 오랑캐, 멀고 가까운 데에 두루 전하여 우리 동국에 학자가 나왔음을 알게 해야 할 것이다.〔粗述獨見, 貽朴公頤正、許君太輝及諸來遊於門者. 此論雖辭拙, 然見到千聖不盡傳之地頭爾, 勿令中失, 可傳之後學, 遍諸華夷遠邇, 知東方有學者出焉.〕"라고 하였다.

51 육상산(陸象山) : 남송(南宋)의 학자 육구연(陸九淵, 1139~1192)으로, 자는 자정(子靜), 호는 상산·존재(存齋)이다. '심즉리(心卽理)'의 주관적 유심론(唯心論)을 근간으로 한 심학(心學)의 주창자로, 주희(朱熹)의 이학(理學)과 대립하였다.

52 이백(李白)……두었다 : 이 말은 《상산어록(象山語錄)》 권1에 보인다.

53 이백으로……찬미하였으니 : 지덕(至德) 2년(757)에 이백(李白)은 57세의 나이로 당 현종(唐玄宗)의 제16자인 영왕(永王) 인(璘)의 요좌(僚佐)가 되어 그 군영(軍

어찌 차마 도에 뜻을 두었다고 인정할 수 있겠는가. 또 왕개보(王介甫 왕안석(王安石))의 사당에 기문을 지어 "속학(俗學)의 평범하고 누추함을 쓸어버리고 폐법(弊法)의 인순(因循)을 떨쳐 내어서 도술(道術)은 반드시 공자와 맹자를 하고 공적은 반드시 이윤(伊尹)과 주공(周公)을 하였다."[54]라고 하였다. 왕개보가 경(經)을 훼손하고 도(道)를 어지럽히며 자기의 견해만을 고집하여 국사(國事)를 그르친 것은 진실로 만세(萬世)의 죄인이 됨을 면하지 못하는 바이니, 어찌 성인(聖人)을 가지고 찬미할 수 있겠는가. 공자가 "말을 알지 못하면 사람을 알 수 없다."[55]라고 하였으니, 이는 자정(子靜 육구연)을 두고 한 말이 아니겠는가.

사마천이 "복희씨(伏羲氏)는 지극히 순후(純厚)하여 역(易)의 팔괘를 만들었다."[56]라고 하였으니, '순후' 두 글자를 쓴 것이 매우 참되다. 순(純)하지 못하면 잡되고 후(厚)하지 못하면 천박하니, 천박하고 잡

營)에 있었다. 당시 영왕은 황제의 명을 받지도 않은 채 제멋대로 군사를 일으켜 동순(東巡)을 하였는데, 이백은 이러한 영왕을 칭송하여 〈영왕동순가(永王東巡歌)〉를 지었다. 그러나 영왕은 결국 전투에서 패하여 죽음을 당하였고, 이백 또한 죽음을 면치 못하게 되었는데, 이때 곽자의(郭子儀)의 적극적인 구명에 힘입어 외방(外方)에 유배시키는 것으로 감형을 받고 야랑(夜郎)에 유배되었다. 《新唐書 卷82 永王璘列傳》《新唐書 卷202 李白列傳》《李太白文集 卷6 永王東巡歌十一首》

54 속학(俗學)의……하였다 : 이 말은 《상산집(象山集)》 권19 〈형국왕문공사당기(荊國王文公祠堂記)〉에 보인다.

55 말을……없다 : 이 말은 《논어(論語)》 〈요왈(堯曰)〉에 보인다.

56 복희씨(伏羲氏)는……만들었다 : 이 말은 《사기(史記)》 권130 〈태사공자서(太史公自序)〉에 보인다.

된 자는 어떻게 한번 굽어보고 우러러 봄에 신묘하게 합하겠는가.[57] 예로부터 성신(聖神)의 여러 제작(制作)은 순후함에 근본을 두지 않음이 없었다.

《황극경세서(皇極經世書)》의 역사에 "손권(孫權)이 형주(荊州)를 습격하자 관우(關羽)가 죽었다."[58]라고 하였으니, 강절이 포폄(褒貶)한 뜻이 그 사이에 늠연(凜然)하다. 《자치통감강목(資治通鑑綱目)》의 "관우를 사로잡아 참하였다.〔獲羽斬之〕"[59]라는 네 글자는 유감이 없을 수 없으니, 《황극경세서》의 사필(史筆)을 따르지 않고 《자치통감(資

57 한번……합하겠는가 : 이는 《회암집(晦庵集)》 권4 〈재거감흥(齋居感興)〉 중 첫 번째 수에 "복희씨는 옛날의 신성(神聖)으로, 한번 굽어보고 우러러 봄에 신묘하게 합하였네.〔皇犧古神聖, 妙契一俯仰.〕"라고 한 것을 원용한 것이다.

58 손권(孫權)이……죽었다 : 이는 《황극경세서(皇極經世書)》 권6 〈진공한중(進攻漢中)〉에 보이는 내용으로, "기해년에 유비가 조조의 한중(漢中)을 취하여 왕이라 일컬었다. 손권이 유비의 형주(荊州)를 취하여 목(牧)이라 일컬었는데 관우가 죽었다.〔己亥, 劉備取曹操漢中稱王. 孫權取劉備荊州稱牧, 關羽死之.〕"라고 하였다. '기해년'은 후한(後漢) 헌제(獻帝) 건안(建安) 24년(219)으로, 유비는 한중을 차지하고 이해 7월에 '한중왕(漢中王)'이라고 칭하였다. 당시에 관우는 형주의 수장(守將)으로 양번(襄樊)의 전투를 벌이고 있었는데, 손권은 유비의 세력이 점점 커짐을 보고 자기에게 불리할 것으로 판단하여 조조에게 신하를 칭하며 연맹하였다. 그리고 여몽(呂蒙)에게 명하여 형주를 습격하게 하였는데, 반장(潘璋)과 주연(朱然)이 관우를 잡아서 죽였다. 이에 조조는 조정에 표문을 올려서 손권을 표기장군(驃騎將軍), 가절겸형주목(假節兼荊州牧)으로 임명하고 남창후(南昌侯)에 봉하였다.

59 관우를 사로잡아 참하였다 : 이는 주희(朱熹)의 《자치통감강목(資治通鑑綱目)》 권14 목(目)에 보이는 말로, "손권이 먼저 반장으로 하여금 그 지름길을 끊게 하였는데, 12월에 관우를 사로잡아 참하고 마침내 형주를 평정하였다.〔權先使潘璋斷其徑路, 十二月, 獲羽斬之, 遂定荊州.〕"라고 하였다.

治通鑑)》의 문장을 인습한 것이 애석하다.

《황극경세서》에 "이건성(李建成)과 이원길(李元吉)이 난을 일으키자 진왕(秦王) 이세민(李世民)이 주벌하였다."[60]라고 하였는데, 이는 거의 《자치통감》에서 "제갈량(諸葛亮)이 입구(入寇)하였다."라고 한 것[61]과 같은 잘못에 해당한다. 《자치통감강목》에서는 "진왕 이세민이 태자 이건성과 제왕(齊王) 이원길을 시해하였다."라고 하였으니, 이것이 바름을 얻음이 된다.[62]

60 이건성(李建成)과……주벌하였다 : 이는 《황극경세서(皇極經世書)》 권6에 보이는 내용으로, "병술년에 황태자 이건성, 제왕 이원길이 난을 일으켜 진왕을 살해하려고 했으나 이기지 못하였다. 진왕이 장손무기, 위지경덕……유굉기, 왕효공을 거느리고서 현무문에서 난을 평정하자 황제가 이에 진왕 이세민에게 제위를 물려주고, 물러나와 태안궁에 거처하고서 태상황이라고 칭하였다.〔丙戌, 皇太子建成、齊王元吉作難, 殺秦王不克. 秦王以長孫無忌、尉遲敬德……劉宏基、王孝公平之于玄武門, 帝乃授秦王世民位, 退居太安宮, 稱太上皇.〕"라고 하였다.

61 자치통감에서……것 : '제갈량이 입구하였다'고 한 것은 《자치통감(資治通鑑)》 권71 〈위기(魏紀) 열조명황제(烈祖明皇帝)〉에 보이는데, "제갈량이 장차 입구하고자 하여 신하들과 그 일을 도모하였다.〔諸葛亮將入寇, 與群下謀之.〕"라고 하였다. 사마광(司馬光)의 《자치통감》은 한(漢)나라가 망한 다음에 유비(劉備)의 촉한(蜀漢)을 정통으로 삼지 않고 위(魏)나라를 정통으로 삼아 〈한기(漢紀)〉의 다음에 세조문황제(世祖文皇帝) 조비(曹丕)로 시작하는 〈위기(魏紀)〉를 배치하였다. 이는 홍직필이 《자치통감》의 기술 체계가 정통론에 부합하지 않음을 비판한 것이다.

62 자치통감강목에서는……된다 : 《자치통감강목(資治通鑑綱目)》 권39 상(上) 강(綱)에 "6월에 태백성이 낮에 나타나 하늘에 뻗쳐 있었다. 진왕 이세민이 태자 이건성과 제왕 이원길을 시해하고 이세민이 황태자가 되어서 군국(軍國)의 중요한 일을 결정하였다.〔六月, 太白經天. 秦王世民殺太子建成、齊王元吉立, 世民爲皇太子決軍國事.〕"라고 한 내용이 보인다. 당 고조(唐高祖)의 차자(次子)인 이세민이 태자인 형 이건성과 제왕인 아우 이원길을 죽이고 태자의 자리에 오른 행위는 정통론에 입각하여 봤을 때에

두 현인은 총명하고 통철한 안목이 있어서 의당 이치에 어두운 바가 없을 것인데 쉽게 알 수 있는 선악도 오히려 이처럼 잘못 봄을 면하지 못하였으니, 위로 올라가서 옛사람을 논하는 것이 참으로 어려운 것이다.

사서(史書)를 지음에 있어서는 마름질을 잘 해야 하는데 《송사(宋史)》는 자질구레하고 번잡하여 권형(權衡)이 매우 부족해서 거의 의례(義例)를 이루지 못하였으니, 탈탈(脫脫)[63]의 무리가 지은 것은 그러한 것이 당연하다. 명(明)나라 태조(太祖)가 사국(史局)을 개설하여 개찬(改撰)하고자 하여 송렴(宋濂)에게 명하여 총재(總裁)가 되게 하였는데, 송렴이 찬배되는 바람에[64] 이 일이 마침내 중단되었으니, 애석하다. 왕도(王道)로써 다스리는 자가 나온다면 반드시 황조(皇朝

황태자를 시해하고 지위를 찬탈한 반역이 되므로, 홍직필은 주희(朱熹)의 《자치통감강목》의 기술이 바르다고 본 것이다.

63 탈탈(脫脫) : 1314~1356. 원(元)나라 순제(順帝) 때 사람으로, 일명 탁극탁(托克托), 탈탈첩목아(脫脫帖木兒)라고도 한다. 몽고족 멸리걸(蔑里乞) 씨로 자는 대용(大用)이다. 순제의 칙명(勅命)으로 요(遼)·금(金)·송(宋)의 3사(史)를 편수하는 도총제관(都總制官)이 되었다.

64 송렴이 찬배되는 바람에 : 홍무(洪武) 10년(1377)에 송렴은 벼슬을 사직하고 고향의 집으로 돌아갔는데, 홍무 13년(1380)에 그 손자 송신(宋愼)이 호유용(胡惟庸)의 죄안에 연루되어 송신과 송렴 및 그의 둘째아들 송수(宋璲)가 모두 사형에 처해지게 되었다. 명 태조(明太祖) 주원장(朱元璋)은 송렴을 죽이려고 하였으나 마황후(馬皇后)와 태자 주표(朱標)의 간청으로 사형을 면하여 사천(四川)의 무주(茂州)에 찬배되었다. 홍무 14년(1381) 5월에 적소로 가는 도중에 병으로 말미암아 기주(夔州)에서 72세의 나이로 졸하였다. 《宋濂全集 宋文憲公年譜下》

명(明)나라)에서 미처 하지 못하였던 의전을 거행할 것이다. 이른바 《요사(遼史)》와 《금사(金史)》 역시 《송사》와 함께 탈탈에게서 나와서 더욱 체재(體裁)가 없다. 《송사》를 다시 바로잡는 자는 마땅히 재기(載記)에 요(遼)와 금(金)을 붙이기를 《진서(晉書)》의 오호(五胡)의 예(例)와 같게 하여서[65] 화이(華夷)의 큰 구분을 보존해야 할 것이다.

건륭제(乾隆帝 청 고종(淸高宗))가 《황명강목(皇明綱目)》을 지었는데 홍광제(弘光帝)·융무제(隆武帝)·영력제(永曆帝) 세 황제[66]를 정통(正統)으로 인정하지 않았고, 또 《통감집람(通鑑輯覽)》을 지었는데 덕우제(德祐帝) 이하 세 황제[67]에게 있어서도 이와 같이 하였다. 송(宋)나라에 있어서 이와 같이 한 것이 명(明)나라 세 황제의 정통을

65 송사를……하여서 : '재기(載記)'는 역사 기술 체제의 하나인바, 실제로 나라를 세워 국호가 있었으나 정통(正統)이 아닌 경우를 기록한 것으로, 정통을 기록한 본기(本紀)·세가(世家)·열전(列傳)과는 구별된다. '오호'는 흉노(匈奴)·갈(羯)·선비(鮮卑)·저(氐)·강(羌)의 이민족으로, 이들이 세운 나라는 정통으로 인정될 수 없었기에 당(唐)나라 때 방현령(房玄齡) 등이 《진서》를 수찬하면서 오호를 책의 맨 뒤에 '재기'로 배치하였는바, 권101부터 맨 마지막인 권130까지가 이에 해당한다.

66 홍광제(弘光帝)……황제 : 세 황제는 모두 명(明)나라가 멸망한 뒤에 황실의 일족들이 화중(華中)과 화남(華南)에 세운 정권인 남명(南明)의 황제들로, 남경(南京)에서 홍광제(弘光帝)가, 복주(福州)에서 융무제(隆武帝)가, 곤명(昆明)에서 영력제(永曆帝)가 차례로 즉위하여 청(淸)나라에 맞서 싸웠으나, 1662년 곤명에서 영력제가 살해됨으로써 남명은 멸망하였다.

67 덕우제(德祐帝) 이하 세 황제 : 남송(南宋) 말기의 세 황제로, 덕우제인 공종(恭宗) 조현(趙㬎, 1271~1323)과 경염제(景炎帝)인 단종(端宗) 조하(趙昰, 1269~1278)와 상흥제(祥興帝)인 조병(趙昺, 1272~1279)을 가리킨다. 이들은 모두 도종(度宗) 조기(趙禥, 1240~1274)의 아들이다.

산거(刪去)한 장본이 되는 것이다. 송(宋)나라와 명(明)나라가 비록 왕조가 크게 무너지고 국운이 옮겨졌더라도 중화의 정통은 절로 남아 있었으니, 어찌 황도(黃圖)[68]를 오랑캐에게 실어 보내고 옥독(屋纛)으로 스스로 즐긴 것[69]이라고 기꺼이 자처할 수 있겠는가. 건륭제가 오랑캐의 풍속을 가지고 중화의 문명(文明)한 가르침을 변화시키는 것이 죄가 됨을 알지 못하고, 버젓이 《춘추(春秋)》에서 오(吳)나라와 초(楚)나라를 대우한 것으로 송(宋)나라와 명(明)나라를 대우하였으니, 천하만세(天下萬世)에 어찌 기꺼이 그의 사필(史筆)을 믿고서 중화와 오랑캐의 큰 구분을 분변하지 않을 수 있겠는가. 노추(老酋 청(淸)나라 황제)는 또한 기탄함이 없는 것[70]이 심한 자일 것이다.

역대에 '천하의 호구(戶口)가 근세에 가장 많다'고 일컬어지면 난리와

68 황도(黃圖) : 《삼보황도(三輔黃圖)》의 약칭으로, 삼보에 있는 궁관(宮觀)과 능묘(陵廟), 명당(明堂) 등을 기록한 책인바, 인신하여 기보(畿輔), 경도(京都) 등을 뜻한다.

69 옥독(屋纛)으로 스스로 즐긴 것 : '옥독'은 황옥좌독(黃屋左纛)의 줄임말로, 황옥은 천자의 수레 덮개이고 좌독은 천자의 수레 왼쪽에 꽂는 깃발이다. 한(漢)나라 때 남월(南越)의 왕 조타(趙佗)가 제호(帝號)를 쓰고 황옥과 좌독을 사용하자 한 문제(漢文帝)가 육가(陸賈)를 보내어 꾸짖게 하니, 조타가 "황옥과 좌독으로 스스로 즐겨본 것일 뿐입니다."라고 하고 이후로는 제호와 황옥좌독을 쓰지 않았다고 한다. 《史記 卷97 陸賈列傳》

70 기탄함이 없는 것 : 이는 본래 《중용장구(中庸章句)》 제2장에 보이는 말로, "군자가 중용을 행하는 것은 군자다우면서 때에 맞게 하기 때문이요, 소인이 중용과 반대로 하는 것은 소인으로서 기탄함이 없기 때문이다.〔君子之中庸也, 君子而時中; 小人之反中庸也, 小人而無忌憚也.〕"라고 하였다.

멸망이 곧 뒤따랐다. 예컨대 수(隋)나라 문제(文帝) 때에는 천하의 호구가 해마다 증가하여서 경보(京輔)와 삼하(三河) 지역이 땅은 부족한데 사람은 많아서 옷과 음식이 넉넉하지 못하고 부장(府藏 창고)이 모두 가득 차 더 이상 들여 놓을 곳이 없어서 낭무(廊廡)에 쌓아 놓게 되었으며, 심지어 좌장원(左藏院)을 열어서 받기까지 하였다. 그리고 송(宋)나라 휘종(徽宗) 때에는 호구가 번성함이 유사 이래 없었던 바이며, 우리나라의 광해군(光海君)은 재위한 16년 동안 한 해도 흉년이 든 적이 없었다. 그런데 이 세 군주가 자기 몸을 죽게 하고 나라를 전복시킨 것이 자식의 대에 있지 않으면 자신의 대에 있었으니, 이는 바로 이른바 "안락함 가운데에서는 죽는다."[71]라는 것이다. 교만함과 방자함으로써 큰 도(道)를 잃어버리게 되는 것[72]이 계속 이어졌으나 이를 경계한 적이 없었으니 애석하다. 세상 사람들은 자주 풍년이 든 것이 광해군의 원수라고 하니, 이는 그가 스스로 천리(天理)를 끊어서 하늘이 경고하지 않았기 때문이다. 수(隋)나라와 송(宋)나라 또한 그러하지 않음이 없으니, 어찌 광해군만 이와 같을 뿐이겠는가.

무릇 세상에 나가서 쓰이는 자가 행동과 말이 서로 일치하지 못하는

71 안락함 가운데에서는 죽는다 : 이 말은 《맹자》 〈고자 하(告子下)〉에 보이는 것으로, "그런 뒤에야 우환 가운데에서는 살아나고 안락함 가운데에서는 죽는다는 것을 알게 된다."〔然後知生於憂患, 而死於安樂也.〕"라고 하였다.

72 교만함과……것 : 이는 본래 《대학장구(大學章句)》 전(傳) 10장에 보이는 말로, "그러므로 군자에게는 큰 도(道)가 있으니, 반드시 충(忠)과 신(信)으로써 큰 도를 얻고, 교만함과 방자함으로써 큰 도를 잃어버리게 된다.〔是故君子有大道, 必忠信以得之, 驕泰以失之.〕"라고 한 데에 보인다.

것은 때와 형세가 그러하기 때문이다. 조리(條理)를 시작하고 마무리함[73]이 마치 부절(符節)을 맞춘 것처럼 똑같은 자는 오직 한신(韓信)과 제갈 무후(諸葛武侯 제갈량(諸葛亮)) 두 사람일 뿐이다. 한신이 대장에 임명된 날에 격문(檄文)을 돌려 항우(項羽)를 멸할 계책을 이미 진달하였는데[74] 군사를 일으켜 동쪽으로 출정함에 이르러서 마침내 삼진

73 조리(條理)를 시작하고 마무리함 : 이 말은《맹자(孟子)》〈만장 하(萬章下)〉에 보이는 것으로, "그러므로 공자 같은 분을 일러 집대성(集大成)하였다고 하는 것이다. 집대성이란, 음악을 연주할 적에 쇠로 만든 악기를 쳐서 소리를 퍼뜨리고 옥(玉)으로 만든 악기를 쳐서 소리를 거두어들이는 것이니, 쇠로 만든 악기를 쳐서 소리를 퍼뜨리는 것은 조리(條理)를 시작하는 것이고, 옥으로 만든 악기를 쳐서 거두어들이는 것은 조리를 마무리하는 것이다. 조리를 시작하는 것은 지혜에 속하는 일이고, 조리를 마무리하는 것은 성(聖)에 속하는 일이다.〔孔子之謂集大成. 集大成也者, 金聲而玉振之也. 金聲也者, 始條理也; 玉振之也者, 終條理也. 始條理者, 智之事也; 終條理者, 聖之事也.〕"라고 하였다.

74 한신이……진달하였는데 : 항우(項羽)가 유방(劉邦)을 견제하기 위하여 일부러 유방을 한왕(漢王)으로 삼고, 관중(關中)을 셋으로 나누어 진(秦)나라의 항복한 장수인 장함(章邯)과 사마흔(司馬欣)과 동예(董翳)를 왕으로 삼아 유방의 길목을 막게 하니, 곧 삼진(三秦)이다. 유방이 남정(南鄭)에 이르렀을 때에 치속도위(治粟都尉)였던 한신이 도망가자, 승상 소하(蕭何)가 직접 한신을 데려와 유방에게 한신을 대장으로 삼도록 설득하여 마침내 예를 갖추어 한신을 대장으로 임명하였다. 대장을 임명하는 예가 끝나자 유방이 한신에게 구체적인 계책에 대해 물었는데, 한신이 항우의 사람됨과 유방의 장점 및 삼진의 문제에 대해 언급하고 "대왕께서는 관중에 들어가 털끝만큼도 해친 바가 없고 진(秦)나라의 까다로운 법을 제거하시니, 진(秦)나라 백성들 중에 대왕이 진(秦)나라 왕이 되기를 바라지 않는 자가 없습니다. 이제 대왕이 군대를 일으켜 동쪽으로 출정하시면 삼진은 격문만 돌리고도 평정할 수 있을 것입니다.〔大王入關, 秋毫無所害, 除秦苛法, 秦民無不欲得大王王秦者. 今大王擧而東, 三秦可傳檄而定也.〕"라고 하였다. 이에 유방이 한신의 계책을 따랐다. 8월에 군사를 일으켜 동쪽으로 출정하여 삼진을 평정하였다.《史記 卷7 項羽本紀》《史記 卷92 淮陰侯列傳》

(三秦)을 평정하여 제업(帝業)을 이루었다. 제갈 무후 또한 삼고초려(三顧草廬)한 날에 형주(荊州)와 익주(益州)를 차지할 계획을 거론하였는데[75] 초려를 나감에 이르러서는 마침내 그 계획과 같이 하였다.

75 제갈 무후……거론하였는데 : 서서(徐庶)가 신야(新野)에 주둔하고 있던 유비(劉備)를 만나보고, 제갈량(諸葛亮)을 와룡(臥龍)에 견주며 직접 찾아가 만나볼 것을 권하였다. 이에 유비가 제갈량의 초려(草廬)를 세 번이나 찾아가서야 비로소 그를 만나보고 앞으로의 계책을 물었는데, 제갈량이 대답하기를 "형주는 북쪽으로 한수와 면수를 점거하고 남쪽으로 남해의 이익을 다 차지하며 동쪽으로 오회와 연접하고 서쪽으로 파촉과 통하니, 이는 무력을 쓸 수 있는 나라입니다. 그런데 그 주인이 제대로 지키지 못하니, 이는 아마도 하늘이 내려 주어 장군의 밑천으로 삼게 하려는 것인 듯합니다. 장군께서 어찌 뜻이 있지 않으시겠습니까. 익주는 험한 요새지이고 비옥한 들이 천리에 이어져 있어 천부(天府)의 땅으로 한 고조께서 그것을 인하여 제왕의 업을 이루셨습니다. 그런데 이곳을 다스리는 유장이 어리석고 무능하며, 장로가 북쪽에 있어 백성이 많고 나라가 부유하나 백성을 보존하고 구휼할 줄 모르니, 지혜롭고 유능한 선비들이 현명한 군주를 얻을 것을 생각하고 있습니다. 장군은 이미 황실의 후손으로 신의가 사해에 드러나 영웅들을 두루 초치하여 어진 이를 생각하기를 목마른 듯이 하시니, 만약 형주와 익주를 차지하여 산천의 험고함을 확보하고, 서쪽으로 여러 오랑캐와 화친하고 남쪽으로 이월(夷越)을 안무하며, 밖으로는 손권과 우호를 맺고 안으로는 정사를 닦으신다면, 천하에 변이 있을 적에 상장(上將) 한 명에게 명하여 형주의 군사를 거느려서 완과 낙양으로 향하게 하고, 장군은 몸소 익주의 군사를 이끌어서 진천을 나가시면 백성 중에 어느 누가 감히 대바구니에 밥을 담고 병에 음료를 담아서 장군을 환영하지 않겠습니까. 진실로 이와 같이 하면 패업을 이룩할 수 있고 한(漢)나라 황실을 부흥시킬 수 있을 것입니다.〔荊州北據漢、沔, 利盡南海, 東連吳會, 西通巴蜀, 此用武之國, 而其主不能守, 此殆天所以資將軍, 將軍豈有意乎? 益州險塞, 沃野千里, 天府之土, 高祖因之以成帝業. 劉璋闇弱, 張魯在北, 民殷國富而不知存恤, 智能之士思得明君. 將軍旣帝室之胄, 信義著於四海, 總攬英雄, 思賢如渴, 若跨有荊益, 保其巖阻, 西和諸戎, 南撫夷越, 外結好孫權, 內修政理, 天下有變, 則命一上將將荊州之軍以向宛、洛, 將軍身率益州之衆以出秦川, 百姓孰敢不簞食壺漿, 以迎將軍者乎? 誠如是, 則霸業可成, 漢室可興矣.〕"라고 하였다.《蜀志 卷5 諸葛亮》

영웅은 모두 때와 형세를 알기 때문에 한 세상을 헤아리는 것이 쓸데없는 생각이 아닌 것이다. 전철(前哲)이 장자방(張子房 장량(張良))을 '빚을 청산한 사람'이라고 인정하였는데 한신, 제갈 무후와 같은 경우는 또한 그 말을 저버리지 않은 것이라고 이를 만하다.

조자룡(趙子龍 조운(趙雲))이 성도(成都)의 전택(田宅)[76]을 사양하면서 곽거병(霍去病)[77]이 "흉노가 아직 멸망하지 않았으니, 집을 가지고 무엇 하겠습니까."라고 말한 것을 인용하여 "지금 나라의 적은 비단 흉노뿐만이 아니니, 편안함을 구할 수 없습니다."라고 하였고, 동쪽으로 출정하는 것[78]을 간할 적에는 "나라의 적은 조조(曹操)이지 손권(孫權)이 아닙니다. 먼저 위(魏)나라를 멸하면 오(吳)나라는 저절로 복종할 것입니다."라고 하였다. 그 견식과 역량이 관우(關羽)와 장비(張飛)가 미칠 바가 아니니 혹 또한 선(先)-결(缺)-에게서 전해 받은 바가 있는 것인가.

76 성도(成都)의 전택(田宅) : 촉한(蜀漢)의 유비(劉備)가 익주(益州)를 평정한 뒤에 성도에 있는 전택을 여러 장수들에게 나누어 하사하려고 하였는데, 조운(趙雲)은 이를 사양하였다. 《資治通鑑 卷67 漢紀 孝獻皇帝》

77 곽거병(霍去病) : 한 무제(漢武帝) 때의 명장으로, 흉노(匈奴)를 여러 차례 정벌하여 큰 공훈을 세웠다.

78 동쪽으로 출정하는 것 : 촉한(蜀漢)의 관우(關羽)가 오(吳)나라 장수 여몽(呂蒙)의 계략에 걸려 패전하고 죽자 유비(劉備)가 이를 복수하기 위하여 동쪽에 있는 오(吳)나라로 출정하였던 것을 말한다. 결국 유비는 오(吳)나라 장수 육손(陸遜)에게 대패하고 이로 인해 백제성(百帝城)에서 죽고 말았다.

《주역(周易)》〈계사전 하(繫辭傳下)〉에 “《역(易)》을 지은 분은 우환이 있었을 것이다.”라고 하였고, 또 “《역》이 일어남은 은(殷)나라 말기와 주(周)나라의 덕(德)이 성할 때에 해당할 것이다. 문왕(文王)과 주(紂)의 일에 해당할 것이다.”라고 하였다. 사마천(司馬遷)이 이른바 “유리(羑里)에 갇혀 있으면서 《주역》을 부연하였다.”라고 한 것은 여기에서 나온 듯하나, “공자는 곤액을 겪고 나서 《춘추》를 지었다.”라고 한 것과 “《시경》 삼백 편은 현성(賢聖)이 발분(發憤)하여 지은 것이다.”라고 한 것으로 말하면 잘못이라고 하겠다.[79]

공자가 진(陳)나라와 채(蔡)나라 사이에서 곤액을 당한 것은 장차 초(楚)나라의 초빙에 응하여 나아가려고 했을 때에 있었으니, 당시에 공자는 63세였다.[80] 애공(哀公) 14년 경신년(B.C.481)에 서쪽 대야(大野)에서 사냥하다가 기린(麒麟)을 잡자 공자가 《춘추》를 지었는데, 당시에 공자는 71세였다. 《사기》는 근거한 바가 있으니 《춘추》를

79 사마천(司馬遷)이……하겠다 : 사마천의 〈태사공자서(太史公自序)〉에 다음과 같이 말하였다. “옛적에 서백(西伯) 주 문왕(周文王)은 유리(羑里)에 갇혀 있으면서 《주역》을 부연하였고, 공자는 진(陳)나라와 채(蔡)나라의 사이에서 곤액을 당하고 《춘추》를 지었으며……《시경》 삼백 편은 대체로 현성(賢聖)이 발분(發憤)하여 지은 것이다. 이 사람들은 모두 마음속에 울결된 바가 있어 그 도(道)를 통하게 할 수 없었기 때문에 지나간 일을 서술하여 미래를 생각한 것이다.〔昔西伯拘羑里演周易, 孔子厄陳蔡作春秋……詩三百篇, 大抵聖賢發憤之所爲作也. 此人皆意有所鬱結, 不得通其道也, 故述往事思來者.〕” 《史記 卷130 太史公自序》

80 공자가……63세였다 : 주 경왕(周敬王) 31년(B.C.489)에 초(楚)나라에서 공자가 진(陳)나라와 채(蔡)나라의 사이에 있다는 소식을 듣고 사람을 보내어 초빙하자 공자는 이에 응하려 하였다. 이때 진(陳)나라와 채(蔡)나라의 대부들이 공자가 초(楚)나라로 가서 중용될 것을 두려워한 나머지 함께 병사를 보내어 공자를 포위하여, 이 때문에 공자가 제자들과 함께 양식도 떨어진 채 매우 고생한 일이 있었다.

지은 것이 어찌 진(陳)나라와 채(蔡)나라의 사이에서 당한 곤액 때문이었겠는가. 그런데 사마천이 이와 같이 말한 것은 어째서인가.

《시경》의 이남(二南 주남(周南)·소남(召南))은 문왕의 교화를 입어서 성정의 바름을 얻었다. 그러므로 "즐거워하면서도 즐거움이 지나쳐 바름을 잃지 않았고, 슬퍼하면서도 슬픔이 지나쳐 화(和)를 해치지 않았다."[81]라고 말한 것이다. 아(雅)와 송(頌)으로 말하면 바로 조정과 교묘(郊廟)에서 사용하는 악가의 내용으로, 온화하면서도 장엄하고 너그러우면서도 치밀하다. 아(雅)의 변(變)이라는 것 또한 현인과 군자가 세상을 걱정하고 풍속을 안타깝게 여겨 지은 것으로, 충후(忠厚)하고 측달(惻怛)하며 선(善)을 말하고 사특함을 막으려는 뜻에서 나온 것이니, 어찌 발분하여서 지은 것이겠는가. 발분하면 이미 성정의 바름을 잃은 것이니 어찌 이른바 "생각에 사특함이 없다.〔思無邪〕"[82]라는 것이겠는가.

《사기》를 가지고 《춘추》를 이어서 스스로 공자에 견주었는데[83] 마침

81 즐거워하면서도……않았다 : 이는 《논어(論語)》 〈팔일(八佾)〉에 보이는 공자(孔子)의 말로, 《시경(詩經)》 〈주남(周南) 관저(關雎)〉를 두고 말한 것이다.

82 생각에 사특함이 없다 : 이는 본래 《시경(詩經)》 〈노송(魯頌) 경(駉)〉의 한 구(句)인데, 공자(孔子)가 "《시경》 삼백 편의 뜻을 한마디 말로 요약할 수 있으니, '생각에 사특함이 없다.'라는 것이다.〔詩三百, 一言以蔽之, 曰思無邪.〕"라고 말한 바 있다. 《論語 爲政》

83 사기를……견주었는데 : 사마천(司馬遷)은 〈태사공자서(太史公自序)〉에서 다음과 같이 말하였다. "선친께서 말씀하시기를 '주공(周公)이 별세한 뒤로 오백 년이 지나 공자가 있었고, 공자가 별세한 뒤로 오늘에 이르기까지 오백 년이 되었으니, 능히 밝은 세상을 잇고 《역전(易傳)》을 정정하고 《춘추》를 계승하고 《시(詩)》·《서(書)》·《예(禮)》·《악(樂)》의 근본을 구명할 수 있는 사람이 있을 것인가.'라고 하셨는데, 뜻이

예측하지 못한 화를 만나서 극형을 받게 되었다.[84] 그러므로 반드시 옛날의 성현이 변사(變事)를 만난 경우를 끌어다가 그 저서들을 두고 모두 우환을 말미암아서 지은 것이라고 하여 자기의 일에 견주었다. 그러나 그 실제를 완전히 상실하여, 몰아가 견강부회하는 것임을 깨닫지 못하였다. 이는 또한 문인의 습기(習氣)이니, 기탄함이 없는 죄과(罪科)[85]로 귀결되지 않음이 얼마나 되겠는가. 좌구명(左丘明)의《국어(國語)》와 손자(孫子)의《병법(兵法)》또한 반드시 실명(失明)하고 슬개골을 제거하는 형벌을 당한 뒤에 있지는 않았을 것이며, 또《여람(呂覽)》이 완성되자 여불위(呂不韋)가 이를 함양(咸陽)의 저자 위에 걸어놓고 한 글자라도 증감할 수 있는 자가 있으면 천금을 주겠다고 한 일도 어찌 촉(蜀)으로 옮겨간 뒤에 있었겠는가.[86]

여기에 있도다. 뜻이 여기에 있도다. 소자가 어찌 감히 이 일을 사양하겠는가.〔先人有言：自周公卒五百歲而有孔子，孔子卒後至於今五百歲，有能紹明世、正易傳、繼春秋、本詩書禮樂之際？意在斯乎！意在斯乎！小子何敢讓焉？〕"《史記 卷130 太史公自序》

84 마침……되었다 : 전한(前漢)의 명장 이릉(李陵)이 천한(天漢) 2년(B.C.99)에 군사 5천 명을 거느리고 흉노(匈奴)와 싸워 승리하였으나, 회군하던 중에 적의 대군을 만나 중과부적으로 항복하였다. 이에 무제(武帝)가 크게 노하여 그 일족을 몰살하려고 하였는데, 사마천이 나서서 그를 변호하다가 도리어 무제의 노여움을 사서 참형을 받게 되었다. 그러나 사마천은 사서(史書)를 완성하지 못하였기 때문에 치욕스러움을 참고서 궁형(宮刑)을 선택하여 참형을 면하게 되었다.《漢書 卷62 司馬遷傳》

85 기탄함이 없는 죄과(罪科) : 167쪽 주70 참조.

86 좌구명(左丘明)의……있었겠는가 : 사마천(司馬遷)의 〈태사공자서(太史公自序)〉에 다음과 같이 말하였다. "좌구명이 실명(失明)하자《국어(國語)》가 있게 되었고, 손자(孫子)는 슬개골을 제거하는 형벌을 당하고 나서《병법(兵法)》을 논찬하였으며, 여불위(呂不韋)가 촉(蜀)으로 옮겨간 뒤에 세상에《여람(呂覽)》이 전해지게 되었다.〔左丘失明, 厥有國語, 孫子臏脚, 而論兵法, 不韋遷蜀, 世傳呂覽.〕"《史記 卷130 太史公自序》

"성상이 전(殿)에 나오지 않았으면 태후는 마땅히 홀로 앉아 있어서는 안 된다."[87]라는 한 구(句)의 말은 진실로 상법(常法)을 지킨 정론(正論)으로 만세토록 바꿀 수 없는 것이다. 이는 이천(伊川 정이(程頤))이 아니면 감히 말할 수 없는 것인데, 이천이 조정에 용납되지 못한 것은 바로 이 때문이었다. 선인황후(宣仁皇后)[88]의 성스러움으로도 이천을 용납하지 못하였으니, 명군(明君)과 양신(良臣)이 서로 만나기가 이처럼 어렵다. 만약 사마공(司馬公 사마광(司馬光))이 살아 있었더라면

여불위는 전국시대 말기의 대상(大商)으로, 진(秦)나라 초기에 상국(相國)이 되었는데, 시황제(始皇帝) 즉위 후 12년(B.C.235)에 집안 전체를 촉(蜀)으로 옮기라는 명을 받게 되었고 결국 짐주(鴆酒)를 마시고 자살하였다. 《여람》은 《여씨춘추(呂氏春秋)》의 별칭인데, 여불위가 빈객들에게 각자의 학설을 저술하도록 하여 이 책을 만들고는 완성도 높은 책이라는 것을 자부하여 함양(咸陽)의 성문에 공포하기를 "이 책에서 한 글자라도 증감할 수 있는 자가 있으면 천금을 주겠다."라고 한 일이 있다. 《史記 卷85 呂不韋列傳》

87 성상이……된다 : '성상'은 송(宋)나라 철종(哲宗)을, '태후'는 철종 즉위 후에 수렴청정을 하였던 선인황후(宣仁皇后)를 가리킨다. 이천(伊川) 정이(程頤)가 하루는 강연(講筵)에 나아갔는데 마침 철종이 창진(瘡疹)에 걸려 전(殿)에 나와 앉아 있지 못한 지가 여러 날이 되었다. 이에 정이가 물러나와 재신에게 묻기를, "성상께서 전(殿)에 나오지 못한 것을 아셨습니까?"라고 하니 재신이 "알지 못하였다."라고 대답하였다. 그러자 정이가 "성상과 태후께서 조정에 임하심에, 성상께서 전(殿)에 나오지 않았으면 태황태후께서는 마땅히 홀로 앉아 있어서는 안 됩니다. 또한 인주에게 질병이 있는데 대신이 이를 몰라서야 되겠습니까."라고 하였다. 《伊洛淵源錄 卷4 伊川先生年譜》

88 선인황후(宣仁皇后) : 송(宋)나라 영종(英宗)의 황후이자 신종(神宗)의 모후이다. 왕안석(王安石)의 신법(新法)을 한결같이 반대하였고 구당(舊黨)의 대신인 사마광(司馬光)을 신임하였다. 아들 신종이 죽고 철종(哲宗)이 10세의 어린 나이로 즉위하자 수렴청정을 하였는데, 왕안석을 물리치고 사마광을 등용하여 원우(元祐)의 치(治)를 이루었으므로, 세상에서 '여중요순(女中堯舜)'이라고 일컬었다. 《宋史 卷242 英宗宣仁聖烈高皇后》

반드시 위로 아뢰고 아래로 효유하여서, 이천이 낭패한 채 국도를 떠나도록 만들지는 않았을 것이다. 선인황후가 소식(蘇軾)과 공문중(孔文仲)의 무리에 의해 잘못을 저지르게 된 것은 응당 수렴청정의 오점이 되니, 애석하고 애석하다.

왕안석(王安石)이 평소에 풍도(馮道)[89]를 좋아하였는데 당자방(唐子方 당개(唐介))이 면전에서 꾸짖기를 "풍도가 재상이 되어서 조정으로 하여금 성(姓)이 네 번 바뀌게 하였고 자기 자신은 열 명의 군주를 섬겼으니, 이를 순신(純臣)이라고 할 수 있겠는가."라고 하자 왕안석이 말하기를 "이윤(伊尹)이 다섯 번 탕왕(湯王)에게 나아가고 다섯 번 걸왕(桀王)에게 나아갔던 것[90]은, 그 의도가 바로 남을 편안하게 함에 있었을 뿐이다."라고 하였다. 진실로 남을 편안하게 하기 위해서라면 비록 절조와 의리를 상실하여 개나 돼지와 같은 행동을 하는 것

89 풍도(馮道) : 중국 오대(五代) 시대에 당(唐)·진(晉)·거란(契丹)·한(漢)·주(周) 등의 오조(五朝)에서 여러 황제들을 섬기며 20년간 재상을 지냈던 인물로, 처세에 능하고 기회주의적이었는데, 스스로는 장락로(長樂老)라고 자호(自號)하고 이를 자랑스럽게 여겼다. 《新五代史 卷54 馮道列傳》

90 이윤(伊尹)이……것 : 이는 《맹자(孟子)》〈고자 하(告子下)〉에 보이는 것으로, 다음과 같이 말하였다. "낮은 지위에 있으면서 자신의 어짊으로써 못난 사람을 섬기지 않은 이는 백이(伯夷)였고, 다섯 번 탕왕(湯王)에게 나아가고 다섯 번 걸왕(桀王)에게 나아간 이는 이윤(伊尹)이었고, 더러운 임금도 싫어하지 않고 낮은 관직도 사양하지 않은 이는 유하혜(柳下惠)였다. 이 세 분은 방법은 달랐지만 그 귀결되는 곳은 하나였으니, 그 하나는 무엇이겠는가. 바로 인(仁)이다. 군자는 다만 인을 행할 따름이니, 어찌 반드시 방법이 같을 필요가 있겠는가.〔居下位, 不以賢事不肖者, 伯夷也; 五就湯, 五就桀者, 伊尹也; 不惡汚君, 不辭小官者, 柳下惠也. 三子者, 不同道, 其趨一也. 一者何也? 曰仁也. 君子亦仁而已矣, 何必同?〕"

이라도 또한 할 수 있단 말인가. 만약 왕안석이 풍도의 입장에 처했더라면 반드시 풍도의 행동을 했을 것임이 분명하다. 어쩌면 견식이 없는 것이 이와 같단 말인가. 장돈(章惇)과 채경(蔡京)에게 법을 전수하고 정신을 지키게 하여 점차 송(宋)나라를 망하게 하고야 만 것이 당연하다.

설문청(薛文淸 설선(薛瑄))이 건문제(建文帝)[91]의 치세에 과거에 급제하고 영락제(永樂帝)[92]의 조정에서 정사에 종사하였는데, 점필재(佔畢齋)가 광묘(光廟)에게 있어서 또한 이와 같이 하였다.[93] 출처(出處)의 의리를 가지고 헤아려 보면 바름을 얻은 것이 되기에는 부족한 듯하니, 이는 책비(責備)[94]의 뜻이다.

91 건문제(建文帝) : 명(明)나라 제2대 황제인 혜제(惠帝) 주윤문(朱允炆, 1377~?)으로, 태조(太祖) 주원장(朱元璋)의 적손으로 즉위하였으나 숙부인 연왕(燕王) 주체(朱棣)에게 찬탈을 당하고 살해되었다.

92 영락제(永樂帝) : 명(明)나라의 제3대 황제인 성조(成祖) 주체(朱棣, 1360~1424)로, 명(明)나라 건국 이후 연왕(燕王)에 봉해져 연경(燕京) 지역에 웅거하다가 조카인 주윤문(朱允炆)이 건문제(建文帝)로 즉위하자 반란을 일으켜 황제의 자리를 찬탈하고 방효유(方孝孺)의 10족을 멸족시키는 등 많은 신하들을 도륙하는 공포 정치를 폈다.

93 점필재(佔畢齋)가……하였다 : 점필재는 김종직(金宗直, 1431~1492)으로, 자는 효관(孝盥)·계온(季昷), 호는 점필재, 본관은 선산(善山)이다. 광묘(光廟)는 세조의 묘호이다. 김종직은 1453년(단종1) 진사시에 합격하고 1459년(세조5) 식년문과에 급제하여 승문원 권지부정자가 되었으며, 이후로 세조와 성종 대에서 벼슬을 하며 당시 학자들의 정신적인 영수가 되었다.

94 책비(責備) : 모든 일을 완비하여 한 가지도 부족함이 없기를 바라는 것을 말한다.

삼대(三代 하(夏)·은(殷)·주(周))의 예(禮)는 사왕(嗣王)의 즉위함이 선군(先君)의 상(喪)을 치른 다음 해에 있었기 때문에 즉위한 해가 원년이 되었으니, 이것이 정경(正經)이 된다. 후세에는 위태롭고 의심스러운 때에 제위(帝位)를 엿보는 일이 쉽게 일어나므로 사위(嗣位)를 늦출 수 없다고 여겼는데, 이 또한 마땅히 성복(成服)을 기다려 즉위하기를 본조(本朝)의 전례(典禮)와 같이 해야 할 뿐이다.[95]

송(宋)나라 영종(英宗)이 붕어하자 신종(神宗)은 당일로 즉위하였다. 이때에는 천하가 편안하고 또한 위협이 될 만한 가까운 종친이 없었는데 선군이 붕어한 날에 즉시 사위의 예를 행하였으니, 이는 천리(天理)와 인정(人情)으로 볼 때 당연한 바가 아닌 듯하다. 이러한 송조(宋朝)의 방례(邦禮)를 끝내 바로잡지 못한 것은 송조의 여러 현인들에게 유감이 있는 바이다.

서한(西漢)의 고조(高祖), 혜제(惠帝), 문제(文帝)가 붕어했을 적에 각 사황(嗣皇)이 모두 선왕의 장례를 치른 뒤에 즉위하였으니, 이것이 정도(正道)에 맞다. 경제(景帝)의 상(喪)에는 무제(武帝)가 당일로 즉위하였는데, 이 이후로 선제(先帝)가 붕어한 날이 바로 저군(儲君)이 대보(大寶)를 잇는 날이 되어서 잘못됨을 계속 답습하여 송(宋)나라와 명(明)나라에까지 이어졌다. 이는 바로 경제의 단상(短喪)이 초래한 바이니, 무제가 또한 어찌 그 죄를 피할 수 있겠는가.

신종은 즉위한 다음 날에 사면령을 내렸으니, 진실로 이미 크게 잘못한 것이고, 다음 날에 자신의 생일을 동천절(同天節)로 삼은 것 역시

95 성복(成服)을……뿐이다 : 조선조에서는 선왕이 훙서한 지 6일째 되는 날에 성복(成服)하고 그 직후에 사위(嗣位)하였다. 《國朝五禮儀 卷7 成服, 嗣位》

산릉(山陵) 앞에서 할 수 있는 일이 아니다. 한공(韓公 한기(韓琦))과 구양공(歐陽公 구양수(歐陽脩)) 등의 제공(諸公)이 그 군주를 인도하여 바른 길로 나아가게 하지 못함이 애석하다.

천왕(天王)의 병세가 위독할 때에 사자(嗣子)가 모시며 간호함은 바로 천리와 인정에 있어서 당연한 바이니, 비단 비상한 변고를 방비하는 것일 뿐만이 아니다. 이당(李唐 당(唐)나라)의 여러 군주는 환시(宦寺)의 손에서 임종하여 그들이 신기(神器 왕위)를 가지고 때에 따라 여탈(與奪)하도록 내버려 두었으니, 문생(門生)과 좌주(座主)라고 지칭하는 데[96]에 이르러서 극에 달하였다. 조송(趙宋 송(宋)나라) 역시 희주(姬周)의 고명(顧命)[97]을 본받지 않았다. 영종(英宗)이 막 붕어하

96 문생(門生)과……데 : '좌주(座主)'는 과거에 합격한 자가 그 시험의 시관(試官)을 경칭하는 말이고, '문생'은 합격한 자가 시관에 대하여 스스로를 지칭하는 말이다. 당(唐)나라 말기에 환관들이 멋대로 권한을 휘둘러 천자의 옹립과 폐위를 좌지우지하였는데, 당 소종(唐昭宗)을 옹립하였던 환관 양복공(楊復恭)이 양수량(楊守亮)에게 보낸 서간에서 "내가 가시밭길 속에서 수왕(壽王)을 도와 천자로 옹립해 주었는데, 배신하는 마음을 품은 문생천자(門生天子)가 존귀한 자리를 얻고 나서는 옹립을 결정한 국로(國老)를 폐하였다.〔吾於荊榛中援立壽王, 有如此負心門生天子, 旣得尊位, 乃廢定策國老.〕"라고 하여, 천자를 '문생'으로 지칭하고 자신을 '국로(國老)'로 지칭한 일이 있었다. 이를 두고 환관이 황제를 대하기를 시험관인 좌주가 문생을 보듯이 한다는 말이 생겼다. 《舊唐書 卷184 楊復恭列傳》

97 희주(姬周)의 고명(顧命) : '희주'는 주(周)나라로, '희(姬)'는 주(周)나라의 성씨이다. '고명'은 '돌아보면서 명을 내린다'는 뜻으로 임종할 때의 유명(遺命)인바, 특히 제왕(帝王)의 유조(遺詔)를 가리킨다. 주(周)나라 성왕(成王)이 붕어할 적에 머리를 돌려 신하들에게 명하여 강왕(康王)을 세우도록 유명을 남겼는데, 사관(史官)이 이러한 일련의 과정을 기록한 것이 《서경(書經)》 주서(周書) 〈고명〉이 되었고, 이것이

려고 할 적에 급히 태자를 불렀으나 태자가 이르지 못하였는데, 영종이 다시 손을 움직이니 증공량(曾公亮)이 급히 한기(韓琦)에게 고하여 태자를 부르는 것을 그만두게 하고자 하였다. 그러자 한공이 이를 거절하며 말하기를 "선제께서 다시 살아나셨으니, 이는 바로 한 명의 태상황이다."라고 하고, 더욱 재촉하여 태자를 불렀다. 권도(權道)에 통달하여 변통함이 마침내 이와 같았으니, 참으로 사직의 신하이다. 영종(寧宗)이 붕어할 적에는 또한 제왕(濟王)이 곁에서 간호하지 못하게 하여, 사미원(史彌遠)이 간흉을 부려 세자를 바꾸어 세우도록 만들기까지 하였다.[98] 재상이 한기처럼 어질면 제위(帝位)를 주고받음이 바름을 얻고 사미원처럼 흉악하면 저사(儲嗣)가 보존되지 못하니, 이는 왕가에서 마땅히 기억하여 경계해야 할 바이다.

송(宋)나라 이종(理宗)[99]은 사미원(史彌遠)이 옹립한 바이지 영종(寧

후대의 전범이 되었기 때문에 이렇게 말한 것이다.

98 영종(寧宗)이……하였다 : 가정(嘉定) 17년(1224)에 송(宋)나라 영종(寧宗)이 붕어하자 권신 사미원(史彌遠)이 양 황후(楊皇后)와 연합하여 영종의 유조(遺詔)를 거짓으로 전하여 태자 조횡(趙竑)을 폐하여 제왕(濟王)으로 삼고, 기왕(沂王) 조윤(趙昀)을 세워 새 황제로 삼았다. 이가 바로 송 이종(宋理宗)이다.

99 이종(理宗) : 1205~1264. 남송(南宋)의 제5대 황제로, 이름은 조윤(趙昀)이다. 영종(寧宗)이 위독할 때에 당시 실권을 잡고 있던 재상 사미원(史彌遠)의 공작으로 태자 조횡(趙竑)을 대신하여 태자가 되었고 1224년 영종이 죽은 뒤에 즉위하였다. 1233년에 사미원이 죽은 뒤에야 친정(親政)을 시작하였는데, 몽골제국과 동맹을 맺어 금(金)나라를 멸하고 주자학(朱子學)을 높여 진덕수(眞德秀) 등 유학자를 등용하여 개혁을 도모하였다. 그러나 몽골과의 갈등으로 침공을 받았고 개혁 실패로 부패와 파벌이 심화되어 결국 국력이 쇠약해지게 되었다.

宗)의 유명(遺命)을 받아 즉위한 것이 아니다. 비록 태후에게 건의하였다고는 하지만 태후가 사미원에게 위협을 받고 제재를 당하였으니, 이는 태후의 본의가 아니다. 제왕(濟王 조횡(趙竑))이 실덕(失德)한 바가 없었기 때문에 영종이 세자를 바꾸어 세우지 않았고, 또 영종은 제왕이 있는 것만 알았고 이종이 있는 것은 알지 못하였으니, 태후가 어찌 감히 제멋대로 황제를 폐하고 세우겠는가. 그렇다면 이종의 즉위는 찬탈이 아닌 찬탈인 것이다.

진서산(眞西山)이 빈사(賓師)의 지위에 처한 것[100]은 이건성(李建成)과 왕규(王珪)·위징(魏徵)의 관계[101]와는 똑같지 않았으니, 진실

100 진서산(眞西山)이……것 : 진서산은 송(宋)나라 학자이자 문신인 진덕수(眞德秀, 1178~1235)로, 자는 경원(景元), 호는 서산이다. 영종(寧宗) 경원(慶元) 5년(1199) 진사시에 급제하고 벼슬이 참지정사(參知政事)에 이르렀으며 주자학(朱子學)의 대가로 경원(慶元) 연간에 한탁주(韓侂胄)에 의해 위학(僞學)으로 몰려 침체됐던 주자학의 부흥에 공헌한 바가 컸다. '빈사의 지위에 처한 것'은 진덕수가 영종 가정(嘉定) 15년(1222)에 왕부(王府)의 교수(敎授)로 있었던 것을 이른다. 당시에 태자 조횡(趙竑)이 대신 사미원(史彌遠)을 위협하는 말을 하는 등 태자로서 적절하지 못한 행동을 하자 진덕수가 간언하기를, "태자께서 자모(慈母)에게 효도하고 대신을 공경하신다면 천명이 귀의할 것입니다. 그렇게 하지 않으신다면 매우 우려할 만합니다.〔皇子若能孝於慈母而敬大臣, 則天命歸之矣. 否則深可慮也.〕"라고 하였는데, 조횡이 이를 받아들이지 않았다. 《宋史紀事本末 卷24》

101 이건성(李建成)과……관계 : 이건성(589~626)은 당 고조(唐高祖)의 장자로 태자에 봉해졌는데, 아우 이세민(李世民)의 공명(功名)이 날로 성해지자 위기의식을 느껴 이세민을 제거하려고 도모하였다가 도리어 이를 알아 챈 이세민에게 죽임을 당하였다. 《新唐書 卷2 太宗本紀》 왕규(王珪, 570~639)는 이건성이 태자에 책봉되었을 적에 중서사인(中書舍人)이 되었는데, 이건성이 이세민과 불화가 생기자 제대로 보좌하지 못한다고 하여 고조에 의해 수주(嶲州)에 좌천되었다가 이세민이 황제로 즉위한 뒤에 부름에 나아가 간의대부(諫議大夫)가 되었다. 《新唐書 卷98 王珪列傳》 위징(魏徵, 580

로 제왕을 위하여 자정(自靖)[102]할 의리는 없었다. 다만 이종을 섬겨서는 안 되니, 섬겨서는 안 되는데 섬긴 것은 바로 자신의 절조를 잃은 것이 된다. 진서산의 생각이 여기에 미치지 못한 것이 애석하다. 힘써 제왕을 기리고 애도할 것을 청하고서 받아들여지지 않자 떠나간 것은 아마도 그 허물을 씻기에는 부족한 듯하다. 그런데 퇴계(退溪 이황(李滉))가 "대현(大賢)이 하는 바는 중인(衆人)이 진실로 알지 못한다."[103]

~643)은 이건성이 태자로 있을 때에 세마(洗馬)로 발탁되어, 세력이 커지는 이세민을 빨리 제거하도록 권고하였는데, 이건성은 이를 듣지 않다가 결국 이세민에게 죽임을 당하였다. 이세민이 즉위한 뒤에 위징을 간의대부로 삼았다.《新唐書 卷98 魏徵列傳》이에 대해서 정자(程子)는 "당(唐)나라의 왕규와 위징은 이건성의 난리에 죽지 않고 태종을 따랐으니, 이는 의(義)를 해친 것이라고 이를 만하다. 뒤에 비록 공이 있었으나 어찌 속죄할 수 있겠는가.〔唐之王珪魏徵, 不死建成之難而從太宗, 可謂害於義矣. 後雖有功, 何足贖哉?〕"라고 하여 이들을 비판하였다.《論語集註 憲問》

102 자정(自靖) : 은(殷)나라 태사(太師)인 기자(箕子)가 주왕(紂王)의 서형(庶兄)인 미자(微子)에게 "스스로 의리에 편안하여 사람마다 스스로 선왕(先王)에게 뜻을 바칠 것이니, 나는 떠나가 은둔함을 돌아보지 않겠다.〔自靖, 人自獻于先王, 我不顧行遯.〕"라고 한 데서 온 말로, 본래는 스스로 의리에 맞게 처신하여 그 처지를 편안하게 여긴다는 뜻인데, 후세에는 은둔하여 지조를 지킴을 가리키는 말로 많이 사용하였다.《書經 微子》

103 대현(大賢)이……못한다 : 이 말은 《퇴계집(退溪集)》 권27 〈답정자중별지(答鄭子中別紙)〉에 보이는데, "진서산이 이종 초기에 또 제왕(濟王)의 원통함을 극력 진술하고 추숭하는 전례의 거행을 힘써 주장하여 마침내 이 때문에 소인배들에게 탄핵되어 떠나가게 되었다. 이미 제왕에 대한 분의를 저버리지 않았고, 또한 이종의 잘못을 따르지 않았다. 대현이 하는 바는 중인이 진실로 알지 못하는데 번번이 제멋대로 공격하고 폄훼하니, 아마도 우리들은 바름을 해치는 논의를 만드는 것을 도와서는 안 될 듯하다.〔其於理宗初, 又極陳濟王之冤, 力主贈典之擧, 乃以此爲群小劾逐而去. 既不負濟王之分義, 亦不徇理宗之過惡. 大賢之所爲, 衆人固不識, 而輒肆攻貶, 恐我輩不當助爲害正之論也.〕"라고 하였다.

라고 칭찬하였으니, 이는 너무 지나치게 인정하고 용서해 주는 것이 아니겠는가. 부백성(傅伯成)[104]과 양간(楊簡)[105]만은 부름을 받고도 나아가지 않았으니, 당시의 출처는 마땅히 이 두 사람을 바름으로 삼아야 할 뿐이다.

주 세종(周世宗)이 연호 현덕(顯德)을 바꾸고서 붕어하였는데, 그해에 송 태조(宋太祖)에게 제위를 찬탈당하였다. 송(宋)나라는 공제(恭帝) 조현(趙㬎)에 이르러서 망하였는데, 그 연호가 덕우(德祐)였다. 현덕의 부응(符應)이 마침내 이와 같으니, 천도(天道)가 돌려주기를 좋아함을 볼 수 있다.

나라를 망하게 하는 일이 한두 가지가 아니지만 그 중에서도 외척과 환관이 화난을 만드는 것이 가장 심하다. 《황명조훈(皇明祖訓)》[106]에

104 부백성(傅伯成) : 1143~1226. 남송(南宋)의 관리로, 자는 경초(景初), 호는 죽은(竹隱)이며, 시호는 충간(忠簡)이다. 젊어서 주희(朱熹)에게 수학하였다. 효종(孝宗) 융흥(隆興) 원년(1163)에 진사(進士)에 등과하였고 좌간의대부(左諫議大夫), 공부시랑(工部侍郎), 호광총령(湖廣總領) 등을 지냈다.

105 양간(楊簡) : 1141~1226. 남송(南宋)의 문신이자 학자로, 자는 경중(敬仲), 호는 자호선생(慈湖先生), 시호는 문원(文元)이며, 상산(象山) 육구연(陸九淵)의 문인이다. 원섭(袁燮), 서린(舒璘), 심환(沈煥) 등과 함께 녹상사선생(甬上四先生), 사명사선생(四明四先生)으로 일컬어졌다. 육구연의 심학을 우주의 만물(萬物), 만상(萬象), 만변(萬變)이 모두 자신에게 속해 있다는 유아론(唯我論)으로 발전시켰다.

106 황명조훈(皇明祖訓) : 명(明)나라 태조(太祖)가 명(明)나라 황권(皇權)을 공고히 하고 후세 자손들에게 훈계하기 위해 편찬한 책이다. 1369년에 편찬하기 시작하여 1373년에 1권으로 책을 완성해 《조훈록(祖訓錄)》이라고 명명하고 태조가 서문을 붙였

모후(母后)가 섭정하지 못하도록 하였으므로 외척이 감히 권세를 부리지는 못하였으나, 어린 군주가 왕위에 오르자 형신(刑臣 환관)들이 왕권을 무너뜨리고 농락하도록 내버려 두어 왕진(王振), 유근(劉瑾), 풍보(馮保), 위충현(魏忠賢) 네 악인이 끝내 나라를 망하게 하고야 말았다. 이는 황명(皇明 명(明)나라)에 훈계를 남김에, 어떻게 대처해야 때에 알맞게 조처할 수 있는지를 알지 못하였던 것이다. 어진 사대부들이 아침저녁으로 군주를 보좌한다면 거의 환관과 외척으로 인한 화가 없을 것인데, 항상 소원해지는 것을 염려하여 번번이 군주와 가까운 이들의 지시와 명을 받아서 조종(操縱)과 여탈(與奪)을 그들이 원하는 대로만 행한다. 이른바 사대부라는 자들이 그들 손에 따라 나아가거나 물러나면서도 편안히 여기며 부끄러워할 줄을 모르니, 아아, 어찌 차마 말로 하겠는가.

장릉(章陵)[107]을 추숭하는 논의에 대하여 승지 권도(權濤)[108]는 처음에

다. 1376년에 수정하고, 1395년에 다시 정정해 《황명조훈》이라고 책명을 바꾸었다.

107 장릉(章陵) : 인조의 생부인 정원군(定遠君) 이부(李琈)가 원종(元宗)으로 추존되면서 붙여진 능호이다. 정원군은 1619년(광해군11)에 세상을 떠나 양주(楊州) 곡촌리(谷村里)에 장사되었는데, 3년 뒤 큰아들 능양군(綾陽君)이 반정으로 광해군을 폐위시키고 왕위에 오르자 정원대원군(定遠大院君)에 봉해지면서 묘가 원(園)으로 추숭되어 홍경원(興慶園)이라고 하였다. 1626년(인조4)에 부인 구씨(具氏)가 세상을 떠나자 김포(金浦)에 안장하고 원호를 육경원(毓慶園)이라고 하였는데, 1년 뒤에 홍경원을 김포로 천장(遷葬)하여 쌍릉을 조성하고 합쳐서 홍경원이라 부르다가, 1632년에 이귀(李貴) 등의 주청에 따라 원종으로 추존하고 능호를 장릉이라고 하였다.

108 권도(權濤) : 1575~1644. 자는 정보(靜甫), 호는 동계(東溪), 본관은 안동(安東)이다. 한강(寒岡) 정구(鄭逑)와 여헌(旅軒) 장현광(張顯光)의 문인이다. 1601년

는 옳다고 여겼다가 끝내는 청의(淸議)에 버림받는 것을 염려하여 쟁집하기를 그치지 않았으니, 이는 처음에는 병들었으나 나중에는 고친 경우이다. 이성구(李聖求)[109]는 처음에는 정도(正道)를 지키고자 하였다가 끝내는 성상의 뜻을 거스르게 될까 염려하여 갑술년(1634, 인조12) 부묘(祔廟)할 때[110]에 영합하여 정승의 자리를 취하였으니, 처음에는 지조가 곧았으나 나중에는 더러워진 경우[111]이다. 선비는 마땅히 만년(晩年)의 지조를 지키는 것을 바름으로 삼아야 한다.-권도는 호가 동계(東溪)이니, 대대로 단성(丹城)에 살았다.-

(선조34) 진사시에 합격하였고 1613년(광해군5) 증광 문과에 병과로 급제하였다. 1624년(인조2) 이괄(李适)의 난이 일어났을 때에 한림(翰林)으로서 인조를 공주(公州)까지 호종한 공으로 원종훈(原從勳)에 녹훈되었다. 1632년 원종(元宗)의 추숭을 극력 반대한 일로 남해(南海)에 유배되었다가 이듬해에 풀려났다. 호조 참의, 병조 참지, 좌승지, 대사간 등을 역임하였으며, 죽은 뒤에 이조 판서에 추증되고 도천서원(道川書院)과 완계서원(浣溪書院)에 제향되었다. 저서로는 《동계집(東溪集)》이 있다.

109 이성구(李聖求) : 1584~1644. 자는 자이(子異), 호는 분사(分沙)·동사(東沙), 본관은 전주(全州)이다. 1603년(선조36) 진사시에 합격하고 1608년(광해군1) 별시 문과에 을과로 급제하였다. 1637년(인조15)에 우의정으로 발탁되었고, 왕세자가 심양(瀋陽)에 갈 때에 좌의정으로서 수행하였으며, 1641년에 영의정이 되었다. 시호는 정숙(貞肅)이다.

110 갑술년 부묘(祔廟)할 때 : 1634년(인조12)에 원종(元宗)을 종묘에 부묘하는 것을 논의할 때를 말한다.

111 처음에는…… 경우 : 남조(南朝)의 주옹(周顒)이 종산(鍾山)에 은거하고 있다가 변절하여 벼슬길에 나가자, 공치규(孔稚珪)가 이를 매우 못마땅하게 여겨서 북산(北山) 신령의 이름을 가탁하고 관청의 이문(移文)을 본떠 〈북산이문(北山移文)〉을 지어 성토하였는데, 이 글에 "처음에는 지조가 곧았으나 나중에는 더러워지고 말았으니, 어쩌면 그렇게도 잘못되었단 말인가.〔先貞而後黷, 何其謬哉!〕"라고 하였다.

헌거(軒車)는 덕(德)이 있는 사람에게 명하는 기물이니, 옛날에는 종실(宗室)과 의빈(儀賓)이 비록 숭반(崇班)에 오르더라도 또한 감히 헌거를 타지 못하였다. 정동명(鄭東溟)의 시[112]에 "장안의 길 위에서 나귀 타는 나그네, 동양위(東陽尉)[113]가 아니면 금양위(錦陽尉)[114]라네.〔長安道上騎驢客 不是東陽卽錦陽〕"라고 하였으니, 금양위와 동양위는 가마를 타지 않았으므로 나귀를 탄 것이다. 근세에는 나이가 어린 부마들도 모두 초헌(軺軒)[115]을 탄다. 명거(命車)를 설만하게 여기는 것이 이와 같으니, 또한 세도(世道)를 살펴볼 수 있다.

영묘(英廟 영조)는 백성들을 애양(愛養)하여 지극한 성심이 하늘을 감동시켰다. 궐문(闕門)에 친림하여 통곡하고 양역(良役)을 변통하여 한 필(匹)로 군포를 덜어 주고 시비(寺婢)의 공물을 견감해 주며 공천

112 정동명(鄭東溟)의 시 : 정동명은 정두경(鄭斗卿, 1597~1673)으로, 자는 군평(君平), 호는 동명, 본관은 온양(溫陽)이다. 아래의 시구는 이명한(李明漢)의 《백주집(白洲集)》 권2에 실린 〈증낙전(贈樂全)〉이라는 시에 보이는바, '정동명의 시'라고 한 것은 홍직필의 착오인 듯하다. '낙전(樂全)'은 동양위(東陽尉) 신익성(申翊聖)의 호이다.

113 동양위(東陽尉) : 신익성(申翊聖, 1588~1644)으로, 자는 군석(君奭), 호는 낙전당(樂全堂)・동회거사(東淮居士), 본관은 평산(平山)이다. 선조의 딸인 정숙옹주(貞淑翁主)와 혼인하여 동양위에 봉해졌다.

114 금양위(錦陽尉) : 박미(朴瀰, 1592~1645)로, 자는 중연(仲淵), 호는 분서(汾西), 본관은 반남(潘南)이다. 선조의 딸인 정안옹주(貞安翁主)와 혼인하여 금양위에 봉해졌다.

115 초헌(軺軒) : 종2품 이상 관원이 타던 수레이다. 외바퀴가 달렸고, 앉는 자리는 의자처럼 꾸며져 있다. 명거(命車) 또는 목마(木馬)라고 하기도 한다.

(公賤)과 사천(私賤)은 모두 모역(母役)을 따르게 하였으니, 모두 천명(天命)이 영원하기를 기원할 수 있는 것[116]이었다. 다만 균역법을 시행하는 것은 조현명(趙顯命)과 홍계희(洪啓禧)에게서 나온 것인데, 영묘가 일찍이 말씀하기를, "마땅히 두 사람의 자손이 번영하는지, 쇠락하는지를 살펴봐야 할 것이다."라고 하였다. 두 집안이 과연 모두 망하였으니, 균역법이 백성들에게 뼈에 사무치는 원통함이 된 것을 알 수 있다. 두 사람은 잘 대양(對揚)하여 백성을 화합하게 하려는 성상의 지극한 뜻에 부응하지 못하였으니, 안타깝다.

어유귀(魚有龜)[117]의 종손(從孫)을 통해 영묘(英廟 영조)가 동궁으로 있을 때에 쓴 서찰을 읽어 보게 되었는데, 이 서찰에 대략 다음과 같이 말하였다. "내가 외람되이 이 자리에 오른 이후로 밤낮으로 근심하고 두려워하여 편안하게 지낼 겨를이 없는데, 다행히 성상께서 돌봐 주시

116 천명(天命)이……것 : '천명이 영원하기를 기원한다'는 것은 국가의 운세가 오래도록 지속되기를 기원한다는 뜻으로, 주(周)나라가 수도를 낙읍(洛邑)으로 옮기고 성왕(成王)이 새로운 정치를 시작할 때에 소공(召公)이 성왕에게 아뢰기를, "왕께서 덕으로 다스리는 것이 천명이 영원하기를 기원하는 것입니다.〔王其德之用, 祈天永命.〕"라고 하였다.《書經 周書 召誥》

117 어유귀(魚有龜) : 1675~1740. 자는 성칙(聖則), 호는 긍재(兢齋), 본관은 함종(咸從)이다. 경종의 계비(繼妃)인 선의왕후(宣懿王后)의 부친으로, 함원부원군(咸原府院君)에 봉해졌다. 1721년(경종1) 김일경(金一鏡) 등이 상소하여 노론(老論) 사대신(四大臣)이 세제 대리청정을 주장한 것을 역모라고 규탄하자 그들의 무고를 밝히고 김일경 등의 상소를 물리쳤다. 또 신임사화(辛壬士禍) 후에 김일경이 원훈(元勳)에 오를 것을 청했으나 극구 사양하였고, 영조가 즉위한 뒤에도 국구(國舅)로서 예우를 받았다. 영의정에 추증되었으며, 시호는 익헌(翼獻)이다.

고 아껴 주시니 감사한 마음이 망극하다. 뜻하지 않게 오늘날 환관과 궁녀들이 궁중에서 소란을 일으켜 밝은 일월(日月)을 속여 조화의 권세를 손에 쥐어서 막 선조(先朝)의 구신(舊臣)들을 도륙하려고 하였으니, 장차 이것이 그치지 않았다면 나라의 체모가 없어지고 종묘사직 또한 위태롭게 되었을 것이다. 지극히 인자하고 지극히 효성스러운 성상께서 어찌 이와 같을 줄을 생각이나 하셨겠는가. 다만 통분할 만한 점은 이들이 용사(用事)하는 것이 끝이 없는 것이니, 양전(兩殿)께서 어떻게 이를 아셨겠으며, 경 또한 어떻게 이를 알았겠는가. 삼백 년간 이어 온 종묘사직이 장차 이들의 손에 망하게 생겼으니, 말이 여기에 이름에 어찌 통곡하지 않을 수 있겠는가. 소자의 일신은 돌아볼 것이 못 되나 하늘에 계시는 선왕의 영령을 생각한다면 경도 반드시 통곡할 것이다. 지나치게 신중하신 자성(慈聖 대비)의 뜻으로는 이러한 큰일을 헤아려 처리하기가 결코 어려우실 것이니 감히 말씀을 올리지 못한다. 믿을 것은 오직 경뿐이니, 어떻게 해야 삼전(三殿)[118]을 받들어 태평함을 이루고 종묘사직 또한 편안하게 보전할 수 있겠는가? 소자의 일신을 오로지 경에게 맡기노라. 편지를 쓰자니 가슴이 막혀 제대로 말을 할 수가 없다. 부디 한마디 답신을 보내 주기를 바란다. 운운(云云)."

또 한 통의 서찰에는 대략 다음과 같이 말하였다. "지금 문안하는 편지를 받고서 절반도 채 읽지 못하여 나도 모르게 목 놓아 통곡하였다. 아아, 나의 일신은 진실로 애석해할 것이 없으나 종묘사직과 국사는 어떻게 해야 할 것인가. 생각이 여기에 미침에 차라리 훌연히 세상

118 삼전(三殿) : 대비전(大妃殿), 대전(大殿), 중궁전(中宮殿)을 가리킨다.

을 떠나 아무 것도 듣고 싶지가 않다. 아아, 국구(國舅)의 나라를 위하는 충심을 내가 어찌 모르겠는가. 그러나 만약 좋은 대책을 말한다면 일이 내 몸과 관계되니 어찌 감히 입을 열 수 있겠는가. 국구의 깊이 헤아리는 마음은 이 하나를 보고서 열을 알 수 있으니 나머지는 굳이 말을 많이 할 필요가 없다. 손이 떨리고 마음이 불안하여 모양을 갖추지 못하니 공이 너그럽게 양해해 주기를 바란다. 공이 만약 나라를 위하여 종묘사직을 붙들고자 한다면 잘 아뢰어 대처하는 것 외에는 다른 도리가 없을 것이다. 운운."

이때 흉악한 무리가 환관·궁녀들과 결탁하여 동궁을 폐위시킬 것을 도모해서 온갖 계책으로 무함하고 핍박하였다. 이에 영묘가 장차 저위(儲位)를 보전하지 못하게 되어 위급한 존망의 기로가 호흡하는 사이에 닥쳐왔다. 그러므로 어유귀에게 답답한 마음을 토로한 것이 이와 같았던 것이다. 이 당시의 일을 상상해 볼 수가 있으니, 이 두 통의 서찰을 읽고도 눈물을 흘리지 않는 자는 참으로 사람의 마음이 없는 자일 것이다. 내가 특별히 한 본을 전사하여 이로써 원릉(元陵 영조)의 신하가 되고도 신임사화(辛壬士禍)[119]의 의리를 잊은 자들을

119 신임사화(辛壬士禍) : 경종 즉위 초인 신축년(1721, 경종1)과 임인년(1722)에 세제 책봉과 대리청정을 둘러싸고 일어난 옥사이다. 1720년에 숙종이 승하하고 경종이 33세의 나이로 즉위하였는데, 후사가 없고 병이 많았다. 이에 노론(老論)의 주도하에 연잉군(延礽君), 즉 훗날의 영조가 세제로 책봉되자, 노론은 한 걸음 더 나아가 세제의 대리청정을 강행하고자 하였다. 이에 소론(少論)인 사직 김일경(金一鏡) 등이 노론의 주장을 경종에 대한 불충이라고 몰아 소(疏)를 올리자, 경종이 노론 사대신(四大臣)을 파직시켜 유배 보냈으며, 이외에도 많은 노론의 인물들을 삭직시키고 소론을 등용하였다. 1722년 3월에 목호룡(睦虎龍)이 노론 측이 세자 시절의 경종을 시해하려 했다고 고변하자, 소론은 이를 기회로 옥사를 일으켜 유배된 노론의 사대신을 사사(賜死)하게

경계하는 바이다.

군주는 예(禮)로써 신하를 부리기 때문에 선비들이 예우에 보답하는 것이 중한 것이다.[120] 그런데 명(明)나라 희종(熹宗)의 시대에 흉악한 환관이 정권을 쥐어서 어진 사대부들에게 정장(廷杖)[121]을 행하여 쇠사슬로 묶고 질곡(桎梏)을 채워서 오독(五毒)[122]을 두루 겪고 죽게 만들었으니, 이는 유사 이래로 있지 않았던 큰 변고이다. 그러나 명(明)나라에 순절한 사람이 많았던 것도 또한 고금에 처음 있는 일이었다. 이는 바로 신종(神宗)[123]이 길러 준 은혜와 의종(毅宗)[124]이 위무해 준

하고, 대다수의 노론을 제거하였다.

120 군주는……것이다 : 《논어(論語)》 〈팔일(八佾)〉에 "군주는 예(禮)로써 신하를 부리고, 신하는 충성으로써 군주를 섬긴다.〔君使臣以禮, 臣事君以忠.〕"라고 하였고, 《중용장구(中庸章句)》 제20장에 "군주가 신하들의 마음을 잘 헤아리면 선비들이 예우에 보답하는 것이 중하게 된다.〔體群臣, 則士之報禮重.〕"라고 하였다.

121 정장(廷杖) : 명(明)나라 때에 관원이 잘못을 저지르거나 황제에게 거슬리는 간언을 했을 경우에 전폐(殿陛)에서 곤장을 치던 형벌이다.

122 오독(五毒) : 참혹한 형벌을 가하는 다섯 가지의 형구(刑具)로, 항양(桁楊)·하교(荷校)·질곡(桎梏)·낭당(鋃鐺)·고략(栲掠)을 말한다.

123 신종(神宗) : 명(明)나라 제13대 황제 주익균(朱翊鈞, 1563~1620)으로, 1573년부터 1620년까지 재위하였으며, 연호는 만력(萬曆)이다. 임진왜란(壬辰倭亂)이 일어났을 때에 우리나라에 원군(援軍)을 보내주었는데, 숙종 때에 이 은혜를 기려 창덕궁(昌德宮)의 금원(禁苑) 서쪽에 대보단(大報壇)을 세워 제사하였다.

124 의종(毅宗) : 명(明)나라의 마지막 황제 주유검(朱由檢, 1611~1644)으로, 1628년부터 1644년까지 재위하였다. 즉위한 초기에 쇠퇴해 가는 나라를 부흥시키려고 노력하여 전횡하던 환관 위충현(魏忠賢)을 제거하고 개혁을 단행하였으나, 날이 갈수록 당쟁은 점점 격화되고 군비의 증대, 기근으로 인하여 농민반란이 일어났다. 1644년에 이자성(李自成)이 이끄는 농민반란군이 북경(北京)으로 쳐들어와 외성(外城)을 함락

효과가 이루어 낸 것일 것이다.

근래에 당(唐)나라 역사를 살펴보니, 현종(玄宗)이 재상과 함께 광주 도독(廣州都督) 배주선(裴伷先)의 죄를 처분하였는데, 장열(張說)이 아뢰기를, "신은 듣건대 '형(刑)은 대부에게 가하지 않는다.'[125]라고 하였으니, 이는 군주와 가깝기 때문이고 또 염치(廉恥)를 권면하기 위한 것입니다. 그러므로 선비는 죽일 수는 있으나 욕보일 수는 없는 법입니다. 신이 지난번에 듣건대 조당(朝堂)에서 강교(姜皎)에게 장형(杖刑)을 시행하셨다고 하였습니다. 강교는 관직이 3품이고 작은 공(功)이 있으니 그 죄가 죽어야 마땅하면 죽이고 유배되어야 마땅하면 유배할 뿐입니다. 어찌 가벼이 곤장을 쳐서 욕보여서 하인처럼 대하겠습니까. 지나간 일은 다시 되돌릴 수 없지만 배주선에게 어찌 이전의 잘못을 다시 되풀이할 수 있겠습니까."라고 하였다. 장가정(張嘉貞)이 좋아하지 않자 장열이 말하기를, "재상은 시운이 이르면 하게 되는 법입니다. 만약 나라의 대신에게 모두 곤장을 쳐서 욕보일 수 있게 된다면 우리들에게도 이것이 행해질까 염려될 뿐입니다. 이 말은 배주선을 위한 것이 아니라 바로 천하의 사군자들을 위한 것입니다."라고 하였다.

뒤에 이주 자사(夷州刺史) 양준(楊濬)이 뇌물죄에 연좌되어 죽어 마땅하였는데, 현종이 장(杖) 60대를 치고 고주(古州)에 유배 보내도록 명하였다. 이에 배요경(裴耀卿)이 아뢰기를, "장형으로 사형을 대신

시키자, 이해 3월에 만세산(萬歲山)에 들어가 33세의 나이로 고목에 목을 매고 자결하였다.

125 형(刑)은……않는다 : 이 말은 《예기(禮記)》 〈곡례 상(曲禮上)〉에 보인다.

하는 것이 은혜가 몹시 넉넉하기는 합니다. 그러나 몸이 벗겨진 채로 곤장을 맞는 것은 매우 치욕스러운 일이니, 하인들에게나 시행해야 하지, 대부에게 시행해서는 안 됩니다."라고 하였다.

두 공의 이러한 논의는 견식이 매우 뛰어나고 또 그 말이 어질고 후덕하다. 그러므로 군주가 그대로 따른 것이니, 어찌 인군과 인신이 된 자들이 마땅히 본받아야 할 바가 아니겠는가. 명(明)나라의 사대부 중에는 이 일을 간(諫)한 사람이 한 사람도 없어서 군주로 하여금 예의와 염치로 선비를 대우해야 한다는 것을 알지 못하게 하였으니, 나라의 명운이 중간에 끊어진 것이 이 때문이 아니라고 단언할 수 없을 것이다.

본조(本朝)에는 장형의 법도 있고 곤장으로 형(刑)을 대신하는 법도 있는데, 율곡(栗谷 이이(李珥)) 선생이 이미 조정에 간언하였으나 여전히 그 잘못을 이어 오고 있다. 어떻게 해야 통렬히 개혁하여 사대부들로 하여금 예(禮)를 높이고 염치를 기르게 할 수 있겠는가?

본조(本朝)에는 천고에 빼어난 세 가지 일이 있으니, 배신(陪臣)으로서 천자를 위하여 죽은 것은 삼학사(三學士) 제현(諸賢)[126]이 해당되

126 삼학사(三學士) 제현(諸賢) : 병자호란(丙子胡亂) 때 청(淸)나라와의 화의(和議)를 반대하고 끝까지 척화(斥和)를 주장한 홍익한(洪翼漢)·윤집(尹集)·오달제(吳達濟) 세 사람을 이른다. 인조가 삼전도(三田渡)에서 굴욕적인 항복을 하고 화의가 성립되자, 청(淸)나라에서는 척화론자들을 체포하여 신병을 넘겨줄 것을 요구하였다. 이에 오달제와 윤집은 스스로 척화론자로 나섰으며, 홍익한은 1637년(인조15) 2월초 평양에서 회군하는 청군에 잡혀 심양(瀋陽)에 끌려갔다. 이들은 청(淸)나라의 회유와 협박에 굴하지 않고 척화의 대의를 끝까지 주장하다가 모두 심양성 서문(西門) 밖에서

고, 조신(朝紳)으로서 모후(母后)를 위하여 죽은 것은 기사년(1689, 숙종15)의 세 충신[127]이 해당되고, 문생(門生)으로서 스승을 위하여 죽은 것은 송석곡(宋石谷)[128]이 해당된다. 이는 삼대(三代 하(夏)·은(殷)·주(周))와 송(宋)나라, 명(明)나라에도 없었던 것이니, 군자의 나라가 되는 이유이자 손에 쥐고 가서 구원(九原)의 성철(聖哲)들을 떳떳이 뵐 수 있는 이유가 된다.

종여림(宗汝霖)[129]이 산동(山東)의 도적 수십만을 항복시켜 변경(汴

처형당했다.

127 기사년의 세 충신 : 1689년(숙종15) 기사환국(己巳換局)이 일어나 인현왕후(仁顯王后)가 폐위될 때에 이에 반대하는 소(疏)를 올렸다가 숙종의 노여움을 사서 유배된 박태보(朴泰輔)·오두인(吳斗寅)·이세화(李世華)를 이른다. 기사환국은 송시열(宋時烈) 등의 서인(西人)이 희빈(禧嬪) 장씨(張氏)의 소생을 원자로 정호(定號)하는 것에 반대하였다가 숙종의 노여움을 사서 대거 조정에서 축출되고 희빈 장씨를 옹호하는 남인(南人)이 정권을 장악하게 된 사건이다.

128 송석곡(宋石谷) : 송상민(宋尙敏, 1626~1679)으로, 자는 자신(子愼), 호는 석곡, 본관은 은진(恩津)이다. 우암(尤菴) 송시열(宋時烈)과 동춘당(同春堂) 송준길(宋浚吉)의 문인이다. 1660년(현종1) 사마시에 합격하고 곧 송시열이 있는 회덕(懷德)으로 내려가 학문 연구에 전력하였다. 1675년(숙종1)에 갑인예송(甲寅禮訟)으로 송시열이 덕원(德源)에 유배되자 1679년에 송시열을 변호하기 위하여 예론의 전말과 그와 관련된 사건들을 열거하여 책자를 만들어서 숙종에게 올렸는데, 이 일로 숙종의 노여움을 사서 궁궐 앞에서 장살(杖殺)되었다. 이듬해에 경신환국(庚申換局)으로 공조 좌랑에 추증되었고, 대전의 정절서원(靖節書院)에 배향되었다.

129 종여림(宗汝霖) : 남송(南宋) 초의 문신인 종택(宗澤, 1059~1128)으로, 자는 여림, 시호는 충간(忠簡)이다. 송 고종(宋高宗) 때에 동경 유수(東京留守)가 되어 왕선(王善)과 양진(楊進) 등 의군(義軍)을 모집하고 하북(河北)의 팔자군(八字軍)과 연합하면서 악비(岳飛)를 통제(統制)로 발탁해 금(金)나라 군사를 여러 차례 격파했다.

京)을 수복하였으나 고종(高宗)[130]은 끝내 북쪽으로 건너오지 않았고, 악붕거(岳鵬擧)[131]가 올출(兀朮)[132]의 군사 수백만을 격파시켜 중원(中原)을 회복하였으나 고종은 기어이 그를 죽이고야 말았다. 휘종(徽宗)과 흠종(欽宗)[133]이 반드시 본국으로 돌아올 수 있는 형세가 되더라도

20여 차례 고종에게 상소해서 환도하여 국력 회복을 도모할 것을 주청했지만 받아들여지지 않자 화병으로 별세하였다.

130 고종(高宗) : 송(宋)나라 제10대 황제이자 남송(南宋)의 초대 황제로, 이름은 조구(趙構, 1107~1187)이다. 휘종(徽宗)의 아홉째 아들이자 흠종(欽宗)의 아우로, 처음에는 강왕(康王)에 봉해졌다가 1127년에 금(金)나라에서 휘종과 흠종을 포로로 잡아 북쪽으로 돌아가자 남경(南京)에서 즉위하였다. 즉위한 다음에는 금(金)나라에 항거하자는 이강(李綱)과 종택(宗澤) 등의 주장을 무시하고 남쪽으로 천도하여 적을 피하자는 황잠선(黃潛善)과 왕백언(汪伯彦)의 주장을 받아들여서 양자강을 건너 남하하여 임안(臨安)에 도읍하였다. 그 뒤 악비(岳飛)와 한세충(韓世忠) 등을 기용하여 금(金)나라를 치려고 하였으나, 끝내는 간신 진회(秦檜)의 의견에 따라 악비를 살해하였고, 금(金)나라에 영토를 떼어 주고 신하로 자신을 낮추면서 납공(納貢)하였다.

131 악붕거(岳鵬擧) : 남송(南宋)의 명장 악비(岳飛, 1103~1142)로, 자는 붕거이다. 뛰어난 군사 전략가이자 애국지사로서 송 고종(宋高宗) 때에 금(金)나라에 대항하는 데 앞장섰으나, 당시 화의(和議)를 주도하던 간신 진회(秦檜)의 모함을 받고 살해되었다. 효종(孝宗) 때 무목(武穆)이라는 시호가 내려졌다가 다시 충무(忠武)라는 시호가 내려지고 악왕(鄂王)에 추봉(追封)되었다.

132 올출(兀朮) : 금(金)나라의 명장이자 개국공신인 완안종필(完顔宗弼, ?~1148)로, 본명은 올출인데, 알철(斡啜)·알출(斡出)·황알출(晃斡出)이라고 하기도 한다. 금 태조(金太祖)의 넷째 아들이다. 누차 송(宋)나라를 침공하였는데, 주선진(朱仙鎭)에서 악비(岳飛)와 함께 싸우다가 패주하여 북쪽으로 달아난 일이 있다.

133 휘종(徽宗)과 흠종(欽宗) : 휘종은 송(宋)나라의 제8대 황제 조길(趙佶, 1082~1135)이고, 흠종은 제9대 황제 조환(趙桓, 1100~1161)이다. 1125년에 금(金)나라가 송(宋)나라를 침입하자 휘종은 장남인 흠종에게 황제의 지위를 넘겨주고 스스로 도군황제(道君皇帝)가 되어 책임을 모면하려고 하였는데, 2년 뒤에 금(金)나라 군대가 다시

혹여 돌아올까 염려했던 것은 나라를 양보하고 황위를 잃게 될까 걱정하였기 때문이다. 이 때문에 불공대천(不共戴天)의 원수인 오랑캐에게 신하라고 칭하고 자식이라고 칭하면서도 이를 달가워하였으니, 바로 무부무군(無父無君)한 사람이다.

휘종과 흠종이 회령(會寧)의 오국성(五國城)에 붙잡혀 있었는데, 건염(建炎) 3년(1129)에 고려(高麗)가 조공을 바치게 되었다. 고종이 재상에게 이르기를, "고려의 사신이 장차 이를 것인데, 상황(上皇)께서 내신(內臣)과 궁인(宮人) 각각 두 사람을 보내온다고 들었으니, 한편으로는 기쁘고 한편으로는 슬프다."라고 하였다. 그러자 여이호(呂頤浩)가 말하기를, "이는 반드시 금(金)나라 사람의 뜻일 것입니다. 만약 저들의 뜻이 아니라면 이 몇 사람이 이르러 오더라도 고려가 반드시 오게 하려고 하지 않았을 것입니다."라고 하였다. 이에 마침내 조서를 내려 중단하게 하고 이어서 통문(通問)할 방법을 생각하지 않았으니, 인리(人理)가 없는 자라고 할 만하다.

허형(許衡)[134]과 유인(劉因)[135]은 중원(中原)에서 생장하였으나 중화

침공하여 국도인 개봉(開封)을 함락시키고 휘종과 흠종을 모두 포로로 잡아갔다. 이에 두 황제 모두 북만주의 오국성(五國城)에서 포로 생활을 하다가 생을 마쳤다.

134 허형(許衡) : 1209~1281. 원(元)나라 초기의 학자이자 문신으로, 자는 중평(仲平), 호는 노재(魯齋), 시호는 문정(文正)이다. 원(元)나라 세조(世祖) 때 관국자좨주(官國子祭酒) 등의 벼슬을 역임하였다. 병으로 벼슬에서 물러난 뒤 순수한 주자학자로서 도학을 실천하는 것을 임무로 삼고, 원(元)나라 초의 학계에 주자학의 기초를 닦았으며 주자와 상산(象山) 육구연(陸九淵)의 학문을 조화시키려 노력하였고, 공담(空談)만을 일삼는 이학(理學)을 비판했다. 오징(吳澄), 유인(劉因)과 더불어 원(元)나라의 3대 학자로 꼽힌다.

(中華)와 오랑캐의 큰 구분을 알지 못하여 호원(胡元 원(元)나라)을 섬겼으니 이를 일러 실신(失身)하였다고 하는 것이다. 이들이 두 성씨의 왕조를 섬긴 것은 아니므로 선유(先儒)가 다만 실신하였다고 배척하였으나, 실신한 자는 의리를 상실하여 명절(名節)이 모조리 없어지니 이는 또한 실절(失節)한 것일 뿐이다.

그러나 명(明)나라 유자들은 이를 물리쳐 지탄하지 않았을 뿐만 아니라 존경하고 애모함이 몹시 지극하였다. 설경헌(薛敬軒)[136]은 말하기를, "부귀를 뜬구름과 같이 본 것[137]은 노재(魯齋 허형)가 바로 그러한 사람이다."라고 하였고, 또 말하기를, "노재는 주자(朱子) 이후에 손꼽히는 한 사람이니, 주자의 정통을 이었다."라고 하였다. 또 말하기를, "공자(孔子)를 잘 배웠으니 참으로 사지구속(仕止久速)[138]의 기상이

135 유인(劉因) : 1249~1293. 원(元)나라 초기의 학자이자 문신으로, 자는 몽길(夢吉), 호는 정수(靜修), 시호는 문정(文靖)이다. 세조(世祖) 때 학행으로 천거되어 우찬선대부(右贊善大夫) 등의 벼슬을 지냈다. 정주(程朱)의 이학(理學)을 익혀 송(宋)나라 이학을 계승했지만 상산(象山) 육구연(陸九淵)의 학설도 수용하였다.

136 설경헌(薛敬軒) : 명(明)나라 초기의 문신이자 학자인 설선(薛瑄, 1389~1464)으로, 자는 덕온(德溫), 호는 경헌, 시호는 문청(文淸)이다. 성조(成祖) 영락(永樂) 19년(1420)에 향시에 장원으로 급제하고 벼슬이 예부 우시랑(禮部右侍郎) 겸 한림원학사(翰林院學士)에 이르렀다. 평생 독실하게 주자(朱子)의 학문을 연구하여 명대 성리학의 종장(宗匠)으로 일컬어진다. 저서로는 《독서록(讀書錄)》, 《설문청집(薛文淸集)》 등이 있다.

137 부귀를……것 : 이는 본래 공자(孔子)가 한 말에 보이는 것으로, 《논어(論語)》 〈술이(述而)〉에 "거친 밥을 먹고 물을 마시며 팔을 굽혀 베더라도 즐거움이 그 속에 있으니, 의롭지 못한 부귀는 나에게 뜬구름과 같다.〔飯疏食飮水, 曲肱而枕之, 樂亦在其中矣. 不義而富且貴, 於我如浮雲.〕"라고 하였다.

138 사지구속(仕止久速) : 이는 맹자(孟子)가 상황에 따라 알맞게 조처한 공자(孔

다.”라고 하였고, 또 말하기를, “출처(出處)가 성현의 도(道)에 부합하였다.”라고 하였다. 또 말하기를, “유정수(劉靜修 유인)는 백세(百世) 이후에 그 풍도를 들은 자들이 흥기하지 않음이 없어서 완악한 이가 청렴해지고 나약한 이가 뜻을 세우게 될 만하니[139] 봉황이 천 길을 나는 기상이 있다.”라고 하였다. 나정암(羅整菴)[140]은 말하기를, “노재의 학행은 평정(平正)하고 독실하여 사문(斯文)에 공이 있다. 노재는 증자(曾子)와 비슷하고 정수는 자로(子路)와 비슷하다.”라고 하였다. 고양계(高梁溪)[141]는 말하기를, “노재는 중화의 문화로 오랑캐를 변화시키

子)의 처신을 평가한 말로, “벼슬할 만하면 벼슬하고 그만둘 만하면 그만두며, 오래 머무를 만하면 오래 머물고 빨리 떠날 만하면 빨리 떠난 분은 공자이다.〔可以仕則仕, 可以止則止, 可以久則久, 可以速則速, 孔子也.〕”라고 하고, 이어서 “내가 원하는 것은 공자를 배우는 것이다.〔乃所願則學孔子也〕”라고 하였다. 《孟子 公孫丑上》

139 백세(百世)……만하니 : 이는 본래 맹자(孟子)가 백이(伯夷)를 두고 한 말로, “성인은 백세의 스승이니, 백이와 유하혜가 바로 그러하다. 그러므로 백이의 풍도를 들은 자들은 완악한 사내가 청렴해지고 나약한 사내가 뜻을 세우게 되며, 유하혜의 풍도를 들은 자들은 경박한 사내가 돈후해지고 비루한 지아비가 너그러워진다. 백세의 전에 떨쳐 일어나면 백세 이후에 그 풍도를 들은 자들이 흥기하지 않음이 없으니, 성인이 아니고서 이와 같을 수 있겠는가. 더구나 직접 가까이에서 배운 자들은 어떠하겠는가.〔聖人, 百世之師也, 伯夷、柳下惠是也. 故聞伯夷之風者, 頑夫廉, 懦夫有立志; 聞柳下惠之風者, 薄夫敦, 鄙夫寬. 奮乎百世之上, 百世之下, 聞者莫不興起也. 非聖人而能若是乎? 而況於親炙之者乎?〕”라고 하였다. 《孟子 盡心下》

140 나정암(羅整菴) : 명(明)나라 중기의 문신이자 성리학자인 나흠순(羅欽順, 1465~1547)으로, 자는 윤승(允升), 호는 정암, 시호는 문장(文莊)이다. 국자감 사업(國子監司業)과 이부 상서(吏部尙書) 및 예부 상서(禮部尙書) 등을 지냈으나, 사직하고 학문에 전념하였다. 처음에 불교의 선학(禪學)을 연구하였으나 후에 주자학(朱子學)으로 돌아섰다. 저서로는 《곤지기(困知記)》, 《정암존고(整菴存稿)》 등이 있다.

141 고양계(高梁溪) : 명(明)나라 후기의 학자 고반룡(高攀龍, 1562~1626)으로, 자

는[142] 재주가 있었으니 공자가 남자(南子)를 만나본 뜻[143]과 같았다."라고 하였다. 이들이 찬미한 것이 어쩌면 이리도 한결같이 성대한가. 설경헌과 고양계는 곧장 공자와 나란히 칭하였으니 성인에게 욕을 끼친 것이 또한 크다. 그 견식이 밝지 못하여 스스로 기탄함이 없는 지경[144]으로 돌아갔으니, 비단 월조(月朝 월단평(月旦評))가 기준이 없을 뿐만이 아니다.

설경헌은 영락제(永樂帝)[145]의 시대에 과거에 급제하여 실신하는 것이 치욕스러운 것임을 알지 못하여 허형・유인의 무리와 그 걸어온 길은 다르나 똑같은 곳으로 귀결되었으니, 옛 인물을 평가하기를 이와

는 운종(雲從)・존지(存之), 호는 경일(景逸)이며, 시호는 충헌(忠憲)이다. 무석(無錫)의 양계(梁溪)에서 스승 고헌성(顧憲成)을 도와 동림서원(東林書院)을 운영하며 동림당(東林黨)을 이끌었으므로 세상 사람들이 고헌성과 그를 모두 양계라고 불렀다. 어려서부터 정주학(程朱學)에 뜻을 두었으며, 저서로는 《고자유서(高子遺書)》, 《주역이간설(周易易簡說)》 등이 있다.

142 중화의……변화시키는 : 이는 《맹자(孟子)》 〈등문공 상(滕文公上)〉에 보이는 말로, "나는 중화의 문화로 오랑캐를 변화시켰다는 말은 들었지만, 중화가 오랑캐에 의해 변화되었다는 말은 듣지 못하였다.〔吾聞用夏變夷者, 未聞變於夷者也.〕"라고 하였다.

143 공자가……뜻 : 남자(南子)는 춘추(春秋) 시대 위(衛)나라 영공(靈公)의 부인으로, 음행(淫行)이 있었는데, 공자(孔子)가 남자를 만나보자 자로(子路)가 좋아하지 않았다. 이에 공자가 맹세하여 말하기를, "내가 잘못된 짓을 하였다면 하늘이 버리실 것이다, 하늘이 버리실 것이다.〔予所否者, 天厭之, 天厭之!〕"라고 하였다. 이에 대한 주희(朱熹)의 주(註)에 "성인은 도(道)가 크고 덕(德)이 완전하여 가한 것도 없고 불가한 것도 없으니, 악한 사람을 만나볼 적에 '나에게 만나볼 만한 예(禮)가 있다면 저 사람의 불선함이 나와 무슨 상관이 있겠는가'라고 여긴다.〔聖人道大德全, 無可不可, 其見惡人, 固謂在我有可見之禮, 則彼之不善, 我何與焉.〕"라고 하였다. 《論語 雍也》

144 기탄함이 없는 지경 : 167쪽 주70 참조.

145 영락제(永樂帝) : 177쪽 주92 참조.

같이 한 것이 당연하다. 명(明)나라가 끝나가는 시대에 도술(道術)이 천하 사람들에 의해 분열되어 점점 이적(夷狄)의 화란을 초래해서 삼대(三代)의 백성[146]이 모두 오랑캐로 변하고 의관과 문물이 모두 비린내를 뒤집어썼다. 혼란을 초래한 근본을 따져본다면 설경헌과 고양계 등의 제공(諸公)이 그 책임을 회피할 수 없을 듯하다.

천자는 중화(中華)와 오랑캐가 함께 높이는 바이다. 그러므로 유연(劉淵)과 석륵(石勒)은 진(晉)나라의 회제(懷帝)와 민제(愍帝)에 대하여, 여진(女眞)은 송(宋)나라의 휘종(徽宗)과 흠종(欽宗)에 대하여, 야선(乜先)은 명(明)나라의 영종(英宗)에 대하여 또한 감히 곧바로 시역(弑逆)을 가하지 못한 것이다. 그러나 명(明)나라의 홍광제(弘光帝)·융무제(隆武帝)·영력제(永曆帝) 세 황제[147]는 모두 청(淸)나라 오랑캐에게 시해를 당하였으니, 오랑캐가 있게 된 이후로 있지 않았던 큰 변고이다. 죄악이 극에 달하였으니 진실로 천지에 용납될 수 없는 바이다.

146 삼대(三代)의 백성 : 삼대는 하(夏)·은(殷)·주(周) 세 왕조의 시대로, 삼대의 백성은 정직한 도(道)를 행해 온 중화(中華)의 백성을 이른다. 공자(孔子)가 말하기를, "내가 남에 대해 누구를 비방하고 누구를 칭송하겠는가. 만약 칭송하는 바가 있다면 그것은 시험해 봄이 있어서이다. 이 백성들은 삼대 시대에 정직한 도(道)를 행해 왔기 때문이다.〔吾之於人也, 誰毁誰譽? 如有所譽者, 其有所試矣. 斯民也, 三代之所以直道而行也.〕"라고 하였다. 《論語 衛靈公》

147 명(明)나라의……황제 : 세 황제는 모두 명(明)나라가 멸망한 뒤에 황실의 일족들이 화중(華中)과 화남(華南)에 세운 정권인 남명(南明)의 황제들이다. 자세한 내용은 166쪽 주66 참조.

서건학(徐乾學)[148]은 황조(皇朝 명(明)나라)의 세족(世族)으로서 강희제(康熙帝)의 친신(親臣)이 되는 것을 달가워하여 뻔뻔스럽게도 실신(失身)의 부끄러움을 알지 못하였던 자이다. 사해(四海)와 구주(九州)가 모두 오랑캐가 되어 좌임(左衽)을 하였으나 오직 우리 동국(東國)만은 삼대(三代 하(夏)·은(殷)·주(周))의 의관(衣冠)을 보존하고 있었는데, 서건학이 강희제에게 우리나라 사람들을 치발(薙髮)하게 할 것을 권하여 한 가닥 남은 미약한 양(陽)의 기운을 반드시 소멸시키고야 말려고 하였으니 이런 짓을 어찌 차마 할 수 있겠는가. 참으로 오랑캐의 종자이다. 그가 지은 《독례통고(讀禮通考)》[149]는 해박하지 않은 것은 아니나, 예(禮)가 어찌 그를 위해 쓰이겠는가. 이는 또한 이른바 '창기(娼妓)가 예경을 읽는다'는 것이 아니겠는가. 무슨 낯으로 그 외

148 서건학(徐乾學) : 1631~1694. 청(淸)나라 초기의 학자로, 자는 원일(原一), 호는 건암(健菴)이고, 시호는 문공(文恭)이며, 고염무(顧炎武)의 생질이다. 청(淸)나라 조정에서 벼슬하여 시강학사(侍講學士), 예부시랑(禮部侍郞), 형부상서(刑部尙書) 등을 지냈고, 강희제(康熙帝)의 칙명에 따라 《대청일통지(大淸一統志)》, 《청회전(淸會典)》, 《명사(明史)》 등을 편찬하였다. 의리학(義理學)에 있어서는 정주학(程朱學)을 존숭하고 육왕학(陸王學)을 배척하였다. 당(唐)나라 때부터 명(明)나라에 이르는 경설(經說)을 모아 《통지당경해(通志堂經解)》를 편찬하였고, 예학(禮學)에도 정밀하여 역대 상례(喪禮)의 제도와 제유(諸儒)의 학설을 모으고 자신의 설명을 덧붙여 《독례통고(讀禮通考)》 120권을 완성하였다.

149 독례통고(讀禮通考) : 청(淸)나라 강희제(康熙帝) 때의 문신이자 학자인 서건학(徐乾學)이 지은 예서(禮書)로, 역대 상례(喪禮)의 경설(經說)과 제유(諸儒)들의 학설을 모으고 자신의 안설(按說)을 덧붙인 책이다. 상기(喪期), 상복(喪服), 상의절(喪儀節), 장고(葬考), 상구(喪具), 변례(變禮), 상제(喪制), 묘제(墓制)의 8가지 강(綱)을 세우고, 그 아래 여러 세목(細目)을 두었는데 특히 표(表)와 도록(圖錄)을 활용하여 역대 예제(禮制)의 이동(異同)과 상복과 상구 등을 해설하였다.

숙인 고정림(顧亭林)[150]을 대하겠는가.

강희제(康熙帝)는 주자(朱子)를 존모한다고 스스로 말하여 한결같이 주자의 명리(名理)를 따랐다. 그러나 《고문연감(古文淵鑑)》[151]을 편찬할 적에는 촉한(蜀漢)을 삼국(三國)의 반열에 두면서 도리어 조위(曹魏)의 아래에 위치시켰으니 《자치통감강목(資治通鑑綱目)》의 의례(義例)와 상반되는 것이다. 그런데도 이광지(李光地)[152]의 무리들이

150 고정림(顧亭林) : 명말청초(明末清初) 때의 학자 고염무(顧炎武, 1613~1682)로, 자는 영인(寧人), 호는 정림이다. 명(明)나라 말기에 만주족이 침략해 오자 의병을 일으켜 저항하였으나 패하였으며, 청(淸)나라가 들어선 뒤에도 화북(華北) 등지를 두루 돌아다니며 계속 반청(反淸) 투쟁을 벌였다. 만년에는 섬서(陝西) 화음(華陰)에 은거하였다. 이기(理氣)와 성명(性命) 등을 공담하는 이학(理學)에 반대하고 육구연(陸九淵), 왕수인(王守仁) 등의 심학(心學)도 비판하면서 경세치용(經世致用)의 실학을 주장했으며, 창신구실(創新求實)의 학문에 주력하여 청(淸)나라 고증학의 기초를 다졌다. 저서로는 《일지록(日知錄)》, 《천하군국이병서(天下郡國利病書)》, 《음학오서(音學五書)》 등이 있다.

151 고문연감(古文淵鑑) : 청(淸)나라 강희제(康熙帝)가 역대의 산문을 모아 직접 선록(選錄)하여 비평을 붙이고 서건학(徐乾學) 등에게 주해하여 편찬하게 한 문학 총서이다. 《춘추좌씨전(春秋左氏傳)》, 《국어(國語)》, 《전국책(戰國策)》 등의 책과 조(詔), 표(表), 서(書), 의(議), 주(奏), 소(疏), 논(論), 서(序) 등의 여러 문체의 글을 포괄하여 선록하였는데, 말이 정밀하고 순정하여 육경(六經)을 고취시킬 수 있는 것은 모아서 정집(正集)을 만들고, 문사가 화려한 글들은 모아서 별집(別集)을 만들었으며, 제자서(諸子書)의 요론을 채록하여 외집(外集)을 만들었다. 모두 1,324편이다.

152 이광지(李光地) : 1642~1718. 청(淸)나라 초기의 학자로, 자는 진경(晉卿), 호는 용촌(榕村)·후암(厚菴)이며, 시호는 문정(文貞)이다. 문연각 태학사(文淵閣太學士) 등의 벼슬을 역임하였으며, 정주학(程朱學)을 추숭하여 청(淸)나라 초기 주자학의 대표적 인물이 되었지만, 절충적인 태도를 취하여 육왕학(陸王學)도 배척하지 않았다.

이를 바로잡을 줄을 알지 못하였으니, 중화(中華)와 오랑캐의 구분을 알지 못하였으므로 또한 한(漢)과 역적의 구분에 어두워서 그러한 것이 아니겠는가.

이광지(李光地)는 중화(中華)와 오랑캐의 큰 구분을 알지 못하고 세상에 다시없을 성세를 만났다고 자부해서 그 아첨하는 것이 이르지 못하는 바가 없었고 늙어서도 벼슬을 그만두지 않고 용정(龍庭)[153]에서 굽실거렸으니 진실로 후세의 비난을 면치 못한다. 그가 유국창(劉國昌)에게 답한 편지에서 명(明)나라를 배반하고 오랑캐에게 귀의할 것을 권하여 "그대 군신(君臣)들로 하여금 보후(黼冔) 차림으로 왕가(王家)에서 빈(賓)이 되게 할 것이니[154] 이는 내가 아니면 또한 담당하려는 이가 없을 것이다."라고 말하기까지 하였으니, 이른바 '왕가'란 바로

경학(經學)과 악률(樂律), 역산(曆算), 음운(音韻) 등에 정통했으며, 강희제(康熙帝)의 칙명에 따라 《성리정의(性理精義)》와 《주자대전(朱子大全)》 등을 편수하였다.

153 용정(龍庭) : 본래 중국의 북방 민족인 흉노(匈奴)의 선우(單于)가 천지의 귀신에게 제사 지내는 장소인데, 여기서는 청(淸)나라 조정을 말한 것이다.

154 보후(黼冔)……것이니 : 보후는 검은색과 흰색의 도끼 모양과 꽃무늬가 그려져 있는 은(殷)나라 때의 관모이다. 《시경(詩經)》〈문왕(文王)〉에 "주(周)나라에 복종하니 천명이 일정하지 않은지라. 은(殷)나라 선비의 아름답고 민첩한 이들이 주(周)나라 서울에서 강신제를 지내네. 강신제를 지냄이여, 항상 보상(黼裳)을 입고 은(殷)나라 관을 쓰도다. 왕의 진신들은 네 조상을 생각지 아니하랴.〔侯服于周, 天命靡常. 殷士膚敏, 祼將于京. 厥作祼將, 常服黼冔. 王之藎臣, 無念爾祖?〕"라고 하였는데, 이는 은(殷)나라의 자손들이 주(周)나라의 조정에 복종하여 은(殷)나라의 복장을 입고 주(周)나라의 강신제를 도움을 말한 것으로, 망한 명(明)나라의 자손이 청(淸)나라의 조정에 복종함을 견주어 말한 것이다.

청인(淸人)이다. 자신은 비록 의(義)를 제창하여 적을 토벌하지 못한다고 하더라도 어찌 차마 황조(皇朝 명(明)나라)의 군신들로 하여금 무릎을 굽히고 투항하게 할 수 있겠는가. 이 사람도 또한 황명(皇明)에 화육(化育)된 물건이니 어찌 차마 이런 짓을 한단 말인가. 몸이 오랑캐로 변화되어 참된 본성을 잃어 버려서 이러한 지경에까지 이르렀으니, 그가 말한 책을 읽고 이치를 연구한다는 것이 또한 무슨 소용이겠는가.

중국의 사대부들 중에 용정(龍庭)을 섬긴 자들이 한(漢)나라의 의관을 회복할 것을 청하여 그 상소가 공거(公車)[155]에 쌓일 정도였다. 그러나 청인(淸人)은 조훈(祖訓)에 실린 바를 들어 허락하지 않았고 심지어는 원위(元魏)[156]가 근본을 잊어서 멸망을 재촉했다는 것으로 구실을 삼기까지 하였으니, 또한 틀 속에 갇혀 있어서 끝내 우물 안 개구리를 면치 못함을 볼 수 있다. 오호(五胡)가 중화(中華)를 어지럽히다가 오래지 않아 멸망하고 말았으나 오직 원위만은 이백칠십 년에 가깝도록 오랫동안 나라를 유지하였으니 이는 중국에 나아갔기 때문이었다. 만약 청인이 오랑캐의 비루한 습속을 고쳐서 한(漢)나라와 명(明)나라의 옛 제도를 회복하였다면 깊은 산속과 먼 바닷가에서 종신토록

155 공거(公車) : 한(漢)나라 때 상소 및 징소(徵召)에 대한 일을 관장했던 관서(官署)의 이름에서 유래된 말로, 상소를 받아 두는 곳을 뜻한다.

156 원위(元魏) : 남북조(南北朝) 시대 북위(北魏)의 다른 이름이다. 탁발규(拓跋珪)가 북위를 세우고 도무제(道武帝)가 되었는데, 그 후 효문제(孝文帝)가 낙양(洛陽)으로 천도한 뒤에 성(姓)을 탁발씨(拓跋氏)에서 원씨(元氏)로 바꾸었으므로 원위(元魏)라고 부르게 되었다.

자정(自靖)[157]하려던 자들 중에 또한 혹시라도 기꺼이 나아오는 자들이 있었을 것이니, 응당 청인이 국운을 오래 지속할 수 있는 길이 되었을 것이다. 황명(皇明 명(明)나라)의 유민들이 분통해하며 죽고자 하는 것은 비단 명(明)나라를 그리워하며 치발(薙髮)하는 것 때문만이 아니다. 청인이 고집스럽게 지키며 고치지 않았던 것이 또한 어리석고 망령되지 않은가.

청인(淸人)은 여진(女眞)의 부락 중에 가장 비천한 자들이었다. 그러므로 그 땅이 비록 황명(皇明)에 속해 있었으나 그 추장이 우리 조정의 직명을 받아서 가선대부(嘉善大夫), 통정대부(通政大夫) 등의 고신(告身)을 얻으면 감격하며 칭사(稱謝)하였다. 그런데 겨우 십 년 만에 정묘년(1627, 인조5)의 강화[158]를 맺게 되었고 또 십 년 만에 정축년(1637)의 항복[159]을 하게 되었다. 예로부터 오랑캐가 급작스럽게 일어나고 급작스럽게 귀해진 것이 청(淸)나라와 같은 경우가 있지 않았으니 응당 급작스럽게 망해야 마땅한데, 나라를 유지한 지가 이백 년이

157 자정(自靖) : 은둔하여 지조를 지킴을 뜻하는 말이다. 182쪽 주102 참조.

158 정묘년의 강화 : 1627년(인조5)에 있었던 정묘호란(丁卯胡亂)을 두고 말한 것으로, 후금(後金)이 장군 패륵(貝勒)과 왕자 아민(阿敏)을 보내서 침략해오자 인조가 강화도에 피란하였다가 후금과 강화하여 겨우 종식되었다.

159 정축년의 항복 : 1636년(인조14)에 발발하여 이듬해까지 이어졌던 병자호란(丙子胡亂)을 두고 말한 것으로, 이때 인조가 남한산성(南漢山城)으로 피난하였는데, 이듬해 1월에 남한산성이 포위되자 결국 성문을 열고 나와 산성 아래의 삼전도(三田渡)에서 청(淸)나라 태종(太宗)에게 항복하고 청(淸)나라와 군신(君臣)의 관계를 맺는 맹약을 하였다.

되어 광대한 천지가 모두 그 판도로 들어갔다. 이는 또한 개벽 이래로 처음 듣는 것이니 이것이 어찌 정상적인 천도(天道)이겠는가. 기수(氣數)가 변하는 것이 이러한 지경에 이르렀으니 이것이 이른바 '이치 밖의 이치'인 것인가?

절의(節義)가 성대한 것이 황명(皇明) 임오년[160]보다 더한 경우가 없었으니 건문제(建文帝)[161]를 위하여 죽은 이가 만 명으로 헤아려졌다. 방효유(方孝孺)의 십족(十族) 중에 연좌되어 죽은 자는 870명이었고, 추근(鄒瑾)의 죄안에 죽임을 당한 자는 440명이었고, 연자녕(練子寧)의 옥사에 기시(棄市)된 자는 150명이었고, 사중(司中)의 인아(姻婭)로서 따라 죽은 자는 80여 명이었고, 동용(董鏞)이 체포되었을 적에 인친(姻親)으로서 죽은 자는 230명이었다. 탁경(卓敬), 황관(黃觀), 제태(齊泰), 황자징(黃子澄)의 무리에 이르러서는 많게는 삼족이 죽임을 당하고 적게는 일족이 죽임을 당하였으니 그 수를 이루 다 셀 수가 없다. 그러나 이들 모두가 죽음을 보기를 집에 돌아가는 것처럼 편안하게 여겨서 종족이 다 몰살되어도 아랑곳하지 않았다.

갑신년[162]에 의종(毅宗) 황제를 따라서 죽은 자는 범경문(范景文) 등 27명이었고, 홍광제(弘光帝)·융무제(隆武帝)·영력제(永曆帝)

160 황명(皇明) 임오년 : 명(明)나라 건문(建文) 4년인 1402년으로, 연왕(燕王) 주체(朱棣)가 반란을 일으켜서 조카인 혜제(惠帝), 즉 건문제(建文帝)의 황위를 찬탈하고 혜제에 대하여 절의를 지킨 방효유(方孝孺) 등의 충신들을 도륙한 해이다.

161 건문제(建文帝) : 177쪽 주91 참조.

162 갑신년 : 명(明)나라 숭정(崇禎) 17년인 1644년으로, 명(明)나라의 마지막 황제인 의종(毅宗)이 이자성(李自成)의 반란으로 순국한 해이다.

세 황제[163]에 대하여 경사(卿士)로서 절의를 세운 자는 3537명이고 사민(士民)으로서 절개를 바친 자는 1728명이었으며, 치발령(薙髮令)이 내렸을 적에 온 집안의 사람들이 죽은 자는 또한 그 수를 이루 다 기록할 수가 없으니, 이는 유사 이래로 있지 않았던 일이었다.

태조(太祖)가 창업(創業)한 것과 의종이 사직을 위하여 순절한 것이 모두 정도(正道)에 맞았기 때문에 위에서 행하면 아래에서 본받기를 그림자와 메아리보다도 빠르게 한 것이니, 이것이 이른바 '풀 위에 바람이 불면 눕게 된다'[164]는 것이다. 그러나 근본으로 거슬러 올라가 논해 보자면, 정자(程子)와 주자(朱子)가 정학(正學)을 창도하고 천명해서 군신과 부자의 윤리를 밝히고 윗사람을 친히 하고 어른을 섬기는 의리를 알게 하여 이와 같이 이루어 낸 것일 뿐이다.

천하의 형세는 흩어지면 모이고 모이면 흩어지니, 이는 천지의 기수(氣數)이다. 원(元)나라 사람이 천하를 통일한 이후로 명(明)나라와 청(淸)나라를 거치며 거의 육백 년이 지났는데, 청(淸)나라 사람에 이르러서 광대한 천지가 모두 그 판도로 들어갔으니, 이는 또한 천지가 개벽한 이후로 처음 있는 일이다. 지금 청(淸)나라 도광제(道光帝)가 죽고 오랑캐의 운이 다하였으니, 금(金)나라와 원(元)나라가 서로

163 홍광제(弘光帝)……황제 : 세 황제는 모두 명(明)나라가 멸망한 뒤에 황실의 일족들이 화중(華中)과 화남(華南)에 세운 정권인 남명(南明)의 황제들이다. 자세한 내용은 166쪽 주66 참조.

164 풀……된다 : 이는 《논어(論語)》 〈안연(顏淵)〉에 보이는 공자(孔子)의 말로, "군자의 덕은 바람과 같고 소인의 덕은 풀과 같다. 풀 위에 바람이 불면 풀은 반드시 눕게 된다.〔君子之德風, 小人之德草. 草上之風, 必偃.〕"라고 하였다.

이어졌던 것처럼 몽고(蒙古)가 틈을 타서 침입함을 장차 보게 될 것이다. 비록 중국에 명(明)나라 태조(太祖)와 같은 이가 나온다고 하더라도 비린내 나는 오랑캐를 깨끗이 쓸어버리고 구역(九域)을 통일할 수 있을지는 또한 알 수가 없다. 그 형세가 틀림없이 동진(東晉)과 남송(南宋) 때에 음(陰)이 성하고 양(陽)이 미약하며 이(理)가 기(氣)에 의해 가려졌던 것과 같게 될 것이니, 어느 때에나 요(堯)와 순(舜)과 삼대(三代 하(夏)·은(殷)·주(周))의 옛 모습을 회복할 수 있을지 알지 못하겠다. 아아, 하늘은 또한 무슨 마음이란 말인가.

여수구(黎遂球)[165]는 명(明)나라 말기의 의사(義士)이니, 갑신년[166] 이후로 거짓으로 미친 체하여 스스로를 숨겼다. 일찍이 연경(燕京)의 유리창(琉璃廠)에 다음과 같은 시를 적었다.

평생 신선 찾기를 구하지 않았으나	平生不事求神仙
동해로 떠나는 신선 찾는 배에 오르고 싶구나	願上東海求仙船
동남 동녀 각각 삼천 명에게	童男童女各三千
가무와 관현을 가르치고	教之歌舞及管絃

165 여수구(黎遂球) : 1602~1646. 명(明)나라 말기의 관원이자 시인으로, 자는 미주(美周)이다. 천계(天啓) 7년(1627) 거인(擧人)이 되었으며, 두 차례 회시(會試)에 응시했으나 급제하지 못하였다. 숭정(崇禎) 연간에 진자장(陳子壯)이 경제명유(經濟名儒)로 천거했지만 노모가 있어 나가지 못했다. 남명(南明) 융무조(隆武朝)에 병부직방주사(兵部職方主事)가 되었으며 광동(廣東)의 병사를 거느리고 공주(贛州)를 구원했는데, 성이 함락되자 순국하였다. 시문에 뛰어나고 산수화에 능하였으며, 시호는 충민(忠愍)이다.

166 갑신년 : 명(明)나라 숭정(崇禎) 17년인 1644년으로, 명(明)나라의 마지막 황제인 의종(毅宗)이 이자성(李自成)의 반란으로 순국한 해이다.

소요하며 행락한 지 이십 년에	逍遙行樂二十年
마침내 결혼시켜 함께 힘써 농사지으리	遂令婚配同力田
일만 명이 되어 구변(九邊)[167]을 치달릴 수 있으면	可得萬人馳九遷
나라의 수치를 크게 씻어 연연산에 이름 새기리[168]	大雪國恥銘燕然
노부의 수염과 눈썹 능연각에 초상이 걸리고[169]	老夫鬚眉圖凌烟
화국에 집을 짓고 주천에 임하니	結屋花國臨酒泉
명유와 협객이 사방 자리에 벌여 앉고	名儒俠客列四筵

167 구변(九邊) : 원문의 '구천(九遷)'은 '구변(九邊)'의 잘못인 듯하다. 《광동신어(廣東新語)》 권12 〈시어(詩語) 여미주시(黎美周詩)〉에 이 시의 전문이 실려 있는데, 여기에는 '구천(九遷)'이 '구변(九邊)'으로 되어 있다. '구변'은 '구진(九鎭)'이라고도 하는바, 명(明)나라 때 압록강(鴨綠江)부터 가욕관(嘉峪關)까지 북방의 장성을 따라 설치한 아홉 군데의 중진(重鎭)이다. 여기에 구대새왕(九大塞王)을 두어 막남(漠南)의 모든 위소(衛所)를 통할하게 하였는데, 바로 요동진(遼東鎭)·계주진(薊州鎭)·선부진(宣府鎭)·대동진(大同鎭)·태원진(太原鎭)·연수진(延綏鎭)·영하진(寧夏鎭)·고원진(固原鎭)·감숙진(甘肅鎭)이다. 태원진은 산서진(山西鎭) 또는 삼관진(三關鎭)으로, 연수진은 유림진(楡林鎭)으로, 고원진은 섬서진(陝西鎭)으로도 일컬어졌다.

168 연연산(燕然山)에 이름 새기리 : 장차 북방의 오랑캐들을 물리치는 큰 공을 세운다는 뜻이다. 연연산은 몽고 지방에 있는 산으로 항애산(杭愛山)이라고도 불린다. 후한(後漢)의 화제(和帝) 원년(89)에 거기장군(車騎將軍) 두헌(竇憲)이 남선우(南單于) 및 강호(羌胡)의 군사들을 거느리고 계락산(稽落山)에서 북선우(北單于)와 싸워 크게 승리하여 연연산을 점령하고 돌아왔는데, 그 공적을 기리기 위해 반고(班固)에게 명해 명(銘)을 짓게 하여 이를 새긴 비석을 그곳에 세웠다. 《後漢書 卷23 竇憲列傳》

169 능연각에 초상이 걸리고 : 이는 큰 공을 세워서 조정으로부터 표창을 받음을 말한 것이다. '능연각'은 본래 왕실을 위해 공을 세운 신하를 표창하기 위하여 세운 건물로, 공신의 초상을 안치한 누각을 가리킨다. 그 중에서 당(唐)나라 태종(太宗) 때에 세운 능연각이 유명한데, 태종이 643년에 장손무기(長孫無忌)·두여회(杜如晦)·위징(魏徵)·방현령(房玄齡) 등을 위시한 24인의 초상을 그려놓았다.

한가로이 지은 시부를 사람들이 다투어 전하여　　等閑詩賦人爭傳
글자 한 자에 십만 전을 주고 얻으려 하네　　乞得一字十萬錢

그 뜻을 부친 바가 깊으니 말하지 않아도 깨달을 수 있다. 이정관(李正觀) 치서(稚舒)가 연경에 들어가 이 시를 보고서 애창(艾暢)에게 여수구에 관한 전말을 듣고는 이와 같이 시를 전해 주었다.

황명(皇明 명(明)나라)이 올바르게 나라를 얻은 것은 응당 양한(兩漢)과 필적하지만, 올바르게 나라를 잃은 것은 양한이 미칠 수 없는 바일 뿐만이 아니니 이는 유사 이래로 처음 있는 것이었다. 그 궁궐의 안에 대대로 참덕(慙德)이 없었으므로 실록을 숨기지 않고 야사를 금하지 않았으니, 이는 또한 역대에 들어 보지 못한 것이다. 나라가 망하고 군주가 죽음에 정도(正道)를 지키고 배신하지 않았던 것은 또한 규문(閨門)의 내행(內行)이 참되고 바른 데에서 근원한 것이니 제왕이 된 자가 마땅히 본받아야 할 바이다.

나는 매번 배신(陪臣)으로서 천자를 제사하는 것을 두고 근거할 바가 없다고 여겼는데, 김재진(金在晉) 명숙(明叔)이 말하기를, "명(明)나라의 사직이 망한 뒤에 사해(四海)와 구주(九州)가 모두 오랑캐로 변하였으나 오직 우리나라만은 홀로 한관(漢官)의 위의(威儀)[170]를 보존하고 있고 황조(皇朝 명(明)나라)를 높이 받드는 것이 지성(至誠)에서 비롯되고 있다. 대명(大明)의 천지가 길이 좌해(左海)에 임하고 있으

170 한관(漢官)의 위의(威儀) : 한(漢)나라 관원들의 복식(服飾)과 전례(典禮) 제도를 지칭하는 것으로, 중화(中華)의 예의(禮儀)와 제도를 뜻하는 말로 쓰인다.

니, 이는 유민인 것이지 배신이 아니다. 황조가 존속되었으면 마땅히 배신이라고 해야 하지만, 황조가 망했으면 이는 유민인 것이다. 유민으로서 옛 군주를 제사하는 것이 어찌 근거할 바가 없다고 하겠는가." 라고 하였다. 이 말이 정도(正道)에 맞다.

예로부터 제왕가(帝王家)의 딸이 하가(下嫁)하여 능히 효성과 공경을 다한 경우는 드물었다. 영릉(寧陵 효종)의 여러 공주의 경우에는 시부모에게 예를 다하였으며, 또 천하의 사람들이 따르는 바로는 오직 성묘조(成廟朝 성종조)의 청녕위(淸寧尉) 한경침(韓景琛)의 처 공신옹주(恭愼翁主)와 영묘조(英廟朝 영조조)의 월성위(月城尉) 김한신(金漢藎)의 처 화순옹주(和順翁主)가 있다. 또한 성조(聖朝)에서 몸소 가르치기를 바르게 한 것을 확인할 수 있다.

김죽천(金竹泉)[171]은 어려서부터 명행(名行)을 갈고 닦아 방만하거나 소홀히 하는 바가 없었다. 일찍이 도보로 길을 나설 때에 비가 내려 길이 진흙탕이 되자 광성(光城)[172]이 안마(鞍馬)와 우구(雨具)를 챙겨

171 김죽천(金竹泉) : 김진규(金鎭圭, 1658~1716)로, 자는 달보(達甫), 호는 죽천, 본관은 광주(光州)이며, 광성부원군(光城府院君) 김만기(金萬基)의 아들이자 숙종의 비(妃) 인경왕후(仁敬王后)의 오라비이다. 1682년(숙종8) 진사시에 수석으로 합격하고 1686년 정시 문과에 갑과로 급제하여 이조 좌랑 등을 역임하였는데, 1689년 기사환국(己巳換局)으로 거제도(巨濟島)로 유배되었다가 1694년 갑술환국(甲戌換局)으로 다시 기용되었다. 이후 대사성, 대제학, 예조 판서, 강화 유수(江華留守), 병조 참판 등을 역임하였다. 거제의 반곡서원(盤谷書院)에 제향되었고, 시호는 문청(文淸)이며, 저서로는 《죽천집(竹川集)》, 《여문집성(儷文集成)》이 있다.

172 광성(光城) : 김만기(金萬基, 1633~1687)로, 자는 영숙(永淑), 호는 서석(瑞

보냈는데 죽천이 그냥 걸어서 돌아왔다. 광성이 "어째서 말을 타지 않고 우의를 입지 않았느냐?"라고 묻자 죽천이 "수놓은 안장과 명주 적삼은 선비에게 걸맞지 않습니다."라고 하였다. 이에 광성이 부끄러워하고 감탄하기를 마지않았다. 그 높은 식견과 바른 절조가 이미 이를 통해 드러난 것이다. 이러한 본령(本領)이 있었기 때문에 스스로 수립한 바가 이와 같을 수 있었던 것이다.

김씨(金氏)는 가법(家法)이 매우 바르다. 광성(光城) 형제[173]는 높고 현달한 지위에 오른 뒤에도 매일 숙부 광남공(光南公)[174]을 찾아뵈어

石)·정관재(靜觀齋), 본관은 광주(光州)이다. 1652년(효종3) 사마시에 합격하고 이듬해 별시 문과에 을과로 급제하였으며, 예조·호조 참판, 홍문관 대제학, 병조 판서 등을 역임하였다. 딸이 숙종의 정비가 됨에 따라 영돈녕부사에 제수되고 광성부원군(光城府院君)에 봉해졌다. 1680년(숙종6)에 경신환국(庚申換局)이 일어나자 훈련대장을 맡아 궁궐을 호위하였으며, 허견(許堅) 및 복창군(福昌君)·복선군(福善君)·복평군(福平君) 형제의 역모를 다스려 보사공신(保社功臣) 1등에 책록되었다. 현종의 묘정에 배향되었고, 시호는 문충(文忠)이며, 저서로는 《서석집(瑞石集)》이 있다.

173 광성(光城) 형제 : 광성부원군(光城府院君) 김만기(金萬基, 1633~1687)와 그 아우인 김만중(金萬重, 1637~1692)을 이른다. 김만중의 자는 중숙(重淑), 호는 서포(西浦), 본관은 광산(光山)이다. 1652년(효종3) 진사시에 합격하고 1665년(현종6) 정시 문과에 장원으로 급제하였으며, 공조·예조 판서, 대제학 등을 지냈다. 시호는 문효(文孝)이고, 저서로는 《구운몽(九雲夢)》, 《사씨남정기(謝氏南征記)》, 《서포만필(西浦漫筆)》, 《서포집(西浦集)》 등이 있다.

174 광남공(光南公) : 김익훈(金益勳, 1619~1689)으로, 자는 무숙(懋叔), 본관은 광산(光山)이다. 음보(蔭補)로 등용되어 어영대장 등을 지냈으며, 1680년(숙종6) 경신환국(庚申換局)에 적극 참여한 공으로 보사공신(保社功臣) 2등에 책훈되고 광남군(光南君)에 봉해졌다. 이조 판서에 추증되었고, 시호는 충헌(忠獻)이다.

마치 노복처럼 섬겨서 세숫물과 수건을 직접 챙겼다. 이는 사옹(沙翁)[175]의 시례(詩禮)의 가르침[176]이 전해진 것이니 사대부들의 법도가 될 만하다.

귀락당(歸樂堂)[177]은 성품이 강직하고 엄정하여 도암(陶菴)[178]을 의로

175 사옹(沙翁) : 김장생(金長生, 1548~1631)으로, 자는 희원(希元), 호는 사계(沙溪), 본관은 광주(光州)이다. 이이(李珥)와 송익필(宋翼弼)의 문인으로, 일찍이 과거를 포기하고 학문에 정진하다가 1578년(선조11) 유일(遺逸)로서 천거되어 창릉 참봉(昌陵參奉)에 제수되고, 정산 현감(定山縣監), 철원 부사(鐵原府使) 등을 역임하였으며, 1623년(인조1) 인조반정 성공한 뒤에는 75세의 나이로 조정에 나가 공조 참의, 동지중추부사, 형조 참판 등을 역임하였다. 이 밖에 제수된 벼슬이 많았으나, 대부분 사직하고 고향에 은둔하면서 학문과 후진양성에 몰두하였다. 향리에서 있으면서도 서인(西人)의 영수로서 영향력이 대단하여 인조 초반의 정국을 서인 중심으로 안착시키는 데 결정적인 역할을 하였다. 문인으로는 아들 김집(金集)을 비롯하여 송시열(宋時烈), 송준길(宋浚吉), 이유태(李惟泰), 강석기(姜碩期), 장유(張維), 정홍명(鄭弘溟), 최명길(崔鳴吉) 등 당대의 비중 높은 명사들을 무수히 배출하였다. 저서로는 《사계유고(沙溪遺稿)》 등이 있다.

176 시례(詩禮)의 가르침 : 집안에서 전수하는 가르침을 이른다. 진항(陳亢)이 공자(孔子)의 아들 백어(伯魚)에게 아버지로부터 특별한 가르침을 들은 것이 있는지 물었는데 백어가 "특별한 것은 없고 혼자 서 계실 때에 종종걸음으로 뜰을 지나자 시(詩)를 배웠느냐고 물으시기에 배우지 못했다고 대답했더니 시를 배우지 않으면 말을 할 수가 없다고 하셔서 물러 나와 시를 배웠고, 다른 날 또 혼자 서 계실 때에 종종걸음으로 뜰을 지나자 예(禮)를 배웠느냐고 물으시기에 배우지 못했다고 했더니 예를 배우지 않으면 설 수가 없다고 하셔서 물러 나와 예를 배웠다."라고 대답한 데에서 나온 말이다. 《論語 季氏》

177 귀락당(歸樂堂) : 이만성(李晩成, 1659~1722)으로, 자는 사추(士秋), 호는 귀락당·행호거사(杏湖居士), 본관은 우봉(牛峰)이다. 우암(尤菴) 송시열(宋時烈)의 문인이며, 도암(陶菴) 이재(李縡)의 숙부이다. 1696년(숙종22) 정시 문과에 장원급제

운 방법으로 가르칠 적에[179] 조금도 너그럽게 봐주지 않았다. 하루는 도암의 모친 민 부인(閔夫人)이 떡을 사서 도암에게 먹였는데 귀락당이 이를 좋아하지 않아서 마침내 학업을 권면하지 않았다. 민 부인이 그 까닭을 묻자 귀락당이 말하기를, "아이에게 떡을 사서 먹이면 버릇이 날로 태만해지니 어떻게 사람 노릇을 할 수 있겠습니까. 가르친들 또한 유익함이 없기 때문에 가르치지 않는 것입니다."라고 하니, 민 부인이 잘못을 인정하고 사죄하여 마지않았다. 도암은 타고난 자질과 재주가 진실로 이미 탁월하지만 부형의 가르침에서 얻은 바가 또한 많다. 여 형공(呂滎公)[180]이 말하기를, "안에는 어진 부형이 없고 밖에

하였고 동부승지, 대사성, 대사헌, 경기 관찰사, 이조·형조·병조 판서 등을 지냈다. 노론(老論)으로서 1721년(경종1)에 병조 판서가 되어 노론 대신들과 연잉군(延礽君)의 세제 책봉을 주청해 실현시켰는데, 이윽고 소론(少論)이 일으킨 신임사화(辛壬士禍)에 연루되어 전라도 부안에 유배되었다가 다시 서울로 불려 와 국문을 받다가 64세를 일기로 옥사하였다. 영조가 즉위한 뒤에 복관되었다. 영암의 죽정서원(竹亭書院)에 제향되었고, 시호는 충숙(忠肅)이다. 저서로는 《귀락당집(歸樂堂集)》이 있다.

178 도암(陶菴) : 이재(李縡, 1680~1746)로, 자는 희경(熙卿), 호는 도암·한천(寒泉), 본관은 우봉(牛峰)이며, 농암(農巖) 김창협(金昌協)의 문인이다. 1702년(숙종28) 알성 문과에 급제하였고 대제학을 거쳐 좌우참찬에 이르렀다. 예학(禮學)에 밝았으며 외암(巍巖) 이간(李柬)의 학설을 계승한 낙론(洛論)을 주도하여 한원진(韓元震) 등의 호론(湖論)을 반박하였다. 시호는 문정(文正)이며, 저서로는 《도암집(陶菴集)》 등이 있다.

179 의로운……적에 : 의로운 방법으로 가르친다는 것은 집안에서 올바른 도리로 자식을 가르치는 것을 이른다. 춘추(春秋) 시대 위(衛)나라 장공(莊公)의 아들 주우(州吁)가 오만방자하게 굴자, 현대부(賢大夫) 석작(石碏)이 장공에게 충간하기를, "신은 듣자오니 자식을 사랑하되 의로운 방법으로 가르쳐서 잘못된 곳으로 빠지지 않게 해야 한다고 하였습니다.〔臣聞愛子教之以義方, 弗納於邪.〕"라고 한 데에서 온 말이다. 《春秋左氏傳 隱公3年》

는 엄한 사우(師友)가 없으면서 능히 성취할 수 있는 자는 드물다."라고 하였으니, 이를 어찌 믿지 않을 수 있겠는가.

김하재(金夏材)[181]의 후처는 어느 집안의 여식인지 알지 못하는데, 처음에는 흑산도(黑山島)에서 노비가 되었고 끝내는 또 교형(絞刑)에 처해졌다. 교형에 처해질 때에 금오(金吾 의금부)의 하례(下隷)가 모래사장으로 끌고 나가려고 하였는데, 이 여인이 엄중한 말로 거부하며 말하기를, "비록 죄인이 되었으나 나는 사대부이니 어찌 너희 같은 무리에게 끌려갈 수 있겠느냐. 내 손을 자를 수 있을지언정 하례에게 붙잡힐 수는 없다."라고 하고는 몸소 목을 매어 차분하게 죽음을 맞이하니 섬사람들이 칭찬하여 마지않았다.

그 아들은 진도(珍島)에서 노비가 되어 감옥의 문 곁에 거주하며 신을 만드는 일을 생계로 삼았는데, 입으로는 비속한 말을 하지 않았고 앉을 때에는 반드시 무릎을 꿇고 앉았으며 남을 대할 때에는 공손하고 삼가서 조금도 의롭지 않은 것으로 남을 범한 적이 없었으니, 사람들이

180 여 형공(呂滎公) : 송(宋)나라 때의 학자 여희철(呂希哲, 1039~1116)로, 자는 원명(原明)이며, 봉호(封號)는 형공으로, 여공저(呂公著)의 아들이다. 어려서 초천지(焦千之), 석개(石介), 호원(胡瑗)에게 수학하고, 후에 다시 정호(程顥), 정이(程頤), 장재(張載)에게 수학하였다. 저서로는 《여씨잡기(呂氏雜記)》가 있다.

181 김하재(金夏材) : 1745~1784. 자는 양숙(養叔), 본관은 광산(光山)이며, 사계(沙溪) 김장생(金長生)의 6세손이자 죽천(竹泉) 김진규(金鎭圭)의 손자이다. 1784년(정조8) 영희전(永禧殿) 고유제(告由祭)의 헌관으로 참여하여 분향(焚香)을 한 후에 정조의 실덕(失德)과 사림(士林)을 장살(杖殺)할 것 등을 내용으로 하는 쪽지를 예방승지 이재학(李在學)에게 전하였다가 이 사실이 탄로나 추국(推鞫)된 후에 복주(伏誅)되었다.

모두 아끼고 긍휼히 여겼다. 관비를 아내로 얻어 아들 하나를 낳았는데 정성스럽게 가르쳐 말하기를, "우리 집안이 비록 이러한 지경에 이르렀으나 어찌 도리에 맞지 않는 일을 행하여 선조를 욕되게 할 수 있겠느냐."라고 하였다. 그 누이가 어린 나이에 나주(羅州)로 나뉘어 귀양을 갔다가 장성하여 상천(常賤)의 처가 되었는데, 가세가 조금 여유 있어지자 새 옷 한 벌을 지어 그에게 보내 주었다. 그러면 그는 번번이 눈물을 흘리며 불을 가져다가 이를 태워 버리고 다시는 연통하지 말도록 경계하였다.

김하재가 비록 패역하고 실성하여 흉화(凶禍)를 자초하였으나 그 집안에서 대대로 시례(詩禮)의 가르침[182]을 전해 왔기 때문에 그 처와 자식이 지조를 지킨 것이 이와 같았던 것이니, 이를 통해 세류(世類 가문)를 볼 수 있다.

이천(伊川 정이(程頤))이 강절(康節 소옹(邵雍))과 같은 마을에서 삼십 년을 살았는데 역수(易數)에 관하여 한마디도 언급하지 않았으니, 이는 명도(明道)가 그 설(說)을 매우 익숙히 듣고서 추산해 보고는 곧바로 잊어버렸던 것[183]만은 못한 듯하다. 이러한 부분이 바로 이천이 말

182 시례(詩禮)의 가르침 : 212쪽 주176 참조.

183 명도(明道)가……것 : 명도는 정이(程頤)의 형인 정호(程顥)의 호이다. 정호가 소옹(邵雍)의 역수(易數)에 관한 설(說)을 익숙히 들어오다가 하루는 감시(監試)로 일이 없는 틈을 타서 그 설을 가지고 추산해 보았는데 모두 들어맞았다. 이에 나와서 소옹에게 말하기를, "그대의 수(數)는 다만 가일배법(加一倍法)일 뿐이니 이로써 《태현경(太玄經)》이 모두 쓸모없음을 알겠소."라고 하니, 소옹이 놀라서 그 등을 어루만지며 말하기를, "형님은 어쩌면 그리도 총명하십니까."라고 하였다. 후일에 정이가 정호에

한 '가형(家兄)에게 미치지 못한다'는 점이다. 강절이 일찍이 그 아들에게 말하기를, "장순(張巡)과 허원(許遠)이 똑같이 충성스럽고 의로웠으나 두 집안의 자제들이 서로 공격하여 모두 한퇴지(韓退之)에게 지탄을 받았다.[184] 무릇 이천의 설에 가탁하여 내가 수학(數學)을 한 것을 비판하는 자들에 대해서, 자손들은 변론하지 말도록 하라."라고 하였으니, 또한 강절의 도량을 볼 수 있다. 소백온(邵伯溫)이 이천을 존모하고 믿어서 응어리진 것이 없었으니, 이는 선고의 뜻을 받들어서 그러했던 것일 뿐이다. 후세에 번번이 선조를 가탁하여 틈을 벌이고 혐원하기를 그치지 않는 자들은 정자(程子 정이)와 소자(邵子 소옹)의 일과 비교한다면 부끄럽지 않을 수 있겠는가.

게 가배(加倍)의 수(數)에 관해 물었는데, 정호가 말하기를, "모두 잊어버렸다."라고 하니, 그 마음이 이처럼 치우치거나 얽매인 바가 없음에 탄복하였다. 《上蔡語錄 卷3》

184 장순(張巡)과……받았다 : 장순과 허원(許遠)은 당(唐)나라 현종(玄宗) 때의 충신들로, 안녹산(安祿山)이 난을 일으켰을 때에 장순은 어사중승(御史中丞)으로, 허원은 수양 태수(睢陽太守)로 있으면서 힘을 합쳐 안녹산의 군대에 맞서 싸웠다. 그러나 고립된 성에서 식량은 떨어지고 구원병도 이르지 않아 결국 적에게 함락되었는데, 장순은 굴복하지 않고 적을 꾸짖다가 죽임을 당하였고 허원은 포로로 잡혀 낙양으로 끌려가서 죽임을 당하였다. 한퇴지(韓退之)는 당(唐)나라 문장가 한유(韓愈)로, 이한(李翰)이 일찍이 장순의 전(傳)만 짓고 허원의 전은 짓지 않은 것에 유감을 갖고 장순의 전에 대해 후서(後敍)를 지었는데, 이 글에서 장순과 허원 집안의 자제들을 지탄하여, "장순과 허원 두 집안의 자제들이 슬기롭지 못하여 두 부친의 뜻을 제대로 알지 못하고 '장순은 죽었으나 허원은 포로로 붙잡혔으니 아마도 죽음을 두려워하여 적에게 항복한 것이다.'라고 하니, 허원이 진실로 죽음을 두려워하였다면 어찌 힘들게 척촌의 땅을 지키며 사랑하던 이의 인육을 먹어가며 적에게 대항하고 항복하지 않았겠는가.〔兩家子弟材智下, 不能通知二父志, 以爲巡死而遠就虜, 疑畏死而辭服於賊. 遠誠畏死, 何苦守尺寸之地, 食其所愛之肉, 以與賊抗而不降乎?〕"라고 말한 바 있다. 《唐宋八大家文鈔 卷10 張中丞傳後敍》

한(漢)나라 고제(高帝)는 말 위에서 천하를 얻었기 때문에[185] 유학(儒學)이 무엇인지를 알지 못하더니 혜제(惠帝)에 이르러서야 협서율(挾書律)[186]이 폐지되고 이어서 문제(文帝)와 경제(景帝) 때에 황로(黃老)[187]가 성행하였다. 이는 바로 고제가 시서(詩書)를 배우지 않아서 그렇게 된 것이다. 무제(武帝)는 즉위하여 맨 먼저 동중서(董仲舒)를 등용하고 육예(六藝)의 과목과 공자(孔子)의 학술에 해당하지 않는 것들은 모두 그 도(道)가 끊어지게 하여 함께 나오지 못하도록 하였다. 또 이때에 조관(趙綰)을 추천하고 신공(申公)을 초치하는 일이 있었다.[188] 비록 두 태후(竇太后)[189]가 유술(儒術)을 좋아하지 않아서 권여

185 한(漢)나라…… 때문에 : 육가(陸賈)가 한(漢)나라 고제(高帝) 유방(劉邦)에게 시서(詩書)의 중요성을 강조하자, 유방이 꾸짖어 말하기를, "나는 말 위에서 천하를 얻었으니 어찌 시서 따위를 배우겠는가.〔迺公居馬上而得之, 安事詩書?〕"라고 하였다. '말 위에서 천하를 얻었다'는 것은 말 위에서 싸우며 무력으로 천하를 얻었음을 뜻한다. 《史記 卷97 陸賈列傳》

186 협서율(挾書律) : 진 시황(秦始皇)이 이사(李斯)의 건의에 따라 제정한 법률로, 민간에서는 의약(醫藥)·복서(卜筮)에 관한 책 이외에는 일체 소유하지 못하게 하였던 법이다.

187 황로(黃老) : 황제(黃帝)와 노자(老子)의 병칭으로, 후대에 도가(道家)에서 이들을 시조로 받들었으므로 도가를 지칭하는 말로 쓰인다.

188 이때에……있었다 : 한 무제(漢武帝)가 평소에 유학을 숭상하자, 승상(丞相) 두영(竇嬰)과 태위(太尉) 전분(田蚡)도 유학을 좋아하여 조관(趙綰)을 추천해서 어사대부(御史大夫)로 삼게 하였는데, 조관이 또 그의 스승인 신공(申公)을 천거하자 무제가 사자(使者)를 보내어 후한 예(禮)를 갖추어 신공을 맞이한 일이 있다. 《史記 卷107 武安侯列傳, 卷121 儒林列傳 申公》 신공은 이름이 배(培)로, 노(魯)나라 사람이다.

189 두 태후(竇太后) : 한 문제(漢文帝)의 비(妃) 효문황후(孝文皇后)로, 아들 경제(景帝)가 즉위한 뒤에 황태후가 되었고 그 뒤를 이어 경제의 아들 무제(武帝)가 즉위한 뒤에는 태황태후가 되었다. 노장(老莊)을 숭상하여 경제와 무제가 유학(儒學)을 진작

(權輿)가 이어지지는 못하였으나, 백가(百家)를 축출하고 육경(六經)을 표장하여 성문(聖門)에 공을 세운 바가 크다. 만약 그렇게 하지 않았다면 대경(大經)과 대법(大法)이 끝내 멸망하고 무너져서 비록 구구하게 수습하고 보완하고자 하더라도 또한 할 수 없게 되었을 것이다. 마음이 하고자 하는 바를 다하고 이목이 즐거워하는 바를 다해서 거의 진(秦)나라가 멸망했던 전철을 밟을 뻔하였으나, 진 시황(秦始皇)은 경서를 불태우고 유자를 묻어 멸망했던 반면에 무제는 유자를 높이고 도(道)를 중시하여 흥성하였다. 이에 나라의 명운을 늘여 재차 끊어졌다가 재차 이어나갔으니, 이는 무제의 힘이다. 당고(黨錮)[190]의 제현들이 죽음에 나아감을 피하지 않았던 것이 비록 광무제(光武帝)·명제(明帝)·장제(章帝)의 공렬이라고는 하지만, 무제가 이단(異端)을 물리치고 정학(正學)을 밝히지 않았다면 어떻게 명절(名節)이 귀한 줄을 알아서 추사(趨舍)함이 바름을 얻을 수 있었겠는가. 세교(世敎)가 쇠퇴하고 융성하는 것과 국운이 길게 이어지고 짧게 끝나는 것은 모두 유도(儒道)의 흥망과 관계되니, 윗사람이 된 자가 거울로 삼아 경계할 바를 알 수 있을 것이다.

유속(流俗)이 유학(儒學)을 원수처럼 보아서 흠을 찾아내고 트집을 잡음이 이르지 못하는 바가 없다. 세교(世敎)에 해가 됨이 이단보다도

시키려는 정책을 펼 때마다 걸림돌이 되는 일이 많았다.

190 당고(黨錮) : 붕당(朋黨)의 무리를 금고(禁錮)시킨다는 의미로, 후한(後漢) 환제(桓帝)와 영제(靈帝) 때에 이응(李膺)·진번(陳蕃)·두무(竇武) 등이 발호하는 환관(宦官)들을 제거하려다가 오히려 당인(黨人)으로 지목을 받고 화를 당하였던 사건을 말한다.

심하니 오도(吾道)에 있어서 곡하(轂下)의 오랑캐[191]가 된다.

주자(朱子)가 일찍이 말씀하기를, "반드시 삼십 년간 시행한 과거를 개혁해야만 중원(中原)을 회복할 수 있다."라고 하였으니, 이는 그 폐단을 심하게 말씀한 것이다. 과거를 개혁하지 않으면 요(堯)·순(舜)·우(禹)·탕(湯)·문왕(文王)·무왕(武王)이 임금이 되고 고요(皐陶)·기(夔)·이윤(伊尹)·부열(傅說)·주공(周公)·소공(召公)이 신하가 된다고 하더라도 또한 어찌할 수가 없다. 시부(詩賦)로 선비를 취하는 것은 양광(楊廣)[192]에게서 나왔고 호봉(糊封)은 무조(武曌)[193]에게서 나왔는데, 삼고(三古) 시대의 향거이선(鄕擧里選)[194]

191 곡하(轂下)의 오랑캐 : 바로 가까운 곳에 숨어 있는 적을 뜻한다. '곡하'는 연곡(輦轂), 즉 어가(御駕)의 아래라는 뜻에서 도성을 의미한다.

192 양광(楊廣) : 수(隋)나라 양제(煬帝)의 성명이다. 수(隋)나라를 세운 문제(文帝) 양견(楊堅)의 태자로 있다가 와병 중인 부왕(父王)을 시해하고 제위에 오른 다음에, 그 이듬해부터 수백만 명의 인원을 동원하여 각종 궁궐과 운하 등 엄청난 토목공사를 일으켰는가 하면, 말년에 이르러서는 세 차례나 강도(江都)에 내려가 노닐면서 북쪽으로 돌아갈 생각을 하지 않은 채 황음무도(荒淫無道)한 생활로 나날을 보냈는데, 결국 병란이 일어나면서 재위 15년 만에 신하인 우문화급(宇文化及)에게 죽임을 당하였다. 《隋書 卷2, 4》

193 무조(武曌) : 측천무후(則天武后)를 가리키는바, 조(曌)는 그녀가 창안하여 만든 글자로 그녀의 이름이다. 처음에 당 태종(唐太宗)이 궁으로 불러들여 재인(才人)으로 삼았고 태종이 죽은 뒤에 비구니가 되어 감업사(感業寺)에서 살았는데, 고종이 감업사에서 보고는 다시 불러들여 소의(昭儀)로 삼았다가 뒤에 왕 황후(王皇后)를 폐하고 황후로 삼았다. 《舊唐書 卷6 則天皇后本紀》

194 향거이선(鄕擧里選) : 주(周)나라 때의 제도로, 향리에서 재덕(才德)이 있는 사람을 조정에 천거하면 조정에서 그의 기국(器局)에 따라 벼슬을 시키던 인재 등용법이다.

의 바른 법을 버려두고 양광과 무조가 행했던 것을 고집하여 지키니, 그 이유를 알지 못하겠다.

서경(西京)[195]의 초기에는 효제역전(孝悌力田)[196]으로 사람을 등용하였으므로 다스리는 도가 질박함을 숭상하여 거짓된 것이 없었다. 문제(文帝)와 경제(景帝)의 세대에 거의 형법을 쓰지 않게 되었던 것은 거의 이 때문이었다.

기욕(嗜慾)을 절제하는 자라야 용도(用度)를 절약할 수 있다. 그러므로 집안을 다스리는 것에 있어 "몸을 삼가고 재용을 절약한다."[197]라고 말하였고, 나라를 다스리는 것에 있어 "재용을 절약하고 백성을 사랑한다."[198]라고 하였다. 일반 백성이 재용을 절약하지 않으면 사양하고

195 서경(西京) : 전한(前漢)을 이른다. 전한은 서쪽에 있는 장안(長安)에 도읍하였으므로 서경 또는 서한(西漢)이라 칭하고, 후한은 동쪽에 있는 낙양(洛陽)에 도읍하였으므로 동경(東京) 또는 동한(東漢)이라 칭한다.

196 효제역전(孝悌力田) : 한대(漢代)에 관리를 선발할 때의 시험 과목으로, 백성에게 효제(孝弟)의 덕행을 장려하고 농사에 힘쓰게 하고자 하여 혜제(惠帝) 때에 처음으로 만들어졌다. 이후 고후(高后) 여씨(呂氏) 때에 '효제역전'이라는 관직을 두었고, 문제(文帝) 때에는 효제(孝弟), 역전(力田), 삼로(三老)의 향관(鄕官)을 두어 군현의 교화를 담당하는 직임을 맡겼다고 한다. 《漢書 卷2 惠帝紀, 卷3 高后紀, 卷4 文帝紀》

197 몸을……절약한다 : 이는 《효경(孝經)》에 보이는 말로, "하늘의 운행을 이용하고 땅의 이로운 바를 따라서 몸을 삼가고 재용을 절약하여 부모를 봉양하는 것이 일반 백성의 효도이다.〔用天之道, 因地之利, 謹身節用, 以養父母, 此庶人之孝也.〕"라고 하였다.

198 재용을……사랑한다 : 이는 《논어(論語)》 〈학이(學而)〉에 보이는 말로, "천승(千乘)의 나라를 다스리되, 일을 공경하고 믿게 하며 재용을 절약하고 백성을 사랑하며

받음이 절도가 없게 되고, 제왕이 재용을 절약하지 않으면 수탈함이 한정이 없게 되니 이는 고금과 상하가 기억하고 경계해야 할 바이다.

옛날에 임방(任昉)[199]이 청렴하게 벼슬살이를 하여 가산을 돌보지 않았고 봉록을 항상 친한 이들에게 흩어 주었다. 그러나 당시 사람들이 그가 남에게서 빌려 사람들에게 은혜를 베푸는 것을 기롱하였으니 이른바 "한갓 저기에서 취하여 여기에 준다."[200]라는 것이다. 이는 공자(孔子)가 이웃에게 식초를 빌린 미생고(微生高)를 정직하지 못하다고 여긴 까닭이다.[201] 위빙숙(魏氷叔)[202]이 다음과 같이 말하였다. "이름난

백성을 부리기를 때에 맞게 해야 한다.〔道千乘之國, 敬事而信, 節用而愛人, 使民以時.〕"라고 하였다.

199 임방(任昉) : 460~508. 남조(南朝) 때 사람으로, 자는 언승(彦昇)이며, 송(宋)·제(齊)·양(梁) 3대에 걸쳐 벼슬을 하였다. 송(宋)나라 때에 연주(兗州) 수재(秀才)가 되어 태학박사(太學博士)에 오르고 제(齊)나라 때에는 단양주부(丹陽主簿)가 되고 양(梁)나라 때에는 황문시랑(黃門侍郞), 이부낭중(吏部郎中), 어사중승(御史中丞), 의흥태수(義興太守) 등을 역임하였다. 저서로는 《문장연기(文章緣起)》, 《술이기(述異記)》 등이 있다.

200 한갓……준다 : 이 말은 본래 《맹자(孟子)》〈고자 하(告子下)〉에 보이는 말이다. 노(魯)나라가 신자(愼子)를 장군으로 삼아 제(齊)나라와 전쟁하여 영토를 넓히려고 하자, 맹자가 제후국의 땅은 사방 백 리로 제한되어 있는데 노(魯)나라는 이미 그 다섯 배를 소유하였음을 지적하며 말하기를, "한갓 저기에서 취하여 여기에 주는 것이라고 하더라도 인자(仁者)는 하지 않을 것인데, 하물며 사람들을 죽여 가면서 구하겠는가.〔徒取諸彼以與此, 然且仁者不爲, 況於殺人以求之乎?〕"라고 하였다.

201 공자(孔子)가……까닭이다 : 이는 《논어(論語)》〈공야장(公冶長)〉에 보이는 내용으로, 공자가 말하기를, "누가 미생고를 정직하다고 하는가. 어떤 사람이 식초를 빌리려고 하자 그의 이웃집에서 빌려다가 주는구나.〔孰謂微生高直? 或乞醯焉, 乞諸其隣而與之.〕"라고 하였다.

202 위빙숙(魏氷叔) : 명말청초(明末淸初) 때의 문인 위희(魏禧, 1624~1680)로, 자

진사가 문생과 친구들에게 후하게 물품을 보내주면서 남에게 빚진 것이 번번이 만여 금이나 되었다. 선군(先君)이 일찍이 자식들에게 경계하여 말씀하기를, '선배가 「새로운 은혜를 베푸는 것이 묵은 빚을 갚는 것만 못하다.」라고 하였다.'라고 하였으니, 배울 것이 못 된다." 이 말이 정도(正道)에 맞는다. 자신의 뜻을 굽혀 남의 비위를 맞추고 남의 공을 빼앗아 은혜를 파는 것[203]은 군자의 떳떳한 행실이 아니다.

근세에 관직에 있는 자들은 오로지 뇌물만 일삼고 공물(公物)을 취하여 쓰는 것이 대체로 한량이 없어서, 포흠(逋欠)이 없는 고을이 없어 관리와 백성이 모두 쇠잔해지고 국고가 장차 텅 비게 되었으니, 이를 말함에 통곡하게 된다. 정자(程子)의 "성인은 작은 것을 주고받는 것을 통하여 천사만종(千駟萬鍾)을 주고받는 것까지 알 수 있다."[204]라는 말씀을 어찌 믿지 않을 수 있겠는가.

는 빙숙, 호는 유재(裕齋)·작정(勺庭)이다. 명(明)나라가 망하자 금정(金精)의 취미봉(翠微峯)에 은거하였으며 나중에는 강남 지역을 유람하고 현인들과 사귀면서 명(明)나라의 회복을 도모하기도 하였다. 저서로는 《위숙자집(魏叔子集)》과 《좌전경세서(左傳經世書)》 등이 있다.

203 자신의……것 : 이는 본래 공자(孔子)가 미생고(微生高)를 평한 것에 대한 《논어집주(論語集註)》의 해설에 보이는 말로, "부자께서 이를 말씀하신 것은 자신의 뜻을 굽혀 남의 비위를 맞추고 남의 공을 빼앗아 은혜를 팔았으니 정직함이 될 수 없다고 기롱하신 것이다.〔夫子言此, 譏其曲意徇物, 掠美市恩, 不得爲直也.〕"라고 하였다. 《논어》 본문은 221쪽 주201 참조.

204 성인은……있다 : 이 말은 공자(孔子)가 미생고(微生高)를 평한 것에 대한 《논어집주(論語集註)》의 해설에 보이는데, 정자(程子)가 아닌 범씨(范氏), 즉 범조우(范祖禹)의 말로 되어 있다. 《논어》 본문은 221쪽 주201 참조.

광무제(光武帝)[205]와 소열제(昭烈帝)[206]는 한(漢)나라 왕실을 다시 일으켰는데 모두 경제(景帝)[207]의 후손이다. 경제의 황후와 태자는 죄 없이 폐위되어 부부간과 부자간의 의리가 끊어졌고, 조조(鼂錯)[208]와 주아부(周亞夫)[209]는 죄 없이 죽임을 당하여 군신간의 의리가 어그러졌다. 또 각박하게 술수를 쓰고 거짓과 무력으로 아랫사람을 다스렸으니, 덕이 두터워 광채가 전해져서[210] 후손에게까지 이어질 만한 것이

205 광무제(光武帝) : 후한(後漢)의 제1대 황제로, 이름은 유수(劉秀)이며 묘호는 세조(世祖)이다. 한(漢)나라의 정권을 찬탈하고 신(新)나라를 세운 왕망(王莽)을 격파하고 후한을 재건하였다.

206 소열제(昭烈帝) : 삼국(三國) 시대 촉한(蜀漢)의 초대 황제 유비(劉備)로, 자는 현덕(玄德)이며 묘호는 소열제이다.

207 경제(景帝) : 전한(前漢)의 제6대 황제로, 이름은 유계(劉啓)이다. 문제(文帝)의 아들로, 황제 일족의 영지 삭감을 시도하여 오초칠국지란(吳楚七國之亂)이 일어났으나 이를 진압하였다. 이후 고조(高祖) 이래의 군국제(郡國制)를 개정하고 중앙집권적 군현제도를 확립하여 아들인 무제(武帝)의 통치 기반을 마련하였다. 재위 기간은 B.C.156~B.C.141년이다.

208 조조(鼂錯) : 한 경제(漢景帝) 때의 직신(直臣)으로, 제후의 세력을 약화시키고 천자의 권위를 강화시켜 사직을 편안케 하고자 법령을 개정했다가 제후들의 반발과 간신들의 참소로 인해 조복(朝服)을 입고서 동시(東市)에서 처형되었다. 《史記 卷101 鼂錯列傳》

209 주아부(周亞夫) : 한 경제(漢景帝) 때의 무신(武臣)으로, 군대를 엄히 다스려 장군으로서의 공이 많았는데 황제의 친척과 투항한 흉노를 제후로 봉하는 일에 반대하여 경제의 미움을 샀다. 경제가 주아부의 아들이 바친 순장용 갑옷과 방패를 반란을 일으키려는 단서라고 트집을 잡아 옥에 가두자 5일간 단식하다가 피를 토하고 죽었다. 《史記 卷57 絳侯周勃世家》

210 덕이……전해져서 : '덕이 두터워 광채가 전해진다'는 것은 본래 《춘추곡량전(春秋穀梁傳)》 희공(僖公) 15년 기사에 "덕이 두터운 자는 광채가 전해지고, 덕이 박한 자는 비천함이 전해진다.〔德厚者流光, 德薄者流卑.〕"라고 한 데에서 나온 말로, 덕이

없어야 마땅할 것이다. 그런데도 이와 같을 수 있었던 것은 바로 문제(文帝)[211]가 너그럽고 후덕하며 공손하고 검소하여 이택(利澤)을 널리 베풀었던 공인 것이다.

《전략(典略)》에 의하면, 한(漢)나라 상시(常侍) 당형(唐衡)이 여남(汝南)의 부공명(傅公明)에게 자신의 딸을 출가시키려고 하였는데 부공명이 장가들지 않자, 다시 순욱(荀彧)에게 딸을 출가시키려고 하였다. 그러자 순욱의 부친인 순곤(荀緄)이 당형의 권세를 동경하여 순욱을 타일러 장가들도록 하니 논하는 자들이 이를 기롱하였다. 사료를 살펴보건대, 순곤은 순씨(荀氏) 집안의 재자(才子)로서 '팔룡(八龍)'의 반열에 들었고 순욱은 또한 효렴과(孝廉科)로 등용되어 사람들이 왕좌(王佐)의 재목이라고 칭송하였다. 그러나 부자가 분화함을 동경하고 권세를 달가워하여 명예를 아끼지 않았으니, 어찌 지극히 하찮은 것을 아끼고 지극히 중한 것을 잊었단 말인가. 성현은 두려워하지 않는다고 하더라도 어찌 부공명을 두려워하지 않을 수 있겠는가. 그렇다면 용이 아니라 미꾸라지일 뿐이고 왕좌의 재목이 아니라 용렬한 비부

두터우면 그 영향이 오래 전해져 자손들이 복을 받게 된다는 뜻으로 쓰이게 되었다.

211 문제(文帝) : 전한(前漢)의 제5대 황제로, 이름은 유항(劉恒)이다. 고조(高祖) 유방(劉邦)의 넷째 아들로, 처음 대왕(代王)에 책봉되었다가 국정을 천단하던 여씨(呂氏)의 난이 평정된 뒤 태위 주발(周勃)과 승상 진평(陳平) 등 중신의 옹립으로 제위에 올랐다. 고조의 군국제(郡國制)를 계승하고 전조(田租)와 인두세(人頭稅)를 감면하였으며 가혹한 형벌을 폐지하고 흉노에 대한 화친 정책을 펴는 등 민생 안정과 국력 배양에 힘썼다. 그의 뒤를 이은 경제(景帝)와 함께 '문경지치(文景之治)'로 불렸으며, 시호는 효문황제(孝文皇帝)이다. 재위 기간은 B.C.180~B.C.157년이다.

일 뿐이니, 아만(阿瞞 조조(曹操))을 달가워한 것이 당연하다. 한때의 칭송은 요행히 이룩한 것이고 평생의 허물은 지우기가 어려우니, 이 때문에 군자가 이를 조심하는 것이다.

이는 풍월당(風月堂)의 잡지(雜識)에서 나온 것이니 그 말이 통절하다. 만약 이광지(李光地)가 이를 보았다면 장차 어떻게 생각했겠는가.

장곡강(張曲江)[212]이 평소에 말하기를, "여인이 사람들을 사사로이 만나지 않으면 부인(婦人)이 될 만하고, 선비가 구차히 나아가지 않으면 신하가 될 만하다."라고 하였으니, 이는 바꿀 수 없는 바른 가르침이 될 만하다. 그러나 자기 자신은 무조(武曌)[213]의 시대에 과거에 급제하여 실신(失身)함을 면치 못하였으니 행동이 그 말과 부합하지 못하였다. 애석하다. 요숭(姚崇)·송경(宋璟)·한휴(韓休)·장구령(張九齡)은 모두 개원(開元)[214] 연간의 훌륭한 재상들이지만 출신(出身)이 바르지 못한 것을 부끄러워하지 않았으니, 습속이 사람을 더럽히는 것이 이와 같다.

212 장곡강(張曲江) : 당 현종(唐玄宗) 때의 명상(名相) 장구령(張九齡, 678~740)으로, 자는 자수(子壽), 또 다른 이름은 박물(博物)이며, 소주(韶州) 곡강(曲江) 사람이다. 현종 개원(開元) 21년(733)에 중서시랑(中書侍郎) 및 동중서문하평장사(同中書門下平章事)를 역임하였으며, 현상(賢相)으로 일컬어졌다. 24년에 이임보(李林甫)의 참소로 재상에서 파직되고 형주 장사(荊州長史)로 좌천되었다. 시호는 문헌(文獻)이며, 저서로는 《곡강집(曲江集)》이 있다.

213 무조(武曌) : 219쪽 주193 참조.

214 개원(開元) : 당(唐)나라 현종(玄宗)의 첫 번째 연호로, 713~741년에 해당된다.

장무칙(張茂則)[215]이 일찍이 여러 명공(名公)들에게 차를 마시며 그림을 감상할 것을 청하자 여러 명공들이 모두 찾아갔는데, 오직 이천(伊川 정이(程頤))만 가지 않고 사양하며 말하기를, "나는 본래 그림을 알지 못하고 차도 좋아하지 않는다."라고 하였다. 혹자는 이천의 이 일을 가지고 도량이 좁다고 여기는데, 이는 이천을 제대로 알지 못하는 것이다. 장무칙은 환관이니 어찌 군자로서 시인(寺人)의 부름에 달려가는 경우가 있겠는가. 그림과 차를 잘 알지 못한다고 하며 사양한 것은 바로 핑계 대는 말이니 이는 이른바 "미워하지 않고 엄격하게 대한다."[216]라는 것이다. 삼연(三淵)이 또한 이천이 차를 마시지 않고 그림을 감상하지 않은 것을 두고 인정이 없는 듯하다고 한 것[217]은 장무칙을 만나서는 안 됨을 잘 알지 못하여 그렇게 말씀한 듯하다. 왕환(王驩)은 폐신(嬖臣)이었는데 맹자(孟子)가 일찍이 그와 더불어

215 장무칙(張茂則) : 송(宋)나라 인종(仁宗), 철종(哲宗) 때의 환관으로, 자는 평보(平甫)이고 개봉인(開封人)이다. 성품이 청렴하고 검소하기로 이름이 높았다. 《宋史 卷467 張茂則列傳》

216 미워하지……대한다 : 이는 《주역(周易)》 〈둔괘(遯卦) 상(象)〉에 보이는 말로, "하늘 아래에 산이 있는 것이 둔(遯)이니, 군자는 이것을 보고 소인을 멀리하되 미워하지 않고 엄격하게 대한다.〔天下有山遯, 君子以遠小人, 不惡而嚴.〕"라고 하였다.

217 삼연(三淵)이……것 : 삼연은 김창흡(金昌翕, 1653~1722)으로, 자는 자익(子益), 호는 삼연, 본관은 안동(安東)이다. 청음(淸陰) 김상헌(金尙憲)의 증손자이고 문곡(文谷) 김수항(金壽恒)의 아들이며 김창집(金昌集)과 김창협(金昌協)의 아우인데, 형 김창협(金昌協)과 함께 성리학과 문장으로 명성이 높았다. 기사환국(己巳換局) 때 아버지가 사약을 받고 죽자 은거하였으며, 형 김창집이 신임사화로 외딴 섬에 유배되었다가 사사(賜死)되자 그도 지병이 악화되어 죽었다. 저서로는 《삼연집》·《심양일기(瀋陽日記)》 등이 있으며 시호는 문강(文康)이다. 《삼연집》 권33 〈일록(日錄) 삼월(三月)〉 초사일(初四日) 조목에 이 내용이 보인다.

행사(行事)를 논의하지 않았으니,[218] 하물며 궁형(宮刑)을 받은 비천한 사람은 어떠하겠는가.

단묘(端廟 단종)가 손위(遜位)하여 영월(寧越)에 있을 적에 기내(畿內)의 백성들이 전조(田租)를 영월로 보내어 바치려고까지 하였으니, 죽산(竹山)의 사람 중에 지금까지도 전설이 전해지는 자가 있다. 또한 죽지 않는 인심을 확인할 수 있다.

지소(芝所) 황공(黃公)[219]이 평소에 절의를 잘 닦았는데, 운봉 현감(雲峯縣監)으로 부임했을 적에 인조가 반정한 것을 듣고는 빈관(賓館)의 기둥에 면포(綿布)를 걸어 두고 기다렸다. 이때 권공 주(權公霔)가 오수 찰방(獒樹察訪)으로 있으면서 반정의 소식을 묻기 위해 운봉으로

218 왕환(王驩)은……않았으니 : 맹자(孟子)가 제(齊)나라에서 경(卿)이 되어 등(滕)나라에 조문 사절로 갈 적에 제(齊)나라 왕의 폐신(嬖臣)인 합(蓋)땅의 대부 왕환이 부사(副使)가 되었는데 왕환이 사행 기간 내내 아침저녁으로 맹자를 뵙는데도 맹자는 한 번도 그와 사행에 관한 일을 논의하지 않았다. 이에 공손추(公孫丑)가 그 까닭을 묻자 맹자가 말하기를, "이미 담당자가 사행에 관한 일을 맡아 처리하고 있으니, 내가 무슨 말을 한단 말인가."라고 하였다. 《孟子 公孫丑下》

219 지소(芝所) 황공(黃公) : 황일호(黃一晧, 1588~1641)로, 자는 익취(翼就), 호는 지소(芝所), 본관은 창원(昌原)이다. 음보로 운봉 현감, 전주 판관, 임천 군수 등을 역임하고 1635년(인조13) 증광 문과에 병과로 급제하였다. 병자호란 때 인조를 호종하여 남한산성에 들어가 독전 어사(督戰御史)로 있으면서 반청척화(反淸斥和)를 주장하였고, 난이 끝난 뒤 호종의 공으로 통정대부(通政大夫)에 올라 진주 목사에 제수되었다. 의주 부윤(義州府尹)으로 부임했을 적에 명(明)나라를 도와 청(淸)나라를 공격할 것을 모의하다가 발각되어 1641년 청(淸)나라 병사에게 피살되었다. 좌찬성에 추증되었으며, 시호는 충렬(忠烈)이다.

찾아왔다. 그러자 황공이 기뻐하며 말하기를, "제가 장차 그대에게 알리려고 하였는데 그대가 왔으니 다행입니다."라고 하였다. 권공이 말하기를, "무슨 일입니까?"라고 하니, 황공이 말하기를, "지금 나라가 이미 망했다는 소식을 듣고는 제가 막 자진하려던 터였습니다. 그러나 생사의 즈음에 지구(知舊)에게 알리지 않는다면 아마도 여한이 될 것이므로 그대를 뵙고자 한 것입니다."라고 하였다. 권공이 말하기를, "나라가 망했다는 것을 듣고 죽는 것은 의로운 일입니다. 그러나 죽고 사는 것은 또한 중대한 일이니 자세한 사실을 안 뒤에 죽더라도 늦지 않을 것입니다."라고 하니, 황공이 역순(逆順)의 분변을 자세히 살피고는 과연 죽지 않았다. 훗날에 황공이 끝내 대절(大節)을 이룩하였으니 하루아침에 갑자기 취한 것이 아님을 여기에서 볼 수 있다. 권공은 수암(遂菴)[220]의 증조이다.

기사년(1689, 숙종15) 인현성모(仁顯聖母 인현왕후)가 폐위되었을 때에 양곡(陽谷 오두인(吳斗寅)) 등의 제현(諸賢)이 간언하다가 죽임을 당하였고 유생들도 대궐에 엎드려 부르짖고 곡하였으며 심지어는 여러

220 수암(遂菴) : 권상하(權尙夏, 1641~1721)로, 자는 치도(致道), 호는 수암·한수재(寒水齋), 본관은 안동(安東)이다. 송시열(宋時烈)의 문인으로, 1660년(현종1) 진사가 되어 성균관에 들어가 수학하였다. 그러나 송시열이 자의대비(慈懿大妃)의 복상(服喪) 문제로 덕원부(德源府)에 유배되자 벼슬을 단념하고 청풍(淸風)의 산중에서 학문에 힘쓰며 제자들을 모아 강학하였다. 1689년(숙종15) 기사환국(己巳換局)으로 송시열이 사사(賜死)되자, 스승의 의복과 책을 유품으로 받았고 유언에 따라 만동묘(萬東廟)를 청주(淸州)에 세웠다. 뒤에 숙종의 지우를 받아 우의정과 좌의정에 임명되었으나 모두 사양하였다.

무사(武士)들도 상소하여 성상에게 하소연하였으니, 이는 역대에 있지 않았던 일이었다. 그런데 심계량(沈季良)이라는 자는 상소한 여러 무사들을 치죄할 것을 청하였으니, 이런 짓을 어찌 차마 할 수 있단 말인가. 이때 가마를 탄 어느 오인(午人 남인(南人))이 성모가 거처하는 사제(私第)를 지나면서 가마에서 내리지 않았는데, 저자의 아이들이 다투어 돌을 던지며 큰소리로 꾸짖어 말하기를, "저 사람이 어찌 우리 중궁께서 여기에 계신 줄을 알지 못하겠는가."라고 하였다. 똑같이 품부받은 떳떳한 성품이 저자의 아이들에게는 있고 이른바 사부(士夫)에게는 있지 않으니, 이는 반일(半日) 간 정청(庭請)하였다가 중지한 자와 똑같이 어머니가 안중에 없는 부류들이다. 오인 중에 명의(名義)를 잃지 않았던 자로는 이후정(李後定), 이동표(李東標) 등 몇 사람뿐이다.

원릉(元陵 영조)이 처음 즉위하였을 때에 신임사화(辛壬士禍)[221]의 군흉들이 조정에 가득하여 다방면에서 위태롭고 의심스러웠다. 이때 이공 의연(李公義淵)[222]이 성지(聖旨)에 응하여 직언하는 소(疏)를 올려

221 신임사화(辛壬士禍) : 경종 즉위 초인 신축년(1721, 경종1)과 임인년(1722)에 세제 책봉과 대리청정을 둘러싸고 일어난 옥사이다. 1720년에 숙종이 승하하고 경종이 33세의 나이로 즉위하였는데, 후사가 없고 병이 많았다. 이에 노론(老論)의 주도하에 연잉군(延礽君)이 세제로 책봉되자, 노론은 한 걸음 더 나아가 세제의 대리청정을 강행하고자 하였다. 이에 소론인 사직 김일경(金一鏡) 등이 노론의 주장을 경종에 대한 불충이라고 몰아 소(疏)를 올려, 노론 사대신(四大臣)을 파직시켜 찬배되게 하고 정국의 주도권을 잡았다. 또 이듬해에 목호룡(睦虎龍)이 노론 측이 세자 시절의 경종을 시해하려 했다고 고변하자, 소론은 이를 기회로 옥사를 일으켜 찬배된 노론의 사대신을 사사(賜死)하게 하고, 대다수의 노론을 제거하였다.

서 처음으로 여러 흉적들이 무도하게 군주를 무함한 죄를 성토하여, 결국 여러 잘못들이 모두 바로잡아지고 국시(國是)가 크게 정해지도록 만들었으니, 그 공이 또한 위대하다. 이때 경묘(景廟 경종)를 폄훼한 말은 한마디도 없었으나 유봉휘(柳鳳輝)의 무리에게 공격을 받아 죽임을 당하였는데, 죽음을 보기를 집에 돌아가는 것처럼 여기고 천명을 따르듯이 편안하게 받아들였으니, 훌륭하고 훌륭하다. 최규서(崔奎瑞)의 연보(年譜)에 이르기를, "이의연이 유소(儒疏)를 가탁하여 경묘를 무함하여 욕보이니, 공이 더욱 서울에서 하루도 편안히 있지 못하였다."라고 하였는데, '무함하여 욕보였다〔誣辱〕'는 두 글자는 바로 위협하는 말이니 요컨대 군흉들이 스스로 빠져나올 계책을 삼은 것이다. 또한 이들이 거리낌이 없기가 심함을 볼 수 있다.

수초당(遂初堂) 권공 변(權公忭)[223]이 명릉(明陵 숙종) 기사년(1689, 숙종15)에 급제하여 인현성모(仁顯聖母 인현왕후)가 폐위되던 날에 창

222 이공 의연(李公義淵) : 이의연(李義淵, 1692~1724)으로, 자는 방숙(方叔), 호는 유시재(有是齋), 본관은 전주(全州)이다. 1724년 영조 즉위 후 겨울에 천둥과 벼락의 변이 있자 구언(求言)이 있었는데, 포의(布衣)로서 이에 응하여 신임사화를 일으킨 소론 주동자의 축출을 주장하다가 유봉휘(柳鳳輝)・이광좌(李光佐)・이거원(李巨源)・이명언(李明彥) 등에 의하여 유배된 뒤 참형으로 옥사하였다.

223 수초당(遂初堂) 권공 변(權公忭) : 권변(權忭, 1651~1726)으로, 자는 이숙(怡叔), 호는 수초당・경곡(瓊谷). 본관은 안동(安東)이다. 1689년(숙종15) 증광 문과에 병과로 급제하였으나 인현왕후(仁顯王后)의 폐위로 인해 벼슬에 나아가지 않고 고향에 돌아가 나오지 않았다. 1694년 인현왕후가 복위된 뒤에 병조・예조 참판, 대사헌, 홍문관 부제학 등에까지 제수되었으나 죄인을 자처하고 모두 나아가지 않았다. 저서로는 《수초당집》이 있고 시호는 문정(文貞)이다.

방하게 되었는데, 그 장인인 소월주(蘇月洲) 두산(斗山)[224]을 뵈러 가자 소공(蘇公)이 문을 닫고 만나주지 않았다. 권공이 당황하며 그 까닭을 알지 못하여 사람을 시켜 묻게 하였더니 소공이 말하기를, "내가 기대한 바가 어떠하였는데 마침내 곤위(坤位)가 망극한 날에 이러한 출신(出身)의 거조가 있단 말인가. 지금이 어찌 사군자가 입신양명할 때이겠는가. 들어오지 못하게 한 것은 바로 이 때문이다."라고 하였다. 그러자 권공이 그 잘못을 크게 깨닫고는 문밖에서 무릎을 꿇고 청죄(請罪)하며 말하기를, "이미 가르침을 들었으니 지금부터 다시는 벼슬에 나아가지 않고 몸의 지조를 지켜서 이를 평생 동안 지켜야 할 최고의 법도로 삼겠습니다."라고 하였다. 소공이 그제야 들어와 만나보는 것을 허락하여 호되게 꾸짖고는 '수초당' 세 글자를 써서 주었다. 권공은 이를 평생토록 마음에 새겨서 관직이 부제학에 이르렀으나 다시는 관모를 쓰지 않고 능히 만년의 절개를 보전하여 세교(世敎)를 붙들었다. 이는 스스로 이룩한 것이 매우 성대한 것이나 월주가 그 길을 열어주었던 것이다. "노(魯)나라에 군자가 없었다면 이 사람이 어디에서 이러한 덕을 취했겠는가."[225]라는 말을 어찌 믿지 않을 수 있겠는가.

224 소월주(蘇月洲) 두산(斗山) : 소두산(蘇斗山, 1627~1693)으로, 자는 망여(望如), 호는 월주, 본관은 진주(晉州)이며, 우암(尤菴) 송시열(宋時烈)의 문인이다. 1660년(현종1) 식년 문과에 장원으로 급제하고 벼슬이 평안도 병마절도사에 이르렀다. 기사환국(己巳換局)으로 서인(西人)이 실각되고 남인(南人)이 정권을 장악하자 벼슬을 버리고 낙향하였는데, 울분 끝에 병사하였다.

225 노(魯)나라에……취했겠는가 : 이는 《논어(論語)》 〈공야장(公冶長)〉에 보이는 말로, 공자(孔子)가 제자 자천(子賤)을 두고 군자답다고 칭찬하면서 한 말이다.

조태만(趙泰萬)[226]은 그 아우 조태억(趙泰億)[227]이 역당(逆黨)이 된 것을 통분해하였는데, 하루는 소론(少論)들의 모임에 나아가 큰소리로 꾸짖어 말하기를, "너희들이 반역을 하려면 응당 너희들끼리 할 것이지, 어찌하여 나의 아우를 꾀어 반역을 도모하는가."라고 하였다. 그러자 그 무리들이 떼로 일어나 분을 내고 욕을 하였으나 아랑곳하지 않았다. 한번은 일부러 야금(夜禁)을 범하여 붙잡힌 뒤에 조태억이 있는 곳에 사람을 보내어 소자(小字)를 부르면서 말하기를, "그대 형이 붙잡혀 있으니 급히 와서 구해 주시오."라고 하게 하였다. 조태억이 자기 형이 한 일임을 알고 등불을 들고 가서 보호하여 돌아왔다고 한다. 이우당(二憂堂)[228]이 화를 당하게 되자 사당에 들어가 통곡하며 말하

226 조태만(趙泰萬) : 1672~1727. 자는 제박(濟博), 호는 고박재(古朴齋), 본관은 양주(楊州)이다. 권상하(權尙夏)의 문인이며 조태구(趙泰耇)・조태채(趙泰采)의 종제이다. 학행으로 천거되어 돈령부 참봉, 세자익위사 시직 등에 제수되었는데, 1724년(경종4) 정언 박사제(朴師悌)에게 탄핵을 받아 체직된 이후로 다시 벼슬하지 않았다.

227 조태억(趙泰億) : 1675~1728. 자는 대년(大年), 호는 겸재(謙齋)・태록당(胎祿堂), 본관은 양주(楊州)이다. 최석정(崔錫鼎)의 문인이며 조태구(趙泰耇)・조태채(趙泰采)의 종제이다. 1702년(숙종28) 식년문과에 을과로 급제하고 1707년 문과중시에 병과로 급제하였으며, 대제학, 형조・공조・예조・병조 판서, 우의정, 좌의정 등을 지냈다. 소론(少論) 온건파에 속하여 조태구, 최석항(崔錫恒), 이광좌(李光佐) 등과 의견을 같이 하였다. 저서로는 《겸재집(謙齋集)》이 있으며, 시호는 문충(文忠)이다.

228 이우당(二憂堂) : 조태채(趙泰采, 1660~1722)로, 자는 유량(幼亮), 호는 이우당, 본관은 양주(楊州)이다. 1686년(숙종12) 별시문과에 급제하고, 벼슬이 좌의정과 판중추부사에 이르렀다. 노론(老論) 사대신(四大臣) 중 한 사람으로, 영의정 김창집(金昌集), 판중추부사 이이명(李頤命), 좌의정 이건명(李健命), 호조 판서 민진원(閔鎭遠) 등과 함께 1721년(경종1) 연잉군(延礽君)의 세제 책봉을 건의하여 실현시켰으며, 이어 세제의 대리청정을 주장하였는데, 소론(少論)에 의해 경종에 대한 불충으로

기를, "한 사람이 충신이 되면 한 사람은 역신이 되는구나."라고 하였으니, 역신은 조태구(趙泰耈)[229] · 조태억을 가리킨 것이고 충신은 이우당을 가리킨 것이다. 시직(侍直)으로서 입직할 적에 항상 큰소리로 목 놓아 울부짖으니 영묘(英廟 영조)가 춘저(春邸)에 있으면서 조태만이 그러는 것임을 알고 마음으로 기특하게 여겼다. 흉악한 무리들이 이를 미워하여 결국 태거(汰去)하게 만들었다.

임창(任敞)[230]의 죽음은 죄가 아닌 일로 죽은 것이다. 그러므로 지사

몰려 신임사화(辛壬士禍) 때 진도에 유배되었고 다음 해 사사(賜死)되었다. 1725년(영조1) 정호(鄭澔)의 주청으로 관작이 회복되었다. 시호는 충익(忠翼)이며, 저서로는 《이우당집(二憂堂集)》이 있다.

229 조태구(趙泰耈) : 1660~1723. 자는 덕수(德叟), 호는 소헌(素軒), 본관은 양주(楊州)이다. 우의정 조사석(趙師錫)의 아들이며, 조태채(趙泰采) · 조태억(趙泰億)의 종형이다. 1683년(숙종9)에 생원이 되고 1686년 별시 문과에 병과로 급제하여, 형조참의 · 대사성 · 우참찬을 거쳐 1720년(경종 즉위년) 우의정에 올랐다. 신임사화(辛壬士禍)로 노론(老論) 사대신(四大臣)을 사사하게 한 뒤, 영의정에 올라 소론(少論) 정권을 수립하고, 최석항(崔錫恒) · 김일경(金一鏡) 등과 국론을 주도하였다. 1725년(영조1) 신임사화의 원흉으로 탄핵을 받고 관작이 추탈되었다가 1908년(순종2)에 복관되었으며, 복관된 뒤의 시호는 문정(文貞)이다.

230 임창(任敞) : 1652~1723. 자는 회이(晦而), 호는 강개옹(慷慨翁), 본관은 풍천(豊川)이다. 1702년(숙종28) 유학(幼學)으로서 상소하여, 인현왕후(仁顯王后)의 죽음은 희빈(禧嬪) 장씨(張氏) 일파의 저주 때문이므로 역적을 단죄하여 왕후의 원수를 갚아야 한다고 아뢰었다가 숙종의 노여움을 사서 나주(羅州)에 유배되었다. 경종이 즉위한 뒤에 희빈 장씨를 옹호하는 소론(少論) 세력이 정권을 잡아서 신임사화(辛壬士禍)를 일으켰는데, 그 여파로 임창 역시 다시 서울로 압송되어 73세의 나이로 참형되었다. 1725년(영조1)에 영조가 왕위에 오름에 따라 신원되었다가 1727년에 정미환국(丁未換局)으로 다시 관작이 추탈되었고 1801년(순조1)에 다시 신원되었다. 시호는 충정

(志士)들이 통한을 품은 것이 오래될수록 더욱 깊어졌다. 옛날에 한 고사(高士)가 가죽 주머니 속에 피 묻은 흔적을 지니고 있었는데, 다른 사람이 그 연유를 물으니 대답하여 말하기를, "이것은 의사(義士) 임창의 피이다."라고 하였다. 그가 사람들을 감복시킨 것이 이와 같았다. 이는 촉인(蜀人)이 장홍(萇弘)의 피를 보관하고[231] 안 노공(顏魯公)이 노혁(盧奕)의 피를 핥았던 것[232]과 똑같이 고심(苦心)에서 나온 것이다.

정일환(鄭日煥)[233]은 척리(戚里)에 빌붙었다가 그들과 함께 패망하였으니 진실로 청론(淸論)이 인정하지 않는 자이다. 그러나 원자궁(元子

(忠定)이다.

231 촉인(蜀人)이……보관하고 : 장홍(萇弘)은 주(周)나라 경왕(敬王)의 대부로, 참소를 당하여 촉(蜀)에서 죽었는데, 이에 감동한 사람들이 그의 피를 궤(匱)에 보관하니 3년 만에 벽옥(碧玉)으로 변했다고 한다. 《莊子 外物》

232 안 노공(顏魯公)이……것 : 안 노공은 노군공(魯郡公)에 봉해진 당(唐)나라의 충신이자 명필 안진경(顏眞卿, 709~785)이다. 노혁(盧奕)은 당(唐)나라 덕종(德宗) 때에 권력을 전횡하던 정승인 노기(盧杞)의 부친으로, 안녹산(安祿山)의 난 때 조복(朝服)을 입은 채 죽어 절의를 세웠다. 안진경이 안녹산의 난에 평원 태수(平原太守)로 있으면서 의병을 모아 반란군에 맞서며 평원을 방비하였는데 이때 순절한 노혁의 머리를 전해 받고는 그 머리에 흐르는 피를 감히 옷으로 닦지 못하고 혀로 핥은 일이 있다. 《舊唐書 卷128 顏眞卿列傳》

233 정일환(鄭日煥) : 1726~? 자는 겸지(謙之), 본관은 영일(迎日)이다. 1759년(영조35) 식년시 생원에 3등으로 합격하였고, 황해도 관찰사, 한성부 우윤, 호조 참판 등을 역임하였다. 순조가 즉위하고 정순왕후(貞純王后)가 수렴청정을 하게 되자 정순왕후의 일가인 김관주(金觀柱), 벽파(僻派)의 영수인 심환지(沈煥之) 등과 함께 신유사옥(辛酉邪獄)을 일으켜 남인(南人) 시파(時派) 계열의 천주교도들을 탄압하였다.

宮)의 요속(僚屬)으로서 강연(講筵)에 참석하였을 적에 강연이 끝나자 정묘(正廟 정조)가 강학청에 음식을 하사하였는데 정일환이 사양하며 아뢰기를, "신은 외신(外臣)이니 감히 대궐 안의 음식을 받을 수 없습니다."라고 하였다. 그러자 성상이 거듭 타일러 이르기를, "옛 궁료(宮僚)에 대한 정의로 특별히 음식을 하사하는 것이니 어찌 이처럼 굳게 사양할 것이 있겠는가."라고 하니 정일환이 대답하여 아뢰기를, "신은 일정하게 받는 봉록이 있으니 감히 하사하신 음식을 먹을 수 없습니다."라고 하고 끝내 나아가지 않았다. 이때 신재(信齋) 윤공(尹公)[234]이 유선(諭善)으로서 같은 자리에서 음식을 하사받았다. 윤공이 정일환을 책망하며 말하기를, "그대는 어찌하여 매사에 사람들과 다르게 행동하는가. 내가 먹은 것을 그대가 먹지 않는 것이 옳겠는가."라고 하니 정일환이 말하기를, "유선은 요속과는 차이가 있으니, 유선은 사양하지 않아야 할 입장이고 요속은 반드시 사양해야 할 입장입니다."라고 하여 두 사람이 서로 양보하지 않았다. 이 일은 또한 충분히 칭찬할 만하다.

남추강(南秋江)[235]이 소릉(昭陵)을 복위할 것을 청한 소(疏)[236]는 천지

234 신재(信齋) 윤공(尹公) : 윤득부(尹得孚, 1723~1799)로, 자는 사휴(士休), 호는 신재, 본관은 해평(海平)이다. 1774년(영조50) 식년문과에 병과로 급제하여 성균관 전적, 병조 좌랑, 사간원 정언, 은산 현감(殷山縣監), 홍문관 수찬 등을 지냈다. 윤증(尹拯)을 복관하는 것에 대하여 불가함을 주장하였다가 당국자의 미움을 사서 금갑도(金甲島)에 유배되었는데 곧 풀려나 양근(楊根)의 촌사(村舍)에 우거하였다. 이후에 대사간, 대사성, 예조·형조 참판, 세손강서원 좌유선 등을 역임하였다.

235 남추강(南秋江) : 남효온(南孝溫, 1454~1492)으로, 자는 백공(伯恭), 호는 추

를 감동시키고 귀신을 울릴 만하니 이 소(疏)를 읽고도 눈물을 흘리지 않는 자는 참으로 사람의 마음이 없는 자이다. 그러나 "병자년(1456, 세조2)에 간악한 무리들이 난리를 부채질하여 중외를 경동시켜서 우리 사직을 거의 기울어뜨릴 뻔하였으나 얼마 뒤에 잇달아 복주되어 거의 다 섬멸되었습니다."[237]라고 한 부분은, 사육신(死六臣)을 위하여 전(傳)을 지어서[238] 몇 치의 붓으로 한 터럭처럼 미약한 의기(義氣)를

강, 본관은 의령(宜寧)이다. 생육신(生六臣)의 한 사람이며 시호는 문정(文貞)이다. 김종직(金宗直)의 문인으로, 상소하여 세조에 의하여 폐위된 단종의 생모 현덕왕후(顯德王后)를 복위할 것을 청하였다가 뜻을 이루지 못하자, 벼슬을 포기하고 금강산 등 각지를 유랑하다가 병사하였다. 〈유금강산기(遊金剛山記)〉를 남겼으며, 죽음을 무릅쓰고 사육신(死六臣)의 기록인 〈육신전(六臣傳)〉을 지어 후대에 전하였다.

236 소릉(昭陵)을……소(疏) : 소릉은 문종의 비인 현덕왕후(顯德王后)를 처음 안산(安山)에 장례했을 때의 능호인데, 뒤에 문종의 능인 현릉(顯陵)으로 옮겨와 문종과 합장하였다. 현덕왕후는 본관이 안동(安東)이며, 화산부원군(花山府院君) 권전(權專)의 딸이다. 1437년(세종19) 세자빈이 되었으며 1441년에 단종을 출생하고 3일 뒤에 죽었다. 문종이 즉위한 후에 왕후로 추봉되고 1454년(단종2)에 인효순혜(仁孝順惠)의 휘호(徽號)가 추상(追上)되었는데, 세조가 즉위한 후 친정 오라비인 권자신(權自愼)이 성삼문(成三問) 등과 단종 복위를 꾀하다가 피살되자 죄인의 일가라고 하여 폐위되었다. 그 후 1513년(중종8)에 종묘에 벼락이 친 일을 계기로 중종이 신료들의 건의를 받아들여 다시 복위하였다. 남효온(南孝溫)이 현덕왕후를 복위할 것을 청한 내용은 《추강집(秋江集)》 권4 〈상성종대왕서(上成宗大王書)〉에 보인다.

237 병자년에……섬멸되었습니다 : 1456년(세조2)에 사육신(死六臣) 박팽년(朴彭年), 성삼문(成三問), 이개(李塏), 하위지(河緯地), 유성원(柳誠源), 유응부(兪應孚) 등이 단종의 복위를 도모하다가 발각되어 죽임을 당한 일을 두고 말한 것이다.

238 사육신(死六臣)을……지어서 : 남효온(南孝溫)이 단종의 복위를 도모하다가 죽임을 당한 사육신에 대하여 〈육신전(六臣傳)〉을 지은 것을 두고 한 말이다. 〈육신전〉은 박팽년(朴彭年), 성삼문(成三問), 이개(李塏), 하위지(河緯地), 유성원(柳誠源), 유응부(兪應孚) 순으로 한 사람씩 전(傳)을 기록한 뒤에 마지막에 찬(贊)을 붙이고 있는

붙들었던 것과는 뜻이 같지 못하다. 어쩌면 장차 뒤이어 "남은 화(禍)가 미쳐서 소릉이 폐해졌습니다."라는 말을 하고자 하였으므로 이러한 임시방편의 말을 한 것인가? 어찌하여 조금도 돌아보거나 거리끼지 않고 말을 구사하였단 말인가. 매월옹(梅月翁)[239]은 바로 추강의 지기(知己)이니 글을 지을 적에 응당 함께 상의하였을 것인데 잘 헤아려서 택하지 못하였던 것은 어째서인가? 이와 같이 하지 않으면 성상의 마음을 감동시켜 돌릴 수 없어서 그런 것인가? 끝내 법의(法義)를 지키는 입장에 있어서 유감이 없을 수 없다.

양영(楊榮)[240]이 말하기를, "성상을 모시고 《천자문(千字文)》을 읽을

데, 각 인물의 성격이 잘 표현되어 있으며 특징적인 면모를 보여줄 수 있는 일화를 곁들이고 있다.

239 매월옹(梅月翁) : 김시습(金時習, 1435~1493)으로, 자는 열경(悅卿), 호는 매월당(梅月堂), 법호는 설잠(雪岑), 본관은 강릉(江陵)이다. 어려서부터 천재로 널리 알려졌는데, 21세 때에 수양대군(首陽大君)이 단종의 왕위를 찬탈(簒奪)하였다는 소식을 듣고는 보던 책들을 모두 불사른 뒤에 스스로 머리를 깎고 승려가 되어 전국 각지를 유랑하였다. 사육신(死六臣)이 처형되던 날, 사육신의 시신을 수습하여 묻어주었고, 31세 되는 해에 경주의 남산인 금오산에 머물며 성리학과 불교를 연구하는 한편, 최초의 한문소설인 〈금오신화(金鰲新話)〉를 지었으며, 다시 방랑생활을 계속하다가 59세에 별세하였다. 숙종 때 생육신(生六臣)의 일원에 올랐다. 저서로는 《매월당집(梅月堂集)》 등이 있고 시호는 청간(淸簡)이다.

240 양영(楊榮) : 1371~1440. 명(明)나라의 명신(名臣)으로, 자는 면인(勉仁)이다. 혜제(惠帝) 때 진사시에 합격하여 한림원 편수에 임명되었으며, 성조(成祖) 때 문연각 대학사에 올랐다. 성조의 신임이 두터워 북정(北征)을 수행하며 중요한 군무(軍務)를 맡았는데, 원정 도중 성조가 죽자 초상을 발설하지 않고 비밀리에 철병을 이루어 냈다. 성조·인종(仁宗)·선종(宣宗)·영종(英宗) 4대에 걸쳐 황제를 섬기면서 지모

적에 성상이 '천지는 검고 붉다.〔天地玄紅〕'[241]라고 하였으면 대번에 '누렇다〔黃〕'고 말해서는 안 된다. 두 번, 세 번 물은 뒤에야 대답하여 아뢰기를, '본래 누렇다고 하였으나 옳은지 알지 못하겠습니다.'라고 해야 하니 이와 같이 말하는 것이 좋다."라고 하였다. 신하가 군주를 섬김에 있어서 마땅히 말해야 하는 바는 곧바로 말해야 하니 어찌 망설이고 구차하게 행동하기를 이와 같이 해서야 되겠는가. 양영은 일신을 위한 계책을 잘 도모하여 행여 성상의 뜻을 거스를까 두려워해서 두리번거리고 따져보아 아첨하며 영합함이 이 지경에 이르렀으니 그 행동이 개돼지와 같았던 것이 당연하다. 이와 같은 자는 "부끄러워하는 마음이 없으면 사람이 아니다."[242]라고 말할 수 있다.

정릉(貞陵)[243]과 장릉(莊陵)[244]을 추복하는 것은 바로 천도와 인륜에

와 결단력을 보여주었고, 양사기(楊士奇)·양부(楊溥)와 함께 '삼양(三楊)'으로 칭송되면서 어진 재상으로 태평 시대를 이루어내었다. 시호는 문민(文敏)이며, 저서로는 《양문민집(楊文敏集)》, 《후북정기(後北征記)》 등이 있다.

241 천지는 검고 붉다 : 《천자문(千字文)》에는 본래 "천지는 검고 누렇다.〔天地玄黃〕"라고 되어 있다.

242 부끄러워하는……아니다 : 이는 《맹자(孟子)》 〈공손추 상(公孫丑上)〉에 보이는 말로, "측은해 하는 마음이 없으면 사람이 아니며, 부끄러워하는 마음이 없으면 사람이 아니며, 사양하는 마음이 없으면 사람이 아니며, 시비를 가리는 마음이 없으면 사람이 아니다. 〔無惻隱之心, 非人也; 無羞惡之心, 非人也; 無辭讓之心, 非人也; 無是非之心, 非人也.〕"라고 하였다.

243 정릉(貞陵) : 태조의 계비인 신덕왕후(神德王后)의 능호이다. 신덕왕후는 본관이 곡산(谷山)이며, 판삼사사(判三司事) 강윤성(康允成)의 딸이다. 조선 개국 이전에 태조와 혼인하여 1392년(태조1) 현비(顯妃)에 책봉되고, 승하 후에는 존호를 신덕왕후, 능호를 정릉이라 정하였는데, 태종에 의해 사을한(沙乙閑) 기슭으로 능이 이장되고

있어서 그만둘 수 없는 것인데, 이경석(李景奭)과 남구만(南九萬)이 헌의(獻議)에서 억지로 유별난 주장을 한 것은 바로 상정(常情) 밖의 일이다. 이경석은 식견이 비루한 데에서 비롯된 것이지만, 남구만은 식견이 충분히 여기에 미칠 만하였으니 그런데도 일부러 다른 뜻을 가져서 스스로 명의(名義)에 배치되는 죄과로 귀결된 것은 어째서인가. 홍광(弘光)[245]의 시대에 건문제(建文帝)[246]와 경태제(景泰帝)[247] 두

왕비의 제례가 폐해지는 등 후궁의 지위로 격하되었다. 1581년(선조14)에 제사를 회복하고 태묘(太廟)에 부묘(祔廟)하자는 논의가 있었으나 시행되지 못하다가, 1669년(현종10) 송시열(宋時烈) 등의 건의에 따라 순원현경(順元顯敬)이라는 존호가 정해지고 태묘에 부묘하게 되었다.

244 장릉(莊陵) : 단종의 능호이다. 단종은 1452년에 문종의 뒤를 이어 즉위하였는데, 숙부인 수양대군(首陽大君)의 찬탈에 의해 왕위에서 물러나 상왕이 되었다가 성삼문(成三問), 박팽년(朴彭年) 등 이른바 사육신(死六臣)의 복위 도모가 발각됨에 따라 1457년(세조3)에 노산군(魯山君)으로 강봉(降封)되어 영월(寧越)로 유배되었다. 이어 같은 해에 숙부인 금성대군(錦城大君)이 복위를 도모한 일이 발각되어 다시 서인(庶人)으로 강등되었으며, 결국 끈질긴 강요에 의해 적소(謫所)에서 스스로 목숨을 끊었다. 1681년(숙종7)에 신원되어 대군으로 추봉(追封)되었으며 1698년(숙종24)에 임금으로 복위되어 묘호(廟號)를 단종, 능호(陵號)를 장릉(莊陵)이라고 하였다.

245 홍광(弘光) : 명(明)나라 말기에 복왕(福王) 주유숭(朱由崧)이 남경(南京)에서 스스로 황제에 즉위하고 세운 연호이다. 복왕은 신종(神宗)의 손자로, 1644년에 청군(淸軍)에 의해 북경이 함락되자 마사영(馬士英) 등이 복왕을 남경(南京)으로 맞아들여서 황제로 세웠다. 재위 기간은 1년이 채 되지 않았다.

246 건문제(建文帝) : 177쪽 주91 참조.

247 경태제(景泰帝) : 명(明)나라 제7대 황제 경제(景帝)로, 이름은 주기옥(朱祁鈺)이며, 경태는 연호이다. 선종(宣宗)의 차자(次子)이자 영종(英宗)의 아우로, 영종이 토목(土木)의 변으로 납치되자 뒤를 이어 황위에 올랐다. 영종이 돌아온 뒤 폐위되어 성왕(成王)으로 있다가 죽었는데 헌종(憲宗) 11년(1475)에 시호를 받고 황제의 호칭을 회복하였다.

황제를 추복하여 묘호(廟號)를 더하기까지 한 것은 남쪽으로 천도한 뒤의 제일가는 공적이었으니 천명(天命)이 영원하기를 기원할 수 있는 것[248]이었다. 그런데 남구만은 마치 이 일이 몸이 사로잡히고 나라가 망하게 된 밑바탕이 되는 것처럼 말하였으니 어쩌면 그 말에 윤리가 없는 것이 이와 같은가. 농암(農巖)이 이른바 "사납고 괴팍하여 인하지 못하다."라고 평가한 것[249]을 고칠 수 없을 듯하다.

명조(明朝)의 장 총융(張總戎)이 자식을 경계한 시에 다음과 같이 말하였다.

은 등잔 심지 다 돋우고 스스로 탄식하니　　銀燈剔盡自咨嗟
부귀와 번화를 누린 집안은 몇이나 되던가　　富貴繁華有幾家
붉은 해는 머리 위 내린 눈 녹이기가 어렵고　　紅日難消頭上雪
누런 금은 모두가 눈앞의 꽃이라네　　黃金都是眼前花
시운이 도래하면 하는 말마다 바람이 풀 위에 부는 듯하지만

248 천명(天命)이……것 : '천명이 영원하기를 기원한다'는 것은 국가의 운세가 오래도록 지속되기를 기원한다는 뜻이다. 자세한 내용은 187쪽 주116 참조.

249 농암(農巖)이……것 : 농암은 김창협(金昌協, 1651~1708)으로, 자는 중화(仲和), 호는 농암, 본관은 안동(安東)이다. 아버지는 영의정 김수항(金壽恒)이고, 형 김창집(金昌集)·아우 김창흡(金昌翕)·김창업(金昌業)·김창집(金昌緝)과 함께 문장대가로 알려졌다. 1689년 기사환국(己巳換局)으로 아버지가 사사되자 포천에 은거하였으며, 성리설은 대체로 이이(李珥)보다는 이황(李滉)에 가까웠고, 호론(湖論)을 지지하였다. 저서로는《농암집》,《주자대전차의문목(朱子大全箚疑問目)》,《논어상설(論語詳說)》등이 있다. 김창협은 무인년(1698, 숙종24)에 백부 김수증(金壽增)에게 올린 편지에서 남구만(南九萬)이 단종의 복위를 반대한 일을 언급하며 이와 같이 말하였다.《農巖集 卷11 上伯父》

時來言語風吹草

시운이 떠나가면 전원이 황폐하기가 물결이 모래를 때리는 것과 같네 運去田園水搏沙

너희에게 말 전하노니 모름지기 노력하여 寄語兒曹須努力

각각 스스로 살아갈 방도를 찾을지어다 各人尋箇活生涯

'살아갈 방도〔活生涯〕'라는 것은 바로 문학과 덕행이다. 장 총융은 어떠한 사람이기에 시로써 가르침이 이렇게 훌륭한가? 명리(名利)의 구렁에서 생을 마쳐서 나아갈 줄만 알고 물러날 줄은 모르는 자들은 마땅히 이 시를 써서 좌우명으로 삼아야 할 것이다.

왕세정(王世貞)[250]의 문장은 진실로 명(明)나라의 대가가 되기에 무방하나 또한 가짜 고문(古文)이니 한유(韓愈)와 구양수(歐陽脩)의 죄인이 됨을 면치 못한다. 우뚝하게 스스로 큰 체하여 한유와 구양수를 문단(文壇)의 아래에 두었으니 또한 그 어리석고 망령됨을 볼 수 있다. 의리(義理)에 있어서는 거의 명목(名目)을 구분하지 못하고 억지로 이(理)와 기(氣)를 풀이하였으니 바보가 꿈 이야기를 하는 것[251]과 거

250 왕세정(王世貞) : 1526~1590. 명(明)나라의 문장가로, 자는 원미(元美), 호는 엄주산인(弇州山人)이다. 가정(嘉靖) 26년(1547) 진사시에 급제하고, 벼슬이 형부 상서(刑部尙書)에 이르렀다. 젊을 때부터 문명이 높아 후칠자(後七子)의 한 사람으로 꼽혔고, 학식은 그중에서도 제일이라는 평을 받아 이반룡(李攀龍)과 함께 '이왕(李王)'으로 병칭되었으며 이반룡 사후 고문사파를 이끌고 문단을 주도하였으나, 만년에는 당(唐)나라의 백거이(白居易)·한유(韓愈)·유종원(柳宗元), 송(宋)나라의 소식(蘇軾) 등의 작품에도 심취하였다.

251 바보가……것 : 바보가 자신이 꾼 꿈을 사실로 믿고 애기하는 것처럼 신뢰할 수 없거나 가능하지 않은 이야기를 망상에 근거하여 말하는 것을 뜻한다.

의 다를 게 없다. 또 왕양명(王陽明 왕수인(王守仁))을 두고 심(心)과 성(性)을 참되게 알았다고 하고 송(宋)나라 유자(儒者)들을 비방함에 거리끼는 바가 없었으니 다만 가련함을 볼 수 있을 뿐이다.

최간이(崔簡易)[252]은 평소에 비단을 깔고 앉고 소를 잡아서 먹으며 말하기를, "내 몸은 지극한 보배를 간직하고 있으니 자중하지 않을 수 없다."라고 하였다. 이는 문인(文人)의 습기(習氣)이니 견식이 부족한 소치이다. 구봉(龜峯)[253]은 비록 지나치게 스스로를 높이고 크게 여겼으나 일찍이 이러한 말은 한 적이 없으니 배운 것과 배우지 않은 것이 어찌 삼십 리만 차이 날 뿐이겠는가.[254]

252 최간이(崔簡易) : 최립(崔岦, 1539~1612)으로, 자는 입지(立之), 호는 간이·동고(東皐), 본관은 통천(通川)이다. 1555년(명종10) 진사시에 합격하고 1559년 식년 문과에 장원으로 급제하여 공주 목사(公州牧使), 전주 부윤(全州府尹), 강릉 부사(江陵府使), 승문원 제조, 동지중추부사, 형조 참판 등을 지냈다. 당대 일류의 문장가로 인정을 받아 중국과의 외교문서를 많이 작성했다. 저서로는 《간이집(簡易集)》 등이 있다.

253 구봉(龜峯) : 송익필(宋翼弼, 1534~1599)로, 자는 운장(雲長), 호는 구봉·현승(玄繩), 본관은 여산(礪山), 시호는 문경(文敬)이다. 이이(李珥)·성혼(成渾)과 함께 성리학의 깊은 이치를 논변하였고, 예학(禮學)에 밝아 김장생(金長生)에게 큰 영향을 주었다. 저서로는 《구봉집(龜峯集)》이 있다.

254 삼십……뿐이겠는가 : 서로 간의 지혜가 몹시 차이 난다는 뜻이다. 후한(後漢) 한단순(邯鄲淳)이 효녀 조아(曹娥)를 위해서 지은, 이른바 조아비(曹娥碑) 뒷면에 후한(後漢)의 채옹(蔡邕)이 '절묘호사(絶妙好辭)'라는 뜻으로 '황견유부외손제구(黃絹幼婦外孫齏臼)'라는 여덟 글자의 은어(隱語)를 써넣었는데, 후한 말에 조조(曹操)가 양수(楊修)와 함께 길을 가다가 이 은어를 보았을 때 양수는 곧바로 알아챘으나 조조는 그 의미를 생각하면서 삼십 리를 더 가서야 깨닫고는 "알고 모르는 것이 삼십 리나

숙묘조(肅廟朝 숙종조)에 유사(有司)가 선비들에게 시험을 치를 적에 송 고종(宋高宗)[255]이 북새(北塞)에 통문(通問)하는 데에 견주어 조서(詔書)를 짓도록 출제하였다. 이때 정수준(鄭壽俊)이 장원을 차지하였는데 그 문장이 애통하고 측달하여 사람들로 하여금 감동하여 눈물을 흘리게 만들었다. 만약 고종이 살아나 이를 읽는다면 부끄러워 얼굴이 붉어지지 않을 수 있겠는가. 고종은 바로 정수준의 죄인이다. 세상에서는 고종이 친족을 잊고 원수를 섬긴 것을 두고 진회(秦檜)에게 죄를 돌리는데 진회는 고종의 마음을 엿보아 악(惡)을 부추겨서 그렇게 만든 것일 뿐이다. 삼연(三淵 김창흡(金昌翕))이 오국성(五國城)을 지나면서 읊은 시에 이르기를, "강좌의 영웅 천백의 무리가 끝내 살아서 돌아오게 하는 작은 계책도 내지 못했네.〔江左英雄千百輩 終無寸策使生還〕"[256]라고 하였다. 이 말이 매우 빼어나니 비록 천백의 영웅이 있었다고 하더라도 손발을 둘 곳이 없는 상황을 어찌했겠는가. 육무관(陸務觀)[257]의 시에 "백만의 용사들 강가에서 늙어가고, 두 궁의

차이가 난다.〔有智無智, 較三十里.〕"라고 탄식했던 고사가 전한다. 참고로 '황견(黃絹)'은 '오색 실〔色絲〕'이니 '절(絶)'이 되고, '유부(幼婦)'는 '소녀(小女)'이니 '묘(妙)'가 되고, '외손(外孫)'은 '딸의 자식〔女子〕'이니 '호(好)'가 되고, '제(齏)'는 '매운〔辛〕 부추'이고 '구(臼)'는 '받는 것〔受〕'이니 '사(辭)'의 약자가 된다.《世說新語 捷悟》

255 송 고종(宋高宗) : 194쪽 주130 참조.

256 강좌의……못했네 : 이 시구는 김창흡(金昌翕)의 문집인《삼연집(三淵集)》권13〈오국성(五國城)〉에 보인다.

257 육무관(陸務觀) : 남송(南宋)의 시인 육유(陸游, 1125~1210)로, 자는 무관, 호는 방옹(放翁)이다. 송(宋)나라 월주(越州) 산음(山陰) 사람으로 12세 때부터 시문에 능하였다. 많은 관직을 역임하고 파직되어 10여 년간 한가로운 생활을 하다가 가태(架泰) 2년에 다시 조정에 나가 실록원(實錄院)에서 효종(孝宗)과 광종(光宗)의 실록을

패옥은 꿈속에서 돌아오네.〔百萬貔貅江上老 兩宮環珮夢中歸〕"라고 한 것은 참으로 귀신도 눈물짓게 할 만하다.

분애(汾厓) 신 문숙공(申文肅公)[258]은 우뚝하게 서서 홀로 행하고 세상을 희롱하며 스스로 즐거워하여 마치 방외(方外)에서 노니는 자와 같은 점이 있었으니 또한 풍류의 호걸이라고 할 만하며, 시 또한 빼어나서 읊을 만한 것이 많았다. 병이 위독할 때에 이르러 호곡(壺谷) 남공(南公)[259]이 찾아왔는데 신공이 묻기를, "공이 근래에 《기아(箕雅)》[260]를 편찬하고 있다고 들었는데 또한 나의 시를 실었습니까?"라고 하니 남공이 말하기를, "싣지 않았습니다."라고 하였다. 그러자 신공이 말하기를, "내가 일찍이 영남(嶺南)에서 매화나무 하나를 싣고 돌아오면서

편찬하는 일에 참여하였고, 이 일을 마치고 나서 보장각 대제(寶章閣待制)로 치사(致仕)하였다. 특히 시문에 능하여 시에 감상적이고 호탕한 기상이 있었으며 우무(尤袤), 양만리(楊萬理), 범성대(范成大)와 함께 중흥 사대가(中興四大家)로 호평을 받았다.

258 분애(汾厓) 신 문숙공(申文肅公) : 신정(申晸, 1628～1687)으로, 자는 백동(伯東), 호는 분애, 본관은 평산(平山)이다. 1664년(현종5)에 춘당대 문과에 급제한 뒤 출사하여 평안도 관찰사·도승지·예조 판서·이조 판서를 거쳐, 한성부 판윤을 지내고 강화 유수로 재임 중에 죽었다. 시서에 능하였고, 저서로는《분애유고(汾厓遺稿)》가 있다. 시호는 문숙(文肅)이다.

259 호곡(壺谷) 남공(南公) : 남용익(南龍翼, 1628～1692)으로, 자는 운경(雲卿), 호는 호곡, 본관은 의령(宜寧)이며, 시호는 문헌(文獻)이다. 1648년(인조26) 정시 문과에 급제하고 벼슬이 대제학을 거쳐 판의금부사에 이르렀다. 1689년(숙종15) 기사환국으로 남인(南人)이 정권을 장악하고 서인(西人)이 축출될 때에 명천에 유배되고 배소에서 별세하였다.

260 기아(箕雅) : 숙종 때 남용익(南龍翼)이 엮은 시집이다. 신라 최치원(崔致遠)으로부터 조선 현종 때의 김석주(金錫冑)에 이르기까지 497인의 시를 모아 엮었다.

시를 짓기를, '짧고 서늘한 매화나무가 나를 따라 고개를 넘어오네. 사람이 이미 병든 줄을 모르고 오히려 베개 가에서 꽃을 피우네.〔短短寒梅樹 相隨度嶺來 不知人已病 猶向枕邊開〕'라고 하였습니다."라고 하니 남공이 읊조리기를 그치지 않고 돌아와 《기아》에 실었다.

이윤(尼尹)[261]의 문도 중에 우옹(尤翁 송시열(宋時烈))의 문장을 이윤이 앉은 자리에서 폄훼하는 자가 있었는데, 이윤이 말하기를, "그렇지 않다. 내가 일찍이 곁에 있으면서 그 분이 십여 개의 가장(家狀)을 내어 비지(碑誌)를 짓는 것을 보았는데 각각 기축(機軸)을 내어서 단숨에 완성하여 사람들로 하여금 입이 벌어지게 하였다."라고 하였다. 이윤은 우옹에 대하여 허물을 찾고 흠을 뒤져서 이르지 못하는 바가 없었는데 오히려 문장은 감히 비난하거나 폄척하지 못하였으니 또한 공변된 마음이라고 할 수 있을 것이다.

박세당(朴世堂)[262]은 《사변록(思辨錄)》[263]의 일 이후에 좀벌레〔蠹魚〕

261 이윤(尼尹) : 윤증(尹拯, 1629~1714)을 가리키는 말로, 당시 윤증이 충청도의 노성(魯城)에 거주하였는데, 이구산(尼丘山)이 있어서 노성을 이산(尼山)이라고도 하였으므로 그를 이렇게 칭한 것이다. 윤증의 자는 자인(子仁), 호는 명재(明齋), 본관은 파평(坡平)이다. 원래 우암(尤菴) 송시열(宋時烈)의 문인이었으나, 1674년(현종15) 부친 윤선거(尹宣擧)의 묘갈명을 짓는 문제로 사제 간의 의리가 끊어졌다. 이후로 서인(西人)은 송시열을 주축으로 한 노론(老論)과 윤증을 주축으로 한 소론(少論)으로 분열되었다.

262 박세당(朴世堂) : 1629~1703. 자는 계긍(季肯), 호는 잠수(潛叟)·서계(西溪), 본관은 반남(潘南)으로, 일찍이 사서(四書)와 《서경(書經)》, 《시경(詩經)》에 대해 《사변록(思辨錄)》이라는 주해서(註解書)를 저술하여 주희(朱熹)의 주해와 다른

를 읊은 시를 지었으니 다음과 같다.

좀벌레가 책 속에 살면서　　蠹魚身向卷中生
글자를 파먹은 지 수년에 눈이 문득 밝아졌네　　食字年多眼乍明
결국은 미물이니 누구에게 인정을 받으랴　　畢竟物微誰見許
경서를 훼손했다는 이름만 길이 떠안게 되리　　秖應長負毁經名

이 시는 바로 스스로를 비유한 것이다. 제월당(霽月堂) 송공(宋公)[264]이 시를 지어 이에 대해 변론하였으니 그 시는 다음과 같다.

좀벌레가 경서 속 글자를 모조리 파먹은들　　蠹雖食盡經中字
본래의 뜻은 일호라도 훼손된 적이 있으랴　　本旨何曾毁一毫
세상의 길 잃은 선비들에게 말하노니　　寄語世間迷路士
속히 돌아와서 육왕[265]의 무리가 되지 말지어다　　早歸無作陸王曹

견해를 제시하였다.

263 사변록(思辨錄) : 박세당(朴世堂)이 저술한 사서(四書)와 《서경》·《시경》의 주해서로, 《통설(通說)》이라고도 한다. 당시 정통으로 여겼던 주희(朱熹)의 설을 비판하는 동시에 많은 부분을 독자적인 견해로 해석하였기 때문에 당시 정계·학계에 큰 물의를 일으켰으며, 노론(老論)에 의해 '사문난적(斯文亂賊)'이라는 낙인이 찍히기도 하였다.

264 제월당(霽月堂) 송공(宋公) : 송규렴(宋奎濂, 1630~1709)으로, 자는 도원(道源), 호는 제월당, 본관은 은진(恩津)이다. 1648년(인조26) 사마시에 합격하고, 1654년(효종5) 식년 문과에 을과로 급제하였으며, 대사성, 대사간, 강원도 관찰사, 충청도 관찰사, 도승지, 동지중추부사, 예조 참판 등을 지냈다. 1699년(숙종25)에 기로소(耆老所)에 들어갔으며 이후 지중추부사, 우참찬, 예조 판서 등에 제수되었으나 모두 사직하였다. 학문이 뛰어나 송시열(宋時烈), 송준길(宋浚吉)과 함께 삼송(三宋)으로 일컬어졌다. 회덕(懷德)의 미호서원(美湖書院)에 제향되었고, 저서로는 《제월당집(霽月堂集)》이 있으며, 시호는 문희(文僖)이다.

265 육왕(陸王) : 주희(朱熹)의 이학(理學)에 반대하여 심학(心學)을 제창한 송(宋)나라의 육구연(陸九淵)과, 이를 계승하여 양명학(陽明學)으로 집대성한 명(明)나라의

이 뜻이 참되고 바르니 박세당이 이를 보았다면 이마에 땀이 흥건해지지 않을 수 있겠는가.

숙묘(肅廟 숙종) 무인년(1698, 숙종24)과 기묘년(1699) 사이에 큰 기근이 들었는데 최석정(崔錫鼎)[266]이 당시의 정승으로서 청(淸)나라 사람에게 구휼미를 청하였다. 이때 해주(海州)의 사인(士人) 전만거(全萬擧)가 시를 지어 다음과 같이 말하였다.

듣건대 연산의 곡식을 聞道燕山粟
동쪽으로 오만 곡을 실어온다 하네 東輸五萬斛
해서 백성에게는 먹이지 말지니 莫饋海西民
수양산의 고사리가 푸르네[267] 首陽薇蕨綠

그 뒤에 해주의 사자(士子)가 청성묘(淸聖廟)[268]의 비문(碑文)을 최석

왕수인(王守仁)을 병칭하는 말이다.

266 최석정(崔錫鼎) : 1646~1715. 초명은 석만(錫萬), 자는 여시(汝時)・여화(汝和), 호는 존와(存窩)・명곡(明谷), 본관은 전주(全州)이다. 1666년(현종7) 진사시에 장원으로 합격하고 1671년 정시문과에 병과로 급제하였으며, 벼슬이 영의정에 이르렀다. 대표적인 소론(少論) 대신으로 시호는 문정(文貞)이며, 저서로는 《예기유편(禮記類篇)》, 《명곡집(明谷集)》이 있다.

267 해서(海西)……푸르네 : 해서는 황해도로, 황해도 해주에 수양산(首陽山)이 있는데, 백이(伯夷)・숙제(叔齊)가 고사리를 캐어 먹다가 죽은 수양산과 이름이 같다고 하여 이곳에 백이・숙제를 제향하는 사당을 짓고 '청성묘(淸聖廟)'라고 이름을 붙였다. 백이・숙제는 은(殷)나라에 대한 절의를 지켜 주(周)나라의 곡식은 먹지 않겠다고 하여 수양산에 들어가 굶어죽었으므로, 명(明)나라에 대한 절의를 지켜 청(淸)나라의 곡식은 먹지 않겠다는 뜻을 이를 가탁하여 나타낸 것이다.

268 청성묘(淸聖廟) : 백이(伯夷)・숙제(叔齊)를 제향하는 사당으로, 황해도 해주(海州) 수양산(首陽山)에 있다. 수양사(首陽祠) 또는 이제사(夷齊祠)라고도 불린다.

정에게 받았는데 율곡(栗谷 이이(李珥))의 방손(傍孫)인 이두익(李斗翼)이 비문의 뒤에 쓰기를, "공의 조부[269]는 용골대(龍骨大)[270]의 군대 앞에 절을 올렸으니 이것이 어찌 말고삐를 붙잡고 만류하였던 의리[271]

1687년(숙종13)에 해주의 유생들이 수양산 기슭에 사당을 세워 백이·숙제를 제향하였는데, 1701년에 황해도 유생들의 소청에 의하여 숙종이 '청성묘'라는 어필 편액을 하사하고, 아울러 〈산호수양고호(山號首陽古號)〉라는 어제시를 지어주었다. 그 뒤 황해도 관찰사 이언경(李彦經)이 주희(朱熹)의 글씨인 '백세청풍(百世淸風)' 네 글자를 얻어와 각석(刻石)하여 묘정(廟庭)에 세우고 그 절의를 숭상하게 하였다. '청성'은 맹자(孟子)가 "백이는 성인 중에서 맑은 사람이다.〔伯夷, 聖之淸者也.〕"라고 한 데에서 취한 것이다.

269 공의 조부 : 최석정(崔錫鼎)의 조부 최명길(崔鳴吉, 1586~1647)을 가리킨다. 최명길의 자는 자겸(子謙), 호는 지천(遲川)·창랑(滄浪), 본관은 전주(全州)이며, 이항복(李恒福)과 신흠(申欽)의 문인이다. 1636년(인조14) 병자호란이 일어났을 때에 남한산성(南漢山城)으로 피난하는 인조를 호종하였는데, 이때 청(淸)나라와 강화를 맺는 데에 중추적 역할을 담당하고 항복문서를 초안하였다. 이후 우의정·좌의정·영의정을 지내며 포로 석방을 위해 노력하다가 이전에 조선이 명(明)나라와 내통한 사실이 밝혀져 1642년(인조20)에 심양(瀋陽)에 잡혀가 억류되었다. 3년 후 풀려나 완성부원군(完城府院君)에 진봉(進封)되었으며, 그 후 현직에서 물러나 저술에 몰두하다가 죽었다. 저서로는 《지천집》 등이 있으며, 시호는 문충(文忠)이다.

270 용골대(龍骨大) : 1596~1648. 청(淸)나라 장군으로, 성은 타탑라(他塔喇)이고, 본명은 영고이대(英固爾岱)이다. 이재(理財)와 외교에 밝아 조선에 누차 사신으로 왔으며, 청 태종(淸太宗)의 막료로서 숭명반청(崇明反淸)을 고집하는 조선을 상대로 병자호란을 일으켰다. 특히 선봉장으로 조선에 침입하여, 남한산성에 피신한 인조를 항복시키고, 소현세자와 봉림대군 등을 볼모로 끌고 갔다.

271 말고삐를……의리 : 백이(伯夷)와 숙제(叔齊)가 은(殷)나라에 대한 절의를 지켜서, 주(周)나라 무왕(武王)이 은(殷)나라 주왕(紂王)을 정벌하러 떠날 적에 신하로서 임금을 정벌하는 것은 의(義)가 아니라고 하여 말고삐를 붙잡고 만류하였던 것을 이른다. 《史記 卷61 伯夷列傳》

이겠는가. 또 공은 연경(燕京)에 구휼미를 청하였으니 이것이 어찌 주(周)나라의 곡식을 먹지 않는 의리이겠는가. 만약 이 글을 사용한다면 백이(伯夷)와 숙제(叔齊) 두 분의 영령이 틀림없이 저승에서 편안하지 못할 것이다. 그러므로 이에 돌려보낸다."라고 하였다. 그러자 최석정이 크게 노하여 이공(李公)을 광망(狂妄)하다고 칭하기까지 하였다. 이공은 경전 속의 '자(者)' 자를 모아서 스스로를 '팔자옹(八者翁)'이라고 칭하였으니 또한 기사(奇士)이다. 이 두 가지 일이 해주에서 나온 것을 통하여 또한 율옹(栗翁)의 유풍과 여운이 사라지지 않은 것을 확인할 수 있다.

근래의 세속에 문리를 조금 깨친 자들이 선배들의 문고(文稿)를 보고는 작자의 의체(義諦)는 이해하지 못한 채 번번이 볼만한 점이 없다고 하며 한마디 말로 단정 지어 버린다. 의복과 이루어놓은 기물도 오히려 공연히 나무라서는 안 되는데[272] 하물며 선철이 남긴 말씀은 어떠하겠는가. 이천(伊川 정이(程頤))은 선배를 논하는 사람을 보면 말하기를, "그대들은 우선 그의 장점을 취하라."라고 하였다. 언행은 마땅히 그 장점을 취해야 하니, 논저 또한 어찌 단점을 버리고 장점을 취함이 없겠는가. 그런데도 조금도 돌아보지 않고 장점을 말살하고야 마는 것은 덕이 있는 자의 일이 아니다.

272 의복과……되는데 : 《예기(禮記)》 〈소의(少儀)〉에 "의복과 이루어놓은 기물을 나무라지 말며, 몸소 의심스러운 말을 질정하지 말아야 한다.〔毋訾衣服成器, 毋身質言語.〕"라고 하였다.

회회국(回回國)[273] 사람의 시에 다음과 같이 말하였다.

불가에서는 극락이 하늘 위에 있다고 말하고	釋言極樂在天上
도가에서는 봉래가 바다 속에 있다고 말하네	道說蓬萊住海中
오직 공자 문하의 진실한 경지만이	惟有孔門眞實地
면전에 춘풍이 불지 않는 곳이 없네	面前無處不春風

이는 공자를 종주로 삼고 도가와 불가를 배척할 줄 아는 것이니 그 말이 매우 순정하다. 같은 시대의 진헌장(陳獻章)[274]과 왕수인(王守仁)의 무리들은 모두가 도가와 불가의 법을 전하였으니 이 사람에게 죄를 얻지 않은 자가 거의 드물다. 이 사람을 중국(中國)에 나아가게 하여 길 잃은 이들을 깨우치게 하지 못한 것이 한스럽다. 성명이 전하지 않으니 안타깝다.

권양촌(權陽村)[275]의 문장과 경술은 같은 시대에 짝할 이가 드물고 그

273 회회국(回回國) : 원(元)나라 이후 중국에서 아라비아를 가리키던 말이다.

274 진헌장(陳獻章) : 명(明)나라 중기의 학자인 진헌장(陳獻章, 1428~1500)으로, 자는 공보(公甫), 호는 석재(石齋)이며, 백사(白沙)에서 살았기 때문에 백사 선생(白沙先生)이라고도 한다. 그의 학풍은 상산(象山) 육구연(陸九淵)의 심성론(心性論)을 이어 정좌(靜坐)하여 마음을 깨끗이 함으로써 이치를 직관(直觀)해야 한다는 것으로, 주희(朱熹)의 학풍과는 대치되었다.

275 권양촌(權陽村) : 권근(權近, 1352~1409)으로, 자는 가원(可遠)·사숙(思叔), 호는 양촌·소오자(小烏子), 본관은 안동(安東)이다. 1368년(공민왕17) 성균시에 합격하여 고려의 조정에서 춘추관 검열, 예문관 응교, 성균관 대사성, 지신사 등을 지냈다. 익주(益州) 등지에 유배되었다가 석방되어 충주에 우거하던 중 조선의 개국을 맞았다. 1393년(태조2) 태조의 부름을 받고 계룡산 행재소(行在所)에 달려가 새 왕조의 창업을 칭송하는 노래를 지어올리고, 왕명으로 정릉(定陵)의 비문을 지어 바쳤다. 그

가 저술한 《예기천견록(禮記淺見錄)》과 《입학도설(入學圖說)》도 취할 만한 점이 많다. 고려 말과 국초에 이를 말해낼 수 있는 자로는 오직 양촌이 있었다. 만약 포은(圃隱 정몽주(鄭夢周))을 따라 순국하였다면 또한 응당 문묘에 배향되었을 것인데, 끝내 "대낮에 양촌이 의리를 말하고 있으니, 세상 어느 곳인들 현인이 나지 않겠는가.〔白晝陽村談義理 世間何處不生賢〕"라는 시구가 나오게 하고 말았으니 안타깝고 안타깝다. 모재(慕齋)[276]는 양촌의 영정에 절을 올렸고 규암(圭菴)[277]은 절을 올리지 않았으니 모재가 혼후(渾厚)한 것이기는 하지만 규암의 직절(直截)함에는 미치지 못하는 듯하다.

동악(東岳) 이공(李公)[278]은 증조부 이기(李芑)[279]가 현인을 죽이고 정

뒤 새 왕조에 출사(出仕)하여 예문관 대학사, 중추원사 등을 지냈고 1401년(태종1) 좌명공신(佐命功臣) 4등으로 길창군(吉昌君)에 봉군되고 찬성사에 올랐다. 저서로는 《양촌집(陽村集)》이 있고 시호는 문충(文忠)이다.

276 모재(慕齋) : 김안국(金安國, 1478~1543)으로, 자는 국경(國卿), 호는 모재, 본관은 의성(義城)이며, 김굉필(金宏弼)의 문인으로 조광조(趙光祖)와 동문수학하였다. 1503년(연산군9) 별시 문과에 을과로 급제하고 벼슬이 판중추부사에 이르렀다. 조광조와 함께 사림을 이끌며 성리학적 이념에 의한 왕도정치의 실현에 힘썼으며, 시문에 뛰어났다. 저서로는 《모재집》 등이 있으며, 시호는 문경(文敬)이다.

277 규암(圭菴) : 송인수(宋麟壽, 1499~1547)로, 자는 미수(眉叟)·태수(台叟), 호는 규암, 본관은 은진(恩津)이며, 시호는 문충(文忠)이다. 1545년(인종1) 을사사화가 일어나자 한성부 좌윤으로 있다가 탄핵을 받고 파직당한 뒤에 청주에 은거하여 지내다가 사사(賜死)되었다. 성리학에 밝았고 성리학을 보급하기에 힘썼다. 평생 학문을 좋아하여 사림의 추앙을 받았으며 제주의 귤림서원(橘林書院)에 제향되었다. 저서로는 《규암집》이 있다.

278 동악(東岳) 이공(李公) : 이안눌(李安訥, 1571~1637)로, 자는 자민(子敏), 호

직한 이를 해친 것을 안타깝고 애통하게 여겨 항상 허물을 덮을 것을 생각하여 매번 사람들이 모인 잔치에 참석할 적에, 일찍 나아가고 늦게 물러나왔으니 혹여 자리에서 증조부의 일을 언급하게 될까 두려워해서였다. 경주 부윤(慶州府尹)이 되었을 적에 장차 회재서원(晦齋書院 옥산서원(玉山書院))을 배알하려고 하여 옥산동(玉山洞)의 문에 들어갔는데 회재(晦齋)[280]의 서손(庶孫) 중에 서원 곁에 사는 자들이 모두

는 동악, 본관은 덕수(德水)이다. 용재(容齋) 이행(李荇)의 증손인데 출계(出系)하여 이행의 형 이기(李芑)의 손자 이필(李泌)의 양자가 되었다. 1599년(선조32) 식년 문과에 급제하여 벼슬이 형조 판서에 이르렀으며 홍문관 제학을 겸하였다. 병자호란 때에 병든 몸을 이끌고 왕을 호종하다가 병세가 악화되어 별세하였다. 시에 능하여 문집에 방대한 양의 시를 남겼다. 저서로는 《동악집(東岳集)》이 있으며 시호는 문혜(文惠)이다.

279 이기(李芑) : 1476~1552. 자는 문중(文仲), 호는 경재(敬齋), 본관은 덕수(德水)이다. 1501년(연산군7) 식년 문과에 장원 급제하였으나 장인인 군수 김진(金震)이 장리(贓吏)였기 때문에 청요직에 나가지 못하였다. 중종 즉위 후 국왕의 신임을 얻어 형조와 병조의 판서에 이어 1543년(중종38) 우의정에 올랐다. 그러나 인종이 즉위하여 대윤(大尹) 일파가 득세하자 윤임(尹任)에 의해 병조 판서로 강등되었는데, 이에 원한을 품고 있던 중 명종이 즉위하여 문정왕후(文定王后)가 수렴첨정을 하자, 윤원형(尹元衡)과 손을 잡고 을사사화(乙巳士禍)를 일으켜 윤원형과 함께 조정의 대권을 장악하고 풍성부원군(豐城府院君)에 봉해졌다. 이어 좌의정이 되고 1549년(명종4) 영의정에 올랐다. 죽은 뒤 문경(文敬)이라는 시호가 내려졌으나 선조 초에 관직과 훈록이 모두 삭탈되었으며, 윤원형·정순붕(鄭順朋)·정언각(鄭彦慤)·임백령(林百齡)과 함께 '을사오흉(乙巳五凶)'으로 불렸다.

280 회재(晦齋) : 이언적(李彦迪, 1491~1553)으로, 자는 복고(復古), 호는 회재·자계옹(紫溪翁), 본관은 여주(驪州)이다. 1514년(중종9) 문과에 급제하였고 벼슬이 좌찬성에 이르렀다. 윤원형(尹元衡) 등이 사림을 축출하기 위해 을사사화(乙巳士禍)를 일으켰을 때에 이들을 심문하는 일을 맡았으나 자신도 관직에서 물러났다. 1547년 양재역 벽서사건에 연루되어 강계로 유배되었고, 그곳에서 많은 저술을 남긴 채 세상을

맨발로 나와 막으며 말하기를, "성주(城主)께서는 우리 선조의 사원(祠院)에 들어가실 수 없습니다."라고 하였다. 그러자 동악 역시 맨발로 사죄하고 묘비(廟碑)를 끌어안고서 눈물을 흘리니, 그 비명(碑銘)은 바로 고봉(高峯)[281]의 글로, 고봉은 이기를 주별한 자였다. 동악이 스스로 말하기를, "만약 이 비명을 고칠 수 있다면 비록 서원 노복의 명단에 이름을 올리는 것이라도 또한 감히 사양하지 않겠다."라고 하고 이어서 원우(院宇)와 고택을 보수함에 정성을 다하지 않음이 없었다. 내가 일찍이 옥산을 유람할 적에 회재의 후손이 이 일을 매우 자세히 말해 주었다. 동악의 훌륭함은 참으로 세류(世類)에 관계되지 않은 자[282]이다.

창해역사(滄海力士)[283]의 성명은 《태평광기(太平廣記)》에는 '여명(黎

떠났다. 저서로는 《회재집》이 있다. 시호는 문원(文元)이다.

281 고봉(高峯) : 기대승(奇大升, 1527~1572)으로, 자는 명언(明彦), 호는 고봉, 본관은 행주(幸州)이며, 퇴계(退溪) 이황(李滉)의 문인이다. 1558년(명종13) 식년 문과에 급제하고 사가독서에 선발되었으며 벼슬이 대사간에 이르렀다. 성리학에 밝아 퇴계와 12년에 걸쳐 서한을 교환하였는데, 그 가운데 1559년에서 1566년까지 8년 동안에 이루어진 이른바 '사칠논변(四七論辨)'은 유학사상 지대한 영향을 끼친 글로 평가되고 있다. 저서로는 《고봉집》 등이 있으며, 시호는 문헌(文憲)이다.

282 세류(世類)에……자 : 세류에 관계되지 않는다는 것은 사람의 현우(賢愚)가 그 가문과 무관하다는 뜻이다. 《한서(漢書)》 권41 〈번력등관부근주전찬(樊酈滕灌傅靳周傳贊)〉에 "중니는 '얼룩소 새끼가 색깔이 붉고 또 뿔이 제대로 났다면, 비록 쓰지 않고자 하나 산천의 신이 어찌 그것을 버리겠는가.'라고 하셨으니, 이것은 선비가 세류에 관계되지 않음을 말한 것이다.〔仲尼稱犂牛之子騂且角, 雖欲勿用, 山川其舍諸. 言士不系於世類也.〕"라고 하였다. 중니는 공자의 자(字)로, 공자의 이 말은 《논어(論語)》 〈옹야(雍也)〉에 보인다.

明)'이라고 칭하였고 《서한연의(西漢演義)》에는 '여흑(黎黑)'이라고 칭하였는데 어느 것이 옳은지 알지 못하지만, 우리나라의 강릉(江陵)에서 나온 것이 그 일이 더욱 기이하니 마땅히 장량(張良)과 함께 전하여 천하 만세에 불후하게 해야 할 것이다.

홍계능(洪啓能)[284]의 시신을 길에 버려둘 적에 화(禍)의 기색이 하늘까지 만연하여 사람들이 모두 손을 내저으며 외면하였는데 오직 이공성모(李公聖模)가 재물을 흩어 사람을 모아 시신을 거두어 매장하였다. 고구(故舊)에 대해 돈독히 하여 사생과 화복에 동요되지 않는 것이 이와 같았으니 이는 참된 금석지교(金石之交)이다. 결국 홍계능의 친한 벗이라고 하여 북쪽 변방으로 유배되었으니 이는 모두 홍국영(洪國榮)[285]이 화를 전가한 것이었다.

283 창해역사(滄海力士) : 장량(張良)이 창해군(滄海君)을 만나 얻은 역사(力士)로, 장량은 전국(戰國) 시대 한(韓)나라에서 5대에 걸쳐 재상을 지낸 가문의 출신인데 진시황(秦始皇)이 조국을 멸망시키자 이에 대해 복수하기 위하여 창해역사를 시켜 박랑사(博浪沙)에서 120근의 철퇴로 진시황의 수레를 치게 하였으나 여벌로 가지고 다니던 부거(副車)만 부서지고 진시황을 죽이는 것은 실패하였다. 《史記 卷55 留侯世家》 창해군은 일설에 동이(東夷)의 군장(君長)이라고 하는데, 강릉(江陵)의 대창역(大昌驛) 마을이 창해역사의 유허라고 하여, 홍직필이 이를 기려서 〈창해역사유허기(滄海力士遺墟記)〉를 지었다. 이 글은 《매산집》 권28에 실려 있다.

284 홍계능(洪啓能) : ?~1776. 호는 신계(莘溪), 본관은 남양(南陽)이다. 1750년(영조26) 천거로 등용되어 왕손교부, 평안도 도사, 사헌부 지평·집의, 세자시강원 진선 등을 지냈다. 일찍이 정조를 세손으로 세우는 것을 반대하였는데, 정조 즉위 후에 정조를 암살하고 은전군(恩全君) 이찬(李禶)을 추대하려 했다는 역모의 죄목으로 하옥되어 옥사하였다.

285 홍국영(洪國榮) : 1748~1781. 자는 덕로(德老), 본관은 풍산(豐山)이다. 1771

서덕수(徐德修)[286]는 화(禍)를 당함에 집안이 전복되어 고아와 과부가 고향 밖에서 표류하였다. 이때 화(禍)의 기색이 하늘까지 뻗친 터라 수화(水火)도 빌리지 못하여 산 사람이 굶주려 거의 죽게 되었는데, 홀연히 밥과 국을 가지고 와 문밖에 두고서 알리지 않은 채 떠나는 자가 있었다. 그 집 사람들이 두려워하여 또한 감히 나가서 응대하지 못하다가 오랜 뒤에야 가져다가 먹었으니 이렇게 하기를 여러 번하여 이 덕분에 죽지 않게 되었다. 나중에 찾아온 이의 뒤를 밟으니 바로 도암(陶菴 이재(李縡))이 시켜서 한 것이었다. 이는 또한 인(仁)을 구하는 하나의 일이니 아무 의도가 없이 행한 것이다.

정강성(鄭康成)[287]은 74세에 원소(袁紹)에게 압박을 받아 원성(元城)

년(영조48) 정시문과에 병과로 급제하였다. 영조 말년에 벽파의 횡포 속에서 세손인 정조를 보호하여 정조로부터 두터운 총애와 신임을 얻게 되었고 정조 즉위 후에 특진을 거듭하여 도승지에 올라 실권을 장악하였다. 1780년(정조4) 정조의 비 효의왕후(孝懿王后)의 음식에 독약을 섞어 살해하려던 음모가 탄로나 강릉으로 추방되어 병사하였다.

286 서덕수(徐德修) : 1694~1722. 자는 사민(士敏), 본관은 대구(大丘)이다. 달성부원군(達城府院君) 서종제(徐宗悌)의 장손으로, 영조의 비 정성왕후(貞聖王后)에게 조카가 된다. 1722년(경종2)에 목호룡(睦虎龍)의 고변으로 옥사가 발생하였는데, 김창도(金昌道), 이정식(李正植), 조흡(趙洽) 등이 서덕수가 독약을 사용하여 임금을 시해하려는 역모에 참여하였다고 진술하였다. 이에 김용택(金龍澤), 심상길(沈尙吉), 이천기(李天紀), 정인중(鄭麟重) 등과 함께 국청(鞫廳)에 잡혀 들어가 심문을 당하다가 29세의 젊은 나이로 처형되었다. 1738년(영조14)에 무고하다는 사실이 밝혀져 신원이 회복되었고, 이후 집의에 추증되었다가 다시 이조 참판에 추증되었다.

287 정강성(鄭康成) : 후한(後漢) 말기의 대표적 경학자(經學者)인 정현(鄭玄, 127~200)으로, 자는 강성이다. 일찍이 태학에 들어가 여러 경서를 배웠고 장공조(張恭祖), 마융(馬融) 등에게 《고문상서(古文尙書)》, 《주례(周禮)》, 《춘추좌씨전(春秋左

에 이르러 군중(軍中)에서 졸하였는데, 조조(曹操)는 "정강성은 원소를 위해 술을 돌리다가 땅에 엎드려 기절하였다."라고까지 하며 이로써 원소를 성토하는 수단으로 삼았다. 술을 돌린 한 가지 일은 준신할 수 없으나 정강성이 자중하지 못하여 만절(晩節)을 그르치게 된 것은 그저 "작은 덕은 드나듦이 있더라도 괜찮다."[288]라는 것이 될 수 없다. 고정림(顧亭林 고염무(顧炎武))이 이 일을 논하여 말하기를, "후대에 처사(處士)가 된 자들은 부디 정강성처럼 하지 말아야 하고, 처사를 대우하는 자들은 부디 본초(本初 원소의 자(字))처럼 하지 말아야 한다."라고 하였으니, 이는 천고의 사람들을 일깨울 만하다. 고정림과 같은 자는 참으로 행동이 그 말과 일치하는 자이다. 이연평(李延平) 선생이 왕응신(汪應辰)의 부름에 달려갔다가 역시 머물던 곳에서 졸한 것[289]

氏傳)》등을 배웠다. 정현은 고향으로 돌아와 연구와 교육에 진력하였는데, 제자가 수천 명에 이르렀다. 44세 때 '당고(黨錮)의 화'로 금고에 처해지자 저술에 전념했으며, 고문의 경설(經說)을 위주로 하되 금문(今文)의 경설도 받아들여 여러 경서에 주석을 달아 한대(漢代)의 경학을 집대성하고 고문헌을 정리하는 데 크게 공헌하여, 후대에 그의 학문을 높여 '정학(鄭學)'이라고 칭하였다.

288 작은……괜찮다 : 《논어(論語)》〈자장(子張)〉에 보이는 자하(子夏)의 말로, "큰 덕이 한계를 넘지 않으면 작은 덕은 드나듦이 있더라도 괜찮다.〔大德不踰閑, 小德出入可也.〕"라고 하였다. 이는 대체(大體)가 바르게 확립되면 자잘한 일들은 혹 이치에 부합되지 않더라도 무방함을 말한 것이다.

289 이연평(李延平)……것 : 이연평은 송(宋)나라 때의 학자 이통(李侗, 1093~1163)으로, 자는 원중(願中), 호는 연평, 시호는 문정(文靖)이다. 주희(朱熹)의 스승으로, 정호(程顥)와 정이(程頤)의 학문이 주희에게 이어지는 교량적 역할을 하였다. 왕응신(汪應辰, 1118~1176)은 남송(南宋)의 문신이자 학자로, 자는 성석(聖錫)이며, 벼슬이 이부 상서에 이르렀다. 강직한 성품으로 자주 직간을 올렸으며 주희(朱熹) 등 당대의 명유(名儒)들과 교유하였다. 이통은 71세 때 왕응신이 편지와 예물을 보내어

은 책비(責備)[290]의 의리로 헤아려 볼 때 정종(正終)[291]의 도리에 흠이 될 듯하다. 그러나 정강성과 똑같이 보아서 병칭해서는 안 될 것이다.

육 선공(陸宣公)[292]은 본령(本領)이 매우 바른 데에다 경세제민(經世濟民)의 재주까지 겸비하여 지극히 순수하고 잡됨이 없다. 이는 바로 제갈공명(諸葛孔明 제갈량(諸葛亮)) 이후로 있지 않았던 자이니 비단 당(唐)나라 전 시대의 제일가는 인물일 뿐만이 아니다. 다만 섬기는 임금을 잘못 만나 그 재주를 다 펼치지 못하였고 또 적소(謫所)에 있으면서 참소를 두려워하여 그저 의방(醫方)만을 집록하는 데에 그쳤다. 만약 경국(經國)에 대한 글을 저술하였다면 틀림없이 정밀하고 자세하여 세교(世敎)에 보탬이 되었을 것인데, 안타깝고 안타깝다.

명도(明道 정호(程顥))가 일찍이 잡박하지 않은 자 세 사람을 들었는데 사마군실(司馬君實)[293]이 그 중 하나에 해당하니, 잡박하지 않다고 한

초빙하자 그를 찾아갔다가 그날로 병이 발작하여 죽었다.《宋史 卷428 李侗列傳》

290 책비(責備) : 훌륭한 사람에게 조그마한 잘못도 통렬하게 지적하여 완전무결하기를 요구하는 것을 말한다.

291 정종(正終) : 임종 때까지 바른 도리를 지키다가 생을 마감하는 군자의 죽음을 뜻한다. 증자(曾子)가 죽을 때 "내가 바름을 얻어서 죽는다면 이것으로 그만이다.〔吾得正而斃焉, 斯已矣.〕"라고 한 데서 연유한 말이다.《禮記 檀弓上》

292 육 선공(陸宣公) : 당(唐)나라 중기의 명신(名臣) 육지(陸贄, 754~805)로, 자는 경여敬輿), 시호는 선공(宣公)이다. 대종(代宗) 대력(大曆) 연간에 진사시에 급제하고 벼슬이 중서평장사(中書平章事)에 이르렀는데 직간(直諫)을 잘하였다. 천자에게 올려 시폐(時弊)를 논하는 주의(奏議)를 잘 지어서 이것이 후세에 널리 읽혔는데, 이를 모은《육선공주의(陸宣公奏議)》는 주의의 모범으로 후대 문신들의 필독서가 되었다.

것은 선(禪)에 물들지 않은 것이다. 온공(溫公 사마광)이 평소에 말하기를, "불교는 그 미언(微言)이 유서(儒書)를 벗어나지 않는다."라고 하였는데, 가법(家法)에 이르기를, "10월에 절에 나아가 승려들에게 음식을 대접하고 불경을 외워 선조를 추모하고 제사한다."라고 하였다. 불교를 물리치기를 엄격히 하였던 온공도 오히려 바르지 못한 것을 그대로 인습하였으니 습속이 변하기 어려운 것이 이와 같단 말인가. 육상산(陸象山)이 지형문군(知荊門軍)이 되었을 적에 상원(上元)에 초제(醮祭)를 지내야 했는데 마침내 《서경(書經)》 〈홍범(洪範)〉의 석복 장(錫福章)을 외우는 것으로 이를 대신하였으니[294] 어찌 초제를

293 사마군실(司馬君實) : 북송(北宋) 중기의 명재상인 사마광(司馬光, 1019~1086)으로, 자는 군실(君實), 호는 우부(迂夫), 시호는 문정(文正)이며 사후에 온국공(溫國公)에 봉해져 사마온공(司馬溫公)으로도 칭한다. 신종(神宗) 때 왕안석(王安石)의 신법(新法)을 공박하고 외직(外職)으로 쫓겨났다가 철종(哲宗) 때에 정승이 되어 신법 가운데 백성의 해가 되는 것들을 모두 개혁하였으며, 《자치통감(資治通鑑)》을 편찬하였다.

294 육상산(陸象山)이……대신하였으니 : 육상산은 남송(南宋)의 심학자인 육구연(陸九淵, 1139~1192)으로, 자는 자정(子靜), 호는 상산이며, 시호는 문안(文安)이고, 무주(撫州) 금계현(金谿縣) 사람이다. '심즉리(心卽理)'의 주관적 유심론(主觀的唯心論)을 주창하여 주희(朱熹)의 '성즉리(性卽理)'와 천리인욕설(天理人欲說)에 대항하였는데, 이때부터 유학은 심학(心學)과 이학(理學)의 두 학파로 갈라졌다. 뒤에 육구연의 학문은 왕수인(王守仁)에게 계승되어 양명학(陽明學)으로 발전하였다. 상원(上元)에 초제(醮祭)를 지내는 것은 도가에서 유래한 풍습이다. 석복 장(錫福章)은 《서경(書經)》 〈홍범(洪範)〉에 "'내가 좋아하는 바가 덕(德)이다'라고 하거든 네가 그에게 복(福)을 주면 이 사람이 이에 임금의 극(極)에 맞게 행할 것이다.〔曰予攸好德, 汝則錫之福, 時人斯其惟皇之極.〕"라고 한 장(章)을 이른다. 《학림옥로(鶴林玉露)》 권9에 다음과 같은 내용이 보인다. "육상산이 형문(荊門)에 있을 적에 상원에 초제를 지내지 않고 다만 사민(士民)들을 공청 앞에 모이게 하여 《서경(書經)》 〈홍범(洪範)〉의 '황극렴시

지내는 것 자체를 없애지 않았는가. 초례를 지내는 것은 송(宋)나라에 이르러 매우 성행하여 정자(程子)와 주자(朱子) 같은 대현(大賢)을 거치면서도 고쳐지지 못하였으니 어쩌면 또한 자기 마음대로 결정하여 처리할 수 없어서 그러한 것인가?

부정공(富鄭公)[295]은 장상(將相)을 한 몸에 겸하여 삼달(三達)[296]이 모두 높았는데, 만년(晩年)에 낙양(洛陽)에 거처하면서 소요부(邵堯夫 소옹(邵雍))에 의해 분발되어 그를 높이고 믿기를 부사(父師)와 다름없이 하였다. 일찍이 말하기를, "내가 소 선생을 만나지 못했더라면 하나의 촌부에 지나지 않았을 것이다."라고 하였다. 나이로 보면 부정공이 소요부보다 수십 세가 많은데도 자신을 굽히고 마음을 비운 것이 이와 같았으니 그 마음의 도량을 알 수 있다. 부공은 여든의 나이에도 오히

오복(皇極斂時五福)' 한 단락을 강하는 것을 듣게 하고는 말하기를, '이것이 바로 백성을 위하여 복을 비는 것이다.'라고 하였다."

295 부정공(富鄭公) : 북송(北宋) 인종(仁宗) 때의 명신 부필(富弼, 1004~1083)로, 자는 언국(彥國)이며, 하남(河南) 낙양(洛陽) 사람이다. 젊어서부터 범중엄(范仲淹)·안수(晏殊) 등에게 뛰어난 자질을 인정받고 안수의 사위가 되었다. 특히 고을을 잘 다스려 유명하였으며 외교에 뛰어나 거란(契丹)과의 협상에서 공을 세웠다. 문언박(文彥博)과 함께 재상에 올랐으나, 왕안석(王安石)의 신법에 반대하다가 관직에서 물러났다. 시호는 문충(文忠)이다.

296 삼달(三達) : 천하에서 공통적으로 존중하는 세 가지로, 관작(官爵), 고령(高齡), 덕행(德行)을 가리킨다. 《맹자(孟子)》 〈공손추 하(公孫丑下)〉에 이르기를, "천하에는 세 가지의 달존이 있으니, 작(爵)이 그 하나요, 치(齒)가 그 하나며, 덕(德)이 그 하나이다. 조정에서는 작(爵)만 한 것이 없고, 마을에서는 치(齒)만 한 것이 없고, 세상을 돕고 백성을 기르는 데는 덕(德)만 한 것이 없다." 하였다.

려 "입을 단속하기를 병의 주둥이를 막듯이 하고 생각을 방비하기를 성을 지키듯이 한다.〔守口如甁 防意如城〕"라는 8자를 써서 스스로 경계하였으니 이는 또한 소자(邵子)에게서 득력한 것일 것이다. 지금 사람들이 나이와 지위만 믿고서 유자(儒者)를 무시하는 것과 비교하면 어떠한가.

진서산(眞西山 진덕수(眞德秀))은 진실로 자양(紫陽 주희(朱熹)) 이후의 대유(大儒)로서 자양을 존모함이 지극하지 않은 바가 없었는데, 또 때로 말하기를, "상산(象山 육구연(陸九淵)) 선생은 대도(大道)를 천명하였다."라고 하였고 양간(楊簡)과 원섭(袁燮)[297]을 찬술한 것에는 또한 때로 크게 분수를 넘는 것이 있었다. 서산은 타고난 성품이 온후하고 화평하여 전배들을 높이고 받들 줄만 알았고 주장을 내세우거나 한쪽만 옹호하는 것은 일삼지 않았다. 그러나 시비를 가려 포폄하는 의리는 부족함이 있는 듯하니 이것이 그가 이종(理宗)[298]에게 지조를 잃은 이유일 것이다.

황산곡(黃山谷)[299]이 말하기를, "독서는 정밀하기를 추구하고 널리 보

297 원섭(袁燮) : 1144~1224. 남송(南宋)의 문신이자 학자로, 자는 화숙(和叔), 호는 혈재(絜齋)이며, 시호는 정헌(正獻)이다. 절동(浙東) 사명학파(四明學派)를 대표하는 인물로, 서린(舒璘), 심환(沈煥), 양간(楊簡)과 함께 '명주순희사선생(明州淳熙四先生)'으로 일컬어졌다.

298 이종(理宗) : 180쪽 주99 참조.

299 황산곡(黃山谷) : 북송(北宋)의 시인 황정견(黃庭堅, 1045~1105)으로, 자는 노직(魯直), 호는 산곡도인(山谷道人)이다. 영종(英宗) 치평(治平) 4년(1066) 진사시에

는 것을 추구하지 않으며, 용심(用心)은 순정하기를 추구하고 잡박하기를 추구하지 않는다. 널리 보기를 힘쓰면 항상 뜻을 다하지 못하게 되고, 순정하지 못하면 결국 온전한 공업이 없게 된다."라고 하였다. 이 말이 마땅히 학문을 하는 진결(眞訣)이 된다.

오징(吳澄)이 주자(朱子)의 찬(贊)을 지어 말하기를, "현묘하고 은미한 의리를 누에실과 쇠털처럼 자세히 분석했네. 심흉은 넓고 넓어 바다처럼 드넓고 하늘처럼 높았네.〔義理玄微 蠶絲牛毛 心胸恢廓 海闊天高〕"라고 하였다.[300] 이 두 구는 주자의 기상을 잘 형용하였으니 주자의 화상찬(畫像讚)을 지은 이가 많지만 이처럼 진실하고 적절한 것은 있지 않다. 오징은 주자 문하의 말학(末學)의 폐해를 논하고 존덕성(尊德性)[301]에 편중하였다. 《심경(心經)》 편말에 실린 말은 이보새

급제하고 기거사인(起居舍人) 등의 벼슬을 역임하였으나 고위직에는 이르지 못하였다. 시부(詩賦)의 창신(創新)을 주장하고 독특한 시풍을 이루어 동시대의 소식(蘇軾)으로부터 높은 평가를 받았으며 강서시파(江西詩派)의 원조가 되었다.

300 오징(吳澄)이……하였다 : 오징(1249~1333)은 송말(宋末) 원초(元初)의 문신이자 학자로, 자는 유청(幼淸), 호는 초려(草廬), 시호는 문정(文正)이다. 송대에는 벼슬하지 않았으나 원(元)나라 무종(武宗) 때 천거되어 한림학사(翰林學士) 등의 벼슬을 지냈다. 주희(朱熹)의 성리학에 정통하여 주희 이후의 도통을 계승하였다고 자부하였다. 주희의 〈육선생화상찬(六先生畫像讚)〉을 본떠 주희의 화상을 그려 놓고 〈회암선생주문공화상찬(晦庵先生朱文公畫像讚)〉을 지었다.

301 존덕성(尊德性) : 나에게 내재해 있는 천부(天賦)의 덕성(德性)을 지켜가는 것으로, 학문을 통해서 이치를 궁구하는 것인 '도문학(道問學)'과 대비된다. 《중용장구(中庸章句)》 제27장에 "군자는 덕성을 높이고 문학을 말미암으니, 광대함을 지극히 하고 정미함을 다하며 고명함을 다하고 중용을 따른다.〔君子尊德性而道問學, 致廣大而盡精微, 極高明而道中庸.〕"라고 한 데서 온 말이다.

(伊蒲塞)[302]의 기미(氣味)가 있음을 면치 못하지만 그가 주자를 칭술한 것은 이와 같았다. 이 사람은 영기(英氣)가 많아서 견식은 혹 남보다 높았으나 자용(自用)[303]이 또한 너무 지나쳐서 낙건(洛建)[304]의 척도를 잃는 데에 이르렀고 절조를 잃고도 후회하지 않았으니 안타까울 뿐이다.

왕백안(王伯安 왕수인(王守仁))의 무리는 타고난 자질이 지나치게 높았으므로 단계를 거치지 않고 오로지 엽등만을 일삼았다. 그 말이 혹 고원하고 통투한 것이 없지는 않으나 모두 영각(靈覺)의 허황한 가운데에서 말한 것이니 바로 불경의 주해(註解)일 뿐이다. 낙건(洛建)의 평이하고 실제적인 문로(門路)와 일체 상반되니 이 때문에 이치에 가까울수록 크게 진리를 어지럽히는 것이다.

진백사(陳白沙 진헌장(陳獻章))는 왕양명(王陽明 왕수인(王守仁))에 비하여 다소 평이하고 실제적인 데에 가까우나, 정(靜)을 위주로 하여 경(敬)을 잡아 지켜야 함을 알지 못하고 정(靜) 가운데에서 단예(端倪)를 길러냄을 가지고 학문의 의체(義諦)로 삼아서, 정(靜)을 가지고

302 이보새(伊蒲塞) : 범어 우파사카(upāsaka)의 음역으로, 오계(五戒)를 받은 재가(在家) 남자 불교 신도를 말하는데, 여기서는 불교를 뜻한다.

303 자용(自用) : 자기 소견이 옳다고 고집부리며 남의 말은 듣지 않는 것을 말한다. 《서경(書經)》 〈중훼지고(仲虺之誥)〉에 "묻기를 좋아하면 여유가 있고 스스로의 지혜만을 쓰면 작아진다.〔好問則裕, 自用則小.〕"라고 하였다.

304 낙건(洛建) : 낙양(洛陽)과 건양(建陽)을 아울러 일컫는 말로, 정자(程子)는 낙양에 살고 주자(朱子)는 건양에 살았던 데에서 정자와 주자를 가리키게 되었다.

정(靜)을 잃어서 똑같이 허탕한 데로 돌아갔다. 왕양명이 시끄럽게 떠들고 어지럽혀서 거리끼는 바가 없었던 것과는 혹 다소 다를 수 있으나 정도(正道)를 막는 잡초가 됨은 똑같다고 하겠다.

청(淸)나라 유자(儒者) 가운데 학술이 순정한 자로는 육농기(陸隴其), 탕빈(湯斌), 웅사리(熊賜履) 세 사람만 한 이가 없다. 근고에는 또 주지천(朱止泉) 택운(澤澐)이 주자(朱子)를 독실하게 믿어서 어모(禦侮)의 엄정함이 또한 간곡하고 괴로운 마음에서 나왔다. 그러나 책을 지은 것이 너무 적고 논의를 세운 것이 너무 소략하니 모신(毛甡)의 무리가 세상을 어지럽히는 형세를 대적하기에는 부족할 듯하다. 그러나 사정(邪正)을 판단하는 것이 또한 어찌 많고 적음에 관계되겠는가.

하서(河西)[305]와 퇴계(退溪 이황(李滉))는 같은 시대에 살며 교분이 매우 두터워서 하서가 퇴계에게 지어준 시에 "부자는 영남의 수재이니 이백(李白)·두보(杜甫)의 문장과 왕희지(王羲之)·조맹부(趙孟頫)의 필체를 지녔네.〔夫子嶺之秀 李杜文章王趙筆〕"라고 하기까지 하였다. 그러나 을사사화(乙巳士禍)[306] 이후에 출처(出處)의 길을 달리하

305 하서(河西) : 김인후(金麟厚, 1510~1560)로, 자는 후지(厚之), 호는 하서, 본관은 울산(蔚山)이다. 고향 장성(長城)에서 학문 도야와 제자 양성에 힘썼으며, 성리학에 조예가 깊어 후일 기대승(奇大升)의 주정설(主情說)에 많은 영향을 미쳤다. 1796년(정조20)에 문묘에 배향되었으며, 장성의 필암서원(筆巖書院) 등에 제향되었다. 저서로는 《하서집(河西集)》, 《주역관상편(周易觀象篇)》 등이 있으며, 시호는 문정(文正)이다.

306 을사사화(乙巳士禍) : 명종의 즉위년인 을사년(1545)에 일어난 사화로, 명종의

여 하서는 종신토록 자정(自靖)[307]하였고 퇴계는 억지로 벼슬에 나아갔다. 하서가 토정(土亭)[308]에게 퇴계의 일을 말하고 이에 대해 안타까워하였는데 토정이 퇴계를 만나 이를 말하자 퇴계가 무연(憮然)하여 마치 몸을 가누지 못할 듯이 하였으니 또한 선(善)을 받아들이는 도량을 확인할 수 있다.

율곡(栗谷 이이(李珥))이 갑신년(1584, 선조17) 정월 16일에 졸하였는데 해주(海州)의 사람들이 이 날을 만나면 마치 어버이의 휘일을 받들듯이 하여 부녀(婦女)들은 모두 소식(素食)을 행하고 혼례 날을 이날로 잡지 않기까지 하여서 오랜 뒤에도 여전히 이와 같이 하였다. 이는 옛 성현들 중에 있지 않았던 바이다.

사계(沙溪 김장생(金長生))는 일찍부터 성대한 명망을 얻어서 명실(名實)이 순수하였다. 백주(白洲) 이공(李公)[309]이 그 부친 월사(月沙)[310]

모후 문정왕후(文定王后)의 동생인 윤원형(尹元衡)이 인종의 외숙인 윤임(尹任)의 대윤파를 몰락시킨 사건인데, 이 과정에서 대윤파에 가담했던 사림(士林)이 대거 숙청되었다.

307 자정(自靖) : 은둔하여 지조를 지킴을 뜻하는 말이다. 182쪽 주102 참조.

308 토정(土亭) : 이지함(李之菡, 1517~1578)으로, 자는 형백(馨伯), 호는 토정, 본관은 한산(韓山), 시호는 문강(文康)이고, 화담(花潭) 서경덕(徐敬德)의 문인이다. 생애의 대부분을 마포 강변의 흙으로 만든 움막집에서 청빈하게 지내 토정이라는 호가 붙었다. 1573년(선조6) 유일(遺逸)로 천거되고 아산 현감 등을 역임하였는데 율곡(栗谷) 이이(李珥) 등 당대의 명사들과 교유하였으며 역학(易學)과 천문(天文)·지리(地理) 등에 해박하여 많은 기행(奇行)을 남겼다.

309 백주(白洲) 이공(李公) : 이명한(李明漢, 1595~1645)으로, 자는 천장(天章),

에게 묻기를, "만약 살아있는 자 중에 문묘에 종향될 수 있는 자를 찾는다면 누가 될 수 있겠습니까?"라고 하자 월사가 말하기를, "오직 김철원(金鐵原)일 것이다."라고 하였다. 사계는 또 석채(釋菜)에 참여하였을 적에 주선(周旋)하고 진퇴(進退)함이 절로 법도에 들어맞아서, 반궁(泮宮)의 노복들이 서로 돌아보며 찬탄하여 말하기를, "이와 같은 자는 훗날 틀림없이 문묘의 제향에 오를 것이다."라고 하였는데 마침내 그 말대로 되었다.

국조의 도학(道學)은 퇴계(退溪 이황(李滉))와 율곡(栗谷 이이(李珥))에 이르러 처음으로 천명되었으나 예학(禮學)은 여전히 미미하였다. 그

호는 백주, 본관은 연안(延安)이다. 1610년(광해군2)에 사마시에 합격하고, 1616년에 증광 문과에 을과로 급제하였다. 도승지, 대제학, 이조 판서, 예조 판서 등을 역임하였으며, 1642년(인조20)에 이경여(李敬輿), 신익성(申翊聖), 신익전(申翊全) 등과 함께 명(明)나라와 밀통한다고 지목되어 심양(瀋陽)에 압송되었다가 이듬해에 돌아왔다. 부친 이정귀(李廷龜), 아들 이일상(李一相)과 함께 3대가 대제학을 지낸 것으로 유명하다. 시호는 문정(文靖)이며, 저서로는 《백주집(白洲集)》이 있다.

310 월사(月沙) : 이정귀(李廷龜, 1564~1635)로, 자는 성징(聖徵), 호는 월사・보만당(保晩堂)・치암(癡菴)・추애(秋崖)・습정(習靜), 본관은 연안(延安)이다. 1585년(선조18) 진사시에 합격하고, 1590년 증광 문과에 병과로 급제하였다. 중국어에 능하여 어전통관(御前通官)으로 명(明)나라 사신이나 지원군의 접대에 조정을 대표하여 활약하였으며, 1598년에 명(明)나라 병부 주사(兵部主事) 정응태(丁應泰)가 임진왜란(壬辰倭亂)은 조선에서 왜병(倭兵)을 끌어들여 중국을 침범하려 한 것이라고 신종(神宗)에게 무고하자, 진주부사(陳奏副使)로서 명(明)나라에 가서 무고임을 밝히고 정응태를 파직하게 하였다. 대제학, 병조 판서, 예조 판서, 우의정, 좌의정 등을 역임하였으며, 문장에 뛰어나 장유(張維), 이식(李植), 신흠(申欽)과 더불어 이른바 한문사대가(漢文四大家)로 일컬어진다. 시호는 문충(文忠)이며, 저서로는 《월사집(月沙集)》이 있다.

러다가 사계(沙溪 김장생(金長生))가 나오면서 처음으로 전문적인 공력을 썼으니 방례(邦禮)를 논한 것이 '소종(小宗)은 대종(大宗)에 합해서는 안 된다'는 뜻에 계합하여[311] 천하 후세에 할 말이 있게 되었다. 또 《의례문해(疑禮問解)》, 《상례비요(喪禮備要)》, 《가례집람(家禮輯覽)》 등의 책은 예교(禮敎)를 떨쳐서 세교(世敎)에 도움이 되었으니 응당 우리나라의 주공(周公)이라고 할 만하다.

계해반정(癸亥反正 인조반정)의 공신은 모두 사계(沙溪 김장생(金長生))의 문하에서 나왔으나 사계의 자손과 종족 중에 한 사람도 반정에 참여한 자가 없으니 또한 사계의 성대한 덕을 확인할 수 있다.

중봉(重峯)[312]은 왜구(倭寇)가 틀림없이 동하여 종묘사직이 폐허가 될

311 방례(邦禮)를……계합하여 : 방례는 인조가 반정한 직후 자신의 생부인 정원군(定遠君)의 사당에 친제(親祭)를 행했던 예(禮)를 가리킨다. 이를 행할 적에 정원군에 대한 인조의 호칭 문제가 대두되었는데, 인조와 선조는 조손(祖孫) 관계이므로 정원군을 '고(考)'라고 칭해야 한다는 의견이 우세하였다. 그러나 김장생(金長生)은 '고(考)'라고 칭한다면 소종(小宗)을 가지고 대종(大宗)의 계통에 합하게 되는 것이므로 옳지 못하다고 주장하였다. 곧 인조가 손자의 항렬로서 들어와 대통을 계승하여 위로 조부인 선조의 계통을 이은 이상, 다시 사친(私親)을 조부의 계통에 잇게 하여 '고(考)'라고 칭해서는 안 된다고 한 것이다. 이에 대한 자세한 내용은 《인조실록(仁祖實錄)》 1년 5월 3일 기사에 보인다.

312 중봉(重峯) : 조헌(趙憲, 1544~1592)으로, 자는 여식(汝式), 호는 중봉·도원(陶原)·후율(後栗), 본관은 배천(白川)이며, 시호는 문열(文烈)이다. 임진왜란이 일어났을 때에 옥천(玉川)에서 의병을 규합하고 승병(僧兵)과 합세해서 청주(淸州)를 수복하였고, 이어 전라도로 향하는 왜적을 막기 위해 금산(錦山)으로 향하여 끝까지 용전(勇戰)하다가 700명의 의병과 함께 전사했다.

것임을 알고서 도끼를 가지고 대궐에 엎드려 반드시 군주의 마음을 감동시켜 깨닫게 하고자 해서 아홉 번 죽는 것도 아랑곳하지 않았으니 이는 '때에 맞게 함〔時中〕'[313]이 된다. 혹 이를 두고 충(忠)이 지나치다고 여기는 자는 때〔時〕를 알지 못하는 자이다.

원상 두표(元相斗杓)[314]가 계해반정(癸亥反正 인조반정)의 모의를 듣고는 앙덕리(仰德里)로 찾아가 오리(梧里) 이공(李公)[315]을 배알하였다. 이때 이공이 재야에 은거해 있으면서 만나볼 것을 허락하지 않았다. 이에 원공(元公)이 힘껏 청하여 들어가 배알하고는 그 곁에서 잠을

313 때에 맞게 함 : 이 말은《중용장구(中庸章句)》제2장에 보이는 말로, "군자가 중용을 함은 군자이면서 때에 맞게 하기 때문이다.〔君子之中庸也, 君子而時中.〕"라고 하였다. 이에 대한 주희(朱熹)의 주(註)에는 "군자가 중용을 하는 까닭은 군자의 덕이 있고 또 능히 때에 따라 중(中)에 처하기 때문이다.〔君子之所以爲中庸者, 以其有君子之德, 而又能隨時以處中也.〕"라고 하였다.

314 원상 두표(元相斗杓) : 원두표(元斗杓, 1593~1664)로, 자는 자건(子建), 호는 탄수(灘叟)·탄옹(灘翁), 본관은 원주(原州)이다. 인조반정에 가담하여 그 공으로 정사공신(靖社功臣) 2등에 책록되고 원평부원군(原平府院君)에 봉해졌다. 전주 부윤(全州府尹), 나주 목사(羅州牧使), 전라도 관찰사, 형조 판서, 강화 유수, 경상도 관찰사, 호조 판서, 좌참찬, 좌찬성, 병조 판서 등을 역임하였으며, 1656년(효종7) 우의정이 되고 1662년(현종3) 좌의정에 올라 내의원과 군기시의 도제조를 겸직하였다. 원당(原黨)의 영수로서 김자점(金自點)을 중심으로 한 낙당(洛黨)과 대립하였다. 시호는 충익(忠翼)이다.

315 오리(梧里) 이공(李公) : 이원익(李元翼, 1547~1634)으로, 자는 공려(公勵), 호는 오리(梧里), 본관은 전주(全州)이다. 1569년(선조2) 문과에 급제하였다. 좌의정을 거쳐 1604년에 호성공신(扈聖功臣)에 녹훈되고 완평부원군(完平府院君)에 봉해졌다. 다섯 차례나 영의정을 지냈으나 두어 칸 오막살이 초가에서 청빈하게 살았다. 저서로는《오리집》등이 있으며, 인조의 묘정(廟庭)에 배향되었다. 시호는 문충(文忠)이다.

자게 되었는데 스스로 말하기를, "잠버릇이 좋지 못하여 항상 헛소리를 합니다."라고 하였다. 그러더니 밤중에 잠자리에서 마치 잠꼬대를 하듯이 말하기를, "군주의 덕이 날로 어두워져서 천명과 인심이 모두 능양군(綾陽君 인조)에게로 돌아가고 있다."라고 하였다. 이렇게 하기를 세 차례 하였는데 이공은 이를 들었으나 못 들은 척하였다. 원상이 일찍 일어나 말하기를, "밤중에 잠자리에서 응당 헛소리를 하였을 것입니다."라고 하고는 이어서 돌아가겠다고 고하니 이공이 말하기를, "다시는 다른 곳에서 이 일을 말하지 말라."라고 하였다. 이공은 원상을 통해 발란(撥亂)의 거사가 있을 것임을 알게 되었으나 권장하거나 저지하는 바가 없었다. 인조반정 후에 인심이 위태로워 순역(順逆)의 분변을 알지 못하였는데 이공이 조정에 나아와서야 백성들의 뜻이 비로소 안정되었다. 이와 같은 자는 참으로 사직의 신하일 것이다.

인조반정 후에 여헌(旅軒)[316]이 간곡한 재촉을 받아 부름에 나아갔는데 등대(登對)하게 되자 인조에게 여쭙기를, "전하께서는 반정의 일을 참여해 들으셨습니까?"라고 하였다. 그러자 인조가 헤아려보고서 답함에 마치 참여하여 알고 있었던 듯하였다. 이에 여헌이 놀라며 말하기를, "아아."라고 하였다. 참여해 알았던 것과 알지 못했던 것은 선(善)과 이(利)의 경계이기 때문에 그 말이 이와 같았던 것이니 또한

316 여헌(旅軒) : 장현광(張顯光, 1554~1637)으로, 자는 덕회(德晦), 호는 여헌, 본관은 인동(仁同)이며, 시호는 문강(文康)이다. 누차 조정의 부름을 받았으나 줄곧 사양하고 산림에서 학문에 정진하였다. 인동의 동락서원(同洛書院), 영천의 임고서원(臨皐書院) 등에 제향되었다. 저서로는 《여헌집》, 《성리설(性理說)》, 《용사일기(龍蛇日記)》 등이 있다.

이치를 밝힌 공력을 확인할 수 있다.

신재(愼齋)[317]가 일찍이 과장(科場)에 출입하였을 적에 종일토록 무릎을 꿇고 앉아서 집에 있을 때와 다름없이 하였고 또한 득실(得失)로 마음을 동요하지 않았다. 이와 같은 자는 비록 종일토록 응거(應擧)하더라도 또한 과거가 사람을 구속하지 못한다.[318]

우옹(尤翁)이 일찍이 밥을 먹을 적에 하돈(河豚)으로 끓인 탕을 대접받았는데, 이윤(尼尹)의 말을 듣고는 젓가락을 내려놓고 물리치기까지 하며 말하기를, "이치에 들어맞는 말을 따르지 않을 수 없다."라고 하였다.[319] 또 일찍이 용인(龍仁)에서 지숙(止宿)할 적에 고을의 수령

317 신재(愼齋) : 김집(金集, 1574~1656)으로, 자는 사강(士剛), 호는 신독재(愼獨齋), 본관은 광산(光山)이며, 아버지는 사계(沙溪) 김장생(金長生)이다. 벼슬길에 나서기보다는 초야에 묻혀 경전연구와 수양에 힘썼다. 이이(李珥)의 학문과 송익필(宋翼弼)의 예학(禮學), 그리고 아버지 김장생의 학문을 이어받았으며, 그 학문을 송시열(宋時烈)에게 전해주어 기호학파를 형성하는 데 중요한 역할을 하였다. 저서로는 《신독재유고(愼獨齋遺稿)》가 있고, 편저로는 《의례문해속(疑禮問解續)》이 있다.

318 과거가……못한다 : 과거가 사람을 구속한다는 것은 본래 《주자어류(朱子語類)》 권13에 보이는 말로, "과거가 사람을 구속하는 것이 아니라 바로 사람이 과거에 구속되는 것이다.〔非是科擧累人, 自是人累科擧.〕"라고 하였다.

319 우옹(尤翁)이……하였다 : 우옹은 우암(尤菴) 송시열(宋時烈)을 이르고 이윤(尼尹)은 이산(尼山)에 살았던 윤증(尹拯)을 이른다. 하돈(河豚)은 복어의 별칭이다. 송시열이 친교가 있던 기천(沂川) 홍명하(洪命夏)의 부인에게 삶은 복어를 대접받았는데 이를 흔쾌히 먹으려고 하자 옆에서 송시열을 모시던 윤증이 독성이 있음을 경계하면서 "구복(口腹)에 얽매여 질병을 조심하라는 경계를 잊어서야 되겠습니까."라고 하니 "이치에 들어맞는 말을 감히 따르지 않을 수 없다."라고 하며 젓가락을 내려놓았다고

이 일행들에게 저녁밥을 대접하였는데 김후재(金厚齋)[320]가 홀로 먹지 않았다. 우옹이 그 까닭을 묻자 후재가 말하기를, "본읍의 수령과 평소에 면식이 없으니 그 음식을 먹을 의리가 없습니다."라고 하였다. 그러자 우옹이 말하기를, "나 또한 평소에 면식이 없고 게다가 이는 사행(私行)이니 그대가 먹지 않는 것을 봄에 나 또한 먹을 수 있는 의리가 없다."라고 하고는 마침내 음식을 물리쳤다. 이를 통해 '남에게서 취하여 선(善)을 함'[321]을 볼 수 있으니 어찌 얕은 도량으로 감히 평가할 수 있겠는가.

우옹(尤翁 송시열(宋時烈))의 맏아들이 소제(蘇堤)에 있는 집을 중수할 적에 혹 다소 크다고 말하는 자가 있었다. 이에 우옹이 말하기를, "나의 자손이 많아서 작은 집에 수용될 수 없으니 집을 넓히지 않을 수 없다."라고 하고는 조용히 맏아들을 꾸짖었다. 이는 바로 아버지가 자식의 잘못을 숨겨주는 의리[322]이다.

한다.《宋子大全 附錄 卷19 記述雜錄》

320 김후재(金厚齋) : 김간(金榦, 1646~1732)으로, 자는 직경(直卿), 호는 후재, 본관은 청풍(淸風)이며, 송시열(宋時烈)·박세채(朴世采)의 문인이다. 학행으로 천거되어 벼슬을 시작하여 찬선, 대사헌, 우참찬 등을 지냈다. 저서로는《동유예설(東儒禮說)》,《태극도설차기(太極圖說箚記)》,《맹자차기(孟子箚記)》,《논어차기(論語箚記)》,《중용차기(中庸箚記)》,《동몽학규(童蒙學規)》,《거향계사(居鄕戒辭)》,《사제록(思齊錄)》등이 있다. 시호는 문경(文敬)이다.

321 남에게서……함 : 이는 본래 맹자(孟子)가 순(舜)임금을 두고 한 말로, "선(善)을 남과 함께 하여서 자신을 버리고 남을 따르며 남에게서 취하여 선(善)을 함을 좋아하셨다.〔善與人同, 舍己從人, 樂取於人以爲善.〕"라고 하였다.《孟子 公孫丑上》

322 아버지가……의리 : 이는《논어(論語)》〈자로(子路)〉에 보이는 것으로, 섭공

우옹(尤翁 송시열(宋時烈))은 탐라(耽羅)에서 체포되어 깊은 바다를 건너고 찌는 더위를 만나 기식(氣息)이 실낱같았는데도 오히려 병을 무릅쓰고 문곡(文谷 김수항(金壽恒))의 묘명(墓銘)을 지었는데, 필력이 기이하고 장대하며 의론이 준엄하고 바라서 응당 비지(碑誌) 가운데 으뜸이 되니, 이것이 이미 기이한 일이다. 또 죽음을 앞두고 결별을 고하는 글을 마치고서 기어이 붓을 거두어 붓통에 넣은 뒤에야 사약을 받았으니 그 학문하는 공력이 이루어진 것을 이 작은 일에서도 볼 수 있다.

박공 태보(朴公泰輔)[323]가 윤선거(尹宣擧)[324]의 외손으로서 유소(儒

(葉公)이 공자(孔子)에게 "우리 무리에 정직하게 행동하는 자가 있으니, 그의 아버지가 양을 훔치자 아들이 그것을 증명하였습니다.〔吾黨有直躬者, 其父攘羊, 而子證之.〕"라고 하자 공자가 말하기를, "우리 무리의 정직한 자는 이와 다르다. 아버지가 자식을 위하여 숨겨주고 자식이 아버지를 위하여 숨겨주니, 정직함은 그 가운데 있는 것이다.〔吾黨之直者異於是. 父爲子隱, 子爲父隱, 直在其中矣.〕"라고 하였다.

323 박공 태보(朴公泰輔) : 박태보(朴泰輔, 1654~1689)로, 자는 사원(士元), 호는 정재(定齋), 본관은 반남(潘南)이며, 시호는 문열(文烈)이다. 서계(西溪) 박세당(朴世堂)의 아들이다. 1677년(숙종3) 알성 문과에 장원으로 급제하고 벼슬이 홍문관 응교에 이르렀다. 1689년 기사환국(己巳換局) 때 인현왕후(仁顯王后)의 폐위를 강력히 반대하여 소를 올렸다가 심한 고문을 받고 진도(珍島)로 유배 가던 도중 옥독(獄毒)으로 노량진에서 별세하였다.

324 윤선거(尹宣擧) : 1610~1669. 자는 길보(吉甫), 호는 노서(魯西), 본관은 파평(坡平), 시호는 문경(文敬)이며, 소론의 영수인 윤증(尹拯)의 부친이다. 1633년(인조11) 사마시에 합격하였고, 병자호란 당시 가족과 함께 강화도로 피난하였는데, 강화도가 함락될 때 부인은 자결하였으나 자신은 어버이의 봉양을 위해 탈출하여 목숨을 부지하였다. 뒤에 효종이 여러 번 불렀으나 윤선거는 강화도에서의 자신의 잘못을 들어 벼슬길에 나아갈 수 없다고 사양하고, 김집(金集)의 문하에 출입하면서 성리학과 예학(禮學)에 전념하였다. 송시열(宋時烈)이 경전(經傳)의 주해(註解) 문제로 윤휴(尹鑴)

疏)에 대변(對辨)하는 글을 지으면서 수옹(睡翁)[325]을 모욕하는 말을 하였으니 우옹(尤翁 송시열(宋時烈))이 항상 이를 통분해하였다. 그러다가 기사년(1689, 숙종15)에 곤궁(坤宮 인현왕후(仁顯王后))이 폐위되었을 적에 박공이 이에 대해 간하다가 죽음을 맞이하였다. 우옹이 이를 듣고 감탄하여 "윤상(倫常)이 이에 힘입어 떨어지지 않게 되었다."라고 하고는 손자 송주석(宋疇錫)에게 명하여 자신의 글 가운데 박공을 언급한 것을 모두 산삭하게 하였다. 순국하였다고 하여 혐의를 잊고 칭송한 것이 이와 같았다.

동춘(同春)[326]은 숙특(淑慝)을 분변함에 엄격하여 일찍이 《주서절요(朱書節要)》를 볼 적에 바로 칼을 가져다가 황준량(黃俊良)[327]이 지은

와 사이가 나빠지자, 윤휴를 변호하다가, 교분이 두터웠던 송시열로부터 배척을 당하였다.

325 수옹(睡翁) : 송갑조(宋甲祚, 1574~1628)로, 자는 원유(元裕), 호는 수옹, 본관은 은진(恩津)이며, 시호는 경헌(景獻)이다. 송시열(宋時烈)의 아버지이다. 1617년(광해군9) 사마시에 합격하였으나 유생으로서 서궁(西宮)에 유폐되어 있던 인목대비(仁穆大妃)를 배알하였다가 유적(儒籍)에서 삭제되었다. 1623년에 인조반정으로 강릉참봉(江陵參奉)에 제수되고, 이듬해 이괄(李适)의 난 때에는 공주(公州)까지 왕을 호종(扈從)하였다. 1627년 사옹원 봉사에 제수되어 서울로 가는 도중에 정묘호란으로 남하(南下)하는 세자 일행을 만나 완산(完山)으로 호종하였다. 이후 화의가 성립되자 비분하여 벼슬을 버리고 귀가했다.

326 동춘(同春) : 송준길(宋浚吉, 1606~1672)로, 자는 명보(明甫), 호는 동춘당(同春堂), 본관은 은진(恩津)이다. 김장생(金長生)의 문인이다. 1658년(효종9) 대사헌과 이조 참판을 거쳐 우참찬이 되어 송시열(宋時烈)과 함께 본격적으로 국정에 참여하였다. 이이(李珥)의 성리학을 계승하였고 특히 예학(禮學)에 밝고 문장과 글씨에도 빼어났다. 저서로는 《동춘당집》 등이 있으며, 시호는 문정(文正)이다.

발문(跋文)을 찢어 버렸다. 또 윤선거(尹宣擧)와 함께 한강(寒岡)의 계축년(1613, 광해군5) 소(疏)[328]에 대해 이야기하다가 크게 온당치 못한 점이 있었는데 윤선거가 말하기를, "한때의 시세(時勢)의 논의를 어찌 다 어길 수 있겠습니까."라고 하였다. 그러자 동춘이 말하기를, "시론(時論)을 어찌 구차히 따를 수 있겠습니까."라고 하였다. 이와 같아야 비로소 바꿀 수 없는 말이 될 수 있다. 우옹(尤翁 송시열(宋時烈))이 말한 "온후하고 화평한 가운데 절로 정직하고 강대한 기운이 있다."[329]라는 것은 참으로 그 덕을 잘 안 것이다.

동춘(同春 송준길(宋浚吉))은 집안을 다스림에 법도가 있었으나 또한 자잘한 것도 빠뜨리지 않아서 밤에는 반드시 문빗장과 자물쇠를 직접 단속하였다. 그 신중하고 치밀함이 이와 같았으니 응당 후인들이 본받

327 황준량(黃俊良) : 1517~1563. 자는 중거(仲擧), 호는 금계(錦溪), 본관은 평해(平海)이다. 이황(李滉)의 문인으로, 농암(聾巖) 이현보(李賢輔)의 손서(孫壻)이다. 문과에 급제하여 내외의 관직을 두루 거쳐 1560년(명종15) 성주 목사를 지내다가 1563년 병으로 사직하고 집으로 돌아오는 도중 예천(醴泉)에서 죽었다. 저서로는 《금계집》이 있다.

328 한강(寒岡)의……소(疏) : 한강은 정구(鄭逑, 1543~1620)로, 자는 도가(道可), 호는 한강, 본관은 청주(淸州)이며, 시호는 문목(文穆)이다. 퇴계(退溪) 이황(李滉)과 남명(南冥) 조식(曺植)에게서 수학하였으며, 과거를 단념하고 학문에만 열중하다가 천거로 창녕 현감에 제수되고 이후 공조 참판, 대사헌 등을 역임하였다. 계축년(1613, 광해군5)은 정인홍(鄭仁弘), 이이첨(李爾瞻) 등이 영창대군(永昌大君)을 역모죄로 몰아 죽인, 이른바 '계축옥사(癸丑獄事)'가 일어난 해로, 정구는 이해 7월에 상소하여 당시 들끓고 있던 폐모론(廢母論)에 이견을 내세웠다. 《光海君日記 5年 7月 5日》

329 온후하고……있다 : 이 말은 송시열(宋時烈)이 지은 송준길(宋浚吉)의 묘지(墓誌)에 보인다. 《宋子大全 卷182 同春堂宋公墓誌》

을 바가 된다.

이 처사(李處士) 진무(晉茂)[330]는 허목(許穆)[331]의 벗이다. 웅연(熊淵)가에 은거하였는데 허목이 정권을 잡고서 벼슬할 것을 권하자 이 처사가 편지를 보내어 말하기를, "종남산(終南山)[332]은 본래 가시나무가 많으니 지란(芝蘭)이 어찌 본성대로 편안히 있을 수 있겠는가."라고 하고는 마침내 종신토록 나오지 않았다. 이는 또한 깊이 은둔하여 세상에 나타나지 않는 사람이다.

330 이 처사(李處士) 진무(晉茂) : 이진무(李晉茂, 1608~1677)로, 자는 무경(茂卿), 호는 취우(醉愚), 본관은 전주(全州)이다. 미수(眉叟) 허목(許穆)의 둘째 아들 허함(許翮)의 장인으로, 허목과는 사돈 관계이다. 허목의 종형 허후(許厚)의 제자이며, 평생토록 연천의 웅연(熊淵) 가에서 낚시질하고 두 마리 학을 기르며 살았다고 한다.

331 허목(許穆) : 1595~1682. 자는 화보(和甫), 호는 미수(眉叟), 본관은 양천(陽川)이다. 과거를 보지 않고 학문에만 전념하다가 기해년의 예송 때에 기년복을 주장하는 서인(西人)에 반대하여 삼년복을 주장하는 상소를 올려 남인(南人)을 이끌었고, 갑인년의 제2차 예송 때에는 서인의 대공복에 맞서 기년복을 주장하여 현종의 지지를 받아 남인이 집권하는 데 공을 세웠다. 이후 대사헌과 이조 참판을 거쳐 우의정에 올라 허적(許積)과 함께 남인의 영수가 되었다.

332 종남산(終南山) : 당(唐)나라 때 노장용(盧藏用)이 진사에 급제하고 장안(長安) 가까이 있는 종남산에 은거하였는데, 뒤에 고사(高士)로 알려져 측천무후(則天武后)의 부름을 받고 크게 등용되었다. 사마승정(司馬承禎)이 황제의 부름을 받아 장안에 왔다가 원래 은거하던 천태산(天臺山)으로 돌아가려 하자, 노장용이 종남산을 가리키며 "이 산 중에 은거할 만한 좋은 곳이 많습니다."라고 하였는데, 사마승정이 "제가 보니, 이 산은 벼슬하는 첩경일 뿐입니다."라고 답한 고사 있다. 《古今事文類聚 前集 卷33 隱逸》 뒤에 '종남첩경(終南捷徑)'이라는 말로 관직이나 명리(名利)를 구하는 지름길을 비유하게 되었다.

수암(遂菴 권상하(權尙夏))은 화양(華陽 송시열(宋時烈))의 의발(衣鉢)을 이어받았으므로 화양의 풍도를 듣고 일어난 자들이 모두 황강(黃江)[333]의 문하로 들어왔다. 또 수암은 두터운 덕과 순수한 행실이 선비들을 감동시켜 빈빈(彬彬)하게 인재를 많이 길러내었으니 진실로 근세의 유문(儒門) 중에 있지 않았던 바이다. 한남당(韓南塘 한원진(韓元震)), 이외암(李巍巖 이간(李柬)), 채봉암(蔡鳳巖 채지홍(蔡之洪)), 이화암(李華巖 이이근(李頤根)), 현관봉(玄冠峯 현상벽(玄尙璧)), 윤천서(尹泉西 윤혼(尹焜)), 최매봉(崔梅峯 최징후(崔徵厚)), 우고산(禹孤山 우세일(禹世一))이 이른바 '팔학사(八學士)'인데, 모두 호서(湖西)에 거주하는 자들을 두고 말한 것이다. 이 밖에 윤병계(尹屛溪 윤봉구(尹鳳九)), 성추담(成秋潭 성만징(成萬徵))과 같은 제현(諸賢)은 포함되지 않았다. 병계의 문도(門徒)에는 또한 '오학사(五學士)'라고 불리는 이들이 있으니 바로 김밀암(金密菴) 지행(砥行), 박입암(朴立菴) 준흠(俊欽), 송강촌(宋綱村) 명휘(明輝), 김규오(金奎五), 김종명(金宗溟) 등 제공(諸公)이다.

후재(厚齋 김간(金榦))는 오로지 질박하고 실제적인 곳에 공력을 썼고 이치를 논한 여러 설(說)도 모두 정도(正道)에 맞으니 눈동냥과 귀동냥으로 얻은 것이 아니다. 또 수차(袖箚) 일곱 조목[334]은 모두 하나하

333 황강(黃江) : 수암(遂菴) 권상하(權尙夏)가 평생 벼슬을 하지 않은 채 은거하며 제자들을 가르친 곳으로, 충북 제천(提川)에 있다.

334 수차(袖箚) 일곱 조목 : 1725년(영조1) 8월에 영조가 진수당(進修堂)에서 당시 부사직으로 있던 김간(金榦)을 인견하였는데, 이때 올린 수차를 말한다. 일곱 조목은 성학(聖學)을 강론하여 밝히고, 동궁을 보필하여 인도하고, 대의를 명백하게 게시하고,

나 사리에 들어맞고, 남구만(南九萬), 윤지완(尹趾完), 최석정(崔錫鼎)을 숙종의 묘정(廟庭)에서 출향할 것을 청한 것과 이윤(尼尹 윤증(尹拯))의 일로 말하면 더욱 정명(正名)[335]에 관계되니, 먼저 힘써야 할 바를 알았다고 할 수 있다.

농암(農巖 김창협(金昌協))은 논변할 적에 다투려는 마음과 이기려는 기세가 조금도 없어서 공정하게 듣고 아울러 보아 남의 말을 상세히 이해하였다. 이에 비록 상대방으로 하여금 대답하여 변론하게 하더라도 상대방은 감히 그 사이에서 한마디 말도 못하고 그저 농암이 말하는 대로 고개를 끄덕일 뿐이었다. 예컨대 사변록변(思辯錄辨)[336]과 지지설(知智說)[337]과 같은 종류가 바로 그러한 것이다.

이륜(彝倫)을 펴서 바로잡고, 선왕의 뜻을 계술하고, 인재를 배양하고, 아랫사람을 접할 때에 성심으로써 하라는 것이다. 《英祖實錄 1年 8月 24日》

335 정명(正名) : 명칭이나 명분을 바르게 하여 명실상부하게 한다는 뜻이다. 《논어(論語)》 〈자로(子路)〉에, 자로가 공자(孔子)에게 위(衛)나라에서 정사를 펼치게 된다면 가장 먼저 무엇을 할 것이냐고 묻자, 공자가 "반드시 명분을 바르게 할 것이다.〔必也正名乎〕"라고 답한 내용이 보인다.

336 사변록변(思辯錄辨) : 《사변록》은 박세당(朴世堂)이 저술한 사서(四書)와 《서경(書經)》·《시경(詩經)》의 주해서인데, 당시 정통으로 여겼던 주희(朱熹)의 설을 비판하는 동시에 많은 부분을 독자적인 주석을 통해 해석하였다. 숙종이 권상유(權尙游) 등에게 명하여 이 책을 논파하도록 하였는데, 권상유가 그 논파한 글을 가지고 김창협(金昌協)에게 편지를 보내어 질정하였다. 이에 김창협이 조목별로 상세하게 논변하였는데, 그 내용은 《농암집(農巖集)》 권15 〈여권유도 론사변록변(與權有道論思辨錄辨)〉과 〈여권유도 재론사변록변(與權有道再論思辨錄辨)〉에 자세히 보인다.

337 지지설(知智說) : 김창협(金昌協)이 《대학장구(大學章句)》 서문의 소주(小註)에 나오는 호병문(胡炳文)과 심귀보(沈貴珤)의 설 가운데 '지(智)'에 대한 설명이 잘못

삼연(三淵 김창흡(金昌翕))은 설악(雪嶽)에서 서울로 들어오면 다만 소차(疏箚)와 정목(政目)을 볼 뿐이었다. 그 까닭을 묻는 자가 있었는데 연옹(淵翁)이 말하기를, "소차는 충언(忠言)과 가모(嘉謨)를 보려는 것이고 정목은 어진 이를 등용하고 불초한 이를 내치는가를 보려는 것이다."라고 하였다. 또한 일찍이 과거의 답안으로 지은 근체시를 보고서 그 사람의 궁달(窮達)과 현사(賢邪)를 점쳤는데 왕왕 기이하게 들어맞았다.

삼연(三淵 김창흡(金昌翕))은 기미를 아는 것이 신묘하였다. 정묘년(1687, 숙종13)과 무진년(1688) 사이에 저도(楮島)에 있으면서 누대에 올라 눈을 감상하다가 탄식하며 말하기를, "강산이 비록 청광(淸曠)하나 세로(世路)는 날로 험난해지니 내가 이곳에서 지내는 것을 보장할 수 없을 듯하다."라고 하였는데 얼마 뒤에 국가의 화(禍)가 망극하였다.[338] 병신년(1716)과 정유년(1717) 이래로 항상 선한 무리들이

되었다고 여겨, 이를 반박하여 '지(智)'는 곧 '이(理)'임을 말한 적이 있는데, 민이승(閔以升)이 편지를 보내어 이에 대해 논란하자 김창협이 답장을 보내어 '지(知)'와 '지(智)'를 변별하여 상세히 논하였다. 이에 대한 자세한 내용은 《농암집(農巖集)》 권14 〈답민언휘(答閔彦暉)〉에 보인다.

338 국가의 화(禍)가 망극하였다 : 기사사화(己巳士禍)가 일어난 것을 두고 말한 것이다. 기사사화는 기사년인 1689년(숙종15) 당시 집권세력인 서인(西人)이 숙원(淑媛) 장씨(張氏)의 소생인 왕자 윤(昀 경종)의 원자 책봉을 반대하자, 이에 분노한 숙종이 서인의 영수 송시열(宋時烈)을 사사하고 김수흥(金壽興)・김수항(金壽恒) 등 서인의 지도층을 정계에서 대거 축출하고, 이어 1680년의 경신대출척으로 실각하였던 남인(南人)들을 다시 등용한 사건이다. 서인의 영수 송시열을 비롯해 많은 서인계 인사들이 화를 입었기 때문에 기사사화라고도 하며, 남인으로 집권 세력이 바뀌었기 때문에 기사

모두 죽임을 당하게 될 것을 탄식하였는데 결국 그 말대로 되었다.[339] 임인년(1722, 경종2)에 몽와(夢窩)[340]보다 먼저 별세하여 연좌의 형률을 입지 않았으니 또한 기이하게 여길 만하다.

삼연(三淵 김창흡(金昌翕))은 여러 자질(子姪)들 중에 증소(橧巢)[341]를 깊이 신뢰하여 일찍이 사후의 일을 맡겨 행장을 지을 것을 명하였다. 증소가 입론(立論)의 종지(宗旨)를 묻자 연옹(淵翁)이 답하여 말하기를, "'부귀는 뜬구름과 같다.'[342]라는 한 구절에 내가 거의 부끄러움이

환국이라고도 한다.

339 결국……되었다 : 신임사화(辛壬士禍)가 일어난 것을 두고 말한 것이다. 신임사화에 대한 자세한 내용은 189쪽 주119 참조.

340 몽와(夢窩) : 김창집(金昌集, 1648~1722)으로, 자는 여성(汝成), 호는 몽와, 본관은 안동(安東)이며, 김창흡(金昌翕)의 형이다. 1684년(숙종10) 문과에 급제하였고 벼슬이 영의정에 이르렀다. 노론(老論) 사대신(四大臣) 중의 한 명으로서, 1721년(경종1)에 왕세제의 대리청정을 주청하였다가 소론(少論)들에게 불충으로 탄핵되어 거제도(巨濟島)에 유배되었고 다음 해 사사(賜死)되었다. 저서로는 《몽와집(夢窩集)》 등이 있다.

341 증소(橧巢) : 김신겸(金信謙, 1693~1738)으로, 자는 존보(尊甫), 호는 증소, 본관은 안동(安東)이다. 김창업(金昌業)의 아들로, 셋째 큰아버지인 삼연(三淵) 김창흡(金昌翕)을 사사(師事)하였다. 1721년(경종1) 진사시에 합격했으나 백부인 영의정 김창집(金昌集)이 노론(老論) 사대신(四大臣)의 한 사람으로서 신임사화(辛壬士禍)에 거제도로 유배될 때 연루되어 함께 유배되었다. 1725년(영조1)에 풀려나 내시교관에 제수되었으나 나아가지 않고 강원도 영월의 산중에 들어가 산수를 즐기면서 후진교육에 힘썼다. 시문에 뛰어나 많은 저술을 남겼는데, 특히 사우(師友)들 106명의 행적을 읊은 〈백육애음(百六哀吟)〉이라는 대서사시가 유명하다. 시호는 문경(文敬)이며, 저서로는 《증소집(橧巢集)》이 있다.

342 부귀는 뜬구름과 같다 : 《논어(論語)》 〈술이(述而)〉에 나오는 공자(孔子)의 말

없는 것이다."라고 하였다. 증소가 미처 행장을 짓지 못하고 죽자 지암(止菴)[343]이 이를 이어받았는데 이 뜻을 가지고 진제(眞諦)를 삼았다.

삼연(三淵 김창흡(金昌翕))이 젊었을 적에 풍악(楓岳 금강산(金剛山))을 유람하고 돌아와서 다음과 같은 시를 지어 승려에게 부쳤다.

꿈속의 개골산 층층이 쌓인 옥인 듯하니	夢中皆骨玉層層
세속 밖의 깨끗한 유람 다시 할 수 없어라	象外淸遊更未能
가을 들어 일만이천봉의 달빛은	秋來萬二千峯月
산승의 예불 등불처럼 비추겠지[344]	應照山僧禮佛燈

농암(農巖 김창협(金昌協))은 이 시의 '조(照)' 자를 '반(伴)' 자로 고쳤고 몽와(夢窩 김창집(金昌集))는 '조(照)' 자를 '작(作)' 자로 고쳤다. 부친 문곡(文谷 김수항(金壽恒))이 이를 가져다가 보고 말하기를, "'조(照)'와 '반(伴)' 두 자 또한 이름을 남길 만하지만, '작(作)' 자가 틀림없이 오래도록 전해질 것이니 이만 못하다."라고 하였으니 문곡의 감식(鑑

로, "거친 밥을 먹고 물을 마시며 팔을 굽혀 베더라도 즐거움이 또한 그 가운데 있으니, 의롭지 못한 부귀는 나에게 있어 뜬구름과 같다.〔飯疏食飮水, 曲肱而枕之, 樂亦在其中矣. 不義而富且貴, 於我如浮雲.〕"라고 하였다.

343 지암(止菴) : 김양행(金亮行, 1715~1779)으로, 자는 자정(子靜), 호는 지암·여호(驪湖), 본관은 안동(安東)이며, 김신겸(金信謙)의 아들이다. 민우수(閔愚洙)의 문인으로, 벼슬에 뜻을 두지 않고 오직 학문 연구에 전념하여 성리학을 비롯해 예학과 역학에도 조예가 깊었다. 이조 판서에 추증되었고 시호는 문간(文簡)이며 저서로는 《지암집(止菴集)》이 있다.

344 꿈속의……비추겠지 : 이 시는 김창흡(金昌翕)의 문집 《삼연집(三淵集)》 습유(拾遺) 권1에 〈증풍열상인(贈豐悅上人)〉이라는 제목으로 보이는데, 1구와 2구의 순서가 뒤바뀌어 있다.

識)이 또한 탁월하다.

최신(崔愼)[345]이 상복(喪服)을 입고서 회령(會寧)의 들판에서 농사를 짓고 있었는데 노봉(老峯) 민공(閔公)[346]이 북백(北伯 함경도 관찰사)으로서 육진(六鎭)을 순력(巡歷)하다가 그를 보고는 비범하게 여겼다. 이에 함께 이야기를 나눠보고는 크게 기뻐하여, 우옹(尤翁 송시열(宋時烈))에게 보내어 배우게 하기를 마치 곽임종(郭林宗)이 모계위(茅季

345 최신(崔愼) : 1642~1708. 자는 자경(子敬), 호는 학암(鶴菴), 본관은 회령(會寧)이다. 송시열(宋時烈)의 문인으로, 1675년(숙종1) 송시열이 제2차 복상문제에서 남인(南人)에게 패하고 유배되자 이에 반대하는 유필명(柳弼明)의 상소가 올라왔는데, 그 상소문의 작성자로 지목되어 사천(泗川)으로 유배되었다. 1680년 경신대출척으로 남인이 제거되면서 풀려나와 준원전 참봉(濬源殿參奉), 사옹원 봉사·직장 등을 거쳤고, 1686년 회인 현감(懷仁縣監)으로 나가 재해를 입은 고을의 신역(身役)을 면제시키는 선정을 베풀어 송덕비가 세워졌다. 1689년 기사환국으로 광양에 유배되었다가 1694년에 풀려나와 광주(廣州)에 은거하였다. 함경도 출신의 사림으로 북도(北道)에 학풍을 떨치게 하는 데 크게 기여하였다. 저서로는 《학암집》이 있다. 이조 판서에 추증되었고, 시호는 문간(文簡)이다.

346 노봉(老峯) 민공(閔公) : 민정중(閔鼎重, 1628~1692)으로, 자는 대수(大受), 호는 노봉, 본관은 여흥(驪興)이며, 송시열(宋時烈)의 문인이다. 1649년(인조27) 정시 문과에 장원으로 급제하였으며, 함경도 관찰사, 대사헌, 한성부윤, 이조·호조·공조 판서 등을 거쳐 좌의정까지 올랐다. 대표적인 노론(老論) 계열의 대신으로, 1689년(숙종15)에 기사환국(己巳換局)으로 남인(南人)이 집권하자 노론의 중진들과 함께 관직을 삭탈당하고 벽동(碧潼)에 유배되어 그곳에서 죽었다. 1694년 갑술환국(甲戌換局)으로 남인이 다시 실각하자 관작이 회복되었다. 현종의 묘정(廟庭)과 양주 석실서원(石室書院), 충주 누암서원(樓巖書院), 장흥 연곡서원(淵谷書院), 함흥 운전서원(雲田書院), 벽동 구봉서원(九峯書院), 정평 망덕서원(望德書院) 등에 제향되었다. 저서로는 《노봉집(老峯集)》 등이 있으며, 시호는 문충(文忠)이다.

偉)에게 했던 것[347]처럼 하였다. 최공(崔公)은 궁벽한 변방에서 생장하여 거상(居喪)함에 예를 다하였고 민공은 하층의 사람을 견발(甄拔)하여 인재를 이루어내었으니 모두 후세의 본보기가 될 만하다.

북헌(北軒)[348]은 농암(農巖)이 죽천(竹泉)에게 보낸 편지[349]를 보고도

347 곽임종(郭林宗)이……것 : 곽임종과 모계위(茅季偉)는 후한(後漢)의 명사(名士) 곽태(郭泰)와 모용(茅容)으로, 임종과 계위는 각각의 자(字)이다. 모용이 나이 마흔이 되도록 농사를 짓고 살았는데 어느 날 나무 아래에서 사람들과 함께 비를 피하면서 홀로 꼿꼿히 공손한 태도로 앉아 있었다. 곽태가 이를 보고서 기이하게 여겨 마침내 함께 이야기하고는 하룻밤 묵기를 청하였다. 이튿날 아침에 모용이 닭을 잡자 곽태는 자기에게 대접하기 위하여 그러는 줄 알았는데, 이윽고 모용이 이를 모친에게 올리고 자신은 객과 함께 허술하게 식사를 하자, 곽태가 일어나서 절하며 그 효행을 칭찬하고는 그에게 학문을 권하여 마침내 덕을 이루게 하였다. 《後漢書 卷98 郭泰列傳》

348 북헌(北軒) : 김춘택(金春澤, 1670～1717)으로, 자는 백우(伯雨), 호는 북헌, 본관은 광산(光山)이다. 아버지는 김진귀(金鎭龜)이며, 증조부는 숙종의 장인인 김만기(金萬基)이다. 종조부(從祖父) 김만중(金萬重)에게 수학하였다. 1694년(숙종20) 인형왕후(仁顯王后)의 복위와 환국(換局)을 도모한 혐의로 체포되어 심문받았으나, 갑술환국(甲戌換局)으로 남인(南人)이 축출되고 서인(西人)이 정권을 잡게 되면서 풀려났다. 과격한 행동과 언사로 인하여 수차례 탄핵을 받아 부안(扶安), 남해(南海), 제주(濟州) 등지에 유배되었다가 풀려났다. 이조 판서에 추증되었고 시호는 충문(忠文)이다. 저서로는 《북헌집(北軒集)》이 있다.

349 농암(農巖)이……편지 : 농암은 김창협(金昌協, 1651～1708)으로, 자는 중화(仲和), 호는 농암·삼주(三洲), 본관은 안동(安東)이다. 죽천(竹泉)은 김진규(金鎭圭, 1658～1716)로, 자는 달보(達甫), 호는 죽천, 본관은 광산(光山)이며, 김춘택(金春澤)의 숙부이다. 이 편지는 신사년(1701, 숙종27)에 김창협이 김진규에게 보낸 편지로, 김창협의 문집 《농암집(農巖集)》 권18에 〈여김달보(與金達甫)〉라는 제목으로 실려 있는데, 김진규의 조카 김춘택이 김창협의 형 김창집(金昌集)에게 무례를 범한 것에 대하여 김창협이 다소 과격한 말로 꾸짖는 내용을 담고 있다.

그다지 심하게 노하지 않았다. 농암의 문집을 편집할 적에 삼연(三淵 김창흡(金昌翕))과 포음(圃陰 김창집(金昌緝))이 이 편지를 그대로 둘 것인지, 삭제할 것인지의 여부를 북헌에게 묻자 북헌이 "농암의 글은 모두 잠자는 듯도 하고 깨어있는 듯도 하니, 만약 이 편지를 싣지 않는다면 사람들의 심목(心目)을 깨울 수 없을 것이다."라고 하였다. 이에 본가에서 그 말에 따라 삭제하지 않았으니 북헌은 또한 얕은 도량이 아닐 것이다.

도암(陶菴 이재(李縡))은 타고난 자질이 매우 탁월하여 문사(文辭)를 일찍 성취하였다. "헤엄치는 물고기는 벽해를 생각하고, 졸고 있는 학은 창주를 꿈꾸네.〔游魚思碧海 睡鶴夢滄洲〕"[350]와 같은 것은 바로 여덟 살에 지은 것이다.

수곡(睡谷)[351]이 병신년(1716, 숙종42)에 올린 한 소(疏)[352]는 그 말이

350 헤엄치는……꿈꾸네 : 이 시는 이재(李縡)의 문집인 《도암집(陶菴集)》 권1에 〈즉사(卽事)〉라는 제목으로 실려 있는데, 전문은 다음과 같다. "문 닫힌 초당이 고요하니 인간 세상 일마다 그윽하네. 헤엄치는 물고기는 벽해를 생각하고 졸고 있는 학은 창주를 꿈꾸네.〔門掩草堂靜, 人間事事幽. 游魚思碧海, 睡鶴夢滄洲.〕"

351 수곡(睡谷) : 이여(李畬, 1645～1718)로, 자는 자삼(子三)·치보(治甫), 호는 수곡·포음(浦陰), 본관은 덕수(德水)이다. 택당(澤堂) 이식(李植)의 손자로, 1662년(현종3)에 진사시에 합격하였고, 1680년(숙종6) 정시문과에 병과로 급제하였으며, 대사성, 대사간, 도승지, 대사헌, 대제학, 이조 판서, 판의금부사 등을 역임하고 1702년 좌의정이 되었으며, 곧이어 영의정에 올랐다. 시호는 문경(文敬)이고, 저서로는 《수곡집(睡谷集)》이 있다.

352 병신년에……소(疏) : 1716년(숙종42) 2월에 이여(李畬)가 판중추부사로 있으

은미하고 완곡하면서도 의리가 절로 명백하니, 모두 정신이 한가롭고 기운이 안정된 가운데에서 나온 것이다. 이 때문에 성상의 마음을 깨닫게 하여 사문(斯文)의 시비를 크게 확정하여 천하 후세에 할 말이 있게 되었으니, 참으로 "맺음을 들이되 통명한 곳으로부터 한다."[353]라는 것이다. 수곡이 물러날 것을 고하고 광진(廣津)에서 지숙(止宿)하였는데, 이때 소재(疎齋)[354] 등의 제현(諸賢)이 전송하며 강가까지 이르러 함께 촌사(村舍)에 묵게 되었다. 그런데 촌사가 좁아서 위쪽에 수곡의 이불을 펴주고 제현들은 수곡이 누운 쪽으로 발을 펴고 자려고 하였다. 그러자 장암(丈巖)[355]이 말하기를, "우리들은 응당 머리로 이

면서 올렸던 차자(箚子)를 가리키는데, 윤증(尹拯)이 송시열(宋時烈)과 사제(師弟)의 의리를 끊은 일에 대하여 그 전말을 아뢴 것이다.《肅宗實錄 42年 2月 28日》이후에 숙종은 윤증과 송시열 사이에 벌어진 오랜 시비에 대하여 종지부를 찍고 노론(老論)을 지지하는, 이른바 '병신처분(丙申處分)'을 내리게 되었다.

353 맺음을……한다 :《주역(周易)》〈감괘(坎卦) 육사(六四)〉에 보이는 말로, "맺음을 들이되 통명한 곳으로부터 하면 끝내 허물이 없으리라.〔納約自牖, 終无咎.〕"라고 하였다. 이는 신하가 군주에게 간할 적에는 반드시 군주가 잘 알 수 있는 것부터 시작하여 점진적으로 군주의 마음을 유도해야 함을 말한 것이다.

354 소재(疎齋) : 이이명(李頤命, 1658~1722)으로, 자는 양숙(養叔), 호는 소재, 본관은 전주(全州)이다. 1680년(숙종6) 별시문과에 급제하고 벼슬이 좌의정에 이르렀다. 노론(老論) 사대신(四大臣) 중 한 사람으로, 경종 때에 김창집(金昌集), 이건명(李健命), 조태채(趙泰采) 등과 함께 세제의 대리청정을 주청하였다가 소론(少論)에게 불충으로 몰려 남해(南海)에 유배되었다가 다시 한양으로 압송되어 사사(賜死)되었다. 저서로는《소재집(疎齋集)》등이 있다.

355 장암(丈巖) : 정호(鄭澔, 1648~1736)로, 자는 중순(仲淳), 호는 장암, 본관은 연일(延日)이며, 시호는 문경(文敬)이다. 송시열(宋時烈)의 문인이다. 1684년(숙종10) 정시문과에 급제하고 출사하였다가, 1689년 기사환국으로 파직되어 경성(鏡城)에 유배되었다. 1713년 대사성으로 재임 중에 송시열의 묘정(廟庭) 배향을 제의하고, 부제

분을 떠받쳐야 하니 어찌 주무시는 쪽으로 발을 펼 수 있겠는가."라고 하니 모두 머리를 위쪽으로 향하게 하였다. 윗사람과 아랫사람들이 공경하여 복종하는 것이 이와 같았다.

남당(南塘 한원진(韓元震))이 삼주(三洲)에서 농암(農巖 김창협(金昌協))을 배알하였는데 농암이 황강(黃江)[356]의 소식을 물으며 말하기를, "근래에 무슨 책을 읽는가?"라고 하였다. 남당이 말하기를, "《중용(中庸)》입니다."라고 하니 농암이 말하기를, "알고서 읽는 것인가?"라고 하였다. 남당이 돌아가서 수옹(遂翁 권상하(權尙夏))에게 이를 고하자 수옹이 웃으며 말하기를, "알지 못하기 때문에 읽는 것이다."라고 하였다. 그 말이 혼후하여 규각(圭角)이 드러나지 않으니 또한 넓은 덕량(德量)을 볼 수 있다.

남당(南塘 한원진(韓元震))은 기상이 매우 좋은 데에다 웅변(雄辯)까지 겸비하여 충분히 다른 사람의 마음을 움직일 만하였다. 노초(老樵) 이공(李公)[357]은 일찍이 말하기를, "내가 보건대 한공(韓公)은 가슴

학으로서 《가례원류(家禮源流)》의 발문에서 윤증(尹拯)을 공박하였다가 파직되었다. 1717년 세제의 대리청정을 시행하게 하고, 다음 해 이조 판서가 되었으나 신임사화(辛壬士禍)로 강진(康津)에 유배되었다. 1725년(영조1) 풀려나와 우의정이 되자, 사화로 사사된 노론(老論) 사대신(四大臣)의 신원을 상소했으며, 좌의정을 거쳐 영의정이 되었다.

356 황강(黃江) : 275쪽 주333 참조.

357 노초(老樵) 이공(李公) : 이송(李淞, 1725~?)으로, 자는 무백(茂伯)·고청(孤靑), 호는 노초·서림(西林), 본관은 전주(全州)이다. 이민곤(李敏坤)의 아들로, 박필

속에 여러 책들을 간직하고 있어서 언사와 문장이 또한 그릇된 것을 수식하고 견지할 만하다."라고 하였다. 이이장(李彝章)[358]은 암행어사로서 잠행하다가 남당의 처소에 지숙(止宿)하였는데 그 언론을 듣고는 돌아와 자신의 당류(黨類)에게 말하기를, "한모(韓某)는 학문이 있는 제갈량(諸葛亮)이다."라고 하였다.

정자와(靜坐窩) 심공 조(沈公潮)[359]는 강문(江門)[360]의 후진(後進)으로서 남당(南塘 한원진(韓元震))에게서 학업을 끝마쳐 항상 남당을 돈독하게 신봉하였다. "남당의 문인 중에는 한천(寒泉 이재(李縡))의 문인인

주(朴弼周)의 문하에서 수학하였으며 1753년(영조29) 사마시에 합격하였다. 1756년 부친이 북도(北道)에 유배 중 금성(金城)의 역사(驛舍)에서 불에 타 죽는 참상을 보고는 벼슬할 뜻을 단념하고 서산(西山)에 은거하여 학문에 전념하였다. 특히 성리학에 조예가 깊었으며 대체로 이이(李珥)의 학설에 동조하는 논지를 전개하였다. 홍대용(洪大容), 박지원(朴趾源), 박제가(朴齊家), 이덕무(李德懋), 유득공(柳得恭) 등과 폭넓게 교유하면서 실학을 깊이 연구하여 실사구시(實事求是)의 현실적 측면에도 관심을 쏟았다.

358 이이장(李彝章) : 1708~1764. 자는 군칙(君則), 호는 수남(水南), 본관은 한산(韓山)이다. 1735년(영조11)에 증광문과에 급제하여 동래 부사(東萊府使), 경상도 관찰사, 도승지, 대사헌 등을 역임하였다.

359 정자와(靜坐窩) 심공 조(沈公潮) : 심조(沈潮, 1694~1756)로, 자는 신부(信夫), 호는 정좌와, 본관은 청송(靑松)이다. 권상하(權尙夏)의 문인으로, 성리학에 밝았으며, 《의례(儀禮)》, 《가례(家禮)》와 우리나라 선유(先儒)의 학설을 절충하여 〈상례홀기(喪禮笏記)〉를 만들어 치상절차(治喪節次)를 확정하였다. 저서로는 《정좌와집(靜坐窩集)》이 있다.

360 강문(江門) : 수암(遂菴) 권상하(權尙夏)의 문하를 이른다. '강(江)'은 '황강(黃江)'으로, 권상하가 은거하며 제자들을 가르치던 곳이다.

박성원(朴聖源)[361]과 양응수(楊應秀)[362]만 한 이가 없다."라고 말하는 자가 있었는데 심공이 말하기를, "송능상(宋能相),[363] 김근행(金謹行)[364] 등의 인물이 어찌 그들만 못하겠는가."라고 하였다. 심공은 평소에 장단(長短)을 다투는 자가 아니니 그 말이 또한 이기기를 힘쓰는 데에서 나온 것이 아니다.

361 박성원(朴聖源) : 1697~1767. 자는 사수(士洙), 호는 겸재(謙齋), 본관은 밀양(密陽)이며, 시호는 문헌(文獻)이다. 도암(陶菴) 이재(李縡)의 문인으로, 사헌부 감찰·지평, 세손강서원 유선 등을 역임하였다. 저서로는 《돈효록(敦孝錄)》, 《예의유집(禮疑類輯)》, 《보민록(保民錄)》, 《돈녕록(敦寧錄)》, 《겸재집(謙齋集)》 등이 있다.

362 양응수(楊應秀) : 1700~1767. 자는 계달(季達), 호는 백수(白水), 본관은 남원(南原)이다. 젊어서는 권집(權緝)에게 배웠고, 중년에는 이재(李縡)의 문하에서 수학하였다. 1755년(영조31) 건원릉 참봉(健元陵參奉)에 제수되고, 이어 익위사 부솔로 옮겨졌으나 모두 나아가지 않았다. 일찍이 벼슬길에 뜻을 버리고 오로지 경학(經學)과 성리학(性理學)에만 전념하였으며, 인물성동이론(人物性同異論)에서는 낙론(洛論)을 지지하고, 호론(湖論)을 배척하였다. 만년에는 박성원(朴聖源)·김원행(金元行)·송명흠(宋明欽) 등 당시 석학들과 교유하면서 후진양성에 힘썼다. 저서로는 《백수집(白水集)》이 있다.

363 송능상(宋能相) : 1710~1758. 자는 사능(士能)·사홍(士弘)·사룡(士龍), 호는 운평(雲坪)·동해자(東海子), 본관은 은진(恩津)이며, 우암(尤菴) 송시열(宋時烈)의 증손이다. 남당(南塘) 한원진(韓元震)에게 수학하였다. 송인명(宋寅明)의 추천으로 벼슬을 시작하여 사헌부 장령·집의, 시강원 서연관, 장악원 정 등을 지냈다. 저서로는 《운평집(雲坪集)》이 있다.

364 김근행(金謹行) : 1713~1784. 자는 상부(常夫)·신부(愼夫), 호는 용재(庸齋), 본관은 안동(安東)이다. 남당(南塘) 한원진(韓元震)에게 수학하였다. 1740년(영조16) 진사시 합격하였고 직산 현감(稷山縣監), 김포 군수(金浦郡守), 금산 군수(金山郡守), 인천 부사(仁川府使) 등에 제수되었다. 저서로는 《용재집(庸齋集)》이 있다.

병계(屛溪 윤봉구(尹鳳九))가 어려서 학당에 들어갔을 적에 입이 둔하여 구두(句讀)를 떼는 데에 능통하지 못하였다. 이에 훈장이 떠나보내려고 하니 병계가 울면서 잠을 자지 않았다. 그러자 훈장이 그 뜻에 감동하여 다시 가르쳐주었고 병계 또한 노력하기를 그치지 않아서 결국 성취를 거두는 데에 이르렀다. 이는 참으로 '노둔함으로 도를 얻은' 자[365]이다.

영묘(英廟 영조) 무신년(1728, 영조4)에 단암(丹巖)[366]과 이광좌(李光佐)[367]에게 함께 마주하도록 명하고 성상이 두 사람의 손을 잡고는 보합(保合)할 것을 권면하였다. 그러나 단암은 그 불가함을 힘껏 아뢰고 끝내 순순히 따르지 않았다. 그러고는 물러나와 자득한 뜻이 있어서 이를 장암(丈巖 정호(鄭澔))에게 이야기하였는데, 장암이 답하여 말하

365 노둔함으로……자 : '노둔함으로 도를 얻었다'는 것은 본래 정호(程顥)가 공자(孔子)의 제자 증삼(曾參)을 두고 한 말로, 《근사록(近思錄)》 권2 〈위학(爲學)〉에 "증삼은 끝내 노둔함으로 도를 얻었다.〔參也竟以魯得之〕"라는 말이 보인다.

366 단암(丹巖) : 민진원(閔鎭遠, 1664~1736)으로, 자는 성유(聖猷), 호는 단암·세심(洗心), 본관은 여흥(驪興)이며, 시호는 문충(文忠)이다. 1691년(숙종17) 증광문과에 을과로 급제하여 병조 좌랑·대사성·중추부판사 등을 역임하였다. 소론(少論)을 배격하는 노론(老論)의 선봉장으로 활약하였으며, 영조의 묘정에 배향되었다. 저서로는 《연행록(燕行錄)》, 《단암만록(丹巖漫錄)》 등이 있다.

367 이광좌(李光佐) : 1674~1740. 자는 상보(尙輔), 호는 운곡(雲谷), 본관은 경주(慶州)이다. 1694년(숙종20) 별시문과에 장원 급제하였고 1721년(경종1) 신임옥사(辛壬獄事) 이후 소론(少論)이 정권을 잡자 예조 판서를 거쳐 1725년(영조1) 영의정에 올랐다. 1740년 영의정으로 재직 중 박동준(朴東俊) 등이 중심이 된 삼사(三司)에서 역적을 옹호한 죄를 들어 탄핵하자 울분 끝에 단식하다 죽었다.

기를, "평소에 만약 군주에게 중한 대우를 받았다면 어찌 대신으로서 손을 잡히기까지 하였겠는가."라고 하니 단암이 망연자실하였다. 단암이 면전에서 이광좌를 배척하여 성상의 뜻을 따르지 않은 것이 진실로 정도(正道)에 맞아서 마치 이보다 더할 나위가 없을 듯하지만, 장암의 말이 매우 고매하니 의리는 참으로 무궁하다.

미호(渼湖)[368]와 지수재(知守齋) 유공(兪公)[369]은 이웃하여 강상(江上)에 살았다. 일찍이 마주하여 밥을 먹을 적에 미호는 물에 만 밥을 모두 들이마셔서 한 톨도 남기지 않았고, 유공은 또한 물에 만 밥을 먹으면서 낱알을 많이 남겼다. 미호가 하늘이 낸 물건을 함부로 버리는 것[370]이라고 말하자 유공이 말하기를, "닭과 개에게도 은혜가 미치

368 미호(渼湖) : 김원행(金元行, 1702~1772)으로, 자는 백춘(伯春), 호는 미호·운루(雲樓), 본관은 안동(安東)이다. 당숙인 김숭겸(金崇謙)에게 입양되어 종조부 김창협(金昌協)의 손자가 되었다. 이재(李縡)의 문인으로, 그의 사상은 대체로 김창협의 학설을 답습하여 주리(主理)와 주기(主氣)의 절충적인 입장에 서 있었다. 그의 학통을 이은 제자로는 아들 김이안(金履安)과 박윤원(朴胤源), 오윤상(吳允常), 홍대용(洪大容), 황윤석(黃胤錫) 등이 있다. 시호는 문경(文敬)이며, 저서로는 《미호집(渼湖集)》이 있다.

369 지수재(知守齋) 유공(兪公) : 유척기(兪拓基, 1691~1767)로, 자는 전보(展甫), 호는 지수재(知守齋), 본관은 기계(杞溪)이다. 신임사화(辛壬士禍) 때 소론(少論)의 언관 이거원(李巨源)의 탄핵을 받고 동래(東萊)에 안치되었다가 1725년(영조1) 노론(老論)의 집권으로 풀려났다. 1739년 우의정에 오르자, 신임사화 때 세제책봉 문제로 연좌되어 죽은 김창집(金昌集)·이이명(李頤命) 두 대신의 복관(復官)을 건의하여 신원시켰다.

370 하늘이……것 : '하늘이 낸 물건을 함부로 버린다'는 것은 본래 《서경(書經)》 〈주서(周書) 무성(武成)〉에 보이는 말로, "지금 상왕(商王) 수(受)가 무도하여 하늘이

게 하려는 것이네."라고 하였다. 이는 물에 만 밥의 남은 은택이 장차 닭과 개의 먹이가 되게 함을 말한 것이니 대신의 말이 되기에 합당하다. 두 현인이 처신하는 기상이 크고 작은 차이가 있으나 마땅히 미호를 정도(正道)로 삼아야 할 것이다.

밀암(密菴) 김공(金公)[371]이 화양(華陽)의 비(碑)에 대한 일로 미호(渼湖 김원행(金元行))에게 편지를 보낸 것이 수천 자인데 언사가 너무 과격하여 "공자(孔子)께서 이런 일이 있으셨습니까, 맹자(孟子)께서 이런 일이 있으셨습니까."라고 하기까지 하였다. 그러나 미옹(渼翁)이 말한 바는 겨우 몇 줄이었고 그 말이 혼후(渾厚)하여 "만일 신령의 도움으로 끝내 깨닫는 바가 있게 된다면 또 어찌 내 견해를 버리고 이를 따르는 것을 꺼리겠는가."라고 하기까지 하였으니, 이를 통해 식견과 도량이 큼을 볼 수 있다.

역천(櫟泉)[372]과 운평(雲坪 송능상(宋能相))은 젊었을 적에 친분이 매우

낸 물건을 함부로 버리며, 백성들을 해치고 포학하게 하며, 천하에 도망한 자들의 주인이 되어 마치 못과 숲에 모이듯 한다.〔今商王受無道, 暴殄天物, 害虐烝民, 爲天下逋逃主, 萃淵藪.〕"라고 하였다. '수(受)'는 은(殷)나라의 폭군 주(紂)의 이름이다.

371 밀암(密菴) 김공(金公) : 김지행(金砥行, 1716~1774)으로, 자는 유도(幼道), 호는 밀암, 본관은 안동(安東)이다. 윤병계(尹屛溪)에게 수학하였고 공주(公州) 계실곡(溪室谷)에 은거하며 학문을 닦았다. 저서로는 《밀암집(密菴集)》이 있다.

372 역천(櫟泉) : 송명흠(宋明欽, 1705~1768)으로, 자는 회가(晦可), 호는 역천, 본관은 은진(恩津)이며, 시호는 문원(文元)이다. 동춘당(同春堂) 송준길(宋浚吉)의 현손(玄孫)이며, 도암(陶菴) 이재(李縡)의 문인이다. 과거에 응시하지 않았는데 학행으로 천거되어 장령 등의 벼슬에 제수되었으나 나아가지 않았으며, 모친의 뜻으로 1755

돈독하였는데 두 문정공(文正公)[373]을 종향할 때의 선후를 따지는 논의로 인하여 서로 절교하는 데에 이르렀다. 뒤에 길에서 만나게 되었는데 두 집안의 말고삐를 잡은 자들이 격조하게 된 곡절을 알지 못하고 말 머리를 끌어다가 서로 맞닿게 하니 두 공이 마주하여 눈물을 감추고 아무 말 없이 헤어졌다. 운평이 별세하자 역천이 자리를 만들어 곡하였으니 또한 옛 정의를 볼 수 있다. 종향의 선후에 대해 두 집안이 견지한 바가 어떠한 것인지는 알지 못하지만 종신토록 다시는 얼굴을 보지 않는 것은 너무 지나치지 않은가. "오랜 친구에게 큰 잘못이 없으면 끊어버리지 않는다."[374]라고 하지 않았는가. 더구나 비단 오랜 친구가 될 뿐만이 아닌 경우는 어떠하겠는가.

원릉(元陵 영조)의 시대에 유현으로서 조정에 나아간 이들은 후재(厚齋 김간(金榦)), 남당(南塘 한원진(韓元震)), 병계(屛溪 윤봉구(尹鳳九)), 여호(黎湖 박필주(朴弼周)), 역천(櫟泉 송명흠(宋明欽))이다. 이 중에 후재와 남당은 을사년(1725, 영조1) 성상이 처음 정사를 펴서 세도(世道)가

년 옥과현감(玉果縣監)이 되었으나 모친이 별세하자 바로 사직하였다. 말년에 정국이 다소 안정되자 찬선(贊善)으로 경연관이 되었는데 영조의 비위에 거슬리는 발언을 하여 파직되었다.

373 두 문정공(文正公) : 송명흠(宋明欽)의 선조인 송준길(宋浚吉)과 송능상(宋能相)의 선조인 송시열(宋時烈)을 가리키는 것으로, 두 사람 모두 시호가 문정이다.

374 오랜……않는다 : 이는 《논어(論語)》 〈미자(微子)〉에 보이는 주공(周公)의 말로, "군자는 그 친척을 버리지 아니하며, 대신으로 하여금 써주지 않는 것을 원망하지 않게 하며, 오랜 친구에게 큰 잘못이 없으면 버리지 아니하며, 한 사람에게 완비하기를 요구하지 않는다.〔君子不施其親, 不使大臣怨乎不以, 故舊無大故則不棄也, 無求備於一人.〕"라고 하였다.

청명한 때에 나아가서 봉황이 날아와 춤을 추고 기러기가 점차 나아가는 미덕[375]이 있었다. 여호는 탕평(蕩平)의 논의가 횡행하고 사정(邪正)이 뒤섞인 때에 나아갔는데 수차(袖箚)로 역신을 토벌하여 이미 어두워진 의리를 대강이나마 펴서 이륜(彝倫)에 보탬이 되었다. 역천이 만난 시절은 더욱 험난하고 위태로웠는데, 임헌(臨軒)하여 열 차례 사자(使者)를 보낸 예우[376]에 감동하여 '너무 심한 것은 하지 않는' 의리[377]를 근거로 남들이 말하기 어려워하는 바를 말하였다. 이때에 할

375 봉황이……미덕 : 훌륭한 군자가 조정에 나아와 벼슬함을 비유하여 말한 것이다. '봉황이 날아와 춤을 춘다'는 것은 《서경(書經)》 〈익직(益稷)〉에 보이는 말로, "순(舜) 임금의 음악을 아홉 번 연주하니, 봉황이 날아와 춤을 추었다.〔韶簫九成, 鳳凰來儀.〕"라고 하였다. '기러기가 점차 나아간다'는 것은 《주역(周易)》 〈점괘(漸卦)〉에 보이는 말로, 〈초륙(初六)〉에 "기러기가 점차 물가로 나아간다.〔鴻漸于干〕", 〈육이(六二)〉에 "기러기가 점차 반석으로 나아간다.〔鴻漸于磐〕", 〈구삼(九三)〉에 "기러기가 점차 육지로 나아간다.〔鴻漸于陸〕", 〈육사(六四)〉에 "기러기가 점차 나무로 나아간다.〔鴻漸于木〕", 〈구오(九五)〉에 "기러기가 점차 구릉으로 나아간다.〔鴻漸于陵〕", 〈상구(上九)〉에 "기러기가 점차 공중으로 나아간다.〔鴻漸于陸〕"라고 하여 군자가 점차 높은 지위로 나아가는 것을 비유하였다.

376 임헌(臨軒)하여……예우 : 임헌은 임금이 정위(正位)가 아닌 평대(平臺)에 앉는 것이다. 이는 본래 진(晉)나라 목제(穆帝)가 채모(蔡謨)에게 행했던 예우로, 목제가 채모를 예우하는 뜻으로 임헌하여 시중(侍中)과 황문랑(黃門郎)을 보내어 불렀는데 채모가 병을 이유로 거절하자 다시 아침부터 저녁때까지 사자(使者)를 열 차례 넘게 보내어 불렀다. 채모는 그럼에도 나아가지 않아서 거만하다는 죄목으로 공경(公卿)들의 논박을 받아 형벌을 받을 뻔하였는데 황태후의 명으로 풀려나고 면직되었다. 《晉書 卷77 蔡謨列傳》

377 너무……의리 : '너무 심한 것은 하지 않는다'는 것은 본래 맹자(孟子)가 공자(孔子)를 두고 한 말로, 《맹자》 〈이루 하(離婁下)〉에 "중니는 너무 심한 것은 하지 않으셨다.〔仲尼不爲已甚者〕"라고 하였다. 중니는 공자의 자(字)이다.

말을 다 하지 않음이 없다가 은혜와 예우가 유종의 미를 거두지 못하고 낭패한 채 국도(國都)를 떠나게 되었다. 그러나 찬란하게 사문(斯文)과 세교(世教)의 빛이 되었으니 응당 오십 년 동안의 유자(儒者)들의 출처(出處)의 결국(結局)이 된다. 병계는 온천의 행궁에 부름을 받고 나아갔다가 이윤(尼尹 윤증(尹拯))에게 사제(賜祭)한 것으로 인하여 글을 올리고 떠나갔으니 이 또한 정도(正道)에 맞다.

여호(黎湖 박필주(朴弼周))의 학문은 오로지 돈실(敦實)함에 힘썼으므로 말하고 행동함이 또한 매우 엄중하였다. 일찍이 정자(程子) 문하의 "터럭 하나라도 똑같지 않으면 이는 곧 다른 사람이다."라는 가르침[378]을 따라 종족과 문인들이 모두 초상을 그릴 것을 청하였는데 따르지 않았다. 이에 근암(近菴) 윤공 급(尹公汲)과 퇴헌(退軒) 조공 영순(趙公榮順)이 화사(畫師)를 데리고 와서 간절히 청하기를 마지않았으나 또한 사절하고 돌려보냈다. 이 일이 또한 본받을 만하다.

영종조(英宗朝 영조조)에 대훈(大訓)[379]을 반포할 적에 그 불가함을 말

378 정자(程子)……가르침 : 이천(伊川) 정이(程頤)가 말하기를, "무릇 초상화는 제사에 사용해서는 안 되는데, 만일 초상화를 사용하여 제사한다면 반드시 터럭 하나라도 다른 점이 없어야만 한다. 만약 수염 한 가닥이라도 더 많으면 이는 곧 다른 사람이다. 〔大凡影不可用祭, 若用影祭, 須無一毫差方可. 若多一莖鬚, 便是別人.〕"라고 하였다. 《二程遺書 卷22上》

379 대훈(大訓) : 1741년(영조17)에 반포한 소위 '신유대훈(辛酉大訓)'을 가리킨다. 이는 영조가 당쟁을 일소하고 신임사화(辛壬士禍)의 원흉을 처벌하기 위하여 내린 훈유문(訓諭文)으로, 여기에는 임인옥사의 옥안을 소각하도록 하고, 경종 신축년(1721, 경종1)의 왕세제 건저(建儲)는 역모가 아니라 대비와 경종의 하교에 의한 정당한 조처

하는 자가 있으면 응당 극률(極律)을 적용할 것이라고 대궐에 법을 게시하니 사람들 중에 감히 말을 꺼내는 자가 없었다. 오직 송운평(宋雲坪 송능상(宋能相))이 상소하였다가 환납(還納)되었는데 도백(道伯)과 고을 수령이 화가 미칠 것을 두려워하여 모두 받지 않았다. 이에 운평이 노비를 보내어 직접 승정원에 바쳤는데 승정원에서도 봉납하지 않았다. 마침 상(喪)을 당하여 이 일을 결국 그만두었으나 목숨을 내어놓고 이를 행한 이는 한 시대를 통틀어 오직 운평 한 사람 뿐이었다.

산수헌(山水軒) 권공(權公)[380]이 처음 자의(諮議)에 제수되었을 적에 상소하여 《유곤록(裕昆錄)》[381]에 실려 있는 수암(遂菴 권상하(權尙夏))이 부름에 나아갔을 때의 일에 대해 변론하였는데 영묘(英廟 영조)가 진노하여 즉시 탐라(耽羅)에 위리안치하게 하였다. 그러나 공은 명을

였음을 밝힌 내용이 담겨 있다. 《英祖實錄 17年 9月 24日》 이 훈유문을 완성한 뒤에 이를 태묘에 올리면서 고한 글인 〈어제고묘문(御製告廟文)〉과 이를 신료들과 백성에게 반포한 글인 〈어제교대소신료중외민서서(御製敎大小臣僚中外民庶書)〉를 덧붙여서 《어제대훈(御製大訓)》으로 간행하였다.

380 산수헌(山水軒) 권공(權公) : 권진응(權震應, ?~1775)으로, 자는 형숙(亨叔), 호는 산수헌, 본관은 안동(安東)이다. 권상하(權尙夏)의 증손이며 한원진(韓元震)의 문인이다. 어려서부터 수업하여 오직 학문에만 힘썼고 과거 시험을 보지 않았으나 초선(抄選)에 뽑혀 자의(諮議)가 되었다. 후에 권상하의 일로 《유곤록(裕昆錄)》을 소론(疏論)한 것 때문에 제주(濟州)에 귀양 갔다가 몇 해 뒤에 방면되었으나 병으로 죽었다.

381 유곤록(裕昆錄) : 영조가 당쟁의 폐단을 논하고 그것을 후손들이 감계로 삼도록 한 것을 엮은 책이다. 원제는 《어제엄제방유곤록(御製嚴堤防裕昆錄)》으로 1765년(영조41)에 편찬되었다. '유곤'은 《서경(書經)》 〈중훼지고(仲虺之誥)〉의 "의로 일을 바로잡고 예로 마음을 바로잡아 후세에 덕행을 남겨 주소서.〔以義制事, 以禮制心, 垂裕後昆.〕"라는 말에서 나온 것이다.

듣고도 태연하여 안색에 나타나는 바가 없었고 밤새도록 편안하게 잠을 자며 평소처럼 코를 골았다. 지암(止菴) 김공(金公 김양행(金亮行))이 함께 잠을 자면서 그 미칠 수 없음에 탄복하였으니 군자가 기른 바를 알 수 있다.

산수헌(山水軒 권진응(權震應))은 예(禮)를 잘 알았는데 지친이 상(喪)을 당하면 반드시 몸소 염습을 하며 말하기를, "나는 가난하여 장례 비용을 보탤 수 없으니 마땅히 근력으로 부의를 대신해야 한다."라고 하였다. 지금 사람들은 시구(屍柩)를 두려워하고 흉사(凶事)를 싫어하여 꺼리는 일이 수두룩해서 지친의 초종(初終)에도 참여하지 않는 이가 많으니, 이 어른을 본다면 부끄러워 식은땀이 흐르지 않을 수 있겠는가.

이공 행상(李公行祥), 송공 단(宋公煓), 성공 덕명(成公德明)은 모두 용인(龍仁)에 살면서 한천(寒泉 이재(李縡)) 문하의 고제(高弟)가 되었으니 온 고을에서 '삼처사(三處士)'라고 불렀다. 송덕상(宋德相)[382]이 성상의 간곡한 재촉을 받았을 적에 삼처사는 그가 장차 홍국영(洪國榮)에게 지조를 잃을까 걱정하여 나아가지 말도록 힘껏 권유하였다. 그리고 끝내 마음을 돌릴 수 없자 나란히 송덕상이 있는 곳으로 가서

382 송덕상(宋德相) : ?~1783. 자는 숙함(叔咸), 호는 과암(果菴), 본관은 은진(恩津)이다. 우암(尤菴) 송시열(宋時烈)의 현손이다. 1753년(영조29) 천거로 세자익위사 세마에 제수되어 출사하고 홍국영(洪國榮)의 비호로 출세 길을 달려 이조 판서가 되었으나 홍국영이 실각하자, 1781년(정조5) 삼수부(三水府)에 안치되었으며, 기해년(정조3)에 올렸던 상소에 흉역(凶逆)의 뜻이 있다 하여 옥에 갇혔다가 별세하였다.

전별하고 이어서 "이번 걸음을 그만둘 수 없는 이상, 강상(江上)에 이르러 한 번 상소하고 곧장 돌아온다면 그나마 만회할 수 있을 것이다."라고 하였다. 송덕상이 또 이를 따르지 않자 삼처사가 서로 돌아보며 근심하고 탄식하여 말하기를, "우리 군주가 유자(儒者)를 경시하도록 만드는 것은 틀림없이 이 사람 때문일 것이다."라고 하였는데, 결국 그 말대로 되었다.

신직암(申直菴)[383]이 일찍이 미호(渼湖 김원행(金元行))를 방문하였는데 미호가 맞이하여 안부 인사를 마친 뒤에 말하기를, "우리 두 집안이 예전에는 세교(世交)가 매우 돈독하였는데 임인년(1722, 경종2) 이후로 옛 친분을 다지기가 어렵게 되었습니다."라고 하고는 다시는 함께 말을 하지 않았다. 이는 바로 직암의 부친인 신성하(申聖夏)가 흉적(凶賊) 목호룡(睦虎龍)을 위한 회맹제(會盟祭)[384]에 참석하였기 때문

383 신직암(申直菴) : 신경(申暻, 1696~?)으로, 자는 명윤(明允), 호는 직암, 본관은 평산(平山)이다. 영의정 신완(申琓)의 손자이며, 박세채(朴世采)의 외손이다. 1756년(영조32) 호조 참의로 있으면서 박세채의 문묘배향을 주장하다가 사림들의 탄핵으로 삭탈관직 되었고, 1763년에 시강원 찬선에 특별히 제수되었는데 이를 고사하였다. 저서로는 《직암집》이 있다.

384 흉적(凶賊)……회맹제(會盟祭) : 1723년(경종3) 3월에 목호룡(睦虎龍)을 공신으로 녹훈(錄勳)하기 위하여 열었던 회맹제를 이른다. 목호룡(1684~1724)은 남인(南人) 서얼(庶孽) 출신으로, 일찍이 종실인 청릉군(靑陵君)의 가동(家僮)으로 있으면서 풍수지리술을 배워 지관이 되었다. 처음에는 노론(老論)의 자제들과 어울렸으나 1721년 김일경(金一鏡) 등의 소(疏)로 이이명(李頤命)·김창집(金昌集)·이건명(李健命)·조태채(趙泰采) 등 노론 사대신이 유배되고 소론(少論) 정권이 들어서자, 다음 해인 1722년 소론에 가담하여 경종을 시해하려는 모의가 있었다는 이른바 '삼급수설(三急手說)'로 고변(告變)하였다. 이 고변으로 인하여 역모로 지목된 60여 명이 처벌되고, 노론

이다. 직암은 강변하지도 않고 서운한 기색도 없이 조용히 인사하고 떠나갔다. 두 현인이 처신한 바가 각각 정당함을 잃지 않았다.

직암(直菴 신경(申暻))은 학문을 함에 질박하고 실제적인 곳에 공력을 들여 오로지 실천하고 조술(祖述)하는 데에 힘을 써서, 말과 문장에 드러난 것이 털끝만큼이라도 허탄하고 과장된 것이 없었다. 매번 사직소를 올릴 때마다 반드시 백 번 절을 올렸으며, 만년에 근력으로 예를 행할 수 없게 되어서는[385] 장여헌(張旅軒 장현광(張顯光))이 행했던 바대로 횟수를 줄여 오십 번 절을 올렸다.

직암(直菴 신경(申暻))이 남계(南溪)[386]를 위해 변론한 심정은 또한 혈

사대신이 사사(賜死)되었다. 고변의 공으로 부사공신(扶社功臣) 3등으로 동성군(東城君)에 봉해지고 동지중추부사에 올랐으나, 1724년(영조 즉위년) 영조가 즉위하면서 신임사화가 무고임이 밝혀지자, 김일경과 함께 붙잡혀 국문을 받던 중 옥중에서 급사하였다.

385 근력으로……되어서는 : '근력으로 예를 행한다'는 것은 본래 《예기(禮記)》 〈곡례 상(曲禮上)〉에 보이는 말로, "가난한 자는 재물을 가지고 예를 행하지 않으며, 늙은 자는 근력으로 예를 행하지 않는다.〔貧者不以貨財爲禮, 老者不以筋力爲禮.〕"라고 하였다.

386 남계(南溪) : 박세채(朴世采, 1631~1695)로, 자는 화숙(和叔), 호는 남계·현석(玄石), 본관은 반남(潘南)이다. 신경(申暻)의 외조부이다. 당대의 유종(儒宗)으로 특히 예학(禮學)에 밝아 이에 관한 많은 저술을 남겨 17세기 성리학의 예학적 전개라는 새로운 학풍을 주도하였으며, 유학의 도통(道統)에 깊은 관심을 가져 《이학통록보집(理學通錄補集)》을 저술하여 중국 유학의 학통을 밝혔고, 그와 아울러 방대한 《동유사우록(東儒師友錄)》을 써서 동방의 도학 연원을 밝혔다. 1689년(숙종15) 기사환국(己巳換局) 때에 모든 관직에서 물러나 야인생활을 하였으나, 1694년 갑술환국(甲戌換局)

성(血誠)에서 나온 것이지만, 공론에 모두 내맡기는 것이 정도(正道)에 맞으니 이것만 못하다. 효자자손(孝子慈孫)도 오히려 그 부조(父祖)의 잘못을 엄폐할 수 없는데[387] 하물며 외조(外祖)는 어떠하겠는가.

윤북정(尹北亭) 지술(志述)[388]이 화를 당한 후에 숙야재(夙夜齋)[389]·정암(貞菴)[390] 형제가 그 사후의 일을 대처한 바가 지극하지 않음이

이후 우의정·좌의정을 두루 거치며 소론의 영수가 되었다. 문묘에 종향되었으며, 시호는 문순(文純)이다.

387 효자자손(孝子慈孫)도……없는데 : 《맹자(孟子)》 〈이루 상(離婁上)〉에 "백성에게 포악하게 행하는 것이 심하면 몸이 시해를 당하고 나라가 망하며, 심하지 않으면 몸이 위태로워지고 국토가 줄어든다. 유(幽)나 여(厲) 같은 폭군의 시호로 명명되면 비록 효자자손(孝子慈孫)이 나온다고 하더라도 백세토록 고칠 수 없다.〔暴其民甚, 則身弑國亡, 不甚, 則身危國削. 名之曰幽厲, 雖孝子慈孫, 百世不能改也.〕"라는 말이 보인다.

388 윤북정(尹北亭) 지술(志述) : 윤지술(尹志述, 1697~1721)로, 자는 노팽(老彭), 호는 북정, 본관은 칠원(漆原)이다. 1720년(경종 즉위년)에 성균관 장의로서, 숙종의 지문(誌文)에 장희재(張希載)를 처형하고 희빈(禧嬪) 장씨(張氏)를 사사(賜死)한 일이 기록되지 않은 것과 노론(老論)의 손을 들어 준 병신처분(丙申處分)의 시비가 불분명하게 기록된 것을 상소하고 유생들을 선동하여 권당(捲堂)하였는데, 1721년(경종1) 12월 신축환국(辛丑換局)이 일어나 소론(少論)이 정권을 잡게 되면서 처형당하였다. 1725년(영조1)에 노론의 주청으로 신원되어 사현사(四賢祠)에 배향되었다. 시호는 정민(正愍)이다.

389 숙야재(夙夜齋) : 민익수(閔翼洙, 1690~1742)로, 자는 사위(士衛), 호는 숙야재, 본관은 여흥(驪興)이다. 1717년(숙종43)에 생원시에 합격하여 세마가 되었으나, 조정이 당론으로 소란스러운 것을 보고는 과업(科業)을 포기한 채 동생 정암(貞菴) 민우수(閔遇洙)와 함께 여강(驪江)으로 돌아가 은거하였다. 그 뒤 군자감 정, 사헌부 장령 등에 제수되었다. 시호는 문충(文忠)이다.

390 정암(貞菴) : 민우수(閔遇洙, 1694~1756)로, 자는 사원(士元), 호는 정암, 본관

없었다. 숙야재는 자신의 딸을 북정의 아들 윤일복(尹一復)에게 시집 보내었고 정암은 자신의 부인을 보내어 북정의 부모가 돌아가실 때까지 봉양하도록 하였다. 또 윤일복을 가르치고자 하였으나 윤일복이 와서 배우려고 하지 않자, 정암이 수백 리 거리가 되는 곳에 우거하면서 찾아가 가르쳤다. 이와 같은 경우라야 비로소 "죽은 자가 다시 살아나더라도 산 자가 부끄러움이 없다."라고 할 수 있을 것이다.

숙야재(夙夜齋 민익수(閔翼洙))는 영묘(英廟 영조)가 망극한 무함을 당한 것을 애통해 하여 일신의 출처(出處)를 가지고 성상의 무함을 밝히는 의체(義諦)로 삼아서 수차례 이광좌(李光佐)의 천거를 받았으나 궁벽한 산속에서 뜻을 굳게 지키며 평생토록 자정(自靖)[391]하였다. 이와 같은 자는 참으로 원릉(元陵 영조)의 충신이다.

정암(貞菴 민우수(閔遇洙))은 젊었을 적에 영발(英發)하고 또한 몹시 조급하여서, 반인(泮人)이 와서 승보시(陞補試)에서 장원하였음을 고하자 놀라고 기뻐하여 병풍을 뛰어넘어 응할 정도였다. 그러다가 학문에 힘쓰게 되면서 기질을 바로잡아 점점 돈후(敦厚)하고 온화(溫和)하게 되었다. 하루는 밤에 도둑이 들었는데 노비를 불러 도둑을 경계하면서 조금도 다급해 하지 않고 도둑이 스스로 도망가도록 만들었으니 너그

은 여흥(驪興)이다. 1714년(숙종40)에 생원시에 합격하였다. 1721년(경종1)에 신축환국(辛丑換局)으로 처남 윤지술(尹志述)이 죽고 중부(仲父) 민진원(閔鎭遠) 등이 유배되어 일가에 화가 미치자 여강(驪江)으로 돌아가 학문에 전념하였다. 영조 즉위 후에 다시 조정의 부름을 받아 공조 참판, 대사헌 등에 제수되었다. 시호는 문원(文元)이다.

391 자정(自靖) : 은둔하여 지조를 지킴을 뜻하는 말이다. 91쪽 주193 참조.

럽고 여유가 있는 것이 이와 같았다. 일찍이 연평(延平 이통(李侗))과 퇴계(退溪 이황(李滉))를 사모하여 《연평문답(延平問答)》과 《퇴계언행록(退溪言行錄)》을 귀중히 모셔두고 이로써 후생들을 권면하여 말하기를, "이것이 기질을 변화시킬 수 있다."라고 하였다. 나는 《정암집(貞菴集)》 한 책이 또한 사람의 기질을 변화시킬 수 있다고 하겠다.

지암(止菴 김양행(金亮行))이 만년에 병들어 강수(講授)할 수 없었는데 민 상서(閔尙書) 종현(鍾顯)이 자신의 아들 민치복(閔致福)을 데리고 나아와 뵙고서 말하기를, "오늘날에는 사생(師生)이란 이름이 세상 사람들에게 천시를 받아 거의 끊어지게 되었습니다. 제 아이가 비록 어리석어서 책을 가지고 나아와 학업을 청할 수 없지만, 문하에 일찍 이름을 의탁하여 이 도리를 지켜나간다면 또한 아름다운 일이 될 수 있을 것입니다."라고 하였다. 이에 지암이 웃으며 고개를 끄덕였으니 이를 통해 왕철(往哲)의 풍도를 볼 수 있다. 노주(老洲)의 만년에 학업을 청하는 자가 있자 이 일을 들어 일러 주었다.[392]

지암(止菴 김양행(金亮行))이 병든 몸을 끌고 조정에 나아갈 적에 궐문에

392 노주(老洲)의……주었다 : 노주는 오희상(吳熙常, 1763~1833)으로, 《노주집(老洲集)》 권13 〈답이정관(答李正觀)〉에 이 일이 보인다. 오희상의 자는 사경(士敬), 호는 노주, 본관은 해주(海州)이며, 시호는 문원(文元)이다. 1800년(정조24) 천거로 세자익위사 세마에 제수되고, 황해도 도사 등을 지낸 뒤, 벼슬에서 물러나 광주(廣州)의 징악산(徵嶽山)에 은거하고 이후 찬선 등 여러 관직에 제수되었으나 모두 사양하고 나아가지 않았다. 성리학에 조예가 깊어 이황(李滉)과 이이(李珥)의 설을 절충하였다. 저서로는 《노주집》이 있다.

들어서서 걸음마다 쉬었다. 이에 홍국영(洪國榮)이 사람을 보내어 길목을 지키고 있다가 숙위(宿衛)하는 곳에 들어가 쉴 수 있게 하였다. 그러나 지암은 끝내 이를 따르지 않고 성상의 접견을 마치고 곧장 나와 버렸다.

윤신재(尹信齋) 득부(得孚)[393]는 평생 동안 한 가지 일도 구차히 행하지 않고 한 걸음도 부정하게 내딛지 않아서 명의(名義)와 풍절(風節)이 당세의 제일류(第一流)가 되었다. 이 때문에 건릉(健陵 정조)에게 지우(知遇)를 받아서 주자(胄子)를 가르치는 직책을 맡아 은혜와 예우가 융성하여 시종 변함이 없었다. 만약 정묘조(正廟朝 정조조)의 완인(完人)[394]을 꼽는다면 응당 이보다 앞설 이가 없을 것이다.

처음에 유선(諭善)에 제수되었을 적에 성상이 명하여 반현(泮峴)에 집을 마련하고 집을 살 돈을 하사하였는데, 공이 사양하며 말하기를, "강상(江上)에 집이 있으니 그 집값으로 충당할 수 있습니다. 마땅히 옛집을 팔아 새집을 사야 하니 감히 집을 하사하시는 명을 받들 수 없습니다."라고 하였다. 성상이 수차례 거듭 유시하였으나 끝내 명을

393 윤신재(尹信齋) 득부(得孚) : 윤득부(尹得孚, 1723~1799)로, 자는 사휴(士休), 호는 신재, 본관은 해평(海平)이다. 1774년(영조50) 식년문과에 병과로 급제하여 성균관 전적, 병조 좌랑, 사간원 정언, 은산 현감(殷山縣監), 홍문관 수찬 등을 지냈다. 윤증(尹拯)을 복관(復官)하는 것에 대하여 불가함을 주장하였다가 당국자의 미움을 사서 금갑도(金甲島)에 유배되었는데 곧 풀려나 양근(楊根)의 촌사(村舍)에 우거하였다. 이후에 대사간, 대사성, 예조·형조 참판, 세손강서원 좌유선 등을 역임하였다.

394 완인(完人) : 당쟁이 극심한 가운데에도 해를 입지 않고 온전하게 지조와 목숨을 지킨 사람을 이른다.

따르지 않았다. 이에 성상이 은밀히 액속(掖屬)을 시켜 직접 공의 강상(江上)의 집을 사들이되 집값을 넉넉히 쳐주도록 해서 공이 그 값으로 새집을 사게 되었으니 바로 반현에 있는 집이다. 공이 별세한 후 경신년(1800, 정조24)에 정묘가 순묘(純廟 순조)와 함께 비궁(閟宮 종묘)을 배알할 적에 공의 옛집이 연로(輦路)의 옆에 있었는데 동궁을 돌아보고 이를 가리키며 알려 주었으니 지금까지도 성사(盛事)로 전해지고 있다. 공의 제회(際會)는 계묘년(1783, 정조7)에 한 주의(奏議)에 참여하면서부터 시작하였는데, 하사하는 집을 받지 않은 것은 또한 자중(自重)의 한 가지 일이다.

과재(過齋) 김공(金公)[395]이 약관의 나이였을 때에 종가(宗家)의 부인(婦人)이 무녀에게 현혹되어 대대로 전해오는 물건을 모조리 탕진한다는 것을 듣고는 직접 그 장소에 찾아갔는데, 무녀가 파(芭)를 전해주고[396] 방울을 부수었으나 신이 내리지 않아서 그 술법을 부리지 못하였다. 양강(陽剛)의 기운을 귀신이 꺼려 한 것이 우옹(尤翁)이 어렸을

395 과재(過齋) 김공(金公) : 김정묵(金正默, 1739~1799)으로, 자는 이운(而運), 호는 과재, 본관은 광산(光山)이며, 초명은 두묵(斗默)이다. 김장생(金長生)의 후손이며 만년에 정민리(貞民里)에 거주하였다. 조부 김운택(金雲澤)이 신임사화 때에 화를 당한 것을 애통해 하여 벼슬하는 것을 꺼려하고 학문에만 전념하였다. 유일(遺逸)로 천거되어 돈녕부 참봉, 사헌부 지평 등에 제수되었으나 사직하고 나아가지 않았다. 성리학과 예설(禮說)에 밝았으며, 저서로는 《과재유고(過齋遺稿)》가 있다.

396 파(芭)를 전해 주고 : '파(芭)'는 무당이 신에게 제사할 때에 손에 쥐는 향초의 이름으로, 이를 쥐고서 춤을 추다가 춤이 끝나면 다른 사람에게 전해 주어 다시 사용하게 한다. 《초사(楚辭)》 〈구가(九歌) 예혼(禮魂)〉에 "파를 전해 주며 번갈아 춤춘다.〔傳芭兮代舞.〕"라고 하였다.

때의 일[397]과 같으니 간세(間世)의 기운을 타고난 인물임을 알 수 있다.

이임은(李林隱) 민곤(敏坤)[398]이 직언하는 소(疏)를 올려 일을 논하였다가 엄중한 견책을 받고 북쪽 변방으로 유배 가게 되었는데, 홍대상한(洪台象漢)이 찾아와 전별하면서 손을 잡고 탄식하며 위로하였다. 그러자 이공(李公)은 안색에 나타나는 바가 없이 천천히 말하기를, "비록 사생결활(死生契闊)[399]에 관계되더라도 사부(士夫)의 손을 잡아서는 안 됩니다."라고 하니 홍대가 머쓱해 하였다. 이공의 지기(志氣)가 강직하여 죽더라도 변함이 없었던 것이 이와 같으니, 명성과 지위가 현달하지 못한 것은 실로 이 때문이다. 그러나 뜻을 굽혀 몸을 욕되게 하지 않은 것으로 말하면 당세의 완인(完人)[400]이 됨에 손색이

397 우옹(尤翁)이……일 : 우옹은 우암(尤菴) 송시열(宋時烈)로, 송시열이 여덟 살 때에 옥천(沃川)에 영험하다는 무녀가 있었는데 송시열이 그곳에 가면 함부로 떠들어대지 못하면서 말하기를, "이 낭군이 오면 신령이 내리지 않는다."라고 하였다고 한다. 《宋子大全 附錄 卷2 年譜》

398 이임은(李林隱) 민곤(敏坤) : 이민곤(李敏坤, 1695~1756)으로, 자는 후이(厚而), 호는 임은, 본관은 전주(全州)이다. 1727년(영조3) 사마시에 합격하고, 1735년 문과에 급제하여 승정원 주서, 보령 현감(保寧縣監), 시강원 보덕, 사헌부 집의·사간 등을 지냈다. 1727년에 강도 유수(江都留守)의 독직사건이 있어 이를 논핵하다가 육진(六鎭)으로 귀양 가던 도중 금성(金城)의 숙소에 불이 나서 죽었다. 영조가 이 소식을 듣고 관직을 회복시키고 도승지에 추증하였다.

399 사생결활(死生契闊) : 죽음과 삶, 오래 이별함을 뜻하는 말로, 《시경(詩經)》〈패풍(邶風) 격고(擊鼓)〉에 "죽든 살든 멀리 떨어져 있든, 그대와의 약속 이루자고 하였노라.〔死生契闊, 與子成說.〕"라고 하였다.

400 완인(完人) : 당쟁이 극심한 가운데에도 해를 입지 않고 온전하게 지조와 목숨을 지킨 사람을 이른다.

없다.

영변(寧邊) 사람 윤거형(尹居衡)[401]은 만호(萬戶)의 관직을 그만두고 물러나서 다시는 벼슬하지 않고 독서하며 의(義)를 행하니 온 고을에 명망이 높아서 송파처사(松坡處士)라고 일컬어졌다. 도암(陶菴 이재(李縡))은 어사로 있을 때에 미처 그의 명성을 듣지 못하여 끝내 천거하지 못한 것을 평생의 한으로 여겼다. 그의 아들 윤제세(尹濟世)[402]는 호가 취암(就巖)인데, 부친의 학문을 대를 이어가서 침랑(寢郎)에 제수되어도 출사하지 않았으니 도암이 또한 선사(善士)라고 칭송하였다. 부자가 학업을 이어나간 것이 관서(關西)의 걸사(傑士)라고 이를 만한데 이름이 민멸되어 일컬어지지 않으니 안타까울 뿐이다.

효재(嘐齋)[403]는 예(禮)를 잘 알아서 사부(士夫)의 삼가례(三加禮)[404]

401 윤거형(尹居衡) : 1654~1715. 자는 임중(任重), 호는 송파(松坡), 본관은 파평(坡平)이다. 처음에는 무과에 응시하고자 무예를 닦았으나 이를 버리고 학문에 전념하여 경전과 성리학을 깊이 연구하였다. 집 뒤에 강당을 지어서 후진들을 교육하여 학문의 불모지로 알려진 영변(寧邊)에 문풍을 크게 진작하였다. 뒤에 고을의 백성들에 의하여 영변의 남악사(南岳祠)에 제향되었다.

402 윤제세(尹濟世) : 1677~1751. 자는 인숙(仁淑), 호는 취암(就巖), 본관은 파평(坡平)이다. 평안도 지방의 대학자인 부친 윤거형(尹巨衡)의 뒤를 이어 더욱 학문에 힘써서 경학(經學)에 해박하고 문명(文名)이 있었다. 학행(學行)으로 암행어사의 천거를 받아 종묘서 영에 제수되었으나 나아가지 않았다.

403 효재(嘐齋) : 김용겸(金用謙, 1702~1789)으로, 자는 제대(濟大), 호는 효효재(嘐嘐齋), 본관은 안동(安東)이다. 포음(圃陰) 김창즙(金昌緝)의 아들로, 학문이 깊고 행실이 뛰어났다. 경행(經行)으로 천거되어 벼슬을 시작하여 우승지, 동지돈녕부사,

에 빈(賓)[405]이 되면 의법(儀法)에 조금도 잘못함이 없었다. 또한 이우당(二憂堂 조태채(趙泰采))의 사손(嗣孫)이 관례(冠禮)를 행하는 자리에 나아간 적이 있는데, 기물들이 너무 사치스러운 것을 보고는 서둘러 나와 버렸다. 주인이 그 까닭을 묻자 공이 책망하며 말하기를, "사치스러우면서 망하지 않는 자는 없으니, 저는 이 자리에 참석하고 싶지 않습니다."라고 하였다. 그러자 주인이 사죄하여 마지않고 즉시 소박한 기물들로 바꾸니 공이 비로소 예(禮)를 행하고 거듭 경계한 뒤에 돌아왔다. 여기에서 또한 옛사람의 풍절(風節)을 살펴볼 수 있다.

중주(中洲) 이공(李公)[406]이 어렸을 적에 거업(擧業)을 닦았는데, 과장(科場)에 임하여 관절(關節)[407]의 기회가 있을 때마다 번번이 뿌리쳤다. 종형(從兄) 이 상서(李尙書) 익보(益輔)[408]가 나아가 취할 것을

공조 판서 등을 지냈다.

404 삼가례(三加禮) : 관례(冠禮)를 이르는 말로, 관례를 행할 적에 처음에는 치포관(緇布冠)을 씌우고, 두 번째에는 가죽으로 만든 피변(皮弁)을 씌우고, 세 번째에는 작변(爵弁)을 씌워서 모두 세 번에 걸쳐 관을 씌우기 때문에 이렇게 부른다.

405 빈(賓) : 관례(冠禮) 때에 예(禮)를 주관하여 행하는 자를 이른다.

406 중주(中洲) 이공(李公) : 이직보(李直輔, 1738~1811)로, 자는 유종(維宗), 호는 중주·돈암(遯菴), 본관은 연안(延安)이다. 초명은 성보(城輔)인데 1801년(순조1) 대사헌으로서 상소하여 직보로 개명하였다. 김양행(金亮行)에게 수학하였으며 1784년(정조8) 유일(遺逸)로 천거되어 선공감 감역에 제수되었으나 나아가지 않았고, 이듬해 세자익위사 부솔이 되었다. 이후 대사헌, 이조 판서, 성균관 좨주 등에 제수되었다. 시호는 문경(文敬)이다.

407 관절(關節) : 요로(要路)의 인물에게 뇌물을 바치고 합격시켜 주기를 청탁하는 것을 이른다.

408 이 상서(李尙書) 익보(益輔) : 이익보(李益輔, 1708~1767)로, 자는 사겸(士

권하여도 따르지 않고 지암(止菴) 김공(金公 김양행(金亮行))을 따라 여주(驪州)에 자리를 잡고 살면서 과거에 응시하지 않았다. 이 상서가 "과환(科宦)을 일삼지 않으면 도적이 될 뿐이다."라고 하며 꾸짖었으나 조금도 태도를 바꾸지 않았다. 그 염정(恬靜)하고 욕심이 적은 것은 본래 타고난 품성이 그러한 것이다. 종질(從姪) 이술원(李述源)이 일찍이 탄복하기를, "우리 숙부는 바로 옛날의 이른바 일민(逸民)[409]이다."라고 하였다.

정 지평(鄭持平) 종로(宗魯)는 정우복(鄭愚伏)의 사손(嗣孫)으로서 능히 가학을 이어받아 우산(愚山)의 고택에서 경서를 강독하니 종학하는 자들이 거의 영남(嶺南) 전역에 두루 퍼졌다. 그가 문인 최상룡(崔象龍)에게 준 시에 다음과 말하였다.

그대가 천 리 길 멀다 않고 찾아온 것 갸륵하니	憐君千里不曾遙
석실에서 글 읽으며 몇 날 아침을 보냈던가	石室伊吾送幾朝
단약이 용호의 솥에서 이루어지려고 하니[410]	丹粒欲成龍虎鼎

謙), 본관은 연안(延安)이다. 참판 이우신(李雨臣)의 아들로, 1739년(영조15) 알성문과에 병과로 급제하였으며, 경상도 관찰사, 대사헌, 병조 판서, 이조 판서, 좌참찬 등을 역임하였다.

409 일민(逸民) : 학문과 덕행이 있으면서도 세상에 나서지 아니하고 묻혀 지내는 사람을 이른다.

410 단약이……하니 : 이는 도가(道家)의 선술(仙術)에서 연단(鍊丹)하는 방법을 가지고 말한 것이다. '용호(龍虎)'는 수(水)와 화(火)로, 구체적으로는 납과 수은을 가리킨다. 주희(朱熹)의 〈재거감흥(齋居感興)〉 시에서도 연단하여 신선이 되는 것에 대해 "금솥에 용호가 서려 있으니, 삼 년 만에 신선의 단약을 만들었네.〔金鼎蟠龍虎, 三年養神丹.〕"라고 하였는데, 이에 대한 웅강대(熊剛大)의 주(註)에 "수(水)와 화(火)의 두

청춘에 봉황의 둥지에서 이미 배운 것이지 青春已學鳳凰巢
경을 연구함에 정밀하게 분석할 수 있으니 研經會使分銖縷
일에 임해서는 나무다리 건너듯이 해야 한다네 臨事須要過木橋
그리고 다시 소옹을 가지고 극진히 미루어 나아가면 更把邵翁推得盡
마음대로 어초에게 답해도 문제될 거 없으리[411] 不妨隨意答漁樵

이 시는 또한 빼어나서 외울 만하다.

정 처사(鄭處士) 혁신(赫臣)[412]이 오서산(烏棲山)에 은거하며 "처마 끝 날갯짓 익히는 새는 하늘로 날아오르려는 뜻을 품고, 베개 아래

솥을 써서 신선의 단약을 삶아 단련함에 용호의 기(氣)가 서로 서리고 맺힌다. '용호'는 납과 수은이니, 연단하는 약물이다.〔用水火二鼎, 烹煉神丹, 龍虎之氣, 交相蟠結. 龍虎, 鉛汞也, 煉丹藥物也.〕"라고 하였다. 《性理群書句解 卷4 感興十五首》

411 그리고……없으리 : 이는 경서를 연찬하고 일에 대처하는 방법을 익힌 뒤에야 천지 음양의 심오한 이치에 대해 탐구해도 무방하다는 뜻이다. '소옹(邵翁)'은 상수학(象數學)에 능통하였던 북송(北宋)의 학자 소옹(邵雍)을 이른다. '어초에게 답한다'는 것은 소옹이 일찍이 〈어초문대(漁樵問對)〉라는 글을 지었기 때문에 언급한 것이다. 〈어초문대〉는 낚시꾼과 나무꾼이 서로 문답하는 형식을 빌려서 음양(陰陽)·화육(化育)의 단서와 성명(性命)·도덕(道德)의 오지(奧旨)에 대해 논한 것으로, 처음에는 낚시꾼과 나무꾼이 물고기와 사람의 이해(利害)를 말하다가, 땔나무와 물고기의 관계를 가지고 수(水)와 화(火)의 체용에 대한 내용으로 옮겨서 본격적으로 토론을 전개하고 있다. 《性理大全 卷13 皇極經世書 外書 漁樵問對》

412 정 처사(鄭處士) 혁신(赫臣) : 정혁신(鄭赫臣, 1719~1793)으로, 자는 명준(明峻), 호는 성당(性堂), 본관은 경주(慶州)이며, 일명은 덕구(德耉)이다. 1764년(영조40)에 가솔을 이끌고 오서산(烏棲山)으로 들어가 양성당(養性堂)을 짓고 기거하며 학문에 정진하였고, 1787년(정조11)에 암행어사 심환지(沈煥之)의 천거로 광릉 참봉(光陵參奉)에 제수되었으나 사직하였다. 1790년에 원자 탄생을 기념하여 통정대부(通政大夫)로 가자(加資)되고 첨지중추부사에 제수되었다. 저서로는 《성당집(性堂集)》이 있다.

졸졸 흐르는 샘물은 바다에 이르려는 마음을 가졌네.〔簷前習鳥沖天志 枕下鳴泉達海情〕"[413] 등의 시구를 지었는데 청아하고 빼어나서 외울 만하다.

김죽암(金竹菴) 직순(直淳) 청부(淸夫)[414]와 이죽촌(李竹村) 우신(友信) 익지(益之)[415]와 민확재(閔擴齋) 치복(致福) 원리(元履)[416]는 동시

413 처마……가졌네 : 이 시는 정혁신(鄭赫臣)의 문집인 《성당집(性堂集)》 권1에 〈오서산에 집을 마련한 뒤에 석호 이공의 초은시에 답하다〔烏棲卜居後答石湖李公招隱詩〕〉라는 제목으로 실려 있는데, '前'은 '端', '沖天志'는 '銜霄意', '達'은 '到'로 되어 있다. 이 시의 전문은 다음과 같다. "산곽이 해를 향하는 정성 없는 것 아니나, 뿌리가 고단하고 꽃이 피지 못하여 기울일 수가 없네. 처마 끝 날갯짓 익히는 새는 하늘로 날아오르려는 뜻을 품고, 베개 아래 졸졸 흐르는 샘물은 바다에 이르려는 마음을 가졌네. 산굴에서 구름 두어 점 나오자 천리에 비를 뿌리고, 바위 위에 둥근 달 하나 뜨자 만가가 밝아지네. 천지에 밤이 길어 찬바람 일어나는데, 텅 빈 창문 닫으니 촛불 빛이 청아하네.〔山藿非無向日誠, 根孤花澁不堪傾. 簷端習鳥銜霄意, 枕下鳴泉到海情. 數點峀雲千里雨, 一輪巖月萬家明. 乾坤夜久寒風發, 且掩虛窓蠟火淸.〕"

414 김죽암(金竹菴) 직순(直淳) 청부(淸夫) : 김직순(金直淳, ?~?)으로, 자는 청부, 호는 죽암, 본관은 안동(安東)이다. 지암(止菴) 김양행(金亮行)의 손자이며, 사헌부 지평·집의 등에 제수되었다.

415 이죽촌(李竹村) 우신(友信) 익지(益之) : 이우신(李友信, 1762~1822)으로, 자는 익지, 호는 죽촌·문원(文原)·수산(睡山), 본관은 덕수(德水)이다. 지암(止菴) 김양행(金亮行)의 문하에서 수학하였으며, 1818년(순조18) 경연관과 서연관에 등용되고 이듬해 세자시강원 자의에 제수되었다.

416 민확재(閔擴齋) 치복(致福) 원리(元履) : 민치복(閔致福, 1766~1814)으로, 자는 원리, 호는 확재, 본관은 여흥(驪興)이다. 지암(止菴) 김양행(金亮行)의 문하에서 수학하였고, 1789년(정조13) 사마시에 합격하여 원릉 참봉(元陵參奉), 동몽교관, 빙고별제, 호조·공조·형조 낭관, 남평 현감(南平縣監) 등을 지냈다.

대에 성대한 명성이 있어서 '여강 삼절사(驪江三絶士)'로 일컬어졌다. 김공(金公)과 이공(李公)은 이름이 유선(儒選)에 올랐으나 짧은 수명에 가로막혔고, 민공(閔公)은 녹사(祿仕)[417]에 몸을 감추었는데 또 요절함을 면치 못하여 그 뜻과 사업을 확충하여 드러내지 못하였으니, 이는 오당(吾黨)의 운기(運氣)에 관계된 것이다. 확재의 문장과 경서에 대한 지식은 동류(同流)보다 몹시 뛰어나니 더욱 안타깝다.

이규복(李圭復)이 도암(陶菴 이재(李縡))을 처음 배알했을 적에 도암이 그 세벌(世閥)을 물었는데, 이규복이 시를 지어 대답하기를, "삼대가 기병의 가포를 낸 자이고, 한평생 궁벽한 산골에서 향교의 생도 된 몸입니다.〔三世騎兵價布者 百年窮峽校生身〕"라고 하였다. 처지가 비천함을 숨기지 않은 것은 진실로 이미 분수를 아는 것이고, 이로 인하여 진실한 마음으로 학문을 해서 조예가 또한 참되었으니, 참으로 비범한 선비이다. 그 처가 시부모에게 순종하지 않다가 이규복의 지행(至行)을 보고서 불손한 태도가 감화되어 끝내 효부(孝婦)가 되었다. 정선(旌善)의 송석(松石)에 살았는데 이를 자호(自號)로 삼았다.

일찍이 영남(嶺南)에 들렀을 적에 하천(下賤)들이 모두 퇴계(退溪 이황(李滉))를 노선생(老先生)이라고 일컫는 것을 들었는데, 청주(淸州)

417 녹사(祿仕) : 부귀영달을 위해 벼슬하는 것이 아니라 가난을 면하기 위해 녹봉을 받고자 벼슬하는 경우를 말한다. 한유(韓愈)의 〈쟁신론(爭臣論)〉에 "옛사람이 말하기를, 벼슬은 가난 때문에 하는 것이 아니지만 때로는 가난 때문에 해야 하는 경우도 있다고 하였는데, 이러한 벼슬을 녹사라고 한다.〔古之人有云: 仕不爲貧, 而有時乎爲貧. 謂祿仕者也.〕"라고 보인다.

에서는 우암(尤菴 송시열(宋時烈))을 대감이라고 일컫는다. 이를 통해 호서(湖西)와 영남 풍속의 후박(厚薄)을 확인할 수 있다.

국조(國朝)의 성세(盛世)에는 언의(言議)가 모두 유자(儒者)에게서 나왔으므로 조정에서 모두 산림(山林)에게 우러러 기대하였으니 세교(世敎)의 성쇠가 관계된 바였다. 이 상서(李尙書) 익보(益輔)가 종형(從兄) 진암(晉菴)[418]을 배알하고 말하기를, "미호(渼湖 김원행(金元行))를 찾아가 배알하니 미호가 종형을 두고 '정승이 되어서 건의하는 바가 없이 세속을 따라 아부하여 사론(士論)에 죄를 얻었다'고 말씀하였습니다."라고 하였다. 그러자 진암의 기운이 저상하여 마치 몸 둘 바를 모르는 것과 같았고 감히 미호에게 유감을 표하지 못하였다. 여기에서 또한 당시 사부(士夫)의 훌륭한 풍절(風節)을 볼 수 있다.

한 소열(漢昭烈)이 "작은 선(善)이라고 하여 아니 하지 말고, 작은 악(惡)이라고 하여 하지 말라.〔勿以善小而不爲 勿以惡小而爲之〕"라고 한 것[419]은 《서경(書經)》 〈이훈(伊訓)〉에 "당신은 덕에 있어서는 비

418 진암(晉菴) : 이천보(李天輔, 1698~1761)로, 자는 의숙(宜叔), 호는 진암, 본관은 연안(延安)이며, 시호는 문간(文簡)이다. 1739년(영조15) 알성문과에 을과로 급제했다. 이조와 병조 판서를 거쳐 1752년 우의정이 되고 같은 해 좌의정을 거쳐 1754년 영의정에 승진된 후 영돈녕부사로 전임했다. 1761년 장헌세자(莊獻世子)의 평양 원유사건(遠遊事件)에 책임을 지고 자결했다. 저서로는 《진암집》이 있다.

419 한 소열(漢昭烈)이……것 : 한 소열은 삼국(三國) 시대 촉한(蜀漢)의 초대 황제 유비(劉備)로, 자는 현덕(玄德)이며, 소열은 묘호이다. 이 말은 유비가 조서(詔書)를 내려 후주(後主) 유선(劉禪)을 신칙하면서 한 말이다. 《三國志 卷32 蜀書 先主傳 裴松之注》《資治通鑑 卷17 魏紀二》

록 작더라도 소홀히 여기지 마십시오. 만방의 경사가 작은 것에서부터 쌓이는 것입니다. 당신은 부덕한 일에 있어서는 비록 크지 않더라도 행하지 마십시오. 그 종사(宗社)를 무너뜨릴 것입니다.〔爾惟德罔小 萬邦惟慶 爾惟不德罔大 墜厥宗〕"라고 한 것[420]과 말의 뜻이 똑같다. 삼대(三代 하(夏)·은(殷)·주(周)) 이후로는 제왕들에게 이러한 견해가 없었는데, 소열은 정현(鄭玄)과 노식(盧植)[421]의 문하에서 종유하였으므로 그 서여(緒餘)를 얻어 이와 같았던 것이니, 진실로 훌륭한 연원(淵源)에 감화된 바이고 또한 학식의 경지가 깊었다고 하겠다. 그러나 유장(劉璋)을 습격하여 그 나라를 빼앗은 것[422]은 "한 가지 일이라도 불의를 행하거나 한 사람이라도 죄 없는 이를 죽이면서 천하를 얻는 것은 하지 않는다."[423]라는 것이 아니다. 행동이 그 말과 부합하지 못하니 안타까

420 서경(書經)……것 : 이 말은 은(殷)나라의 재상 이윤(伊尹)이 탕왕(湯王)의 공덕을 들어서 그 손자인 태갑(太甲)을 훈계하며 한 말이다.

421 노식(盧植) : ?~192. 후한(後漢)의 문신으로, 자는 자간(子幹)이며 탁군(涿郡) 사람이다. 유학자로 명망이 높았고 유비(劉備)와 공손찬(公孫瓚)의 스승이기도 하다. 어려서 마융(馬融)을 사사하고 정현(鄭玄)과 종유하였다. 저서에는 《상서장구(尙書章句)》·《삼례해고(三禮解詁)》 등이 있다.

422 유장(劉璋)을……것 : 유장은 삼국(三國) 시대 때의 익주 자사(益州刺史)로, 조조(曹操)의 진위장군(振威將軍)이 되었는데, 유비(劉備)가 유장의 청으로 장로(張魯)를 방어하러 익주에 갔다가 제갈량(諸葛亮)과 합세하여 습격해서 유장을 내쫓고 파촉(巴蜀) 지방을 차지하였다. 《後漢書 卷105 劉焉列傳》《三國志 卷32 蜀書 先主傳》

423 한 가지……않는다 : 이 말은 《맹자(孟子)》〈공손추 상(公孫丑上)〉에 보이는 것으로, 공손추가 백이(伯夷), 이윤(伊尹), 공자(孔子)의 공통점을 묻자 맹자가 답하기를, "백 리 되는 땅을 얻어서 인군이 되면 모두 제후들에게 조회를 받고 천하를 소유할 수 있지만, 한 가지 일이라도 불의를 행하거나 한 사람이라도 죄 없는 이를 죽이면서 천하를 얻는 것은 모두 하지 않을 것이다.〔得百里之地而君之, 皆能以朝諸侯有天下.

울 뿐이다.

패승(稗乘 패사(稗史)) 중에 이른바 《청야만집(靑野漫輯)》은 바로 청양(靑陽) 사람 이희겸(李喜謙)이 지은 것이다. 이희겸은 바로 윤동수(尹東洙)[424]의 문인인데, 그 편집한 바가 들어가면 따르고 나오면 더럽게 여겨서[425] 어지럽게 손을 놀리고 있고, 우옹(尤翁 송시열(宋時烈))을 언급할 적에는 허황된 것을 날조하여 이르지 못하는 바가 없다. 이와 같은 것이 몇 권인데 윤광소(尹光紹)가 감추고 내놓지 못하게 하였다. 이는 윤추(尹推)의 《잡기(雜記)》, 나양좌(羅良佐)의 《잡록(雜錄)》과

行一不義, 殺一不辜而得天下, 皆不爲也.〕"라고 하였다.

424 윤동수(尹東洙) : 1674~1739. 자는 사달(士達)·대원(大源), 호는 경암(敬菴), 본관은 파평(坡平)이며, 윤선거(尹宣擧)의 증손자이다. 처음 부모의 명에 따라 과시(科試) 준비를 하였으나, 얼마 뒤 그 뜻을 버리고 성리학 공부에 전념하였다. 1706년(숙종32) 우의정 최석정(崔錫鼎)의 추천으로 내시 교관에 제수되었다. 1716년 사헌부 지평에 올랐다. 이듬해 증조부 윤선거와 종조부 윤증(尹拯)에게 추탈(追脫)의 화가 미치자 벼슬을 버리고 종적을 감추었다가, 1722년(경종2) 윤선거와 윤증의 관작이 복위되고 시호가 내려짐에 따라 사헌부 지평에 다시 기용되었다. 호조 참의, 공조 참의를 역임하였다. 학문에도 매우 전심하여 영조가 두 번이나 별유(別諭)로 소명(召命)하여 《주역》과 《성학집요》를 강의시킨 일이 있다. 저서로는 《경암유고》가 있다.

425 들어가면……여겨서 : 이는 한유(韓愈)의 〈원도(原道)〉에서 유래한 말로, 한 쪽을 믿으면 다른 쪽은 배척하여, 믿는 쪽은 따르고 배척하는 쪽은 더럽게 여긴다는 의미이다. 〈원도〉에서 공자(孔子)가 죽은 뒤에 유학(儒學)이 쇠퇴함을 말하면서 "도덕과 인의를 말하는 자가 양주(楊朱)로 들어가지 않으면 묵적(墨翟)으로 들어가고, 노자(老子)로 들어가지 않으면 불가(佛家)로 들어가서 저기로 들어가면 여기에서 나오게 되었다. 그러면서 들어가는 쪽을 주인으로 여기고 나가는 쪽을 종으로 여기며 들어가는 쪽을 따르고 나가는 쪽을 더럽게 여겼다.〔其言道德仁義者, 不入於楊, 則入于墨, 不入於老, 則入于佛, 入于彼, 必出乎此, 入者主之, 出者奴之, 入者附之, 出者汚之.〕"라고 하였다.

부합하는 것으로, 무함하고 욕보이기를 더욱 함부로 하였다고 한다. 이는 남하정(南夏正)의 《동소만록(桐巢漫錄)》과 흉패하기가 똑같으니 불태워 없애야 하는 것이다.

청(淸)나라 사람 완원(阮元)[426]은 책을 지을 적에 요상하고 괴이한 논리를 날조하여 이르지 못하는 바가 없었으니, 심지어는 '군신(君臣), 부부(夫婦), 붕우(朋友)는 천륜으로 맺은 관계가 아니므로 오륜(五倫) 속에 들어가서는 안 된다'라고 하여 경전의 가르침을 한번에 쓸어버렸다. 그 말이 거의 닭이 울고 개가 짖는 소리에 가까워서 변론할 만하지 않으나, 그 마음에 기탄하는 바가 없음이 이러한 지경에 이른 것이니, 청(淸)나라 사람이 망하는 것은 여기에서 점칠 수 있다.

장열(張說)이 고역사(高力士)를 위해 그 부친의 제문(祭文)을 지은 것이 《문원영화(文苑英華)》에 실려 있다.[427] 재상으로서 환시(宦侍)

426 완원(阮元) : 1764~1849. 청(淸)나라의 학자로, 자는 백원(伯元), 호는 운대(芸臺)이며, 시호는 문달(文達)이다. 저서로는 《경적찬고(經籍纂詁)》, 《국사유림전(國史儒林傳)》, 《적고재종정이기관지(積古齋鐘鼎彝器款識)》, 《황청경해(皇淸經解)》 등이 있다.

427 장열(張說)이……있다 : 장열(667~730)은 당(唐)나라 중종(中宗)·현종(玄宗) 때의 재상으로, 뛰어난 정치력으로 공을 세워 연국공(燕國公)에 봉해졌으며 문장과 비문(碑文)에 능하여 국가의 큰 저술을 도맡아 지었다. 고역사(高力士, 684~762)는 당 현종 때의 환관으로, 위황후(韋皇后)와 태평공주(太平公主)의 세력을 제거하는 데 공을 세워 현종의 두터운 신임을 받았으며, 이를 바탕으로 권세를 부려 당 후기에 환관의 세도정치의 길을 열었다. 이 제문(祭文)은 《문원영화(文苑英華)》 권991에 〈위고역사제부문(爲高力士祭父文)〉이라는 제목으로 실려 있다.

를 대신하여 그 집안사람의 제문을 지어 준 것은 남아(南牙)와 북시(北寺)[428]가 있게 된 이후로 있지 않았던 일이니, 장열이 또한 차마 이러한 일을 하였단 말인가. 이는 위세를 두려워하고 이익에 병들어서 총애를 확고히 하고 지위를 보전하려는 계책에서 나온 것으로, 일신(一身)으로 사유(四維)[429]를 무너뜨린 것이니, 참으로 개, 돼지만도 못하다. 그 평생의 기량이 모두 궤휼(詭譎)하니 불선(不善)함이 이러한 지경에 이를 줄은 생각지 못하였다.

조사택(趙師睪)[430]이 일찍이 개 짖는 소리를 내어 한탁주(韓侂胄)[431]에

428 남아(南牙)와 북시(北寺) : 남아(南牙)는 궁궐 남쪽에 있는 관아로 재상들이 정무(政務)를 보던 곳이고, 북시(北寺)는 내정(內庭)의 북쪽에 있어 주로 호위 무관이나 환관들이 기거하던 곳이다.

429 사유(四維) : 나라를 다스리는 네 가지 강령인 예(禮)·의(義)·염(廉)·치(恥)를 말한다. 나라에는 사유가 있는데, 예(禮)가 없어지면 나라가 기울어지고, 의(義)까지 끊어지면 나라가 위태로워지며, 염(廉)마저 끊어지면 나라가 전복되고, 사유가 모두 끊어지면 나라가 멸망한다고 하였다. 《管子 牧民》

430 조사택(趙師睪) : 남송(南宋) 때의 인물로, 자는 종선(從善), 호는 장동(牆東)이며, 남송 때의 화가인 조천리(趙千里)의 조카이다. 명(明)나라 때의 학자 양신(楊愼)의 문집인 《승암집(升菴集)》에 따르면, '睪' 자는 '擇'의 고자(古字)로, 조사택의 자인 '종선'은 '선한 자를 택하여 따른다〔擇其善者而從〕'는 뜻을 취한 것이라고 하였다.

431 한탁주(韓侂胄) : 1152~1207. 남송(南宋) 영종(寧宗) 때 재상을 지낸 간신으로, 자는 절부(節夫)이며, 북송(北宋) 인종(仁宗) 때의 명상인 한기(韓琦)의 증손이다. 질손(姪孫)이 영종의 황후가 되었는데 영종 즉위 후에 승상에 임명되어 정권을 잡았다. 자신과 대립하던 우승상 조여우(趙如愚)를 모함하여 유배 보내고, 조여우가 추천한 주희(朱熹)의 학문을 위학(僞學)이라고 무함하여 주희의 관작을 삭탈하였으며, 주희와 뜻을 같이하는 사람들을 모두 위학당으로 지목하여 귀양 보내거나 출사(出仕)의 길을 막았다. 《宋史 卷474 韓侂胄列傳》

게 아첨하였는데, 한탁주가 복주(伏誅)된 뒤에 어떤 이가 조사택에게 희롱하는 글을 주었으니 다음과 같다.

시랑은 스스로를 동장이라고 일컬으며　侍郎自謂東墻
일찍이 촌장에서 개 짖는 소리 배웠지　曾學犬吠村莊
이제는 꼬리 흔들 필요 없으니　今日不須搖尾
우선 땅굴을 찾아 깊이 숨으시오　且尋土洞深藏

이와 같은 자는 사대부의 반열에 낄 수 없는데 섭정칙(葉正則)[432]이 조사택의 묘명(墓銘)을 지으면서 몹시 중하게 찬미하였으니, 어쩌면 개 짖는 소리를 냈던 한 가지 일을 몰라서 그렇게 말한 것인가? 비록 이 한 가지 일이 없었더라도 한탁주에게 지조를 잃은 것 자체가 진실로 법의(法義)의 주벌을 면하기가 어려우니, 더구나 개, 돼지의 행동을 한 경우는 어떠하겠는가. 주자(朱子)가 일찍이 섭정칙에게 말씀하기를, "피사(詖辭)·음사(淫辭)·사사(邪辭)·둔사(遁辭) 네 종류의 병폐 속에 있으니, 이러한 견식을 가지고서 고금의 인물을 판단하려고 한다면 또한 잘못하지 않겠는가."[433]라고 하였다. 주자는 이미 그의

432 섭정칙(葉正則) : 남송(南宋) 영종(寧宗) 때의 명사(名士)인 섭적(葉適, 1150~1223)으로, 자는 정칙, 호는 수심거사(水心居士)이다. 시호는 충정(忠定) 또는 문정(文定)이다. 심성의 수양보다는 국가정책, 국방, 재정, 민생의 안정 등 사회·정치적 문제를 주된 관심사로 삼는 사공파(事功派) 또는 공리파(功利派)의 한 사람이었으며, 사공파 가운데서도 예학(禮學)을 존중했던 영가학파(永嘉學派)의 대표적 인물이 되었다. 저서로는 《습학기언(習學記言)》, 《습학기언서목(習學記言序目)》, 《수심문집(水心文集)》 등이 있다.

433 피사(詖辭)……않겠는가 : 이 말은 주희(朱熹)의 문집인 《회암집(晦菴集)》 권56 〈답섭정칙(答葉正則)〉에 보인다. 피사(詖辭)는 편벽된 말, 음사(淫辭)는 방탕한 말, 사사(邪辭)는 부정한 말, 둔사(遁辭)는 도피하는 말이라는 뜻으로, 이 네 가지는

애매모호함을 안 것이니, 현사(賢邪)를 분변함에 견해가 없는 것이 당연하다.

고영인(顧寧人 고염무(顧炎武)), 염백시(閻百詩),[434] 매정구(梅定九),[435] 만계야(萬季野)[436]는 모두 명(明)나라를 위하여 자정(自靖)[437]하여 끝

《맹자(孟子)》〈공손추 상(公孫丑上)〉에 그 내용이 보인다. 공손추가 '말을 아는 것〔知言〕'에 대하여 질문하였는데 맹자가 답하기를, "피사에서 그 가려진 바를 알며, 음사에서 빠져 있는 바를 알며, 사사에서 괴리된 바를 알며, 둔사에서 논리가 궁함을 알 수 있다. 마음에서 생겨나 정사에 해를 끼치며, 정사에 발로되어 일에 해를 끼치나니, 성인이 다시 나오셔도 반드시 내 말을 따르실 것이다.〔詖辭, 知其所蔽; 淫辭, 知其所陷; 邪辭, 知其所離; 遁辭, 知其所窮. 生於其心, 害於其政; 發於其政, 害於其事. 聖人復起, 必從吾言矣.〕"라고 하였다.

434 염백시(閻百詩) : 청(淸)나라 초기의 학자 염약거(閻若璩, 1636~1704)로, 자는 백시, 호는 잠구(潛邱)이다. 상서(尙書)의 문헌에 의구심을 품고 30년 동안 연구한 끝에 《상서고문소증(尙書古文疏證)》을 저술하였다. 청(淸)나라 고증학(考證學)의 선구자가 되었으며 황종희(黃宗羲), 고염무(顧炎武) 등과 교유하였다. 저서로는 《사서석지(四書釋地)》, 《잠구차기(潛邱箚記)》 등이 있다.

435 매정구(梅定九) : 청(淸)나라 초기의 수학자(數學者) 매문정(梅文鼎, 1633~1721)으로, 자는 정구, 호는 물암(勿菴)이다. 어릴 때부터 천문(天文)과 산수(算數)에 흥미를 가지고 연구하였고 중국과 서양의 수학에 모두 통달하였다. 저서로는 《역학의문(曆學疑問)》, 《적학당시문초(績學堂詩文鈔)》 등이 있다.

436 만계야(萬季野) : 청(淸)나라 초기의 역사가 만사동(萬斯同, 1638~1702)으로, 자는 계야, 호는 석원(石園)이다. 형 만사대(萬斯大)와 함께 황종희(黃宗羲)의 문하에서 수학하였다. 명(明)나라의 사실(史實)에 밝아, 청 왕조(淸王朝)의 《명사고(明史稿)》 편찬에 초빙되었으나, 벼슬에 뜻이 없어 서민의 신분으로 명사관총재(明史館總裁)의 고문이 되었으며, 각 편찬관이 쓴 원고를 통일하여 《명사고》 편찬에 큰 공적을 남겼다. 저서로는 《역대사표(歷代史表)》, 《석경고(石經考)》, 《유림종파(儒林宗派)》, 《곤륜하원고(崑崙河源考)》, 《묘제도고(廟制圖考)》, 《성운원류고(聲韻源流考)》 등이

내 강희제(康熙帝)에게 굽혀서 뜻을 낮추고 몸을 욕되게 하지 않았으니 그 수립한 바가 우뚝하여 견줄 이가 없다. 그런데 이광지(李光地)는 혹 이들을 위해 전(傳)을 지으면서 다만 "여러 책을 널리 섭렵하여 능히 저술로써 스스로 후인과 통하였다."[438]라고 말하였을 뿐이고 그 풍절(風節)에 대해서는 한마디도 언급하지 않았다. 그가 이미 지조를 잃었으므로 감히 명분과 의리를 말하지 못하고 몸과 마음이 모두 오랑캐가 되어 버린 것이니 참으로 애통해 할 만하다.

전겸익(錢謙益)[439]이 처음에는 마사영(馬士英)과 완대성(阮大鋮)에게 지조를 잃었고 끝내는 또 청인(淸人)에게 지조를 잃었으니 바로 꼭두각시나 도깨비 같은 자이다. 위로는 손고양(孫高陽)[440]에게 부끄럽고

있다.

437 자정(自靖) : 은둔하여 지조를 지킴을 뜻하는 말이다. 91쪽 주193 참조.

438 여러……통하였다 : 이 말은 이광지(李光地)의 문집인 《용촌집(榕村集)》 권33 〈염백시소전(閻百詩小傳)〉에 보인다.

439 전겸익(錢謙益) : 1582~1664. 명말(明末) 청초(淸初)의 문신으로, 자는 수지(受之), 호는 목재(牧齋), 강소(江蘇) 상숙(常熟) 사람이다. 1610년에 명(明)나라 조정에서 진사로 출사하여 예부 우시랑(禮部右侍郎)을 역임하였으며, 청(淸)나라 조정에서 다시 예부 우시랑에 임명되어 《명사(明史)》의 편집을 맡았다. 그러나 건륭제(乾隆帝) 때에 두 왕조에서 벼슬한 불충한 신하로 비난받고 저서가 모두 불태워졌다.

440 손고양(孫高陽) : 명(明)나라 말기의 문신인 손승종(孫承宗, 1563~1638)으로, 자는 치승(稚繩), 호는 개양(愷陽)이며, 고양(高陽) 사람이다. 명(明)나라 희종(熹宗)의 사부로 청(淸)나라를 막기 위해 영금(寧錦) 2백 리에 방어선을 만들어 10만 명의 군대를 통솔했으며 혁혁한 공로를 세워 병부 상서(兵部尙書), 태부(太傅) 등의 벼슬을 지냈다. 환관 출신의 간신 위충현(魏忠賢)의 시기를 받아 벼슬을 그만두고 귀향하였다가, 황태극(皇太極)이 경도(京都)를 포위하여 공격했을 때에 희종의 명을 받고

아래로는 구가헌(瞿稼軒)[441]에게 부끄러운 것이 마치 유선(劉禪)이 자신의 부친과 아들에게 부끄러운 것[442]과 같다. 듣건대 구가헌의 혼령이 내려왔을 때에 시를 지어서 이로써 이사(里社)의 영신송신곡(迎神送神曲)을 대신하였는데, 그 말이 비통하여 "팔공산(八公山)의 심상한 초목을 부려서 응당 담소하며 부진(苻秦)을 쓸어버리리.〔驅使八公閒草木 也應談笑掃苻秦〕"[443]라는 구절까지 있었다고 한다. 그러나 만일

달려와 청군(淸軍)을 물리쳤으나 다시 대신들의 탄핵을 받고 귀향하였다. 숭정(崇禎) 11년(1638) 청군(淸軍)이 대거 공격할 적에 고양을 지키다가 전 가족이 전사하였다. 시호는 문충(文忠)이다.

441 구가헌(瞿稼軒) : 명(明)나라 말기의 충신인 구식사(瞿式耜, 1590~1651)로, 자는 기전(起田), 호는 가헌이다. 젊었을 적에 전겸익(錢謙益)을 스승으로 섬겼다. 만력(萬曆) 44년(1616) 진사가 되고 의종(毅宗) 때 호부급사중(戶部給事中)의 벼슬을 지냈다. 의종이 자결한 후 복왕(福王) 때 우첨도어사(右僉都御史)에 등용되었으며 복왕이 명(明)나라 재건에 실패하자 하등교(何騰蛟)와 함께 계왕(桂王)을 광동(廣東) 조경(肇慶)에서 황제로 옹립하고 계림(桂林)으로 천도하였다. 끝까지 청(淸)나라에 항거하다가 싸움에 패배하여 붙잡혔는데, 절의를 지키며 의연하게 죽었다. 시호는 충선(忠宣)이다.

442 유선(劉禪)이……것 : 유선은 촉한(蜀漢)의 초대 황제인 유비(劉備)의 아들로, 유비의 뒤를 이어 황제가 되어서 제갈량(諸葛亮)의 보필을 받았는데 제갈량이 죽자 중신들에게 국정을 내맡기고 권신 진지(陳祗)와 환관 황호(黃皓)를 총애하여 점차 환락에 빠져들어서 부패정치를 초래하였다. 그러다가 위(魏)나라 장군 등애(鄧艾)가 군사를 대거 이끌어 침입해오자 항전하지 않고 위(魏)나라에 항복하였다. 이때 유선의 아들 유심(劉諶)은 끝까지 항전할 것을 극간하며 항복을 강력히 반대하였는데, 유선이 결국 위(魏)나라에 항복하자 통분을 못 이겨 조부인 유비의 사당에 곡하고 먼저 처자를 죽인 다음 자살하였다. 《三國志 卷33 蜀書3 後主傳》《史略 卷3 蜀漢》

443 팔공산(八公山)의……쓸어버리리 : 부진(苻秦)은 진(晉)나라 때 오호십육국(五胡十六國) 중의 하나인 전진(前秦)으로, 부씨(苻氏)가 세웠으므로 부진이라고 한다. 전진의 제3대 황제인 부견(苻堅)이 동진(東晉)을 정벌하기 위해 80만 대군을 이끌고

구가헌의 혼령이 있다면 영접에 감응하려고 했겠는가. 다시 무슨 낯으로 돌아가 지하에서 사생(師生)을 보겠는가.

왕노재(王魯齋 왕백(王柏))는 면재(勉齋 황간(黃幹))와 북산(北山 하기(何基))의 적전(嫡傳)을 이었는데, 시를 지어 가사도(賈似道)를 축수(祝壽)하면서[444] 그가 악주(鄂州)를 구원한 공을 칭송하며 몹시 아첨하는 말을 해서 평소에 지키던 바를 크게 저버렸으니, 지조를 꿋꿋이 세우기가 어려움이 이와 같다. 《송사(宋史)》의 노재 열전을 찾아보면 가사도를 의부(依附)한 일이 없는데 문집에 실린 시가 이와 같으니 전혀 이해할 수 없다.

부백수(傅伯壽)[445]는 그 아우 부백성(傅伯成)과 함께 일찍이 주자(朱

침략하였다가 비수(淝水)에서 사현(謝玄)이 거느린 진군(晉軍)에게 대패하였는데, 이때 부견이 두려운 마음을 품고 수춘성(壽春城)에 올라 팔공산을 바라보니, 산의 초목들이 모두 동진의 군대로 보여 더욱 겁을 먹었다고 한다. 《晉書 卷114 苻堅下》 전겸익(錢謙益)의 《목재유학집(牧齋有學集)》 권13 〈동간시집(東澗詩集)〉에 이 시의 전문이 실려 있는데, 여기에는 '苻秦'이 '兵塵'으로 되어 있다.

444 시를……축수(祝壽)하면서 : 이 시는 왕백(王柏)의 문집 《노재집(魯齋集)》 권1에 〈수추학(壽秋壑)〉이라는 제목으로 실려 있다. 가사도(賈似道, 1213~1275)는 송(宋)나라 이종(理宗)과 도종(度宗) 때의 권신으로, 자는 사헌(師憲), 호는 추학(秋壑)이다. 누이가 이종의 귀비(貴妃)가 된 것을 계기로 출세 가도를 달려 우승상에 이르렀다. 원(元)나라 군대가 악주(鄂州)를 포위했을 때 구원하러 출병했다가 남몰래 칭신(稱臣)의 약속을 하고 돌아와 대첩(大捷)을 거두었다고 선전하였으며, 결국엔 원병(元兵)에게 대패하여 귀양 가는 도중 정호신(鄭虎臣)에게 살해되었다.

445 부백수(傅伯壽) : 1138~1223. 남송(南宋)의 관리로, 자는 경인(景仁)이고, 주희(朱熹)의 제자이다. 약관의 나이에 아우 부백성(傅伯成)과 함께 진사(進士)에 등과

子)를 스승으로 섬겼는데, 이윽고 종처럼 한탁주(韓侂胄)를 섬겨서 높은 관직을 얻었다. 한창 위학(僞學)을 금할 적에[446] 미리 조서(詔書)를 초(草)하여 선류(善流)를 비난하였으니, 주자에게 비서각 수찬(秘書閣修撰)을 연임하게 하는 고사(告詞)를 초할 적에는 "크게 사양함은 거만한 듯하고 작게 사양함은 거짓인 듯하다."라는 등의 말을 하였다. 주자가 별세하였을 적에 부백수가 마침 건녕(建寧)을 맡고 있었으나 또 이를 조정에 알리지 않았고, 부백성이 그 형을 비난하여 매번 절실히 책망하여도 듣지 않았다. 그 사람됨이 이와 같은데, 진서산(眞西山 진덕수(眞德秀))이 그 문집의 서문(序文)을 쓰면서 그 치적을 칭술하며 말하기를, "세상에서 부회하였다고 공을 비난하는 자들이 또한 어찌 그 마음속에 보존하고 있는 바를 다 알 수 있겠는가."라고 하였다. 그를 용서하는 말에 또한 심사를 허비하였으니 무엇 때문에 그런 것인지 참으로 알지 못하겠다. 이는 면재(勉齋)가 임률(林栗)의 제문을 지은 것[447]과 같은 경우일 것이니, 식자들의 비난을 면하기 어려울 듯

하였고 한림 학사(翰林學士), 단명전 학사(端明殿學士), 첨서추밀원사(簽書樞密院事) 등을 지냈다.

446 위학(僞學)을 금할 적에 : '위학'은 '거짓된 학문'이라는 뜻으로, 송 영종(宋寧宗) 경원(慶元) 2년(1197)에 권신 한탁주(韓侂胄)가 자신과 다른 의견을 보이는 주희(朱熹), 채원정(蔡元定) 등의 도학자(道學者)들을 제거하기 위해 도학을 위학으로 규정하여 금지시키고 도학자들을 조정에서 모조리 숙청했을 때를 말한다.

447 면재(勉齋)가……것 : 면재는 송(宋)나라 학자 황간(黃榦, 1152~1221)으로, 면재는 호이다. 주희(朱熹)에게 수학하였는데, 주희가 그의 능력을 인정하여 학문을 전수하고 사위로 삼았다. 임률(林栗, ?~?)은 송(宋)나라 학자로, 자가 황중(黃中)이다. 1142년 진사(進士)가 되어 천거를 받아 태학정(太學正)이 되고, 태상박사(太常博士)에 올랐다. 1188년 병부시랑(兵部侍郞)에 발탁되었는데, 병부낭관(兵部郎官)으로 있

하다. 부백수는 조사옹(趙師雍), 호굉(胡紘)과 함께 《이락연원속록(伊洛淵源續錄)》 가운데 주자 문하 중 배반한 무리에 포함되어 있으니, 마치 형서(邢恕)가 정자(程子) 문인 중 가장 끝에 놓여 있어서 만세의 배사(背師)의 죄인이 된 것과 같다. 이들은 또한 무슨 마음이란 말인가.

이광지(李光地)가 자신의 처의 묘지(墓誌)를 지으며 말하기를, "모부인(母夫人)의 상(喪)을 치를 적에 나는 경도(京都)에 머물며 거상하였고, 택휼(宅恤)부터 안장(安葬)에 이르기까지 온갖 수고로운 일은 모두 부인이 내 형제들을 이끌고 처리하였다."[448]라고 하였다. 여기에서 말한 '경도에 머물며 거상하였다'는 것은 무엇 때문에 그러한 것인지 알 수가 없다. 비록 기복(起復)[449]한 것이라고 하더라도 기복은 금혁(金革)[450]이 아니면 불가한 것이다. 금혁에 종사하는 것이 아닌데 모친

던 주희와 《주역(周易)》을 토론하다가 의견이 맞지 않자 '주희는 원래 학문도 없는 사람이 과시할 줄만 안다'고 비판했다. 황간은 임률이 주희를 비판했음에도 불구하고 그를 위해 제문을 지어 행적을 칭송하였다. 이 제문은 《면재집(勉齋集)》 권39에 〈대제임황중시랑문(代祭林黃中侍郎文)〉이라는 제목으로 실려 있다.

448 모부인(母夫人)의……처리하였다 : 이 말은 이광지(李光地)의 문집인 《용촌집(榕村集)》 권33 〈부인임씨묘지명(夫人林氏墓誌銘)〉에 보인다.

449 기복(起復) : 기복출사(起復出仕)의 준말이다. 상중(喪中)에는 벼슬을 하지 않는 것이 관례이나 국가의 필요에 의하여 상제(喪制)의 몸으로 벼슬자리에 나오게 하는 일을 말한다.

450 금혁(金革) : 전쟁을 뜻하는 말이다. 《예기(禮記)》 〈증자문(曾子問)〉에, 자하(子夏)가 "부모의 삼년상에 졸곡을 마치면 금혁의 일을 피하지 않는 것이 예(禮)입니까?〔三年之喪卒哭, 金革之事無辟也者, 禮與?〕"라고 물었는데 공자(孔子)가 "내가 노

의 상(喪)에 달려가지 않고 상례(喪禮)와 제례(祭禮)를 처와 형제들에게 맡긴 채 자신은 참여하지 않았으니 이는 진실로 커다란 불효이다. 거상한 바가 무슨 일이겠는가. 이광지는 또한 일찍이 외간(外艱)을 당한 우인(友人)을 전송하며 시를 전해 주었으니, 다른 사람은 분상(奔喪)하도록 전송하면서 자신은 분상하지 않았으니 어찌 자신을 대우함이 남을 대우함만 못하단 말인가. 더구나 대성(戴星)의 걸음[451]에 시를 주는 것은 때에 맞지 않을 것이다. 이자는 이미 용정(龍庭)[452]에 지조를 잃어서 큰 바탕이 이미 무너졌으니 또한 무엇을 책망하겠는가.

혼인의 예(禮)가 바르게 된 뒤에야 품물(品物)이 이루어져서 천명(天命)이 바르게 되니[453] 이는 사서인(士庶人)에 있어서도 오히려 그러한데 하물며 존귀한 제왕으로서 배필을 구하는 경우에는 어떠하겠는가. 소열(昭烈)은 유모(劉瑁)의 처를 왕후로 세웠으니,[454] 절개를 잃은 자

담에게 들으니, 옛날에 노공 백금이 나라를 위해서 그렇게 한 일이 있다고 하였다.〔吾聞諸老聃, 曰: 昔者魯公伯禽有爲爲之也.〕"라고 답한 내용이 보인다.

451 대성(戴星)의 걸음 : 별을 이고 가는 걸음이라는 뜻으로, 객지(客地)에서 부모의 부음을 듣고 밤을 새워 집으로 돌아가는 것을 이르는 말이다.

452 용정(龍庭) : 본래 중국의 북방 민족인 흉노(匈奴)의 선우(單于)가 천지의 귀신에게 제사 지내는 장소인데, 여기서는 청(淸)나라 조정을 말한 것이다.

453 혼인의……되니 : 이는 본래 한(漢)나라 학자인 광형(匡衡)의 말로, 말하기를, "배필의 즈음은 생민(生民)의 시초요, 만복의 근원이니, 혼인의 예(禮)가 바르게 된 뒤에야 품물이 이루어져서 천명이 온전해진다.〔匹配之際, 生民之始、萬福之原. 婚姻之禮正, 然後品物遂而天命全.〕"라고 하였다. 《漢書 卷81 匡衡傳》 이 말은 《시경(詩經)》 〈주남(周南) 관저(關雎)〉에 대한 주희(朱熹)의 《집전(集傳)》에도 인용되어 있다.

454 소열(昭烈)은……세웠으니 : 소열은 중국 삼국(三國) 시대 촉한(蜀漢)의 초대

를 아내로 맞이하여 자신의 짝으로 삼는 것은 바로 자신이 절개를 잃는 것이다.[455] 다른 사람도 오히려 아내로 맞이할 수 없는데 더구나 동족(同族)의 처는 어떠하겠는가. 인륜을 무너뜨리고 상도(常道)를 어지럽히는 것이니 단지 예(禮)에 어긋난다고만 말할 수 없다. 이와 같은 자가 장차 어떻게 종묘사직을 받들어서 음교(陰教 왕후의 교화)를 천하에 밝힐 수 있겠는가. 제갈공명(諸葛孔明)이 동쪽으로 정벌하러 가는 것을 간언하여 만류하지 못한 것[456]은 그래도 그 이유가 있다. 그러나

황제 유비(劉備)이다. 유모(劉瑁)는 익주 자사(益州刺史)로 있던 유장(劉璋)의 형이다. 유비의 두 번째 왕후 목후(穆后) 오씨(吳氏)는 본래 유모의 처로, 유모의 부친 유언(劉焉)이 일찍이 오씨가 존귀하게 될 관상임을 알아보고 유모의 처로 들인 것인데, 유모는 죽고 과부가 되었다. 유비가 유장을 내쫓고 파촉(巴蜀) 지방을 차지한 뒤에 신하들이 오씨를 부인으로 맞이할 것을 건의하였는데, 유비가 동족(同族)의 처인 것을 혐의하자 법정(法正)이 진 문공(晉文公)과 태자 어(圉)의 사례를 들며 설득하여 결국 부인으로 맞이하여 왕후로 세우게 되었다.《三國志 卷4 蜀書 先主穆皇后傳》

455 절개를 잃은……것이다 : 이는 본래 이천(伊川) 정이(程頤)가 한 말로, 과부를 아내로 맞이하는 것이 도리에 있어 불가한 것인지를 묻는 질문에 정이가 답하기를, "그렇다. 무릇 아내로 맞이함은 자신의 짝으로 삼는 것이니 만약 절개를 잃은 자를 아내로 맞이하여 자신의 짝으로 삼는다면 이는 자신이 절개를 잃는 것이다.〔然. 凡取以配身也. 若取失節者以配身, 是已失節也.〕"라고 하였다.《二程遺書 卷22下》

456 제갈공명(諸葛孔明)이……것 : 제갈공명은 삼국(三國) 시대 촉한(蜀漢)의 승상인 제갈량(諸葛亮)으로, 공명은 그의 자이다. '동쪽으로 정벌하러 가는 것'은 촉한(蜀漢) 장무(章武) 원년(221)에 유비(劉備)가 관우(關羽)의 원수를 갚고자 여러 신하들의 간언을 물리치고 대군을 이끌고 동쪽의 오(吳)나라를 정벌하러 갔다가 패했던 일을 가리킨다. 이를 두고 제갈량이 "만약 법효직이 있었다면 주상을 제지하여 동쪽으로 정벌하러 가지 못하도록 했을 것이고, 또 동쪽으로 정벌하러 갔다고 하더라도 절대로 위태롭게 만들지는 않았을 것이다."라고 말한 일이 있다.《三國志 卷35 蜀書 諸葛亮傳》《三國志 卷38 蜀書 法正傳》

이 일은 단서를 시작하고 시초를 바르게 하는 것으로서 국가의 안위와 존망에 관계되는 것인데, 또한 한마디의 간언도 하지 않은 것은 어째서인가. 어쩌면 간언하였으나 알려지지 않은 것인가? 끝내 간언하여 만류하지 못한 것이라면, 제갈공명이 어찌 그 책임을 피할 수 있겠는가.

명 의종(明毅宗) 말년에 척리(戚里)로서 성(姓)이 주씨(周氏)인 가정백(嘉定伯)이 태후(太后)를 통해 소주(蘇州)의 명기(名妓) 진원원(陳圓圓)을 올렸는데 미모와 재주가 둘 다 뛰어났다. 그러나 의종은 진원원에게 어디에서 왔는지를 묻고는 곧장 명하여 돌려보냈다. 이 일은 송 인종(宋仁宗)이 후궁을 내보냈던 일[457]에 견주어도 손색이 없으니 사직을 위하여 순절하였던 밑바탕이 된다. 후궁이 왕후와 같게 되는 것과 서자(庶子)가 적자(嫡子)와 대등하게 되는 것[458]은 비례(非禮) 중에서도 중대한 것이다. 그러므로 비록 존귀한 천자나 제후로서도 감히 하지 않는 것이니, 하물며 사대부는 어떠하겠는가. 전겸익(錢謙益)은 본부인인 진 부인(陳夫人)이 있는데도 결국 하동군(河東君)을 처로 삼았다. 예방(禮防)을 무너뜨리고 파괴하여 제멋대로 하며 돌아

457 송 인종(宋仁宗)이……일 : 송(宋)나라 인종(仁宗) 때에 왕덕용(王德用)이 두 딸을 바치자 인종이 이들을 좌우에 두어 자신을 섬기게 하였는데, 왕소(王素)가 이에 대하여 간언하자 인종이 이를 받아들여 두 여인을 내보내고 왕소를 천장각 대제(天章閣待制)로 삼은 일이 있다. 《宋史 卷320 王素列傳》

458 후궁이……것 : 이는 본래 주(周)나라 대부 신백(辛伯)이 주공(周公) 흑견(黑肩)에게 올린 간언에 보이는 것으로, "후궁이 왕후와 같게 되는 것과 서자(庶子)가 적자(嫡子)와 대등하게 되는 것과 정령(政令)이 두 곳에서 나오는 것과 대도(大都)가 국도(國都)와 같게 되는 것은 화란의 근본이다.〔竝后、匹嫡、兩政、耦國, 亂之本也.〕" 라고 하였다. 《春秋左氏傳 桓公18年》

보지 않는 것이 이와 같았으니 명의(名義)에 죄를 얻은 것이 당연하다.

우리나라 사대부의 규문(閨門)의 행실이 매우 바른 것은 삼대(三代 하(夏)・은(殷)・주(周))에도 있지 않았던 바로서, 《한서(漢書)》에서 "부인들은 곧고 신실하다."라고 칭찬한 것[459]에 부끄러운 바가 없다. 그러나 근세에는 대방(大防)이 점점 무너져서 종종 차마 말할 수 없는 일들이 일어나니 이는 진실로 세교(世敎)가 쇠퇴하여 예(禮)가 성행하지 못하는 데에서 초래한 것이다. 이와 같은 형편으로 어찌 중화(中華)의 사람들이 예악(禮樂)의 나라, 인의(仁義)의 나라라고 칭찬하는 것을 감당할 수 있겠는가.

우리나라 풍속에서는 딸을 가르칠 적에 언문(諺文)만 가르치고 한문은 가르치지 않는다. 이 때문에 태어나서 성철(聖哲)의 옛 가르침을 듣지 못하여 삼강오상(三綱五常)이 중하다는 것을 거의 알지 못한다. 그러나 언패(諺稗)로 말하면, 모두 음란하고 방탕하여 바르지 못한 이야기들인데 부녀들은 이것이 모두 허탄하고 부정한 데에서 나온 줄을 알지 못하고 돈사(惇史)[460]로 인식하니, 도(道)와 덕(德)에 어긋나

459 한서(漢書)에서……것 : 《한서》 권28하 〈지리지(地理志) 제8하(第八下)〉에서 우리나라를 두고 이르기를, "그 백성들이 끝내 도둑질하지 않고 대문을 닫아 두지 않으며 부인들은 곧고 신실하며 음탕하지 않다.〔其民終不相盜, 無門戶之閉, 婦人貞信不淫辟.〕"라고 하였다.

460 돈사(惇史) : 돈후(敦厚)한 덕을 지닌 사람의 언행(言行)을 기록한 역사책을 말한다. 《예기(禮記)》 〈내칙(內則)〉에 "노인을 봉양함에 있어서 오제는 그들의 덕행을 모범으로 삼았고, 삼왕은 그들이 좋은 말을 해 주기를 청하였다. 오제는 그들의 덕행을 모범으로 삼았으되, 그들의 정신과 신체를 봉양할 뿐이었고 그들이 좋은 말을 해 주기를 청하지는 않았는데, 그들이 좋은 말을 해 주면 기록하여 돈사로 삼았다.〔凡養老, 五帝

는 것이 모두 여기에서 비롯된다. 조정에서 언패를 엄중하게 금하고 부모로 하여금 《효경(孝經)》, 《소학(小學)》 및 사서(四書) 등의 책으로 가르치게 한다면 거의 풍속을 바꿔나갈 수 있을 것이다. 그러나 이 의리를 아는 자가 드무니 장차 다함께 이적(夷狄)과 금수(禽獸)가 되는 데로 빠져들게 될 것이다.

《근사록(近思錄)》은 송(宋)나라의 한 경서(經書)로서 사서(四書)로 올라가는 계단[461]이 되는데, 섭평암(葉平巖)[462]의 주(註)는 너무 소략하니 〈태극도설(太極圖說)〉에서 주자(朱子)의 주해(註解)를 산삭한 것과 같은 것은 더욱더 체재(體裁)를 잃은 것이다. 청(淸)나라 유자(儒者) 시횡(施璜)[463]에 이르러 《근사록발명(近思錄發明)》을 지었는데, 섭평암의 주(註) 가운데 정밀한 것은 더욱 정밀함을 추구하고 미처 주(註)하지 못한 것은 수집하여 보충하였으니, 섭평암의 주(註)에 견주면 다소 낫지만 그래도 재정(裁定)함이 부족하다. 만약 율곡(栗谷 이이(李珥))과 농암(農巖 김창협(金昌協))의 산삭과 교정을 거쳤더

憲, 三王有乞言. 五帝憲, 養氣體而不乞言, 有善, 則記之爲惇史.〕"라는 말이 나온다.

461 사서(四書)로 올라가는 계단 : 《주자어류(朱子語類)》 권105에 "《근사록》은 사서를 보기에 좋으니, 사서는 육경으로 올라가는 계단이고, 《근사록》은 사서로 올라가는 계단이다.〔近思錄好看四子. 四子, 六經之階梯; 近思錄, 四子之階梯.〕"라고 하였다.

462 섭평암(葉平巖) : 송(宋)나라 때의 학자 섭채(葉采, ?~?)로, 자는 중규(仲圭), 호는 평암이다. 《근사록(近思錄)》에 최초로 주석을 달아 《근사록집해(近思錄集解)》를 저술하였다.

463 시횡(施璜) : ?~1706. 명말(明末) 청초(淸初) 때의 학자로, 자는 홍옥(虹玉), 호는 성재(誠齋)이다. 저서로는 《사성록(思誠錄)》, 《소학발명(小學發明)》, 《근사록발명(近思錄發明)》 등이 있다.

라면 완전한 책을 만들 수 있었을 것인데, 세상에 안목을 갖춘 이가 없으니 후래에 누가 그 책임을 맡게 될지 알 수가 없다. 다섯 사람의 《근사록》 주해를 합하여 하나의 책으로 만든 뒤에 다시 설경헌(薛敬軒 설선(薛瑄)), 호경재(胡敬齋 호거인(胡居仁)), 나정암(羅整菴 나흠순(羅欽順)), 고양계(高梁溪 고반룡(高攀龍))의 명론(名論)을 각 편의 아래에 싣는다면 배우는 자들이 공부함에 있어 도움 되는 바가 없지는 않을 것이다.

임인년(1722, 경종2)의 변고[464]에 몽와(夢窩 김창집(金昌集))가 거제(巨濟)에 위리안치 되었는데 사나운 불꽃이 공중에 타오르는 것처럼 위태로운 중에도 오히려 《절작통편(節酌通編)》[465] 한 부를 가지고 아침저녁으로 완미하며 연구하였다. 그러다가 서울로 압송될 때에는 이 책을 우암서원(尤菴書院)[466]에 남겨 두어서 후인들이 송독할 수 있는 자료

464 임인년의 변고 : 임인옥사(壬寅獄事)를 가리킨다. 남인계 천얼(賤孼) 목호룡(睦虎龍)이 1722년(경종2) 3월 27일에 고변(告變)하여, 노론(老論) 자제들이 주축이 되어 경종을 시해하려는 모의가 있었다는 이른바 '삼급수설(三急手說)'을 제창하였는데, 고변 내용 중에 왕세제를 위협하는 말이 있었으므로 이틀 뒤에 세제가 사위(辭位)할 뜻을 표명하기까지 하였다. 소론(少論)은 이 고변을 계기로 노론 사대신을 비롯한 주요 노론 인사들을 대부분 처형시키거나 유배 보냈는데, 이를 임인옥사라고 한다. 《景宗實錄 2年 3月 27日, 29日》

465 절작통편(節酌通編) : 우암(尤菴) 송시열(宋時烈)이 《주자대전(朱子大全)》의 요점만 뽑아 엮은 책으로, 이황(李滉)의 《주자서절요(朱子書節要)》와 정경세(鄭經世)의 《주문작해(朱文酌海)》를 참작하여 한 책을 만들고 여기에 주자의 글 중에서 중요한 것을 더 선정하고 일부 주해(註解)를 가하여 편찬한 것인데, 1686년(숙종12) 교서관의 교정을 거쳐, 전라도와 경상도의 감영에서 20책으로 간행되었다.

가 되게 하였다. 민 상국(閔相國) 백상(百祥)[467]이 이 섬에 유배되었을 적에 또한 이 책을 읽고 정암(貞菴 민우수(閔遇洙))에게 편지를 써서 알려 주니, 정암이 말하기를, "훗날 누군가 여지지(輿地誌)를 짓는다면 이 일을 가지고 고실(故實)로 삼을 만하다."라고 하였다. 몽와는 늙어서도 학문을 좋아하여 위화(危禍) 때문에 스스로 그만두지 않았고 또 능히 후학에게 은혜를 끼칠 것을 도모하였으니 작은 일이라고 보아서 소홀하게 여길 수 없다.

내가 일찍이 모녹문(茅鹿門)의 《당송팔대가문초(唐宋八大家文抄)》[468]

466 우암서원(尤菴書院) : 거제도(巨濟島)의 반곡서원(盤谷書院)으로, 우암 송시열(宋時烈)이 1679년(숙종5) 거제도로 유배되었을 적에 머물렀던 곳에 세워진 서원이다. 1705년(숙종31)에 거제의 유림들에 의해 건립되었으며, 송시열을 주벽(周壁)으로 하고 김진규(金鎭圭), 김창집(金昌集), 이중협(李重協), 민진원(閔鎭遠), 김주근(金株根) 등을 배향하고 있다.

467 민 상국(閔相國) 백상(百祥) : 민백상(閔百祥, 1711~1761)으로, 자는 이지(履之), 본관은 여흥(驪興)이며, 시호는 정헌(正獻)이다. 정암(貞菴) 민우수(閔遇洙)의 사촌형인 민형수(閔亨洙)의 장남이다. 1740년(영조16) 증광문과에 급제하였다. 정언, 사서, 수찬 등을 역임하고 1748년 경상도 관찰사가 되었으며, 3년 뒤 대사성으로 돌아와 곧 대사간이 되었다. 이때 부친 민형수를 포함한 신임사화(辛壬士禍)에서 화를 입은 인물들의 신원을 주장하고 가해자인 소론(少論) 일파의 처벌을 극론하다가 거제도(巨濟島)에 유배되었다. 뒤에 풀려나 호조 판서 등을 역임하고 1760년 우의정이 되었으나 이듬해에 사도세자(思悼世子)의 서도(西都) 밀행에 책임을 지고 영의정 이천보(李天輔), 좌의정 이후(李𪻐)와 함께 자살하였다.

468 모녹문(茅鹿門)의 당송팔대가문초(唐宋八大家文抄) : 모녹문은 명(明)나라 후기의 문신이자 문인인 모곤(茅坤, 1512~1601)으로, 자는 순보(順甫), 호는 녹문이다. 고문(古文)에 뛰어났으며 당송(唐宋)의 문장을 좋아하여, 당(唐)나라의 한유(韓愈)·유종원(柳宗元), 송(宋)나라의 구양수(歐陽脩)·소순(蘇洵)·소식(蘇軾)·소철(蘇

를 모방하여 우리나라의 목은(牧隱 이색(李穡))·점필재(佔畢齋 김종직(金宗直))·간이(簡易 최립(崔岦))·계곡(谿谷 장유(張維))·택당(澤堂 이식(李植))·식암(息菴 김석주(金錫胄))·농암(農巖 김창협(金昌協))·삼연(三淵 김창흡(金昌翕)) 팔가(八家)의 글을 선별하려고 하였다. 그러나 정력이 미치지 못하여 논의하지 못하였으니 후세의 안목을 갖춘 자가 이 소원을 이루어 주기를 기다린다. 만약 청(淸)나라 사람 저흔(儲欣)의 십대가(十大家)의 예(例)[469]를 모방한다면 마땅히 월사(月沙 이정귀(李廷龜))와 상촌(象村 신흠(申欽))을 더해야 할 것이다.

《고문연감(古文淵鑑)》[470] 정집(正集)은 오로지 세교(世敎)에 관계된 글을 취한 것인데 호방형(胡邦衡)이 고종(高宗)에게 올린 봉사(封事)[471]는 싣지 않았으니 이는 중화(中華)의 문명으로 오랑캐를 변화시

轍)·왕안석(王安石)·증공(曾鞏) 등 당송 시대에 가장 뛰어난 여덟 사람의 산문을 모아서 《당송팔대가문초》를 편찬하였다.

469 청(淸)나라……예(例) : 저흔(儲欣, 1631~1706)은 청(淸)나라 때의 학자로, 자는 동인(同人)이다. 일찍이 《당송팔대가문초》의 팔대가에 이고(李翱)와 손초(孫樵)를 더하여 《당송십대가전집록(唐宋十大家全集錄)》을 편찬하였다.

470 고문연감(古文淵鑑) : 청(淸)나라 강희제(康熙帝)가 역대의 산문을 모아 직접 선록(選錄)하여 비평을 붙이고 서건학(徐乾學) 등에게 주해하여 편찬하게 한 문학 총서이다. 《춘추좌씨전(春秋左氏傳)》, 《국어(國語)》, 《전국책(戰國策)》 등의 책과 조(詔), 표(表), 서(書), 의(議), 주(奏), 소(疏), 논(論), 서(序) 등의 여러 문체의 글을 포괄하여 선록하였는데, 말이 정밀하고 순정하여 육경(六經)을 고취시킬 수 있는 것은 모아서 정집(正集)을 만들고, 문사가 화려한 글들은 모아서 별집(別集)을 만들었으며, 제자서(諸子書)의 요론을 채록하여 외집(外集)을 만들었다. 모두 1,324편이다.

471 호방형(胡邦衡)이……봉사(封事) : 호방형은 남송(南宋) 시대의 직신(直臣) 호전(胡銓, 1102~1180)으로, 자는 방형, 호는 담암(澹菴)이며, 시호는 충간(忠簡)이다.

키는 의리[472]를 알지 못하였기 때문이다. 만약 원위(元魏)의 효문제(孝文帝)[473]가 같은 입장에 있었다면 틀림없이 삭제하지 않고 찬미하여 마지않았을 것이다.

국조(國朝)에서 용산(龍山)의 강가에 창고를 설치하려고 하였으니, 바로 지금의 이른바 별영(別營)이다. 터를 닦으며 땅을 팔 적에 석곽(石槨)이 나왔는데, "조선(朝鮮) 이씨(李氏)의 창고 터이니 나를 율도(栗島 밤섬)에 묻으라."라고 새겨 있었다. 이 말에 따라 율도로 이장하였는데 뒤에 홍수로 인하여 율도가 붕괴되어서 묘가 전하지 않게 되었다. 명운을 점쳐 미리 안 것이 손바닥에 올려놓고 보는 것처럼 환하였으니 산수(算數)의 정밀함이 이와 같았으나, 천하의 일이 미리 정해지

고종(高宗) 때 금(金)나라의 침입을 당했을 적에 진회(秦檜)가 화친을 주장하자, 장문의 봉사를 올려, 진회와 손근(孫近) 등 화친을 주장하는 간신을 처벌하여 효수하고 오랑캐 사신을 억류하여 그 무례함을 문책하도록 간하였다. 이로 인해 진회의 노여움을 사서 길양(吉陽)에 유배되었다가 진회가 죽고 효종(孝宗)이 즉위한 뒤에 다시 복위되었다. 《宋史 卷374 胡銓列傳》

472 중화(中華)의……의리 : 이는 《맹자(孟子)》 〈등문공 상(滕文公上)〉에 보이는 것으로, 맹자가 말하기를, "중화의 문명으로 오랑캐를 변화시켰다는 말은 들었지만, 중화가 오랑캐에 의해 변화되었다는 말은 듣지 못하였다.〔吾聞用夏變夷者, 未聞變於夷者也.〕"라고 하였다.

473 원위(元魏)의 효문제(孝文帝) : 북위(北魏)의 제7대 황제 원굉(元宏, 467~499)으로, 본래의 성은 탁발(拓跋)이나 한화정책(漢化政策)의 일환으로 원(元)으로 바꾸었다. 묘호는 고조(高祖), 시호는 효문제이다. 471년에 즉위하여 490년까지 조모인 풍태후(馮太后)의 섭정하에 있었는데, 친정(親政)하게 된 이후로 율령을 개정하고 수도를 평성(平城)에서 낙양(洛陽)으로 옮기며 대대적으로 한화정책을 취하여 북방의 여러 민족을 중국에 동화시키고 중국 고래의 전통적 제도에 의한 정치를 하였다.

지 않음이 없어서 인력으로 바꿀 수 있는 것이 아님을 확인할 수 있다.

서화담(徐花潭 서경덕(徐敬德))은 상수학(象數學)으로는 바로 우리나라의 강절(康節 소옹(邵雍))이지만 끝내 순정(純正)함이 부족하였다. 그러므로 후세에 전해지는 그의 언행 중에는 괴상한 것이 많아서 준신(準信)할 수 없는 것이 있다. 그가 죽음을 앞두고 시해(尸解)[474]를 하고자 하였는데 민행촌(閔杏村)[475]이 정종(正終)[476]의 도리가 아니라고 힘써 간하여 만류하였다는 이야기가 전한다. 그 허실(虛實)은 자세하지 않으나 만약 참으로 그러하였다면 행촌은 사생(師生)의 분수를 다한 자라고 이를 만하다.

인조의 세대에 성(姓)이 장씨(蔣氏)인 어떤 사람이 기문둔갑술(奇門遁甲術)에 능통하였는데 시전(市廛)에 은둔하며 품팔이를 하였다. 조정에서 박엽(朴燁)[477]을 죽였다는 소식을 듣고는 길게 탄식해 마지않

474 시해(尸解) : 도가(道家)의 술수의 한 가지로서, 몸만 남겨 두고 혼백(魂魄)이 빠져나가는 것이다.

475 민행촌(閔杏村) : 민순(閔純, 1519~1591)으로, 자는 경초(景初), 호는 행촌·습정(習靜), 본관은 여흥(驪興)이다. 화담(花潭) 서경덕(徐敬德)의 문하에서 배웠으며, 효행(孝行)으로 천거되어 관직에 진출하였다. 이후 관직을 버리고 고향인 고양(高陽)에서 학문과 교육에 전념하였다. 개성의 화곡서원(花谷書院)과 고양의 문봉서원(文峯書院)에 제향되었다.

476 정종(正終) : 임종할 때까지 바른 도리를 지키다가 생을 마감하는 군자의 죽음을 뜻한다. 증자(曾子)가 죽을 때 "내가 바름을 얻어서 죽는다면 이것으로 그만이다.〔吾得正而斃焉, 斯已矣.〕"라고 한 데서 연유한 말이다. 《禮記 檀弓上》

477 박엽(朴燁) : 1570~1623. 자는 숙야(叔夜), 호는 약창(葯窓), 본관은 반남(潘

더니, 병자호란(丙子胡亂)이 일어나자 시전의 자제들 가운데 자신에게 후하게 대했던 이들을 이끌고 안현(鞍峴)으로 피난하였다. 적병들이 감히 이곳에 접근하지 못하였고 금한(金汗)[478] 또한 그가 비범한 사람임을 알아보고 선물을 보내주었다고 한다.

술사(術士) 이의신(李懿信)이 이산(尼山)[479]에 들렀다가 노성산(魯城山)을 보고 말하기를, "들판에 우뚝 솟아 있어서 기세가 참으로 빼어나지만 반대로 내달리는 형상이 있다. 이 산의 정기를 타고난 자 중에는 틀림없이 배치(背馳)하는 자가 있을 것이다."라고 하였다. 윤증(尹拯)에 이르러 이 말이 결국 증명되었으니 이의신은 또한 신술(神術)이 있다고 할 만하다.

문암(文菴) 이공(李公)[480]은 도암(陶菴 이재(李縡)) 문하의 선진(先進)

南)이다. 1597년(선조30) 별시문과에 급제하여 출사하고 벼슬이 평안도 관찰사에 이르렀다. 광해군 때에 당시의 권신 이이첨(李爾瞻)을 모욕하고도 무사하리만큼 권세가 있었으나, 1623년 인조반정 뒤 부인이 세자빈의 인척이라는 이유로, 그를 두려워하는 훈신(勳臣)들에 의하여 정사를 포악하게 하였다는 죄로 평양 임지에서 처형되었다. 성품이 급하고 사나워 백성들에게 포악하게 대했다는 기록이 여러 글에 보이나, 관방을 잘 지키고 강직하였다는 평가도 보인다.

478 금한(金汗) : 후금(後金), 곧 청(淸)나라의 임금을 이른다. '한(汗)'은 왕을 뜻하는 중세 몽골어 'khan'의 음역어이다.

479 이산(尼山) : 충청도 노성(魯城)의 별칭인데, 명재(明齋) 윤증(尹拯)이 이곳에 거주하였으므로 윤증을 지칭하는 말로도 쓰였다.

480 문암(文菴) 이공(李公) : 이의철(李宜哲, 1703~1778)로, 자는 원명(原明), 호는 문암, 본관은 용인(龍仁)이다. 1748년(영조24) 춘당대문과에 병과로 급제하였고

으로, 문학에 있어 비견할 이가 없었으므로 도암이 매번 글을 지을 때마다 그와 함께 상의하였다. 하루는 문암에게 이르기를, "내가 꿈에서 군의 등 뒤에 '우부빈객 이의철(右副賓客李宜哲)'이라고 쓰여 있는 것을 보았다. 나는 허튼 꿈을 꾼 적이 없으니 어쩌면 들어맞지 않겠는가?"라고 하였는데, 문암이 경술(經術)로써 결국 우부빈객과 홍문관 제학에 제수되었다. 편집한 책이 거의 백 권에 가까웠으니 《주자대전차의후론(朱子大全箚疑後論)》과 《어류요해(語類要解)》 등의 책은 또한 사문(斯文)에 공이 있는 것들이다.

태백산(太白山) 산중에 근세에 진정한 은자(隱者)가 있었는데, 부부가 짐을 등에 지거나 머리에 이고 이르렀으므로 남편은 '부지(負之)', 아내는 '대지(戴之)'라고만 일컫고 성명은 말하지 않았다. 어떤 이가 이들을 찾아가서 보니, 나무에 북을 매달아 놓고 두 발로 뛰어 북을 치며 노래하면서 자락(自樂)하였고 다음과 같은 시를 지었다.

동쪽 두둑에서 꿩 울고 서쪽 두둑에서 잠을 자니　東畔雉响西畔睡
귀밑머리에 바람 불어 넉넉히 남음이 있네　風吹鬢髮剩有餘
나루터를 묻는다면 어찌 지팡이로 가리키어　問津何不一杖指
천 년 뒤에 장저가 있음을 알게 하지 않겠는가[481]　使知千載有長沮

대사헌, 대사간, 예조 판서, 대제학 등을 지냈다.

481 나루터를……않겠는가 : 이는 공자(孔子)가 제자 자로(子路)를 시켜서 은자인 장저(長沮)와 걸닉(桀溺)에게 나루터를 묻게 하였던, '문진(問津)'의 고사에 바탕을 두어 말한 것이다. 장저와 걸닉이 함께 밭을 갈고 있었는데, 공자가 그곳을 지나가다 자로를 시켜 나루터를 묻게 하였다. 이에 장저는 "공자가 나루터를 알 것이다.〔是知津矣〕"라고 하였고, 걸닉은 "도도하게 흘러가는 것은 천하가 다 그러하니 누구와 더불어

이 사람은 속세를 피해 은둔하여 이름을 남기지 않았으니 또한 장저(長沮)와 걸닉(桀溺)보다 고매하다고 할 만하다.

우연히 도가(道家)의 책을 살펴보니 다음과 같은 글이 있었다. "명도(明道 정호(程顥)) 선생이 일찍이 어느 절에서 쉬고 있었는데, 밤에 부스럭 소리가 나는 것을 듣고는 불을 비춰보도록 명하니 쥐가 불상의 배 속에서 책 하나를 물고서 나오려고 하고 있었다. 선생이 이를 가져다가 보니 바로 단서(丹書)[482]였다. 이를 손으로 베낀 뒤에 옛 책은 불상의 배 속에 넣어 두고 이튿날 흙손질하는 공인을 불러 그 구멍을 메우도록 하였다. 선생이 그 방법대로 연단(鍊丹)한 지 달포가 되었을 적에 그 지붕에 불빛이 있는 것을 보고는 불이 났다고 여겨 다투어 달려가 불을 끄려고 하니 불이 아니었다. 이에 마침내 다시는 연단하지 않고 완성을 앞둔 단약을 은기(銀器)에 발랐는데 바른 부분이 곧바로 금(金)이 되었다. 혹자가 선생에게 이를 복용하도록 권유하자 선생이 말씀하기를, '내 배속에 어찌 이것을 붙이겠는가.'라고 하였다." 이

그것을 바꿀 수 있겠는가. 또 그대는 사람을 피하는 선비를 따르는 것이 어찌 우리처럼 세상을 피하는 선비를 따르는 것만 하겠는가.〔滔滔者, 天下皆是也, 而誰以易之? 且而與其從辟人之士也, 豈若從辟世之士哉?〕"라고 하였다. 자로가 이 두 사람의 말을 전하자, 공자가 말하기를, "새나 짐승과는 함께 무리지어 살 수 없으니, 내가 이 사람의 무리와 함께 살지 않고 누구와 함께 살겠는가. 천하에 도(道)가 있다면 내가 바꾸려 하지 않을 것이다〔鳥獸不可與同群, 吾非斯人之徒與, 而誰與? 天下有道, 丘不與易也.〕."라고 하였다. 《論語 微子》

482 단서(丹書) : 도교(道敎)의 용어로, '단서묵록(丹書墨籙)', 즉 붉은 칠을 한 죽간 위에 먹으로 부문(符文)을 쓴 것인데, 연단(鍊丹)의 내용을 담은 책이나 도교의 경서를 가리킨다.

일은 정자(程子)의 유서(遺書)에는 실려 있지 않으나, 이술(異術)에 현혹되지 않은 것이 이와 같으니 가일배법(加一倍法)을 환히 이해하였다가 곧바로 다시 잊어버렸던 것[483]과 똑같은 뜻이다. 만약 용 같은 성덕(聖德)을 지니고 정중(正中)한 위치에 있는 자[484]가 아니라면 어떻게 여기에 이를 수 있겠는가.

포은(圃隱 정몽주(鄭夢周))의 묘(墓)에 벼락이 쳐서 비석의 표면을 때려 본조(本朝)의 증직(贈職)은 다 지워지고 고려(高麗)의 시중(侍中)이라고 쓰인 것만 남았으니 영령(英靈)이 환히 임하였음을 살펴볼 수 있다. 포은의 후손 대부분이 묘의 아래에 사는데 상(喪)이 있으면 묘 주위의 나무가 먼저 죽어서 관을 만드는 목재로 사용하게 되었다. 제사를 앞두고 묘지기가 술병을 가지고 있다가 도중에 몰래 마셨는데 술병이 입술에 붙어서 다시 바꾸어 준비한 뒤에야 비로소 입에서 떨어졌다. 숭양서원(崧陽書院)[485]의 건물에 화재가 발생하여 장차 사우(祠

483 가일배법(加一倍法)을……것 : 215쪽 주183 참조.

484 용……자 : 이는 주희(朱熹)가 〈육선생화상찬(六先生畵像贊)〉에서 명도선생(明道先生) 정호(程顥)를 형용하여 한 말인데, 본래 《주역(周易)》 〈건괘(乾卦) 문언(文言)〉에 보인다. 〈건괘 구이(九二)〉에 "나타난 용이 밭에 있으니 대인을 만나봄이 이롭다.〔見龍在田, 利見大人.〕"라고 한 것에 대하여 공자(孔子)가 말하기를, "용 같은 성덕(聖德)을 지니고 정중(正中)한 위치에 있는 자이다.〔龍德而正中者也〕"라고 하였다.

485 숭양서원(崧陽書院) : 경기도 개성 선죽동에 있는 서원으로, 1573년(선조6) 개성 유수 남응운(南應雲)이 정몽주(鄭夢周)의 충절을 기리고 서경덕(徐敬德)의 학덕을 추모하기 위해 선죽교 위쪽 정몽주의 집터에 문충당(文忠堂)을 창건하면서 비롯되었다. 1575년에 사액되어 서원으로 승격되었으며, 1668년에 김상헌(金尙憲), 1681년에 김육(金堉)과 조익(趙翼), 1784년에 우현보(禹玄寶)를 추가로 배향하여 선현 제향과

宇)까지 불이 번지려고 하므로 한창 벽을 뚫어 위판(位版)을 꺼내려고 하는데 비바람이 갑자기 몰려와 삽시간에 불을 꺼뜨렸다. 또 선죽교(善竹橋)의 돌난간이 가운데가 끊어졌으나 핏자국 위로 떨어지지는 않았다. 사당과 묘 가운데 신명이 충만하여 마치 곁에 있는 듯하니[486] 기이하지 않은가.

강릉(江陵)의 송담서원(松潭書院)[487]은 두 차례나 화재가 발생하였으나 오직 묘우(廟宇)만은 안전하였다. 이를 두고 사람들은 서원이 율곡(栗谷 이이(李珥))의 영령을 모신 곳이므로 신명이 도운 것이라고 하였다.

덕흥대원군(德興大院君)[488]의 사당에서 사당을 지키는 노복이 일찍 일

지방 교육의 일익을 담당하였다.

486 신명이……하니 : 이는 본래 《중용장구(中庸章句)》 제16장에 보이는 말로, 공자(孔子)가 이르기를, "귀신의 덕이 성대하다.……천하 사람들로 하여금 깨끗이 재계하고 의복을 성대히 입고 제사를 받들게 하고는 신명이 충만하여 마치 위에 있는 듯하기도 하고 좌우에 있는 듯하기도 하다.〔鬼神之爲德, 其盛矣乎!……使天下之人齊明盛服, 以承祭祀, 洋洋乎如在其上, 如在其左右.〕"라고 하였다.

487 송담서원(松潭書院) : 강원도 강릉(江陵)에 소재한 율곡(栗谷) 이이(李珥)를 제향한 서원이다. 1630년(인조8)에 강원 감사 윤안성(尹安性)과 공조 참의 김몽호(金夢虎)를 중심으로 한 유림의 공의로 이이의 학문과 덕행을 추모하기 위해 학산리에 석천서원(石川書院)을 창건하여 위패를 모셨는데, 1652년(효종3)에 강원 감사 김익희(金益熙)와 본부사 이만영(李晩榮) 등이 현재의 위치로 이건하였고, 1660년(현종1)에 '송담(松潭)'이라고 사액되었다.

488 덕흥대원군(德興大院君) : 1530~1559. 이름은 초(岹), 자는 경패(景佈), 본관은 전주(全州)이다. 중종의 일곱째 아들로, 중종의 후궁인 창빈(昌嬪) 안씨(安氏)의

어나 두루 살피는데 어떤 사람이 묘정(廟庭)에 엎드려 있으면서 정신을 차리지 못하고 있었다. 노복이 그를 발로 차서 일으켜 그 까닭을 물으니 말하기를, "저는 도둑입니다. 사당 안의 기물을 거두어 담을 넘어 나가려고 하는데 두 발이 무거워져 움직일 수가 없었고, 사당 안에서 소리가 나더니 이윽고 엄형(嚴刑)을 받아 엎드린 채 일어나지 못하게 되었습니다."라고 하였다. 그가 지고 있던 짐을 풀어보니 모두 사당 안의 의물(儀物)들이었고 또 호랑이가 묘정에 엎드려 죽어 있었다. 제수(祭需)가 만약 정결하지 못하면 매번 사손(嗣孫)과 제수를 준비한 비자(婢子)에게 벌이 내려졌으며, 제사를 마치고 사손이 계단을 내려오다가 넘어지면 두려워하여 제수를 꺼내 살펴보는데 매번 머리카락이 있었다. 이 때문에 목욕재계하고 치성하는 것이 다른 제사보다 백배 더하였다.

용사(龍蛇)의 난리[489]에 왜적(倭賊)이 기성(箕聖 기자(箕子))의 묘(墓)를 침범하였는데 묘 가운데에서 은은하게 음악 소리가 흘러나오니 왜적이 두려워하여 감히 파헤치지 못하였다.

공자(孔子)는 대성(大聖)이니 유명(幽明)의 이치에 통달하여 응당 현령(顯靈)하는 일이 없을 것이다. 그런데 숭정(崇禎) 계미년과 갑신

소생이고, 부인은 판중추부사 정세호(鄭世虎)의 딸이다. 1567년(명종22) 명종이 후사 없이 죽자, 셋째 아들 하성군(河城君) 이균(李鈞)이 명종의 뒤를 이어 즉위하였는데, 그가 곧 선조이다. 1569년(선조2) 대원군으로 추존되었다.

489 용사(龍蛇)의 난리 : 임진왜란(壬辰倭亂)을 가리킨다. 용사는 용의 해인 임진년(壬辰年)과 뱀의 해인 이듬해 계사년(癸巳年)을 합하여 칭한 것으로, 간지(干支) 중 진(辰)은 용(龍)에, 사(巳)는 사(蛇)에 해당된다.

년 사이[490]에 곡부현(曲阜縣)의 성묘(聖廟 공자의 사당)에서 우는 소리가 나서 들어가 살펴보니 선성(宣聖)[491]의 양쪽 눈에서 눈물이 흐르고 있었다. 사람들이 모두 놀라고 괴이하게 여겨 곡부의 현령에게 이를 보고하였다. 현령이 직접 사당을 찾아가 살펴보았는데 공자의 눈물이 아직도 마르지 않은 채로 있었다. 이에 놀라고 두려운 마음을 이기지 못하고 향을 피워 절하고 축원하였다. 이는 천지가 뒤집어지는 우환이 있어서 그러했던 것인가? 또한 기이하게 여길 만하다.

인현성모(仁顯聖母 인현왕후)가 폐위되어 사제(私第)에 있을 적에 밤마다 마치 궁장(宮墻)에 순라를 도는 듯한 병마(兵馬) 소리가 났는데 궁비(宮婢)가 나가서 살펴보면 아무 것도 보이지 않았다. 기사년(1689, 숙종15)부터 갑술년(1694)까지[492] 매일 밤마다 그러하더니 성

490 숭정(崇禎)……사이 : 숭정은 명(明)나라 마지막 황제인 의종(毅宗)의 연호로, 계미년과 갑신년은 의종 말년인 1643년(숭정16)과 1644년이다.

491 선성(宣聖) : 공자(孔子)를 지칭하는 말로, '선(宣)'은 공자에게 내려진 시호이다. 한 평제(漢平帝) 때에는 '포성선공(褒成宣公)', 당 현종(唐玄宗) 때에는 '문선왕(文宣王)', 송 진종(宋眞宗) 때에는 '지성문선왕(至聖文宣王)', 원 성종(元成宗) 때에는 '대성지성문선왕(大成至聖文宣王)'이라는 시호가 내려졌다.

492 기사년부터 갑술년까지 : 기사년(1689, 숙종15)은 인현왕후(仁顯王后)가 폐위된 해이고, 갑술년(1694)은 인현왕후가 복위된 해이다. 1689년에 송시열(宋時烈)이 경종의 원자정호(元子定號)를 반대한 일을 계기로, 인현왕후를 지지하던 서인(西人)이 조정에서 축출되고 희빈(禧嬪) 장씨(張氏)를 옹호하던 남인(南人)이 정권을 잡게 되면서 인현왕후가 폐위되었다. 그러다가 1694년에 서인 김춘택(金春澤)·한중혁(韓重爀) 등이 인현왕후 복위운동을 일으켰는데 남인 민암(閔黯)·이의징(李義徵) 등이 이를 빌미로 서인을 완전히 제거하려다가 숙종의 반감을 사게 되어 서인이 다시 집권하였고 중전에 올랐던 장씨는 다시 희빈으로 강등되고 인현왕후가 복위되었다.

모가 복위되어 입궐한 뒤에야 그쳤다. 이는 지덕(至德)이 임한 곳에 온갖 신령이 호위한 것이니 광복(光復)의 조짐을 또한 여기에서 볼 수 있다.

무격(巫覡)의 일은 지극히 허황하지만 종종 놀랍고 기이한 경우가 있다. 임인년(1722, 경종2)의 사화[493] 이후에 최석항(崔錫恒)[494]의 부녀(婦女)가 최석항을 위하여 굿을 하였는데, 무녀가 방울을 부수며 크게 소리 지르면서 말하기를, "나는 윤 진사(尹進士) 지술(志述)의 원혼이다. 속히 최석항의 머리를 가져와라."라고 하였다. 이렇게 소리 지르기를 밤낮없이 종일토록 하며 그치지 않았다. 최석항의 부녀가 이 일을 듣고는 최석항의 의관(衣冠)과 초헌(軺軒)을 대신 보냈는데, 무녀가 포효하고 날뛰면서 최석항이 충량(忠良)한 이들을 무고하여 죽인 죄를 낱낱이 들추어내고 이를 조각조각 부수고 찢어버렸다. 그 충성스럽고 굳센 혼백이 원한이 맺혀 흩어지지 못하고 빛을 발하며 현령한 것이 이와 같았다. 이 일은 예양(豫讓)이 옷을 찔렀던 일[495]과 대략 똑같으

493 임인년의 사화 : 임인옥사(壬寅獄事)를 가리킨다. 326쪽 주464 참조.

494 최석항(崔錫恒) : 1654~1724. 자는 여구(汝久), 호는 손와(損窩), 본관은 전주(全州)이다. 1680년(숙종6) 별시문과에 병과로 급제하여 예문관 검열을 시작으로 경상도 관찰사, 이조 판서 등을 역임하고 좌의정에 이르렀다. 경종 때에 영조의 세제 책봉과 대리청정에 반대하고 신축년(1721, 경종1)과 임인년(1722)의 옥사(獄事)를 주도하였던 소론(少論) 대신 중 한 사람이다.

495 예양(豫讓)이……일 : 예양은 전국(戰國) 시대 진(晉)나라 사람으로, 맨 처음에 범씨(范氏)와 중항씨(中行氏)를 섬겼으나 자기를 알아주지 않자, 다시 지백(智伯)을 섬겨 총애를 받았다. 그러던 중 조양자(趙襄子)가 지백을 쳐서 멸하자, 예양은 지백의 원수를 갚기 위해 몸에 옻칠을 하여 문둥이가 되고 숯을 삼켜 벙어리가 되어 조양자를

니 통쾌하다고 칭할 만하다. 최석항은 또한 한 달이 지나지 않아 죽었다. 당시의 문사(文士)가 고시(古詩)를 지어 이 일을 기술하였다.

신미년(1811, 순조11)에 관서(關西)의 토적(土賊) 홍경래(洪景來)가 거병하여 반란하고서[496] 태천(泰川)의 오천사(鰲川祠)에서 선우돈암(鮮于遯菴)[497]에게 제사를 올리려고 하였는데, 자성(粢盛)이 끝내 익지 않고 향이 끝내 타지 않아서 결국 제향하지 못하였다. 돈암의 영령(英靈)이 양양(洋洋)하여 난적(亂賊)의 사사로운 제사를 받지 않는 데에 이르렀으니, 신도(神道)가 선(善)을 좋아하고 악(惡)을 미워함을 또한 살펴볼 수 있다. 만약 돈암이 살아 있었다면 응당 한 도를 교화하여, 역순(逆順)을 분변하는 데에 어두워 멋대로 난적을 따르도록 만들지는 않았을 것이다.

척살(刺殺)하려고 꾀하였다. 그러나 뜻을 이루지 못하고 조양자에게 잡혀서 죽임을 당하게 되었는데, 조양자의 옷이라도 찔러서 복수하려는 뜻을 이룰 수 있도록 해줄 것을 청하였다. 조양자가 이를 매우 의롭게 여겨서 옷을 갖다 주도록 하니 예양이 칼을 뽑아서 옷을 세 번 찌른 뒤에 칼에 엎드려 자결하였다. 《史記 卷86 刺客列傳》

496 신미년에……반란하고서 : 1811년(순조11) 관서지방에 큰 흉년이 들어 민심이 흉흉해지자, 홍경래(洪景來, 1780~1812) 등이 조선 시대에 계속되어 온 서북인의 차별에 대한 울분을 격동시켜 반란을 일으켰다. 이 난은 1811년 음력 12월 18일에 가산(嘉山) 군청을 습격하여 점령한 것을 시작으로 이듬해 음력 4월 19일 반란군이 토벌될 때까지 4개월간 지속되었다.

497 선우돈암(鮮于遯菴) : 선우협(鮮于浹, 1588~1653)으로, 자는 중윤(仲潤), 호는 돈암, 본관은 태원(太原)이다. 학행으로 천거되어 성균관 사업 등에 제수되었으나 사직하고 후진 양성에 전념하였다. 심성이기(心性理氣)를 깊이 연구하였으며, 특히 《주역(周易)》에 통달하였다. 평안도에 거주하였으므로 관서부자(關西夫子)라고 일컬어졌다. 시호는 문간(文簡)이며, 저서로는 《돈암전서(遯菴全書)》가 있다.

서여재(徐餘齋) 정직(禎稷)[498]이 가거(家居)하며 담론한 것을 엮어서 《치언(恥言)》이라고 이름을 붙였는데 격언과 지론(至論)이 많다. 여기에 이르기를, "인(仁)은 생장(生長)의 이치이다. 그러므로 초목의 실(實 열매) 가운데에 생기(生氣)를 품고 있는 것을 명명하여 인(仁)이라고 한다. 실(實)은 바로 성(誠)이니, 물(物)의 종시(終始)이다. 그러므로 초목이 끝을 만난 뒤에 다시 생기(生氣)를 전해 주는 것을 명명하여 실(實)이라고 한다."라고 하였으니, 정자(程子)의 미진한 뜻[499]을 드러내어 밝힌 것이 이와 같다. 이 밖에도 이치를 말한 것이 평실(平實)하여 가정(嘉靖)·융경(隆慶) 이후의 여러 학자들[500]처럼 허위로 과장하는 습성이 없으니 사람으로 하여금 감흥이 일게 만든다.

498 서여재(徐餘齋) 정직(禎稷) : 명(明)나라 때의 관리이자 학자인 서정직(徐禎稷, 1575~1644)으로, 자는 숙개(叔開), 호는 여재이다. 만력(萬曆) 29년(1601)에 진사에 급제하여 형부 주사(刑部主事), 사천 부사(四川副使) 등을 지냈다. 중간에 벼슬을 그만두고 고향으로 돌아와 은거하였다. 저서로는 《여재집(餘齋集)》, 《치언(恥言)》 등이 있다.

499 정자(程子)의 미진한 뜻 : 정자는 이천(伊川) 정이(程頤)를 가리킨다. 인(仁)과 심(心)의 차이를 묻는 질문에 정이가 대답하여 말하기를, "심(心)은 비유하면 곡식의 씨와 같으니, 생(生)의 성(性)이 바로 인(仁)이고 양기가 발하는 곳이 바로 정(情)이다.〔心譬如穀種, 生之性便是仁, 陽氣發處乃情也.〕"라고 하였는데, 이 말의 미진한 뜻을 이른다. 《近思錄 卷1》

500 가정(嘉靖)……학자들 : 가정은 명(明)나라 세종(世宗)의 연호이고 융경(隆慶)은 목종(穆宗)의 연호이다. 이 시기에는 이른바 '가륭칠재자(嘉隆七才子)'라고 불리는 이반룡(李攀龍)·왕세정(王世貞)·서중행(徐中行)·종신(宗臣)·사진(謝榛)·오국륜(吳國倫)·양유예(梁有譽) 등이 활동하며 문명(文名)을 크게 떨쳤다. 이들은 복고(復古)를 주장하여 문장은 진한(秦漢)을, 시는 성당(盛唐)을 전범으로 삼았다.

임진년(1592, 선조25)에 왜적(倭賊)이 대동강(大同江)에 이르렀을 적에 강을 건널 만한 배가 없었다. 우왕좌왕하던 사이에 홀연히 백구(白狗) 한 마리가 강을 건너가는 것을 보게 되었는데 물이 무릎에도 오지 않았다. 왜적들이 이를 보고는 수심이 얕다고 여겨서 북을 울리며 진군하였다가 절반 이상이 빠져 죽었다. 뒤에 강가에서 백구에게 제사를 지내고 '구수진(狗首津)'이라고 일컬으니, 지금의 토성(土城) 밖 한사정(閒似亭) 상류가 바로 그곳이다. 이 일은 고구려(高句麗) 때에 일곱 승려가 수(隋)나라 병사들을 이끌고 청천강(淸川江)에 빠졌던 일과 똑같은데, 일곱 승려는 부처의 영험함에 의탁한 것이고 백구는 충의(忠義)에서 나온 것이니 또한 기이하게 여길 만하다.

왜적이 평양성(平壤城)을 점거하였는데, 어느 날 밤에 쥐떼가 강을 건너 와서는 왜적의 활집으로 들어가 활줄과 화살대를 모조리 갉아서 끊어버렸다. 이에 왜적이 감히 싸우지 못하게 되니, 쥐떼가 빠져나와 창광산(蒼光山)에 이르러 자살하였다. 지금 쥐떼의 무덤을 만들고 관청에서 제사를 지내며 말하기를, "준동함령(蠢動含靈)[501]이 모두 그 목숨을 바쳤다."라고 하였다. 그러니 어찌 벌과 개미에게만 의리(義理)가 있는 것이겠는가.[502]

501 준동함령(蠢動含靈) : 일체의 중생(衆生)을 뜻한다. 본래 '준동'은 벌레 따위가 꿈틀거리며 움직인다는 뜻에서 파생되어 미물이나 동물을 뜻하고 '함령'은 심령(心靈)을 가지고 있는 인류를 뜻한다.

502 벌과……것이겠는가 : 벌과 개미에게 의리가 있다는 것은 《중용혹문(中庸或問)》에 "범과 승냥이에게 부자간의 친함이 있고 벌과 개미에게 군신간의 의리가 있고 승냥이와 수달이 조상에게 제사할 줄을 알고 징경이에게 암수의 분별이 있는 것으로 말하자면, 그 형기가 한편으로 치우친 반면에 또 의리의 얻은 바를 보존한 것이 있다.〔至於虎狼之

초목은 심령(心靈)이 없으나 또한 지운(地運)에 따라서 감응할 수 있다. 기사년(1689, 숙종15)에 율곡(栗谷)과 우계(牛溪) 두 선생을 문묘에서 출향할 적에[503] 갑산부(甲山府)에서 두 선생의 위판을 향교 가까운 곳의 소나무 아래에 묻었는데 소나무가 저절로 말라 죽었다. 그러다 갑술년(1694)에 다시 배향하게 되자 소나무가 갑자기 가지와 잎이 바뀌며 살아났다. 우옹(尤翁 송시열(宋時烈))의 화양동(華陽洞) 초당(草堂)에 매우 무성한 매화나무가 있었는데, 기사년 봄에 말라 죽었다가 갑술년 봄에 다시 살아나 꽃과 잎이 예전처럼 피었다.

순흥부(順興府)의 빈관(賓館) 앞에 압각수(鴨脚樹 은행나무)가 있었는데, 금성대군(錦城大君)[504]이 인근의 관소(館所)에서 적거(謫居)하게 되면서 이 나무가 갑자기 말라죽더니 금성대군이 화를 입어 순흥부

父子, 蜂蟻之君臣, 豺獺之報本, 雎鳩之有別, 則其形氣之所偏, 又反有以存其義理之所得.]"라고 보인다.

503 기사년에……적에 : 율곡(栗谷) 이이(李珥)와 우계(牛溪) 성혼(成渾)은 서인(西人) 계통의 학자들로, 서인이 집권하던 시기인 1682년(숙종8) 처음으로 문묘(文廟)에 배향되었는데, 1689년 기사환국(己巳換局)으로 남인(南人)들이 정권을 잡게 되면서 이들의 요구에 따라 문묘에서 출향되었다. 그러다가 1694년 갑술환국(甲戌換局)으로 서인이 집권하면서 다시 문묘에 배향되었다.

504 금성대군(錦城大君) : 1426~1457. 세종과 소헌왕후(昭憲王后) 심씨(沈氏)의 소생으로, 이름은 이유(李瑜)이다. 1455년(세조1) 형 수양대군(首陽大君)의 핍박으로부터 조카 단종을 보호하려다가 무사들과 결탁해 당여를 키운다는 죄명을 받고 삭녕(朔寧)·광주(廣州) 등에 유배되었고, 이듬해 사육신(死六臣)의 단종 복위 모의가 실패로 돌아가자 다시 경상도 순흥(順興)에 안치되었는데, 순흥 부사(順興府使) 이보흠(李甫欽)과 함께 모의해 고을 군사와 향리를 모으고 도내의 사족(士族)들에게 격문을 돌려서 의병을 일으켜 단종 복위를 계획하다가 관노의 고발로 실패하여 반역죄로 처형당하였다. 1739년(영조15) '정민(貞愍)'이라는 시호가 내려졌다.

가 폐읍(廢邑)되는 데에까지 이르렀다. 수백 년 뒤에 말랐던 뿌리가 다시 돋아나서 점점 그늘이 생겨났는데 금성대군의 충정을 기려 단을 쌓게 되었으니[505] 이 일이 또한 기이하다. 그리고 죽림(竹林) 권공 산해(權公山海)[506]가 단묘(端廟 단종)의 외척으로서 순흥에서 순절하여 운곡(雲谷)에 사당을 세우게 되었는데, 죽림의 후손 권종락(權宗洛)이 자신의 선조가 신원되고 사당을 세우게 된 해에 순흥에 이르러 금성단(錦城壇)을 살피고 다시 살아난 압각수에 올라 그 가지를 베어 자루를 만들어서 돌아가 운곡사(雲谷祠)의 앞에 꽂아두었다. 이것이 지금 한 아름의 재목이 되었으니 이는 내공(萊公)의 대나무[507]와 같은 부류일

505 금성대군의……되었으니 : 1683년(숙종9) 순흥부(順興府)가 복원되고 단종 복위를 꾀하다가 죽음을 맞은 사람들이 신원되자, 1719년에 순흥 부사 이명희(李命熙)가 주창하여 그 유허지에 금성단(錦城壇)을 설치하게 되었다.

506 죽림(竹林) 권공 산해(權公山海) : 권산해(權山海, 1403~1456)로, 자는 덕보(德甫), 호는 죽림, 본관은 안동(安東)이며, 시호는 충민(忠愍)이다. 문종의 비 현덕왕후(顯德王后)의 부친인 권전(權專)의 사위로, 단종에게 이모부가 된다. 1440년(세종22)에 천거되어 녹사·주부가 되었으나 모두 나아가지 않았다. 1454년(단종2) 처음으로 종부시 첨정이 되었다. 1455년에 수양대군이 어린 조카인 단종의 왕위를 빼앗자 울분을 못 이겨 조정에 나가지 않았다. 세조가 조정에 나올 것을 종용하였으나 병을 치료한다는 핑계로 나가지 않았다. 이듬해 성삼문(成三問)·박팽년(朴彭年) 등이 단종의 복위를 도모하다가 참형되었다는 소식을 듣고, 그 사건에 가담하지 못한 것을 스스로 한탄하다 끝내 자살하고 말았다. 관직을 박탈당하였으며 자손들도 백 년 동안 벼슬길이 막혔다. 그러나 1789년(정조13) 관직이 추복되고, 1791년 이조 참판, 1885년(고종22) 이조 판서에 추증되었으며, 경주의 운곡서원(雲谷書院)에 제향되었다.

507 내공(萊公)의 대나무 : 내공은 내국공(萊國公)에 봉해진 송(宋)나라의 명재상 구준(寇準, 961~1023)이다. 구준이 뇌주(雷州)에서 죽어 고향으로 운구될 때에 공안현(公安縣)의 백성들이 모두 구준의 덕을 그리워하여 대나무를 꺾어서 땅에 꽂고 지전(紙錢)을 매달았는데 뒤에 그곳에서 죽순이 자라나 숲을 이루게 되자 백성들이 이를

것이다. 의기(意氣)가 서로 감응함이 또한 초목에게도 있으니 또한 기이하게 여길 만하다.

물고기는 강 속에서도 양기(陽氣)에 따라 오르거나 내려가서 입춘 전에는 모두 땅에 붙어서 잠겨 있다가 입춘 뒤에야 비로소 물에 떠서 헤엄친다. 이것이 이른바 "물고기가 올라와 얼음 밑에 있다.〔魚陟負氷〕"[508]라는 것이다. 물속과 물 바깥이 모두 하나의 기운이니, 비단 육지에 사는 벌레만 계칩(啓蟄)하는 것이 아니다. 봄추위가 몹시 혹독하면 비록 건양(建陽 입춘)이 되었더라도 온갖 벌레들은 움직이지 않지만, 물고기는 얼음 밑에서 펄떡이는 것이 한여름과 다름이 없다. 이는 물속에서 양기를 받는 것이 물 바깥보다 앞서기 때문이다.

만물이 태어남에 근본으로 돌아가지 않음이 없다. 그러므로 꽃이 벌레를 내면 벌레가 나비가 되어서 꽃의 꿀을 따먹고, 똥이 파리를 내면 파리가 구더기를 낳아서 똥을 좋아하게 되는 것이다. 만약 이 뜻을 체득한다면 또한 자손을 가르치는 방법을 알 수 있으니 이는 사람과 물건이 다르지 않기 때문이다.

신묘하게 여겨 구준의 사당을 세우고 그 대나무를 '상공죽(相公竹)'이라고 불렀다.《古今事文類聚 前集 卷48 掛紙竹生》

508 물고기가……있다 : 이 말은《대대례기(大戴禮記)》〈하소정(夏小正)〉에 보인다. 〈하소정〉은 매월의 물후(物候)를 기록한 것인데, 정월(正月)의 물후에 대해 "벌레가 깨어나고 기러기가 북쪽으로 향하며 꿩이 날갯짓 하며 울고 물고기가 올라와 얼음 밑에 있다.〔啓蟄, 鴈北鄕, 雉震呴, 魚陟負氷.〕"라고 하였다.

"초당에 봄잠이 넉넉하니, 창밖의 해는 더디기만 하구나. 큰 꿈을 누가 먼저 깰꼬. 평생을 내 스스로 아노라.〔草堂春睡足 窓外日遲遲 大夢誰先覺 平生我自知〕"라는 절구(絶句) 한 편은 제갈공명(諸葛孔明 제갈량(諸葛亮))의 시로 세상에 이름이 나서, 세간에 제갈공명과 관계된 모든 글에서 원용하지 않음이 없으니 비단 과문(科文)만 그러할 뿐이 아니다. 제갈공명의 시로는 오직 〈양보음(梁甫吟)〉이 《무후전서(武侯全書)》[509]에 실려 있고 '초당(草堂)' 시는 《삼국연의(三國演義)》에 보이니 성탄(聖嘆)[510]의 무리로부터 나온 것임을 알 수 있는데, 변별하여 논파하는 사람이 없다. 고금의 시문 중에 이러한 종류처럼 진위가 서로 섞인 것이 거의 이루 다 셀 수 없다. '큰 꿈 운운(云云)'이라고 한 것은 부과(浮誇)한 데에 관계되어서 결코 제갈공명의 말투가 아니니 안목을 갖춘 자를 기다리지 않고도 위작임을 단언할 수 있다.

정숙자(程叔子)가 한유(韓維)와 함께 영호(潁湖)에서 뱃놀이를 하며 있었던 일[511]을 기록한 한 조목은 《송명신록(宋名臣錄)》과 《이정전서

509 무후전서(武侯全書) : 명(明)나라 신종(神宗) 때의 문신·학자인 왕사기(王士騏)가 제갈량(諸葛亮)의 사적(事跡) 및 후인들의 평론(評論)·시부(詩賦) 등을 모아 편찬한 책이다.

510 성탄(聖嘆) : 명말(明末) 청초(淸初)의 문학가이자 문학비평가인 김인서(金人瑞, 1608~1661)로, 자는 성탄이다. 《수호전(水滸傳)》과 《서상기(西廂記)》 등의 소설을 《장자(莊子)》, 《사기(史記)》, 《두율(杜律)》 등과 함께 천하의 재자서(才子書)로 꼽는 등 희극과 소설을 높이 평가하였다.

511 정숙자(程叔子)가……일 : 정숙자는 이천(伊川) 정이(程頤)이다. 한유(韓維, 1017~1098)는 송(宋)나라 때의 재상으로, 자는 지국(持國)이다. 이 일은 《송명신언행록(宋名臣言行錄)》 후집(後集) 권10과 《이정유서(二程遺書)》 권19에 실려 있다. 정이

(二程全書)》에 실려 있는데, 《성리대전(性理大全)》〈역대(歷代)〉에는 한기(韓琦)[512]의 조목에 엮어 실어 놓아서 한유를 한기로 오인하였다. 주자(朱子)가 진기지(陳器之)에게 답한 편지-"성(性)은 태극(太極) 운운(云云)"-는 다만 "잠실 진씨(潛室陳氏)가 말하기를 운운(云云)"이라고 하였고, 호학론(好學論)[513]은 이천(伊川 정이(程頤))이 지은 것인데 명도(明道 정호(程顥))로 되어 있다. 전혀 검토하지 않아서 뒤섞여 편입된 것이 이와 같으니 그 나머지를 모두 미루어 알 수 있다.

가 한유, 범순례(范純禮)와 함께 영창(穎昌)의 서호(西湖)에서 뱃놀이를 할 적에 한 관원이 자기를 알아주기를 요구하는 글을 올리며 한유에게 만나줄 것을 청하였는데, 이에 대해 정이가 '요구하지 않는 자는 추천해 주지 않고, 와서 요구하는 자는 추천해 주어서 마침내 사람들로 하여금 이와 같이 하도록 만들었다.'라고 하며 한유의 잘못을 지적하자, 한유가 곧장 그 말에 굴복하였다.

512 한기(韓琦) : 1008~1075. 북송(北宋)의 명재상으로, 자는 치규(稚圭), 호는 공수(贛叟)이며, 시호는 충헌(忠獻)이다. 송(宋)나라 인종(仁宗)·영종(英宗)·신종(神宗) 3대에 걸쳐 재상을 지내면서 범중엄(范仲淹)과 함께 국가를 안정시켰다. 위국공(魏國公)에 봉해졌으며, 저서로는 《안양집(安陽集)》이 있다.

513 호학론(好學論) : 이천(伊川) 정이(程頤)가 18세에 지었다고 하는 '안자소호하학론(顔子所好何學論)'을 말한다.

매산집

제 53권

부록
附錄

연보

年譜

선생은 휘가 직필(直弼)이고 자가 백응(伯應)이며 성은 홍씨(洪氏)이니, 세계(世系)가 당성(唐城 남양(南陽))에서 나왔다.

병신년(1776, 영조52) 명나라 의종황제(毅宗皇帝) 숭정(崇禎) 기원후(紀元後) 138년[1]-국조(國朝) 정종대왕(正宗大王 정조) 즉위 초년-

6월 임자일-13일- 신시(申時)에 선생이 한성(漢城) 주자동(鑄字洞)의 집에서 태어났다.

선비(先妣) 박 부인(朴夫人)이 회임하였을 적에 신령스러운 거북이가 품안으로 들어오는 꿈을 꾸었다. ○선생은 태어나면서부터 남다른 자질이 있어서 함부로 울거나 웃지 않았고 몸가짐이 의젓하였으며, 이마가 넓고 얼굴이 길며 목소리가 큰 종소리와 같았다. 어려서부터 장난을 좋아하지 않아서 우뚝하게 대인의 풍도가 있었다. 이에 선배와 장로들이 머리를 쓰다듬고 칭찬하면서 인걸(人傑)이 되리라고 기대하지 않는 이가 없었다.

정유년(1777, 정조1) 선생 2세

1 숭정(崇禎) 기원후(紀元後) 138년 : 이 부분의 원문은 "崇禎紀元後一百三十八年"인데, "一百三十八年"이라고 한 것은 오류가 있는 듯하다. 숭정 기원은 1628년인바, 병신년(1776, 영조52)은 숭정 기원후 138년이 아니라 149년이 된다.

선생은 어렸을 때부터 외왕모(外王母) 정 부인(鄭夫人)의 곁에 나아가 봉양할 때가 많았는데, 정 부인이 일찍이 선생을 두고 말하기를, '몇 살 만에 벌써 부모를 사랑하고 공경할 줄을 알았고, 걸음을 걸을 수 있게 되자마자 곧바로 어른을 따라 신알(晨謁)하는 예를 행하여 이를 못하게 하여도 그만두지 않았다'고 하였다.

무술년(1778, 정조2) 선생 3세

선고 판서 공(判書公 홍이간(洪履簡))이 글자를 손수 써서 종류별로 모아 가르쳤는데, 번거롭게 독책하지 않아도 스스로 깨우치고 이해하였다.

기해년(1779, 정조3) 선생 4세

계구(季舅 막내 외숙부) 자각(紫閣) 박공(朴公)-휘 성한(聲漢)-에게서 《천자문(千字文)》을 수학하였다.

박공이 일찍이 선생에게 말하기를, "내가 너에게 《천자문》을 가르쳤는데 한 달이 못 되어 이를 끝마쳤으며, 나중에 가서도 분명하게 기억하여 막히는 부분이 없었다."라고 하였다.

겨울에 두창(痘瘡)을 앓았다.

경자년(1780, 정조4) 선생 5세

계구(季舅 막내 외숙부)에게서 《십구사략(十九史略)》을 수학하였다.

신축년(1781, 정조5) 선생 6세

임인년(1782, 정조6) 선생 7세

선생은 어렸을 때에 사람들이 돈을 주면 받지 않았고, 어른이 다른 사람에게 돈을 전해주도록 시키면 이를 손으로 직접 받지 않고 그릇을 통해 받았다. ○선생의 외가에서 광해군의 제사를 지냈는데, 선생은 광해군이 윤상(倫常)을 무너뜨렸다는 이유[2]로 제사하고 남은 음식을 먹지 않았다.-정확히 어느 해에 있었던 일인지 알지 못하여 우선 여기에 기록한다.-

계묘년(1783, 정조7) 선생 8세

외가에서 비로소 본가로 돌아왔다.

선생은 어려서부터 악인을 미워함이 남들보다 엄중하였다. 한번은 행랑 아래에서 비석을 다듬는 작업을 하는 것을 보았는데, 그 비석이 정순붕(鄭順朋)[3]의 묘에 세울 것임을 알고는 선고 판서 공에게 고하기를, "소인배의 비석을 어찌 우리 집의 행랑에서 만든단 말입니까." 라고 하며 쫓아낼 것을 청하였다. 이에 판서 공은 선생이 지나치게

2 광해군이……이유 : 광해군이 인목대비(仁穆大妃)를 폐출하여 서궁(西宮)에 유폐시키고 이복 아우인 영창대군(永昌大君)을 폐서인(廢庶人)하여 사사(賜死)하였던 일을 두고 말한 것이다.

3 정순붕(鄭順朋) : 1484~1548. 자는 이령(耳齡), 호는 성재(省齋), 본관은 온양(溫陽)이다. 1504년(연산군10)에 별시문과에 급제하여 좌부승지, 충청도 관찰사, 형조참의 등을 지냈으며, 1519년(중종14)에 일어난 기묘사화(己卯士禍)에 연루되어 관직이 삭탈되었다가 이후에 다시 등용되었다. 명종이 즉위한 뒤에 윤원형(尹元衡), 이기(李芑) 등과 함께 을사사화(乙巳士禍)를 일으켜 보익공신(保翼功臣) 1등에 책록되고 온양부원군(溫陽府院君)에 봉해졌으나, 1578년(선조11)에 관직과 훈작이 모두 삭탈되었다.

엄준함을 책망하기는 하였으나 마음으로는 더욱 기특하게 여겼다. 또 한 권신(權臣)의 집이 이웃에 있었는데, 선생이 후원의 높은 곳으로 가서 그 이름을 부르며 낱낱이 죄를 논열하였다. 그러자 이 사람이 크게 화가 나서 판서 공이 지시한 일이라고 무고하니 앞으로 어떤 화가 닥칠지 예측할 수가 없었는데, 정묘(正廟 정조)의 성명(聖明)함에 힘입어 무사할 수 있었다.-정확히 어느 해에 있었던 일인지 알지 못하여 우선 여기에 기록한다.-

해를 읊은 시를 지었다.

이 시에 이르기를, "예가 아홉 마리 까마귀를 활로 쏘아 떨어뜨리니, 한 마리 까마귀만이 홀로 찬란하게 날아오르네.〔羿射落九烏 一烏獨颺彩〕"[4]라고 하였는데, 사람들이 모두 대성할 기상이 있다고 칭찬하였다. 이후로 일과를 정하여 학업을 닦기를 더욱 전일하게 하여 책을 잠시라도 손에서 떼지 않았다. ○선생은 어렸을 때에 때때로 선성(先聖)과 선현(先賢)들의 위호(位號)를 걸어놓고 제사지냈다.-정확히 어느 해에 있었던 일인지 알지 못하여 우선 여기에 기록한다.-

갑진년(1784, 정조8) 선생 9세

조고 참판 공(參判公 홍선양(洪善養))에게서 사서(史書)를 수학하였다.

당시에 참판 공이 정릉 영(貞陵令)으로서 나가 직숙할 때면 선생이

4 예(羿)가……날아오르네 : 요(堯)임금 때에 열 개의 해가 한꺼번에 떠서 농작물과 초목이 모두 말라 버려 백성들이 먹을 것이 없게 되자 요임금이 예(羿)에게 명하여 해를 쏘게 해서 아홉 개의 해를 맞혀 땅에 떨어뜨렸는데, 해에 살고 있던 아홉 마리의 까마귀가 모두 죽었다는 고사가 있다.《淮南子 本經訓》

늘 참판 공을 모시고 함께 가서 독서하였고 아울러 산수(山水)의 승경(勝景)을 감상하였다.

을사년(1785, 정조9) 선생 10세

선고 판서 공에게서 사서(史書)를 수학하였다.

병오년(1786, 정조10) 선생 11세

5월에 홍역을 앓았다.

당시에 문효세자(文孝世子)[5]가 홍역의 병증에서 회복되었다가 며칠 뒤에 훙서(薨逝)하였는데, 이는 약원(藥院 내의원)의 의관이 약제를 신중하게 쓰지 않아서 마침내 이러한 지경에 이른 것이었다. 선생이 이를 통렬히 미워하여 수백 자의 상소문을 지었다.

7월에 백구(伯舅 첫째 외숙부) 의와(毅窩) 박공(朴公)-휘 명한(鳴漢)-의 상을 당하였다.

김공(金公)-이중(履重)-에게서 《서경(書經)》을 수학하였다.

당시에 조비(祖妣) 이 부인(李夫人)이 조고 참판 공의 의령(宜寧) 임소에 있으면서 병환이 위중하였는데, 선고 판서 공이 이 소식을 듣고 의령으로 길을 떠나면서 김공에게 서신을 보내어 선생을 부탁하였다. 김공은 바로 밀암(密菴)-지행(砥行)-의 조카이다. 선생은 날마다 김공을 찾아가 수학하였다. 뒤에 또 입암(立菴) 박공(朴公)-준흠(俊欽)-에게서 수학하였는데, 박공은 병계(屛溪 윤봉구(尹鳳九))의

5 문효세자(文孝世子) : 1782~1786. 정조의 첫 번째 아들로, 의빈(宜嬪) 성씨(成氏)의 소생이다. 1784년(정조8)에 왕세자로 책봉되었으나, 1786년 5월에 병사(病死)하였다.

고족제자로, 선생과는 외척간이다. 선생이 일찍이 말하기를, "나의 일궤(一簣)[6]의 초기에 두 분을 통해 계발된 것이 많다."라고 하였다.

9월에 조비 이 부인의 상을 당하였다.

선생은 부음을 듣고 울부짖으며 비통함을 이기지 못하였다.

11월에 이 부인을 연천(漣川) 현계(玄溪)에 장사하였다.

정미년(1787, 정조11) 선생 12세

무신년(1788, 정조12) 선생 13세

궁중에서 하사한 비단 주머니를 공손히 받았다.

효의왕후(孝懿王后)[7]는 선생의 증조고 찬성 공(贊成公 홍상언(洪尙彦))의 외손녀인데, 일찍이 선생을 아끼고 중히 여겼으므로 이러한 하사품을 내린 것이다. 선생은 이를 공손히 받들고서 시를 지어 기념

6 일궤(一簣) : 한 삼태기의 흙이란 뜻으로, 산을 만드는 것이 한 삼태기의 흙을 붓는 것으로부터 시작하듯이 학문에 처음으로 발을 들여놓게 된 것을 비유하는 말이다. 《논어(論語)》 〈자한(子罕)〉에 이르기를, "학문 하는 것은, 비유컨대 산을 만들 적에 마지막 흙 한 삼태기를 붓지 않아 산을 못 이루고서 중지하는 것도 내 자신이 중지하는 것이며, 비유컨대 산을 만드는 데에 평지에 흙 한 삼태기를 처음 붓는 것이라 하더라도 나아감은 내 자신이 나아가는 것이다.〔譬如爲山, 未成一簣止, 吾止也; 譬如平地, 雖覆一簣進, 吾往也.〕"라고 하였다.

7 효의왕후(孝懿王后) : 1753~1821. 정조의 비(妃)로, 본관은 청풍(淸風)이고, 좌참찬 김시묵(金時默)의 딸이다. 어머니는 홍직필의 증조부 홍상언(洪尙彦)의 딸이다. 1762년(영조38) 세손빈(世孫嬪)으로 책봉되어 어의동(於義洞) 본궁(本宮)에서 가례(嘉禮)를 올렸고, 1776년 영조가 죽고 정조가 왕위에 오르자 왕비로 진봉(進封)되었다. 자녀를 두지 못한 채 창경궁(昌慶宮) 자경전(慈慶殿)에서 69세의 나이로 홍서(薨逝)하였다. 시호는 예경자수효의왕후(睿敬慈粹孝懿王后)이고, 능호는 건릉(健陵)이다.

하였는데,[8] 이 시에 "한 조각의 단심을 이 주머니에 간직하네.〔丹心一片貯玆囊〕"라는 구절이 있다.

기유년(1789, 정조13) 선생 14세

《서전(書傳)》을 읽었다.

경술년(1790, 정조14) 선생 15세

3월-초하루는 신사일- 계미일에 관례를 행하였다.

신해년(1791, 정조15) 선생 16세

5월-초하루는 을해일- 병자일에 전주 이씨(全州李氏)를 아내로 맞이하였다.

판서 이연(李渻)의 딸이다. ○선생의 잡록(雜錄)에 이르기를, "내 나이 13세에 악옹(岳翁 장인) 이 상서(李尙書)가 찾아와 나를 일섭정(日涉亭)에서 만나보았는데, 나를 몹시 귀애하여 이듬해인 기유년(1789, 정조13)에 혼사를 치를 것을 기약하였다. 그런데 공이 갑자기 기유년 정월 2일에 별세하였다. 그러자 찾아와 만나는 사람마다 모두 '조부모를 모시고 있으면서는 상기(喪期)를 마칠 때까지 기다려서는 안 된다.'라고 하였고, 당시에 또한 청혼을 해오는 자가 있었다. 그러나 나는 상기를 마칠 때까지 기다릴 것을 굳게 청하니, 가대인(家大人 가친)이 이를 허락하여 나의 뜻대로 할 수 있게 해주셨다."

8 시를 지어 기념하였는데 : 이 시는 《매산집》 권1에 〈경수내사금낭자(敬受內賜錦囊子)〉라는 제목으로 실려 있다.

라고 하였다.

삼산재(三山齋) 김공(金公)-이안(履安)-의 부음을 들었다.

선생의 잡록(雜錄)에 이르기를, "내가 초츤(髫齔)[9]의 나이에 삼산재를 찾아뵈어 가르침을 구하려고 하였으나 과거공부에 욕심을 내어 결국 뜻을 이루지 못하였다. 경술년(1790, 정조14) 봄에 족조(族祖) 만포공(晩圃公)과 함께 속수(束脩)의 예를 행하기로 약속하였는데, 이때에도 세상일이 복잡해져서 이를 결행하지 못하였다. 그러다가 신해년 5월 혼례를 치른 뒤에 찾아뵙고자 막 계획하고 있었는데 갑자기 부음을 전해 듣게 되어, 이 까닭에 결국 계획대로 이루지 못하게 되었으니, 마침내 죽을 때까지 잊지 못하는 한으로 남고 말았다." 라고 하였다. 조고 참판 공도 일찍이 선생에게 이르기를, "김 찬선(金贊善 김이안)이 만약 세상을 떠나지 않았다면 응당 너를 그에게 보내어 수학하게 하였을 텐데, 이제 어찌할 수 없게 되었다."라고 하였다.

임자년(1792, 정조16) 선생 17세

9월에 정동(貞洞)에 있는 근재(近齋) 박 선생(朴先生 박윤원(朴胤源))을 찾아가 배알하였다.

선생은 성동(成童 15세) 이후로 문장이 크게 진전되어 이미 구인(求仁)[10]과 위기(爲己)[11]의 뜻이 있어서 책을 읽을 때에는 반드시 체행

9 초츤(髫齔) : 다박머리에 앞니를 갈 무렵의 어린아이라는 뜻으로, 일곱 살이나 여덟 살의 어린 때를 이르는 말이다.

10 구인(求仁) : 인(仁)을 구한다는 뜻으로, 공자(孔子)가 백이(伯夷)와 숙제(叔齊)

하고 궁구하고자 하였고 말을 할 때에는 늘 성현을 언급하였다. 그러다가 이때에 이르러 책을 폐백으로 삼아 근재 선생을 찾아가 배알하였는데, 근재 선생이 선생을 한번 보고는 마음으로 인정하여 "오도(吾道)를 맡길 곳이 있게 되었다."라고 말하였다. ○선생이 일찍이 말하기를, "내 나이 17세에 처음으로 학문에 뜻을 두었다."라고 하였다. ○선생은 이때부터 각고의 노력으로 공부하여 겨울에도 따뜻한 방에 거처하지 않고 배가 고프면 솔잎을 먹어가면서 책상에 몸을 꼿꼿이 세우고 앉았으니 이에 학업이 날로 닦여지고 명성이 날로 드날려졌다. 정묘(正廟 정조)가 이를 듣고 가상하게 여겨 선생을 아는 이들에게 누차 묻기를, "홍모(洪某)는 요즘도 도포를 입고서 종일토록 꼿꼿이 앉아 책을 읽는가?"라고 하였다.

겨울에 근재 선생을 찾아가 배알하였다.

이때에 근재 선생이 감역에 제수되자 조야(朝野)에서 모두 출사하기를 원하였다. 그러나 선생은 홀로 율곡(栗谷 이이(李珥))이 우계(牛溪 성혼(成渾))에게 말한 일을 들며 출사하지 말 것을 권유하니, 근재 선생이 이를 따랐다. ○선생의 처음의 휘는 '긍필(兢弼)', 자는 '백림(伯臨)'이었는데, 근재 선생이 지금의 휘와 자로 바꿔주고 마침내

를 평가하여 말하기를, "인(仁)을 구하여 인(仁)을 얻었으니, 무엇을 원망하겠는가.〔求仁而得仁, 又何怨?〕"라고 하였다. 《論語 述而》

11 위기(爲己) : 오직 자신의 덕성을 닦기 위해서 공부하는 것으로, 남이 알아주기를 바라면서 공부하는 것인 '위인(爲人)'에 상대되는 말이다. 《논어(論語)》〈헌문(憲問)〉에, "옛날의 학자들은 자신을 위한 학문을 하였는데, 오늘날의 학자들은 남에게 보여주기 위한 학문을 한다.〔古之學者爲己, 今之學者爲人.〕"라고 한 공자(孔子)의 말에서 나온 것이다.

《상서(尙書)》의 "보필하는 신하가 정직하면 동함에 크게 응하여 뜻을 기다릴 것이다.〔其弼直 惟動丕應徯志〕"[12]라는 글과 주자(朱子)의 "천지가 만물을 낳고 성인이 만사에 응하는 것은 정직함에 달려있을 뿐이다.〔天地生萬物 聖人應萬事 直而已〕"[13]라는 말을 인용해서 자설(字說)을 지어주어 이로써 기대하고 권면하였다.-정확히 어느 해에 있었던 일인지 알지 못하여 우선 여기에 기록한다.-

계축년(1793, 정조17) 선생 18세

2월에 장곡(長谷)을 찾아가 입암(立菴) 박공(朴公 박준흠(朴俊欽))을 배알하였다.

이때에 박공이 자각(紫閣) 박공(朴公 박성한(朴聲漢))의 집에 와서 머물렀는데, 선생이 찾아가 배알하여 《대학(大學)》과 《중용(中庸)》의 서문(序文)을 수학하였다.

6월에 장령 민공(閔公)-이현(彝顯)-의 부음을 들었다.

선생은 애석한 마음을 이기지 못하여 청수(淸修) 김성보(金城甫) 종선(宗善)에게 진췌시(殄瘁詩)[14]를 써서 보냈다. 남산(南山) 아래

12 보필하는……것이다 : 《서경(書經)》 〈익직(益稷)〉에 보이는 말로, 우(禹)가 순(舜)임금에게 아뢰기를, "당신의 마음이 그치는 바에 편안히 하여 기미를 생각하고 편안히 할 것을 생각하시며 보필하는 신하가 정직하면 동함에 크게 응하여 뜻을 기다릴 것이니, 상제께 밝게 받으시면 하늘이 거듭 명하여 아름답게 할 것입니다.〔安汝止, 惟幾惟康, 其弼直, 惟動丕應徯志, 以昭受上帝, 天其申命用休.〕"라고 하였다.

13 천지가……뿐이다 : 이 말은 주희(朱熹)가 임종할 때에 제자들에게 남긴 말로, 《송명신언행록(宋名臣言行錄)》 외집(外集) 권12 〈주희(朱熹)〉에 보인다.

14 진췌시(殄瘁詩) : 현인이 죽은 것을 슬퍼하는 내용의 시로, 만사(挽詞)를 뜻한다.

에서 미도(味道) 윤유성(尹有成)을 방문하였다.

윤유성은 중인(中人)으로서 도암(陶菴 이재(李縡))과 역천(櫟泉 송명흠(宋明欽))의 문하를 출입하였고 학행(學行)이 있었으므로 선생이 가서 만나본 것이다.

7월-초하루는 임진일- 기해일에 선비(先妣) 박 부인(朴夫人)의 상을 당하였다.

선생은 슬픔으로 몸을 훼상함이 정도를 지나쳐 거의 실명할 지경에 이르렀다.

8월에 박 부인을 고양(高陽) 성호(省湖)에 장사하였다.

선생은 장사한 뒤에도 죽을 마시며 오랫동안 야윈 채로 있으면서 집안사람이 고기 국물을 올려도 완강히 거절하고 마시지 않았다. 조고 참판 공이 먹도록 권하여도 따르지 않자 마침내 선고 판서 공의 임소에 사람을 보내어 돌아와서 선생을 설득하도록 하였다. 그러자 판서 공이 집에 돌아와 크게 꾸짖으며 말하기를, "너는 어미만 알고 아비나 조부는 알지 못하느냐."라고 하고는 이어서 집을 나가도록 명하니, 선생이 송구한 마음으로 울면서 사죄하고 음식을 약간 먹었다.

궤연(几筵)을 받들고 판서 공이 있는 임실(任實)의 임소로 가서 머물렀다.

곡읍(哭泣)하고 남는 여가에는 《대학(大學)》과 《중용(中庸)》을 읽었다. ○이때에 고을의 노비 중에 감을 따다가 떨어져 죽은 자가

《시경(詩經)》 〈대아(大雅) 첨앙(瞻仰)〉에 "현인이 죽었으니, 이 나라가 병들었네.〔人之云亡, 邦國殄瘁.〕"라고 하였다.

있었는데, 그의 아내가 이를 원통해 하여 당일로 자결하였다. 선생이 이 일을 듣고는 마음 깊이 측은해 하여 이들을 위해 전(傳)을 짓고[15] 한 해를 마치도록 감을 물리치고 먹지 않았다.

갑인년(1794, 정조18) 선생 19세

2월-초하루는 기미일- 병술일에 선비(先妣) 박 부인(朴夫人)의 묘를 같은 산에 이장하였다.

9월에 담제(禫祭)를 지냈다.

을묘년(1795, 정조19) 선생 20세

겨울에 선고 판서 공을 따라서 대구(大邱)의 임소로 갔다.

달천(達川)의 충렬사(忠烈祠)[16]에 들러 배알하였다. ○선생이 대구 관아에 있을 때에 한 젊은 기생이 선생의 침방(寢房)으로 들어왔는

15 이들을……짓고 : 이 전(傳)은 《매산집(梅山集)》 권51에 〈조열녀전(趙烈女傳)〉이라는 제목으로 실려 있다.

16 충렬사(忠烈祠) : 1679년(숙종23)에 인조 때의 명장인 임경업(林慶業)을 제향하기 위하여 건립된 사당으로, 충청북도 충주에 위치해 있다. 임경업은 이괄(李适)의 난과 정묘호란, 병자호란 때에 크게 활약하였으며, 일관되게 반청친명(反淸親明)의 입장을 견지하였다. 청(淸)나라의 요청으로 명(明)나라 군대를 공격하기 위하여 출병하였으나, 명군(明軍)과 내통하여 오히려 청군(淸軍)을 공격하려다가 청군의 포로가 되었다. 이때 조선에서 좌의정 심기원(沈器遠)의 모반에 연루되었다는 말이 나돌아 1646년(인조24) 인조의 요청으로 청나라에서 송환되어 친국(親鞫)을 받다가 억울하게 죽음을 당하였으며, 1679년에 이르러 복관되었다. 시호는 충민(忠愍)이다. 《매산집》 권1에 홍직필이 충렬사에 들러 임경업의 화상을 배알하고 지은 시가 〈달천충렬사배임충민유상감회(達川忠烈祠拜林忠愍遺像感懷)〉라는 제목으로 실려 있다.

데, 선생이 물러가도록 명하여도 기생이 더욱 가까이 다가오자, 선생이 아노(衙奴)에게 명하여 기생을 끌어내도록 하였다. 이후로 수십 년 동안 훌륭한 음악과 아리따운 여인들이 있는 자리에 있게 되더라도 근엄하기가 늘 한결같았다.

병진년(1796, 정조20) 선생 21세

2월에 달성(達城)을 유람하였다.

3월에 팔공산(八公山)을 유람하였다.

5월에 대구에서 서울의 집으로 돌아왔다.

회연서원(檜淵書院)[17]에 들러 배알하고 해인사(海印寺)를 유람한 뒤에 상산(商山)을 방문하여 운호(雲湖) 임공(任公)-정주(靖周)-을 배알하였다. 그리고 방향을 돌려 회덕(懷德)에 이르렀는데, 성담(性潭) 송공(宋公)-환기(煥箕)-에게 환후가 있어 배알하지 못하였다.

6월에 문산(文山) 이여홍(李汝弘) 재의(載毅)와 함께 도봉(道峯)을 유람하고 서원을 배알하였다.

청절사(淸節祠)에 들러 방문하였다. 종제(從弟) 용필(龍弼)이 따라갔다.

입암(立菴) 박공(朴公 박준흠(朴俊欽))의 부음을 듣고 신위를 만들어 곡하였다.

17 회연서원(檜淵書院) : 경상북도 성주(星州)에 있는 서원으로, 한강(寒岡) 정구(鄭逑)의 학문과 덕행을 추모하기 위해 세워졌다. 본래 정구가 1583년(선조16)에 회연초당(檜淵草堂)이라는 이름으로 학당을 세워 제자들을 교육하던 곳인데, 1627년(인조5)에 지방사림의 여론에 따라 서원이 되었으며, 1690년(숙종16)에 사액을 받았다.

뒤에 제문을 지었고, 또 묘지명을 지었다.[18]

8월에 현계(玄溪)에 가서 세사(歲事 매년 지내는 정기 제사)를 지냈다. 임장서원(臨漳書院)[19]에 들러 배알하였다. ○현계는 바로 선생의 선조 8대의 선영인데, 후일에 이곳에 재실(齋室)을 세우고 《시경(詩經)》의 "부모가 심은 뽕나무와 가래나무도 반드시 공경해야 한다네.〔維桑與梓 必恭敬止〕"[20]라는 구절의 뜻을 취하여 '경지재(敬止齋)'라는 이름을 붙였다. ○세사를 지낸 일은 번거로워 일일이 다 기록하지 않는다.

11월에 석실서원(石室書院)[21]을 찾아가 배알하였다.

계구(季舅 막내 외숙부) 자각(紫閣) 박공(朴公 박성한(朴聲漢))을 모시고 양근(楊根 양평(楊平))의 도곡(道谷)에 가서 외조고 지족당(知足堂 박양

18 뒤에……지었다 : 이 제문은 《매산집》 권31에 〈제입암박공문(祭立菴朴公文)〉이라는 제목으로 실려 있는데 홍직필이 23세 되던 해인 1798년(정조22) 무오년에 지은 것이다. 또 묘지명은 《매산집》 권38에 〈입암박공묘지명(立菴朴公墓誌銘)〉이라는 제목으로 실려 있는데 홍직필이 63세 되던 해인 1838년(헌종4) 무술년에 지은 것이다.

19 임장서원(臨漳書院) : 경기도 연천(漣川)에 있었던 서원으로, 1700년(숙종26)에 지방유림의 공의로 주자(朱子)의 학문과 덕행을 추모하기 위하여 주자서원을 창건하여 위패를 모셨는데, 1713년에 '임장(臨漳)'이라 사액되었다. 1801년(순조1)에 송시열(宋時烈)을 추가로 배향하였다.

20 부모가……한다네 : 《시경(詩經)》 〈소아(小雅) 소반(小弁)〉에 보이는 구절이다.

21 석실서원(石室書院) : 1656년(효종7) 병자호란(丙子胡亂) 때 대표적인 척화신(斥和臣)이었던 김상용(金尙容)과 김상헌(金尙憲)을 기리기 위하여 건립된 서원이다. 1663년(현종4) 석실사(石室祠)라는 편액을 하사받고, 사액서원으로 승격되었다. 1697년(숙종23) 김수항(金壽恒), 민정중(閔鼎重), 이단상(李端相)이 배향되었고, 그 이후 김창집(金昌集), 김창협(金昌協), 김창흡(金昌翕), 김원행(金元行), 김이안(金履安), 김조순(金祖淳) 등이 추가로 배향되었다.

흠(朴亮欽)) 공의 묘를 성묘하였다.

12월에 운호 임공의 부음을 듣고 신위를 만들어 곡하였다.

뒤에 묘지명을 지었다.[22]

상제(殤弟 어린 나이에 죽은 동생)를 곡하였다.

근재(近齋 박윤원(朴胤源)) 선생을 찾아가 배알하였다.

이때에 근재 선생이 환후가 있었는데, 선생을 위하여 병을 무릅쓰고 학문과 성리(性理) 및 출처(出處)의 의리에 관하여 논하였다.

정사년(1797, 정조21) 선생 22세

정월에 근재(近齋 박윤원(朴胤源)) 선생을 찾아가 배알하였다.

선고 판서 공을 모시고 대구로 길을 떠났다.

3월에 서울의 집으로 돌아왔다.

회덕(懷德)에 들러서 성담(性潭) 송공(宋公 송환기(宋煥箕))을 배알하였고, 또 들러서 운호(雲湖) 임공(任公 임정주(任靖周))을 조문하였다.

4월에 동작강(銅雀江) 머리에 가서 우암(尤菴) 송 선생(宋先生 송시열(宋時烈))의 사판(祠版 신주)을 공손히 맞이하고 또 정동(貞洞)에 있는 송함양(宋咸陽) 환장(煥章)의 집을 찾아가 사판과 영정을 배알하였다.

당시에 우암 선생의 사판을 우암의 사손(嗣孫) 송흠서(宋欽書)가 있는 재령(載寧)의 임소로 받들고 가려고 하였다.

윤6월에 차계(叉溪)의 산수(山水)를 찾았다.

11월-초하루는 병인일- 동지 기사일에 〈자경문(自警文)〉[23]을 지었다.

22 뒤에 묘지명을 지었다 : 이 묘지명은 《매산집》 권42에 〈운호임공묘지명(雲湖任公墓誌銘)〉이라는 제목으로 실려 있다.

근재 선생을 찾아가 배알하였다.

이때에 청수(淸修 김종선(金宗善))가 먼저 와 있었으므로 그와 함께 종일토록 근재 선생을 모시고 담화를 나누었다.

《서전(書傳)》을 읽었다.

12월-초하루는 병신일- 초하루에 성호(省湖)에 가서 성묘하였다.

이 날은 바로 선비(先妣) 박 부인(朴夫人)의 생신이었다. ○성묘한 일은 번거로워 일일이 다 기록하지 않는다.

양주(楊州)에 가서 외고(外姑 장모) 정부인(貞夫人) 남씨(南氏)의 묘를 배알하였다.

무오년(1798, 정조22) 선생 23세

선고 판서 공이 관무를 수행하면서 잘못을 저질렀다는 이유로 의금부에 나아가 조사를 받았다.

이때에 날씨가 몹시 추웠는데 선생은 밤새도록 청사(廳事)에 있다가 새벽을 맞았으며 아침저녁으로 판서 공의 진지를 살펴서 밥을 드시는 양에 따라 걱정하고 기뻐하였다.

3월에 현계(玄溪)에 가서 성묘하였다.

방향을 돌려 보개산(寶蓋山)으로 가서 석대(石臺) 등의 여러 승경을 찾았다. 종제(從弟) 익필(翼弼)이 따라갔다.

동촌(東村)에 가서 중주(中洲) 이공(李公)-직보(直輔)-을 배알하였다.

4월에 성호(省湖)에 가서 성묘하였다.

23 자경문(自警文) : 이 글은 《매산집》 권27에 〈양지일자경문(陽至日自警文)〉이라는 제목으로 실려 있다.

방향을 돌려서 행호(杏湖)로 향하여 남당(南塘) 한공(韓公 한원진(韓元震))과 용재(庸齋) 김공(金公 김근행(金謹行))의 영당(影堂)을 배알하였다.

중부(仲父) 현감 공-휘 정간(鼎簡)-, 계부(季父) 통덕랑 공-휘 제간(濟簡)-, 계구(季舅 막내 외숙부) 박공(朴公 박성한(朴聲漢))을 모시고 반송지(盤松池)에서 연꽃을 감상하였다.

선비(先妣) 박 부인(朴夫人)의 가장(家狀)을 지었다.[24]

근재(近齋 박윤원(朴胤源)) 선생을 찾아가 배알하고 박 부인의 묘지명을 지어줄 것을 부탁하였다.

7월에 조고 참판 공의 상을 당하였다.

9월에 참판 공을 현계(玄溪)에 장사하였다.

11월에 양주(楊州) 빙암(氷巖)에 가서 머물며 《중용(中庸)》을 읽었다.

종제(從弟) 익필(翼弼)이 따라갔다.

기미년(1799, 정조23) 선생 24세

정월-초하루는 경신일- 병자일에 근재(近齋 박윤원(朴胤源)) 선생을 곡하였다.

부음을 듣고 달려가 곡한 뒤에 이어서 염습하는 것을 살피고 성복(成服)에 참여하였으며 3개월 동안 심상(心喪)[25]을 행하였다.

24 선비(先妣)……지었다 : 이 가장(家狀)은 《매산집》 권50에 〈선비숙인음성박씨가장(先妣淑人陰城朴氏家狀)〉이라는 제목으로 실려 있다.

25 심상(心喪) : 제자가 스승의 상(喪)에 대하여 상복은 입지 않되 상제(喪制)와 같은 마음으로 슬퍼하고 근신하는 것이다.

3월에 성호(省湖)에 가서 성묘하였다.

손수 상실(橡實 도토리)을 심었으며, 돌아오는 길에 대덕산(大德山)에 있는 죽하(竹下) 김공(金公)-익(熤)-의 묘를 찾았다.

모화관(慕華館)[26]에 가서 우암(尤菴 송시열(宋時烈)) 선생의 사판(祠版 신주)을 공손히 맞이한 뒤에 이어서 이를 모시고 동작강(銅雀江) 머리에 이르러서 절하여 전송하고 돌아왔다.

당시에 우암의 사손(嗣孫)인 송흠서(宋欽書)가 재령 군수(載寧郡守)로 있으면서 청나라 사신을 영접하는 인원에 차임되는 것을 회피하였는데, 해백(海伯 황해도 관찰사) 조윤대(曺允大)가 이를 이유로 송흠서에게 중고(中考)[27]를 주었다. 그러자 송흠서가 체직되기를 도모하여 사판을 받들고 소제(蘇堤)에 있는 본가로 향하였다.

근재 선생의 영연(靈筵)에 가서 곡하였다.

제문을 지었고 또 뒤에 행장과 묘지명을 지었다.[28]

5월에 과천(果川) 운만산(雲滿山)에 가서 근재 선생을 장사하는 것을 살펴보았다.

장사를 마친 뒤에 이문계(李文階) 승연(升淵), 박혜길(朴惠吉) 화철(和喆)과 함께 나란히 말을 타고 돌아왔다.

26 모화관(慕華館) : 중국 사신을 영접하던 곳으로, 돈의문(敦義門) 밖 서북쪽에 있었다.

27 중고(中考) : 벼슬아치의 고과(考課)에서 중등(中等)에 해당하는 성적을 이른다.

28 제문을……지었다 : 제문은 《매산집》 권31에 〈제근재선생문(祭近齋先生文)〉이라는 제목으로 실려 있다. 또 행장은 《매산집》 권49에 〈근재박선생행장(近齋朴先生行狀)〉이라는 제목으로 실려 있고, 묘지명은 《매산집》 권38에 〈근재박선생묘지명(近齋朴先生墓誌銘)〉이라는 제목으로 실려 있다.

문산(文山) 이공(李公 이재의(李載毅))과 함께 화양동(華陽洞)과 선유동(仙遊洞)을 유람하였다.

청천(青川)에 있는 우암 선생의 묘에 들러 배알하였다.

조고 참판 공의 묘를 같은 현의 인성동(仁聖洞)으로 이장하였다.

경신년(1800, 정조24) 선생 25세

정월에 저암(著菴) 유공(兪公)-한준(漢雋)-이 방문하였다.

유공이 선생을 만나보고는 몹시 중하게 칭찬하고 인정하였으며 이어서 자신을 한번 방문할 것을 청하였다. 십여 일 뒤에 선생이 장동(長洞)에 가서 배알하였는데 유공이 더욱 정성스럽게 접대하니, 날이 저물도록 모시고서 담소를 나누고 돌아왔다. ○당시에 일대(一隊)의 장로들 중에 선생을 촉망하지 않는 이가 없었다. 이공(李公)-의기(宜耆)-은 일찍이 선생의 조고 참판 공에게 말하기를, "이 아이는 형의 집안의 안자(顔子)[29]입니다."라고 하였고, 대석(對石) 이공(李公)-재진(宰鎭)- 역시 참판 공에게 말하기를, "백응(伯應 홍직필의 자(字))은 오늘날의 서물(瑞物)입니다."라고 하였다.

화성(華城)에 가서 성담(性潭) 송공(宋公 송환기(宋煥箕))을 객사(客舍)에서 배알하였다.

이때에 성담이 부름을 받고 올라왔는데, 선생이 가서 배알하고 이어서 과천(果川)의 읍점(邑店)에 먼저 도착하였다가 또 밤을 틈타 들어가 만나보았다.

29 안자(顔子) : 공자(孔子)가 가장 아끼던 제자 안회(顔回)로, 안빈낙도(安貧樂道)와 덕행(德行)으로 이름났다.

2월에 숭례문(崇禮門) 밖에 가서 성담 송공을 배알하였다.

4월에 계부(季父) 통덕랑 공(通德郎公 홍제간(洪濟簡))의 상을 당하였다. 뒤에 묘지명을 지었다.[30]

6월-초하루는 임자일- 기묘일에 정종대왕(正宗大王 정조)이 승하하자 돈화문(敦化門) 밖에 나아가 거애(擧哀)[31]하였다.

8월에 양주(楊州) 도산(陶山)에 가서 미호(渼湖 김원행(金元行))와 삼산재(三山齋 김이안(金履安)) 두 선생의 묘를 배알하였다.

10월에 호동(壺洞)에 가서 중주(中洲) 이공(李公 이직보(李直輔))을 배알하였다.

금계(襟溪) 이자강(李子岡) 봉수(鳳秀)를 방문하였다.

선생은 금계와 약관의 나이 때부터 정신적인 교분을 맺어서 살아서는 같은 뜻을 추구하고 죽어서는 같은 전(傳)에 기록될 것[32]을 다짐하여 평생토록 왕래한 횟수가 가장 많았으니, 왕래한 일은 번거로워 일일이 다 기록하지 않는다.

11월에 마을 문밖에 나아가 곡하며 정종대왕의 장례 행렬을 전송하였다.

30 뒤에 묘지명을 지었다 : 이 묘지명은 《매산집》 권44에 〈계부통덕랑부군묘지명(季父通德郎府君墓誌銘)〉이라는 제목으로 실려 있는데, 홍직필이 72세 되던 해인 1847년(헌종13) 정미년에 지은 것이다.

31 거애(擧哀) : 국상(國喪)이 있을 때에 슬피 망곡(望哭)을 행하는 것을 이른다.

32 살아서는……것 : 왕안석(王安石)이 재상으로 막강한 권력을 휘두를 때 천자에게 여러 차례 바른말을 한 것으로 유명한 범진(范鎭)은 사마광(司馬光)과 일생 동안 두터운 우정을 유지하였는데, 사마광에게 말하기를 "그대와는 살아서는 같은 뜻을 추구하고 죽어서는 같은 전에 기록될 것이다.〔與子生同志, 死同傳.〕"라고 하였다. 《緇衣集傳 卷3 壹類章》

또 선인문(宣仁門) 밖에 나아가 하현궁(下玄宮) 곡반(哭班)[33]에 참여하였으며, 또 노강(鷺江)에 나아가 곡하며 반우(返虞)[34]를 맞이하였다.

저암 유공을 찾아가 배알하였다.

영서(穎西) 임공(任公)-로(魯)-이 방문하였다.

신유년(1801, 순조1)-순조대왕 원년- 선생 26세

정월에 근재(近齋 박윤원(朴胤源)) 선생의 영연(靈筵)에 가서 곡하였다.

제문을 지었다.[35]

2월에 진사 초시에 합격하였다.

회시에서 낙방하자 마침내 거업(擧業)을 그만두었다. ○선생의 잡록(雜錄)에 이르기를, "나는 어렸을 때부터 벼슬에 나아가는 것을 단념하였으니, 세 차례 사마시에 응시한 것은 또한 억지로 어버이의 명을 받든 것일 뿐이었다. 대과로 말하면 한 차례도 응시한 적이 없다."라고 하였다.

6월-초하루는 병오일- 신미일에 돈화문(敦化門) 밖에 나아가 정종대왕의 소상(小祥) 곡반(哭班)에 참여하였다.

33 하현궁(下玄宮) 곡반(哭班) : 현궁은 임금의 관(棺)을 묻는 광중(壙中)으로, 하현궁은 임금의 관을 현궁에 내리는 것을 이르고, 곡반은 국상(國喪) 때에 곡하는 백관의 반열(班列)을 이른다.

34 반우(返虞) : 장사를 치른 뒤에 신주를 모시고 집으로 돌아오는 일로, 반혼(返魂)이라고도 한다.

35 제문을 지었다 : 이 제문은 《매산집》 권31에 〈제근재선생대상문(祭近齋先生大祥文)〉이라는 제목으로 실려 있다.

11월에 영서(潁西) 임공(任公 임로(任魯))을 찾아가 배알하였다.

이후로 끊임없이 왕래하였는데, 번거로워 일일이 다 기록하지 않는다.

임술년(1802, 순조2) 선생 27세

정월에 근재(近齋 박윤원(朴胤源)) 선생의 유고를 교정하였다.

3월에 선비(先妣) 박 부인(朴夫人)의 묘를 영평(永平) 금주산(金柱山)으로 이장하였다.

4월에 외구(外舅 장인) 이공(李公 이연(李渊))의 묘를 이장하는 것을 가서 살펴보았다.

제문을 지었다.[36]

7월-초하루는 기사일- 갑신일에 문산(文山) 이공(李公 이재의(李載毅))과 함께 배를 타고 빙호(氷湖)를 유람하였다.

8월에 금강산(金剛山)을 유람하였다.

방향을 돌려 해금강(海金剛), 삼일포(三日浦), 총석정(叢石亭) 등의 여러 승경(勝景)을 방문하고 돌아왔다.

《맹자(孟子)》를 읽었다.

계해년(1803, 순조3) 선생 28세

성담(性潭) 송공(宋公 송환기(宋煥箕))을 찾아가 배알하였다.

가을에 옥병서원(玉屛書院)[37]을 찾아가 배알하였다.

36 제문을 지었다 : 이 제문은 《매산집》 권31에 〈제외구고천장문(祭外舅姑遷葬文)〉이라는 제목으로 실려 있다.

석실서원(石室書院)을 찾아가 배알하였다.

12월에 넷째 딸이 태어났다.

이에 앞서 선생은 딸 셋을 낳았으나 모두 무사히 자라지 못하였다.-정확히 어느 해에 있었던 일인지 알지 못하여 우선 여기에 기록한다.-

갑자년(1804, 순조4) 선생 29세

4월에 배를 타고 노호(鷺湖)를 유람하였다.

이자전(李子田) 용수(龍秀), 이자강(李子岡 이봉수(李鳳秀)), 이자야(李子埜) 기수(驥秀), 이원유(李元裕) 채(寀), 송일장(宋日章) 문경(文絅)과 함께 유람하였으며, 이어서 육신(六臣), 정재(定齋), 사충(四忠) 세 서원을 배알하였다. 종제(從弟) 익필(翼弼)이 따라갔다. ○또 이순경(李舜卿) 민호(民祜)와 함께 사충사(四忠祠)에서 《근사록(近思錄)》을 강독하였다.

8월에 영상(潁上)에 모여 《소학(小學)》을 강독하였다.

주암(疇巖) 이공(李公)-의병(義秉)- 및 금계(襟溪) 이공(李公 이봉수(李鳳秀))과 함께 모였다.

9월에 장동(長洞)에 있는 저암(著菴) 유공(兪公 유한준(兪漢雋))의 집에 가서 문회(文會)에 참석하였다.

영서(潁西) 임공(任公 임로(任魯)) 및 서공(徐公)-간수(簡修)-, 신공(申公)-재인(在仁)-, 유공(兪公)-성주(星柱)-과 함께 모였다.

37 옥병서원(玉屛書院) : 1658년(효종9)에 지방유림의 공의로 박순(朴淳)의 학문과 덕행을 추모하기 위해 창건한 서원이다. 1698년(숙종24)에 이의건(李義健)과 김수항(金壽恒)을 추가로 배향하였으며, 1713년에 '옥병(玉屛)'이라고 사액되었다.

을축년(1805, 순조5) 선생 30세

정월에 안성(安城)의 임소에 있는 선고 판서 공을 찾아가 뵈었다.

사당의 신주를 모시고 가솔을 이끌고 갔다.

정순왕후(貞純王后)가 승하하자 거애(擧哀)하였다.

6월에 둘째 누이 윤씨(尹氏) 부인(婦人)의 상을 당하였다.

전후로 네 차례 제문을 지어 제사하였으며,[38] 또 묘지명을 지었다.

8월에 화곡서원(花谷書院)을 배알하였다.

백사(白沙) 이 문충공(李文忠公 이항복(李恒福))을 주향(主享)으로 모시는 곳인데, 선생은 공에게 미생(彌甥 외손)이 된다.

10월에 도기서원(道基書院)[39]을 찾아가 배알하고 이어서 영귀정(詠歸亭)에 올랐다.

이때에 종제(從弟) 용필(龍弼)이 사마시에 합격하여 안성(安城)의 관아에 이르렀다가 선생을 따라갔다.

병인년(1806, 순조6) 선생 31세

4월에 안성(安城) 관아에서 영춘(永春)으로 갔다.

이때에 선생의 중부(仲父) 현감 공(縣監公 홍정간(洪鼎簡))이 이 고을의 읍재(邑宰)로 있었다.

순흥(順興 영주(榮州))의 부석사(浮石寺)를 유람하였다.

38 전후로……제사하였으며 : 이 제문은 《매산집》 권31에 〈제망매윤씨부문(祭亡妹尹氏婦文)〉이라는 제목으로 실려 있다.

39 도기서원(道基書院) : 경기도 안성(安城)에 있었던 서원으로, 1663년(현종4) 지방유림의 공의로 김장생(金長生)의 학문과 덕행을 추모하기 위해 창건하여 위패를 모신 곳이다. 1669년(현종10)에 '도기(道基)'라고 사액되어 사액서원으로 승격되었다.

단양(丹陽)을 유람하였다.

사인암(舍人巖)에 이르러 우 좨주(禹祭酒)-탁(倬)-와 이 처사(李處士)-윤영(胤永)-가 발자취를 남긴 곳을 찾았으며, 이어서 상선암(上仙巖)을 유람하였는데, 상선암은 바로 수암(遂菴 권상하(權尙夏)) 선생이 장수(藏修)[40]하던 곳이다.

6월에 안성의 관아에서 서울의 집으로 돌아왔다.

9월에 서운산(瑞雲山)을 유람하였다.

산은 안성에 있다. 이에 앞서 선생은 선고를 뵈러 와서 안성의 관아에 머물렀다.

11월에 안성의 관아에서 서울의 집으로 돌아왔다.

12월에 안성의 관아로 선고를 뵈러 갔다.

정묘년(1807, 순조7) 선생 32세

정월에 영춘(永春)에 갔다.

얼마 뒤에 안성(安城)의 관아로 돌아오고 이어서 서울의 집으로 돌아왔다.

8월에 선비(先妣) 박 부인(朴夫人)의 묘를 양성(陽城) 천덕산(天德

40 장수(藏修) : 늘 학문에 뜻을 두고 게을리 하지 않는 것을 이른다. 《예기(禮記)》 〈학기(學記)〉에 "군자는 학문에 있어서 장(藏)하고 수(修)하고 식(息)하고 유(遊)한다.〔君子之於學也, 藏焉, 修焉, 息焉, 遊焉.〕"라고 하였는데, 이에 대한 공영달(孔穎達)의 소(疏)에 "장(藏)이란 언제나 마음에 학업을 생각하고 있음을 말한 것이고, 수(修)란 학습을 폐하지 않음을 말한 것이고, 식(息)이란 일을 하다 피곤하여 쉴 때에도 마음이 학습에 있음을 말한 것이고, 유(遊)란 일이 없이 한가하게 노닐 때에도 마음이 학문에 있음을 말한 것이다."라고 하였다.

山)으로 이장하였다.

이후로 스스로를 천덕산인(天德山人)이라고 일컬었다. ○이해에 선고 판서 공이 안성 군수(安城郡守)에서 전주 판관(全州判官)으로 옮겼는데, 선생이 찾아가 뵈었다.-정확히 어느 달에 있었던 일인지 알지 못하여 우선 여기에 기록한다.-

10월에 넷째 딸이 요절하였다.

광지(壙誌)를 지었다.[41]

11월에 중부(仲父) 현감 공(縣監公 홍정간(洪鼎簡))의 상을 당하였다.

뒤에 묘지명을 지었다.[42]

무진년(1808, 순조8) 선생 33세

회덕(懷德)으로 가서 성담(性潭) 송공(宋公 송환기(宋煥箕))의 영연(靈筵)에서 곡하고 제사를 올렸다.

뒤에 또 재차 제사를 올리고 아울러 제문을 지었다.[43]

5월에 아들 일한(一漢)이 태어났다.

8월에 천덕산(天德山)에 가서 세사(歲事 매년 지내는 정기 제사)를 지냈다.

매년 봄가을마다 가서 세사를 지냈는데, 이러한 기사는 번거로워

41 광지(壙誌)를 지었다 : 광지는 묘지(墓誌)와 같은 말로, 이 광지는 《매산집》 권44에 〈여단성광지명(女端誠壙誌銘)〉이라는 제목으로 실려 있다.

42 뒤에 묘지명을 지었다 : 이 묘지명은 《매산집》 권44에 〈중부현감부군묘지명(仲父縣監府君墓誌銘)〉이라는 제목으로 실려 있는데, 홍직필이 72세 되던 해인 1847년(헌종13) 정미년에 지은 것이다.

43 제문을 지었다 : 이 제문은 《매산집》 권31에 〈제성담송공문(祭性潭宋公文)〉이라는 제목으로 실려 있다.

일일이 다 기록하지 않는다.

9월에 청의정(淸漪亭)을 유람하였다.

석실서원(石室書院)을 방문하였다.

구우(邱隅) 김정택(金正宅) 기서(基敍)와 만나기로 약속하였다.

기사년(1809, 순조9) 선생 34세

정월에 아들 일한(一漢)이 요절하였다.

뒤에 광지(壙誌)를 지었다.[44]

5월에 배를 타고 용호(龍湖)를 유람하였다.

9월에 조고 참판 공의 묘를 현계(玄溪)로 이장하였다.

10월에 다섯째 딸 민씨(閔氏) 부인(婦人)이 태어났다.

경오년(1810, 순조10) 선생 35세

7월에 선비(先妣) 박 부인(朴夫人)의 묘지(墓誌)를 묻었다.

무오년(1798, 정조22)에 근재(近齋 박윤원(朴胤源)) 선생이 묘지명을 지어주었는데, 이때에 이르러 선생이 추기(追記)를 지어 함께 묻었다.

차계(叉溪)의 천우각(泉雨閣)을 유람하였다.

종제(從弟) 익필(翼弼)이 따라갔다.

9월에 선고 판서 공을 밀양(密陽)의 임소로 찾아가 뵈었다.

44 뒤에 광지(壙誌)를 지었다 : 이 광지는 《매산집》 권44에 〈유자일한광지(幼子一漢壙誌)〉라는 제목으로 실려 있는데, 홍직필이 45세 되던 해인 1820년(순조20) 경진년에 지은 것이다.

영남루(嶺南樓)를 유람하였다.

기록하는 글을 지었다.[45]

예림서원(禮林書院)[46]을 찾아가 배알하였다.

12월-초하루는 신사일- 정미일에 돈녕부 참봉에 제수되었으나 나아가지 않았다.

신미년(1811, 순조11) 선생 36세

정월에 서울의 집으로 돌아왔다.

이달 3일에 청수(淸修 김종선(金宗善))의 장례를 살피기 위해 밀양(密陽)을 출발하였다가 청도(淸道)에 이르러 비로소 새로 제수하는 명을 받았다.

청수(淸修) 김공(金公)의 영연(靈筵)에 가서 곡하였다.

제문을 지었다. 이어서 청수동(淸修洞)에 가서 장례를 살피고 돌아왔다. 뒤에 또 묘지명을 지었다.[47]

45 기록하는 글을 지었다 : 이 부분의 원문은 "有記商"인데, "商"은 의미가 명확하지 않다. 《매산집(梅山集)》 권27에 〈기영남루사(記嶺南樓事)〉라는 제목의 글이 실려 있는 것으로 볼 때 "商"은 "事"의 오자인 듯하다.

46 예림서원(禮林書院) : 경상남도 밀양(密陽)에 있는 서원으로, 김종직(金宗直)의 학문과 덕행을 추모하기 위하여 건립된 곳이다. 1567년(명종22)에 지방 유림의 공의로 자시산(慈是山) 아래에 덕성서원(德城書院)이라는 이름으로 창건되었는데, 임진왜란(壬辰倭亂) 때 소실되었다가 1606년(선조39)에 복원되었다. 1634년(인조12)에 이건함과 동시에 이름을 예림서원으로 바꾸고 박한주(朴漢柱)와 신계성(申季誠)을 추가로 배향하였다. 1669년(현종10)에 '예림'이라고 사액(賜額)되어 선현 배향과 지방 교육의 일익을 담당하였다.

47 뒤에……지었다 : 이 묘지명은 《매산집》 권42에 〈청수김공묘지명(淸修金公墓誌

2월-초하루는 경진일- 병술일에 밀양(密陽)에 가서 선고를 뵈었다.

전월 그믐에 서울에서 출발해 양성(陽城)으로 향하여 선비(先妣)의 묘를 성묘하고 이어서 밀양으로 갔다.

윤3월에 선고 판서 공을 모시고 영남루(嶺南樓)에 올랐다.

배를 타고 삼랑(三浪)을 유람하였다.

7월에 월연(月淵)을 유람하였다.

8월에 바다를 구경하기 위해 떠났다.

통도사(通道寺), 범어사(梵魚寺), 동래부(東萊府)의 온정(溫井), 부산(釜山)의 만공단(萬公壇)을 차례로 구경하고는 방향을 돌려 영가묘(永嘉墓)와 몰운대(沒雲臺)를 찾았다가 돌아왔다.

9월에 중주(中洲) 이공(李公 이직보(李直輔))의 부음을 들었다.

뒤에 묘지명을 지었다.[48]

12월에 신령(新寧)의 임소에 있는 영서(潁西) 임공(任公 임로(任魯))을 방문하였다.

함께 환벽정(環碧亭)과 은해사(銀海寺)를 유람하였다.

임신년(1812, 순조12) 선생 37세

정월-초하루는 을해일- 임자일에 외조비 정 부인(鄭夫人)의 부음을 들었다.

銘)〉이라는 제목으로 실려 있다.

48 뒤에 묘지명을 지었다 : 이 묘지명은 《매산집》 권40에 〈중주이선생묘지명(中洲李先生墓誌銘)〉이라는 제목으로 실려 있는데, 홍직필이 72세 되던 해인 1847년(헌종13) 정미년에 지은 것이다.

이때에 선생은 밀양(密陽)에 있었는데, 장청(將廳)[49]에서 망곡(望哭)[50]하였다.

4월에 선고 판서 공을 모시고 서울의 집으로 돌아왔다.

7월-초하루는 신미일- 초하루에 외조비 정 부인의 영연(靈筵)에 가서 곡하였다.

제문을 지었으며, 10월에 이장할 때에 또 제문을 지었다. 뒤에 묘지명을 지었다.[51]

계유년(1813, 순조13) 선생 38세

선고 판서 공을 따라서 상동(尙洞)으로 이사하였다.

누원(樓院)에 가서 청수(淸修) 김공(金公 김종선(金宗善))의 묘를 배알하였다.

외조고와 외조비의 묘갈 추기(追記)를 지었다.

9월에 경주(慶州)의 임소에 있는 판서 공을 찾아가 뵈었다.

사당의 신주를 모시고 갔다. ○떠나기 전에 글을 지어 외조비 정 부인(鄭夫人)의 영연(靈筵)에서 곡하며 하직하였다.

불국사(佛國寺)를 유람하였다.

옥산서원(玉山書院)[52]을 찾아가 배알하였다.

49 장청(將廳) : 군아(郡衙)와 감영(監營)에 속한 장교가 근무하던 곳을 이른다.

50 망곡(望哭) : 먼 곳에서 임금이나 어버이의 상을 당했을 때에, 곡을 할 장소에 몸소 가지 못하고 그쪽을 향하여 슬피 곡하는 것을 이른다.

51 뒤에 묘지명을 지었다 : 이 묘지명은 《매산집》 권44에 〈외조모유인정씨묘지명(外祖母孺人鄭氏墓誌銘)〉이라는 제목으로 실려 있는데, 홍직필이 60세 되던 해인 1835년(헌종1) 을미년에 지은 것이다.

갑술년(1814, 순조14) 선생 39세

2월에 세자익위사 세마에 제수되었다.

윤2월에 상경하여 사은숙배하였다.

김 각간(金角干) 유신(庾信)의 묘가 있는 곳에 들러 올랐다. ○이때에 동궁의 서연을 날마다 열었는데, 궁관들 모두가 당대의 인재 중에서 극선(極選)한 자들이었다. 선생이 은혜로운 임명에 감격하여 마침내 나와서 사은숙배하고 8일 동안 입직(入直)하며 다섯 차례 서연에 오르고는 상소하여 체직되었다. ○서연에 올랐을 때에 빈료(賓僚)가 계방(桂坊)에서 문의(文義)를 진달하도록 청하면서 선생을 지목하여 학식이 있다고 말하였다. 선생은 학식이 있다고 지목된 것을 감히 감당할 수 없었고 또 미리 재계하며 준비하지도 않고 갑작스럽게 입에서 나오는 대로 대처하는 것은 또한 성경(誠敬)이 부족한 것이라고 여겼으므로 대답을 올리지 않았다.

3월에 경주(慶州)에 가서 선고를 뵈었다.

10월에 금오산(金鰲山) 매월사(梅月祠)를 방문하였다.

을해년(1815, 순조15) 선생 40세

2월에 남덕재(覽德齋)의 기문(記文)을 지었다.

52 옥산서원(玉山書院) : 경상북도 경주(慶州)에 있는 서원으로, 1572년(선조5)에 경주 부윤(慶州府尹) 이제민(李齊閔)과 도내 유림들의 공의로 이언적(李彦迪)의 덕행과 학문을 추모하기 위하여 서원 자리를 정하고 묘우(廟宇)를 건립하였으며, 다음해에 향현사(鄕賢祠)에 있던 위패를 모셔왔다. 1574년(선조7)에 '옥산(玉山)'이라고 사액(賜額)되어 서원으로 승격되었다.

이때에 선생이 경주(慶州) 관아의 자사(子舍)[53]에 거하였는데, 자사는 봉황대(鳳凰臺) 옆에 있었다. 선생은 가생(賈生)이 지은 부(賦)의 구절을 취하여 '남덕(覽德)'이라는 편액을 걸고[54] 이어서 기문을 지어서, 자사에 머물면서 부형에게 누를 끼치고 나라의 기강을 범하는 자들을 경계하였다.

3월에 와룡암(臥龍菴)을 유람하였다.

5월에 풍영정(風詠亭)을 찾았다.

경주의 사마소(司馬所)[55]이다.

8월에 서울의 집으로 돌아왔다.

이때에 선고 판서 공이 관직을 버리고 돌아왔으므로 선생도 따라서 돌아왔다. 대구(大邱)에 들러서 글을 지어 인촌(仁村) 우공(禹公)-재악(載岳)-의 영연(靈筵)에서 곡하였다.

외종제(外從弟) 박치오(朴穉五) 내오(來五)의 영연(靈筵)에서 곡하였다.

제문을 지었다.

53 자사(子舍) : 큰 방 곁에 딸린 조그만 방으로, 주로 지방관의 거처에 그 아들이 머무는 곁방을 가리킨다.

54 가생(賈生)이……걸고 : 가생은 한 문제(漢文帝) 때의 문장가 가의(賈誼)로, 그가 지은 〈조굴원부(弔屈原賦)〉에서 "봉황은 천 길의 하늘을 날다가, 성군의 덕이 빛남을 살피고 내려온다네.〔鳳凰翔于千仞兮, 覽德輝而下之.〕"라고 하였는데, 이 구절에서 '남덕(覽德)'이라는 이름을 취한 것이다.

55 사마소(司馬所) : 각 지방의 고을마다 생원과 진사들이 모여 유학을 가르치고 정치를 논하던 곳을 이른다.

병자년(1816, 순조16) 선생 41세

2월에 주암(疇巖) 이공(李公 이의병(李義秉))의 영연(靈筵)에서 곡하였다.

제문을 지었다.[56]

3월에 박원득(朴元得) 종여(宗輿)의 영연에서 곡하였다.

제문을 지었다.[57]

8월에 금계(襟溪) 이공(李公 이봉수(李鳳秀))과 함께 목멱산(木覓山)을 유람하였다.

세검정(洗劍亭)을 유람하였다.

9월에 남한산성(南漢山城) 서장대(西將臺)에 오르고 이어서 현절사(顯節祠)를 배알하였다.

정축년(1817, 순조17) 선생 42세

4월에 배를 타고 행호(涬湖)를 유람하였다.

복파정(伏波亭)에 들러 구경하였다. 김제(金弟) 수(鏽), 종제(從弟) 익필(翼弼)·윤필(允弼)이 따라갔다.

정산(貞山)에 가서 물을 구경하였다.

영서(穎西 임로(任魯)), 노주(老洲) 오공(吳公)-희상(熙常)-과 기약함 없이 우연히 만났다.

56 제문을 지었다 : 이 제문은 《매산집》 권31에 〈제주암이공문(祭疇巖李公文)〉이라는 제목으로 실려 있다.

57 제문을 지었다 : 이 제문은 《매산집》 권31에 〈제박원득문(祭朴元得文)〉이라는 제목으로 실려 있다.

8월에 청수(淸修) 김공(金公 김종선(金宗善))의 묘에 가서 제사를 올렸다.

제문을 지었다.

견산(見山)에 가서 수우(守愚) 이재방(李在邦) 승달(承達)의 묘에 제사를 올렸다.

제문을 지었다.[58]

9월에 죽리(竹里) 김공(金公)-기풍(基豐)-, 심공(沈公)-능정(能定)-, 노주, 구우(邱隅 김기서(金基敍)), 영서 등 여러 공과 함께 정릉(貞陵)의 산사(山寺)를 유람하고 이어서 청수동(淸修洞)의 재간정(在澗亭)을 찾았다.

계구(季舅 막내 외숙부) 자각(紫閣) 박공(朴公 박성한(朴聲漢))과 영서 임공(任公)을 모시고 함께 목멱산(木覓山)에 올랐다.

무인년(1818, 순조18) 선생 43세

3월에 노주(老洲) 오공(吳公 오희상(吳熙常))이 방문하여 함께 남산(南山)에 올라 꽃을 감상하였다.

6월에 정릉(貞陵)에 가서 민영중(閔寧仲) 치문(致文)을 방문하였다.

이때에 민공(閔公)이 침랑(寢郞)으로서 나가 직숙하였다.

족제(族弟) 우필(禹弼)의 둘째 아들 일순(一純)을 데려다가 후사로 삼았다.

일순의 나이는 15세였다.

〈우암선생화상찬(尤菴先生畫像贊)〉[59]을 지었다.

58 제문을 지었다 : 이 제문은 《매산집》 권31에 〈제수우이공문(祭守愚李公文)〉이라는 제목으로 실려 있다.

이에 앞서 선생이 우암(尤菴 송시열(宋時烈)) 선생의 화상(畫像)을 얻었는데, 죽천(竹泉) 김공(金公 김진규(金鎭圭))이 글을 쓰고 화사(畫師) 이명기(李命基)가 전사(傳寫)한 것이었다. 이를 상자에 넣어 정사(精舍)에 모셔두었다가 매달 초하루와 보름 및 탄일(誕日)과 휘일(諱日) 두 날에는 중당(中堂)에 걸어놓고 재배례(再拜禮)를 행하여 갱장(羹墻)의 그리움[60]을 나타내었다. 뒤에 또 근재(近齋 박윤원(朴胤源)) 선생의 집에 소장하고 있던 공자(孔子)와 주자(朱子) 두 부자(夫子)의 소상(小像)을 청하여 얻어서 이 화상과 함께 모셔두었다.

기묘년(1819, 순조19) 선생 44세

4월에 종암(鐘巖)에 가서 노주(老洲) 오공(吳公 오희상(吳熙常))을 배알하였다.

선생은 노주를 진심으로 애모(愛慕)하여 일찍이 말하기를, "깊이 도(道)에 나아가고 정밀하게 이치를 살피는 것이 율곡(栗谷 이이(李珥)), 농암(農巖 김창협(金昌協))과 막상막하이다."라고 하였다. 전후로 끊임없이 종유(從遊)하였는데, 번거로워 일일이 다 기록하지 않는다.

59 우암선생화상찬(尤菴先生畫像贊) : 이 글은 《매산집》 권30에 실려 있다.

60 갱장(羹墻)의 그리움 : 이미 죽은 선배나 성현을 잊지 못하고 늘 그리워하는 것을 말한다. 갱(羹)은 국을 뜻하고 장(墻)은 담장을 뜻하는데, 옛날에 요(堯)임금이 죽은 뒤에 순(舜)임금이 요임금을 지극히 그리워한 나머지, 자리에 앉으면 담장에 요임금의 모습이 나타나는 듯하였고 밥을 먹으면 국그릇 속에 요임금의 모습이 비치는 듯하였다는 고사에서 나온 말이다. 《後漢書 卷63 李固列傳》

〈속사조명(續寫照銘)〉[61]을 지었다.

주자(朱子)가 44세의 나이에 〈사조명(寫照銘)〉을 지었는데, 선생도 이해에 44세가 되었으므로 이를 본떠 지은 것이다.

9월에 노주 오공과 함께 도봉(道峯)을 유람하였다.

이해는 바로 정암(靜菴) 선생이 순도(殉道)한 해인데, 갑자(甲子)가 다시 돌아온 것에 감회가 있어서 이곳을 다녀온 것이다.[62] 밤에 장서각(藏書閣)에 올라 선생은 이천(伊川 정이(程頤))의 〈역전 서(易傳序)〉를 외고 노주는 《맹자(孟子)》의 우산웅어장(牛山熊魚章)을 외웠다. 이튿날에 방향을 돌려 수락산(水落山) 청절사(淸節祠)를 방문하고 돌아왔다.

모두 기문(記文)을 지었다.[63]

경진년(1820, 순조20) 선생 45세

3월에 영월(寧越)의 임소에 있는 선고 판서 공을 찾아가 뵈었다.

사당의 신주를 모시고 갔다.

61 속사조명(續寫照銘) : 이 글은 《매산집》 권30에 실려 있다.

62 이해는……것이다 : 정암(靜菴)은 조광조(趙光祖, 1482~1519)의 호이다. 조광조는 1519년(중종14) 기묘년에 일어난 사화로 사사(賜死)되었는데, 선조 초년에 신원되어 영의정에 추증되고 문묘에 배향되었다. 또 1573년(선조6)에는 조광조의 학문과 덕행을 추모하기 위해 도봉서원(道峯書院)을 세워 사액(賜額)하고 위패를 봉안한 일이 있다. 1819년(순조19)의 간지가 조광조가 죽은 해와 똑같았으므로 이를 기념하여 조광조의 위패를 모신 도봉서원에 다녀온 것이다.

63 모두 기문(記文)을 지었다 : 도봉(道峯)을 유람하며 지은 기문은 《매산집》 권28에 〈유도봉기(遊道峯記)〉라는 제목으로 실려 있고, 수락산(水落山)을 유람하며 지은 기문은 같은 권에 〈유수락산기(遊水落山記)〉라는 제목으로 실려 있다.

판서 공을 모시고 나연(羅淵), 옥순병(玉筍屛), 자연암(紫煙巖), 금강정(錦江亭) 등의 여러 승경(勝景)을 유람하였다.

나연은 선생이 월나(月羅)로 이름을 바꾸었다.

4월에 영서(潁西) 임공(任公 임로(任魯)), 노주(老洲) 오공(吳公 오희상(吳熙常))과 함께 단양(丹陽), 청풍(淸風), 영월의 여러 승경을 유람하였다.

당시에 영서가 충원 현감(忠原縣監)이 되었는데, 선생이 영월의 관아에서 충원으로 떠나 그곳에 머물며 노주(老洲)를 기다렸다가 황강(黃江)을 방문하여 한수재(寒水齋)에 있는 우암(尤菴 송시열(宋時烈))과 수암(遂菴 권상하(權尙夏))의 영정을 배알하고 이어서 단양으로 가서 배를 타고 도담(島潭), 구담(龜潭), 강선대(降仙臺), 선담(船潭)을 유람하고 풍혈(風穴), 수혈(水穴)을 찾아갔다. 배에서 내린 뒤에 다시 노주와 함께 금강정에 오르고 자연암을 방문하였고 창절사(彰節祠)와 장릉(莊陵 단종의 능)을 찾아가고 또 선돌〔立石〕, 청령포(淸泠浦), 창렬암(彰烈巖)을 방문하고는 노주를 전송하였다. ○청령포와 창렬암에 대해서는 특별히 기문(記文)을 지었다.[64]

판서 공을 모시고 금강정을 유람하였다.

장릉의 낭관 심중현(沈仲賢) 헌영(獻永)이 찾아와 만나보았다.

원주(原州) 만종(萬宗)에 가서 11대 조고·조비의 묘를 배알하였다.

6월-초하루는 을유일- 신묘일에 아들 일순(一純)의 관례를 행하였다.

64 청령포와……지었다 : 청령포에 대한 기문(記文)은 《매산집》 권28에 〈청령포기(淸泠浦記)〉라는 제목으로 실려 있고, 창렬암에 대한 기문은 같은 권에 〈창렬암기(彰烈巖記)〉라는 제목으로 실려 있다.

이때에 일순도 선생을 따라서 영월의 관아로 왔다.

7월에 누이 김씨(金氏) 부인(婦人)의 부음을 들었다.

8월에 죽은 누이의 영연(靈筵)에 가서 곡하였다

제문을 지었다.

11월에 노주 오공을 찾아가 배알하고 함께 봉천(鳳川)을 유람하였다.

12월에 아들 일순의 혼례를 행하였다.

일순은 심공 헌영의 사위가 되었다.

광주(廣州) 광현(廣峴)에 가서 선조 장양공(莊襄公 홍사석(洪師錫))의 묘를 배알하였다.

신사년(1821, 순조21) 선생 46세

2월에 선고 판서 공을 따라 서울의 집으로 돌아왔다.

이때에 판서 공이 벼슬을 그만두고 돌아왔으므로 선생도 따라서 돌아왔다.

3월-초하루는 신해일- 기미일에 효의왕후(孝懿王后)[65]가 승하하자 홍화문(弘化門) 밖에 나아가 거애(擧哀)하였다.

5월에 소파정(小波亭)에 가서 노주(老洲) 오공(吳公 오희상(吳熙常))을 배알하고, 이어서 함께 배를 타고 강물을 거슬러 올라가 여호(黎湖)

65 효의왕후(孝懿王后) : 1753~1821. 정조의 비(妃)로, 본관은 청풍(淸風)이고, 좌참찬 김시묵(金時默)의 딸이다. 어머니는 홍직필의 증조부 홍상언(洪商彦)의 딸이다. 1762년(영조38) 세손빈으로 책봉되어 어의동(於義洞) 본궁(本宮)에서 가례(嘉禮)를 올렸고, 1776년 영조가 죽고 정조가 왕위에 오르자 왕비로 진봉되었다. 자녀를 두지 못한 채 창경궁(昌慶宮) 자경전(慈慶殿)에서 69세의 나이로 훙서하였다. 시호는 예경자수효의왕후(睿敬慈粹孝懿王后)이고, 능호는 건릉(健陵)이다.

박 선생(朴先生 박필주(朴弼周))의 유허(遺墟)를 찾아갔다.

9월에 홍화문 밖에 나아가 건릉(健陵 정조의 능)의 출현궁(出玄宮) 곡반(哭班)[66]에 참여하였다.

숭례문(崇禮門) 밖에 나아가 곡하며 효의왕후의 장례 행렬을 전송하였다.

홍화문 밖에 나아가 하현궁(下玄宮) 곡반에 참여하였다.

10월에 노주 오공을 찾아가 배알하고 함께 자하동(紫霞洞)의 산수(山水)를 찾았다.

11월에 외종(外從) 누이 윤씨(尹氏) 부인(婦人)의 영연(靈筵)에서 곡하였다.

제문을 지었다.

임오년(1822, 순조22) 선생 47세

정월에 계구(季舅 막내 외숙부) 자각(紫閣) 박공(朴公 박성한(朴聲漢))의 발인(發靷) 행렬을 따라 한곡(閒谷)에 갔다.

서종모(庶從母) 임씨(任氏) 부인(婦人)의 영연(靈筵)에서 곡하였다.

제문을 지었다.

다섯째 딸 민씨(閔氏) 부인(婦人)의 혼례를 행하였다.

참판 민치문(閔致文)의 둘째 아들과 혼인하였다.

윤3월-초하루는 병자일- 갑진일에 장흥고 봉사에 제수되었으나 나아가지

66 출현궁(出玄宮) 곡반(哭班) : 현궁은 임금의 관(棺)을 묻던 광중(壙中)으로, 출현궁은 천장(遷葬)을 위하여 임금의 관을 현궁에서 꺼내는 것을 이르고, 곡반은 국상(國喪) 때에 곡하는 백관의 반열(班列)을 이른다.

않았다.

가을에 귀양 가는 영서(潁西) 임공(任公 임로(任魯))을 전별하였다.

노주(老洲 오희상(吳熙常))와 함께 석우(石隅)에서 만난 뒤에 방향을 돌려 빙호(氷湖)에 이르러서 영서를 전송하였다.

9월에 노주 오공(吳公), 죽리(竹里) 김공(金公 김기풍(金基豐)), 금계(襟溪) 이공(李公 이봉수(李鳳秀))과 종암(鐘巖)의 수각(水閣)에서 함께 만났다.

이때에 죽리가 편지를 보내어 김 판서(金判書) 기후(基厚)[67]의 별업(別業)에서 만날 것을 청하였는데, 선생이 "우리들은 한 차례의 행보도 잘못해서는 안 되니, 어찌 굳이 왕실의 외척이 되는 재신(宰臣)의 별업에서 만날 필요가 있겠는가."라고 하여 마침내 종암에서 만나보았다. ○선생은 오랫동안 교제한 사이라고 하더라도 상대가 현달한 지위에 있으면 전혀 왕래하는 법이 없었다. 평소에 말하기를, "내가 평생 동안 한 차례의 행보도 잘못하지 않은 것은 고인(古人)에게 견주어도 부끄러움이 없다."라고 하였다.

10월에 노주 오공과 함께 압구정(狎鷗亭)에서 만났다.

밤이 되자 달을 감상하고는 그대로 정자에서 유숙하였고 이튿날에 고심정(古心亭), 숙몽정(夙夢亭) 등의 여러 승경(勝景)을 두루 유람

67 김 판서(金判書) 기후(基厚) : 김기후(金基厚, 1747~1830)로, 자는 사중(士重), 본관은 청풍(淸風)이다. 아버지는 김지묵(金持默)인데, 청원부원군(淸原府院君) 김시묵(金時默)의 아우로, 정조의 비 효의왕후(孝懿王后)에게 숙부가 된다. 1774년(영조 50) 생원시에 합격하였고, 음보(蔭補)로 벼슬을 시작하여 영릉 참봉(寧陵參奉)이 되고 총융사, 금위대장, 공조 판서, 지돈령부사, 도총관, 한성부 판윤 등을 두루 역임하였다. 시호는 효헌(孝憲)이다.

하였다.

《중용(中庸)》을 읽었다.

이때에 아들 일순(一純)과 함께 읽었는데, 일순은 《논어(論語)》를 읽었다.

계미년(1823, 순조23) 선생 48세

3월-초하루는 경오일- 무인일에 홍화문(弘化門) 밖에 나아가 효의왕후(孝懿王后)의 대상(大祥) 곡반(哭班)에 참여하고는 봉은사(奉恩寺)를 유람하였다.

이때에 선생이 영서(穎西 임로(任魯))를 찾아가 배알하였는데 얼마 뒤에 노주(老洲 오희상(吳熙常))가 찾아오니, 이를 계기로 함께 유람하였다.

4월에 한곡(閒谷)을 찾아가 계구(季舅 막내 외숙부) 자각(紫閣) 박공(朴公 박성한(朴聲漢))의 묘에 제사를 올렸다.

영서 임공(任公), 노주 오공(吳公)과 노강사(鷺江祠)에서 《대학(大學)》을 강독하였다.

6월에 금계(襟溪) 이공(李公 이봉수(李鳳秀))과 함께 장용영(壯勇營)의 감은당(感恩堂)에서 연꽃을 감상하였다.

노주 오공, 금계 이공, 죽리(竹里) 김공(金公 김기풍(金基豐))과 함께 읍청루(挹淸樓)를 유람하였다.

8월에 서종형(庶從兄) 영장(營將) 석필(奭弼)의 묘에서 곡하였다.

제문을 지었으며, 또 뒤에 묘지명을 지었다.[68]

68 제문을……지었다 : 이 제문은 《매산집》 권31에 〈제서종형영장문(祭庶從兄營將

선고 판서 공을 모시고 남산(南山)에 올라 가을을 감상하였다.

영서, 노주, 죽리, 금계 등의 여러 공들도 찾아와 함께 만나보았다.

9월에 영서 임공, 금계 이공과 함께 도봉(道峯)을 유람하였다.

밤에 제월루(霽月樓)에 올라 글을 외웠는데, 영서는 〈우공(禹貢)〉을 외우고 선생은 〈동명(東銘)〉과 〈서명(西銘)〉을 외우고 금계는 〈태극도설(太極圖說)〉을 외웠다.

갑신년(1824, 순조24) 선생 49세

정월에 강재(剛齋) 송공(宋公)-치규(穉圭)-에게 편지를 보내어 화양서원(華陽書院)[69]의 유생(儒生)에 관한 일을 논하였다.

이때에 서원의 유생이 묘원(廟院)을 빙자하여 백성들을 침탈하였으므로 선생이 이를 금지하였다.

상원(上元 대보름) 밤에 영서(潁西) 임공(任公 임로(任魯)), 금계(襟溪) 이공(李公 이봉수(李鳳秀))과 함께 제일교(第一橋)와 제이교(第二橋)에서 달을 구경하였다.

2월에 오홍선(吳弘善)의 관례(冠禮)를 행하는 자리에 참석하였다.

오홍선은 노주(老洲 오희상(吳熙常))의 손자이다. 선생에게 빈(賓)[70]이 되어줄 것을 청하니, 선생이 자설(字說)을 지어주었다.

文)〉이라는 제목으로 실려 있으며, 묘지명은 권44에 〈서종형영장묘지명(庶從兄營將墓誌銘)〉이라는 제목으로 실려 있다.

69 화양서원(華陽書院) : 충청북도 괴산(槐山)에 있는 서원으로, 노론(老論)의 영수 송시열(宋時烈)을 제향한 곳이다. 1696년(숙종22) 9월에 사액(賜額)을 받았다.

70 빈(賓) : 관례(冠禮) 때에 예를 주관하여 행하는 자를 이른다.

3월에 동곽(東郭)에 가서 영서 임공을 배알하고 이어서 임공과 함께 어가 행렬을 구경하였다.

이때에 성상이 휘경원(徽慶園 순조의 생모 수빈(綏嬪) 박씨(朴氏)의 묘)에 행차하였는데, 소조(小朝 왕세자)가 모시고 호종(扈從)하였다.

선고 판서 공을 모시고 남산(南山)에 올랐다.

영서, 죽리(竹里 김기풍(金基豐)), 금계 등 여러 공들도 찾아와 함께 만나보고 저녁까지 있다가 돌아갔다.

의종황제(毅宗皇帝)의 유조(遺詔)에 대한 발(跋)을 지었다.[71]

이달 19일은 바로 의종황제가 사직(社稷)을 위하여 목숨을 버린 지 세 번째 주갑(周甲)이 되는 날이었다. 선생은 오희(於戲)의 그리움[72]을 이기지 못하여 이 글을 지었다.

4월에 노주 오공(吳公)과 함께 송경(松京 개성(開城))을 유람하였다.

화석정(花石亭)에 들러 오르고 청송(聽松 성수침(成守琛))과 우계(牛溪 성혼(成渾))의 묘를 배알하였으며 송경에 들어가 남문루(南門樓)

71 의종황제(毅宗皇帝)의……지었다 : 의종황제는 명나라의 17대이자 마지막 황제인 숭정제(崇禎帝)로, 1644년(인조22)에 이자성(李自成)이 이끄는 반란군이 북경(北京)을 점령하자 처첩(妻妾)과 딸을 죽이고 자신도 경산(景山)에서 자살하였다. 이 발문은 《매산집》 권29에 〈경제의종황제유조후(敬題毅宗皇帝遺詔後)〉라는 제목으로 실려 있다.

72 오희(於戲)의 그리움 : 전왕(前王)을 잊지 못하는 그리움을 이른다. '오희'는 감탄사로, 《시경(詩經)》 〈주송(周頌) 열문(烈文)〉에서 주(周)나라 문왕(文王)과 무왕(武王)을 칭송하여 "더 강함이 없는 사람을 사방에서 교훈으로 삼으며, 더 드러날 수 없는 덕을 백벽들이 본받나니, 아, 전왕을 잊지 못하리로다.〔無競維人, 四方其訓之, 不顯維德, 百辟其刑之, 於戲前王不忘.〕"라고 한 데에서, 전왕을 잊지 못하는 그리움을 의미하게 되었다.

와 경덕궁(慶德宮)에 오르고 이어서 숭양서원(崧陽書院)[73]에서 강독 모임을 가졌다. 만월대(滿月臺), 선죽교(善竹橋), 괘관현(掛冠峴), 화곡서원(花谷書院)을 방문하고 영통사(靈通寺)에서 묵었다. 박연(朴淵)에 들러 감상하고 서사정(逝斯亭)에 올랐으며 대흥사(大興寺)에서 묵었다. 채하동(彩霞洞)에 들어가 풍계사(豊溪祠)를 배알하였다. ○선죽교와 개관현에 대해서는 특별히 기문(記文)을 지었다.[74]

6월에 판서 공을 모시고 읍청루(挹淸樓)에 올랐다.

노주, 영서, 죽리, 금계 등의 여러 공들도 찾아와 함께 만나보았으며, 강을 거슬러 올라가 노량(露梁)에까지 이르렀다가 배에서 내려 돌아왔다.

아들 일순(一純)을 데리고 노주 오공을 찾아가 배알하고 그곳에 일순을 머물게 하면서 수학(受學)하도록 하였다.

선생은 일순에게서 부자(父子)간에 서로를 알아주는 즐거움을 느꼈다. 일찍이 노주에게 말하기를, "제 아들은 정밀하고 요약되며 자세하고 치밀함은 제가 미칠 수 없지만 다만 유약한 것이 흠입니다."라

73 숭양서원(崧陽書院) : 개성(開城)에 있는 서원으로, 1573년(선조6)에 유수 남응운(南應雲)이 유림세력과 협의하여 정몽주(鄭夢周)와 서경덕(徐敬德)의 충절과 덕행을 추모하고자 선죽교 위쪽에 문충당(文忠堂)을 창건하면서 비롯되었다. 1575년에 '숭양(崧陽)'이라고 사액되어 서원으로 승격되었으며, 1668년(현종9)에 김상헌(金尙憲)을, 1681년(숙종7)에 김육(金堉)과 조익(趙翼)을, 1784년(정조8)에 우현보(禹玄寶)를 추가로 배향하여 선현배향과 지방교육의 일익을 담당하였다.

74 선죽교와……지었다 : 선죽교에 대한 기문(記文)은 《매산집》 권28에 〈선죽교기(善竹橋記)〉라는 제목으로 실려 있고, 개관현에 대한 기문은 같은 권에 〈괘관현기(掛冠峴記)〉라는 제목으로 실려 있다.

고 하였다. 그러자 노주가 웃으며 말하기를, "강직한 사람의 뒤에 유약한 사람이 이어지는 것은 또한 이치이니, 법문(法門)의 훌륭한 후손이 됨에 무슨 흠이 되겠습니까."라고 하였다. 또 후일에 문인(門人)에게 말하기를, "홍우(洪友)는 창업(創業)하는 것과 같고 그 아들은 수성(守成)하는 것과 같으니,[75] 홍씨 집안의 복이 끝이 없을 것이다."라고 하였다.

금계 이공과 함께 동영(東營)의 담운당(湛雲堂)에서 연꽃을 감상하였다.

7월에 금계 이공과 함께 재간정(在澗亭)을 유람하고 이어서 정산(貞山)의 산수(山水)를 구경하였다.

지곡(芝谷) 이공(李公)-민조(敏朝)-의 묘를 배알하였다.

이백(李白)의 〈자극궁(紫極宮)〉 시에 차운(次韻)하였다.[76]

겨울에 《주역(周易)》을 읽었다.

을유년(1825, 순조25) 선생 50세

정월에 동곽(東郭)에 가서 영서(潁西) 임공(任公 임로(任魯)), 구우(邱

75 홍우(洪友)는……같으니 : 창업(創業)은 국가를 처음으로 창건하는 것을 이르고 수성(守成)은 그 자손이 이를 계승하여 잘 발전시켜 나가는 것을 이른다.

76 이백(李白)의……차운(次韻)하였다 : 이 시는 《매산집》 권2에 실려 있는데, 그 제목에 "금년 갑신년은 바로 내가 49세가 되는 해인데, 이백(李白)의 〈자극궁(紫極宮)〉 시의 '사십구 년의 잘못은 한번 지나가면 다시 되돌릴 수 없네.'라는 한 구절을 외니, 나로 하여금 감회를 일으키게 만들었다. 이에 마침내 차운하여 감회를 서술하고 이어서 이를 심중현(沈仲賢)에게 드린다.〔今年甲申卽余四十九歲也. 誦李白紫極宮詞四十九年非一往不可復一句, 彌令人興感, 遂步韻敍懷, 仍呈沈仲賢.〕"라고 하였다. 총 5수(首)이다.

隅) 김공(金公 김기서(金基敍)), 금계(襟溪) 이공(李公 이봉수(李鳳秀))과 함께 제일교(第一橋)와 제이교(第二橋)에서 달을 구경하였다.

3월에 선고 판서 공을 홍제원(弘濟院)에서 기다려 맞이하였다.

이에 앞서 판서 공이 박연(朴淵)을 구경하기 위해 송경(松京 개성(開城))으로 떠났다가 이때에 이르러 돌아왔다.

4월에 노주(老洲) 오공(吳公 오희상(吳熙常))과 함께 여러 유생들을 데리고 노강사(鷺江祠)에서 강독 모임을 가졌다.

판서 공을 모시고 세검정(洗劍亭)을 찾아가 구경하였다.

8월에 종제(從弟) 익필(翼弼)의 발인(發靷) 행렬을 따라 양주(楊州)에 갔다.

제문을 지었으며, 뒤에 묘지명을 지었다.[77]

10월에 영서 임공, 금계 이공과 함께 동관왕묘(東關王廟)를 방문하고 방향을 돌려 청량사(淸涼寺)를 유람하였다.

밤새도록 토론하고 돌아왔다.

병술년(1826, 순조26) 선생 51세

5월에 영서(潁西) 임공(任公 임로(任魯)), 금계(襟溪) 이공(李公 이봉수(李鳳秀))과 함께 배를 타고 노량(鷺梁)을 유람하며 불어난 물을 구경하였다.

77 제문을……지었다 : 이 제문은 《매산집》 권31에 〈제종제윤여문(祭從弟允汝文)〉이라는 제목으로 실려 있다. 윤여(允汝)는 홍익필(洪翼弼)의 자(字)이다. 묘지명은 《매산집》 권44에 〈종제현령군묘지명(從弟縣令君墓誌銘)〉이라는 제목으로 실려 있다. 홍익필은 창평 현령(昌平縣令)을 지냈다.

돈간재(敦艮齋)에 들러 노주(老洲 오희상(吳熙常))를 배알하고 이어서 용양봉저정(龍驤鳳翥亭)에 올랐다.

구우(邱隅) 김공(金公 김기서(金基敍))과 함께 자각봉(紫閣峯)에 올랐다.

6월에 금계 이공과 함께 담운당(湛雲堂)에서 연꽃을 감상하였다.

9월에 노주 오공(吳公)과 함께 개석정(介石亭)을 유람하였다.

계산(鷄山)을 찾아가 중부(仲父) 현감 공(縣監公 홍정간(洪鼎簡))의 묘에 제사를 올렸다.

정해년(1827, 순조27) 선생 52세

정월-15일 밤-에 동곽(東郭)에 가서 영서(潁西) 임공(任公 임로(任魯)), 금계(襟溪) 이공(李公 이봉수(李鳳秀))과 함께 제일교(第一橋)와 제이교(第二橋)에서 달을 구경하였다.

2월-초하루는 정미일- 경술일에 선고 판서 공의 상을 당하였다.

선생은 지극한 효성으로 판서 공을 섬겼는데, 판서 공이 더욱 연로해지자 선생은 때때로 옷도 벗지 않은 채 잠을 잤으며, 잘 때에는 반드시 판서 공이 머무는 방 쪽으로 머리를 두고서 문을 여닫는 소리가 들리기만 하면 매번 벌떡 일어나 가서 살피고는 별 탈이 없는 것을 확인한 뒤에야 비로소 물러나 잠이 들었다. 상을 당하게 되자 슬픔으로 살고자 하는 의욕을 잃어 몸이 야위어 병을 얻었으며, 왼쪽 눈도 병에 걸려 결국 실명하였다. 선생은 이때에 이미 연로하였으나 더욱 엄격하게 상제(喪制)를 지켜서 비록 매우 무더운 때라도 상복의 띠를 벗지 않았으며 삼년상을 치르는 동안에 중문(中門)에 들어간 적이 없었고 알묘(謁廟)하거나 성묘하는 일이 아니면 한 발짝도 당(堂)에서 내려오지 않았다. ○이때에 나라에 경사가 있었는데 상을 지키고 있는 서울의 사대부 집들 중에 곡(哭)을 폐하고 궤전(饋奠)을 행하는 집이 많았다. 그러나 선생은 '나라에 경사가 있다고 하여 사가(私家)의 곡을 금하는 일은 삼대(三代 하(夏)·은(殷)·주(周)) 이후로 들어본 적이 없다.'라고 하면서 홀로 예를 따라 곡을 행하였다.

4월-초하루는 병오일- 임신일에 판서 공을 천덕산(天德山)에 장사하여 선비(先妣) 박 부인(朴夫人)과 합장하였다.

무자년(1828, 순조28) 선생 53세

8월-초하루는 무진일- 경진일에 선고 판서 공과 선비(先妣) 박 부인(朴夫人)의 묘를 이장하여 시흥(始興) 매산(梅山)에 합장하였다.

이후로 스스로를 매산노부(梅山老夫)라고 일컬었다.

영서(潁西) 임공(任公 임로(任魯))의 부음을 들었다.

영서가 임종할 때에 선생과 생전에 마지막으로 얼굴을 보고서 작별하기를 원하였으나 선생은 예방(禮防)에 구애되어 감히 찾아가지 못하였다.

기축년(1829, 순조29) 선생 54세

4월에 담제(禫祭)를 행하였다.

초종(初終)부터 담제와 길제(吉祭)에 이르기까지 조금이라도 의문나거나 모르는 것이 있으면 노주(老洲) 오공(吳公 오희상(吳熙常))에게 편지를 보내어 질정하지 않은 적이 한 번도 없었다.

5월에 연천(漣川)에 가서 오대조고(五代祖考)와 오대조비(五代祖妣)의 체천(遞遷)한 신주를 매안(埋安)하였다.

6월-초하루는 계해일- 을해일에 매산(梅山)에 가서 성묘하였다.

선생은 매번 생일마다 묘에 찾아가 재실(齋室)에 머물고 술상을 차리지 못하게 하였는데, 번거로워 일일이 다 기록하지 않는다.

청수동(淸修洞)을 유람하였다.

임상현(林象鉉)과 외제(外弟) 김직(金鑁), 종제(從弟) 윤필(允弼), 서제(庶弟) 약필(若弼)이 따라갔다.

죽리(竹里) 김공(金公 김기풍(金基豐))의 영연(靈筵)에서 곡하였다. 제문을 지었으며, 또 뒤에 묘지명을 지었다.[78]

경인년(1830, 순조30) 선생 55세

5월-초하루는 정사일- 임술일에 효명세자(孝明世子)[79]-익종대왕(翼宗大王)-가 훙서하자 홍화문(弘化門) 밖에 나아가 거애(擧哀)하였다.

6월에 영서(潁西) 임공(任公 임로(任魯))의 영연(靈筵)에서 곡하였다. 제문을 지었다.[80]

78 제문을……지었다 : 이 제문은 《매산집》 권31에 〈제김충주문(祭金忠州文)〉이라는 제목으로 실려 있으며, 묘지명은 권38에 〈충주목사김공묘지명(忠州牧使金公墓誌銘)〉이라는 제목으로 실려 있는데, 홍직필이 64세 되던 해인 1839년(헌종5) 기해년에 지은 것이다.

79 효명세자(孝明世子) : 1809~1830. 순조와 순원왕후(純元王后) 김씨(金氏)의 소생으로, 자는 덕인(德寅), 호는 경헌(敬軒)이다. 1812년(순조12) 왕세자에 책봉되었으며, 1819년 영돈령부사 조만영(趙萬永)의 딸을 세자빈으로 맞아들여 가례를 올렸다. 1827년 순조의 명령으로 대리청정을 하면서 어진 인재를 널리 등용하고, 형옥을 신중하게 하는 동시에 모든 백성을 위하는 정책의 구현에 노력하였으나 불행히도 대리청정을 수행한 지 4년 만에 훙서하고 말았다. 아들 헌종이 즉위한 뒤 왕으로 추존되어 익종(翼宗)이라 하였다. 묘호는 문호(文祜), 능호는 수릉(綏陵)이며, 시호는 효명이다.

80 제문을 지었다 : 이 제문은 《매산집》 권31에 〈제영서임공문(祭潁西任公文)〉이라

8월-초하루는 병술일- 무자일에 종암동(鍾巖洞) 어귀에 가서 곡하며 효명세자의 장례 행렬을 맞이하였다.

하루 전에 노주(老洲 오희상(吳熙常))와 금계(襟溪 이봉수(李鳳秀))를 만나 종암에서 묵고는 새벽에 동네 어귀로 가서 곡하며 장례 행렬을 맞이하였다. 저녁에는 연경묘(延慶墓)[81]가 있는 동네 어귀에 이르러 내작문(內作門)[82] 밖에서 하현실(下玄室)[83] 곡반(哭班)에 참여하였고 또 종암에 모여서 곡하며 반우(返虞)를 맞이하였다. ○이에 앞서 혼전(魂殿)에 화재가 있었는데, 선생은 "신궁(新宮)에 불이 나자 사흘 동안 곡하였다."[84]라고 한 전례에 따라 대궐문에 나아가 곡하고자

는 제목으로 실려 있다.

81 연경묘(延慶墓) : 효명세자(孝明世子)가 익종(翼宗)으로 추존되기 전의 묘호이다. 추존된 후 수릉(綏陵)의 능호를 받았다. 경기도 구리시 인창동에 있다.

82 내작문(內作門) : '작문'은 임금이 거둥할 때 거둥하는 장소에 사람들의 출입을 단속하기 위해 포장을 설치하고 파수하는 군사를 사면에 배치하여 문의 역할을 하도록 한 것을 말한다. 작문을 열 때에는 군졸들이 좌우로 나뉘어 서고, 작문을 닫을 때에는 나뉘어 섰던 군졸들이 한곳으로 모였다. 작문은 이중으로 설치하였는데, 바깥쪽에 설치된 것을 '외작문(外作門)'이라 하고 안쪽에 설치된 것을 '내작문'이라 하였다.

83 하현실(下玄室) : 현실은 왕세자의 관(棺)을 묻던 광중(壙中)으로, 왕세자의 관을 현실에 내리는 것을 이른다.

84 신궁(新宮)에……곡하였다 : 《춘추(春秋)》 성공(成公) 3년 2월 기사에 보이는 말로, "갑자일에 신궁에 불이 나자 사흘 동안 곡하였다.〔甲子新宮災, 三日哭.〕"라고 하였다. 신궁은 선공(宣公)의 묘(廟)를 가리키는데, 삼년상을 마친 뒤에 신주가 새로 들어갔으므로 이렇게 이르는 것이다. 《예기(禮記)》 〈단궁 하(檀弓下)〉에도 이르기를, "선인의 집에 불이 났을 경우 사흘 동안 곡한다. 그러므로 《춘추》에 이르기를, '신궁에 불이 나자 사흘 동안 곡하였다.'라고 한 것이다.〔有焚其先人之室, 則三日哭. 故曰: 新宮火, 亦三日哭.〕"라고 하였다. '선인의 집〔先人之室〕'이란 종묘(宗廟)를 말한다.

하였으나, 결국에는 홀로 가는 것이 유별나 보일 수 있다는 이유로 결행하지 못하였다.

10월에 백고모(伯姑母) 김공(金公)-재상(載象)- 부인(夫人)의 부음을 들었다.

11월에 백고모의 영연(靈筵)에서 곡하였다.

제문을 지었다.[85]

백고모의 발인(發靷) 행렬을 따라 고양(高陽)에 갔다.

12월에 화전(花田)에 있는 도암(陶菴 이재(李縡))의 별업(別業)을 방문하여 영당(影堂)을 배알하였다.

신묘년(1831, 순조31) 선생 56세

4월에 보개산(寶蓋山)을 유람하였다.

회현방(會賢坊)으로 이사하였다.

5월-초하루는 임자일- 정사일에 선인문(宣仁門) 밖에 나아가 효명세자(孝明世子)의 소상(小祥) 곡반(哭班)에 참여하였다.

6월-초하루는 신사일- 무자일에 청수동(淸修洞)과 정릉(貞陵)의 산수(山水)를 유람하였다.

문인(門人) 조병덕(趙秉悳)이 따라갔다.

9월에 종제(從弟) 윤필(允弼)의 영연(靈筵)에서 곡하였다.

뒤에 또 재차 제사를 지냈는데, 모두 제문을 지었다. 또 묘지명을 지었다.[86]

85 제문을 지었다 : 이 제문은 《매산집》 권31에 〈제백고문(祭伯姑文)〉이라는 제목으로 실려 있다.

임진년(1832, 순조32) 선생 57세

3월에 비파정(琵琶亭)에 올라 봄을 감상하였다.

임익상(任翼常)이 따라갔다.

5월-초하루는 정미일- 임자일에 홍화문(弘化門) 밖에 나아가 효명세자(孝明世子)의 대상(大祥) 곡반(哭班)에 참여하였다.

신영세(申寧世) 상현(常顯)과 함께 청수동(淸修洞)과 정릉(貞陵)의 산수(山水)를 유람하였다.

7월에 홍화문 밖에 나아가 효명세자의 담제(禫祭) 곡반에 참여하였다.

9월에 증조고 찬성 공의 묘를 연천(漣川)으로 이장하였다.

선고 판서 공의 가장(家狀)을 지었다.[87]

판서 공의 묘갈명을 노주(老洲) 오공(吳公 오희상(吳熙常))에게 부탁하였다.

윤9월에 대은정(大隱亭)을 찾아가 판서 공의 묘지명을 금계(襟溪) 이공(李公 이봉수(李鳳秀))에게 부탁하였다.

10월에 여러 유생들과 함께 《중용(中庸)》의 수장(首章)과 《옥산강의(玉山講義)》[88]를 강독하였다.

86 묘지명을 지었다 : 이 묘지명은 《매산집》 권44에 〈종제성백묘지명(從弟成伯墓誌銘)〉이라는 제목으로 실려 있다. 성백(成伯)은 홍윤필(洪允弼)의 자(字)이다.

87 선고……지었다 : 이 가장(家狀)은 《매산집》 권50에 〈선고동돈녕부군가장(先考同敦寧府君家狀)〉이라는 제목으로 실려 있다.

88 옥산강의(玉山講義) : 주희(朱熹)의 저서이다. 1194년 주희의 나이 65세에 영종(寧宗)의 소명을 받고 중앙 관계로 진출하여 환장각대제 겸 시강(煥章閣待制兼侍講)에 제수되었는데, 45일 만에 간신 한탁주(韓侂胄)의 미움을 사서 관직을 박탈당하고 고정(考亭)으로 돌아왔다. 그 돌아오던 길에 강서(江西) 옥산(玉山)에서 그 지방 수령 사마

계사년(1833, 순조33) 선생 58세

2월에 계모(季母) 정 부인(鄭夫人)의 상을 당하였다.

4월에 계모 정 부인의 발인(發靷) 행렬을 따라 양주(楊州) 송산(松山)에 갔다.

5월에 계모 정 부인의 영연(靈筵)에서 제사를 올렸다.

제문을 지었다.

8월에 외제(外弟) 김수(金鏽)의 영연에서 곡하였다.

뒤에 또 재차 제사를 지냈는데, 모두 제문을 지었다.

문산(文山) 이공(李公 이재의(李載毅))과 함께 관악(冠岳)의 산수(山水)를 찾았다.

낮에는 자운암(紫雲菴)에서 밥을 해먹고 저녁에는 삼막사(三藐寺)에서 묵었다. 아침에 출발하여 망월암(望月菴)과 불성암(佛惺菴)을 들러 구경하고 영주대(暎炷臺)에 올랐다. 이튿날에 배를 타고 노량(露梁)으로 내려와서 용양봉저정(龍驤鳳翥亭)에 올랐다가 방향을 돌려 노주(老洲 오희상(吳熙常))를 배알한 뒤에 윤우당(潤雨堂)에 있는 김유선(金幼善) 술현(述鉉)을 방문하고 돌아왔다.

10월에 노주 오공(吳公)의 상(喪)에 가서 곡하였다.

이때에 선생은 노주가 병들었다는 소식을 듣고 급히 갔는데 도중에 부음을 듣고는 달려가 곡하고 아들 일순(一純)을 남겨두고 돌아왔다. 그리고 성복(成服)할 때에 이르러 또다시 가서 참여하고 3개월 동안 가마(加麻)[89]하였다.

매(司馬邁)의 요청을 받고 강론한 내용을 담은 책으로, 주희의 만년(晩年) 사상이 잘 집약되어 있다.

12월에 노주 오공의 영연에서 곡하였다.

제문을 지었으며, 뒤에 행장과 묘지(墓誌)의 추기(追記)를 지었다.[90]

광주(廣州) 이호(梨湖)에 가서 노주 오공을 장사하는 것을 살펴보았다.

아들 일순도 따라갔다.

갑오년(1834, 순조34) 선생 59세

4월에 남에게 부탁하여 박계립(朴季立) 명벽(命壁)의 묘(墓)에 제사를 올리게 하였다.

제문을 지었으며, 또 뒤에 묘지명을 지었다.

10월-초하루는 임진일- 경자일에 악록(岳麓)의 칠송정(七松亭)에서 후중양(後重陽)[91]의 모임을 가졌다.

임익상(任翼常)과 문인(門人) 조병덕(趙秉悳)이 따라갔다.

11월-초하루는 임술일- 갑술일에 순조대왕이 승하하자 거애(擧哀)하였다.

을미년(1835, 헌종1)-헌종대왕 원년- 선생 60세

4월에 이자선(李子善) 재경(在慶)의 영연(靈筵)에서 곡하였다.

89 가마(加麻) : 문인(門人)이 스승의 상(喪)에 심상(心喪)을 입는 표시로 겉옷에 삼베 조각을 붙이는 것이다.

90 제문을……지었다 : 이 제문은 《매산집》 권31에 〈제노주오공문(祭老洲吳公文)〉이라는 제목으로 실려 있다. 또 행장은 권45에 〈노주오선생행장(老洲吳先生行狀)〉이라는 제목으로 실려 있는데, 이는 홍직필이 62세 되던 해인 1837년(헌종3) 정유년에 지은 것이다.

91 후중양(後重陽) : 중양(重陽)은 세시 명절의 하나인 음력 9월 9일의 중양절(重陽節)을 이르는데, 10월 10일 역시 '후중양'이라고 하여 특별하게 지냈다.

제문을 지었다.

5월에 현강(玄江) 소동루(小東樓)로 이사하였다.

누각의 남쪽에 매산(梅山)이 있었는데 선생은 밤낮으로 그쪽을 바라보며 '망운루(望雲樓)'라는 편액을 걸었다. 금계(襟溪) 이공(李公 이봉수(李鳳秀))이 기문(記文)을 지어주었다.

병신년(1836, 헌종2) 선생 61세

6월-초하루는 계축일- 을축일에 매산(梅山)에 가서 성묘하였다.

선생은 회갑(回甲)의 나이가 되자 더욱더 유모(孺慕)[92]의 감회를 이기지 못하여 시를 지었는데, 이 시에 이르기를, "세월이 무심히 흘러 병신년이 돌아오니, 바로 내가 이해에 태어났네. 무덤가 나무에 바람이 불며 날이 밝아오는데,[93] 후야[94]는 어둡고 컴컴하여 새벽이 다시 오지 않네.〔歲月無端又丙申 惟吾以降在斯辰 風吹宰樹仍明發 厚夜冥冥不復晨〕"라고 하였다.

8월에 금계(襟溪) 이공(李公 이봉수(李鳳秀)), 오서오(吳瑞五) 치성(致成)과 함께 관악산(冠岳山)의 삼막사(三藐寺)를 유람하였다.

92 유모(孺慕) : 어린아이가 부모를 그리듯이 어버이의 죽음을 슬퍼하며 사모하는 것을 말한다.

93 날이 밝아오는데 : '날이 밝아온다〔明發〕'는 것은 돌아가신 부모를 그리워하며 잠 못 이루다가 새벽을 맞이함을 의미하는 것으로, 《시경(詩經)》 〈소아(小雅) 소완(小宛)〉에 "날이 밝도록 잠 못 이루며 부모 두 분을 생각하노라.〔明發不寐, 思我二人.〕"라고 하였다.

94 후야(厚夜) : '장야(長夜)'와 같은 뜻으로, 사람이 죽은 뒤에 영원히 지하에 묻혀 암흑 속에 있는 것을 비유한다.

정유년(1837, 헌종3) 선생 62세

2월에 구모(舅母 외숙모) 정씨(鄭氏)의 영연(靈筵)에서 곡하였다.

제문을 지었으며, 또 뒤에 묘지명을 지었다.[95]

4월에 오서오(吳瑞五 오치성(吳致成))와 함께 배를 타고 탁영정(濯纓亭)을 구경한 뒤에 이어서 잠령(蠶嶺)에 올랐다.

오홍선(吳弘善), 오경선(吳敬善), 아들 일순(一純)이 따라갔다.

9월에 금계(襟溪) 이공(李公 이봉수(李鳳秀))과 수락산(水落山) 내원암(內院菴)의 산방(山房)에서 만났다.

임익상(任翼常)도 왔다.

10월에 둘째 누이 윤씨(尹氏) 부인(婦人)을 이장하는 곳에 가서 곡하였다.

제문을 지었다.

무술년(1838, 헌종4) 선생 63세

3월에 금계(襟溪) 이공(李公 이봉수(李鳳秀))과 함께 정토사(淨土寺)를 유람하였다.

임익상(任翼常)이 따라갔다.

4월에 배를 타고 현호(玄湖)를 유람하였다.

문인(門人) 한운성(韓運聖), 심의덕(沈宜德), 권익(權翌) 및 사위 민술용(閔述鏞)이 따라갔다.

95 또……지었다 : 이 묘지명은 《매산집》 권44에 〈구모하동정씨묘지명(舅母河東鄭氏墓誌銘)〉이라는 제목으로 실려 있는데, 홍직필이 65세 되던 해인 1840년(헌종6) 경자년에 지은 것이다.

윤4월에 금계 이공과 함께 도봉(道峯)을 유람하였다.

임익상과 문인 소휘면(蘇輝冕)이 따라갔다.

8월에 내종(內從) 누이 정씨(鄭氏) 부인(婦人)의 영연(靈筵)에서 곡하였다.

제문을 지었으며, 또 뒤에 묘지명을 지었다.[96]

글을 지어 고려(高麗)의 충신 서 선생(徐先生) 견(甄)의 묘에 제사를 올렸다.[97]

묘는 과천(果川)에 있다.

와우산(臥牛山)에 올랐다.

문인 이경주(李庚周)와 심의덕이 따라갔다.

12월에 매산(梅山)에 가서 성묘하고 이어서 병사(丙舍 묘막)에서 수세(守歲)[98]하였다.

서제(庶弟) 약필(若弼)이 따라갔다.

이해에 이조에서 재학(才學)으로 천거하였다.

96 또……지었다 : 이 묘지명은《매산집》권44에〈외종매정부인김씨묘지명(外從妹貞夫人金氏墓誌銘)〉이라는 제목으로 실려 있다.

97 글을……올렸다 : 이때 지은 글은《매산집》권31에〈제고려충신장령서선생묘문(祭高麗忠臣掌令徐先生墓文)〉이라는 제목으로 실려 있다. 서견(徐甄, ?~?)은 고려 후기의 문신으로, 본관은 이천(利川)이다. 1369년(공민왕18) 문과에 병과로 급제하였다. 1391년(공양왕3) 사헌장령(司憲掌令)이 되었으며, 다음해 다른 간관(諫官)들과 함께 조준(趙浚), 정도전(鄭道傳), 남은(南誾), 윤소종(尹紹宗) 등 이성계(李成桂) 일파를 탄핵하였다. 그러나 곧 정몽주(鄭夢周)가 피살되고 이성계와 조준, 정도전이 실권을 장악하자 김진양(金震陽) 등과 더불어 유배되었다.

98 수세(守歲) : 섣달 그믐날 밤에 잠을 자지 않고 밤을 새우며 새해를 맞이하는 것을 이른다.

이때에 대신이 선비를 선발할 것을 아뢰자, 전부(銓部 이조)와 방악(方岳 관찰사)으로 하여금 각각 알고 있는 인재들을 천거하도록 하니 이조에서 선생을 천거하였다. 대신이 경연에서 선생을 6품의 관직에 조용(調用)할 것을 청하였으며 뒤에 또 즉시 비의(備擬)하지 않았다는 이유로 전관(銓官)을 추고할 것을 청하고 결원에 따라 의망하게 하였다.

기해년(1839, 헌종5) 선생 64세

문산(文山) 이공(李公 이재의(李載毅))과 함께 사로회(四老會)를 만들었다.

장악원 주부에 제수되었으나 나아가지 않았다.

황해 도사(黃海都事)에 제수되었으나 나아가지 않았다.

3월-초하루는 정유일- 기해일에 금계(襟溪) 이공(李公 이봉수(李鳳秀))과 석실서원(石室書院)에서 만났다.

4월에 문산 이공의 영연(靈筵)에서 곡하였다.

제문을 지었으며, 또 뒤에 묘지명을 지었다.[99]

5월에 금계 이공과 도봉서원(道峯書院)에서 만났다.

9월에 금계 이공과 행주(涬州)를 유람하며 달을 구경하였고, 이어서 남당(南塘 한원진(韓元震))과 용재(庸齋 김근행(金謹行))의 영당(影堂)을 방문하였다.

99 또……지었다 : 이 묘지명은 《매산집》 권42에 〈문산이공묘지명(文山李公墓誌銘)〉이라는 제목으로 실려 있다.

경자년(1840, 헌종6) 선생 65세

2월에 이원중(李遠重)에게 부탁하여 강재(剛齋) 송공(宋公 송치규(宋穉圭))의 영연(靈筵)에 제사를 올리게 하였다.

제문을 지었으며, 또 뒤에 묘지명을 지었다.[100]

3월에 군자감 정에 제수되었으나 나아가지 않았다.

대산(臺山) 김공 매순(金公邁淳)이 방문하였다.

7월에 금계(襟溪) 이공(李公 이봉수(李鳳秀))과 함께 함벽정(涵碧亭)에 있던 심의덕(沈宜德)을 방문하였다.

10월에 배를 타고 거슬러 올라가서 석실(石室)을 찾아가 서원에서 금계 이공과 만났다.

신축년(1841, 헌종7) 선생 66세

4월에 금계(襟溪) 이공(李公 이봉수(李鳳秀))과 청량사(淸涼寺)에서 만났다.

7월-초하루는 계축일- 정묘일에 경연관으로 선발되었다.

15일에 빈대(賓對)를 행할 적에 영상 조인영(趙寅永)이 연석(筵席)에서 아뢰어 당일로 경연관에 단부(單付)하였다.

8월-초하루는 임오일- 정해일에 사헌부 지평에 제수하고 별유를 내려 간곡하게 불렀으나 상소하여 사직하였다.

선생은 공경히 돈유(敦諭)를 받든 뒤에 감히 격식을 갖추어 부주(附奏)하지 못하고 대략 황공한 심정을 기술하여 사관(史官)에게 전해

100 또……지었다 : 이 묘지명은 《매산집》 권42에 〈강재선생묘지명(剛齋先生墓誌銘)〉이라는 제목으로 실려 있다.

주어서 이를 후원(喉院 승정원)에 들여 성상에게 아뢰게 하고는 뒤이어 상소하여 사직하였다.[101] ○전유(傳諭)하여 다음과 같이 말하였다. "선비가 성인의 책을 읽고 성인의 도를 배우는 것이 어찌 다만 자신의 뜻을 고상히 하고 자기 자신만을 훌륭하게 하기 위한 것이겠는가. 대개 읽고 배운 내용을 가지고 군주를 성군으로 만들고 백성을 윤택하게 하여 이 세상의 모든 만물을 구제하기 위한 것이니, 이는 또한 우리 유가의 변하지 않는 법문(法門)이다. 그대는 숙유(宿儒)이자 석학(碩學)으로서 구원(丘園)에서 덕을 감춘 채 은거하고 있었으니, 사우(師友)가 그대와 함께 강마하고 사림이 그대에게 의귀(依歸)한 지가 오래되었다. 이번에 연관(筵官)으로 선발한 것은 실로 여론을 따른 것이다. 더구나 나는, 배움은 정사하는 방도를 터득하지 못하고 다스림은 백성들이 나의 뜻을 기다리지 않으므로[102] 측석(側席)[103]하여 훌륭한 인재를 찾기를 마치 목이 마르고 배가 주린

101 선생은……사직하였다 : 이때 부주(附奏)한 글은 《매산집》 권4에 〈검열김익문선별유후부주(檢閱金益文宣別諭後附奏)〉라는 제목으로 실려 있다.

102 백성들이……않으므로 : '뜻을 기다린다〔徯志〕'는 것은 본래 《서경(書經)》 〈우서(虞書) 익직(益稷)〉에 보이는 말로, 백성들이 임금의 명에 크게 호응할 준비가 되어 있어서 임금의 명이 내리기만을 기다린다는 뜻이다. 우(禹)가 순(舜)임금에게 말하기를, "당신의 마음이 머무르는 곳을 편안히 하시어, 일의 기미를 생각하고 일의 편안함을 생각하시며, 보필하는 신하가 곧으면 움직임에 천하가 크게 호응하여 뜻을 기다릴 것입니다.〔安汝止, 惟幾惟康, 其弼直, 惟動, 丕應徯志.〕"라고 하였다.

103 측석(側席) : '자리에 바르게 앉지 못한다'는 뜻으로 군왕이 겸손한 자세로 현자를 기다리는 것을 가리킨다. 《후한서(後漢書)》 권3 〈장제기(章帝紀)〉의 건초(建初) 5년(80) 여름 5월 신해(辛亥)에 내린 구현조(求賢詔)에 "짐이 올곧은 선비를 바랄 것을 생각하여, 남다른 들음이 있기를 자리를 바로하지 못하고 있노라.〔朕思遲直士, 側席異

것처럼 하고 있다. 그러니 그대가 어찌 평소에 쌓아두었던 역량을 가지고 마음을 바꾸어 떨쳐 일어나서 나의 집희(緝熙)[104]의 공부와 태평한 교화를 크게 돕지 않겠는가. 이에 근시(近侍)를 보내어 지극한 나의 뜻을 전한다. 그대는 굳이 사양하지 말고 목을 빼고 기다리는 나의 바람에 부응하라."[105] ○비답에 다음과 같이 말하였다. "상소문을 읽고 그대의 간절한 마음을 잘 알았다. 지난번에 근신(近臣)을 보내어 돈유한 뒤에 관례에 따라 부주(附奏)하는 것마저도 행하지 않으니, 마음속으로 의아하게 여겼다. 그런데 이번에 사양한 것은 갈수록 그 정도가 심해지니, 우두커니 기다리던 끝에 더욱 서글픈 마음이 든다. 내가 그대를 계옥(啓沃)[106]의 반열에 선발하고 풍헌(風憲 사헌부)의 직임을 맡긴 것이 어찌 그저 모양만 보기 좋게 꾸미기 위하여 그렇게 한 것이겠는가. 연석(筵席)에 불러들여 나의 미흡한 부분을 보필하게 하고자 해서이다. 그대와 같은 숙학(宿學)이 나를

聞]" 하였는데, 이에 대한 이현(李賢)의 주(注)에 "'측석'은 바르게 앉지 못함을 이르니, 현량한 이를 기다리는 방법이다.〔側席, 謂不正坐, 所以待賢良也.〕"라고 하였다.

104 집희(緝熙) : 선왕(先王)의 학문을 이어서 밝힌다는 뜻으로, 《시경(詩經)》 주송(周頌) 〈경지(敬之)〉에 "나 소자가, 총명하지 못하여 공경하지 못하나, 날로 나아가고 달로 진보하여, 배움을 계속하여 밝혀서 광명함에 이르고자 한다.〔維予小子, 不聰敬止, 日就月將, 學有緝熙于光明.〕"라고 한 데서 유래한 말이다.

105 전유(傳諭)하여……부응하라 : 이때 전유한 내용은 《헌종실록(憲宗實錄)》 7년 8월 6일 기사와 《승정원일기(承政院日記)》 헌종 7년 8월 6일 기사에 보인다.

106 계옥(啓沃) : 신하가 임금에게 충성스러운 말을 아뢰어 깨우쳐 주고 보필하는 것을 이른다. 《서경(書經)》 〈열명(說命)〉에, 은(殷)나라 고종(高宗)이 재상 부열(傅說)에게 "그대의 마음을 열어 나의 마음을 적시라.〔啓乃心, 沃朕心.〕"라고 말한 것이 보이는데, 여기에서 유래하였다.

위하여 마음을 바꾸지 않는다면 나는 장차 누구를 의지하겠는가. 다시는 군이 사양하지 말고 갈급한 나의 바람에 부응하라."[107]

아들 일순(一純)을 보내어 심치언(沈穉彦) 능용(能容)의 영연(靈筵)에 제사를 올리게 하였다.

제문을 지었다.[108]

12월에 아들 일순을 보내어 박경룡(朴景龍) 운수(雲壽)의 영연에 제사를 올리게 하였다.

제문을 지었다.[109]

사헌부 집의에 제수되었다.

임인년(1842, 헌종8) 선생 67세

정월에 딸 민씨(閔氏) 부인(婦人)의 부음을 들었다.

2월에 죽은 딸의 영연(靈筵)에서 곡하였다.

제문을 지었다.[110]

3월에 지평(砥平)에 가서 죽은 딸의 장례를 살피고 반우(返虞)하는

107 비답에……부응하라 : 이때 올린 상소문과 내려진 비답은 《승정원일기(承政院日記)》 헌종 7년 8월 13일 기사에 보인다. 또 《매산집》 권4에도 〈사지평겸경연관소(辭持平兼經筵官疏)〉라는 제목으로 실려 있다.

108 제문을 지었다 : 이 제문은 《매산집》 권31에 〈제심치언문(祭沈穉彦文)〉이라는 제목으로 실려 있다.

109 제문을 지었다 : 이 제문은 《매산집》 권31에 〈제박경룡문(祭朴景龍文)〉이라는 제목으로 실려 있다.

110 제문을 지었다 : 이 제문은 《매산집》 권31에 〈제망녀민씨부문(祭亡女閔氏婦文)〉이라는 제목으로 실려 있다.

것을 따라 여주(驪州) 삼전(三田)에 이르렀다.

8월에 아들 일순(一純)을 보내어 죽은 딸의 관 앞에 제사를 올리게 하였다.

이때에 민씨 부인의 관을 꺼내어 지평에서 옮겨 무곡(茂谷)에 영폄(永窆 완전히 장사 지냄)하였다. 제문을 지었으며, 또 뒤에 묘지명을 지었다.[111]

9월에 노호(鷺湖)로 이사하였다.

지내는 집에는 '노의정사蘆漪精舍)'라는 이름을 붙이고 방에는 '박후(博厚)'라는 이름을, 누각에는 '고명(高明)'이라는 이름을 붙였다. 또 고명루의 동쪽에 서재 하나를 만들고 '열락(悅樂)'이라는 이름을 붙여서 찾아와 배우는 자들이 그 안에서 학업을 닦을 수 있게 하였다. ○선생은 항상 세상을 떠나 홀로 자신의 길을 가려는 뜻을 품고 있었는데, 이때에 이르러서도 시끄러운 세상과 멀리 떨어져있지 않다고 하여 깊은 산속에 집터 한 곳을 마련하여 만년에 장수(藏修)할 장소로 삼고자 하였으나, 미처 뜻대로 하지 못하였다.

계묘년(1843, 헌종9) 선생 68세

정월-초하루는 갑진일- 정묘일에 특별히 별유를 내려 간곡하게 불렀으나 상소하여 사직하였다.

전유(傳諭)하여 다음과 같이 말하였다. "무릇 선비가 책을 읽고 이치를 궁구하는 까닭은 비단 자신의 뜻을 고상히 하여 일신만을 구제하

111 또……지었다 : 이 묘지명은 《매산집》 권44에 〈망녀민씨부묘지명(亡女閔氏婦墓誌銘)〉이라는 제목으로 실려 있다.

고자 해서가 아니라 장차 이를 가지고 치도(治道)를 도와서 이 세상에 크게 실현하기 위해서이다. 지난번에 경연관으로 선발하였던 것은 내가 뜻하던 바가 있었으므로 당연히 마음을 바꿔 떨쳐 일어나서 우두커니 기다리는 나의 바람을 저버리지 않을 것이라고 생각하였다. 어찌 두 해가 지나도록 한결같이 거절하기만 하리라고 생각하였겠는가. 구원(丘園)에 보내는 옥백(玉帛)[112]을 거행하지 못하고 교외에 있는 이를 간모(干旄)로 초빙함[113]이 더욱 아득하니, 이는 도리어 나의 정성이 부족하고 예우가 인색하기 때문이다. 안으로 자신을 돌아보매 부끄러울 따름이다. 그러나 오직 그대는 오랜 덕망과 깊은 학문을 지니고서 기반을 굳건히 세우고 경술(經術)을 가슴에 간직하여 성명(性命)의 근원을 환히 알고 예의(禮義)의 깊은 뜻을 깊이 궁구하였으니, 젊어서부터 노년에 이르기까지 조예가 정밀하여 우뚝하게 사림(士林)의 종장(宗匠)이 되었다. 이에 조정과 재야의 사람들이 그대를 의지하고 우러르며 앞다투어 만나보려고 하고 있다. 과인이 지금 배움에 매진하고 학업을 닦으면서 현인을 우대하여 공업을 넓히려고 하는데, 이때에 그대처럼 경전을 힘써 공부하여 덕을

112 구원(丘園)에 보내는 옥백(玉帛) : 구원은 현사(賢士)가 은거하는 곳을 뜻한다. 옥백은 현사를 초빙할 때에 사용하는 예물(禮物)로, 보옥(寶玉)과 비단을 말한다. 곧 산림에 은거하는 현사를 초빙하기 위해 보내는 예물을 뜻한다.

113 교외에……초빙함 : 간모(干旄)는 물소 꼬리를 깃대 머리에 매달아서 수레 뒤에 꽂는 것으로, 《시경(詩經)》 〈용풍(鄘風)〉의 편명이다. 이 시는 위(衛)나라 대부가 수레에 간모를 꽂고서 현인의 훌륭한 말을 듣기 위해 만나러 가는 내용으로 되어 있는데, 그 첫 구에 이르기를, "펄럭이는 간모여, 준읍(浚邑)의 교외에 있도다.〔孑孑干旄, 在浚之郊.〕"라고 하였다.

이룬 선비를 버려두고 다시 어찌 계발해주고 계옥(啓沃)해주는 유익함이 있기를 바랄 수 있겠는가. 현재 삼양(三陽)[114]이 회복되어 태평하고 만화(萬化)가 한창 일어나고 있으니, 바로 하루에 수차례씩 신하를 인견하여 논의하면서 나태함 없이 부지런히 힘써야 하는 시기이다. 강대(講對)하는 자리가 현재 비어 있어 덕 있는 이를 사모하는 정성이 더욱 간절하니 확고한 나의 마음은 오직 그대를 반드시 초치하는 데에 있다. 이에 장차 열 줄의 전교를 내려 나의 마음을 전하고자 한다. 멀어진 마음을 속히 돌려 과축(薖軸)의 시[115]를 읊을 것을 맹세하지 말고 다스리는 방책을 곁에서 도와서 기과(杞瓜)의 장(章)[116]을 실현시켜야 할 것이다. 다시는 동강(東岡)[117]에서 은거

114 삼양(三陽) : 봄이 시작되는 정월을 말한다. 11월 동지에 일양(一陽)이 생기고 12월에 이양(二陽)이, 정월에 삼양이 생겨 태괘(泰卦)가 된다. 태괘는 정월에 해당하며, 음(陰)이 물러가고 양(陽)이 전진하는 상이다.

115 과축(薖軸)의 시 : 《시경(詩經)》 〈위풍(衛風)의 고반(考槃)〉 시를 가리키는 것으로, 현인이 산림에 은거하는 것을 찬미하는 내용이다. '과(薖)'는 마음이 넉넉한 것이고, '축(軸)'은 한가롭게 소요(逍遙)하는 것이다. 이 시에 이르기를, "은거하는 집을 산굽이에 지었으니, 석인의 마음이 넉넉하도다.……은거하는 집을 높고 평평한 곳에 지었으니, 석인이 한가로이 머물고 있도다.〔考槃在阿, 碩人之薖.……考槃在陸, 碩人之軸.〕"라고 하였다.

116 기과(杞瓜)의 장(章) : 《주역(周易)》 〈구괘(姤卦) 구오(九五)〉에, "기(杞)나무 잎으로 오이를 싸는 것이니, 아름다움을 함축하고 있으면 하늘에서 떨어지는 것처럼 반드시 얻을 것이다.〔以杞包瓜, 含章, 有隕自天.〕"라고 한 것을 이른다. '기나무'는 키가 크고 잎이 넓어 다른 물건을 능히 감쌀 수 있다는 점에서 군주의 자리를 의미하고, '오이〔瓜〕'는 실하고 알찬 열매가 아래에 있다는 점에서 한미한 현인을 의미한다. 곧 '기나무 잎으로 오이를 싸는 것'은 군주가 지성(至誠)으로 몸을 낮추어 현인을 구함을 뜻한다.

할 뜻을 굳게 지킴을 고상한 운치로 여기지 말아서 나의 갈급한 바람에 부응하라."[118] ○비답에 다음과 같이 말하였다. "상소문을 읽고 그대의 간절한 마음을 잘 알았다. 그대가 또다시 사직하는 것은 진실로 과인의 정성이 부족하고 예우가 변변찮아 어질고 덕스러운 이를 초치하지 못하는 데에서 비롯된 것이다. 그러나 그대 또한 산림에 은거하며 독서하는 선비로서 또한 어찌 군민(君民)의 소원[119]을 갖지 않는 것인가. 그대의 상소문 가운데 요순(堯舜)처럼 되기를 스스로 바라야한다는 말은 요약되어 번거롭지 않다고 할 만하니, 내가 그 요체를 얻지 못한 것이 부끄러울 따름이다. 더구나 지금은 봄별이

117 동강(東岡) : 벼슬하지 않고 물러나 있는 곳을 말한다. 《후한서(後漢書)》〈주섭전(周燮傳)〉에 은사(隱士)인 주섭(周燮)을 조정에서 누차 불렀으나 그가 이에 응하지 않자, 그의 종족들이 그에게 "선대로부터 훈총(勳寵)이 계속 이어져 왔는데 그대는 어째서 동강의 비탈만 지키는가?〔自先世以來, 勳寵相承, 君獨何爲守東岡之陂乎?〕"라고 말한 데서 온 것이다. 동강은 주섭의 선인(先人)이 초가집을 지어놓은 동쪽 산등성이이다.

118 전유(傳諭)하여……부응하라 : 이때 전유한 내용은 《승정원일기(承政院日記)》 현종 9년 1월 16일 기사에 보인다.

119 군민(君民)의 소원 : 치군택민(致君澤民)의 준말로, 임금을 요순(堯舜) 같은 성군(聖君)으로 만들고 백성에게 은택(恩澤)을 끼치는 것을 말한다. 탕(湯) 임금이 일찍이 사람을 시켜 폐백(幣帛)으로 이윤(伊尹)을 초빙하려 했을 때는 이윤이 요순의 도를 홀로 즐기려는 각오로 완강히 거절했다가, 탕 임금이 세 차례나 사람을 시켜 초빙함에 이르러서는 번뜩 마음을 고쳐 말하기를, "내가 초야에 묻혀 있으면서 이대로 혼자 요순의 도를 즐기기만 하는 것보다는 내가 어찌 이 임금으로 하여금 요순 같은 임금이 되게 하는 것만 하겠으며, 내가 어찌 이 백성들로 하여금 요순 시대의 백성이 되게 하는 것만 하겠으며, 내가 어찌 그런 태평성대를 몸소 보는 것만 하겠는가.〔與我處畎畝之中, 由是以樂堯舜之道, 吾豈若使是君爲堯舜之君哉? 吾豈若使是民爲堯舜之民哉? 吾豈若於吾身親見之哉?〕"라고 하였다. 《孟子 萬章上》

점점 따뜻해져서 교외(郊外)가 멀다 할 것이 없으니, 만약에 그대가 마음을 바꾸어 떨쳐 일어나 나아와서 경연(經筵)에 출입한다면 어찌 아침저녁으로 계옥(啓沃)함에 기여함이 없겠는가. 민심을 감복시킴이 오로지 여기에 달려있으니, 이것이 내가 그대에게 바라는 바이다. 승선의 일[120]은 막 옥당에서 올린 상소문을 통해 들었는데, 듣고는 놀라고 황당하여 이미 처분을 내렸으니, 그대가 어찌 이를 인혐할 것이 있겠는가."[121] ○이에 앞서 선생의 상소가 승정원에 들어갔으나 승지 이공 익(李公益)과 서원순(徐元淳)이 위호(僞號)[122]를 쓰지 않았다는 이유로 도로 내주었다. 그러자 선생은 주자(朱子)가 첩황(貼黃)[123]했던 고사를 인용하고 아울러 전배(前輩)들이 행했던 전례를 논하고서 상소문을 고치지 않고 그대로 올렸다. 상소문이 성상에게 봉입되기 전에 부응교 김양근(金穰根)이 상소하여 대략 다음과 같이 아뢰었다. "삼가 듣건대, 일전에 경연관 홍직필이 올린 상소가 승정원에 들어갔는데, 승정원에서 청(淸)나라의 연호를 쓰지 않았다는

120 승선의 일 : 홍직필이 상소문에서 청(淸)나라의 연호를 쓰지 않았다는 이유로 승지 이익(李益)과 서원순(徐元淳)이 상소문을 봉입(捧入)하지 않고 도로 내준 일을 말한다. 아래의 본문에 내용이 자세히 보인다.

121 비답에……있겠는가 : 이때 올린 상소문과 내려진 비답은 《승정원일기(承政院日記)》 헌종 9년 1월 28일 기사에 보인다. 또 상소문은 《매산집》 권4에 〈승별유후사경연관소명소(承別諭後辭經筵官召命疏)〉라는 제목으로 실려 있다.

122 위호(僞號) : 거짓 연호라는 뜻으로 청(淸)나라의 연호를 낮추어 이르는 말이다. 이 당시의 유자(儒者)들은 명(明)나라에 대한 의리를 지켜서 청나라의 연호를 쓰지 않고 명나라 마지막 황제 의종(毅宗)의 연호인 '숭정(崇禎)'을 사용하였다.

123 첩황(貼黃) : 주소(奏疏) 가운데 미진한 내용이 있으면 이를 다시 황지(黃紙)에 따로 써서 본문의 뒤에 첨부하는 것을 이른다.

이유로 즉시 물리쳤다고 합니다. 설령 유현(儒賢)이 올린 상소문이 혹시 격식을 어긴 일이 있더라도 조정에서 예로써 대우하는 의리로 볼 때 진실로 성상께 넌지시 아뢰고 봉입하는 것이 마땅합니다. 더구나 이 일은 본래 유자들의 오래된 규범으로, 본래 격식을 어겼다고 말할 수 없는 경우입니다. 사체로써 헤아려보건대 소홀하게 처리한 것이 막심합니다. 신의 생각으로는, 당일에 승정원에 있던 승지 모두에게 견책하여 파직하는 형전을 시행하고 이어서 이러한 뜻으로 별유를 내려 간곡하게 초치할 것을 기해야 할 듯합니다." 이에 대한 비답에 다음과 같이 말하였다. "승정원의 일은 매우 놀랍고 황당하니, 파직을 청한 것도 가벼운 조처이다. 견책하여 삭직하는 형전을 시행하고 간곡하게 초치하는 것이 또한 좋겠다."

3월-초하루는 갑진일- 정사일에 사관(史官)이 찾아와서 초치하여 만나보고자 하는 성상의 뜻을 전하였는데, 서계를 올려 사양하였다.

이때에 성상이 장차 건릉(健陵 정조와 비 효의왕후의 능)에 거둥하려고 하면서 전교하기를, "종전에 누차 간곡하게 초치하던 터에 그대의 집이 노량(鷺梁)에 있다는 것을 들었다. 용양봉저정(龍驤鳳翥亭)에 잠시 머물 때에 그대를 불러 만나보고자 하여 사관을 보내 먼저 이러한 뜻을 전한다."라고 하였다.

무오일에 각신(閣臣)이 찾아와 별유를 전하였는데, 서계를 올려 사양하였다.

별유에 다음과 같이 말하였다. "어제 전유할 적에 그대가 마음을 바꿀 것이라고 생각하였다가 부주(附奏)한 글을 보고는 크게 실망하였다. 군신의 사이에 아직까지 한 번도 얼굴을 보지 못하여 항상 울적해하며 그리워하였는데, 마침 대가(大駕)가 그대의 집 앞을 지나게 되어 만나 보고픈 소원을 이루고자 하니, 이는 또한 내가 밤낮으로 측석(側席)[124]하던 것이다. 이러하다면 비록 동강(東岡)에서 지조를 굳게 지키려는 뜻을 지녔다고 하더라도 어찌 담장을 넘어 도망하고 문을 굳게 닫아거는 것[125]과 같은 유자(儒者)의 중도(中道)가 아닌 행위를 그만두지 않겠는가. 이에 근신(近臣)을 보내어 함께 나아오도록 하니, 즉시 따라 나아와 등대(登對)하라."

승지가 또 와서 전유(傳諭)하였는데, 서계를 올렸다.

전유하여 다음과 같이 말하였다. "그대가 이처럼 나를 멀리 하니, 참으로 뜻밖의 일이다. 열성조의 고사를 가지고 말하더라도 그동안의 유현들 중에 행궁에서 입대(入對)한 자가 또한 많았다. 더구나 그대가 거처하는 곳이 대가(大駕)가 머무는 장소와 백 보의 거리밖에 되지 않으니, 이와 같이 굳게 고집하는 것이 또한 어찌 의리와 분수에 맞는 것이겠는가. 내가 지금 우두커니 서서 그대를 기다리고 있으니, 즉시 등대하여 나의 간절하고 지극한 소원에 부응하라. 그대가 만약 입대하지 않는다면 나는 이곳에서 떠나지 않을 것이니, 그대는 부디 이를 헤아리고 또 헤아리라." ○선생이 수차례의 재촉하는 부름에 못 이겨 서계를 통하여, 행궁의 문밖에 나아가 청죄(請

124 측석(側席) : '자리에 바르게 앉지 못한다'는 뜻으로 군왕이 겸손한 자세로 현자를 기다리는 것을 가리킨다. 자세한 내용은 408쪽 주103 참조.

125 담장을……것 : 위(魏)나라 문후(文侯) 때의 사람인 단간목(段干木)은 문후가 자기를 찾아오자 담장을 넘어 달아났고, 노(魯)나라 목공(穆公) 때의 사람인 설류(泄柳)는 목공이 자기를 찾아오자 대문을 닫아걸고 열어 주지 않았다. 이에 대해 맹자(孟子)가 평하기를 "두 사람 모두 너무 심한 행동이니, 만나려는 정성이 절박하면 만나 줄 수 있다."라고 하였다. 《孟子 滕文公下》

罪)할 뜻을 아뢰고, 또 근신을 보내어 선생과 함께 오도록 한 명을 먼저 거두어줄 것을 청하였다.

용양봉저정(龍驤鳳翥亭)에서 등대(登對)하였다.

선생이 행궁의 문밖에 나아가자 사관(史官)이 인접(引接)하여 성상에게 나아가 뵙도록 하였다. 미처 자리에 나아가기도 전에 성상이 앞으로 나아오도록 명하며 이르기를, "성대한 명성을 들은 지가 오래되었으나 만나볼 길이 없었는데 이제야 비로소 만나보게 되었으니 기쁘고 다행스러운 마음을 어떻게 말로 표현하겠는가."라고 하였다. 선생이 대답하여 아뢰기를, "신은 형편없고 보잘것없기가 보통 사람만도 못하니 고문(顧問)에 대비하고 계옥(啓沃)에 도움이 될 수가 없습니다. 또 견마지치(犬馬之齒)는 이미 일흔에 가까워서 몸이 노쇠하고 병들어 아침저녁으로 죽기만을 기다리고 있습니다. 그런데 전하께서는 신에게 무슨 취할 만한 점이 있다고 하여 지나치게 은혜와 예우를 더하시기를 이처럼 지극하게 하십니까. 신은 감히 이러한 대우를 기꺼이 받을 수가 없으나 준엄한 명에 못 이겨 염치 무릅쓰고 나온 것입니다."라고 하였다. 성상이 이르기를, "나이가 몇이나 되었는가?"라고 하자, 선생이 대답하기를, "신은 금년에 예순여덟이 되었습니다."라고 하였다. 성상이 이르기를, "학문의 도(道)에 대하여 그 요체를 듣기를 원한다."라고 하니, 선생이 다음과 같이 대답하였다. "신은 평소에 학술이 없어서 학문하는 요점에 어둡기에 우러러 대답할 만한 것이 없습니다. 그러나 일찍이 듣건대, 선철들의 훌륭한 논의에 학문하는 요점은 다만 마음을 경(敬)에 두어서 그 근본을 세우는 것, 이치를 궁구하여 그 지식을 지극히 하는 것, 자기 몸에 되돌려서 그 실제를 실행하는 것 등의 세 가지 뿐이라고 하였습니다.

주자(朱子) 또한 말씀하기를 '학문하는 방도는 책을 읽어서 이치를 연구하는 것보다 우선하는 것이 없고, 책을 읽어 이치를 연구함은 순서를 따라 정밀함을 지극히 하는 것보다 중요한 것이 없고, 정밀함을 지극히 하는 근본은 또 경(敬)에 거하여 뜻을 잘 지키는 데에 있다.'라고 하였으니 이것이 학문하는 절도가 되는 것입니다. 신은 초야에 은거하고 있으면서 전하께서 자주 경연을 여신다는 말을 들으면 기뻐서 잠을 이루지 못하고, 한 달이 지나도록 진강을 정지했다는 말을 들으면 근심하고 탄식하여 밥 먹는 것을 잊습니다. 이것은 비단 신의 마음만 그러한 것이 아니고 여러 백성들도 모두 그러합니다. 지금 목전에 많고 많은 여러 일 중에 전학(典學)[126]보다 더 시급한 것이 없으니 성덕(聖德)이 성취되는 것과 국가의 안위가 모두 전학의 부지런함과 태만함에 달려있습니다. 전하의 한 몸은, 위로는 오백 년의 종사(宗社)를 맡은 막중한 책임이 있고 아래로는 억만 세토록 자손들에게 넉넉한 덕을 드리워야 할 어려운 책임이 있으니, 진실로 마땅히 밤낮으로 조심하고 조심해서 행여라도 그 전통을 실추할까 두려워해야 합니다. 선조를 계승하고 후손을 열어 주는 방도는 오로지 학문을 힘쓰는 데에 달려있으니, 반드시 독실하고 부지런

126 전학(典學) : 군주가 늘 학문에 힘쓰는 것을 이른다. 은(殷)나라 고종(高宗)이 부열(傅說)에게 가르침을 줄 것을 청하자 부열이 말하기를, "오직 학문은 뜻을 겸손하게 해야 합니다. 힘써서 때로 민첩하게 하면 그 닦여짐이 올 것이니, 독실히 믿어 이것을 생각하면 도가 그 몸에 쌓일 것입니다. 가르침은 배움의 반이니, 생각의 처음과 끝을 항상 학문에 둔다면 그 덕이 닦여짐을 자신도 깨닫지 못할 것입니다.〔惟學遜志, 務時敏, 厥修乃來, 允懷于玆, 道積于厥躬. 惟斅學半, 念終始典于學, 厥德修罔覺.〕"라고 하였다.《書經 說命下》

히 학문을 해서 마치 굶주릴 적에 밥을 먹고 싶어 하고 목마를 적에 물을 마시고 싶어 하는 것처럼 하여야, 비로소 배움을 계속하여 밝혀서 광명(光明)함에 이를 수 있습니다.[127] 만약 한가하게 하여 일을 뒤로 미루면서 안일을 탐하고 세월을 허송한다면 어떻게 일취월장(日就月將)하기를 바랄 수 있겠습니까. 여항(閭巷)의 필부(匹夫)와 서인(庶人)으로서 학문을 힘써 스스로 닦는 자도 마땅히 촌음(寸陰)을 아껴야 하는데, 하물며 제왕의 학문에 있어서이겠습니까. 하루에 만 가지 기무(機務)[128]를 처리하는 여가에 제때에 미쳐서 덕을 진전시키고 업(業)을 닦아서 더욱 정성스럽고 부지런히 힘쓰지 않으신다면, 장차 어떻게 진실한 덕을 성취할 수 있겠습니까. 지금 국가의 형세가 위급하여 누란(累卵)의 위태로움이 있고, 백성들이 곤궁하여 거꾸로 매달린 것 같은 급박함이 있습니다. 위에서 하늘이 노여워하여 재이(災異)가 거듭 이르고, 백성들이 아래에서 원망하여 소란과 유언비어가 함께 일어나고 있습니다. 그러나 전하께서 진실로 능히 두려워하여 닦고 살피신다면 인력으로 조화를 되돌릴 수 있으니, 그 되돌리는 기틀은 오직 전하의 마음에 달려있습니다. 모든 재이는 장차 망할 나라에는 생기지 않고 반드시 훌륭한 일을 할 수

127 배움을……있습니다 : '배움을 계속하여 밝혀서 광명(光明)함에 이른다'는 말은 본래 《시경(詩經)》 〈주송(周頌) 경지(敬之)〉에 보이는 것으로, 자세한 내용은 409쪽 주104 참조.

128 만 가지 기무(機務) : 임금이 처리해야 될 번다하고 바쁜 온갖 정무(政務)를 이르는 말로, 《서경(書經)》 〈고요모(皐陶謨)〉에 "안일과 욕심으로 제후들을 다스리지 마시어 경계하고 두려워하소서. 하루 이틀에 기무가 만 가지나 되나이다.〔無敎逸欲有邦, 兢兢業業. 一日二日萬幾.〕"라고 한 구절에서 유래하였다.

있는 세상에서 생깁니다. 그러므로 송(宋)나라 경공(景公)이 한 마디 훌륭한 말을 하자, 형혹성(熒惑星)이 3사(舍)나 옮겨 간 것입니다.[129] 근일에 상천(上天)이 경계를 보인 것은 바로 우리 전하를 사랑하는 것이니, 전하께서 진실로 실제로써 하늘에 응하신다면 재앙을 바꿔 상서로 만들 수 있을 것입니다. 재앙을 바꿔 상서로 만드는 것은 그 요점이 오직 신독(愼獨)[130]에 달려있고, 신독은 오직 하늘을 공경하고 하늘을 두려워함에 달려있습니다. 이 때문에 당(唐)·우(虞)와 하(夏)·은(殷)·주(周) 삼대(三代)의 성스러운 군주와 어진 신하들이 서로 권면하고 경계할 때마다 반드시 하늘을 칭했던 것입니다. 아침저녁으로 오직 하늘이 늘 눈앞에 있어서, 동(動)하고 정(靜)하며 말하고 침묵하는 일상생활에 이르기까지 항상 하늘이 환하게 굽어보시는 것처럼 여겨서 매사를 행하신다면, 그릇되고 사

129 송(宋)나라……것입니다 : 형혹성(熒惑星)은 화성(火星)의 별칭인데, 이 별이 나타나면 해당하는 지역에 재난이 발생한다고 한다. 춘추 시대에 송나라의 분야(分野)에 해당하는 곳에 형혹성이 나타나자, 경공이 이를 크게 걱정하였다. 천문을 담당한 자위(子韋)라는 자가 "정승에게 재앙을 돌리소서."라고 청하자 경공은 "정승은 나의 고굉(股肱)이다."라고 하며 거절하였고, 다시 "재앙을 백성에게 돌리소서."라고 하자 경공은 "군주는 백성이 있어야 한다."라고 거절하였고, 또다시 "연사(年事)에 돌리소서."라고 하자 경공은 "연사가 흉년이 들면 백성들이 굶주리게 되니, 내가 어떻게 군주 노릇을 하겠는가."라고 하며 거절하였다. 이에 자위는 "군주께서 군주다운 말씀을 세 번 하셨으니, 반드시 형혹성이 옮겨 갈 것입니다." 하였는데, 과연 3사(舍)나 옮겨 갔다고 한다.《史記 卷38 宋微子世家》 1사는 30리로, 3사는 곧 90리의 거리이다.

130 신독(愼獨) : 남은 모르고 자신만이 아는 생각을 삼가는 것으로《대학》의 성의(誠意) 공부와 같다고 한다.《중용장구》 제1장에 "숨겨진 곳보다 드러남이 없으며 은미함보다 나타남이 없으니, 그러므로 군자는 그 홀로를 삼가는 것이다.〔莫見乎隱, 莫顯乎微, 故君子愼其獨也.〕"라고 보인다.

벽(邪辟)한 마음이 저절로 감히 싹트지 못하고 공경하고 두려워하는 마음이 저절로 감히 그치지 못할 것입니다. 《서경》에 이른바 '하늘의 밝은 명(命)을 살핀다.'[131]라는 것과 《시경》에 이른바 '하늘이 참으로 밝다.'[132]라는 것이 모두 이러한 뜻입니다. 무릇 인군은 하늘이니, 전하는 우리 동방의 하늘이십니다. 하늘의 운행이 굳셈을 본받아 스스로 힘쓰고 쉬지 않는 것이 진실로 강학하여 이치를 밝힘에 달려있으니, 바라건대 전하께서는 힘쓰고 힘쓰소서. 정자(程子)가 당시 군주에게 경계 말씀을 올리기를 '어진 사대부들을 접견하는 때가 많고 환관 궁첩을 친근히 하는 때가 적으면 군주의 기질을 변화하여 덕성을 훈도(薰陶)할 수 있다.'라고 하였습니다.[133] 어진 사대부는 소원해지기가 쉽고 환관과 궁첩은 친근히 하기가 쉬워서, 적은 사람이 많은 사람을 이기지 못하고 바른 사람이 간사한 사람을 이기지 못하니, 이것이 고금의 공통된 병통입니다. 전하께서 시종 학문에 힘쓰시어 마음을 전일하게 하고 뜻을 지극히 하여 하루 세 번의 강(講)과 짝수 날에 진대(晉對)하는 것을 폐하지 않으신다면 가깝게 지내고 친숙하던 환관과 궁첩을 가까이할 겨를이 없을 것이니, 이 어찌 주자가 말씀한 '귀와 눈의 작은 즐거움을 멀리하고 국가의 큰 계책을 가까이 한다'는 것이 아니겠습니까.[134] 이 마음을 유지하기에

131 하늘의……살핀다 : 이 내용은 《서경》 〈태갑 상(太甲上)〉에 그대로 보인다.

132 하늘이 참으로 밝다 : 이 내용은 《시경》 〈주송(周頌) 경지(敬之)〉에 그대로 보인다.

133 정자(程子)가……하였습니다 : 이 내용은 《맹자집주(孟子集註)》 〈고자 상(告子上)〉 편 장하주(章下註)에 보인다.

134 주자가……아니겠습니까 : 이 내용은 《주자대전》 권29 〈답장정수서(答張定叟

는 학문만한 것이 없고, 학문의 공력(功力)은 중단하지 않는 것을 귀하게 여기니, 중단하면 예전에 기울인 공력마저도 함께 버리게 됩니다. 어찌 애석할 만하지 않겠습니까. 이 때문에 성인의 마음은 그 순수함이 그치지 않는 것입니다.[135] 옛날 소공(召公)이 성왕(成王)에게 경계 말씀을 올릴 적에, 백성들을 화합시키는 것을 하늘의 영원한 명을 기원하는 근본으로 삼았고, 빨리 덕을 공경하는 것을 백성을 화합시키는 근본으로 삼았습니다.[136] 신이 생각하건대, 성학(聖學)을 힘씀은 마땅히 빨리 덕을 공경하는 근본이 되오니, 엎드려 바라건대 성상께서는 이러한 뜻을 유념하여 체인하소서. 또 열성조는 우리 동방의 요(堯)·순(舜)이십니다. 요·순을 본받고자 한다면 마땅히 조종(祖宗)을 본받아야 하니, 조종조의 훌륭한 가르침은 더욱 친근하고 절실합니다. 경연에서 강하는 여가와 한가로운 가운데에, 때때로 《국조보감(國朝寶鑑)》과 《갱장록(羹墻錄)》 두 책을 취하여 항상 보신다면 반드시 경계되고 깨우치는 것이 많을 것입니다. 가까이에서 법을 살피면 공력을 거두기가 쉬우니, 역대 역사책에 비할 바가 아닙니다. 이것이 바로 이른바 '문조(文祖)를 자세히 말한 것은 이목(耳目)이 미친 바이기 때문이다.'[137]라는 것입니다.

書)〉에 보인다.

135 성인의……것입니다 : 이 내용은 《중용장구(中庸章句)》 제26장의 "문왕이 문왕이 된 까닭은 순수함이 또한 그치지 않았기 때문이다.〔文王之所以爲文王, 純亦不已.〕"라는 구절을 원용한 것이다.

136 소공(召公)이……삼았습니다 : 소공은 주(周)나라의 왕실(王室)의 종친으로서 무왕(武王)이 죽은 뒤에 주공(周公)과 함께 성왕(成王)을 도와 국가를 안정시킨 인물로 〈소고(召誥)〉를 지어 성왕(成王)을 경계하였는데, 여기의 내용은 이 글에 보인다.

조종의 심법(心法)을 전수하는 것 또한 진실로 여기에 있으니, 먼저 강구하여 밝히지 않으면 안 됩니다." 성상이 이르기를, "조종의 가르침에 대한 말은 더욱 좋으니, 마땅히 가슴속에 새겨 두겠다."라고 하였다. 선생이 대답하기를, "반드시 가슴속에 새기는 실제가 있기를 천만 번 우러러 축원합니다. 엎드려 바라옵건대 전하께서는 마음과 행실을 진실하게 하고 덕과 정사를 진실하게 하는 데에 시종 힘쓰소서."라고 하였다. 성상이 이르기를, "이번의 인견(引見)은 시간이 너무 촉급하였다. 환궁하기를 기다려서 다시 간곡히 부를 것이니 반드시 강연에 출입하는 것이 옳을 것이다."라고 하였다. 선생이 대답하기를, "노쇠하고 병들어 죽게 되어서 몸을 움직이지 못하니, 전후에 올린 부주(附奏)는 바로 신의 실상으로, 감히 거짓으로 꾸민 것이 아닙니다. 이와 같은 위태로운 목숨으로 몸을 바칠 계책을 세울 수가 없으니, 성상의 하교가 비록 지극히 정중하나 명령을 받들 가망이 전혀 없습니다."라고 하였다. 성상이 자리에 나아가라고 명령하니 선생이 아뢰기를, "눈먼 몸을 억지로 채찍질하고 절뚝거리는 다리를 억지로 부축하여 끌고 와서 염치를 무릅쓰고 등연(登筵 신하가 임금에게 나아가 뵘)한 것은 진실로 이미 태평성대의 수치입니다. 그러나 한번 성상의 아름다운 광채를 바라보아서 의리와 분수를 다소 폈으니, 비록 당일에 물러가 죽어서 시신이 구학(溝壑)에 버려진다 하더라도 다시 여한이 없겠습니다. 신이 물러가 궁벽한 집에 있으면서 만약 성상의 학문이 날로 높아지고 성상의 덕이 날로 새로워져서

137 문조(文祖)를……때문이다 : 이 내용은《서경집전(書經集傳)》〈무일(無逸)〉편의 채침(蔡沈)의 소서(小序)에 보인다. 문조는 주 문왕(周文王)을 이른다.

우뚝이 천고 제왕들의 표준이 되신다는 말을 들으면, 마땅히 향리에 있는 부로(父老)들과 함께 태평만세를 찬송하면서 전야(田野)에서 북치고 춤추겠습니다. 대가가 이미 출발할 준비를 마치고 날이 점점 저물어가니, 신은 물러갈 것을 청합니다."라고 하였다. 성상이 사알(司謁)에게 명하여 부축해서 계단을 내려가게 하였다.

병인일에 별유를 내려 간곡하게 불렀는데, 서계를 올려 사양하였다. 별유에 다음과 같이 말하였다. "《시경(詩經)》에서 말하지 않았는가. '군자를 만나보지 못한지라 마음에 근심함이 끝이 없네. 군자를 만나보아야 내 마음이 가라앉아 편안하리라.〔未見君子 憂心忡忡 旣見君子 我心則降〕'[138]라고 하였으니, 행궁에서 잠깐 만나본 것이 또한 위로가 될 만하다. 다만 백관과 군병들이 오랫동안 머물러 있지 못하게 하여 소략하게 대화를 나눴으니 더욱 이것이 안타깝다. 그러나 권면하고 아뢰었던 수많은 말들이 내 마음을 실로 감발시킨 바가 있어서 며칠이 지나도록 잊히지가 않았다. 연석(筵席)에서 물러날 때에도 신신당부한 일이 있었고 지금 어느덧 만춘(晩春)이 되어 강연(講筵)을 열게 되었으니, 이러한 때에 멀리서 그리워하는 마음이 전일에 만나보지 못했던 때보다 실로 갑절이나 된다. 그대는 부디 억지로라도 몸을 일으켜 자주 경연(經筵)에 입대해서 과인의 부족한 점을 도우라."

4월-초하루는 갑술일- 임오일에 또 상소하여 사양하고 아울러 이전에 입대한 자리에서 다 아뢰지 못한 생각을 아뢰었다.

비답에 다음과 같이 말하였다. "상소를 읽고 그대의 간절한 뜻을

138 군자를 만나보지……편안하리라 : 이 말은 《시경(詩經)》 〈출거(出車)〉에 보인다.

잘 알았다. 그대가 아뢴 여러 조목들은 모두가 이전의 성인과 현인이 말했던 격언과 지론들이고, 재구(災咎)와 수성(修省)에 대한 논설로 말하면 더욱 통절하고 명백하니, 내가 이에 감탄하여 응당 경계로 삼을 것이다. 부끄러운 점은 능히 그대를 경연(經筵)에 초치하여 날마다 계옥(啓沃)의 말을 듣지 못하는 것이다."

6월에 금계(襟溪) 이공(李公 이봉수(李鳳秀))과 광주(廣州)의 송석정(松石亭)에서 만났다.

송석정은 바로 연천(淵泉) 홍 상공(洪相公) 석주(奭周)의 고택이다. 강산의 문조(文藻)에 대한 감회를 이기지 못하여 시를 지었다.

8월-초하루는 신축일- 을축일에 효현왕후(孝顯王后)[139]가 승하하자 행궁의 문밖에 나아가 거애(擧哀)하였다.

9월에 만장제술관에 차임되었는데 상소하여 사직하고 아울러 위로의 뜻을 아뢰었다.

비답에 다음과 같이 말하였다. "상소를 읽고 그대의 간절한 뜻을 잘 알았다. 국운이 불행하여 곤전이 예척(禮陟 승하)함에 두 분 자전(慈殿)[140]의 마음을 위로하지 못하고 있었는데 그대의 상소가 때마침

139 효현왕후(孝顯王后) : 1828~1843. 헌종의 첫 번째 비(妃)로, 본관은 안동(安東)이며, 영돈령부사 영흥부원군(永興府院君) 김조근(金祖根)의 딸이다. 1837년(헌종3) 왕비에 책봉되고, 4년 뒤에 가례를 올렸다. 왕후가 된 지 2년 후 병으로 죽었다. 1851년(철종2) 경혜(敬惠)·정순(靖順)의 휘호가 내려지고, 다시 단성(端聖)·수원(粹元)의 존호가 더해졌다. 능은 경릉(景陵)으로, 경기도 구리에 있다.

140 두 분 자전(慈殿) : 순조의 비 순원왕후(純元王后, 1789~1857)와 익종(翼宗)의 비 신정왕후(神貞王后, 1808~1890)를 가리킨다. 익종은 순조와 순원왕후의 아들로, 왕세자에 책봉되어 대리청정을 하던 도중에 홍서하였는데, 뒤에 아들 헌종이 왕위에 오르면서 왕으로 추존되었고, 그에 따라 그 비인 신정왕후도 왕대비가 되었다.

올라와 이러한 때에 강연(講筵)을 더욱 급선무로 여겨야 함을 상세히 개진하였다. 이에 진실로 가상하게 여기고 감탄하였으니 응당 이를 유념할 것이다. 만장제술관으로 말하면, 옛날의 유현들도 모두 기필코 사직했던 일이 없었는데 그대는 어찌하여 이와 같이 사직하는가."

11월-초하루는 을사일- 신사일에 예관이 와서, 효현왕후 상(喪)의 졸곡(卒哭)을 지낸 뒤 대전(大殿)의 연거복(燕居服)에 흑립(黑笠)과 백립(白笠) 중 어느 것을 써야하는지를 자문하니, 헌의하였다.[141]

갑진년(1844, 헌종10) 선생 69세

정월-초하루는 무진일- 정유일에 특별히 별유를 내려 간곡하게 불렀는데, 서계를 올려 사양하였다.

별유에 다음과 같이 말하였다. "내가 즉위한 이후로 숙덕(宿德)을 오매불망 기다려서 반드시 좌우의 자리로 모두 초치하고자 하였으니, 이것이 어찌 그저 삼징(三徵)[142]의 고사를 따라 하여 한 때의 보기 좋음만 추구한 것이라고 하겠는가. 진실로 중대한 왕업이 몸에 맡겨지고 학문에 있어 방법을 모르며 조정의 기상이 점차 쇠락하고 선비들의 추향(趨向)이 날로 낮아지는 가운데에, 바로 경서를 연구하고 도(道)를 간직한 선비들로써 근본을 바로 세워 다스림을 펴는

141 예관이……헌의하였다 : 이때 헌의한 글은 《매산집》 권4에 〈효현왕후상졸곡후대전연거복립제흑백의(孝顯王后喪卒哭後大殿燕居服笠制黑白議)〉라는 제목으로 실려 있다.

142 삼징(三徵) : 세 차례 소명(召命)을 내림을 뜻하는 말로, 임관(任官)시키기 위하여 조정에서 자주 부름을 이른다.

기틀을 다지는 것이 필요하기 때문이다. 지난봄에 행궁에서 그대가 마침내 비연(賁然)히 등대(登對)하였으니, 내가 숙유(宿儒)의 용의(容儀)를 직접 보고 전학(典學)의 요무(要務)를 친히 묻는 것이 여기에서 시작되었다. 나를 멀리하여 버리지 않으니 이미 만나보았다는 다행스런 마음이 간절하다.[143] 그대가 은둔하려는 생각을 결행하지 않는다면[144] 서로 믿음이 돈독해지는 결과가 있을 것이다. 다만 성의(誠意)가 쌓이지도 않았는데 대번에 재촉함을 일삼는다면 현인을 대우하는 의리에 부족함이 있게 될까 염려되었다. 그러므로 감히 수레 뒤에 태워 오지 못하고[145] 공곡(空谷)[146]을 멀리서 그리워하다

143 나를……간절하다 : 《시경(詩經)》 〈주남(周南) 여분(汝墳)〉에 "이미 군자를 만나 보니, 나를 멀리하여 버리지 않았도다.〔旣見君子, 不我遐棄.〕"라고 하였는데 이 구절을 원용하여 말한 것이다.

144 그대가……않는다면 : 《시경(詩經)》 〈소아(小雅) 백구(白駒)〉에 "그대를 공(公)으로 삼고 그대를 후(侯)로 삼아, 편하고 즐거움을 무궁하게 해 주리니, 그대는 한가롭게 놀기를 삼가고, 그대는 은둔하려는 생각을 결행하지 말라.〔爾公爾侯, 逸豫無期. 愼爾優游, 勉爾遁思.〕"라고 하였는데, 마지막 구의 말을 그대로 사용한 것이다.

145 수레……못하고 : '수레 뒤에 태워 온다'는 것은 재상으로 등용함을 뜻한다. 주 문왕(周文王)이 어느 날 사냥을 나가면서 점을 쳐보니, 점사(占辭)에, "용도 아니요, 이무기도 아니요, 곰도 아니요, 말곰도 아니요, 범도 아니요, 비휴도 아니요, 얻을 것은 패왕의 보좌로다.〔非龍非彲, 非熊非羆, 非虎非貔. 所獲, 霸王之輔.〕"라고 하였는데, 과연 위수(渭水) 가에서 강 태공(姜太公)을 만나 그를 수레 뒤에 태우고 돌아온 고사가 있다. 《史記 卷32 齊太公世家》

146 공곡(空谷) : 현사(賢士)가 은거하는 장소를 비유하는 말로, 《시경(詩經)》 〈소아(小雅) 백구(白駒)〉에 이르기를, "깨끗한 흰 망아지, 저 공곡에 있네. 싱싱한 꼴 한 줌 먹이노니, 그 주인님 옥처럼 아름답네. 가시더라도 그대 소식을 금옥처럼 아껴서 나를 멀리하는 마음 두지 마시기를.〔皎皎白駒, 在彼空谷. 生芻一束, 其人如玉. 毋金玉爾音, 而有遐心.〕"라고 하였다. 이 시는 현사를 사모하여 떠나지 못하도록 만류하는

가 어느덧 한 해가 지나버렸다. 그런데 그대는 도리어 무심히 떠나 한 번도 나의 앞에 다시 나아오지 않았으니, 내가 이에 대하여 진실로 개탄하는 바가 있다. 그대가 전후로 올린 장주(章奏)에서 매번 강학을 권면하였으니, 오늘날의 급선무가 진실로 이보다 우선하는 것이 없다. 그런데 그 강학하는 방법으로 말하면, 그대와 같은 석학(碩學)과 석유(碩儒)에게 도움을 받지 않고서 능히 발전하고 성취하는 바가 있을 수 있겠는가. 내가 수개월 간 조섭(調攝)한 뒤에 이렇게 새봄이 점점 완연해지는 때를 만나 일강(日講)을 장차 열고자 하고 시민(時敏)[147]을 기약하고 있으니, 이러한 때에 계옥(啓沃)의 책임에 대하여 더욱더 깊은 기대를 하지 않을 수가 없다. 그렇다면 비록 그대가 걸음을 고고하게 하고 멀리 떠날 생각을 품었다고 하더라도 또한 어찌 연연하여 만나보고 싶어 하는 마음이 없을 수 있겠는가. 지금 막 이러한 뜻을 산림의 여러 현사들에게 두루 고하였으니, 생각건대 번연(幡然)히 마음을 바꾸어 일어나 나아오는 자가 많을 것이다. 덕이 노성(老成)한 데에다가 머무는 곳도 가까운 교외이니, 그대는 내 말이 끝나기도 전에 틀림없이 여러 현사들을 이끌고 조정에 나아와서 측석(側席)[148]하며 우두커니 기다리는 나의 정성에 부응

내용이다.

147 시민(時敏) : '때로 민첩하게 한다'는 뜻으로, 학문에 이렇게 힘써야 함을 말한 것이다. 《서경(書經)》 〈열명 하(說命下)〉에 이르기를, "배움은 뜻을 겸손하게 해야 하니, 힘써서 때로 민첩하게 하면 그 닦여짐이 올 것이니, 독실히 믿어 이것을 생각하면 도가 그 몸에 쌓일 것이다.〔惟學遜志, 務時敏, 厥修乃來, 允懷于兹, 道積于厥躬.〕"라고 하였다.

148 측석(側席) : '자리에 바르게 앉지 못한다'는 뜻으로 군왕이 겸손한 자세로 현자를

할 것이다."

8월-초하루는 을미일- 기유일에 특별히 통정대부(通政大夫)에 오르고 이튿날에 공조 참의에 제수되었는데, 상소하여 사직하였다.

8월 무신일에 영상(領相) 조인영(趙寅永)이 연석(筵席)에서 아뢰기를, "신은 삼가 생각건대, 이번에 여러 역도(逆徒)가 감히 흉악한 계책을 꾸민 것은 다름이 아닙니다. 바로 이를 통해 우리 전하께서 성학(聖學)을 싫증내고 게을리 함을 알 수 있는 것이었습니다. 만약 그렇지 않다면 이 무리들이 비록 지극히 흉포하나 어찌 감히 이러한 마음을 싹 틔우고 이러한 계획을 내놓을 수 있었겠습니까. 오늘날에 필요한 도리를 한 마디로 정의하자면 '성학에 힘써야 함〔勤聖學〕'일 뿐이고, 성학에 힘쓰는 요체는 유현을 초치하여 좌우에서 계옥(啓沃)하게 하는 것이 가장 좋습니다. 경연관 홍모(洪某)는 나이가 금년에 일흔이 되었는데 경학(經學)이 순수하고 성대하니, 이미 전하께서 초치하여 만나보신 자입니다. 특별히 그에게 통정대부의 품계를 더하시고 아울러 다른 유현들과 함께 불러들여서 그들로 하여금 성상을 돕고 인도하는 유익함이 있게 한다면 매우 다행일 것입니다." 라고 하니, 성상이 "말한 대로 하라."라고 하였다. ○비답에 다음과 같이 말하였다. "상소를 읽고 그대의 간절한 마음을 잘 알았다. 그대가 등대(登對)한 이후로 지금까지 그대를 잊지 못하고 있으니, 한 자급을 올려 주는 것이 또한 늦었다고 할 만하다. 지금 막 별유를 특별히 내리니, 그대는 이를 사양하지 말고 속히 조정에 나아와 목을 빼고 기다리는 나의 마음에 부응하라."

기다리는 것을 가리킨다. 자세한 내용은 408쪽 주103 참조.

무오일에 특별히 별유를 내려 간곡하게 불렀는데, 서계를 올려 사양하였다.

별유에 다음과 같이 말하였다. "덕이 있는 이를 높이고 현사를 예우하는 것은 국가의 성대한 일이니, 내가 부족하고 어리석으나 또한 어찌 이를 자나 깨나 생각하지 않은 적이 있겠는가. 지난봄 대가(大駕)가 거둥하던 길에 그대가 고맙게도 기꺼이 나아왔으니, 순후한 의용과 간절한 정성이 아직까지도 마음속에 잊히지가 않는다. 그런데 나의 정성과 예우가 미진하여 멀리 떠나 은둔하려는 그대의 마음을 돌리지 못하였으니 거룻배 하나로 건널 수 있는 동강(東岡)의 땅이 머나먼 천원(川原)처럼 아득하기만 하다. 이는 내가 스스로를 돌이켜 봄에 부끄러워하기에도 겨를이 없는 점이지만, 그대도 한번 생각해보라. 돌아보건대 지금 하늘이 경계를 내리고 별에 서린 요기(妖氣)가 이변(異變)을 보여주며 이륜(彜倫)이 장차 무너지려 하고 역변(逆變)이 더욱 증가하고 있으니, 가만히 생각해보면 그 잘못이 실로 나에게 있다. 학문으로 말하면 춥게 하고 햇볕을 쪼여주는 것이 일정함이 없고[149] 정령(政令)으로 말하면 유유범범(悠悠泛泛)함만을 일삼아서 국계(國計)와 민생(民生)이 한 가지도 믿고 의지할 수 있는 것이 없는 데에 이르렀다. 이러한 때는 바로 상하의 사람들이 함께 수성(修省)하여 두려운 마음으로 분발하고 노력해야 하는 때인

149 춥게……없고 : 꾸준하게 학문에 힘쓰지 못한다는 뜻이다. 《맹자(孟子)》〈고자상(告子上)〉에 이르기를, "천하에 아무리 쉽게 잘 자라는 식물이 있다고 하더라도 하루 동안 햇볕을 쪼여주고 열흘 동안 춥게 한다면 제대로 자라날 수가 없을 것이다.〔雖有天下易生之物也, 一日暴之, 十日寒之, 未有能生者也.〕"라고 하였다. 햇볕을 쪼여준다는 것은 부지런히 힘씀을 비유한 것이고, 춥게 한다는 것은 게을리 함을 비유한 것이다.

데, 이때에 계옥(啓沃)하고 보도(輔導)하는 임무로 말하면, 진실로 그대처럼 숙덕(宿德)을 지닌 선비가 아니라면 장차 어떻게 전학(典學)의 공부를 이루고 종욕(從欲)의 다스림[150]을 이룰 수 있겠는가. 저 〈치의(緇衣)〉[151]와 〈백구(白駒)〉[152]의 시가 어찌 다만 현인을 좋아하는 것이 될 뿐이며, 손님을 귀하게 여기는 것이 될 뿐이겠는가. 아마도 서책을 가지고 가르침을 청하는 데에 기대하는 바가 있었으리라. 그대는 독실하게 경전을 공부하고 학문을 쌓은 자이니, 형비(衡泌)[153]와 산림의 아래에서 덕(德)을 간직하고 도(道)를 온축하는 것이 자기 일신만을 선하게 하고[154] 효효(嘐嘐)[155]하기를 위한 것이

150 종욕(從欲)의 다스림 : 임금이 바라는 대로 다스리는 것이다. 《서경(書經)》 〈대우모(大禹謨)〉에 순(舜)임금이 우(禹)에게 이르기를, "나로 하여금 내가 바라는 대로 다스릴 수 있게 하여, 온 천하가 바람에 움직이듯 교화가 퍼지니, 이는 바로 너의 아름다운 공이다.〔俾予從欲以治, 四方風動, 惟乃之休.〕"라고 하였다.

151 치의(緇衣) : 《시경(詩經)》 정풍(鄭風)의 편명으로, 현인을 좋아하고 예우하여 치의를 만들어 입히고 음식을 대접한다는 내용이다. 치의는 검은 색의 옷으로, 경대부가 사가(私家)에 거처할 때에 입는 옷이다. 이 시는 정(鄭)나라 무공(武公)이 아버지 환공(桓公)을 이어 주(周)나라 사도(司徒)의 직책을 잘 수행하자 주나라 사람들이 그를 사랑하여 지은 노래라고 한다. 《詩經集傳 緇衣》

152 백구(白駒) : 《시경(詩經)》 소아(小雅)의 편명으로, 현인이 떠나는 것을 아쉬워하여 그가 타고 온 백구의 고삐를 잡아매어 더 머물게 하려고 한다는 내용이다.

153 형비(衡泌) : 형문(衡門)과 비천(泌泉)으로, 현인이 은거하는 곳을 말한다. 《시경(詩經)》 〈진풍(陳風) 형문〉에 "형문의 아래, 편안히 쉬고 놀 수 있네. 비천이 졸졸 흐르니, 굶주림을 즐길 수 있네.〔衡門之下, 可以棲遲. 泌之洋洋, 可以樂飢.〕"라고 한 데에서 유래한 말이다. 형문은 나무 막대기를 가로대어 만든 보잘것없는 문이고 비천은 샘물이다.

154 자기……하고 : 《맹자(孟子)》 〈진심 상(盡心上)〉에 "옛사람들은 뜻을 얻으면 은택이 백성들에게 더해지고, 뜻을 얻지 못하면 자신을 닦아 세상에 드러내었으니, 곤궁

아님을 잘 알 것이다. 그렇다면 옛날의 이른바 '군신 간에는 도망할 곳이 없다'[156]는 의리가 어찌 마음속에 또렷하지 않겠는가. 한 자급(資級)을 올려주는 것이 그대에게 대단한 일이 못 되겠지만 그대를 향한 나의 간절한 마음만큼은 그래도 헤아릴 수 있을 것이다. 이에 흉금을 담은 별유를 전하여 우의[157]가 찬연히 빛나기를 우러러 기다리노라. 그대는 부디 하루 빨리 마음을 바꾸어 경연에 출입해서 아침

하면 자기 일신만을 선하게 하고, 영달하면 천하 사람들까지 모두 선하게 했던 것이다.〔古之人, 得志, 澤加於民, 不得志, 修身見於世, 窮則獨善其身, 達則兼善天下.〕"라고 하였는데, 후대에는 '자기 일신만을 선하게 한다〔獨善其身〕'는 말이 시비에 휘말리는 것을 두려워하여 자기 일신만을 돌아보고 세상일에는 관심을 갖지 않음을 의미하게 되었다.

155 효효(嘐嘐) : 이상만 높고 말로만 과시함을 뜻한다.《맹자(孟子)》〈진심 하(盡心下)〉에서 만장(萬章)이 광자(狂者)에 대하여 물었는데, 맹자가 답하기를, "그 뜻이 효효하여 입만 열면 '옛사람이여, 옛사람이여!'라고 말하지만 평소에 그 행실을 살펴보면 행실이 말을 따르지 못하는 자이다.〔其志嘐嘐然曰, 古之人古之人, 夷考其行而不掩焉者也.〕"라고 하였다.

156 군신……없다 : 군신 간의 의리는 천지 사이에 도망할 곳이 없어서 그 관계를 끊을 수 없음을 말한 것이다.《장자(莊子)》〈인간세(人間世)〉에 나오는 중니(仲尼), 즉 공자(孔子)의 말에 "신하가 군주를 섬기는 것은 의(義)이다. 가는 곳마다 군주가 다스리는 곳이 아님이 없으니, 천지 사이에 도망할 곳이 없다.〔臣之事君, 義也. 無適而非君也, 無所逃於天地之間.〕"라고 하였고,《이정유서(二程遺書)》 권5에 "부자와 군신의 관계는 천하의 정해진 이치이니, 천지 사이에 도망할 곳이 없다.〔父子君臣, 天下之定理, 無所逃於天地之間.〕"라고 하였다.

157 우의(羽儀) : 재덕을 겸비하고서 높은 지위에 앉아 사람들의 존경을 받고 모범이 되는 것을 말한다.《주역(周易)》〈점괘(漸卦) 상구(上九)〉에, "기러기가 공중으로 점차 나아가는 것이다. 그 깃이 의법(儀法)이 될 만하니, 길하다.〔鴻漸于陸, 其羽可用爲儀, 吉.〕"라고 한 데에서 유래한 말이다.

저녁으로 나를 보좌하고 좌우에서 나를 보좌하여 나의 잘못을 만회하고 바로잡을 것을 생각하라. 이것이 나의 갈급한 바람이다."

승정원 동부승지에 제수되었다.

지방에 있다는 이유로 곧 체직되었다.

9월-초하루는 을축일- 기사일에 이조의 낭관이 와서 고(故) 집의 송능상(宋能相)을 유일(遺逸)로 회복하는 일의 당부(當否)를 자문하니, 헌의하였다.

중모(仲母) 이 부인(李夫人)의 영연(靈筵)에서 제사를 올렸다.

제문을 지었다.

을사년(1845, 헌종11) 선생 70세

정월에 강가에 가서 오서오(吳瑞五 오치성(吳致成))의 발인(發靷) 행렬을 곡하며 전송하였다.

제문을 지었으며, 또 뒤에 묘갈명을 지었다.[158]

3월에 금계(襟溪) 이공(李公 이봉수(李鳳秀))과 사호(沙湖)에서 만났다.

7월에 특별히 성균관 좨주에 제수되었는데, 상소하여 사직하고 이어서 경계의 말씀을 아뢰었다.

비답에 다음과 같이 말하였다. "상소를 읽고 그대의 간절한 마음을 잘 알았다. 성균관의 직임은 그대가 아니면 누가 맡겠는가. 현재

158 제문을……지었다 : 제문은《매산집》권31에〈제오서오문(祭吳瑞五文)〉이라는 제목으로 실려 있다. 묘갈명은 권35에〈군자감정오공묘갈명(軍資監正吳公墓碣銘)〉이라는 제목으로 실려 있는데, 이는 홍직필이 73세 되던 해인 1848년(헌종14) 무신년에 지은 것이다.

이로 인하여 날씨가 서늘해지기를 조금 기다려 간곡하게 부르는 계기로 삼고자 생각하고 있으니, 그대는 응당 사직해서는 안 된다. 종이에 가득한 경계의 말로 말하면 글자마다 매우 절실하니, 한편으로는 감탄하고 한편으로는 부끄러워하였다. 내가 비록 부덕하나 또한 어찌 학문을 좋아하고 현인을 좋아하고자 하는 소원이 없겠는가. 다만 뜻이 확고하지 못하고 정성이 지극하지 못한 까닭에 이처럼 유유범범(悠悠泛泛)함에 이른 것이니, 응당 더욱 노력하겠다. 그리고 그대는 선왕 때의 궁료(宮僚)로서 산림에서 덕을 기른 지가 또한 여러 해이니, 이러한 때에 마음을 바꾸어 조정에 나아와서 나의 부족한 점을 보좌해 주는 것이 실로 내가 밤낮으로 생각하고 바라는 바이다. 그대는 이를 잘 헤아리리라."

족질(族姪) 일윤(一胤)의 둘째 아들 최수(寂秀)를 데려다가 손자로 삼았다.

최수는 당시 나이가 11세였다.

10월에 강가에 가서 오치보(吳穉輔) 치익(致翼)의 반우(返虞)를 곡하며 맞이하였다.

제문을 지었다.[159]

금계 이공과 사호에서 만났다.

문인 임헌회(任憲晦)와 아들 일순(一純)이 따라갔다.

병오년(1846, 헌종12) 선생 71세

159 제문을 지었다 : 이 제문은 《매산집》 권31에 〈제오치보문(祭吳穉輔文)〉이라는 제목으로 실려 있다.

2월-초하루는 정해일- 병오일에 성상이 건릉(健陵 정조와 효의왕후의 능)에 거둥할 때에 노량(鷺梁)에 이르러서 사관(史官)을 보내어 존문(存問)하였는데, 서계를 올렸다.

5월-초하루는 을묘일- 임술일에 예조의 낭관이 와서 수릉(綏陵)을 천장할 때에 대왕대비전이 시마복(緦麻服)을 입는 것의 당부(當否)를 자문하니, 헌의하였다.[160]

천릉만장제술관(遷陵輓章製述官)에 차임되었는데 상소하여 사직하였으며, 아울러 본직(本職)과 겸직(兼職)들을 사직하고 이어서 소회를 아뢰었다.[161]

비답에 다음과 같이 말하였다. "상소를 읽고 그대의 간절한 마음을 잘 알았다. 수릉을 천장하는 일이 길일을 택하여 점점 가까워오니 서글프고 참담한 나의 마음을 무어라 표현할 길이 없다. 만장을 제술하는 직임은 일찍이 유현이 기어코 사직한 전례가 없는데 지금 어찌하여 이처럼 사직하는가. 이러한 때에도 계속 강대(講對)하기를 청한 것으로 말하면, 정성스럽고 간절한 마음에서 비롯한 것임을 알겠으니, 매우 감탄스럽다. 응당 이를 체념(體念)하겠다."

행궁의 문밖에 나아가 면복(緬服)[162]을 입었다.

160 예조의……헌의하였다 : 이때 헌의한 글은 《매산집》 권4에 〈수릉천봉시대왕대비전복시의(綏陵遷奉時大王大妃殿服緦議)〉라는 제목으로 실려 있다. 수릉(綏陵)은 익종(翼宗)으로 추존된 효명세자(孝明世子)의 능이다.

161 천릉만장제술관(遷陵輓章製述官)에……아뢰었다 : 이때 상소한 일은 《승정원일기(承政院日記)》 헌종 12년 5월 15일 기사에 보이며, 이때 올린 상소문은 《매산집》 권4에 〈사천릉만장제술급본겸제임인진소회소(辭遷陵輓章製述及本兼諸任因陳所懷疏)〉라는 제목으로 실려 있다.

윤5월-초하루는 을유일- 정미일에 수릉에서 출현궁(出玄宮)할 때에 행궁의 문밖에 나아가 거애(擧哀)하였다.

갑진일에 새로운 능소(陵所)가 있는 마을의 입구 밖으로 가서 하현궁(下玄宮) 곡반(哭班)에 참여하였다.

문인 최경휴(崔敬休), 이응(李膺), 이휴(李烋), 김정수(金正洙)가 따라갔다.

6월에 환후가 있었다.

병증이 소변이 잘 나오지 않는 것 때문에 한 달을 넘겨 위중해지자 금계(襟溪) 이공(李公 이봉수(李鳳秀))이 더위를 무릅쓰고 먼 길을 찾아와 위문하여 말하기를, "아무개가 병들었는데, 내가 어찌 편안하게 앉아있을 수 있겠는가."라고 하였다.

정미년(1847, 헌종13) 선생 72세

정월-초하루는 신사일- 초하루에 사당에 고하는 글을 지었다.[163]

노쇠하여 아들에게 물려준다는 내용으로 사당에 고하였는데, 아들 일순(一純)에게 섭사(攝祀)를 맡기되 고하는 축문에는 섭사손(攝祀孫)의 속칭(屬稱)을 사용하지 않고 다만 '아들 아무개를 시켜〔使子某〕'라는 글을 사용하였다.

근재(近齋 박윤원(朴胤源)) 선생의 휘일(諱日)-17일-에 시를 지었다.

선생은 매번 근재의 기일(忌日)마다 소식(素食)[164]을 했는데 이때에

162 면복(緬服) : 묘를 개장(改葬)할 때에 입는 상복이다.

163 사당에……지었다 : 이때 지은 글은 《매산집》 권30에 〈고가묘문(告家廟文)〉이라는 제목으로 실려 있다.

이르러 병이 위중하여 소식을 할 수가 없자 송강(松江 정철(鄭澈))의 "담로와 율옹이 같은 날에 서거하셨는데, 이전까지 하던 소식을 노쇠하여 할 수가 없네.〔湛老栗翁同日逝 從前食素老難能〕"[165]라는 시구를 읊조리고 이어서 다음과 같은 시를 지었다. "태산이 무너진 것에 곡한 지 사기(四紀) 남짓이 지나도록 휘일에는 초상 때처럼 고기를 먹지 않았네. 팔순의 나이에 죽음이 가까워 남은 기운이 없으니 올해부터는 소식조차도 하지 못하네.〔一哭山頹四紀餘 諱辰不肉若喪初 八旬垂死無餘氣 却自今年未食蔬〕"[166]

2월에 금계(襟溪) 이공(李公 이봉수(李鳳秀))의 부음을 듣고 신위를 만

164 소식(素食) : 죽음을 애통해하는 의미에서 고기를 먹지 않고 채소만 먹는 것을 말한다.

165 담로와……없네 : 이 시는 정철(鄭澈)의 문집《송강집(松江集)》권1에〈정월십육일작(正月十六日作)〉이라는 제목으로 실려 있다. 담로(湛老)는 담재(湛齋) 김인후(金麟厚, 1510~1560)이고, 율옹(栗翁)은 율곡(栗谷) 이이(李珥, 1536~1584)인데, 두 사람 모두 1월 16일에 졸하였다.

166 태산이……못하네 : 이 시는《매산집》권3에 보이는데, 그 제목에, "근재 선생의 휘일에 병이 위중하여 소식을 하지 못하니, 송강의 시 중에 '담로와 율옹이 같은 날에 서거하셨는데, 이전까지 하던 소식을 노쇠하여 할 수가 없네.'라는 두 구절을 읊조리고 감회가 일어나는 것을 이기지 못하여 즉흥적으로 시를 짓는다.〔近齋先生諱辰, 癃病不克食素, 仍誦松江詩湛老栗翁同日逝從前食素老難能二句, 不勝興感, 率爾口占.〕"라고 하였다. '태산(泰山)이 무너졌다'는 것은 스승이나 철인(哲人)이 죽는 것을 뜻한다. 공자(孔子)가 자신이 별세할 꿈을 꾸고 아침에 일찍 일어나 뒷짐을 지고 지팡이를 짚은 채 문 앞에서 서성이며 노래하기를, "태산이 무너지겠구나. 들보가 부러지겠구나. 철인이 죽게 되겠구나.〔泰山其頹乎! 梁木其壞乎! 哲人其萎乎!〕"라고 하였는데, 그로부터 7일 뒤에 공자가 별세하였다. 이후로 스승이나 철인의 죽음을 뜻하게 되었다.《禮記 檀弓上》사기(四紀)는 48년으로, 1기(紀)는 12년이다.

들어 곡하였다.

선생이 매우 애통해하며 말하기를, "내 몸이 끝장났다."라고 하였다.

아들 일순을 보내어 금계 이공의 영연(靈筵)에 제사를 올리게 하였다.

제문을 지었으며, 또 뒤에 묘지명을 지었다.[167] ○선생이 말하였다. "내가 내 몸으로 직접 제사를 올리지 않은 것은 비단 병 때문에 강행하지 못한 것일 뿐만이 아니라, 한번 통곡하고 나면 목숨이 장차 끊어질 듯하였으므로 하지 않은 것이다."

4월에 사람을 보내어 노주(老洲) 오공(吳公 오희상(吳熙常))을 개장(改葬)할 때에 제사를 올리게 하였다.

제문을 지었다.[168]

무신년(1848, 헌종14) 선생 73세

정월에 경서문(敬敍文)을 지었다.

이달 4일은 바로 명(明)나라 태조고황제(太祖高皇帝)가 개국한 뒤로 여덟 번째 회갑(回甲)이 되던 날이었다. 선생이 풍천(風泉)의 감회[169]를 이기지 못하여 이 글을 지었다.

167 제문을……지었다 : 제문은 《매산집》 권31에 〈제금계이공문(祭襟溪李公文)〉이라는 제목으로 실려 있다. 묘지명은 권40에 〈금계이공묘지명(襟溪李公墓誌銘)〉이라는 제목으로 실려 있는데, 홍직필이 73세 되던 해인 1848년(헌종14) 무신년에 지은 것이다.

168 제문을 지었다 : 이 제문은 《매산집》 권31에 〈제노주오공천장문(祭老洲吳公遷葬文)〉이라는 제목으로 실려 있다.

169 풍천(風泉)의 감회 : 나라가 쇠미하거나 망한 것에 대한 슬픈 감회를 말한다. 《시경(詩經)》 〈회풍(檜風) 비풍(匪風)〉의 주제는 주(周)나라 왕실이 쇠미한 것에 대하여 현인이 이를 근심하고 탄식하는 내용이고, 〈조풍(曹風) 하천(下泉)〉의 주제는

가을에 아들 일순(一純)을 이끌고 매산(梅山)에 가서 성묘하고 영화를 입은 것을 고하였다.

이때에 성상이 선생을 영양(榮養)[170]하게 하기 위하여 특별히 일순을 과천 현감(果川縣監)에 제수하였다.

기유년(1849, 헌종15) 선생 74세

2월에 아들 일순(一純)을 보내어 금계(襟溪) 이공(李公 이봉수(李鳳秀))의 영연(靈筵)에 제사를 올리게 하였다.

제문을 지었다.[171]

서종질(庶從姪) 일성(一誠)을 보내어 심의덕(沈宜德)의 영연에 제사를 올리게 하였다.

제문을 지었다.[172]

3월에 손자 최수(寂秀)의 관례(冠禮)를 행하였다.

조병덕(趙秉悳)이 빈(賓)이 되었다.

윤4월에 최수의 혼례를 행하였다.

최수는 과천 현감(果川縣監)을 지낸 이인수(李麟秀)의 손녀사위가 되었다.

왕실이 무너지자 소국이 곤폐(困弊)하여 주나라 서울을 생각하는 것인데, 이 두 시의 편명을 합한 말이다.

170 영양(榮養) : 자식이 높은 벼슬에 올라 녹봉으로 부모를 잘 봉양하는 것이다.

171 제문을 지었다 : 이 제문은 《매산집》 권31에 〈재제금계이공문(再祭襟溪李公文)〉이라는 제목으로 실려 있다.

172 제문을 지었다 : 이 제문은 《매산집》 권31에 〈제심군헌문(祭沈君憲文)〉이라는 제목으로 실려 있다. '군헌'은 심의덕(沈宜德)의 자(字)이다.

6월-초하루는 정묘일- 임신일에 헌종대왕이 승하하자 거애(擧哀)하였다. 갑술일에 예조의 낭관이 와서 당저(當宁)가 사위(嗣位)한 뒤에 동조(東朝 대비)에 대한 위호(位號)를 더하는 것의 당부(當否)를 자문하니, 헌의하였다.[173]

신묘일에 예조의 낭관이 와서 효정전(孝定殿)과 휘정전(徽定殿)[174]에 올리는 축문의 서식을 자문하니, 헌의하였다.

8월-초하루는 병인일- 임신일에 예조의 낭관이 와서 전계대원군(全溪大院君 철종의 생부)의 묘소를 개봉축(改封築)할 때에 고유하는 글 중의 속칭(屬稱)을 자문하니, 헌의하였다.

만장제술관(輓章製述官)에 차임되었는데 상소하여 사직하였으며, 아울러 본직(本職)과 겸직(兼職)들을 사직하고 이어서 소회를 아뢰었다.[175]

비답에 다음과 같이 말하였다. "상소를 읽고 그대의 간절한 마음을 잘 알았다. 만장을 제술하는 직임은 일찍이 유현이 기어코 사직한 전례가 없는데, 지금 어찌하여 사직한다는 말을 하는가. 권면한 말은 진실로 명심하였으니, 따라서 응당 한번 효유(曉諭)하겠다. 그대는 부디 멀리 떠나려는 마음을 힘써 돌이켜 강연(講筵)에 출입해서

173 예조의……헌의하였다 : 이때 헌의한 글은 《매산집》 권4에 〈당저사위후동조위호가상당부의(當宁嗣位後東朝位號加上當否議)〉라는 제목으로 실려 있다.

174 효정전(孝定殿)과 휘정전(徽定殿) : 효정전은 헌종의 혼전(魂殿)이고, 휘정전은 헌종의 비 효현왕후(孝顯王后)의 혼전이다.

175 만장제술관(輓章製述官)에……아뢰었다 : 이때 상소한 일은 《승정원일기(承政院日記)》 철종 즉위년 8월 16일 기사에 보이며, 이때 올린 상소문은 《매산집》 권4에 〈봉위잉사만장제술급본겸제임인진소회소(奉慰仍辭輓章製述及本兼諸任因陳所懷疏)〉라는 제목으로 실려 있다.

선왕의 가르침을 계승하려는 나의 소원에 부응하라."

정해일에 특별히 별유를 내려 간곡하게 불렀는데, 서계를 올려 사양하였다.

별유에 다음과 같이 말하였다. "일전에 상소에 대한 비답에서 이미 나의 뜻을 대략 전하였으니, 측석(側席)[176]하는 생각이 어찌 조금이라도 줄어든 적이 있겠는가. 그럼에도 우선 간곡하게 재촉하는 윤음을 서두르지 않은 것은 또한 기다리는 바가 있어서였다. 아아, 목마른 사람처럼 갈급하게 현사(賢士)를 구하는 것은 어느 때인들 그렇지가 않겠는가마는, 왕위에 오른 초기에 있어서는 그 갈급한 정도가 더욱 심한 것이다. 나 소자가 외람되게도 왕업을 계승하여 외로이 거상(居喪) 중에 있으니, 비록 위로는 자성(慈聖)의 지교(指敎)를 받들고 아래로는 재상의 도움에 의지하지만 위태롭고 두렵기가 마치 나루가 없는 강을 건너는 것과 같다. 더구나 어려서부터 학문을 하지 못하여 고루(孤陋)하고 과문(寡聞)하다. 만약 은(殷)나라의 고종(高宗)이 오랫동안 바깥에서 수고로웠는데 감반(甘盤)에게 옛날에 배운 것이 애초에 없었다면[177] 전학(典學)의 공부에 있어서 오

176 측석(側席) : '자리에 바르게 앉지 못한다'는 뜻으로 군왕이 겸손한 자세로 현자를 기다리는 것을 가리킨다. 자세한 내용은 408쪽 주103 참조.

177 만약……없었다면 : 감반(甘盤)은 은(殷)나라 고종(高宗) 때의 어진 신하로, 고종이 즉위하기 전에 그에게서 학문을 배웠고, 즉위한 뒤에는 정승을 삼았다. 《서경(書經)》〈상서(尙書) 열명 하(說命下)〉에 고종이 신하 부열(傅說)에게 "나 소자는 옛날에 감반에게 배웠다.〔台小子舊學于甘盤〕"라고 말한 내용이 보이고, 〈주서(周書) 무일(無逸)〉에는 주공(周公)이 성왕(成王)에게 "고종 때에 있어서는 오랫동안 바깥에서 수고로워 이에 소인들과 함께 행동하였습니다.〔其在高宗時, 舊勞于外, 爰暨小人.〕"라고 말한 내용이 보인다.

히려 그 방향을 알지 못했을 것이다. 진실로 숙덕(宿德)이 있는 산림의 선비가 아침저녁으로 좌우에 있으면서 나를 계옥(啓沃)하고 나를 훈도하여 좋은 계책과 좋은 의견으로 이끌어주고 보좌해준다면, 내가 비록 훌륭한 일을 하기에는 부족하지만 그래도 거의 대체로 보익함에 힘입어 점차 성취함에 이르러서 우리 조종(祖宗)의 홍업(洪業)을 공고히 할 수 있을 것이다. 내가 늘 잊지 못하는 한 생각이 진실로 여기에 있다. 그대는 대대로 녹(祿)을 받은 집안의 사람으로 정초(旌招)[178]의 예(禮)에 응하여 산림에서 덕을 기르며 경서에 힘을 쏟고 예(禮)를 준행하여 그 훌륭한 기량(器量)과 독실한 행실이 우뚝하게 여러 대부들과 국인(國人)들에게 흠모와 존경을 받아 모범이 된 지가 오래되었다. 지금 양암(亮陰)[179]에서 공경히 침묵하는 가운데에도 한창 날마다 강대(講對)를 여는 것은 진실로 학문은 때를 놓쳐서는 안 되므로 자성(慈聖 대비)께서 권면하신 지극한 뜻을 받들고자 생각해서이며 거상(居喪) 중에 학문을 중단하는 것은 상례(常例)로 논할 수가 없기 때문이다. 근시(近侍)의 신하 중에도 경서를 연구하는 자들이 없다고 할 수는 없지만, 세자에게 학문을 권함에

178 정초(旌招) : '정(旌)으로 부른다'는 의미로, 현사를 정당한 예를 갖추어 조정에 불러들이는 것을 이른다. '정(旌)'은 새의 깃털을 깃대 끝에 단 깃발이다. 《맹자(孟子)》 〈만장 하(萬章下)〉에서 제 경공(齊景公)이 우인(虞人)을 정당하지 못하게 정(旌)으로 불렀던 일을 언급하며 말하기를, "서인은 전(旃)으로 부르고, 사(士)는 기(旂)로 부르고 대부는 정(旌)으로 부른다.〔庶人以旃, 士以旂, 大夫以旌.〕"라고 하였다.

179 양암(亮陰) : 《서경(書經)》 〈상서(商書) 열명 상(說命上)〉에 "왕이 양암에서 삼년 동안 택우하였다.〔王宅憂亮陰三祀〕"라고 한 데서 온 말로, 임금의 거상(居喪)을 뜻한다.

있어서는 천하의 명유(名儒)를 얻기를 원하고 정사를 높이고 진강함에 있어서는 반드시 하남(河南)의 숙덕(宿德)이 필요하다. 그러니 오늘날의 세상에 그대가 아니면 누구이겠는가. 이에 열 줄 남짓의 유지(諭旨)를 내려 삼징(三徵)[180]의 의리를 붙이노니, 그대는 부디 마음을 바꾸어 즉시 일어나 조정에 나아와서 간곡한 나의 정성에 부응하라."

경술년(1850, 철종1)-철종대왕 원년- 선생 75세

3월에 아들 일순(一純)을 보내어 박치승(朴穉升) 종숙(宗塾)의 영연(靈筵)에 제사를 올리게 하였다.

제문을 지었다.

6월-초하루는 신유일- 병인일에 헌종대왕의 소상(小祥)이 되어 행궁의 문밖에 나아가 거애(擧哀)하였다.

10월-초하루는 기미일- 경신일에 연신(筵臣)이 와서 경연(經筵)에 계속하여 진강할 책자를 자문하니, 헌의하였다.[181]

11월-초하루는 기축일- 을묘일에 연신이 와서 경연에 계속하여 진강할 책자를 자문하니, 헌의하였다.[182]

180 삼징(三徵) : 세 차례 소명(召命)을 내림을 뜻하는 말로, 임관(任官)시키기 위하여 조정에서 자주 부름을 이른다.

181 연신(筵臣)이……헌의하였다 : 이때 헌의한 글은 《매산집》 권4에 〈경연계강책자품정의(經筵繼講冊子稟定議)〉라는 제목으로 실려 있는데, 수찬 이승수(李升洙)가 와서 자문한 내용에 헌의한 것이다.

182 연신이……헌의하였다 : 이때 헌의한 글은 《매산집》 권4에 〈경연계강책자품정의(經筵繼講冊子稟定議)〉라는 제목으로 실려 있는데, 수찬 강로(姜渃)가 와서 자문한

신해년(1851, 철종2) 선생 76세

정월-초하루는 무자일- 신묘일에 사관(史官)을 보내어 존문(存問)하고 옷감과 음식을 하사하였는데, 서계를 올려 사양하였다.

지난해 12월에 빈대(賓對)를 행할 때에 우상(右相) 권돈인(權敦仁)이 아뢰기를, "좨주 신 홍모(洪某)가 내년에 회근(回巹 회혼(回婚))을 맞게 된다고 합니다. 조정에서 뜻을 보이는 거조를 시행하면 좋을 듯하기에 감히 이렇게 아룁니다."라고 하니, 성상이 이르기를, "산림(山林)의 나이가 지금 몇이나 되었는가?"라고 하였다. 권돈인이 아뢰기를, "내년에 일흔여섯이 되오니, 예우하는 입장에 있어 성상의 뜻을 보이는 거조를 시행하지 않을 수 없습니다. 신은 감히 모사(某事)를 가지고 청하는 것이 아니라 이미 들어서 아는 바가 있기에 이렇게 감히 아뢰는 것입니다."라고 하였다. 성상이 이르기를, "예전의 일 중에도 근거할 만한 전례가 있는가?"라고 하니, 권돈인이 아뢰기를, "몇 해 전 고(故) 중신(重臣) 김기은(金箕殷)의 회근 때에 그 아들을 외임(外任)에 견복(甄復)시키고 옷감과 음식 및 잔치에 필요한 물자를 호조에서 실어 보내주도록 하는 처분을 내린 일이 있습니다."[183]라고 하였다. 대왕대비전이 이르기를, "회근의 일자는 언제인가?"라고 하니, 권돈인이 아뢰기를, "신이 미처 자세히 듣지 못했습니다만, 근래에 민가의 회근은 모두 정월에 행합니다."라고 하였다.

내용에 헌의한 것이다.

183 몇 해……있습니다 : 이 일은 《헌종실록(憲宗實錄)》 8년 1월 22일 기사와 《승정원일기(承政院日記)》 헌종 8년 동일 기사에 보인다. 견복(甄復)은 나이가 많아서 벼슬에서 물러난 사람이 견차(甄差)에 응하여 다시 벼슬길에 나가던 일을 말한다.

대왕대비전이 이르기를, "이는 참으로 드물게 있는 진귀한 일이다." 라고 하였다. 정월 경인일에 사알(司謁)을 통해 구전(口傳)으로 하교하여 이르기를, "지난번에 대신이 홍 산림의 회근이 가까워온다고 아뢰었으니, 그 일자를 알아 오라."라고 하였다. 같은 날에 호조의 서리가 성상의 하교를 받들고 와서 회근의 일자를 물어보았는데, 국상(國喪) 중에 감히 세속을 따라 잔치를 벌일 수 없다는 뜻으로 대답을 아뢰었다. 같은 날에 전교하여 다음과 같이 말하였다. "지난번에 우상의 주달을 통하여 홍 좨주의 회근이 가까워온다는 말을 들었으니, 매우 드물고 진귀한 일이다. 조정에서 예우하는 입장이고 또 종전에 이미 은전(恩典)을 시행한 전례가 있으니, 옷감과 음식을 넉넉히 실어 보내라는 내용으로 호조에 분부하라. 또 사관을 보내어 존문하고 오게 하라."

임진일에 사관을 보내어 선유(宣諭)하였는데, 서계를 올려 사양하였다. 선유한 글에 다음과 같이 말하였다. "회근의 의리는 옛날에 일컬어진 바가 없으나, '그 고을에 들어가면 그 풍속을 따른다.'라고 고인이 가르침을 남겼다. 내가 보낸 변변찮은 물건들은 비단 금일의 식희(飾喜)[184]에 필요한 물자를 위하여 보내준 것일 뿐만이 아니다. 그대를 늘 잊지 못하는 나의 마음을 표현하기 위한 것이기도 하니, 어찌 굳이 사양할 필요가 있겠는가. 안심하고 받으라."

184 식희(飾喜) : '기쁨을 드러낸다'는 뜻으로, 음악을 연주하며 잔치를 베푸는 것을 뜻한다. 《예기(禮記)》 〈악기(樂記)〉에, "음악은 선왕이 기쁨을 드러내는 방법이었으며, 군대와 부월은 선왕이 노여움을 드러내는 방법이었다.〔夫樂者, 先王之所以飾喜也; 軍旅鈇鉞者, 先王所以飾怒也.〕"라는 말에서 유래하였다.

같은 날에 특별히 사헌부 대사헌에 제수하였는데, 상소하여 사직하고 아울러 소회를 아뢰었다.

비답에 다음과 같이 말하였다. "상소를 읽고 경의 간절한 마음을 잘 알았다. 도헌(都憲 대사헌)으로 특별히 선발한 데에는 내가 뜻한 바가 있다. 행실을 닦고 이름을 세워서 당세에 쓰이는 것은 오직 선비만이 할 수 있는 일이다. 더구나 경의 경술(經術)과 풍범(風範)은 세상 사람들이 추앙하는 바이고, 창언(昌言)[185]은 또 이처럼 정성스럽고 간절하여 나도 모르게 두려운 마음으로 엄숙히 읽어보게 만든다. 지금 해가 새로 바뀌어 장차 삼주(三晝)의 강연(講筵)[186]을 열려고 하니, 진접(晉接)[187]을 통하여 대도(大道)의 요체를 들어서 다스림을 펴는 방법에 도움이 된다면 어찌 좋은 일이 아니겠는가. 경은 사직하지 말고 멀리 떠나려는 마음을 속히 돌려서 흔쾌히 명을 받들라."

4월-초하루는 정사일- 계유일에 특별히 별유를 내려 간곡하게 불렀는데, 서계를 올려 사양하였다.

별유에 다음과 같이 말하였다. "내가 즉위한 이후로 경의 덕스러운 모습을 보고자 한 지가 오래되었다. 전유(傳諭)와 비답을 통하여 여러 차례 측석(側席)[188]의 생각을 힘써 보였는데, 경은 한결같이

185 창언(昌言) : 도움이 되는 훌륭한 말, 경계가 되는 말, 또는 이치에 잘 맞는 말을 뜻한다.

186 삼주(三晝)의 강연(講筵) : 조강(朝講), 주강(晝講), 석강(夕講)을 말한다.

187 진접(晉接) : 임금이 신하를 총애하여 자주 접견함을 뜻한다. 《주역(周易)》 〈진괘(晉卦) 단(彖)〉의 "진괘는 나라를 편안하게 하는 제후에게 말을 많이 하사하고 낮에 세 번씩 접견하는 상이다.〔晉, 康侯用錫馬蕃庶, 晝日三接.〕"라는 말에서 나온 것이다.

거절하여 비연(賁然)히 나아올 것을 생각하지 않았으니, 이는 틀림없이 나의 성의가 부족하여 멀리 떠나려는 경의 마음을 돌리지 못하는 것이다. 항상 마음속으로 무척이나 부끄럽게 여기고 한탄스러워한다. 나 소자가 외람되게도 왕업을 계승하여 위태롭고 두려운 마음으로 의방(義方)의 가르침은 염유(簾帷)에 계신 대비께서 이루어주시길 바라고 신고(辰告)의 계책[189]은 실로 재상에게 의지하고 있다. 그리고 오직 스스로를 다스리는 방도는 강학(講學)이 급선무인데, 은(殷)나라 고종(高宗)처럼 예전에 배운 일이 없으니 어찌 한(漢)나라 선제(宣帝)와 같이 경서에 통달하는 것을 논할 수 있겠는가. 세월이 빠르게 흘러가니 참으로 '인일기백(人一己百)'[190]의 공부에 힘써야 하는데, 학문에 뜻을 두는 정성은 있지만 실로 학문을 하는 방법은 알지 못한다. 오직 숙덕(宿德)을 좌우에 두고 아침저녁으로 계옥(啓沃)하게 할 것을 생각하니, 이렇게 한다면 거의 이왕의 고루(孤

188 측석(側席) : '자리에 바르게 앉지 못한다'는 뜻으로 군왕이 겸손한 자세로 현자를 기다리는 것을 가리킨다. 자세한 내용은 408쪽 주103 참조.

189 신고(辰告)의 계책 : 제때에 알려 주어 미리 경계하도록 하는 큰 계책을 말한다. 《시경(詩經)》〈대아(大雅) 억(抑)〉에 "큰 계책을 세우고 명령을 살펴 정하며, 장구한 계획을 때에 따라 분부한다.〔訏謨定命, 遠猶辰告.〕"라고 하였다.

190 인일기백(人一己百) : 남이 한 번에 능숙하게 하면 나는 그것을 백 번에 능숙하게 한다는 뜻으로, 남들보다 부지런히 힘써 노력한다는 뜻이다. 《중용장구(中庸章句)》 제20장에 "남이 한 번에 능숙하게 하면 나는 그것을 백 번이라도 하고, 남이 열 번에 능숙하게 하면 나는 그것을 천 번이라도 할 것이다. 만약 이런 방식으로 해나갈 수만 있다면 아무리 어리석은 사람이라도 반드시 명민해지고, 아무리 유약한 사람이라도 반드시 강해지게 될 것이다.〔人一能之, 己百之; 人十能之, 己千之. 果能此道矣, 雖愚, 必明; 雖柔, 必强.〕"라고 하였다.

陋)함을 보완하고 향래의 기반을 세울 수 있을 것이다. 내가 늘 잊지 못하는 한 가지 생각이 오직 여기에 있을 뿐이다. 오직 경은 산림에서 덕을 기르며 부지런히 수행하고 독서해서 그 성실하고 돈독한 행실과 깊고 넓은 학술이 평소에 세 조정의 예우를 받고 온 세상 사람들에게 존경을 받았다. 더구나 나이가 들수록 덕이 더욱 높아지는 가운데 또 마침 나 소자가 분비(憤悱)[191]하여 스스로 힘써서 마음을 비우고 도움을 구하는 때를 만났으니, 어찌 온축한 바를 펼쳐 인도해주고 보익해주어 나로 하여금 학문의 요체를 들어 능히 성취하는 경지에 이를 수 있게 하기를 원하지 않겠는가. 경은 매번 늙고 병들었다는 이유를 들어 사양하지만 뜻과 기운이 쇠하지 아니하고 평소에 섭양(攝養)을 잘 하였으니 날씨가 따뜻해져가는 지금에 혈기가 더욱 강녕해질 것이다. 이에 열 줄 남짓의 유지(諭旨)를 내려 삼접(三接)[192]의 소원을 이루고자 한다. 오직 경은 속히 마음을 바꿀 것을 도모하여 빠른 시일 안에 조정에 나아와 경연(經筵)에 출입해서 우두커니 기다리는 나의 바람에 부응하라."

191 분비(憤悱) : 분(憤)은 마음으로 통달하려고 해도 되지 않는다는 뜻이고, 비(悱)는 입으로 표현하려고 해도 되지 않는다는 뜻으로, 학문을 함에 있어 애를 쓰며 열심히 노력하는 성의를 보이는 것이다. 《논어(論語)》 〈술이(述而)〉에 이르기를, "마음으로 통달하려고 노력하지 않으면 열어주지 않으며, 입으로 표현하려고 애태워하지 않으면 말해주지 않되, 한 귀퉁이를 들어주었는데 이것을 가지고 남은 세 귀퉁이를 반증하지 못하면 다시 더 일러주지 않아야 한다.〔不憤, 不啓; 不悱, 不發, 擧一隅, 不以三隅反, 則不復也.〕"라고 하였다.

192 삼접(三接) : 임금이 신하를 총애하여 자주 접견함을 뜻한다. 《주역(周易)》 〈진괘(晉卦) 단(彖)〉의 "진괘는 나라를 편안하게 하는 제후에게 말을 많이 하사하고 낮에 세 번씩 접견하는 상이다.〔晉, 康侯用錫馬蕃庶, 晝日三接.〕"라는 말에서 나온 것이다.

5월-초하루는 정해일- 갑진일에 예조의 낭관이 와서 헌종대왕을 부묘(祔廟)한 뒤에 진종대왕(眞宗大王)을 체천하는 일의 당부(當否)를 자문하니, 헌의하였다.[193]

6월-초하루는 병진일- 신유일에 헌종대왕의 대상(大祥)이 되어 행궁의 문밖에 나아가 거애(擧哀)하였다.

무인일에 상소하여 위로의 뜻을 아뢰었으며, 아울러 본직(本職)과 겸직(兼職)들을 사직하고 이어서 소회를 아뢰었다.[194]

비답에 다음과 같이 말하였다. "상소를 읽고 경의 간절한 마음을 잘 알았다. 이것은 막중하고 막대한 전례(典禮)로서 받들어 행한 지가 이미 3년이 되었으니, 지금 개정하는 것이 실로 송구스럽다. 그런데 경의 말이 이처럼 자세하니, 다시 응당 널리 의논하여 재처(裁處)하겠다. 당초 의논하여 정한 것을 지나치게 스스로 인혐한 것으로 말하면 진실로 지나치고 지나치다. 예론(禮論)이 분분하게 나뉘는 것은 비단 이 일만 그런 것이 아니니, 만약 당시에 경황이 없어서 설혹 미처 근거를 대지 못한 부분이 있다고 하더라도 이것이 어찌 경의 잘못이겠는가. 경은 안심하고 다시는 이 일로 번거롭게 아뢰지 말라."

윤8월에 매산(梅山)에 가서 성묘하였다.

선생이 지은 시에 이르기를, "매곡과 한천은 예부터 이름난 곳이니,

193 예조의……헌의하였다 : 이때 헌의한 글은《매산집》권4에〈헌종대왕부묘후진종대왕조천당부의(憲宗大王祔廟後眞宗大王祧遷當否議)〉라는 제목으로 실려 있다.

194 상소하여……아뢰었다 : 이때 상소한 내용은《철종실록(哲宗實錄)》2년 6월 24일 기사와《승정원일기(承政院日記)》철종 2년 동일 기사에 보인다.

회옹께서 이곳에 양친의 묏자리를 잡았네. 우리 고향에도 진실로 두 곳과 똑같은 이름이 있으니, 선고와 선비의 영령이 영원토록 편안하시기를 바라네.〔梅谷寒泉自古名 晦翁於此占親塋 吾鄕亦自同雙號 惟願先靈永世寧〕"[195]라고 하였다. 그리고 선생이 직접 주(註)를 달아 이르기를, "주자(朱子)가 부친 위재(韋齋 주송(朱松))를 상매곡(上梅谷)에 장사하고 모친 축 부인(祝夫人)을 한천(寒泉)에 장사하였는데, 우리 집 양친의 무덤에도 매산(梅山), 한천(閑川)이라는 이름이 있다."라고 하였다.

9월에 다시 대사헌에 제수되었는데, 상소하여 사직하고 아울러 소회를 아뢰었다.

비답에 다음과 같이 말하였다. "상소를 읽고 경의 간절한 마음을 잘 알았다. 나의 정성이 부족하고 예우가 미흡한 까닭에 아직도 경을 조정에 나아오게 하지 못하고 있으니, 부끄러운 마음만 가득하여 항상 잊지 못한다. 지금 올라온 상소문을 읽어보건대 근심하고 사랑하여 기대하고 권면한 것이 이와 같으니, 내가 비록 부족하고 어리석으나 어찌 이를 받아들이지 않을 수 있겠는가. '하늘에 영원한 명을 기원함〔祈天永命〕', '백성을 화합하게 함〔諴小民〕', '서둘러 덕을 공경함〔疾敬德〕'의 요체와 단서를 삼아 다스림을 펴는 기회로 말하면 경이 아뢴 말이 바로 경전의 가르침이 남긴 뜻이다. 이에 대하여 감히 날마다 부지런히 힘쓰지 않는 것은 아니지만 일깨워주고 경각시키는 것은 온전히 강구하고 토론하는 데에 달려있으니, 쌍일(雙

195 매곡과……바라네 : 이 시는 《매산집》 권3에 〈전묘(展墓)〉라는 제목으로 실려 있다.

日)과 척일(隻日)로 하는 경연(經筵)에 수시로 나아오는 의용은 경이 아니고 누가 담당할 수 있겠는가. 군신 간의 의리를 가지고 말하더라도, 경의 간곡한 마음으로 볼 때, 응당 반드시 경을 나아오게 하려는 나의 고심을 잘 이해할 것이다. 마침 비답을 내리게 된 것을 계기로 이렇게 고하니, 경은 이를 잘 헤아리라. 도헌(都憲 대사헌)의 직임은 방금 체직하도록 하였다."

10월-초하루는 계미일- 병오일에 특별히 별유를 내려 간곡하게 불렀는데, 서계를 올려 사양하였다.

별유에 다음과 같이 말하였다. "반드시 경을 조정에 나아오게 하고야 말려는 나의 고심은 이미 이전에 비답을 내릴 때에 다 말하였다. 더구나 시상(時相)이 간곡하게 아뢴 내용이 진실로 현인을 얻어 함께 다스리고자 하는 지극한 뜻에서 나옴에 있어서이랴. 근간에 국가의 일이 복잡다단함으로 인하여 아직도 진심을 털어놓는 유지(諭旨)를 내리지 못하였으니, 이는 또한 나의 성의가 부족한 소치이다. 경은 60여 년 간 도(道)를 지키고 독서한 사람으로서, 경전을 연구하고 옛것을 상고하는 힘에 있어서 경이 비록 물러나 자처하지 않고자 하지만 속일 수 없는 점이 있으니, 은은하지만 날로 밝게 드러나는 이치[196]이다. 살펴보건대, 지금 국가의 형세가 위태로운 것이 얼마나

196 은은하지만……이치 : '은은하지만 날로 밝게 드러난다'는 것은 군자의 도(道)를 설명한 말로, 《중용장구(中庸章句)》 제33장에 이르기를, "《시경》에 '비단옷을 입고 홑옷을 덧입는다.'라고 하였으니, 그 문채가 너무 드러남을 싫어해서이다. 그러므로 군자의 도는 은은하지만 날로 밝게 드러나고, 소인의 도는 선명하지만 날로 없어지는 것이다.〔詩曰衣錦尙絅, 惡其文之著也. 故君子之道, 闇然而日章; 小人之道, 的然而日亡.〕"라고 하였다.

심하며, 백성의 근심이 가득한 것이 얼마나 심한가. 당장 눈앞에 닥친 일만 가지고 말하더라도 난역(亂逆)이 거듭하여 일어나서 국문하는 일이 한창 확대되고 있으니, 이것이 어찌 다른 이유가 있어서 그런 것이겠는가. 다만 국세(國勢)를 높이지 못하고 민생을 지탱하지 못해서 그런 것이다. 백성들의 근심을 지탱하지 못하는 것은 진실로 그 까닭을 알기가 어렵지 않지만 국세를 높이지 못하는 것은 또 무슨 까닭인가. 이러한 때에 경과 같이 나라를 호위하고 군주를 위하는 사람이 끝내 벼슬을 하지 않으려는 처음의 뜻을 굳게 지켜서 머리를 풀어헤친 채 갓끈만 매고 급히 구원할 것[197]을 생각하지 않는다면, 이것이 어찌 천지 사이에 도망할 곳이 없는 의리[198]이겠는가. 나의 말이 여기에 이른 이상 경도 응당 두려운 마음으로 스스로 분발함이 있을 것이다. 부디 경이 즉시 마음을 바꾸어 조정에 나아와서 정국을 안정시킬 방도를 강구하고 혼란을 잠재울 방법을 연구할 것을 생각하기를 바란다. 만약 이렇게 한다면 이것이 어찌 일생동안 성인의 가르침에 부지런히 종사한 공이 아니겠는가. 답변이 올라오기를 내가 한창 측석(側席)[199]하며 기다리고 있다."

197 머리를……것 : 다른 것은 돌아볼 겨를이 없이 급하게 달려가 구원함을 이른다. 《맹자(孟子)》 〈이루 하(離婁下)〉에 이르기를, "지금 한집에 같이 사는 사람이 밖에 나가 싸운다고 할 때에는, 그를 구하기 위해 머리를 풀어헤친 채 갓끈만 매고 급히 달려가 구원해도 괜찮다. 그러나 한동네나 이웃에서 서로 싸우는 자들이 있을 때에, 머리를 풀어헤친 채 갓끈만 매고 달려가 구원한다면, 이는 미혹된 행동이다. 이런 경우에는 비록 문을 닫아걸고 있더라도 괜찮다.〔今有同室之人鬪者, 救之, 雖被髮纓冠而救之, 可也. 鄕鄰有鬪者, 被髮纓冠而往救之, 則惑也, 雖閉戶, 可也.〕"라고 하였다.

198 천지……의리 : 천지 사이에 도망할 곳이 없는 군신 간의 의리를 말한다. 자세한 내용은 433쪽 주156 참조.

11월-초하루는 임자일- 경진일에 연신(筵臣)이 와서 경연(經筵)에 계속하여 진강할 책자를 자문하니, 헌의하였다.[200]

임자년(1852, 철종3) 선생 77세

정월에 자헌대부(資憲大夫) 지돈령부사에 승배(陞拜)되었는데, 상소하여 사직하고 이어서 소회를 아뢰었다.

비답에 다음과 같이 말하였다. "상소를 읽고 경의 간절한 마음을 잘 알았다. 내가 왕위를 이어받은 초기부터 한번 경석(經席)에서 가르침을 받기를 원하여 일찍이 두세 차례 간곡하게 불렀는데, 멀리 떠나려는 경의 마음을 돌리지 못하였다. 내가 비록 성의가 부족하고 예우가 미흡하나, 밤낮으로 바라고 기다림이 목마른 자가 물을 찾는 것보다 심하였다. 지금 내가 여러 일들을 직접 총괄하게 되어 이른 아침부터 늦은 밤까지 조심하고 두려워하고 있으니, 경을 조정에 나아오게 하려는 간절한 마음이 이전보다 더욱 갑절이 되었다. 경은 선왕을 추모하여 현왕에게 보답하는 정성과 훌륭한 군주로 만들어 백성에게 은택이 돌아가게 하려는 뜻을 지니고 있으니, 틀림없이 과인을 보도(輔導)하며 전학(典學)을 성취시키는 방도에 대하여 간절한 마음이 있을 것인데, 일전에 발탁한 것이 참으로 명망과 실제에 부합하니, 어찌 사양할 필요가 있겠는가. 현사를 초빙하여 도움을

199 측석(側席) : '자리에 바르게 앉지 못한다'는 뜻으로 군왕이 겸손한 자세로 현자를 기다리는 것을 가리킨다. 자세한 내용은 408쪽 주103 참조.

200 연신(筵臣)이……헌의하였다 : 이때 헌의한 글은 《매산집》 권4에 〈경연계강책자품정의(經筵繼講冊子稟定議)〉라는 제목으로 실려 있는데, 수찬 조재응(趙在應)이 와서 자문한 내용에 헌의한 것이다.

구함에 지금이 바로 그 적기이니, 경은 바로 그 적임자가 아니겠는가. 상소의 말미에 덧붙여 말한 일은 감히 허리띠에 적어두고 실천하지 않을 수 있겠는가. 응당 부지런히 힘써 명심하겠다. 경은 부디 하루 빨리 조정에 나아와 아침저녁으로 계옥(啓沃)하여 나로 하여금 집희(緝熙)의 공이 있게 할 것이니, 이것이 내가 바라는 바이다."

용인(龍仁)의 유생들이 충렬사(忠烈祠)[201]의 원장(院長)이 되어줄 것을 청하였는데, 허락하였다.-정확히 어느 해에 있었던 일인지 알지 못하여 우선 여기에 기록한다.-

전후로 각처에서 원장이 되어줄 것을 청한 일이 많았는데 어느 경우에는 허락하기도 하고 어느 경우에는 사양하기도 하였으니, 일일이 다 기록하지 못한다.

2월-초하루는 임오일- 초하루에 사당에 고하는 글을 지었다.

선생이 명위(名位)가 지극히 높아져서 만년(晩年)의 절개가 쉽게 무너지게 될까 두려워하여 사당에 고하였다.

병오일에 건릉(健陵 정조와 효의왕후의 능)에 거둥할 때에 대가(大駕)가 노량(鷺梁)의 행궁에 머물면서 사관(史官)을 보내어 존문(存問)하였는데, 서계를 올렸다.

6월-초하루는 경진일- 경인일에 사관이 와서 산림(山林)을 선발하는 일을 자문하였는데, 서계를 올려 사양하였다.

신묘일에 또 사관을 보내어 선유(宣諭)하여 문병하고 이어서 산림을 선발하는 일을 자문하니, 회계(回啓)하였다.

201 충렬사(忠烈祠) : 1576년(선조9)에 이계(李啓), 이지(李贄) 등이 정몽주(鄭夢周)를 제향하기 위하여 건립한 사당으로, 용인 죽전동에 위치해 있다.

선유한 글에 다음과 같이 말하였다. "경이 올린 부주를 보고서 신절(愼節)[202]이 있음을 알았으니, 염려스럽기가 그지없다. 그러나 신명이 도우셔서 응당 물약(勿藥)[203]의 효험이 있을 것이니, 경은 안심하고 조리하여 조야의 바람에 부응하라. 산림을 선발하는 일로 말하면, 나라의 큰 정사이다. 이 일을 유현에게 자문하는 것은 이미 열성조에서 행한 고사가 있기 때문에 내가 따라서 행하는 것이다. 경이 몇 해 전에 있었던 방례(邦禮)의 일을 들어 인혐하는 것은 어찌 몹시 지나친 거조가 아니겠는가. 경과 같은 숙덕(宿德)으로서 우리나라의 명맥을 오래도록 유지시킬 방도를 생각한다면, 현사를 천거하는 것 외에 또 달리 무슨 일이 있겠는가. 경이 성대하게 예우해주신 선왕의 은혜에 보답하고자 한다면, 나 소자가 오늘 자문한 내용에 대하여 어찌 차마 한 마디 가부(可否)의 말도 하지 않을 수 있겠는가. 경은 깊이 헤아려 답변을 달라."

이질(痢疾)에 걸렸다.

선생은 신축년(1841, 헌종7) 겨울부터 식사량이 점점 줄더니 그 뒤로 여러 차례 중병을 겪어 혈기가 이미 소진되었다. 이해 봄에 병환이 더욱 위독해지자 아들에게 상례(喪禮)와 제례(祭禮)를 반드시 소략하게 하도록 경계하였다. 그러다가 이달 그믐 어간에 이르러 또다시 이질이 더해져서 날로 위독해져 약물도 효과를 보지 못하였

202 신절(愼節) : 남의 병을 높여서 이르는 말이다.

203 물약(勿藥) : 병이 낫는다는 뜻으로, 《주역(周易)》 〈무망(无妄) 구오(九五)〉에, "잘못한 일이 없이 생긴 병이니, 약을 쓰지 않아도 저절로 낫는 기쁨이 있을 것이다.〔无妄之疾, 勿藥有喜.〕"라고 한 데에서 유래한 말이다.

으나 문인들이 나아가 뵈면 그 기질에 따라 곡진하게 경계하고 책려하기를 마치 평소처럼 하였다.

7월-초하루는 기유일- 계축일에 형조 판서에 제수되었다.

형조에 사정이 생겨 곧바로 체직되었다.

을축일 유시(酉時)에 노의정사(蘆漪精舍)의 박후실(博厚室)에서 고종(考終)하였다.

이날에 부녀(婦女)들을 물리쳐서 청견(請見)하지 못하게 하고 아들 일순(一純)에게 이르기를, "요절함과 장수함에 의혹을 품지 않고 자신을 수양하면서 죽음을 기다리는 것이 천명(天命)을 세우는 방법이다."[204]라고 하였다. 그리고 시자(侍者)에게 명하여 전욕(氈褥)을 치운 뒤에 책상을 정렬하고 서적들을 정돈하게 하였으며 손수 관(冠)을 바로하고서 누웠는데, 말소리가 이미 흐릿해졌다. 이때 조병덕(趙秉悳)의 종자(從子 조카) 조용희(趙龍熙)와 사위 민술용(閔述鏞)이 와서 배알하였는데, 선생이 조용희에게 이르기를, "돌아가서 그대의 중부(仲父)에게 더욱 덕업에 힘쓰라고 전하라."라고 하였다. 그리고 민술용에게 묻기를, "영남(嶺南)의 적도(賊徒)가 체포되었는가?"라고 하였으니, 이는 영남 사람 중에 고변(告變)한 자가 있어서 한창 기포(譏捕)[205]를 일삼고 있었기 때문이었다. 이후로는 자손

204 요절함과……방법이다 : 이 말은 본래 《맹자(孟子)》 〈진심 상(盡心上)〉에 보이는 말로, "자기의 마음을 다하는 자는 자기의 성(性)을 아니, 자기의 성(性)을 알면 하늘을 알게 된다. 자기의 마음을 보존하여 자기의 성(性)을 기르는 것은 하늘을 섬기는 방법이고, 요절함과 장수함에 의혹을 품지 않고 자신을 수양하면서 죽음을 기다리는 것은 천명을 세우는 방법이다.〔盡其心者, 知其性也, 知其性, 則知天矣. 存其心, 養其性, 所以事天也; 殀壽不貳, 修身以俟之, 所以立命也.〕"라고 하였다.

들의 얼굴도 구분하지 못하였으나 숨이 넘어갈 듯한 목소리로 간곡하게 하신 말씀은 오직 국사를 걱정하는 것이었다. 선생의 병환이 위중해진 뒤로 원근의 선비들과 향리의 친지들 중에 문후하러 온 이가 문 안에 가득하였는데, 상(喪)이 나자 슬피 통곡하기를 마치 친척을 곡하는 것처럼 하였고, 문인들 중에 가마(加麻)하고 심상(心喪)을 행한 자도 백여 인이나 되었다. ○이에 앞서 아들 일순이 길흉(吉凶)을 알고자 하여 점을 쳐서 '왕(王)' 자를 얻고는 사석해자결(謝石解字訣)에 맞춰보았는데, 이 글에 "저 물결 넘실대는데 황생(黃生)은 어디로 가는가. 이슬이 스러짐에 주자(朱子)가 이미 은거하였다. 옥색(玉色)과 금성(金聲)이 끝내 모습과 소리를 감춘다."라는 말이 있었고, 또 "지붕과 들보가 무너져 땅이 울리고 소리가 진동하는 이변이니, 철인(哲人)이 별세한 것이 어찌 작은 변고이겠는가."라는 말이 있었다.

병인일에 성상에게 부음을 아뢰었다.

성상의 하교에 다음과 같이 말하였다. "지금 장석(丈席)이 별세했다는 소식을 들으니, 어찌 서글프고 애통한 마음을 금할 수가 있겠는가. 이 유현은 선왕께서 정초(旌招)한 사람으로서 과인의 때까지 이르러서 나이가 많아지면 많아질수록 덕이 더욱 높아졌다. 내가 이 때문에 특별히 정경(正卿)으로 발탁하여 수차례 간곡하게 소명(召命)을 내려서 한번 경석(經席)에 나아오게 하여 전형(典型)을 직접 보고자 했는데, 이제 다 끝나버렸다. 홍 좨주(洪祭酒)가 별세한

205 기포(譏捕) : 강도(强盜)나 절도(竊盜)를 탐색하여 체포하던 일을 말한다. 포도청과 훈련도감, 총융청 등의 오군영(五軍營)에서 맡아보았다.

집에 상장(喪葬)을 돕는 절차를 해당 조(曹)로 하여금 전례에 의거하여 거행하게 하고 분묘를 조성하는 인부들 역시 해당 도(道)로 하여금 제급(題給)[206]하게 하라."

8월-초하루는 기묘일- 계묘일에 관학(館學)의 유생들이 제문을 지어 제사를 지냈다.

9월-초하루는 무신일- 초하루에 예관(禮官)을 보내어 제사를 지내게 하였다.

제문에 다음과 같이 말하였다.

열성조에서 도학을 숭상하시어　列聖崇道

훌륭한 유자가 대대로 나오니　鴻儒世作

석담(石潭 이이(李珥))과 화양(華陽 송시열(宋時烈))은 참되고 바르며　潭華眞正

농암(農巖 김창협(金昌協))과 삼연(三淵 김창흡(金昌翕))은 정밀하고 박아하였네　農淵精博

미호(渼湖 김원행(金元行))와 근재(近齋 박윤원(朴胤源))에 이르러　訖于渼近

전후로 진벌[207]이 되었는데　津筏後先

경이 그 도통(道統)을 전수받았으니　卿得其傳

백 년에 한 번 나올 만한 훌륭한 인물이라네　間氣百年

206 제급(題給) : 관사(官司)에서 판결 또는 물건의 지급 지시 등을 글로 써 주는 것이다.

207 진벌(津筏) : 강을 건너는 뗏목이라는 뜻으로, 남을 인도하여 목적지에 도달하게 하는 것을 비유하는 말로 쓰인다.

홍하와 같은 도량과　　洪河之量
교악과 같은 의용이 있어서　　喬嶽之儀
구고(九皐)의 학 울음소리가 일찍부터 들리니[208]　　皐鶴早聞
정묘(正廟 정조)께서 감탄하였네　　正廟曰咨
은거하며 때를 기다림이 더욱 견고하여　　遵晦彌堅
힘써서 부지런히 하였네　　俛焉孜孜
박문(博文)과 약례(約禮)[209]가 서로 진전하였고　　博約互進
문명(文明)함과 강건(剛健)함이 바탕이 되었네　　明健爲質
마음은 예와 지금을 헤아렸고　　心衡今古
문사는 보불(黼黻)[210]처럼 화려하였네　　詞華黼黻
아름다운 말씀을 계승하여　　紹述徽言
큰 강령을 끌어 보였으며　　提挈宏綱
지극히 무거운 것을 담당하여　　擔夯至重

208 구고(九皐)의……들리니 : 《시경(詩經)》〈소아(小雅) 학명(鶴鳴)〉의 "학이 구고에서 울거든 소리가 하늘에 들리도다.〔鶴鳴于九皐, 聲聞于天.〕"라는 구절을 원용하여 말한 것으로, 조정에 출사하지 않고 초야에 은거하는 군자의 훌륭한 덕이 높이 퍼져 나가 임금에게까지 알려지는 것을 비유하여 말한 것이다. '고(皐)'는 주희(朱熹)의 해설에 의하면 '못 가운데에 물이 넘쳐 나와서 생긴 구덩이〔澤中水溢出所爲坎〕'이다.

209 박문(博文)과 약례(約禮) : "군자가 널리 글을 배우고 중정(中正)한 예로써 요약하여 행한다면 또한 도에 어긋나지 않을 것이다.〔君子博學於文, 約之以禮, 亦可以弗畔矣夫.〕"라고 한 공자(孔子)의 말에서 나온 것으로, 글을 통하여 지식을 넓히고 예를 통해서 행동을 검속한다는 뜻이다. 《論語 雍也》

210 보불(黼黻) : 옛날 임금의 대례복(大禮服)에 수놓았던 무늬이다. '보(黼)'는 흑백색으로 된 도끼 모양의 무늬이고, '불(黻)'은 흑청색으로 된 아(亞) 자 모양의 무늬인데, 여기에서는 찬란한 문장, 지극히 아름답고 격조 높은 문사(文辭)를 의미한다.

등뼈를 견고하게 세웠네[211] 硬着脊梁

한번 이연[212]에 오르자마자 一登离筵

곧바로 수초부(遂初賦)를 읊으니[213] 旋賦遂初

안자가 누추한 시골에 거처하는 것[214]과 같고 若顏巷處

소 강절이 낙양에 머무는 것[215]과 같았네 如邵洛居

211 지극히……세웠네 : 《주자어류(朱子語類)》 권35에서 《논어(論語)》 〈태백(泰伯)〉의 '증자왈사불가이불홍의장(曾子曰士不可以不弘毅章)'에 대하여 말하기를, "'선비는 도량이 넓고 뜻이 굳세지 않으면 안 된다.'에 대해 선생이 정 선생의 말씀을 들어 '무거운 짐은 모름지기 등뼈를 견고하게 세워야 짊어지고 갈 수 있다.'라고 말씀하였다. 〔士不可以不弘毅, 先生擧程先生語曰: 重擔子, 須是硬着脊梁骨, 方擔荷得去.〕"라고 하였다. 등뼈〔脊梁〕는 사람의 지기(志氣)나 역량(力量), 혹은 절조(節操)를 비유적으로 표현한 말이다.

212 이연(离筵) : 왕세자가 독서하고 강론하는 자리로 주연(冑筵)이라고도 하는바, 세자시강원의 서연(書筵)을 가리킨다.

213 수초부(遂初賦)를 읊으니 : 벼슬을 그만두고 은거하려고 했던 처음의 뜻을 이룸을 뜻한다. 〈수초부〉는 진(晉)나라 때의 문장가 손작(孫綽)이 지은 것으로, 산림(山林)에 은거하려고 다짐한 처음의 뜻을 마침내 이루게 되었다는 내용을 담고 있다. 《晉書 卷56 孫綽列傳》

214 안자(顏子)가……것 : 안자는 공자의 제자 안회(顏回)로, 《논어(論語)》 〈옹야(雍也)〉에 "어질다, 안회여! 한 그릇의 밥과 한 표주박의 음료로 누추한 시골에 있는 것을 다른 사람들은 그 근심을 견뎌내지 못하는데, 안회는 그 즐거움을 변치 않으니, 어질다, 안회여!〔賢哉! 回也. 一簞食, 一瓢飮, 在陋巷, 人不堪其憂, 回也不改其樂, 賢哉! 回也.〕"라고 한 공자의 말과 《맹자(孟子)》 〈이루 하(離婁下)〉에 "안자가 난세를 당하여 누추한 골목에서 거처하며 한 그릇의 밥과 한 그릇의 음료로 사는 것을 다른 사람들은 그 근심을 감당하지 못하는데, 안자는 그 즐거움을 변치 않자, 공자께서 그를 어질게 여기셨다.〔顏子當亂世, 居於陋巷, 一簞食, 一瓢飮, 人不堪其憂, 顏子不改其樂, 孔子賢之.〕"라고 한 데에 보인다.

215 소 강절(邵康節)이 낙양에 머무는 것 : 소 강절은 송(宋)나라 때의 학자 소옹(邵

덕을 함께하였던 이는 누구였던가　誰其同德
오 문원(吳文元 오희상(吳熙常))이 있었네　有吳文元
즐거움이 영재를 기르는 데에 있었으니[216]　樂在育英
젊은 선비들이 문하에 가득하였네　衿佩塡門
《춘추》의 존주양이(尊周攘夷)[217]와　春秋尊攘
형・기・신・이[218]를　形氣神理

雍)으로, 자는 요부(堯夫), 시호는 강절이다. 일찍이 낙양(洛陽)의 천진교(天津橋) 남쪽에 살 적에 비바람조차 가리지 못할 정도로 다 쓰러져가는 초가집에서 자신이 직접 땔나무하고 밥을 지어 부모를 봉양하면서 살았는데도 자신이 사는 집을 안락와(安樂窩)라고 이름 짓고 안락선생(安樂先生)이라고 자호(自號)하며 태연한 얼굴로 즐겁게 지냈다.《宋史 卷427 邵雍列傳》

216 즐거움이……있었으니 : 이는《맹자(孟子)》〈진심 상(盡心上)〉에 "군자가 세 가지 즐거움이 있는데, 천하에 왕노릇함은 여기에 들어있지 않다. 부모가 모두 생존해 계시며, 형제가 무고한 것이 첫 번째 즐거움이요, 위로는 하늘에 부끄럽지 않으며, 아래로는 인간에 부끄럽지 않은 것이 두 번째 즐거움이요, 천하의 영재를 얻어 교육하는 것이 세 번째 즐거움이다. 군자가 세 가지 즐거움이 있는데, 천하에 왕노릇 함은 여기에 들어있지 않다.〔君子有三樂, 而王天下不與存焉. 父母俱存, 兄弟無故, 一樂也; 仰不愧於天, 俯不怍於人, 二樂也; 得天下英才而敎育之, 三樂也. 君子有三樂, 而王天下不與存焉.〕"라고 한 맹자의 말에서 나왔다.

217 춘추(春秋)의 존주양이(尊周攘夷) : 이는 공자(孔子)가 수찬(修纂)한《춘추》에서 강조한 바인, 주(周)나라 왕실을 존숭하고 이적(夷狄)을 물리치는 의리를 이른다. 여기에서는 정통의 명(明)나라를 존숭하고 청(淸)나라를 배척하는 존명배청(尊明排淸)의 의리를 뜻한다.

218 형・기・신・이 : 이는 정주(程朱) 성리학에서 사람의 몸을 이룬다고 말하는 네 가지로, 육신인 형(形), 기운인 기(氣), 정신 작용인 신(神), 이치이자 도리인 이(理)를 말하는데, 주희(朱熹)의 문인이자 사위인 황간(黃榦)이 양도(楊𡍼)에게 보낸 편지에 다음과 같은 내용이 있다. "예전 소싯적에 저는 평소 네 개의 글자를 가지고 이 몸을 형용하였으니, 이 몸은 다만 형(形)・기(氣)・신(神)・이(理)일 뿐입니다. 이

말하여 종지로 삼아서	發爲宗旨
간곡하게 들어 보여 주었네	叮嚀擧似
옥을 감추어 둠에 그 빛이 가득히 넘쳐서	玉韞輝溢
늘그막에 정초에 응하였네	晩膺旌招
지기(志氣)와 절개가 돌과 같았으니[219]	志介于石
일신만 깨끗하게 하고자 하여[220] 은둔한 것이 아니었네	匪潔身逃

(理)는 신(神)보다 정(精)하고, 신(神)은 기(氣)보다 정(精)하며, 기(氣)는 형(形)보다 정(精)합니다. 형(形)은 일정한 것이고, 기(氣)는 숨을 내뱉고 마실 수 있고 차갑고 따뜻할 수 있으며, 신(神)은 지각이 있어 운용할 수 있고, 이(理)는 지각 운용(知覺運用)에 있어서의 허다한 도리입니다. 그러나 형(形)이 있으면 곧 기(氣)가 있고, 기(氣)가 있어야 신(神)이 있으며, 신(神)이 있어야 이(理)가 있으니, 다만 하나의 물건이 허다한 이름으로 나뉜 것입니다. 이것을 알면 심(心)·성(性)·정(情)의 유(類)에 대해 모두 알 수 있을 것입니다.〔昨少年日常將四箇字形容此身, 只是形氣神理. 理精於神, 神精於氣, 氣精於形. 形則一定. 氣能呼吸, 能冷煖. 神則有知覺, 能運用. 理則知覺運用上許多道理. 然有形則斯有氣, 有氣斯有神, 有神斯有理. 只是一物分出許多名字. 知此則心性情之類, 皆可見矣.〕"《勉齋集 卷13 復楊志仁書》

219 지기(志氣)와 절개가 돌과 같았으니 : 이는 《주역(周易)》〈예괘(豫卦) 육이(六二)〉의 "육이는 절개가 돌과 같아 하루를 마치지 않고 떠나가니, 정(貞)하고 길(吉)하다.〔六二, 介于石, 不終日, 貞吉.〕"에서 나온 말이다.

220 일신만 깨끗하게 하고자 하여 : 이는 자로(子路)가 은자(隱者)를 비평한 말로 《논어(論語)》〈미자(微子)〉에 보인다. 자로가 은자인 하조장인(荷蓧丈人)을 만나 그 집에서 유숙한 뒤에 다시 찾아갔지만 장인은 떠나가고 없었다. 그러자 자로가 공자의 뜻을 가지고서, "벼슬하지 않는 것은 의(義)가 없는 것이니, 장유의 예절을 폐할 수 없거늘 군신의 의(義)를 어떻게 폐할 수 있겠는가. 일신만 깨끗하게 하고자 하여 대륜을 어지럽히는 짓이다. 군자가 벼슬하는 것은 그 의(義)를 행하는 것이니, 도(道)가 행하여지지 못할 것은 이미 알고 계시다.〔不仕無義, 長幼之節, 不可廢也, 君臣之義, 如之何其廢之? 欲潔其身而亂大倫. 君子之仕也, 行其義也. 道之不行, 已知之矣.〕"라고 하였다.

교외에서 편안히 거처하니 棲遲郊坰

기린이 늪에 있고 봉황이 오동나무에 깃들었네 麟藪鳳梧

행궁에서 입대할 적에 行殿幄對

강직한 태도로 큰 계책을 세웠네 侃侃訏謨

하늘을 공경하고 선조를 본받아 敬天法祖

자기의 사욕을 이겨내고 백성을 편안히 하였네 克己裕民

헌고(憲考 헌종)께서 가상하게 여기시니 憲考嘉乃

대인을 만나보는 것이 이로웠네[221] 利見大人

내가 즉위한 때에 이르러 逮予嗣服

혹여 찾아와 자리를 빛내 주기를 기대하여 冀或來賁

열 줄의 윤음을 十行綸綍

누차 우역(郵驛)을 통해 전하였네 屢宣郵置

나에게 있어 시초(蓍草)와 거북이[222]와 같아서 我蓍我龜

질문하면 즉시 대답해 주었고 有叩斯應

크고 넓으며 창달(暢達)하여 弘博條鬯

뭇 의심들을 일깨워주었네 群疑喚醒

221 대인을 만나보는 것이 이로웠네 : 현신(賢臣)과 성군(聖君)이 만나봄을 말한 것이다. 《주역(周易)》 〈건괘(乾卦) 구이(九二)〉에, "나타난 용이 밭에 있으니, 대인을 만나 보는 것이 이롭다.〔見龍在田, 利見大人.〕" 하였고 〈구오(九五)〉에, "나는 용이 하늘에 있으니, 대인을 만나 보는 것이 이롭다.〔飛龍在天, 利見大人.〕"라고 하였는데, 〈구이〉의 '나타난 용'은 현신(賢臣)을, 〈구오〉의 '나는 용'은 성군(聖君)을 뜻한다. 곧 현신에게 있어서 대인은 성군을 가리키고 성군에게 있어서 대인은 현신을 가리킨다.

222 시초(蓍草)와 거북이 : 모두 점을 칠 때에 사용하는 것으로, 의심스러운 일을 잘 결단해 주는 지혜로운 인물, 더 나아가 높은 덕과 중망(重望)을 지닌 사람을 비유하는 말로 쓰인다.

팔좌[223]의 높은 품계이니 八座崇秩

삼달존(三達尊)[224]을 빠짐없이 갖추었네 三達具備

술잔을 잡고서 선한 말 해 주기를 청하여 執爵乞言

자나 깨나 마음속에 잊지 못하였는데 耿耿寤寐

하늘은 어찌하여 애써 남겨 두지 않아서[225] 天胡不憖

부음이 갑자기 이르게 하는가 凶音遽徹

혜장[226]에는 바람이 처량한데 蕙帳風凄

요금은 줄이 끊어졌네[227] 瑤琴絃絶

223 팔좌(八座) : 재신급(宰臣級) 고위 관료 여덟 명으로, 각 시대마다 지칭하는 바가 다른데, 동한(東漢)에서는 육조(六曹)의 상서(尙書), 영(令), 복야(僕射)를, 삼국시대 위(魏)와 남조(南朝) 송(宋)·제(齊)에서는 오조(五曹)의 상서, 두 명의 복야, 한 명의 영(令)을, 수(隋)·당(唐)에서는 여섯 상서, 좌우복야(左右僕射) 및 영(令)을 지칭하였다. 후대에는 상서와 같은 고관을 지칭하는 말로 사용되었는데, 조선에서는 판서의 지위를 뜻하는 말로 쓰였다.

224 삼달존(三達尊) : 천하에서 공통적으로 존중하는 세 가지 대상이란 뜻으로, 맹자(孟子)가 제(齊)나라 왕을 만나지 않는 것에 대해 경자(景子)가 따지자 맹자가 답한 내용에, "천하에 달존(達尊)이 세 가지가 있으니, 관작(官爵)이 하나요, 연치(年齒)가 하나요, 덕(德)이 하나이다. 조정에는 관작만 한 것이 없고, 향당에는 연치만 한 것이 없고, 세상을 돕고 백성을 자라게 하는 데는 덕만 한 것이 없다.〔天下有達尊三, 爵一, 齒一, 德一. 朝廷莫如爵, 鄕黨莫如齒, 輔世長民莫如德.〕"라고 한 데에서 나왔다. 《孟子 公孫丑下》

225 하늘은……않아서 : 《시경(詩經)》〈소아(小雅) 시월지교(十月之交)〉에, "한 원로(元老)를 애써 남겨 두어 우리 왕을 지키게 하지 아니하고, 거마를 소유한 자를 가려서 상(向)땅에 가 거주하게 하도다.〔不憖遺一老, 俾守我王, 擇有車馬, 以居徂向.〕"라고 한 것을 원용하여 말한 것이다.

226 혜장(蕙帳) : 향기로운 혜초(蕙草)로 엮은 장막이라는 뜻으로, 은자(隱者)의 처소를 의미한다.

나라가 끊기고 병들 것이니[228] 邦國殄瘁
사림이 애통함을 품었네 士林銜痛
측석[229]하던 터에 側席之餘
나의 마음이 애달프네 震悼予衷
제관(祭官)을 보내 치제(致祭)함으로써 伻官致侑
현자를 높이는 뜻을 부치노라 用寓尊賢
영령(英靈)이 지각이 있다면 靈如不昧
이 진설한 변두(籩豆)를 흠향할지어다 歆此儐籩

갑인일에 광주(廣州) 구수동(九壽洞) 임좌(壬坐)의 언덕에 장사하였다. 문인 중에 와서 모인 자가 50여 인이었다.

갑인년(1854, 철종5)

227 요금(瑤琴)은 줄이 끊어졌네 : '요금'은 옥으로 장식한 좋은 거문고이다. 춘추 시대에 백아(伯牙)가 거문고를 잘 탔는데 종자기(鍾子期)는 이것을 잘 알아들었다. 그리하여 백아가 마음속에 '높은 산〔高山〕'을 두고 거문고를 타면 종자기는 이를 알아듣고 "아, 훌륭하다. 험준하기가 태산과 같다.〔善哉! 峨峨兮若泰山.〕" 하였으며, 백아가 마음속에 '흐르는 물〔流水〕'을 두고 거문고를 타면 종자기는 이를 알아듣고 "아, 훌륭하다. 광대히 흐름이 강하와 같다.〔善哉! 洋洋兮若江河.〕" 하였다. 이후 지음(知音)의 벗 종자기가 죽자 백아가 거문고 소리를 들을 사람이 없다 하여 거문고의 줄을 모두 끊고 다시는 타지 않았다는 고사가 있다. 《列子 湯問》

228 나라가……것이니 : 《시경(詩經)》 〈대아(大雅) 첨앙(瞻卬)〉에, "선인(善人)이 없으니 나라가 끊기고 병들리로다.〔人之云亡, 邦國殄瘁.〕"라고 한 구절을 인용한 것으로, 이 시는 현인(賢人)이나 뛰어난 인물의 죽음을 슬퍼한 시이다.

229 측석(側席) : '자리에 바르게 앉지 못한다'는 뜻으로 군왕이 겸손한 자세로 현자를 기다리는 것을 가리킨다. 자세한 내용은 408쪽 주103 참조.

여름에 가장(家狀)이 완성되었다.

아들 일순(一純)이 지은 것이다. 그 총론(總論)에 다음과 같이 말하였다. "부군(府君)은 간세(間世)의 영호(英豪)의 자질을 지니고서 일찍부터 도(道)를 간직한 이를 스승으로 삼아 연원(淵源)이 확실하였다. 성인(聖人)은 반드시 배워야한다고 여기고 사도(斯道)는 반드시 들어야한다고 여겨서 정밀히 사색하고 힘써 실천하여 여생이 얼마 남지 않은 것도 알지 못하였다. 효제(孝悌)가 신명(神明)에 통하였으나 오히려 분수에 다하지 못한 바가 있을까 두려워하였고, 명리(名理)가 천인(天人)을 꿰뚫었으나 오히려 견해가 지극하지 못할까 두려워하였다. 국가를 빛낼 만한 문장을 지녔으면서도 이를 가지고 스스로 과시하지 않았고, 세상을 다스릴 만한 재주를 간직했으면서도 이를 드러내려고 하지 않았다. 곤궁하게 누추한 골목의 위포(韋布)[230]로 있을 때에도 슬퍼하는 모습을 볼 수 없었고, 지위가 높아져 밝은 조정의 빈사(賓師)가 되었을 때에도 편안해하는 모습을 볼 수 없었다. 도(道)를 수호하는 데에 용감하고 사설(邪說)을 물리치는 데에 엄정하여 반드시 온 세상 사람들과 함께 대도(大道)에 이르러서 천리(天理)가 밝아지고 중국(中國)이 높아지며 사민(斯民)이 선해지게 하기를 원하였으니, 이것이 부군께서 일생 동안 괴롭게 애쓰신 바이다. 아아. 부군께서 살아계실 때에 사방의 선비들 중에 존경하고 앙모하지 않은 이가 없었고 심지어 뜻을 달리하는 자들도 다른 말을 하지 않아서 소문만 듣고도 기쁜 마음으로 감복하

230 위포(韋布) : 위대포의(韋帶布衣), 곧 가죽으로 만든 띠와 베로 만든 옷으로, 벼슬하기 전에 입는 차림인데, 흔히 벼슬하지 않은 선비를 가리키는 말로 쓰인다.

고 덕스러운 모습만 보고도 마음으로 매료되었다. 그러나 부군의 지성측달(至誠惻怛)한 본령(本領)에 있어서는 오히려 자세히 알지 못하는 자들이 있었으니, 하물며 백세(百世) 뒤의 사람들은 어떠하겠는가. 그러나 부군의 책을 읽고 부군의 마음을 헤아려본다면 혹시라도 범위의 광대함과 규모의 치밀함을 알게 되어서 전현을 계승하여 후학을 계도하는 자가 나올 수 있지 않겠는가. 노주(老洲 오희상(吳熙常)) 선생은 한 시대의 종사(宗師)인데, 일찍이 말하기를, '대심중생(大心衆生)[231]의 생각을 가진 이로는 내가 이 친구 한 사람을 보았을 뿐이다.'라고 하였고, 또 일찍이 부군을 유종(儒宗)으로 인정하여 문하에 찾아온 학자들에게 명하여 부군의 문하에서 학업을 마치도록 하였다. 금옹(襟翁 이봉수(李鳳秀))은 부군의 평생지기(平生知己)인데, 일찍이 부군을 칭찬하여 당세의 제일류(第一流)라고 하였고, 또 '백년에 한 번 나올 만한 인물이다.'라고 하기도 하고 '천리(天理)를 익숙하게 적용한다.'라고 하기도 하였다. 이 몇 마디 말들을 가지고 부군을 알기를 구한다면 또한 부군의 실제와 방불한 모습을 알 수 있을 것이다."

병진년(1856, 철종7)

개천(价川)의 여러 유생들이 선생을 경현사(景賢祠)에 함께 배향하였다.

231 대심중생(大心衆生) : 범어(梵語) 'Bodhisattva'의 의역으로, 그 음역인 '보리살타(菩提薩陀)'·'보살(菩薩)'과 같은 말이다. 'Bodhi', 곧 '보리(菩提)'는 '대심(大心)', 즉 '깨달음'·'지혜'의 뜻이고, 'sattva', 곧 '살타(薩陀)'는 '중생(衆生)'·'유정(有情)'의 뜻이다.

병계(屛溪) 윤 선생(尹先生),[232] 삼산(三山) 이공(李公),[233] 상와(常窩) 이공(李公)[234]과 함께 배향하였다.

신유년(1861, 철종12)

겨울에 연보가 완성되었다.

계해년(1863, 철종14)

11월에 '문경(文敬)'이라는 시호가 내렸다.

'도덕이 높고 학문이 넓은 것을 문이라고 한다.〔道德博聞曰文〕'와 '밤

232 병계(屛溪) 윤 선생(尹先生) : 윤봉구(尹鳳九, 1683~1767)로, 자는 서응(瑞膺), 호는 병계·구암(久菴), 본관은 파평(坡平)이다. 수암(遂菴) 권상하(權尙夏)의 문인으로, 1714년(숙종40)에 진사가 되고 유일(遺逸)로 천거되어 청도 군수(淸道郡守), 대사헌, 지돈령부사, 공조 판서 등을 지냈다. 권상하의 문하에서 수학한 강문팔학사(江門八學士)의 한 사람으로서 한원진(韓元震) 등과 함께 호론(湖論)으로 일컬어지며 인물성이론(人物性異論)을 주장하였다. 저서로는 《병계집(屛溪集)》이 있으며, 시호는 문헌(文獻)이다.

233 삼산(三山) 이공(李公) : 이태중(李台重, 1694~1756)으로, 자는 자삼(子三), 호는 삼산, 본관은 한산(韓山)이다. 지촌(芝村) 이희조(李喜朝)의 문인으로, 1717년(숙종43) 사마시에 합격하고, 1730년(영조6) 정시문과에 병과로 급제하였다. 황해도·평안도 관찰사, 부제학, 호조 판서 등을 역임하였으며, 청백리에 녹선되었다. 시호는 문경(文敬)이다.

234 상와(常窩) 이공(李公) : 이민보(李敏輔, 1720~1799)로, 자는 백눌(伯訥), 호는 상와·풍서(豊墅), 본관은 연안(延安)이다. 정관재(靜觀齋) 이단상(李端相)의 증손이자 지촌(芝村) 이희조(李喜朝)의 손자이다. 진사시에 합격하고 음보(蔭補)로 벼슬을 시작하여 도총관, 형조 판서, 한성부 판윤, 판돈령부사 등을 지냈고 품계는 음관(蔭官)으로서는 특별히 정1품인 보국숭록대부(輔國崇祿大夫)에 올랐다. 저서로는 《풍서집(豊墅集)》이 있으며, 시호는 효정(孝貞)이다.

낮으로 경계한 것을 경이라고 한다.〔夙夜儆戒曰敬〕'의 시법(諡法)을 적용한 것이다.

을축년(1865, 고종2)

여름에 사손(嗣孫)을 녹용(錄用)하라는 명이 내렸다.

좌상(左相) 김병학(金炳學)이 연석(筵席)에서 아뢴 것이다.[235]

병인년(1866, 고종3)

여름에 문집이 인행(印行)되었다.

아아. 우리 매산(梅山) 노선생의 연보가 산퇴(山頹)[236] 이후 10년 만에 완성되었는데 선생의 맏아들 오곡(鰲谷 홍일순(洪一純)) 공이 이미 세상을 떠났으니, 기씨(杞氏)의 병통[237]이 없지 못하다. 선생처럼

235 좌상(左相)……것이다 : 이 일은 《고종실록(高宗實錄)》 2년 6월 10일 기사와 《승정원일기(承政院日記)》 고종 2년 동일 기사에 보인다.

236 산퇴(山頹) : '태산(泰山)이 무너졌다'는 뜻으로, 스승이나 철인(哲人)의 죽음을 의미하는 말이다. 자세한 내용은 438쪽 주166 참조.

237 기씨(杞氏)의 병통 : 참고할 만한 문헌이 부족한 문제를 뜻한다. 《논어(論語)》 〈팔일(八日)〉에서 공자(孔子)가 이르기를, "하(夏)나라의 예(禮)를 내가 말할 수 있지만 그 후예인 기(杞)나라가 나의 말을 증명해주지 못하고, 은(殷)나라의 예를 내가 말할 수 있지만 그 후예인 송(宋)나라가 나의 말을 증명해주지 못하니, 이는 문헌이 부족하기 때문이다. 문헌이 넉넉하다면 내가 나의 말을 증명할 수 있을 것이다.〔夏禮吾能言之, 杞不足徵也; 殷禮吾能言之, 宋不足徵也, 文獻不足故也. 足則吾能徵之矣.〕"라고 하였다. 기(杞)나라는 주 무왕(周武王)이 하(夏)나라의 시조인 우왕(禹王)을 제사 지내게 하기 위하여 세워 준 나라이고 송(宋)나라는 은(殷)나라의 시조인 탕왕(湯王)

훌륭한 덕과 위대한 업적을 이룬 분에 대하여 이처럼 소략하게 사실을 기재하였으니, 한스러울 따름이다. 선생의 주의(奏議) 및 이치를 논하고 학문을 논한 글들의 경우에는 모두 원집(原集)에 실려 있으므로 다시 여기에 채록하지 않고 다만 이러한 내용으로 원집의 뒤에 붙이니, 말을 살피고 행적을 고찰함에 있어서 서로 비교하여 밝힐 수 있을 것이다.

숭정(崇禎) 네 번째 갑자년(1864, 고종1) 중동(仲冬)에 문인 서하(西河) 임헌회(任憲晦)가 삼가 기록하다.

을 제사 지내게 하기 위하여 세워 준 나라이다.

지은이 **홍직필(洪直弼)**

1776년(영조52) 6월 13일 신시(申時)에 한성의 주자동(鑄字洞)에서 태어나 1852년(철종3) 7월 17일 유시(酉時)에 노호(鷺湖)의 노의정사(蘆漪精舍)에서 향년 77세로 세상을 떠났다. 초명은 긍필(兢弼), 자는 백응(伯應)·백림(伯臨), 호는 매산(梅山), 본관은 남양(南陽)이며, 시호는 문경(文敬)이다. 평생 출사하지 않고 학문 강학에 힘써 근재(近齋) 박윤원(朴胤源) 문하에서 그 학맥을 계승하고 이를 후대에 전한 노론(老論) 낙론(洛論)의 핵심 사상가이자 문인 교육자이다. 학문은 박윤원 외에도 노주(老洲) 오희상(吳熙常)의 영향을 많이 받았으며 문하의 제자로 전재(全齋) 임헌회(任憲晦), 중암(重菴) 김평묵(金平默) 등이 있다.

옮긴이

김성은(金成恩)

1986년 서울에서 태어났다. 연세대학교 국어국문학과를 졸업하고 동 대학원 국어국문학과에서 석사학위를 취득하고 박사과정을 수료하였다. 한국고전번역원 부설 고전번역교육원의 연수과정과 전문과정을 마쳤다. 현재 성신여자대학교 고전연구소 연구원으로 재직하고 있다.

이정은(李貞恩)

1983년 경기도 포천에서 태어났다. 성신여자대학교 한문교육과를 졸업하고 동 대학원 한문학과 석사학위를 취득하였다. 한국고전번역원 부설 고전번역교육원의 연수과정과 전문과정을 마쳤다. 현재 성신여자대학교 고전연구소 선임연구원으로 재직하고 있다. 번역서로는 《도곡집》(공역)이 있다.

※ 각 권별 옮긴이는 권51 김성은, 권52·53 이정은이다.

권역별거점연구소협동번역사업 연구진

연구책임자 **신영주**(성신여자대학교 한문교육과 교수)
공동연구원 **김여주**(성신여자대학교 한문교육과 교수)
김용재(성신여자대학교 한문교육과 교수)
류준경(성신여자대학교 한문교육과 교수)
이종덕(한국고전번역원 부설 고전번역교육원 강사)
책임연구원 **성백효**
연 구 원 **김창효 김형석**
연석환 사경화
신상후 이영준
이정은 김성은
박희정
윤 문 **윤은숙**

매산집 18

홍직필 지음 | 김성은·이정은 옮김
2019년 12월 31일 초판 1쇄 발행
편집·발행 학자원
등록 2011.4.6 제2011-14호
주소 (05355) 서울시 강동구 천호대로 1121
전화 02-6403-1000 | 팩스 02-6338-1001 | 이메일 hakjaone@daum.net

값 30,000원
ISBN 979-11-6247-156-2 94810
979-11-87806-00-4 (세트)